Début d'une série de documents en couleur

HISTOIRE
DE L'ACADÉMIE
DE MARINE

PAR

M. Alf. DONEAUD DU PLAN

PROFESSEUR A L'ÉCOLE NAVALE

PARIS
BERGER-LEVRAULT ET Cie
Éditeurs de la Revue maritime et coloniale et de l'Annuaire de la Marine
5, RUE DES BEAUX-ARTS, 5
MÊME MAISON A NANCY
—
1878

(Extrait de la *Revue maritime et coloniale*.)

HISTOIRE

DE

L'ACADÉMIE DE MARINE

I.

Fondation de l'Académie.

L'Académie française a été fondée en 1635; celle des inscriptions, en 1663; l'Académie des sciences, en 1666. L'Académie de marine ne date que de Louis XV. Instituée seulement en 1752, mais bientôt dispersée par les désastres de la guerre coloniale, réorganisée en 1769, elle n'a subsisté que jusqu'en 1793. Moins heureuse que les trois autres, elle n'a pas été rétablie comme elles en 1795. Il en résulte qu'elle n'est pas connue, et que bien des gens ignorent jusqu'à son existence. Et pourtant nous ne craignons pas d'affirmer que, dans sa trop courte carrière, cette institution a été féconde en résultats pratiques, fruits d'une théorie profonde. La part de l'Académie de marine dans les progrès de la science est tellement importante que l'histoire des idées de ses membres et de leurs travaux est une partie de l'histoire navale, et que la mémoire n'en doit pas périr. Si nos officiers de la marine actuelle en savent plus long qu'eux et mieux qu'eux, n'est-ce pas aux efforts de leurs devanciers qu'ils le doivent? Qui oserait prétendre, après examen, que l'œuvre de l'Académie de marine, bien que dépassée aujourd'hui, ait été inutile?

Des quatre Académies que nous venons de mentionner, une seule, celle des inscriptions, ne fut pas spontanée, attendu qu'elle émane d'une pensée tout individuelle de Colbert, celle de composer l'histoire en médaille du règne de Louis XIV. Mais les trois autres se sont formées à l'origine par initiative privée. C'est ainsi que l'Académie française, avant son organisation par Richelieu, avait été précédée, indépendamment de la réunion Conrart, de celle d'Antoine de Baïf à laquelle Charles IX avait octroyé en 1570 des lettres patentes; l'Académie des sciences, des réunions Mersenne, Montmort et Thévenot, la première antérieure de plus d'un demi-siècle à 1666. De même lorsque l'Académie de la marine fut fondée à Brest, il y avait déjà quelques années qu'un certain nombre d'officiers de ce département se réunissaient chaque semaine pour conférer sur les études convenables à leur état. L'instigateur principal de ces réunions était le vicomte Bigot de Morogues, fils d'un ancien intendant de Brest, alors capitaine de vaisseau et capitaine d'artillerie, qui s'était fait connaître avantageusement par un ouvrage sur l'*Essai de l'application des forces centrales aux effets de la poudre à canon*, et par de nombreuses expériences faites de concert avec l'inspecteur général de la marine Duhamel du Monceau, pour trouver des moyennes proportionnelles dans la construction des différents échantillons de navires[1]. En 1749, les travaux de ces officiers commençaient à avoir déjà un certain retentissement, et les réunions étaient devenues assez nombreuses pour que Morogues pût s'arrêter à l'idée de l'établissement d'une Académie, et il profita du passage de Rouillé à Brest, l'année suivante, pour en faire la proposition à ce ministre. Celui-ci chargea son beau-frère le conseiller d'État Pallu, l'antiquaire Pellerin, l'astronome Godin, enfin Duhamel du Monceau, d'assister en son nom à une des séances, et ce fut sur leur rapport, des plus favorables, que jugeant avantageux d'établir une Académie générale pour tous les ports, ayant son siège à Brest, il décida la constitution de l'Académie de marine par un règlement daté de Compiègne, le 30 juillet 1752.

Voici ce règlement, en 35 articles, avec son préambule :

Plusieurs officiers du département de Brest nous ayant engagé à représenter au Roy que l'extrême envie qu'ils ont d'acquérir ou de

---

[1] Nous avons déjà dit, dans la *Revue* d'octobre 1867, qu'il en est résulté un *Traité de construction pratique* composé en 1748 et dont le manuscrit inédit, entièrement de la main de Morogues, existe encore à la bibliothèque du port de Brest. Ce manuscrit, de 185 pages in-folio, ayant une moyenne de 40 lignes par page, est composé de 13 planches d'une précision et d'un soin remarquables. L'*Essai de l'application des forces centrales* avait été imprimé en 1737. L'ouvrage est dédié à Maurepas.

perfectionner toutes les connaissances convenables à leur état leur en a fait faire une étude plus sérieuse, et les a déjà portés à établir entre eux des conférences où ils examinent et discutent, souvent avec succès, les différentes parties des mathématiques et de la physique qui ont rapport à la navigation; mais que l'utilité de ces conférences deviendrait plus sensible, s'il plaisait à S. M. d'autoriser les assemblées de cette Académie naissante, et lui prescrire les règles qui, en déterminant plus particulièrement son objet, hâteraient ses progrès et rendraient sa forme plus stable : sur ces très-humbles représentations, S. M. nous a chargé d'ordonner pour ladite Académie de marine les articles de règlement dont la teneur suit :

Article premier. — L'Académie sera sous la protection du secrétaire d'État ayant le département de la marine.

Art. 2. — L'Académie sera composée de soixante-quinze académiciens, dont dix honoraires, dix académiciens libres, trente académiciens ordinaires et vingt-cinq adjoints.

Art. 3. — Les dix honoraires seront choisis parmi les principaux officiers de la marine, et parmi les personnes recommandables par leur intelligence dans les mathématiques et la physique, ou qui auront des connaissances utiles à la marine. Le commandant et l'intendant de la marine au département de Brest seront toujours au nombre des honoraires.

Art. 4. — Les dix académiciens libres seront des personnes de mérite, attachées ou non attachées à la marine, qui seront jugées utiles à l'Académie par leurs connaissances ou leurs correspondances.

Art. 5. — Les trente académiciens ordinaires seront tous attachés au service de la marine, dont la moitié environ sera toujours du département de Brest.

Art. 6. — Les vingt-cinq adjoints seront tous également attachés au service de la marine, dont quinze environ seront du département de Brest.

Art. 7. — L'Académie pourra s'associer des correspondants de tous états, dont le nombre ne sera point limité.

Art. 8. — Lorsqu'il vaquera quelque place, l'Académie en informera le secrétaire d'État de la marine, pour, suivant ses ordres, procéder au remplacement ou le différer.

Si c'est une place d'honoraire ou d'académicien libre, l'Académie en nommera deux par voie de scrutin, et le secrétaire d'État de la marine choisira celui qui doit être reçu.

Il en sera de même pour les places d'académiciens ordinaires, et l'Académie observera de donner la préférence aux adjoints, sans en exclure toutefois les externes quand il s'en présentera d'un mérite distingué.

Il sera aussi observé, à l'égard des académiciens ordinaires, de faire tomber le choix sur des sujets du département de Brest ou hors du département, de manière que le nombre des uns et des autres soit tenu égal autant qu'il sera possible.

Art. 9. — Lorsqu'il vaquera une place d'adjoint, et que l'Académie aura été autorisée par le secrétaire d'État de la marine à procéder au remplacement, elle commettra trois académiciens qui se réuniront pour présenter à l'Assemblée au moins trois sujets, dont l'Académie en élira un par voie de scrutin. On observera de faire tomber le choix sur des sujets du département de Brest ou hors du département, de manière qu'il y en ait toujours quinze environ qui soient du département de Brest, y compris quelques écrivains de la marine pour les écritures du secrétaire de l'Académie et quelques dessinateurs.

Nul ne pourra être proposé qu'il ne se soit fait connaître à l'Académie par quelque ouvrage ou mémoire qui justifie ses connaissances principalement dans les mathématiques ; ainsi les académiciens qui auront été commis pour proposer les adjoints auront attention de s'assurer que ceux qu'ils présenteront savent au moins les éléments ordinaires de mathématiques, de physique et de navigation. Cette loi sera inviolablement observée.

Art. 10. — Si un académicien ordinaire ou adjoint se retirait du service de la marine, sa place sera remplie comme si elle vaquait par décès, et il pourra seulement demander la vétérance, que la Compagnie lui accordera si elle le juge à propos, ce qui se fera par une délibération expresse et par voie de scrutin.

La même formalité sera observée dans le cas où, par infirmités ou par d'autres raisons légitimes, un académicien ordinaire ou adjoint se trouverait ne pouvoir satisfaire à ses engagements et demanderait la vétérance.

Mais si un académicien ordinaire ou adjoint ne fournissait pas de dissertation ou de mémoire, ou si, résidant à Brest, il passait un temps considérable sans venir aux assemblées, l'Académie nommerait à sa place, après avoir informé le secrétaire d'État de la marine des raisons qui la déterminent et avoir reçu ses ordres à ce sujet.

Art. 11. — Tous les ans, à la fin de décembre, l'Académie procédera à l'élection de ses officiers, savoir : d'un directeur et d'un sous-directeur, d'un secrétaire et d'un sous-secrétaire, lesquels seront du département de Brest; et ils pourront tous être continués par une nouvelle élection, excepté le directeur, qui ne pourra rentrer en charge qu'après une année d'intervalle.

Si le directeur et le sous-directeur, ou le secrétaire et le sous-secrétaire allaient à la mer, l'Académie nommerait à leur place, pour le temps de leur absence seulement, de manière que si l'année de leur exercice n'était pas expirée lors de leur retour, ils reprendraient leurs fonctions jusqu'à la fin de l'année.

Lors des élections, l'Académie pourra de même choisir pour les places de directeur, de sous-directeur, de secrétaire et de sous-secrétaire, un académicien du département de Brest qui serait à la mer, en chargeant quelque autre de remplir ses fonctions pendant son absence.

Art. 12. — Les honoraires, les académiciens libres et les académiciens ordinaires présents aux assemblées y auront seuls voix délibérative dans les élections et autres affaires de la Compagnie, et les adjoints ne seront point présents aux élections.

Quand le plus grand nombre des académiciens du département de Brest ayant voix délibérative sera absent par service, il ne sera point fait d'élection, ou bien, avant la séparation des académiciens, on délibérera sur les arrangements à prendre pendant l'absence.

Art. 13. — Le directeur présidera aux assemblées, indiquera les mémoires qui seront lus, et proposera tout ce qui sera avantageux à l'Académie, au progrès des sciences qui auront rapport à la marine, et au bon ordre qui doit régner dans les assemblées. Si les propositions souffrent quelques difficultés, il prendra les voix des académiciens ayant voix délibérative, et on sera tenu de se conformer au résultat de la délibération.

Le sous-directeur fera les fonctions de directeur lorsque celui-ci sera absent, et si l'un et l'autre s'absentent par maladie ou pour affaire indispensable, ce sera le plus ancien académicien qui présidera.

Art. 14. — Le secrétaire tiendra ses registres en bon ordre; il recevra les mémoires qui auront été lus aux assemblées, pour les représenter lorsqu'on aura besoin d'y avoir recours.

Il signera tous les mémoires et les datera aussitôt qu'ils lui auront été remis; il signera de même tous les actes et rapports qui seront délivrés par ordre de l'Académie, et sans cet ordre il ne donnera aucune communication aux étrangers ni des mémoires des académiciens, ni de ce qui sera inscrit dans les registres.

Il recevra les mémoires qui seront envoyés à l'Académie par ses membres dispersés dans les autres ports ou par les correspondants; il en fera la lecture à l'Académie; il fera les réponses conformément aux intentions de la Compagnie, et sera particulièrement chargé de la correspondance, quoique tous les académiciens soient invités à l'étendre le plus qu'il sera possible.

Il fera la lecture aux assemblées des lettres qu'il écrira au nom de l'Académie, avant que de les faire partir.

Il sera chargé de faire un extrait succinct des mémoires lus pendant chaque semestre, pour en faire lecture à l'Académie, qui en enverra une copie au secrétaire d'État de la marine, afin qu'il soit instruit des travaux de l'Académie.

Il écrira aussi, au nom de l'Académie, les lettres qui informeront ceux qui auront été élus honoraires, académiciens libres, académiciens ordinaires, adjoints ou correspondants, et ces lettres, avec l'inscription sur les registres, seront les seuls titres que l académicien aura.

Le sous-secrétaire aidera le secrétaire dans ses fonctions et les remplira en entier s'il est absent.

Art. 15. — Les académiciens libres feront part à l'Académie des recherches qu'ils auront faites relativement à l'objet du travail de la Compagnie, et leurs remarques ou mémoires utiles seront portés sous leur nom dans les registres.

Ils ne seront d'ailleurs assujettis à aucun travail fixe, et ils seront exhortés seulement à répondre exactement aux questions qui leur seront faites au nom de l'Académie.

Art. 16. — Les académiciens ordinaires et les adjoints qui seront à Brest seront extrêmement assidus aux assemblées et ne s'en absenteront que pour des raisons essentielles de service ou de maladie.

Ils seront tenus de travailler assidûment à remplir l'objet qu'ils se seront proposé, ou dont la Compagnie les aura chargés particulièrement.

Les académiciens ordinaires qui auront entrepris un travail difficile, ou qui en auront été chargés par la Compagnie, pourront demander d'être secourus par des adjoints, que l'Académie leur accordera si elle le juge à propos.

Les adjoints qui auront été nommés par l'Académie pour travailler avec un académicien qui aura été chargé d'un travail difficile, s'y livreront avec zèle; et si, dans ces travaux communs, il se trouvait quelque différence de sentiment, l'académicien et l'adjoint en feront leur rapport à la Compagnie chacun par un mémoire, et ils seront obligés de se conformer à sa décision.

Les adjoints ne diront leur avis, lorsqu'il sera délibéré sur des questions de sciences, que quand le directeur le leur demandera.

Art. 17. — Les académiciens ordinaires et les adjoints qui ne résideront point à Brest seront tenus d'envoyer, le plus fréquemment qu'ils le pourront et au moins une fois chaque année, quelque mémoire ou dissertation relatifs aux objets qui intéressent la Compagnie. Ils répondront exactement aux questions qui leur seront faites de la part de l'Académie, et leurs mémoires qui seront reconnus utiles seront portés sous leur nom dans les registres.

Art. 18. — Les correspondants ne seront assujettis à aucun travail fixe, mais ils sont exhortés à répondre exactement aux questions qui leur seront faites par la Compagnie. S'ils adressent à l'Académie quelques remarques ou mémoires utiles, ils seront inscrits sous leur nom dans un registre particulier. Ils pourront assister aux assemblées quand ils seront à Brest pour moins de six mois et sans y établir leur résidence.

Art. 19. — Le service journalier du port pouvant être un obstacle aux assemblées fréquentes, celles de l'Académie se tiendront seulement le jeudi de chaque semaine, et lorsqu'il y aura une fête, l'assemblée se tiendra le jour précédent ou le suivant, ce que le directeur aura soin d'annoncer.

Les séances seront de deux heures, savoir : en hiver, depuis deux heures après midi jusqu'à quatre, et, en été, depuis trois heures jusqu'à cinq.

Art. 20. — Les campagnes que la plupart des académiciens seront obligés de faire par leur état causant une interruption inévitable dans les travaux académiques, et n'y ayant d'ailleurs qu'une seule séance par semaine, l'Académie n'aura pas de vacances, si ce n'est depuis Noël jusqu'aux Rois et pendant la quinzaine de Pâques.

Art. 21. — Tout ce qui a rapport à la marine sera le principal objet du travail de l'Académie.

Art. 22. — Les académiciens qui ont déjà commencé l'ouvrage d'un dictionnaire de marine continueront à s'y appliquer pour le composer aussi ample et aussi complet qu'il sera possible, soit par l'exacte définition de chaque terme, soit par l'explication claire et précise des différentes idées qu'il comporte, soit enfin par les dissertations à insérer dans tous les articles importants qui en seront susceptibles, et ils rendront compte de leur travail dans les assemblées.

Art. 23. — Si quelque partie paraissait trop négligée, l'Académie aura soin d'engager quelques-uns de ses membres à s'y attacher, et, à cet effet, elle invitera les académiciens ordinaires et adjoints à donner par écrit, au commencement de chaque année, le détail de leur projet d'étude.

Art. 24. — L'Académie commettra quelques-uns de ses membres pour lire les ouvrages importants de physique, de mathématiques, de navigation ou relations de voyages qui paraîtront, soit en France ou ailleurs; et celui qu'elle aura chargé de cette lecture en fera son rapport à la Compagnie sans en faire la critique, mais en marquant simplement s'il y a des vues dont on puisse profiter.

Art. 25. — Quoique chaque académicien soit obligé de s'appliquer aux parties des mathématiques qui ont un rapport direct à la marine, ils sont néanmoins exhortés à étendre leurs recherches sur tout ce qui peut être utile ou curieux dans les autres parties des mathématiques et de la physique, ou relativement aux arts, aussi bien que l'histoire naturelle, les voyages des académiciens dans les différentes parties du monde étant une occasion favorable d'étendre leurs connaissances et de les rendre utiles.

Art. 26. — Les assemblées seront remplies par les délibérations sur les affaires de l'Académie et par la lecture des mémoires et dissertations qui auront rapport à la marine.

Pour satisfaire à ce qui est dû au public, on commencera par la lecture des lettres, mémoires ou dissertations des personnes non attachées à l'Académie, que le secrétaire ou les autres membres de l'Académie pourront avoir reçus. Si ce sont des mémoires ou dissertations, l'assemblée examinera quel usage on en peut faire, et il sera répondu par le secrétaire ou autres membres de l'Académie qui les auront présentés, pour en accuser la réception aux personnes qui les auront envoyés. Si ce sont des questions sur lesquelles on consulte l'Académie, le secrétaire ou autres membres de l'Académie auxquels les lettres auront été écrites y feront également réponse pour en accuser la réception, sans entrer dans aucune explication; le but de cette Compagnie devant être uniquement de s'instruire et non de s'ériger en tribunal pour décider sur aucunes matières. Cependant le directeur, le sous-directeur ou celui qui présidera l'assemblée pourra commettre quelques académiciens pour examiner le sujet de la question, s'il paraît important, et dresser un projet de réponse qu'ils présenteront à une assemblée suivante. Ces projets de réponse sur des sujets importants, étant approuvés par la Compagnie, seront envoyés au secrétaire d'État de la marine, qui décidera si les réponses doivent être faites en conséquence.

Le secrétaire de l'Académie ou le sous-secrétaire liront ensuite les mémoires et dissertations qu'ils pourront avoir reçus des académiciens et adjoints qui ne seront pas à Brest, lesquels mémoires et dissertations resteront entre les mains du secrétaire, qui les datera et les signera pour en constater la propriété à ceux à qui ils appartiennent, et, suivant la délibération de l'assemblée sur leur utilité, lesdits mémoires ou dissertations seront copiés sous leur nom et sans aucun changement dans les registres de l'Académie, pour y avoir recours quand il sera besoin.

Après la lecture des mémoires envoyés par les académiciens et adjoints non résidant à Brest, ceux qui seront présents liront leurs propres ouvrages, lesquels seront également laissés le jour même entre les mains du secrétaire de l'Académie, qui les datera et signera pour en constater la propriété à celui à qui ils appartiennent, et la Compagnie délibérera s'ils seront assez utiles pour être copiés sur les registres de l'Académie.

Il en sera de même des relations de combats, extraits de journaux, anecdotes et mémoires concernant la marine qui auront été lus aux assemblées.

Pour que les assemblées soient remplies, les académiciens ordinaires seront obligés, à tour de rôle, d'apporter quelque mémoire de leur composition. Les adjoints ne seront point compris dans le tour de rôle, mais ils seront reçus à lire leurs ouvrages et exhortés à en apporter de temps en temps à l'assemblée.

Chacun de ceux qui seront présents aura la liberté de faire ses remarques sur ce qui aura été lu ou proposé, observant que ce soit avec modération, sans critique et sans partialité, et si quelque point souffre difficulté, le directeur ira aux voix.

Art. 27. — Si quelque académicien se propose de faire imprimer quelque ouvrage, l'Académie n'y donnera son approbation qu'après une lecture entière faite dans les assemblées, ou du moins qu'après un examen ou un rapport fait par ceux que la Compagnie aura commis à cet examen, et aucun des académiciens ne pourra mettre aux ouvrages qu'il fera imprimer le titre d'académicien, s'ils n'ont été ainsi approuvés par l'Académie.

Art. 28. — Toutes les expériences qui seront rapportées par quelque académicien seront vérifiées par lui dans les assemblées, s'il est possible, ou du moins elle le seront en particulier, en présence de quelques académiciens nommés par l'Académie pour y assister.

Art. 29. — Les assemblées de l'Académie se tiendront dans une salle de l'Arsenal ou à portée de l'Arsenal, en attendant qu'il puisse en être destiné une propre à cet usage.

Il y aura de plus deux autres chambres ou salles particulières, l'une pour le dépôt des livres, registres et mémoires de l'Académie, et l'autre pour les modèles, machines et instruments.

Art. 30. — Les livres, registres, mémoires, plans, modèles, machines et instruments appartenant à l'Académie, seront inventoriés et mis à la garde du secrétaire, qui ne pourra les remettre à personne, même aux académiciens, qu'avec le consentement de l'Académie et sur le récépissé de ceux à qui il les confiera.

Art. 31. — Pour pourvoir à la dépense des frais de l'Académie et contribuer aux achats de livres qui seront nécessaires, le Roy a bien voulu approuver qu'il fût destiné une somme de six mille livres pendant chacune des cinq premières années à commencer de celle-ci, et seulement de trois mille livres pendant chacune des années suivantes, dont l'ordonnance sera expédiée annuellement pour être payée sur les fonds de la marine.

L'emploi du fonds sera fait par le secrétaire, suivant les délibérations de l'Académie et après en avoir rendu compte à l'intendant de la marine.

Art. 32. — Messieurs les académiciens et officiers de marine sont invités de contribuer à la formation et augmentation de la bibliothèque et collection des modèles, par les dons qu'ils pourront faire à l'Académie de livres, cartes et plans, tant manuscrits qu'imprimés et gravés, et de modèles, et il sera fait mention sur les registres de l'Académie de ceux qui auront ainsi augmenté ses collections.

Art. 33. — Tous les ans, au mois de décembre, l'intendant de la marine et l'académicien qui sera directeur examineront si les livres et autres effets mentionnés sont en bon ordre, et ils vérifieront si l'on a porté sur l'inventaire ce qui a dû y être ajouté pendant toute l'année, et il en sera dressé procès-verbal, qui sera lu à l'assemblée de l'Académie.

Art. 34. — Pour prévenir les difficultés qui pourraient s'élever à l'occasion des préséances prétendues à tout autre titre que celui d'académicien, le lieu où seront les assemblées sera disposé de manière qu'il y ait quatre bancs ou rangs de sièges autour des bureaux; le premier banc sera destiné pour les honoraires, les académiciens libres, le directeur et le sous-directeur; les bancs de côté et celui qui sera en face du premier banc seront pour les académiciens ordinaires, le secrétaire et le sous-secrétaire se plaçant sur les bancs de côté au bout le plus près du premier banc, l'un à droite et l'autre à gauche de ce premier banc; derrière les bancs de côté seront les places des adjoints, mais dans chaque banc ou rang de siège, il n'y aura aucune distinction de rang ou d'ancienneté, de sorte que tous seront indifféremment mêlés dans leur banc et se changeront suivant l'ordre qu'ils arriveront.

Art. 35. — Le présent règlement sera lu dans la première assemblée de chaque année.

Fait et arrêté par nous, ministre secrétaire d'État ayant le département de la marine, protecteur de ladite Académie.

Signé : Rouillé.

Les soixante-douze premiers membres de l'Académie [1], dont la liste fut arrêtée au mois d'août par le ministre, étaient :

---

[1] Dans la liste manuscrite, que nous avons sous les yeux, il n'y a que 22 adjoints de nommés, avec l'indication : trois places à remplir par la suite. Or, il y a un nom qu'on s'étonne de ne pas voir dans la première comme dans la seconde Académie de marine, c'est celui d'Alexandre Savérien, de la Société royale de Lyon, ingénieur de la marine à vingt ans, et mort seulement en 1805 plus qu'octogénaire. Dès 1747, il avait publié une *Nouvelle théorie de la manœuvre des vaisseaux*, à la portée des pilotes; en 1750, l'*Art de mesurer le sillage des vaisseaux ur mer*. C'est dans ce dernier ouvrage qu'il démontre, en passant, l'utilité d'une Académie e marine et celle d'un journal spécial à la navigation. En 1752, c'est-à-dire l'année même où ' Académie fut instituée, il mit au jour la *Description et*

10 *académiciens honoraires.*

1. *Pallu*, conseiller d'État à la Cour.
2. *De Vallière*, lieutenant-général d'artillerie, à Paris.
3. Le comte de *La Galissonnière*, chef d'escadre des armées navales, chargé du Dépôt des cartes, plans et journaux de la marine, à la Cour.
4. Le comte *Du Guay*, chef d'escadre des armées navales, commandant de la marine, à Brest.
5. *Diéricourt*, ancien intendant des galères, à la Cour.
6. *Hocquart de Champerny*, intendant de la marine, à Brest.
7. *Frésier*, directeur des fortifications en Bretagne, à Brest.
8. *Duhamel du Monceau*, de l'Académie royale des sciences, de la Société royale de Londres, inspecteur général de la marine, à Paris.
9. *Camus*, de l'Académie royale des sciences, secrétaire et professeur de l'Académie royale d'architecture, à Paris.
10. *Bouguer*, de l'Académie royale des sciences, à Paris.

10 *académiciens libres.*

11. *Le Cloustier*, ingénieur en chef, à Dieppe.
12. *Le Febvre*, secrétaire de la bibliothèque du roi, à Paris.
13. *D'Après de Mannevillette*, capitaine de vaisseau de la Compagnie des Indes.
14. *Bellin*, ingénieur de la marine au Dépôt des cartes et plans, à la Cour.
15. Le P. *Pézenas*, jésuite, professeur d'hydrographie, à Marseille.
16. Le P. *Du Châtelard*, jésuite, maître de mathématiques, à Toulon.
17. Le P. *Laroche*, jésuite, maître de mathématiques, à Brest.
18. *De Courcelles*, médecin de la marine, à Brest.
19. *Crozet*, maître de mathématiques, à Rochefort.
20. *Le Sueur*, maître de mathématiques, à Rochefort.

---

usage des globes céleste et terrestre, et le *Traité des instruments propres à observer les astres sur mer*. En 1753, Savérien fit encore paraître un *Dictionnaire universel de mathématiques et de physique*; en 1758, un *Dictionnaire historique, théorique et pratique de marine*, qui fut traduit en italien. Fatigué, paraît-il, de solliciter de l'avancement sans pouvoir l'obtenir, il se démit de sa place d'ingénieur et se consacra tout entier aux lettres et aux sciences ; mais 50 ans de travaux ne purent le mettre à l'abri du besoin. Bouguer avait vivement reproché à Savérien de s'être écarté, dans son ouvrage de manœuvres, des principes que lui, Bouguer, avait posés dans son *Mémoire sur la mâture*, couronné par l'Académie des sciences en 1717. Savérien ne fit que l'aigrir davantage en lui soumettant les motifs qu'il avait eus de préférer les calculs de Bernoulli. C'est là peut-être le vrai motif qui l'a fait écarter d'une Académie proposée par lui, si l'on songe, d'un côté, que l'influence de Bouguer était toute-puissante en 1752 ; d'autre part, que ce dernier savant était d'un caractère difficile, et qu'il eut, de 1752 à 1754, une polémique acrimonieuse avec le spirituel La Condamine, au sujet de leur expédition équatoriale.

30 académiciens ordinaires.

Les commissaires généraux de la marine :

21. *Robert*, à Brest.
22. *Ruis-Embito*, à Rochefort.

Les capitaines des vaisseaux du roi :

23. *Serigny*, à Rochefort.
24. *Hocquart* (Toussaint), à Brest.
25. *Bigot de Morogues*, à Brest.
26. *De la Brosse*, à Rochefort.
27. Le comte de *Roquefeuil*, à Brest.
28. *De Chézac*, à Brest.
29. *De l'Eguille-Froger*, à Rochefort.
30. Le marquis de *Choiseul-Praslin*, à Brest.

Les commissaires de la marine :

31. *Choquet* l'aîné, à Brest.
32. *Fourcroy*, à Rochefort.
33. *Senac*, à Rochefort ou à Toulon [1].

Les lieutenants de vaisseau :

34. *Landré* l'aîné, à Toulon.
35. *D'Orvilliers*, à Rochefort.
36. *Missiessy*, à Toulon.
37. Le chevalier *de Roquefeuil*, à Brest.
38. *Saint-Victoret*, à Brest.
39. *De l'Isle Beauchesne*, à Rochefort.
40. *De Bory*, à Brest.
41. Le chevalier du *Dresnay des Roches*, à Brest.
42. *La Tullaye*, à Brest.

L'enseigne de vaisseau :

43. *De Chabert*, à Toulon.

---

[1] Nous pensons que c'est plutôt dans ce dernier port.

Les constructeurs des vaisseaux du roi :

44. *Coulomb*, à la Charité-sur-Loire.
45. *Dodzuriers*, à Rochefort.
46. *Chapelle fils*, doit passer de Brest à Toulon.

Les ingénieurs de la marine :

47. *Choquet de Lindu*, à Brest.
48. *Magin*, à Brest.
49. *Petit*, à Brest.
50. *Verguin*, à Toulon.

22 *académiciens adjoints.*

Les enseignes de vaisseau :

51. *Du Tillet*, à Toulon.
52. *De Monteil*, à Brest.
53. *De Traversay*, à Rochefort.
54. Le chevalier *de Kerunstret*, à Brest.
55. *De Maupin*, à Toulon.
56. *De la Cardonnie*, à Rochefort.
57. Le chevalier *de Goïmpy*, à Brest.
58. *De Grassy*, à Brest.
59. Le chevalier *de Disiers*, à Brest.
60. *De Monty*, à Brest.
61. *De Cours*, à Brest.

Les écrivains principaux de la marine :

62. *Bourhis*, à la Cour.
63. *Dabbadie*, à Rochefort.

Les écrivains ordinaires de la marine :

64. *Dufresne*, à Brest.
65. *Raby des Genets*, à Brest.
66. *Dudin*, à Paris.

Les sous-constructeurs :

67. *Greignard*, à Rochefort.
68. *Geoffroy cadet*, à Brest.

Les sous-ingénieurs de la marine :

69. *Garazaque*, à Rochefort.
70. *Blaveau*, à Paris.

Les dessinateurs :

71. *Ozanne* (Nicolas-Marie), à Brest.
72. *Lubet*, à Brest.

On voit, d'après cette liste, que les académiciens étaient ainsi répartis, par départements :

Brest, 32 membres, dont 3 honoraires, 2 libres, 15 ordinaires [1] et 12 adjoints [2];

Rochefort, 15 membres, dont 2 libres, 8 ordinaires et 5 adjoints;

Toulon, 9 membres, dont 1 libre, 6 ordinaires et 2 adjoints.

A Versailles, on comptait 3 honoraires, 1 libre et 1 adjoint; à Paris, 4 honoraires, 1 libre et 2 adjoints. Il y avait en outre un académicien libre à Marseille, un autre à Dieppe. Le troisième, Mannevillette, dont la demeure n'est pas indiquée sur les listes, résidait probablement à Hennebont, près Lorient. Enfin le constructeur Coulomb, académicien ordinaire, était, au moment de sa nomination, à la Charité-sur-Loire; mais il ne devait pas tarder à revenir à Brest.

Le premier directeur, choisi pour jusqu'à fin décembre 1753, fut naturellement le capitaine de vaisseau vicomte Bigot de Morogues, qui ne devait pas tarder à être nommé (1er novembre 1752) commissaire général de l'artillerie.

Le premier sous-directeur fut le capitaine de vaisseau Bidé de Chézac, commandant des gardes-marine.

Le premier secrétaire fut Choquet l'aîné ou le commissaire, frère de l'ingénieur Choquet de Lindu, et qui épousa, en 1759, une sœur de Dupleix.

Le premier sous-secrétaire fut le lieutenant de vaisseau chevalier du Dresnay des Roches.

L'Académie de marine était constituée.

---

[1] Articles 5 et 9 du règlement.
[2] L'article 6 permettait de donner 15 adjoints au port de Brest. Les trois places laissées vacantes le furent donc dans ce département.

II.

Années 1752 et 1753.

La séance d'ouverture eut lieu le 31 août 1752, dans une salle attenante à la maison du contrôle, le long de la forme de Troulan (aujourd'hui bassin de Brest), la salle destinée à l'Académie n'étant pas encore prête. Vingt-six membres étaient présents, savoir :

Trois honoraires : le comte Du Guay, commandant du port ; l'intendant Hocquart, et Frézier, le directeur des fortifications de la province ;

Deux académiciens libres : le P. Laroche et Courcelles ;

Douze ordinaires : d'abord les quatre officiers Morogues, Chézac, Choquet et Des Roches, puis Robert, Hocquart (Toussaint), le comte et le chevalier de Roquefeuil, Bory, Chapelle, Choquet de Lindu, enfin Petit ;

Neuf adjoints : Kerunstret, Gressy, De Cours, La Cardonnie, Dufresne, Raby, Geoffroy, Ozanne et Lubet.

L'assemblée fut inaugurée par un discours où le directeur esquissait avec clarté et précision le plan des travaux que l'Académie avait pour mission d'accomplir. Ayant inséré nous-même *in extenso* ce document dans la *Revue* d'avril 1872, nous en donnerons seulement ici une analyse. Après l'éloge naturel du ministre, fondateur de l'Académie, après des compliments adressés à deux de ses membres les plus influents, le comte Du Guay, commandant du port, et l'intendant Hocquart, Morogues indiquait nettement le but que se devait proposer la Société, celui d'éclairer la pratique de la navigation en la soumettant à l'épreuve d'une théorie rigoureuse. Il y faisait ressortir que la théorie sans l'expérience ne navigue et n'opère sans danger que dans le cabinet, mais que l'expérience sans la théorie est longue, incertaine, dispendieuse, que ce n'est le plus souvent qu'un tâtonnement aveugle qui retarde le progrès, et il conviait ses confrères à réunir l'une et l'autre dans leurs recherches et dans leurs travaux divers, en se tenant dans les limites du règlement. Il terminait son discours en remerciant tout à la fois ses amis de l'avoir proposé pour directeur et le ministre de l'avoir agréé.

Dès cette première séance, on lut une lettre de Duhamel du Monceau soumettant à l'approbation de l'Académie ses *Éléments d'architecture navale*, qu'il avait rédigés pour l'école de construction fondée par lui à Paris en 1740, et qu'il faisait imprimer en ce moment. Le comte de La Galissonnière et Bouguer furent nommés commissaires pour l'examen de cet ouvrage. Duhamel n'attendit pas longtemps l'approbation d'un traité pratique, où l'auteur, adoptant sans discussion les principes posés par Bouguer et Euler, s'était mis, avec la simplicité du vrai savant, à la portée des plus humbles intelligences. Comme les constructions à faire pour l'établissement de la nouvelle salle devaient avoir pour résultat de retarder la convocation d'une nouvelle assemblée, on fit part à Duhamel des conclusions favorables du rapport dès le 3 octobre. A cette même séance du 31 août, Courcelles avait aussi demandé un examen pour l'*Angiologie*, troisième partie de son *Abrégé d'anatomie*, 1752, in-12, qu'il destinait à l'instruction des élèves chirurgiens de la marine. Le comte de Roquefeuil et Bory furent nommés commissaires à cet effet. Nous donnerons le résultat de leur rapport au commencement de 1753.

Les séances devaient être hebdomadaires. Mais, indépendamment de ce que la nouvelle salle n'était pas encore prête, les fêtes qui furent données à l'occasion de la convalescence du dauphin[1] ajournèrent la seconde réunion, qui n'eut lieu que le 21 novembre, dans une salle de l'Arsenal. Il y eut cette fois délibération, mais non séance. On arrêta seulement la nomination de deux commissaires pour examiner un autre ouvrage de Duhamel, sur la *Culture des terres*. En effet, ce savant académicien était un de nos premiers agronomes. Bien que ce nouveau traité ne se rattachât pas directement au programme de l'Académie, celle-ci ne pouvait que lui faire bon accueil ; aussi désigna-t-elle Lefebvre et Camus comme juges. Il paraît que l'Académie ou les commissaires ne s'en occupèrent point tout d'abord, attendu que Duhamel fut obligé de renouveler sa demande au 1er mars de l'année suivante.

La dernière assemblée de l'année 1752 eut lieu le 23 novembre, dans la salle du contrôle. L'Académie, sur un rapport qui lui avait été envoyé de Paris par les commissaires Morogues et Roquefeuil (le comte), nommés en dehors des séances par quelques membres, donna son approbation au *Traité de navigation* de Bouguer, qui parut au commen-

---

[1] Le dauphin Louis, père de Louis XVI, avait été attaqué de la petite vérole en août 1752. Le roi assista, à Notre-Dame de Paris, aux solennelles actions de grâces qui furent rendues à l'occasion du rétablissement de la santé de l'héritier présomptif du trône. C'est le même dauphin mort le 20 décembre 1765, à 36 ans.

cement de l'année suivante[1]. La dernière phrase de cette approbation est des plus flatteuses pour l'auteur : « L'Académie saisit avec plaisir l'occasion de témoigner à cet illustre académicien la reconnaissance qui est due au zèle avec lequel, non content d'avoir traité les matières les plus sublimes, il a bien voulu encore entrer dans le détail des pratiques et des méthodes les plus simples, et dont la connaissance est d'autant plus essentielle qu'elle est plus négligée. » En dépit de cet éloge, nous devons constater qu'au rebours de l'ouvrage de Duhamel ou plutôt de celui de Savérien, le traité de Bouguer avait été composé pour les savants plus que pour les pilotes, et qu'il a fallu que l'abbé de Lacaille fît à cet ouvrage des additions et des changements considérables pour le rendre plus pratique qu'il n'était à l'origine. Il y ajouta, entre autres choses, la manière de trouver les longitudes par le moyen de la lune. Le livre de Bouguer, ainsi revu et augmenté, a été réimprimé en 1769, 1781 et 1792, cette dernière édition avec des notes de Lalande.

Dans cette même séance du 23 novembre, le secrétaire remit un *Mémoire sur les machines*, par Loriot, et le lieutenant de vaisseau académicien ordinaire Gabriel de Bory, les *Observations faites par l'astronome Lacaille au cap de Bonne-Espérance, pour servir à déterminer la parallaxe de la lune*, Paris, in-4°, 1753. Nous ne savons ce qu'est devenu le premier de ces travaux. Quant à Lacaille, ce savant diacre champenois, de l'Académie des sciences, il était parti en 1750 pour le Cap, où il se trouvait encore et où il avait mesuré un arc du méridien, ainsi que la longueur du pendule, et déterminé la position de quantité d'étoiles. Outre que ce voyage confirmait les faits acquis par la grande expédition de 1735, on a déduit des observations de Lacaille, comparées avec celles de Lalande, à Berlin, les parallaxes de la lune, de Mars et de Vénus.

1753.

L'année 1753 ouvrit, à proprement parler, les travaux de l'Académie. La salle destinée pour la compagnie était prête[2] ; les séances eurent

---

[1] Voir l'analyse de cet ouvrage dans le *Journal des savants* de juin 1753.
[2] C'est aujourd'hui la salle de l'ajustage, attenant à l'atelier des boussoles qui fut établi par l'Académie royale de marine, ainsi que l'atelier des sabliers, la salle des modèles, enfin la bibliothèque.

lieu chaque jeudi, ainsi que le comportait le règlement. Pour pouvoir rendre un compte exact des études multipliées de l'Académie, nous ne nous sommes pas contenté d'en relever les détails dans les registres. Il nous a encore fallu, indépendamment de renseignements puisés dans les archives de l'intendance de Brest et dans celles de Paris, parcourir quantité d'ouvrages restés presque tous à l'état de manuscrits. Malheureusement, de ces différents mémoires, quelques-uns ont été repris par leurs auteurs; d'autres, en trop grand nombre, ont disparu, soit pendant, soit après la première Révolution [1]. D'un autre côté, il nous eût été impossible de songer à parler de tant de matières diverses, la presque totalité étrangère à nos études, et nous eussions même ajourné indéfiniment ce sujet, comme en dehors de notre compétence, si nous n'avions trouvé, soit dans la correspondance, soit sur les registres, des approbations ou examens motivés et autorisés, à l'ombre desquels nous avons été heureux de pouvoir abriter cette monographie. L'Académie de marine s'est occupée principalement d'architecture navale et hydraulique; de la manœuvre, installation et arrimage des vaisseaux; d'astronomie nautique, d'artillerie, de physique, de médecine, de mathématiques pures ou appliquées, d'hydrographie; enfin d'un dictionnaire de marine, véritable encyclopédie qui devait résumer toutes ces sciences, et qui, moins heureuse que sa contemporaine, désignée spécialement sous ce nom, n'a pu voir le jour [2]. Dans les annales que nous nous sommes proposé de tenir, nous rattacherons à chacune de ces différentes branches les sujets qui y entrent naturellement, afin que le lecteur puisse constater la marche suivie par l'Académie, les services rendus, les progrès réalisés.

La rentrée de l'Académie eut lieu le 11 janvier 1753. Le directeur invita les académiciens à apporter le programme des travaux qu'ils se proposaient de donner dans le courant de l'année. A la séance suivante,

---

[1] Il nous reste peu de chose sur la première Académie, celle de 1752 à 1765 : des manuscrits volants, un compte rendu des séances et un volume incomplet de correspondance. Mais la seconde a pris soin de consigner ses travaux les plus importants dans 15 volumes de mémoires in-folio, dont quatre pour les membres correspondants. Nous avons en outre trouvé de précieux renseignements dans les 6 volumes, également manuscrits, de correspondance.

[2] Il en est résulté néanmoins le *Dictionnaire de l'Encyclopédie méthodique*, partie marine, publié, de 1783 à 1787, en quatre volumes, dont un de planches. L'auteur, l'ingénieur Vial du Clairbois, annonce, dans son discours préliminaire, qu'il s'est aidé du concours de Blondeau, et parmi les auteurs qu'il a le plus généralement consultés, nous lisons, indépendamment des noms de l'ingénieur Savérien, du capitaine de vaisseau Bourdé de la Villehuet, du baron Lescallier et de plusieurs autres encore, ceux du chevalier de La Coudraye et de Bellin, qui, ainsi que Blondeau, étaient membres de l'Académie royale de marine.

il annonça, pour donner l'exemple, des réflexions géométriques et physiques sur la construction, la mâture et la manœuvre des vaisseaux ; il se chargeait, en outre, de la partie construction dans le dictionnaire. Après lui, Chézac, le sous-directeur, dit qu'il entreprenait pour le dictionnaire la partie corderie. Le sous-secrétaire, Des Roches, prit la police des ports et les ordonnances de la marine. Choquet de Lindu, en sa qualité d'ingénieur, choisit l'architecture hydraulique, au sujet de laquelle il s'engagea de fournir un mémoire tous les ans. L'ingénieur Petit, qui mourut capitaine de vaisseau, donna un programme des plus vastes. Il se proposait pour sujets de travaux : les monuments célèbres construits à l'usage de la marine ; la fondation des villes maritimes, leur accroissement, leur défense et les combats livrés à cette occasion ; les parties des mathématiques, de la physique, du dessin et des autres arts qui leur prêtent quelques secours ; la géographie de la Grèce et les principes qu'il pourrait rencontrer et susceptibles d'être appliqués aux différentes branches de la marine. Pour l'année 1753, il donnerait ce qui concerne l'architecture nautique, depuis le troisième jour de la création jusqu'à l'an du monde 3622. Nous avons copié à peu près textuellement ces dernières indications sans bien comprendre, nous l'avouons, les rapports que l'auteur de l'ancienne mâture du port de Brest voulait établir, ni à quelle idée de faits se rapporte la date qu'il indique comme limite de son étude. Travailleur infatigable, Petit était, dit Cambry, l'homme de cabinet le plus instruit, mais d'une inconstance égale à son savoir. Entraîné par une imagination aussi mobile qu'ardente, il commençait quantité de travaux qu'il n'achevait point. Ceux qu'il laissa manuscrits formaient plus de trente volumes in-folio.

A la séance du 25 janvier, Courcelles remit aussi son programme. Il se proposait de continuer son *Abrégé d'anatomie* et de donner pour le dictionnaire quelques mots concernant les hôpitaux et la santé des équipages. On lut encore dans la même séance le programme du commissaire Robert. C'étaient des mémoires sur les différentes parties du service de la marine, et il devait commencer par les classes. Enfin, à la séance du 14 juin, on reçut une lettre de l'ingénieur Garavaque, académicien adjoint de Rochefort, qui annonçait un mémoire sur la manière de rassembler les eaux, sur le rapport des temps qu'elles mettent à parcourir des espaces égaux par des pentes différentes, et les retardements qu'elles éprouvent par les plongées, le tout avec des résultats géométriques comparés par des expériences. Tout en constatant, par le relevé des séances, que ces différents programmes ne furent pas tous remplis par leurs auteurs, nous les avons mentionnés néanmoins, afin de faire voir quelle ardeur animait, surtout au début, les premiers membres de l'Académie de marine.

Le 2 août, le directeur remit à l'assemblée trois exemplaires du prix proposé par l'Académie royale des sciences pour 1755. C'était une question de construction ainsi intitulée : *De la manière de diminuer le plus qu'il est possible le roulis et le tangage d'un navire, sans qu'il perde sensiblement par cette diminution aucune des bonnes qualités que sa construction doit lui donner.* Ainsi que nous le verrons plus loin, le prix fut remporté par le sous-constructeur Chauchot, auquel ce travail valut la nomination de membre adjoint à l'Académie de marine.

Le 11 janvier, il avait été fait lecture à l'Académie d'une lettre écrite, le 11 septembre 1752, par Joseph Pellerin, commissaire et premier commis de la marine, pour prier la Compagnie de recevoir sa correspondance par l'intermédiaire du secrétaire Choquet. L'assemblée accepta avec empressement l'offre de ce savant antiquaire, qui avait été un des promoteurs de son établissement. Elle commença naturellement par demander au ministre, par une lettre en date du 30 janvier, des globes, des instruments d'astronomie et des ouvrages concernant la marine, avec la collection des journaux de sciences, en remettant à l'année suivante la partie voyages. Ce fut l'académicien libre Lefebvre, secrétaire de la Bibliothèque du roi, qui se chargea du premier envoi, lequel eut lieu en 1753. Ainsi commença la bibliothèque de l'Académie, origine première de celle du port de Brest, par l'expédition d'une barque chargée de quatre caisses, laquelle arriva heureusement à Brest, fin septembre. La dépense en achat de livres, reliures, caisses, emballage et autres menus frais montait à la somme de 5,238 livres. En 1756, Lefebvre fit un second envoi, dont les frais s'élevèrent à 365 livres 16 sous. Le troisième envoi n'eut lieu qu'en 1764 : il fut de 404 livres 12 sous. Total : un peu plus de 6,000 fr. de livres, sans compter les instruments. Dans la dernière note de Lefebvre, nous trouvons les indications suivantes du prix de quelques ouvrages brochés : *Histoire de France* du P. Daniel, en 17 vol. in-4°, 162 livres ; tomes VI et VII de l'*Encyclopédie*, 48 livres ; *Tables du Journal des savants*, tomes VI et VII, 18 livres ; *Histoire générale des voyages*, tomes XIII à XVII, qui est le dernier, 54 livres ; *Journal des savants* et *Journal de Trévoux*, années 1756, 1757, 1758 et 1759, 64 livres.

Quant aux principaux mémoires présentés à l'Académie en l'année 1753, ce furent les suivants :

I. Dictionnaire de la marine. — On travailla avec d'autant plus d'ardeur au dictionnaire, qu'on y avait songé, ainsi que nous l'avons dit, avant 1752. Aussi, dès la première année, plus de quatre cents mots furent lus. Le directeur Morogues en fit, à lui seul, environ deux cent cinquante. Les principaux sont : *Architecture navale*, où l'auteur donne un précis historique, assez faible d'ailleurs[1], de l'état de cette science chez les Égyptiens, les Grecs et les Romains; *armée navale*; *cloche*, article des plus intéressants, à causes des explications physiques qu'il donna sur la cloche à plonger, qui avait été perfectionnée, quelques années auparavant, par l'astronome anglais Edmond Halley; *étuves et bains*[2], dissertation sur leurs usages par rapport aux bois, leurs espèces différentes et les avantages des uns sur les autres; *centre de conversion*, dont Morogues donna l'explication et la théorie; *bois*, mémoire contenant des considérations physiques sur leur culture, leur aménagement et leur classement par espèces propres au service des arsenaux; *fer*, qui présente des détails sur les procédés employés dans les forges pour le traitement de ce métal; *clou*, article où il indiquait la façon de les faire.

Les autres membres les plus actifs furent :

Bory, qui donna soixante-cinq mots, dont le plus important paraît être une dissertation sur l'*aimant* et l'*aiguille aimantée*. Dans l'*Encyclopédie méthodique*, ces deux articles sont signés Blondeau, comme tout ce qui concerne l'astronomie nautique;

Des Roches, une quarantaine de mots, parmi lesquels nous remarquons, *abordage*, *naumachie*, *pirate*, *branle-bas*;

Saint-Victoret, une vingtaine de mots relatifs à la manœuvre, à la garniture, au gréement, entre autres : *abattre en carène*, *appel*, *barroter*, *bigot*[3], *bosse*, *balancine*;

Le chevalier de Roquefeuil, une trentaine, dont les principaux sont :

---

[1] Nous avons parcouru bien des préfaces de traités d'architecture navale, sans trouver, dans aucune d'elles, des notions sur l'historique de la construction. C'est pourtant là un des éléments importants d'une histoire générale de la marine.

[2] On baignait autrefois d'eau de mer chauffée les bordages, pour les plier plus facilement dans les façons du navire. On ne se sert plus aujourd'hui d'étuves dans les ports du roi, dit Vial du Clairbois. On préfère employer les pièces de tour, partout où le bordage ne peut se plier naturellement. Il n'y a que les embarcations, pour lesquelles on plie les bordages, en les chauffant sur un feu de copeaux.

[3] Barroter la cale ou l'entre-pont d'un navire, c'est les remplir jusqu'aux baux. Quant au bigot, c'est une espèce de bois dur qui entre dans la composition du racage, c'est-à-dire du collier dont on entoure le mât. Le cas des bigots étant bien suiffé aide, dit Vial du Clairbois, le racage à glisser contre le mât, et en conséquence à amener la vergue.

dériver, centre de gravité, chasser, aller au vent. Le 12 juillet, il proposa un problème pour trouver et déterminer l'étendue des vergues, en égard à la distance des mâts pour le vent largue, etc. Mais il n'en laissa pas le manuscrit, et nous n'avons pas vu que la question ait été traitée;

Le marquis de Choiseul-Praslin, vingt-deux mots sur le commerce et les ordonnances;

Le P. Laroche, académicien libre, lut, le 31 octobre, un long mémoire sur le mot *astronomie*, contenant l'exposition des systèmes de Copernic, de Tycho-Brahé et de Descartes;

Le chevalier de Diziers, adjoint, lut le mot *planisphère*;

Chézac donna *chanvre* et sa recette, ainsi que les termes de corderie *affiner, espader*[1];

Petit lut un long mémoire sur les *matières premières*, un autre sur les *ports*;

Enfin Goimpy lut les mots *flot, flotte navale, métacentre*.

II. ASTRONOMIE. — Il y eut, le 6 mai, un passage de Mercure au-devant du soleil; le 27 juillet, une éclipse de Vénus par la lune; enfin, le 26 octobre, une éclipse de soleil. Ces trois phénomènes donnèrent lieu à d'importants travaux auxquels participa l'Académie de marine.

La conjonction écliptique de Mercure et du soleil fut observée par un temps favorable, au vent près : à l'Observatoire de Paris, par plusieurs astronomes de l'Académie des sciences; au château de Bellevue, sous les yeux de Louis XV, par Lemonnier, assisté de La Condamine; au haut de la rue des Fossés-Saint-Victor, par Bouguer; en d'autres lieux encore, par quantité d'astronomes. Un de ceux-ci, J.-N. Delisle, avait envoyé à l'Académie de marine l'avertissement relatif au passage de Mercure, avec une mappemonde où étaient désignés les endroits d'où l'on pouvait voir ce phénomène. Il donna lieu aux mémoires de deux académiciens, Bory et Keranstret. Le premier fut lu à la séance du 10 mai; mais il n'y eut pas de rapport fait, probablement parce que Bory avait envoyé préalablement son travail à l'Académie des sciences, qui le jugea digne de l'impression. Le mémoire de Keranstret fut lu le

---

[1] Dans l'*Encyclopédie méthodique*, le mot *chanvre* forme un article de 30 pages, rédigé par Vial avec le *Traité de corderie* de Duhamel du Monceau. On y lit qu'affiner le chanvre, c'est contraindre les fibres longitudinales de se séparer, et le purger des chènevottes et de l'étoupe. Espader est la seconde opération qu'on fait subir au chanvre, après l'avoir broyé avant de le piler. C'est par conséquent le nettoyage du chanvre, tel qu'il se pratique dans les ports.

9 août. Le P. Laroche fut chargé, concurremment avec le chevalier de Diziers, de l'examen de ce travail. Les deux rapports furent lus le 23 août. L'Académie délibéra, ce même jour, qu'elle enverrait copie de ces rapports à Keranstret, « sans tirer à conséquence de ce qui est prescrit par le règlement, attendu, disait-elle, que M. de Keranstret est académicien ».

L'éclipse de Vénus par la lune, du 27 juillet, donna lieu à quantité d'observations par toute l'Europe ; mais il ne paraît pas que l'Académie de marine s'en soit occupée; du moins nous n'en avons pas trouvé trace sur les registres.

L'éclipse de soleil du 26 octobre fut, au contraire, l'occasion d'une expédition de plusieurs académiciens. Le sous-directeur et capitaine de vaisseau Chézac, nommé au commandement de la *Comète*, frégate de 30 canons, reçut la mission d'aller observer cette éclipse, et en même temps de déterminer les points principaux de la côte de Madère et du Portugal, pour faire suite au voyage fait par Bory, en 1751, sur l'*Amarante*. Chézac partit de Brest le 20 septembre, emmenant avec lui, entre autres officiers, Bory, Goimpy, Diziers et Keranstret, qui se rendirent à Aveiro en Portugal, pendant que Chabert était chargé d'observer le même phénomène à Carthagène. On croyait que l'éclipse devait être totale à Aveiro : elle ne le fut pas, et les observateurs, trompés par de faux calculs, manquèrent de quelques minutes l'observation du commencement de l'occultation. Au surplus, les travaux de Goimpy et de Bory ne purent être lus à l'Académie de marine que l'année suivante, car la *Comète* ne revint à Brest qu'en février 1754.

Le même Goimpy avait lu, le 4 mai, un *Mémoire sur la boussole de réflexion du P. Lemaire*, et un autre *sur l'application de l'électricité au mouvement des comètes*. Nous n'avons pas retrouvé ces deux travaux, dont il laissa les manuscrits, dit le registre.

III. MATHÉMATIQUES. — Les mathématiques, pures ou appliquées, ne furent pour ainsi dire pas représentées à l'Académie en 1753. On lut seulement, à la séance du 30 mai, un *Prospectus apologétique*, d'un sieur Poligny, *pour la quadrature du cercle*, que l'on rendit naturellement à son auteur. Mais la Compagnie avait reçu, le 15 février, le *Cours de mathématiques*, de Camus, *à l'usage des jeunes ingénieurs*. Cet académicien honoraire était alors examinateur des écoles de génie et d'artillerie. L'Académie, sur le rapport de Chézac et de Bory, jugea que cet ouvrage n'était pas moins utile à la marine qu'au corps en faveur duquel il avait été composé, et qu'elle en verrait avec plaisir la réimpression.

IV. PHYSIQUE. — La physique, par contre, donna lieu à un assez grand nombre de travaux, dont les principaux sont :

Séance du 11 janvier : *Mémoire*, de Chézac, *sur la manière d'élever des pointes métalliques pour en tirer la matière du tonnerre*, et *Expériences à faire sur l'électricité*, proposées par MM. les membres de l'Académie de Brest, par le même. — Séance du 8 février : *Lettre* de l'écrivain Dudin, adjoint, *contenant le détail d'un fait de physique qu'il a vu dans le cabinet du R. P. Berthier.* « Ce fait, dit l'auteur, est des plus intéressants et laisse une alternative de juger si la cause de la répulsion et de l'attraction vient de l'électricité ou d'un magnétisme universel, ou de l'attraction et répulsion même naturelle, que les savants ont supposée essentielle à la matière. » Dudin rapporte aussi une expérience faite par M. Lesmoyner d'une nature fort approchante, dit-il, et donnant nouvelle prise à l'électricité. Nous n'avons pas d'autres détails. — Séance du 4 mai : *Lettre*, de Duhamel, *contenant une nouvelle découverte pour faire les expériences d'électricité, trouvée par un ingénieur des ponts et chaussées.* C'était au moyen d'un mouchoir de toile frottée, après l'avoir bien desséchée au feu. Remarquons, à propos de ces quatre mémoires, que l'invention de Franklin était encore toute récente et que le premier paratonnerre qui ait paru en France venait d'être construit pour la machine de Marly.

Séance du 25 janvier : *Mémoire*, de Morogues, *sur la corruption de l'air dans les vaisseaux*. C'est le même travail qu'il avait envoyé en 1745 à l'Académie des sciences, et qui se trouve au tome I des *Mémoires des savants étrangers*, mais qu'il avait augmenté depuis la découverte des cheminées inventées par Samuel Sutton[1], pour pomper l'air des vaisseaux. L'ouvrage de l'auteur anglais, intitulé : *Nouvelle méthode pour pomper l'air des vaisseaux*, avait été traduit, mais n'était même pas connu de Morogues, dit M. Levot dans la *Biographie bretonne*, lorsque celui-ci avait composé son premier mémoire. En effet, la publication de la traduction du docteur de Montpellier Lavirotte est de 1749. Tout en reconnaissant, dans son second ouvrage, l'excellence des cheminées Sutton, Morogues pensait qu'en raison des formes suivies par les An-

---

[1] Il avait trouvé une méthode de désinfecter les vaisseaux par des tuyaux de communication avec le feu des cuisines. Voir la description de cet appareil dans le *Journal des savants* de juin 1750.

glais dans leurs constructions, ces cheminées devaient mieux s'adapter à leurs vaisseaux qu'aux nôtres. Déjà Duhamel du Monceau avait modifié le système Sutton, dit à son tour le docteur Lefèvre dans les *Archives de médecine navale*, III, 652, et des essais heureux de son appareil avaient eu lieu à bord du navire la *Mutine*, commandé par le lieutenant de vaisseau Choiseul, dans sa campagne de Louisbourg. Morogues, de son côté, essaya le ventilateur de Hales sur la frégate le *Solebay*, qu'il avait commandée. Enfin, le physicien Desaguliers avait proposé une machine à souffler de son invention [1]; mais, ajoute M. Lefèvre, le problème de la ventilation des navires n'était pas aussi facile à résoudre qu'on le supposait, et aujourd'hui même, malgré les progrès des sciences physiques et mécaniques, après de nombreux essais, on en attend encore la solution.

Séance du 22 février : *Observations*, de Morogues, *sur une bouteille plongée dans la mer à une grande profondeur*. En 1751, l'auteur avait répété dans le S. et dans l'O. des côtes de Portugal les expériences de Cossigny, dont il est question à l'année 1737 des Mémoires de l'Académie des sciences. De ces expériences il résultait que si, à une grande profondeur, l'eau est moins salée, la forte pression qui brise tous les vases empêche de profiter de cette ressource pour se procurer de l'eau douce. Morogues reproduisit son mémoire, qui est de quatre pages in-folio, sous cet autre titre : *Mémoire sur la chute des corps dans l'eau*, et le lut le 1er mars. Enfin, le 24 mai, il lut une *Traduction du mémoire de Halley sur la cloche à plonger*, pour servir à son article *Cloche à plonger* du Dictionnaire, et le 8 novembre, la *Description d'une cloche à plonger inventée par Vernet*, qu'il accompagna d'intéressantes observations marginales.

Séance du 9 août : *Mémoire*, de La Fléchardière, avocat à Quimper, *sur plusieurs machines de son invention relatives à la mécanique et à la physique*. En envoyant ses remerciements à l'auteur, l'Académie le pria de donner le développement et l'explication démontrée des machines qui lui paraîtraient les plus essentielles à la marine et à la navigation. Nous n'avons pas connaissance que La Fléchardière ait donné suite à son travail.

Séance du 23 août : *Mémoire*, d'Hélian, médecin à Metz, *sur un moyen*

---

[1] L'opuscule de Desaguliers sur une nouvelle manière de construire les cheminées a été publié à Londres en 1715. In-8°.

de purifier l'eau de mer et de la rendre potable. Frézier et Courcelles furent chargés de l'examen de ce travail, qui intéressait particulièrement l'Académie. Sur leurs rapports, lus le 30 août, la Compagnie remercia obligeamment l'auteur de son attention à lui faire part de ses recherches sur un objet aussi important pour la marine.

V. MÉDECINE, HISTOIRE NATURELLE. — La médecine fut représentée principalement par l'académicien ordinaire Chardon de Courcelles, correspondant de l'Académie des sciences et directeur de l'école d'anatomie de Brest. Dans les séances du 11 et du 18 janvier, l'Académie, sur le rapport du comte de Roquefeuil et de Bory, donna son approbation à l'*Angiologie* et à la *Névrologie*, troisième et quatrième parties de son *Abrégé d'anatomie*, qu'elle jugea devoir être très-utile pour l'instruction des élèves chirurgiens. Le 7 avril, Courcelles lut un intéressant *Mémoire sur les maladies des équipages dans les vaisseaux*, 40 pages in-folio. C'était à propos de l'épidémie de fièvre putride qui s'était déclarée dans l'escadre commandée en 1746 par le duc d'Enville, lieutenant-général des armées navales. Courcelles s'y trouvait embarqué sur le vaisseau-hôpital le *Mercure*. L'auteur indique les causes auxquelles on attribua cette épidémie, les méthodes de traitement qu'il avait adoptées, les remèdes qui lui avaient le mieux réussi, enfin les mesures à prendre pour prévenir le retour de pareilles calamités. La bibliothèque du port de Brest possède *in extenso* ce manuscrit, qui mériterait d'être imprimé, bien que l'auteur en ait jugé autrement dans le rapport qu'il fut chargé de faire, en 1771, des manuscrits de la première Académie.

Le 11 janvier, Courcelles avait également lu un *Mémoire*, adressé par Maistral, médecin de Landerneau, *sur une femme de l'île Maurice qui était accouchée de quatre chiens dogues.* Le fait parut si extraordinaire que l'Académie de marine demanda à l'auteur un extrait de son mémoire. Il a été, du reste, imprimé dans les Mémoires de l'Académie des sciences.

A la séance du 22 mars, il fut fait lecture, par le secrétaire, d'un *Mémoire* de Percave, chirurgien-major au port de Brest, *sur une observation d'un coup d'arme à feu dans l'œil droit d'un homme de considération* (sic). L'auteur réduisait ses observations à prouver que c'est la rétine qui est l'organe immédiat de la vue, et non la choroïde, dont la fonction est d'absorber les rayons lumineux qui ne servent pas à la vision.

A la séance du 31 octobre, Morogues lut un *Mémoire sur un animal aquatique d'une forme singulière*. Cet article a été inséré dans le tome II, page 145, des *Mémoires des savants étrangers*. Morogues en avait eu connaissance par le chevalier Keranstret, embarqué sur la *Mutine*, sous les ordres du capitaine Choiseul. C'était une espèce de mollusque marin. Une faible pierre, à laquelle il était attaché, avait fait penser à Morogues que l'animal pouvait bien s'en servir comme de lest, pour se transporter, comme aussi pour se fixer au fond de l'eau.

VI. HYDROGRAPHIE, NAVIGATION. — En 1750 et 1751, l'enseigne de vaisseau Chabert, le seul de son grade nommé académicien ordinaire de la marine en 1752, avait fait un voyage à la côte N. de l'Amérique, à la suite duquel il avait rédigé un mémoire où il fixait, par des observations astronomiques, les principaux points de l'Acadie, de l'Île Royale et de Terre-Neuve. Sur le rapport de La Galissonnière et de Bouguer, l'Académie, dans sa séance du 9 juillet, jugea digne de l'impression cet ouvrage, qui avait valu à son auteur le suffrage des principales sociétés savantes de l'Europe.

Pendant les mois de mars, avril et mai, Bory lut un *Mémoire sur la machine de Brunkner, pour mesurer la vitesse du courant de l'eau dans une rivière*, et les *Remarques* qu'il en avait déduites à la mer, sur la corvette l'*Amarante*, qu'il commandait en 1751, pour mesurer avec la même machine le sillage des vaisseaux. Ce travail parut important à l'Académie, puisqu'il est écrit sur les registres : « doit être imprimé », mais nous ne l'avons pas retrouvé. A été perdu également le *Mémoire*, de Keranstret, *sur la cause des courants*, lu à la séance du 15 novembre.

Le 1er mars, Chézac lut ses *Remarques sur le débouquement des Anglais pour venir de Saint-Domingue, avec la position de deux îles dans le Nord, qui ne sont point marquées sur la carte levée en 1724 par ordre du capitaine de vaisseau chevalier Desnos-Champmeslin*. A la séance suivante, Frézier, qui avait été chargé par Champmeslin de lever la carte de ce débouquement, répondit à Chézac par un *Mémoire concernant deux passages dans les Lucayes, dont l'un est appelé parmi nous Débouquement anglais ou de Krook-Island, sous le vent de l'île Krooked, l'autre au vent (c'est-à-dire à l'E.) de la même, et sous le vent de l'île Samana, suivi d'un extrait du journal de la navigation d'un vaisseau de La Rochelle, commandé par le sieur Amelot en 1725, concernant un nouveau débouquement qu'il a découvert à l'O. de l'île*

Samana et à l'E. de celle de Krooked. Tel est le titre démesuré d'un manuscrit de 17 pages in-folio, avec la carte, aussi manuscrite, dressée en 1724. Le 10 mai, Chézac riposte à Frézier par quelques remarques sur son journal. Cette question des débouquements du Krooked et du Profond a été élucidée, d'après le manuscrit de Frézier, dans les *Essais de biographie maritime* de M. Levot. Bellin, dans sa description des débouquements qui sont au N. de Saint-Domingue, reconnaît que c'est à Frézier que les Français doivent les premières connaissances exactes du débouquement de Krooked, depuis longtemps fréquenté par les bâtiments anglais.

Ce Bellin, dont nous venons de parler, était ingénieur de la marine au Dépôt des cartes et plans et académicien libre. Le 10 mai, il envoya à l'Académie une *Carte réduite en deux feuilles des côtes occidentales d'Afrique, de Gibraltar à Sierra-Leone*, avec un *Mémoire* à l'appui. Plusieurs circonstances, écrivait-il, l'avaient empêché d'envoyer ces manuscrits à l'Académie avant de les rendre publics : à l'avenir il se conformerait à la règle pour tous ses ouvrages. Il demandait nonobstant que son mémoire fût lu et soumis au jugement de l'Académie. Celle-ci consentit à la lecture, et témoigna à l'auteur du plaisir qu'elle lui avait causé ; mais elle décida que puisque l'ouvrage était publié, il n'y avait pas lieu d'en faire un examen. Le 30 août de la même année, le même Bellin envoya deux exemplaires d'une seconde édition de son *Neptune français*, gravé au Dépôt, avec les *Mémoires* qui l'accompagnent. L'Académie, d'après le rapport favorable de Bouguer et de Keranstret, donna son approbation à cet ouvrage, disant qu'on ne pouvait rien faire de mieux en se bornant à une nouvelle édition, et que les mémoires étaient dignes de l'impression.

Le 17 mai, l'Académie chargea Bory et Chabert de l'examen de *Trois nouvelles cartes de l'Océan méridional oriental*, que l'hydrographe Denis d'Après de Mannevillette, académicien libre, se proposait de donner et de réunir dans une carte générale, pour la joindre à son *Neptune oriental*, publié en 1745. Le rapport des commissaires lui fut favorable, et l'Académie jugea l'ouvrage digne d'être donné au public. Les progrès réalisés depuis cette époque ont fait corriger bien des erreurs échappées à Bellin, et même ont motivé la suppression du *Neptune* de Mannevillette ; mais ils n'en ont pas moins le mérite d'avoir montré la route aux cartographes et hydrographes qui les ont remplacés.

Le 14 juin, le directeur Morogues fit lecture de l'*Explication* donnée par l'astronome J.-N. Delisle *au sujet d'une Carte de nouvelles découvertes au N. de la mer du Sud*, publiée en 1751 par Buache, et le 20 septembre, Frézier, qui avait reçu de Delisle cette carte pour la transmettre à l'Académie, apporta quatre nouvelles cartes contenant les découvertes de l'amiral espagnol Barthélemy De Fuente, et lut les raisonnements qu'en avait tirés Delisle. Cette question est traitée dans le *Journal des savants* de décembre 1752, de septembre et de décembre 1753. Il s'agissait de la découverte, en 1640, d'un passage au N.-O., rendue probable par celle du détroit de Behring, en 1631. La *Relation* de Fuente, publiée à Londres en 1708, a été le sujet de longues discussions, qui ont fini par faire regarder la découverte de cet amiral comme imaginaire. Ce qu'il y a de certain, c'est qu'on n'a pas retrouvé l'original espagnol de cette relation.

VII. Manœuvre, installation et arrimage des vaisseaux. — On s'occupa peu de manœuvre proprement dite en 1753. L'Académie des sciences avait pourtant proposé, pour sujet de prix à décerner en 1755, une question qui devait tenter les académiciens de marine : « La manière la plus avantageuse de suppléer à l'action du vent sur les grands vaisseaux, soit en y appliquant les rames, soit en employant quelque autre moyen que ce puisse être ». Nous ne savons si l'Académie de Brest en fut avisée, car il n'en est pas fait mention sur les registres.

Quant à l'assemblée, elle reçut, le 11 janvier, une lettre du lieutenant de vaisseau Landré, académicien ordinaire de Toulon, contenant l'explication de l'opération qu'il avait faite pour mettre sur la cale, à Toulon, la barque l'*Hirondelle*. Mais le mémoire de cet académicien ne fut lu que dix-huit ans plus tard, par Goimpy, à la séance du 2 mai 1771.

Le 26 juillet, le comte de Roquefeuil lut un *Mémoire sur la force de l'homme appliquée au cabestan*. La même question sera reprise, l'année suivante, par un simple garde de la marine, Thiersanville.

Le 2 août, le directeur Morogues lut un *Mémoire*, de Crozet, maître de mathématiques à Rochefort et académicien libre, *sur la figure la plus convenable pour les porte-voix*. L'Académie décida qu'on témoignerait à l'auteur qu'on avait vu avec plaisir la conformité de son expérience avec ce qui était rapporté par La Chapelle, dans les *Mémoires pour l'histoire des sciences et des arts*, de mai 1751, et qu'elle le priait de continuer ses expériences. Dans la même séance, le secrétaire Choquet commença la lecture d'un *Mémoire*, de Fourcroy, commissaire à Rochefort et académicien ordinaire, *sur les toiles à voiles*. L'Académie donna son approbation à cet ouvrage sur une partie si importante de l'équipement des vaisseaux et de la sûreté de la navigation.

VIII. ARCHITECTURE NAVALE. — En construction, cinq mémoires importants furent présentés dans le courant de 1753.

A la séance du 8 février, ce fut un *Problème*, de Petit, *pour tracer, sur le côté d'un vaisseau qui est encore sur les chantiers, la ligne de carène, en supposant le vaisseau dans cet état tranquille, après avoir été lancé à l'eau*. Cette question fut remise au chevalier de Roquefeuil, pour qu'il l'examinât et en fît son rapport. Nous ne savons ce que ce rapport est devenu.

Séance du 1er mars : *Mémoire*, du chevalier de Diziers, enseigne et académicien adjoint, *sur l'usage des compas de proportion pour la coupe des manœuvres des vaisseaux et leur poids*. Nous n'avons pas non plus trouvé trace de ce mémoire, dont Diziers laissa le manuscrit.

Séance du 13 décembre : *Mémoire*, de Coulomb, académicien ordinaire, *sur la suppression de l'élancement de l'étrave et de la queste de l'étambot*. L'assemblée pria l'enseigne De Grassy, académicien adjoint, de tracer un plan de deux vaisseaux de même dimension : le premier, avec élancement et queste ; le second, sans l'un ni l'autre. Grassy compara le *fleuron*, de 64 canons, avec un plan fait sur les mêmes dimensions, mais sans élancement à l'étrave. Son mémoire ne sera lu que le 9 mai de l'année suivante. Dans la même séance, Chapelle, académicien ordinaire, donna un *Mémoire sur la rentrée du vaisseau*. L'assemblée fit aussi bon accueil à ce travail qu'à celui de Coulomb, et décida qu'on prierait les deux auteurs d'envoyer d'autres mémoires, ainsi que leurs réflexions sur la construction. Le cinquième travail de l'année, lu encore le 13 décembre, fut un *Mémoire*, de Morogues, *sur les vaisseaux intermédiaires*. C'est probablement le même ouvrage que celui intitulé : *Gabarits intermédiaires tracés par la méthode des limites*, qui forme 10 pages in-folio du dictionnaire manuscrit de l'Académie, et qui reproduit vraisemblablement la méthode de Duhamel du Monceau.

IX. TRAVAUX HYDRAULIQUES. — Un seul mémoire, mais il est important, et occupa les séances du 8 février, du 20 juin, du 2 août et du 13 septembre. C'est celui de l'écrivain Dufresne, académicien adjoint, sur une *Machine*, de son invention, *pour enfoncer les pilotis*, comparée au cabestan dont on se servait, pour cette opération, à la bâtisse des formes de Pontaniou. Le chevalier de Roquefeuil et Petit firent chacun leur rapport sur ce travail. Il trouvèrent la machine trop chère, embarrassante et trop sujette à réparation[1]. Dans la dernière séance, on examina le modèle de la machine Dufresne, et, pour en rappeler les principes, on reçut, avec son mémoire, les réponses qu'il avait faites aux objections formulées.

X. ARTILLERIE. — En artillerie, trois ouvrages seulement furent présentés.

Le premier, 8 mars, fut un *Mémoire*, de Missiessy, lieutenant de vaisseau et académicien ordinaire, *sur le minerai de fer*. A ce travail était joint un plan vertical des fourneaux de la fonderie de Saint-Gervais, fondée en 1684 et rayée aujourd'hui de l'*Annuaire de la marine*.

Le second, 27 septembre, était une *Description*, par Raby des Genets, écrivain de Rochefort et académicien adjoint, *de certaines caisses d'artifices* qu'il avait vues à bord d'un corsaire anglais. Goimpy fera une seconde lecture de cette lettre dans la séance du 2 mai 1771.

Le troisième et le plus important, 6 décembre, était un *Mémoire*, de Duhamel du Monceau, *sur les canons*. Malheureusement ce travail a été perdu comme tant d'autres.

XI. HISTOIRE ET LITTÉRATURE. — L'histoire et la littérature proprement dite ont toujours été l'objet secondaire de l'Académie. Cependant quelques ouvrages ou reproductions furent lus en 1753.

C'est ainsi que, le 18 janvier, le directeur fit lecture à l'assemblée d'une lettre de D. Antonio de Ulloa, capitaine des vaisseaux du Roi Catholique, concernant trois morceaux de bois trouvés à Carthagène, en creusant les fondements des digues. L'auteur, à en juger d'après leurs dimensions, estimait qu'ils avaient dû servir de quilles à quelque bâtiment du temps des Romains, et il fondait ce jugement sur les monnaies romaines trouvées au même endroit.

En mars et mai, le directeur lut encore une relation, en forme de lettre, du chevalier de Valbelle, à l'occasion de ce qui s'était passé du 3 au 16 juin 1673 dans l'armée navale anglo-française commandée par le prince Rupert. C'est probablement la lettre publiée par Eugène Sué, dans laquelle il avoue qu'il s'est laissé trop emporter dans la bataille

---

[1] Le rapport autographe, raisonné par Petit et éclairé sur un point par le chevalier de Roquefeuil, est une des rares pièces manuscrites qui nous restent de la première Académie de marine. Il est signé des deux auteurs et contresigné de Choquet et de Morogues.

du 7 juin, et ajoute : « La manœuvre du comte d'Estrées sauva les brebis qu'un zèle indiscret avait égaré du troupeau. De ma vie, ce malheur ne m'arrivera ; j'en suis corrigé pour toujours » En juin, Morogues lut également un *Mémoire du comte d'Estrées,* du 22 août 1673, contenant une relation de la bataille de la veille. C'est, dit Jal dans son *Du Quesne,* une relation à la Cour, modeste et peu détaillée, que Colbert trouva sèche. Il serait curieux de rapprocher ces pièces de l'information secrète, qui est dans les *Batailles navales,* de M. Troude, et des deux rapports de l'intendant De Seuil, analysés dans le *Du Quesne,* de Jal, tome II, pages 122 et suivantes.

En fait de littérature, nous n'avons à mentionner que la lecture, par le dessinateur Lubet, à la séance du 4 mai, d'un manuscrit de sa composition *sur l'estime que les anciens faisaient des sciences et des arts et de leur utilité,* et, à celle du 12 octobre, de quelques réflexions de Frézier *sur différents ouvrages nouveaux qui traitent de la beauté réelle et constante des édifices et de ce qui peut la constituer.* Ce dernier travail a été inséré dans le *Mercure* de 1754.

XII. AGRICULTURE. — A la séance du 1er mars, Duhamel du Monceau avait écrit de nouveau pour demander des commissaires, à l'occasion de son livre sur l'agriculture. Le 18 avril, l'Académie, sur le rapport de Camus et de Le Febvre, jugea « que la nouvelle édition du livre de Duhamel sur la culture des terres, ouvrage dans lequel il avait fait voir son zèle pour le bien public, dans la partie la plus essentielle de l'agriculture, que toutes ses expériences tendaient à perfectionner, ne pouvait qu'être utile et favorablement reçue ».

DONS D'OUVRAGES. — Les principaux ouvrages offerts à l'Académie en 1753 sont :

18 janvier : *Six estampes,* d'Ozanne; *Éléments d'architecture navale, ou Traité pratique de la construction des vaisseaux,* par Duhamel du Monceau. Paris, Jombert, 1752. 1 vol. in-4°. L'ouvrage est dédié à l'Académie de marine. Il y en a une analyse dans le *Journal des savants,* de mars 1753.

25 janvier. Dons par Morogues : 1° de son *Mémoire sur la corruption de l'air dans les vaisseaux* ; 2° d'un *Plan du vaisseau le Prudent,* de 50 canons, du mois de juillet 1681, au dos duquel est l'ordre du ministre pour le faire exécuter. Ce plan fut copié par le sous-constructeur Geoffroy. — Don de l'*Angiologie* et de la *Névrologie,* par Courcelles.

8 février : Morogues remet un *Mémoire,* de l'ingénieur Froger, *sur*

l'établissement du port de Brest, pour que l'Académie en prenne copie. Il présente également une *Carte des côtes de Bretagne aux environs de Brest*, et cinq *Plans de Brest*, savoir : les trois premiers, de 1670, 1684 et 1688; un quatrième avec les projets de Vauban, dessinés par Roblin; enfin, un autre petit plan de Brest contemporain, avec les projets. Ces six cartes furent remises à Petit, afin d'en faire des copies pour l'Académie; mais ce fut Choquet de Lindu qui les exécuta. Aucun de ces plans n'a été retrouvé dans les archives de l'Académie.

15 février: Le *Cours de mathématiques* de Camus, 1749, imprimerie royale. 4 vol. in-8°. — *Estampes*, par Ozanne, *du Duc de Bourgogne*, lancé en 1752 au port de Rochefort.

29 mars : *Traité de navigation*, de Bouguer, contenant la théorie et la pratique du pilotage. Paris, 1753. In-4°. Il y en a une analyse dans le *Journal des savants*, de juin 1753. — *Traité de la conservation des grains et en particulier du froment*, par Duhamel du Monceau. Paris, Guérin, 1753. 1 vol. in-12.

4 mai : Le dessinateur Lubet donne à l'Académie un buste du roi de sa composition.

26 juillet : *Deux exemplaires des cartes du Dépôt*. L'assemblée décida qu'on demanderait à Bellin deux exemplaires des *Observations relatives à la construction des cartes*. Elle les reçut fin août.

23 août : Don par Pingré, chanoine régulier de Sainte-Geneviève, de son *État du ciel pour* 1754, calculé sur les tables de Halley et rapporté à l'usage de la marine. Cette éphéméride, dit Lalande dans sa *Bibliographie astronomique*, est la première que l'on ait entrepris de calculer pour l'usage de la marine, avec la précision scrupuleuse, mais pénible, qui peut dispenser le navigateur et l'astronome de la plus grande partie des calculs qu'exige la méthode des longitudes en mer par la hauteur de la lune. Pingré eut la gloire de former cette entreprise, qu'il suivit seul pendant quatre ans. Il cessa au bout de ce terme, parce que les navigateurs n'étaient pas encore prêts à en profiter et à le dédommager par là de ce pénible travail. Le Bureau des longitudes d'Angleterre reprit le même projet en 1767, en publiant le *Nautical Almanach*. L'Académie de marine, après avoir fait retrancher de la dédicace de Pingré, sur la demande même du comte de La Galissonnière, les louanges adressées à cet académicien honoraire, accepta l'hommage du livre. Pingré continua son envoi de deux exemplaires en 1754 et 1755.

30 août: Deux exemplaires du *Neptune français*, par Bellin.

6 septembre : Une *Estampe*, d'Ozanne, représentant une vue d'embarquement au port de Brest.

20 septembre : Don, par J.-N. Delisle, de quatre *Cartes contenant les découvertes de l'amiral De Fuente*. Déjà, le 14 juin, le même Delisle avait envoyé la *Carte des nouvelles découvertes au N. de la mer du Sud*, dont nous avons parlé sous la rubrique Hydrographie.

29 novembre : Don, par le roi, des instruments qui avaient servi à la campagne de Kerusoret, commandant de l'*Émeraude*, en 1752.

13 décembre : Le chevalier de Cours, académicien adjoint, donna le *Plan de la rade de Louisbourg*, qu'il avait levé, étant embarqué sur le *Bizarre*, commandant Hocquart, en 1753. — Grassy, autre adjoint, donna, ce même jour, le *Plan de la corvette la Flore*.

ÉVÉNEMENTS DE L'ANNÉE. MOUVEMENTS. — Le seul événement de l'année 1753 fut, en novembre, l'arrivée à Brest du duc d'Aiguillon, gouverneur de la province de Bretagne, qui empêcha la séance du 22, les officiers étant occupés par les visites et tournées qu'il fit, soit dans le port, soit sur les vaisseaux.

Le 22 décembre, l'assemblée, conformément à l'article 11 du règlement, se réunit extraordinairement pour procéder, par la voie du scrutin, à l'élection de ses officiers, comme aussi pour nommer aux places vacantes à remplir. Dès le 8 février, le marquis de Choiseul-Praslin, qui partait pour Saint-Domingue, avait demandé à se démettre de son titre d'académicien ordinaire, comme ne pouvant, pour des raisons personnelles, ni suivre les travaux académiques, ni assister aux assemblées. Dans le courant de l'année, un autre capitaine de vaisseau, Lemoyne de Serigny, qui, le 29 mars, probablement pour cause de maladie, n'avait pas encore fait savoir à l'Académie s'il acceptait le choix qu'en avait fait le ministre, était mort à Rochefort, le 9 octobre 1753. Enfin, en novembre, le lieutenant de vaisseau La Tullaye avait donné sa démission tout en exprimant ses regrets de ne pouvoir s'occuper des travaux de l'Académie. Cela faisait trois places d'académiciens ordinaires vacantes, sans compter les trois places d'adjoints auxquelles l'Académie n'avait pas encore pourvu jusque-là, parce qu'il ne s'en était pas encore présenté, et qu'elle n'avait pas cru devoir s'écarter de l'article 9 du règlement, qui soumettait ce remplacement à l'autorisation du ministre de la marine. Les trois académiciens ordinaires agréés par le ministre furent les trois adjoints *Keranstret*, *La Cardonnie* et *Goimpy* ; le premier et le dernier, de Brest, à cause de leurs travaux académiques; le second, de Rochefort, en raison de ses connaissances en astronomie. En vertu de l'article 8 du règlement, il y eut deux adjoints de proposés pour chacune des deux places d'ordinaire de Brest; mais, relativement à celle de Rochefort, l'Académie n'en proposa qu'un seul, comme n'étant instruite ni des talents, ni des objets des travaux des autres adjoints de ce département, qui n'avaient produit aucun ouvrage, ni entretenu, pendant tout le courant de l'année, aucune correspondance avec l'Académie. Le 24 janvier 1754, elle proposa, pour remplir la place d'adjoint de Rochefort, en remplacement de La Cardonnie, l'enseigne *De Thiennes*, qui avait travaillé à l'Observatoire de cette ville, et laissa provisoirement vacantes les deux autres places d'adjoint de Brest, sans compter les trois premières, auxquelles il n'avait pas été pourvu depuis la fondation de l'Académie, ce qui fit que le nombre des académiciens, pour l'année 1754, fut réduit à soixante-dix.

Quant aux officiers élus, ce furent :

Directeur : Chézac, en remplacement de Morogues;

Sous-directeur : Morogues, en remplacement de Chézac;

Secrétaire : Choquet; suivant le désir exprimé par le ministre, cette place ne fut pas mise au scrutin;

Sous-secrétaire : Bory, en remplacement de Des Roches.

III.

Année 1754.

En 1754, les séances se tinrent aussi régulièrement que l'année précédente; mais il semble, d'après deux lettres adressées, l'une au ministre de la marine, l'autre au commissaire général Pellerin, savant et judicieux antiquaire qui avait contribué puissamment à la fondation de l'Académie, que cette Compagnie fut, dès l'origine, en butte aux plaisanteries, non-seulement de ceux qui n'avaient pas été admis à l'honneur d'en faire partie, mais même de quelques membres qui, non contents de ne rien produire, n'assistaient que rarement aux assemblées. On se plaignait surtout, comme nous l'avons vu, du peu de zèle des adjoints du département de Rochefort; aussi avait-on laissé vacantes cinq de ces dernières places.

Dans la lettre au commissaire général, il est question du silence mortifiant du ministre, capable de ralentir le zèle des travailleurs. Aussi l'Académie prie-t-elle Pellerin d'appuyer la demande d'obtention de lettres patentes. Le secrétaire ajoutait assez amèrement, au nom de la Compagnie : « *Dans quelques années les papiers publics seront chargés de questions au sujet de cette Académie disparue peu après sa naissance, et des prix seront proposés pour qui en fera la découverte.* » L'Académie demandait la suppression de quelques phrases de l'article 26 du règlement, afin d'ôter au public l'idée que les académiciens ne sont que des écoliers. Si elle ne veut pas de la préséance des académiciens libres sur les ordinaires, ce n'est point pour rabaisser le mérite personnel des premiers, mais c'est parce que le contraire a lieu à l'Académie des sciences et que la préséance des académiciens ordinaires doit exister surtout dans une académie de marine, où un maître d'hydrographie ne doit point siéger avant un commissaire général et d'anciens capitaines.

Dans la lettre au ministre, en réponse à deux dépêches par lesquelles Rouillé demandait à être tenu plus souvent au courant des travaux de l'Académie, et lui recommandait d'envoyer aux autres ports des extraits de ses différents mémoires, celle-ci, indépendamment des points communs qui rattachent ces deux lettres l'une à l'autre, représentait humblement que c'était plutôt au ministre qu'il appartenait d'annoncer lui-même les ouvrages de l'Académie de marine; qu'il aurait ainsi l'occasion de faire connaître la satisfaction qu'il ressentait de ces travaux et particulièrement des membres qui en auraient produit, et de caractériser la distinction qu'il en faisait. Ce serait un aiguillon puissant pour exciter ceux qui n'ont rien donné, et pour faire naître à d'autres le désir d'être admis à l'Académie. On demandait au protecteur de la Compagnie des lettres patentes pour donner une forme solide à l'établissement, un état qui pût y rattacher ses membres; pour l'autoriser à donner des lettres de correspondance, avec le sceau, et pour affermir les relations que quelques-uns des académiciens avaient avec les savants de l'Europe ; enfin pour donner un caractère aux dédicaces et adresses qui lui étaient faites et une approbation des ouvrages qu'on soumettait à son examen. On connaîtrait, par l'obtention de ces lettres, ceux qui n'ont point d'aptitude pour les travaux académiques, et qui n'osent se retirer, dans la crainte de déplaire au ministre. Que celui-ci leur en donne la permission.

Quant à la préséance demandée des académiciens ordinaires sur les académiciens libres, elle se fondait, outre l'exemple donné par l'Académie royale des sciences, sur ce que des personnes associées sans engagement ne peuvent prétendre avoir le pas sur les membres assujettis à produire et qui sont le fond même de l'Académie. Enfin on demandait un commis pour les écritures, qui commençaient à devenir considérables.

Qu'advint-il de ces deux lettres ? Nous sommes d'autant moins édifié à ce sujet que les documents relatifs à l'Académie de marine laissent grandement à désirer jusqu'en 1769. Mais les jetons de présence ne datant que de l'époque de la réorganisation de cette société, il est plus que probable que cette lettre au ministre n'eut aucun résultat. Rouillé d'ailleurs quitta le ministère le 31 juillet 1754, époque où il fut remremplacé par Machault. Tout en présentant ses respects à son nouveau protecteur, l'Académie n'oublia pas de remercier l'ancien et de lui annoncer qu'elle continuerait à lui faire part de ses travaux. Machault du reste, continuant la tradition de son prédécesseur, se montra également favorable à l'Académie ; car il commença par ordonner, en vertu de l'article 31 du règlement, un fonds de 18,000 livres pour les trois années 1752, 1753 et 1754. Malheureusement il ne tarda pas à être absorbé par les préparatifs de la guerre de 1756.

Avant d'en venir là, nous allons constater, comme nous l'avons fait pour l'année précédente, les travaux produits en 1754.

I. Dictionnaire. — L'activité paraissait déjà se ralentir pour le Dictionnaire, par comparaison du moins avec ce qui avait été donné l'année précédente ; mais n'oublions pas que beaucoup des premiers articles étaient antérieurs à la fondation de l'Académie. Conséquemment, les nouveaux ne pouvaient se succéder aussi rapidement. Aussi n'y eut-il que 131 mots de composés en 1754, dont 80 par Morogues, 50 par Saint-Victoret et *appareiller* par le chevalier de Roquefeuil. Tous les mots du nouveau sous-directeur sont relatifs à la construction ; ceux de Saint-Victoret concernent la manœuvre. Parmi ces derniers, nous remarquons *chouquet, drisse* et *mettre à la bande*.

II. Astronomie. — En revanche, l'Académie s'occupa beaucoup d'astronomie. Le voyage accompli l'année précédente sur les côtes du Portugal, sous le commandement de Chésac, donna encore lieu, en 1754, à plusieurs mémoires importants, tels que : *Mémoire* de Chésac *sur une boussole de variation*, suivant une méthode portugaise, d'après laquelle un seul homme suffisait pour les observations. L'Académie chargea Ozanne de graver une planche de cette boussole, le prix devant en être payé par le Roi; *Observation de Goimpy sur l'éclipse de soleil du 26 octobre* 1753, avec les remarques du P. Laroche à propos de ces observations; *Mémoire* de Bory *sur le même sujet*; il est dans les mémoires de l'Académie des sciences, année 1772; *Mémoire présenté au roi de Portugal le 15 novembre* 1753, *par* Bory, Goimpy *et* Diziers, à l'occasion des dernières observations; *Mémoire* de Goimpy *à propos des remarques à faire observer sur les satellites.* Cet infatigable travailleur lut encore, dans cette même séance du 26 septembre, sur l'astronomie et sur la manœuvre, plusieurs notes ou mémoires, dont il ne laissa pas les manuscrits.

D'autres travaux furent encore présentés, parmi lesquels nous remarquons :

Mémoire de Keranstret *sur la longitude de Saint-Matthieu,* lu à la séance du 14 février. A l'Académie des sciences de 1754 nous voyons admis un mémoire de Cassini de Thury sur le même sujet;

A celle du 28 février, *Mémoire* de Petit *sur différentes vues pour fixer une révolution exacte de la variation du temps.* Ce travail, dit Courcelles dans son rapport de 1771, n'offre que des généralités vagues et d'une utilité médiocre;

Séance du 4 juillet : *Mémoire* de l'abbé Gilbert, chapelain de l'Hôtel-Dieu de Saint-Malo, présenté par Chézac, *sur le projet et la description d'un instrument parallactique.* A la suite de cette lecture, l'abbé fut nommé correspondant de l'Académie. Il avait sollicité cette faveur dans une lettre où il demandait l'examen d'une nouvelle division de son invention, propre à être appliquée à l'octant;

Lettre de Bouguer contenant quelques remarques sur le supplément au journal historique du voyage à l'équateur de La Condamine, dont la relation avait paru en 1751. C'est le dernier mot d'une polémique entre ces deux savants, à l'occasion de leur expédition équatoriale de 1735. Au mois de novembre 1744, Bouguer avait rendu compte de ses opérations dans une séance publique de l'Académie des sciences. A son retour en 1745, La Condamine publia une relation abrégée de son voyage, puis ses trois volumes in-4° de 1751. Bouguer lui répondit, l'année suivante, par une justification des mémoires de l'Académie des sciences et de son livre *la Figure de la terre* paru en 1749. La Condamine répliqua par son *Supplément au journal historique du voyage* à *l'équateur et au livre de la mesure des trois premiers degrés du méridien, servant de réponse à quelques objections.* Enfin, Bouguer écrivit en 1754 la lettre dont nous avons parlé plus haut, et dont le titre in extenso est : *Lettre à M***, dans laquelle on discute divers points d'astronomie pratique, et où l'on fait quelques remarques sur le Supplément au journal historique du voyage à l'équateur de M. de la C.* Celui-ci termina la polémique par une dernière réponse. La discussion fut acerbe de la part de Bouguer, préoccupé de l'idée fausse que La Condamine avait voulu lui ravir la gloire de l'expédition ; tandis que c'était lui au contraire qui, par sa communication isolée et anticipée de 1744, avait paru s'en être attribué tout le mérite. Il s'irrita d'autant plus que son adversaire, homme du monde, lettré et spirituel, mit les rieurs de son côté. Il n'en est pas moins fâcheux que, par suite des réticences de Bouguer et du silence de Godin, cette expédition, qui avait duré neuf ans, n'ait pas donné tous les résultats que le ministre Maurepas, qui l'avait autorisée, s'en était promis.

Séance du 12 septembre : *Mémoire* du P. Pézenas, directeur de l'observatoire de Marseille et académicien libre, *sur l'octant de Hadley*, dont Bory avait donné une description en 1751. Le manuscrit de Pézenas fut remis au P. Laroche qui, à la séance suivante, lut ses réflexions et remarques, à la suite desquelles l'assemblée témoigna sa satisfaction à l'auteur des recherches qu'il avait faites pour perfectionner l'instrument de l'astronome anglais.

Séance du 26 septembre : Mémoire de Goimpy intitulé : *Solution d'un problème sur la nature de la courbe que décrit la lune autour du soleil.* Nous n'en avons pas trouvé le manuscrit.

A la séance du 7 novembre, annonce par Vausanville, correspondant de l'Académie des sciences, d'une éclipse de lune qui devait arriver du 27 au 28 mars 1756, et qu'il avait calculée au méridien de Brest, dans l'intention d'adresser à l'Académie de marine le résultat de ses travaux. Goimpy, chargé du rapport, rendit un compte favorable du mémoire, et l'assemblée promit d'examiner ses calculs, le jour même où devait se produire l'éclipse. Il n'en fut rien de ce projet, l'Académie n'ayant pu s'assembler, à cause des armements, depuis le 27 mars 1755, époque précisément indiquée, jusqu'au 15 mai de la même année ;

Extrait des observations de Goimpy *sur la détermination de la longitude de Funchall*, lu à la séance du 19 décembre. A l'Académie des sciences, la même année, l'astronome Delisle composait un travail sur la détermination de la longitude de Madère, en se servant des observations de l'académicien de marine Bory.

Enfin, pour terminer ce qui concerne l'astronomie en 1754, à la séance du 25 avril, Chézac avait remis les plans, coupe et élévation d'un observatoire que l'astronome Lemonnier, de l'Académie des sciences, lui avait envoyés pour en prendre copie. L'Académie de marine, dès sa création, avait donc sollicité la fondation de cet établissement, qui n'eut lieu qu'en l'an V, c'est-à-dire alors que l'Académie n'existait plus.

III. PHYSIQUE — Le 6 décembre 1753, à six heures du soir, avait eu lieu à Brest et aux environs un tremblement de terre, qui s'était manifesté par deux secousses avec grand bruit. Dans sa séance du 24 janvier suivant, l'Académie provoqua des recherches à ce sujet. Elle désirait aussi qu'on lui rendît compte d'un phénomène lumineux qui s'était produit le même mois. L'heure est bien indiquée, cinq heures et demie du matin; mais la date du jour manque sur le registre de l'Académie. Enfin elle demandait que quelqu'un se chargeât d'observer, jour par jour, les vents et les marées, au port de Brest. En l'absence de tout document relatif à ces questions, nous ignorons s'il fut donné suite à ses désirs.

Deux ouvrages furent présentés, ce sont les suivants :

Le 28 février, Courcelles lut un *Mémoire* de Maistral, médecin de Landernau, *sur la lumière*. L'Académie le fit enregistrer.

Le 18 mars, Bory lut un travail de sa composition *sur l'établissement des tuyaux aériens*. Nous n'avons point vu ce manuscrit, qui doit être relatif à l'aération des vaisseaux.

Mais la grande question de l'année fut la découverte par laquelle Joseph Appleby, chimiste de Durham, avait trouvé le moyen de rendre potable l'eau de mer. Il en avait été question dans la *Gazette de France* du 21 février 1754. L'Académie, après avoir demandé au ministre de la marine l'autorisation de faire les expériences nécessaires, en chargea Courcelles, auquel fut adjoint peu après Bory. Le 11 juillet, le premier de ces deux académiciens lut, sur la méthode Appleby, un mémoire de 12 pages in-folio, qui fut envoyé au ministre. Le 14 décembre, le comte de Roquefeuil fit remettre à l'Académie un baril d'eau dessalée par cette méthode et qui avait été embarqué pendant six mois sur l'*Actif*, vaisseau qu'il commandait naguère aux côtes d'Espagne et de Portugal. On constata que cette eau s'était seulement imprégnée de l'humeur du bois, et qu'elle en avait pris une teinte rousse ; du reste, aucune différence avec la même eau de deux fioles conservées, pendant le même laps de temps, à l'Académie. L'assemblée pria Courcelles de poursuivre à ce sujet des expériences comparatives. Celui-ci s'en occupait encore au mois de décembre. Dans le rapport de Courcelles en 1771, nous trouvons quelques détails supplémentaires. Il y est dit que les papiers publics avaient mal rendu le *lapis causticus* de l'auteur anglais, qui est la même chose que la pierre à cautère. Comme ils indiquaient la pierre infernale, ce fut celle-ci que Courcelles employa. Il résulta de cette erreur que son expérience fut toute différente de celle d'Appleby et fautive absolument. En 1768, on fit sur l'*Enjouée* de l'eau dessalée à la manière du médecin Poissonnier. On la trouva bonne ; mais cette méthode demandait du temps et une dépense de charbon si considérable qu'on y renonça.

IV. Hydrographie. — Le voyage de la *Comète* avait été hydrographique en même temps qu'astronomique. De là un travail de son commandant Chézac sur un projet de correction de la carte des Açores. Le cartographe Bellin ayant fait ses observations à ce sujet, Frézier et Goimpy furent chargés du rapport. Chézac lut de son côté quelques passages du journal de Marnières, officier embarqué sur le *Lis*, un des vaisseaux de l'escadre de Duguay-Trouin en 1708. D'après les conclusions de Frézier et de Goimpy et sur le vu, tant du journal de Marnières que de celui du pilote de la frégate la *Gloire*, qui faisait partie de la même escadre, l'Académie donna son approbation à la carte de Bellin, comme étant la mieux fondée et la plus exacte de toutes celles parues jusque-là (séance du 19 décembre).

Le 25 avril de la même année, Bellin avait envoyé sa carte de l'Océan méridional, avec un mémoire pour justifier les changements qu'il avait apportés à celle de 1739, en priant l'Académie de vouloir bien la faire examiner. Sur le rapport de Goimpy et de Diziers, l'assemblée jugea que les modifications de Bellin étant fondées sur un grand nombre d'observations astronomiques et sur un examen approfondi des différents journaux, cette carte avait une exactitude supérieure à celles qui l'avaient précédée.

Le 21 juin, Chézac lut une lettre de Mannevillette datée de Gorée le 5 février 1764, à laquelle étaient jointes des observations faites dans cette colonie. La lettre contenait quelques remarques sur le gisement de la côte entre le Sénégal et le cap Vert. L'Assemblée décida d'envoyer copie de ce travail au ministre, attendu que l'Académie, disait-elle, n'a point autorité pour réformer les différences portées dans la lettre ; que cependant, comme elle a en vue le bien public, elle prend la liberté d'en informer le ministre, bien qu'elle pense que Mannevillette a déjà dû lui en rendre compte. La réponse de Rouillé fut qu'il ferait usage des observations de Mannevillette. Dans les comptes rendus de l'Académie des sciences, à l'année 1754, nous trouvons les *Observations astronomiques faites à Gorée* mentionnées parmi les ouvrages reçus et dignes d'être imprimés.

Le 12 décembre, La Motte Baracé, enseigne de vaisseau, lut un *Mémoire sur la vraie position de la Caye-d'Argent*, danger au Nord de Saint-Domingue, mal placé sur la carte de cette île donnée au Dépôt de la marine en 1750, et corrigé d'après les observations faites par Kerusoret, commandant de l'*Émeraude* en 1752. L'auteur du mémoire avait été chargé de ce travail, qui lui valut son admission à l'Académie, à titre d'adjoint.

V. MANŒUVRE. — La manœuvre donna lieu à quelques travaux, qui sont les suivants :

Le 7 mars, Petit lut un *Mémoire sur la manière de lancer les vaisseaux*. Ce manuscrit est perdu.

Le 4 avril, les enseignes Montis et de Cours, adjoints, furent chargés de faire l'essai de la pesanteur du cordage, pour vérifier des calculs de Bouguer. Nous n'avons pas vu le procès-verbal de leurs expériences.

Le 9 mai, Thiersanville, garde-marine présenté par Chésac, lut un *Mémoire sur la force de l'homme appliquée au cabestan*. Comme le comte de Roquefeuil, Thiersanville pensait que La Hire, dans un mémoire présenté en 1699 à l'Académie des sciences, n'avait pas tenu compte de toutes les causes qui concourent à déterminer la force réelle de l'homme, et il ajoutait aux calculs de cet académicien, déduits de l'effort que fait l'homme en marchant, ceux qu'il déduisait lui-même du seul poids du corps, soit dans le premier moment de l'application des forces, soit dans les moments où la résistance est si grande que le cabestan se trouve arrêté. Le P. Laroche fut chargé de faire ses observations sur le mémoire de Thiersanville, lequel fut tellement goûté qu'il détermina peu après, malgré l'infériorité de son grade, son admission à l'Académie.

Le 6 juin, on reçut une lettre du chef d'escadre La Galissonnière, académicien honoraire, sur les signaux dont il avait fait usage dans l'escadre d'évolutions de 1754. Il annonçait devoir en envoyer des exemplaires à l'Académie (effectivement nous en avons trouvé un), et il demandait, en retour, les signaux dont s'était servi le chef d'escadre Perrier, dans sa campagne de 1752.

VI. ARCHITECTURE NAVALE. — Les travaux présentés sur cette matière furent :

Séance du 9 mai : *Comparaison* par Grassy *du vaisseau le* Fleuron, *de* 64, *qui a quatorze pieds six pouces d'élancement avec un plan fait sur les mêmes dimensions, mais sans élancement à l'étrave.* C'est le travail qui lui avait été demandé par l'Académie, le 13 décembre de l'année précédente. A la séance du 21 juin, le même Grassy donna un *Mémoire sur la comparaison des anciennes frégates avec les modernes.* L'examen du rapporteur Geoffroy fut lu le 18 juillet.

Séance du 4 juillet : *Plan d'un vaisseau de 64 calculé pour trouver le centre de gravité*, par Rolland, contre-maître charpentier au port de Brest. L'auteur de ce plan remit à l'Académie un modèle en bois de la partie submergée, où il appliquait le centre de gravité d'après ses calculs, et deux maîtres-couples en bois.

Séance du 29 août : *Mémoire* de Groignard, ingénieur-constructeur de Rochefort et académicien adjoint, *sur une nouvelle position des pièces qui forment l'avant du vaisseau.* L'auteur proposait d'en modifier les barres. Un modèle, exécuté d'après le système qu'il indiquait, avait été approuvé par Duhamel du Monceau, aussi bien que par les officiers et ingénieurs du port de Rochefort. Aussi vers la fin de la même année, dit M. Levot, dans ses *Essais de biographie maritime*, Groignard fut-il appelé à Paris, pour présenter au ministre Machault le projet de réformer toute la charpente des vaisseaux, afin de pouvoir les construire avec plus d'économie et de solidité, et de les mettre à l'abri du canon, sans augmenter la pesanteur ni l'espace nécessaire à l'arrimage. Ce projet, approuvé également par La Galissonnière, fut sanctionné par le ministre, qui prescrivit à Groignard de l'exécuter à Brest sur deux vaisseaux de 60 canons.

Séance du 9 octobre : Lecture par Goimpy de sa *Traduction de* Scientia navalis *d'Euler*, ouvrage d'architecture navale et de manœuvre tout ensemble, attendu que le second titre est : *seu Tractatus de construendis, vel dirigendis navibus.* L'ouvrage avait paru à Saint-Pétersbourg en 1749, 2 vol. in-4°.

VII. TRAVAUX HYDRAULIQUES. — En 1742, l'ingénieur Blaise Ollivier, le plus illustre de cette famille toulonnaise qui, pendant cinq générations, a fourni à la marine une série de constructeurs distingués, avait commencé au port de Brest les formes de radoub de Pontaniou, qu'il ne put terminer, étant mort en 1746. La première ne fut mise en service que dix ans plus tard, le 2 février 1756, par Choquet de Lindu. Dans l'intervalle, Petit lut, à l'occasion de ce travail, le 14 février 1754, un *Mémoire sur les portes des formes*.

Le 9 mai, on lut une lettre du lieutenant de vaisseau Landré, académicien ordinaire de Toulon, qui, en envoyant à l'Académie plusieurs problèmes, demandait en retour : 1° qu'on lui donnât copie du mémoire de Dufresne (V. l'année précédente), avec le plan de sa machine à planter les pilotis ; 2° que l'Académie l'appuyât auprès du ministre, à l'effet de lui faire obtenir des ouvriers et des matériaux pour travailler à des modèles de machines. L'assemblée lui répondit que le mémoire lui serait envoyé, quand elle aurait prononcé, sur l'examen qui en devait être fait par le chevalier de Roquefeuil et Petit ; mais qu'elle ne jugeait pas à propos de demander au ministre de lui faire accorder, aux frais du Roi, des ouvriers et des matériaux pour travailler à des modèles de machines ; enfin, relativement à ses problèmes, qu'elle accepterait avec reconnaissance tout ce qu'il voudrait bien lui envoyer, attendu que l'Académie n'a point renoncé à résoudre des questions utiles ; qu'elle le priait néanmoins de n'en envoyer, autant que possible, qu'avec la solution. Quant aux rapports sur la machine Dufresne, on lut en juillet celui de Roquefeuil et Petit ; en septembre, celui de Goimpy. Mais le jugement ne fut pas rendu cette année.

Le 18 juillet, Hocquart, intendant de Brest, lut l'extrait d'une lettre de Raby des Genets, écrivain du Roi à Rochefort et académicien adjoint, sur l'application d'un mastic nouveau de son invention. L'Académie, en remerciant Raby, pria l'intendant de faire venir de ce mastic, pour répéter au port de Brest les expériences de Rochefort. Nous ne savons ce qu'il advint de ces expériences.

VIII. ARTILLERIE. — De même que l'année précédente, il n'y eut que trois mémoires présentés. Ce sont :

A la séance du 22 août, celui de Morogues, *sur les dimensions des canons de fer à l'usage de la marine*, 23 p. in-f° ; à celle du 29 août, *Mémoire*, du même Morogues, *sur la question de savoir s'il est plus avantageux de couler les canons de 36 à deux ou à trois fourneaux*, 4 p. in-f° ; à la séance du 9 octobre, travail de Des Roches, sur le projet qu'avait le Gouvernement de fortifier les Glénans, groupe de neuf îlots situés près de la pointe de Penmarc'h, en face Concarneau. Ce projet ne fut pas, que nous sachions, mis à exécution.

IX. VARIA. — Choquet de Lindu avait construit le bagne de Brest, de 1750 à 1751. Le 25 avril 1754, il présenta à l'Académie les plans et profils de cet édifice, avec un mémoire sur la construction, la distribution et la police du bagne. L'assemblée décida que ces plans seraient gravés et compris dans le *Recueil de l'architecture française*.

Frézier ayant publié le premier volume de la seconde édition de sa *Stéréotomie*, l'Académie, sur le rapport de Chézac et de Goimpy, jugea, dans la séance du 22 mai, que cette seconde édition devait faire autant de plaisir au public que la première. Cet ouvrage, le plus savant et le plus complet qui eût été fait sur la matière, avait paru à Strasbourg en 1737-1738 sous le titre de *Théorie et pratique de la coupe des pierres et du bois, ou Traité de stéréotomie à l'usage de l'architecture*, 3 vol. in-4°. La seconde édition, également en 3 vol. in-4° et accompagnée de 114 planches, fut faite à Paris chez Imbert, de 1754 à 1759. Frézier en publia, un peu plus tard, chez le même éditeur, un abrégé à l'usage des entrepreneurs.

Duhamel du Monceau demandant des juges pour son livre sur l'agriculture, qu'il voulait faire réimprimer, l'Académie, sur le rapport de Camus et de Bouguer, jugea, le 25 juillet, que la *Suite des expériences et réflexions relatives au traité de la culture des terres* méritait d'autant plus d'être réimprimée, que cet ouvrage était très-propre à perfectionner un art qu'on peut considérer comme le premier de tous.

Enfin, le 21 juin, on lut une lettre du sieur Caron fils (c'est le futur auteur du *Barbier de Séville*, Beaumarchais), horloger du Roi, demeurant à Paris, rue Saint-Denis, lettre à laquelle était joint l'imprimé du jugement de l'Académie des sciences *sur un nouvel échappement de montre* de son invention. L'assemblée répondit, en lui accusant réception de sa lettre, que, quoiqu'elle ne s'occupât point de ces sortes de matières, elle voyait néanmoins toujours avec plaisir les jugements de l'Académie des sciences sur tous les objets.

Nous avons encore trouvé dans les registres de l'Académie, au compte rendu de la séance du 5 septembre, un *Mémoire* de Petit *sur l'architecture*; mais le titre en est si mal copié, que nous n'avons pu le rétablir, n'ayant pas trouvé le manuscrit original.

Dons d'ouvrages. — Les principaux ouvrages offerts en 1754 sont :

25 avril : Remise, par l'intendant Hocquart, de quatre exemplaires des *Tables de Halley*, et de six exemplaires de l'*État du ciel* pour 1755, par Pingré. Pour ce qui concerne le premier de ces deux auteurs, nous voyons, par le catalogue de l'Académie, qu'il s'agit de l'édition de l'abbé Chappe d'Auteroche, Paris, 1754, in-8°, dans laquelle on trouve, dit Lalande, outre les tables astronomiques de l'auteur anglais, des préceptes pour les longitudes en mer suivant différentes méthodes ; des recherches sur la longitude de l'abbaye de Saint-Matthieu ; des observations de la lune faites en 1736 et 1737 ; une lettre de Lemonnier sur la théorie des vents, spécialement sur le vent de l'équinoxe ; enfin, la dissertation de Halley sur les moussons dans la mer des Indes, avec la carte qu'il avait publiée dans les *Transactions philosophiques*, n° 183. Quant à Pingré, dit encore Lalande, il préféra cette fois les calculs de Newton, et calcula les lieux de la lune plus rigoureusement encore, c'est-à-dire en secondes. C'était la seconde fois que le chanoine calculait cet almanach, à la prière de Lemonnier, pour encourager les navigateurs à observer les longitudes. L'Académie, en réponse à sa lettre, lui manda que, comme c'était un ouvrage périodique très-utile, elle ne pouvait que voir avec satisfaction qu'il continuait à le lui vouloir envoyer, et qu'elle commencerait avec plaisir la méthode qu'il indiquait à la page 186 de son ouvrage.

9 mai : Chézac remet de la part de Duhamel du Monceau les *Observations des éclipses*. Il s'agit probablement ici des travaux de l'Académie des sciences pour les éclipses de 1753.

14 juin : Geoffroy, constructeur et académicien adjoint, remet à l'Académie le *modèle d'un cabestan à deux usages*.

27 juin : Don de *six estampes* d'Ozanne (Nicolas-Marie), et de *vingt-quatre petites marines*, dessinées par son frère cadet, Pierre.

4 juillet : Envoi par Blondel du *Discours* qu'il a prononcé le 15 juin (le registre ne dit pas en quel endroit) *sur la nécessité de l'étude de l'architecture*. L'Académie lui répondit simplement qu'elle avait entendu avec plaisir la lecture de ce travail. Ce Blondel est Jacques-François, né à Rome en 1705, mort en 1774, neveu de l'auteur de la porte Saint-Denis à Paris, et de la Corderie de Rochefort. Bien qu'inférieur à son oncle, il tient encore néanmoins une place distinguée dans les arts. On lui doit l'hôtel de ville, le palais épiscopal et la cathédrale de Metz, ainsi que le palais archiépiscopal de Cambrai.

14 novembre : Remise par le comte de Roquefeuil d'un traité de manœuvre d'Antoine-Gabriel Fernandez, maître de mathématiques à l'Académie des gardes de la marine de Cadix, et d'un traité d'artillerie espagnol, nouvellement imprimé. Nous n'avons pas trouvé ce second ouvrage dans le catalogue de l'Académie ; mais le premier s'y trouve inscrit sous le titre de *Practica de manobrias de los navios*, 1 vol. in-12.

28 décembre : Remise par Chézac de l'ouvrage de Duhamel, intitulé : *Suite des expériences et des réflexions relatives au traité de la culture des terres*. Commencé en 1751, l'ouvrage ne sera terminé qu'en 1760.

Achats de livres et d'instruments. — En fait d'achats, nous constatons : à la date du 10 janvier, une demande à Lefebvre, secrétaire de la bibliothèque du Roi et académicien libre, d'un dictionnaire breton, celui du P. Peltier, Paris, 1752, 1 vol. in-f° ; à celle du 24, la demande d'un thermomètre et d'un baromètre ; enfin, à la date du 2 mai, un mémoire des avances faites par Duhamel du Monceau, pour achats de divers instruments à l'usage de l'Académie, montant à la somme de 1,312 livres 5 sous.

Événements de l'année, mouvements. — Les deux seuls événements de 1754 qui intéressèrent particulièrement l'Académie furent la visite du marquis de Paulmy, fils du marquis d'Argenson et neveu du comte, et celle du sieur Hée, professeur de mathématiques à l'Académie de la marine danoise. Le premier, visitant l'arsenal de Brest, en profita pour aller voir, le 28 juillet, la salle de l'Académie de marine, et il promit à Des Roches de procurer à l'assemblée les ouvrages imprimés à l'Imprimerie royale. L'Académie décida qu'elle lui rappellerait au besoin cette promesse, mais à titre d'ami et non officiellement. C'est ce même marquis de Paulmy qui vendit en 1785 au comte d'Artois sa riche bibliothèque, devenue aujourd'hui la bibliothèque de l'Arsenal. Il était de l'Académie française, de l'Académie des sciences et de celle des inscriptions. — Hée fit un séjour de quelque durée à Brest, et il semblerait qu'il se soit vanté auprès du ministre d'engagements contractés à son égard par l'Académie de marine, puisque Machault écrivit à ce sujet à celle-ci. L'Académie répondit au ministre qu'il n'avait jamais été question d'engagement d'aucune espèce entre le sieur Hée et un académicien quelconque, ni avec l'assemblée, et qu'elle n'en prendrait jamais avec les savants étrangers, ni même avec les académies hors du royaume, sans être honorée de ses ordres et sans lui avoir rendu compte des propositions qui pourraient lui être faites à cet égard.

Quant aux mouvements, voici ceux que nous avons à signaler :

Le 19 janvier, avait été mis à la retraite, suivant ordre du Roi, l'abbé Crozet, maître d'hydrographie des gardes de la marine à Rochefort, académicien libre. Bien qu'il ne tombât pas sous le coup de l'article 10 du règlement, nous ne voyons plus son nom sur la liste de 1755. Nous ne savons quand il mourut. A Rochefort, il fut remplacé par Lesueur, autre académicien libre.

9 juin : Nomination de Jean-Baptiste *Targe*, d'Orléans, à titre de correspondant. Landré l'aîné, académicien ordinaire de Toulon, par une lettre lue à l'Académie le 9 mai, avait demandé la création, en vertu de l'article 7 du règlement, de correspondants dans chacun des ports. L'assemblée lui avait fait répondre qu'elle en demanderait parmi les académiciens, après en avoir prévenu le ministre. Néanmoins, le premier nommé n'appartenait pas, comme on le voit, à l'Académie ; mais le rapport de Chézac dit que c'est en considération de la capacité du sieur Targe pour les mathématiques. C'était un professeur de l'École militaire créée en 1751. Il a traduit plusieurs ouvrages anglais d'histoire, entre autres Smollett, dont il a continué le récit de 1748 à 1763. Targe, en remerciant l'Assemblée, lui envoya le prospectus de sa traduction du *Cours élémentaire de mathématiques*, composé en latin par le baron Wolf, avec ses propres notes, critiques, additions et éclaircissements.

4 juillet : Nomination de l'abbé *Gilbert*, chapelain de l'Hôtel-Dieu, à Saint-Malo, à titre de correspondant. Nous en avons parlé au paragraphe *Astronomie*. Le nom de ce savant ne se trouve pas dans Lalande.

29 août : Nomination de trois adjoints au département de Brest. Ce sont : *Thiersanville*, pour son mémoire sur les forces de l'homme appliqué au cabestan ; c'était le fils d'un lieutenant de vaisseau. Garde-marine du 19 septembre 1749, il était devenu enseigne le 23 mai 1754, quatorze jours après la lecture de son mémoire ; *La Motte-Baracé*, enseigne de vaisseau, pour ses travaux hydrographiques à Saint-Domingue, dans la campagne de l'*Émeraude* ; *Kergariou*, probablement Jonathas, alors enseigne, pour ses connaissances en mathématiques et physique.

Le nombre des académiciens, à la fin de 1754, était donc de 74, ainsi répartis : 10 honoraires, 9 libres, 30 ordinaires, 23 adjoints, 2 correspondants.

Les officiers nommés pour 1755 furent :

Directeur : Bigot de Morogues, en remplacement de Chézac ;

Sous-directeur : Chézac, en remplacement de Morogues ;
Secrétaire : Choquet l'aîné, réélu.
Sous-secrétaire : Bory, réélu.

IV.

Années 1755 et 1756.

En 1755, nous n'avons compté que 36 assemblées au lieu d'une cinquantaine. En dépit, ou plutôt à cause du rappel de Dupleix, qui livrait l'Inde aux Anglais, les hostilités s'étaient rengagées sur plusieurs points à la fois en Amérique, et la France était en guerre de fait avec l'Angleterre depuis le commencement de l'année précédente, époque où George II s'était déclaré souverain unique des Antilles neutres, et où les deux peuples se tenaient en échec dans l'isthme qui sépare la péninsule Acadienne du Saint-Laurent. Sur l'Ohio, Jumonville avait été tué, le 18 mai 1754, par les soldats de Washington, alors colonel dans la milice de Virginie, et le frère de la victime l'avait vengé en repoussant les Anglais du territoire contesté et en leur imposant une capitulation humiliante.

Le cabinet de Saint-James, décidé à la guerre, pressait ses préparatifs, tout en amusant le cabinet de Versailles par de vaines négociations, que, de son côté, Louis XV accueillait d'autant plus avidement qu'il voulait au contraire conjurer à tout prix les hostilités. Le Ministre de la marine Machault ne partageait pas les illusions de son souverain. Dès son entrée en fonctions, prévoyant une rupture inévitable, il avait pris soin d'ordonner les travaux les plus urgents pour mettre à couvert une faiblesse que la disproportion de nos forces navales ne rendait que trop évidente. Toute l'année 1755 se passa donc des deux côtés en préparatifs de guerre, quoique avec des intentions bien différentes de la part des deux gouvernements. Les armements qui se firent en France à cette occasion eurent pour résultat d'interrompre à plusieurs reprises les travaux de l'Académie, la plupart de ses membres ordinaires étant pris pour le service. En conséquence, il n'y eut pas de séances du 16 janvier au 13 février, ni du 27 mars au 15 mai, ainsi que le 22 mai, le 3 juillet, le 14 et le 21 août, enfin du 23 octobre au 29 décembre. L'activité des travaux scientifiques dut nécessairement en être ralentie. Néanmoins, il y en eut encore un certain nombre qui furent proposés dans le courant de l'année.

I. Dictionnaire. — Au commencement de 1755, Machault ayant témoigné le désir que l'Académie pût donner au plus tôt un premier volume du Dictionnaire, Morogues proposa de suivre à cet effet le vocabulaire que Raby et Dufresne étaient spécialement chargés d'achever. On devait parcourir les dictionnaires de Trévoux, du commerce et autres, pour rassembler les termes de marine, et arriver ainsi à répartir la distribution des matières entre les différents académiciens. A partir du 26 juin, on consacra une demi-heure de chaque assemblée à l'examen du vocabulaire. En outre, près d'une centaine de mots furent composés tous par l'infatigable Morogues. Nous citerons particulièrement : *caraque, couple, courbe, coursive, creux, cuisine, croc, croiser, croissant, croix de Saint-André, culer, couple dévoyé, devis, digon*[1], *dimension, dogue d'amure, dôme, dos d'âne, doublage, drome, dunette, écart, échafaud, échantillon, écharpe, échelle, écoutille, écusson, élancement, élever, embelle, émerillon, emmortaiser, empater, empature, encabannement, encocher, encochure, encoignure, encouturer, endenter, engorger, enhucher, entaille, entrepont, épaisseur, épaule, épaulement, entremise, enrayure, engraissement, éperon*, etc.

II. Astronomie. — Deux ouvrages seulement furent présentés :

A la séance du 12 juin, *Mémoire* de l'abbé Gilbert, correspondant, *sur la manière de trouver la longitude à la mer par l'observation de deux étoiles qui passent par le même vertical*. Le P. Laroche et Chézac furent nommés commissaires pour l'examen de ce travail. Leur rapport est du 19 juin ; mais nous n'en avons trouvé nulle trace, pas même dans la correspondance de l'Académie.

A la séance du 11 septembre, lecture par Bory du *Journal de voyage fait par ordre du Roi en 1751, 1752, 1753 et 1754 pour des observations astronomiques*. Nous avons copié textuellement le registre ; mais, en réalité, entre ces quatre années, il y a deux campagnes distinctes : celle de l'*Amaranthe* et celle de la *Comète*.

III. Hydrographie. — Plusieurs mémoires de détail.

Séance du 6 mars : *Mémoire* de Keranstret, adjoint, *sur l'état actuel*

---

[1] Terme spécial au département de Brest, dit Vial du Clairbois, et qui s'écrit encore digeon ou dijon ; dans les autres ports on dit flèche ou aiguille. C'est une pièce de charpente du taille-mer.

de la navigation de la Loire. Séance du 13 mars : *Mémoire* de Kergariou, adjoint, accompagnant la *carte* qu'il avait levée en 1753 du passage de Kanso, entre l'Ile Royale et l'Acadie. Séance du 21 mars : *Mémoire* de Chézac *sur un projet de correction de la carte des Açores.* La question avait déjà été traitée amplement l'année précédente. Séance du 12 juin : Extrait du journal de Traversais, adjoint, et ses *Observations sur le gisement des îles Sainte-Croix, Porto-Rico et le débouquement entre la Mone et Saint-Germain ou Zachée*, 2 pp. in-f°. Séance du 2 octobre : *Mémoire d'observations du port de Brest à Québec*, par Des Roches. Pas d'autres renseignements sur ces différents travaux.

IV. Manœuvre. — Le 13 février, Dufresne, écrivain ordinaire de la marine et académicien adjoint, inventeur de la machine à planter des pilotis dont nous avons parlé en 1753, déclara à l'Académie que depuis longtemps il travaillait à une pompe sans frottement, propre au service des vaisseaux, et qu'il aurait été prêt à en faire l'expérience si les mouvements d'armements, en interrompant son travail, ne l'avaient pas empêché de le soumettre au jugement de l'Académie ; mais que, comme il venait d'apprendre que l'abbé Gilbert, de Saint-Malo, proposait à l'Académie une pompe de son invention, il remettait son mémoire cacheté à la garde du secrétaire de l'assemblée, afin que, lorsqu'il serait en état de faire les expériences voulues, il fût bien établi que ses principes et sa théorie étaient fixés avant qu'on ait eu connaissance du mémoire de l'abbé Gilbert. L'ouvrage de ce dernier fut lu à cette même séance et remis au P. Laroche ainsi qu'à La Motte Baracé, pour être examiné. En conséquence de leur rapport, qui fut lu le 20 février, l'Académie jugea que la pompe Gilbert, fort composée, était sujette à beaucoup d'accidents et donnait au surplus, trois quarts moins d'eau que la pompe royale ou des grands vaisseaux. L'abbé répondit à ce rapport. Le P. Laroche examina sa réponse, et, à la suite de son second compte rendu, l'assemblée pria l'ingénieur Petit de comparer la pompe Tupigny à celle de l'abbé. Le registre n'indique pas quel fut le résultat des expériences de Petit ; mais il est vraisemblable de penser qu'elles confirmèrent le jugement de l'Académie. Signalons, en passant, que dans le volume de l'Académie des sciences de 1768, il y a un *Mémoire sur les pompes* du chevalier de Borda.

Indépendamment de cette question des pompes qui intéressa vivement l'Académie, deux ouvrages importants furent lus la même année. Le premier est un *Mémoire* de Goimpy *sur le gréement des vaisseaux ;*

l'autre est l'*Introduction du traité de tactique navale* de Morogues. Nous aurons occasion de reparler de ce dernier ouvrage, que l'on consulte encore avec fruit, malgré ceux publiés depuis cette époque.

V. Architecture navale. — En construction, quatre mémoires furent présentés :

Séance du 9 janvier : *Mémoire* de Clairain-Deslauriers, ingénieur en chef du port de Rochefort et académicien ordinaire, *sur les deux gouvernails*, 24 pp. in-f°. Afin de remédier aux inconvénients résultant de la difficulté qu'éprouvent les vaisseaux à opérer certains mouvements d'arrivée, inconvénients dus soit à l'insuffisance de la force des travailleurs, soit à la faiblesse du levier, l'auteur de cette dissertation proposait d'établir à l'étrave un gouvernail d'une superficie égale à celle du gouvernail de l'arrière. L'assemblée trouva l'idée ingénieuse et exprima le désir que l'expérience en pût être faite. Nous ne pouvons dire s'il lui fut donné satisfaction à ce sujet.

Mémoire de Chauchot sur *le prix proposé par l'Académie des sciences* (voir à l'année 1753). Ce sous-constructeur lut lui-même son travail avant de partir pour l'escadre où il était embarqué, et l'Académie de marine lui consacra le lendemain, 31 mai, une séance extraordinaire pour entendre la fin de son mémoire. Dans ce travail trop peu connu, dit le baron Dupin (*Applications de géométrie et de mécanique*), Chauchot avait renouvelé l'idée de substituer des porques obliques aux porques ordinaires. A la suite de cette lecture, il fut jugé que l'auteur avait saisi avec beaucoup d'art les points les plus difficiles de la construction. Aussi l'assemblée demanda-t-elle pour Chauchot la place d'adjoint laissée vacante au port de Brest par la retraite du chevalier de Monty. L'élection de Chauchot fut validée le 28 juillet. Quant à l'Académie des sciences, tout en lui décernant le prix, jugeant que le sujet n'était pas entièrement épuisé, elle le proposa de nouveau pour 1757, en demandant qu'on approfondît davantage la théorie et qu'on insistât particulièrement sur le tangage. Cette fois, le prix fut adjugé à Daniel Bernouilli, professeur de physique à Bâle, associé étranger de l'Académie des sciences. Néanmoins celle-ci n'était pas encore entièrement édifiée, puisqu'elle remit une troisième fois la question au concours pour 1759, sous ce titre : *Examiner les efforts qu'ont à soutenir toutes les parties d'un vaisseau dans le roulis et dans le tangage, et la meilleure manière de procurer à leur assemblage la solidité nécessaire pour résister à ces efforts.* A cette troisième fois, l'adjoint Groignard partagea le prix avec le grand géomètre Euler. On peut consulter sur cette question l'excellente notice sur Groignard dans les *Essais de biographie maritime* de P. Levot.

Séance du 25 septembre : *Projet de frégate portant 30 canons de 24 en une seule batterie*, lu par Petit ; et séance du 29 décembre : *Mémoire, du comte de Roquefeuil, sur la façon de border les vaisseaux pour garantir la pourriture des bordages*. Nous n'avons que les titres de ces deux mémoires.

VI. ARTILLERIE. — En fait d'artillerie, il n'y eut qu'un *Mémoire*, de Morogues, *sur les forges à canons*, lu dans les séances des 6, 13 et 21 mars.

VII. AGRICULTURE. — Le 6 mars, Duhamel du Monceau demanda des juges pour l'ouvrage qu'il se proposait de publier sous le titre : *Traité des arbres et arbustes qui peuvent s'élever en pleine terre dans le climat des environs de Paris*. L'assemblée nomma La Galissonnière et Bouguer, et, sur leur rapport, jugea que l'ouvrage méritait d'être imprimé. Le même Duhamel, à la séance du 4 septembre, demanda encore des commissaires pour le quatrième volume de son grand ouvrage sur la culture des terres. Sur le rapport de Camus et de Bouguer, l'Académie jugea que ce volume serait aussi bien reçu du public que les précédents, et conséquemment méritait d'être imprimé.

Dons d'ouvrages. — Les principaux ouvrages offerts à l'Académie en 1755, furent :

9 janvier. Six feuilles de marine données par Ozanne.

21 mars. Remise par Chabert de la relation de son voyage à la côte nord d'Amérique : *Voyage fait par ordre du Roi en 1750 et 1751 dans l'Amérique septentrionale pour rectifier les cartes des côtes d'Acadie, de l'île Royale et de l'île de Terre-Neuve, et pour en fixer les principaux points par des observations astronomiques*. Paris, imprimerie royale, 1 vol. in-4°.

15 mai. Chézac remet à l'Académie un ouvrage de M. Du Bocage de Bléville ayant pour titre : *Mémoire sur le port, la navigation et le commerce du Havre-de-Grâce et sur quelques singularités de l'histoire naturelle des environs*. Havre-de-Grâce, 1753, 1 vol. in-12. Morogues fut chargé du compte rendu de cet ouvrage, qui valut à son auteur le titre de correspondant de l'Académie.

29 décembre. Don par Pingré de deux exemplaires de son *État du ciel pour 1756, calculé sur les principes de Newton et rapporté à*

l'usage de la marine. L'assemblée lui fit répondre qu'elle verrait avec plaisir et empressement la perfection qu'il avait donnée à la méthode pour trouver les longitudes en mer. Ce fut le dernier envoi à l'Académie de Pingré, qui au surplus ne publia plus qu'un *État du ciel*, celui de 1757.

Mouvements. — Au commencement de l'année, le marquis de Choiseul-Praslin, capitaine de vaisseau, académicien ordinaire de 1752, démissionnaire l'année suivante, demanda à faire partie de nouveau de l'Académie. C'était le fils d'un capitaine de vaisseau et le neveu d'un gouverneur de Saint-Domingue. Entré dans la marine en 1732, il s'était, quelques années plus tard, retiré du service avec le grade de lieutenant de vaisseau, par suite de son mariage aux îles. Rétabli dans son grade en 1747, devenu capitaine de vaisseau en 1751, il avait été faire un long voyage à Saint-Domingue, ce qui lui avait fait quitter l'Académie. Celle-ci chargea Morogues de demander pour le marquis la première place vacante d'académicien ordinaire, se fondant sur ce que Choiseul avait beaucoup contribué à l'établissement de l'Académie par son émulation et ses connaissances. « Elle souhaitait s'assurer, disait-elle, de ce fond de M. de Choiseul, avant son départ. » Nous ignorons quelle fut la réponse du Ministre; mais il est naturel de penser qu'en premier lieu les événements, puis la mort du marquis, qui eut lieu en 1760, l'empêchèrent de faire de nouveau partie de l'Académie.

Quant aux nominations de l'année 1755, ce sont :

Le 19 juin, celle du sous-constructeur *Chauchot*, en qualité d'adjoint, et en remplacement du chevalier de Monty, retraité;

Le 29 décembre, celle de deux autres adjoints : *Du Piquet-Guelton*, sous-lieutenant d'artillerie, à cause de ses connaissances en géométrie, et *Fortin*, maître d'hydrographie entretenu au port de Brest.

A une époque que nous ne pouvons préciser, eut lieu la nomination de *Du Bocage de Bléville*, du Havre, à titre de correspondant.

Au commencement de 1756, il y avait donc 10 honoraires, 9 libres, 30 ordinaires, 25 adjoints et 3 correspondants, en tout 77 académiciens.

Le 29 décembre, l'Académie élut ses officiers, qui furent :

Directeur : Choquet l'aîné, en remplacement de Morogues;
Sous-directeur : Des Roches, en remplacement de Chézac;
Secrétaire : Morogues, en remplacement de Choquet;
Sous-secrétaire : Chézac, en remplacement de Bory.

1756.

Les réunions devinrent encore plus rares en 1756 que l'année précédente : il n'y en eut que onze. Dès le 8 décembre 1755, le secrétaire avait écrit à Pellerin, de la part de l'Académie, de vouloir bien procurer à celle-ci les mémoires des commissaires sur les discussions relatives à l'Acadie, avec les lettres hollandaises et autres papiers publiés à ce sujet, enfin les autres mémoires concernant les prétentions des Anglais sur les forts de l'Ohio et les Antilles neutres. Le 8 janvier, l'assemblée rendit compte au Ministre des raisons qui l'avaient empêchée de se réunir régulièrement, et elle ajouta qu'elle prévoyait des interruptions nouvelles que le service à la mer apporterait nécessairement à ses séances dans le courant de l'année. Effectivement, il n'y eut pas de réunion du 4 mars au 13 mai, du 20 mai au 15 juillet et depuis le 29 juillet jusqu'à la fin de l'année.

Le gouvernement anglais avait engagé la lutte par une violation du droit des gens qui, depuis Cromwell jusqu'au second Pitt, a été érigée par lui en système. Sans déclaration préalable, il avait lancé ses corsaires, et, dans l'espace de quelques mois, trois cents de nos navires de commerce, qui naviguaient sur la foi des traités, avaient été capturés, ce qui privait la marine française de plus de six mille matelots. Il fallut bien songer à mettre en défense nos établissements coloniaux. Machault, le 3 mai 1755, expédia pour le Canada quelques troupes, sur une escadre de 14 vaisseaux, armés en flûtes pour la plupart. L'Angleterre, de son côté, avait envoyé 4 corps d'armée et fait sortir 18 vaisseaux commandés par Boscawen. Le gros de l'escadre française, commandé par le lieutenant général Du Bois de la Motte, échappa, grâce aux brouillards de Terre-Neuve ; mais deux vaisseaux de 64, l'*Alcide* et le *Lys*, furent enlevés après cinq heures de lutte. Le premier de ces deux vaisseaux était commandé par l'académicien Toussaint Hocquart qui, par une circonstance singulière, se trouvait être pour la troisième fois prisonnier de Boscawen. Poussant la modération jusqu'à la faiblesse, le cabinet de Versailles renvoya un bâtiment anglais, la corvette *Bladfort*, prise par la division Du Guay. Le cabinet de Saint-James répondit à ce procédé plus que chevaleresque en nous capturant encore, 11 novembre 1755, près du banc de Terre-Neuve, un vaisseau de guerre, l'*Espérance*, commandant Bouville qui, bien qu'armé en flûte, se défendit pendant cinq heures contre l'*Oxford*, capitaine Stephens, soutenu par toute une division. M. Hubert de Resbecq a publié, en 1873, une intéressante notice sur ce héros[1].

Au Canada proprement dit, les Anglais étaient moins heureux. Des quatre corps d'armée chargés d'envahir ce pays, le premier avait réussi à expulser les colons voisins de l'Acadie, mais le second fut battu ; le troisième ne fit rien ; enfin le quatrième, fort de 1,200 hommes, qui devait enlever les forts de l'Ohio, surpris dans les bois par 250 Franco-Canadiens et 600 Peaux-Rouges, sortis du fort Duquesne, y périt presque tout entier avec son général Braddock, 9 juillet 1755.

A la nouvelle de la capture de ses vaisseaux, Louis XV s'était contenté d'enjoindre à son ambassadeur de quitter Londres. Ce fut seulement le 21 décembre que le Ministre des affaires étrangères Rouillé demanda, au nom de son maître, satisfaction de toutes les saisies faites par la marine anglaise. La Chambre des Communes les avait déclarées irrégulières ; le gouvernement anglais refusa néanmoins de les rendre sans négociation. Le cabinet de Versailles se résigna enfin, 23 janvier 1756, à mettre l'embargo sur les bâtiments anglais dans nos ports ; mais il ne déclara la guerre que le 17 mai, trois jours avant la victoire de Mahon.

En raison du petit nombre des ouvrages présentés, nous pouvons nous borner, pour cette année, à faire le relevé chronologique du journal des assemblées.

Le 8 janvier, Chézac remit à l'Académie le tome IV du *Traité de l'agriculture* de Duhamel. Ce même jour il lut une lettre de Bléville, correspondant du Havre, au sujet du tremblement de terre du 1er novembre 1755 qui détruisit Lisbonne, et qu'on avait ressenti, paraît-il, au Havre. Dans un compte rendu de Courcelles, du 29 septembre 1771, nous trouvons mention d'un mémoire de Choquet tendant à prouver que le tremblement de terre de Lisbonne s'était étendu jusqu'à Brest. Les registres ne disent rien de ce travail, qui au surplus n'offre rien de bien intéressant, ajoute Courcelles. — Dans la même séance, le comte de Roquefeuil lut un *Mémoire*, de 7 pp. in-f°, *sur la cause du tourment des canons*. Une des principales causes de ce tourment, c'est-à-dire du mouvement du canon sur l'affût lorsqu'on tire, c'est, disait Roquefeuil, la vibration du métal même, et cette cause il la considérait comme étant à peu près la seule.

---

[1] *Notice sur le vicomte de Bouville, chef d'escadre.* Paris, Dumoulin, 1873 ; 11 pp. in-8°.

Le 26 janvier, on lut une lettre de Thiersanville, enseigne et académicien adjoint, dans laquelle l'auteur expliquait la manière dont les Anglais passaient quelques manœuvres de leurs vaisseaux.

Le 29 janvier, le chevalier de La Motte Baracé, adjoint, demanda et obtint l'approbation de l'Académie pour l'achat d'une montre à secondes et pour la construction d'une boussole, suivant les principes de Bouguer, pour observer la variation. Divers autres instruments lui étaient accordés pour sa campagne, entre autres un loch, également suivant la méthode de Bouguer, que l'Académie se chargea de faire exécuter à Brest. Nous ne pouvons pas dire en quoi consistaient les modifications de ce savant mathématicien, qui a produit quantité de dissertations sur la construction et l'usage des instruments. Dans le courant de ce même mois, l'assemblée avait autorisé Chabert à faire construire à Londres un télescope du prix de 600 livres. A cette même séance du 29 janvier, le comte de Roquefeuil remit à l'Académie le *Compendio de Artillera*, qui servait aux écoles d'artillerie de Cadix.

Le 5 février, paiement d'une note de 1,104 livres 10 sous pour instruments. Ce même jour, Courcelles faisait don à l'Académie de son *Manuel des opérations les plus ordinaires de la chirurgie*, qui venait de paraître. (Brest, 1756; 1 vol. in-8°.)

Le 12 février, le service ne permit qu'à quatre académiciens de s'assembler, et l'on ne parla que des affaires de l'Académie en général.

Le 19 février, le sieur Pessaroni fut nommé secrétaire-écrivain de l'Académie, à 60 livres d'appointement par mois, dont 40 payées par l'intendant sur l'état du port, fonction qu'il cumula avec celle de secrétaire du commissaire général de l'artillerie. Jusqu'alors l'Académie n'avait eu pour les écritures qu'un commis nommé Kerbrat, aux appointements de 480 livres.

Le 26 février, Morogues présenta à l'Académie, de la part de Duhamel, le *Traité des arbres et arbustes* (Paris, Guérin, 1755; 2 volumes in-4°.) Chargé lui-même de la réponse, il manda à Duhamel, de la part de l'assemblée, combien elle souhaitait de voir son *Traité de la conservation des bois*, dont elle ne doutait pas que la marine ne tirât beaucoup d'utilité. Il publia cet ouvrage en 1764.

Le 13 mai, Frézier donna à l'Académie le premier volume de la réédition de son *Traité de stéréotomie*, dont nous avons parlé en 1754. Le même jour, celle-ci recevait de Bellin deux *Cartes de l'Amérique septen-*

trionale, avec remarques (brochure de 131 pp. in-4°), ainsi que quatre *Cartes du nouveau Zodiaque* et quatre traités correspondants.

Le 15 juillet, l'Académie s'assembla pour entendre la lecture d'une lettre de l'astronome Delisle, datée du 10 juillet, qui invitait l'assemblée à faire l'observation de l'occultation de la planète de Mars par la lune, que la *Connaissance des temps* et les *Éphémérides* de Lacaille marquaient devoir arriver le 30 juillet au soir. Keranstret et Fortin furent chargés de faire cette observation ; mais il n'en est pas autrement question dans les registres de l'Académie.

Le 22 juillet, la Compagnie, sur le rapport de Camus et de Duhamel, donna son approbation au *Traité de la manœuvre des vaisseaux*, par Bouguer, ouvrage de mécanique et de dynamique, dans lequel on réduit, dit l'auteur, à des solutions très-simples les problèmes de marine les plus difficiles qui ont pour objet le mouvement du navire. (Paris, Guérin, 1757; in-4° avec planches.) En dépit de l'avertissement de Bouguer, ce livre, comme la plupart de ses ouvrages, est composé bien plus pour les savants que pour les hommes pratiques, les principes fondamentaux étant au-dessus de la plupart des intelligences. L'Académie, toujours pleine de déférence pour ce grand géomètre, jugea qu'il étendait les connaissances sur la cause du mouvement des navires.

Le 30 septembre, l'Académie reçut un micromètre envoyé par Duhamel.

Le 7 novembre, il y eut un passage de Mercure devant le soleil ; mais, ainsi que nous l'avons dit, l'Académie n'était plus réunie depuis le 29 juillet.

Le 29 décembre, il ne se trouva à l'assemblée que quatre académiciens : le P. Laroche, Courtelles, Robert et Choquet l'aîné, la plupart des autres étant absents pour le service. En conséquence, l'élection fut remise au mois de janvier 1757. Elle devait être ajournée indéfiniment.

V.

Années 1757 à 1765.

Le début des hostilités fut brillant pour la France. Dès le 18 avril 1756, un mois avant leur dénonciation, une escadre de 12 vaisseaux, 6 frégates et 150 bâtiments de transport, sur lesquels avaient été embarqués 15,000 hommes aux ordres du maréchal de Richelieu, mouillait devant Ciutadella de Minorque. L'armée de débarquement investit Port-Mahon. Une flotte anglaise de 13 vaisseaux, commandée par l'amiral John Byng, arriva au secours de la place. Elle croyait n'avoir que la peine de souffler sur l'eau pour faire disparaître l'escadre française. Mais celle-ci était dirigée par le lieutenant-général Michel Barin, marquis de La Galissonnière. Les Anglais furent repoussés ; Mahon capitula le 28 juin, et l'île fut perdue pour nos ennemis. Ceux-ci se vengèrent, comme on sait, sur Byng, en le faisant condamner à mort par une cour martiale. Quant à son vainqueur, il ne put jouir de la reconnaissance de ses concitoyens. Atteint d'hydropisie, sa force d'âme l'avait soutenu jusqu'au bout de l'entreprise ; mais il mourut au retour, sur la route de Paris, à Nemours, le 26 octobre, au moment où le Roi allait lui donner la grand'croix de Saint-Louis et le bâton de maréchal de France. Parmi les membres de l'Académie sous ses ordres, nous ne connaissons que Froger de l'Éguille, qui était son capitaine de pavillon sur le *Foudroyant*, et Villars de la Brosse, qui commandait le *Guerrier*.

Pendant toute l'année 1757, qui fut celle où nous perdîmes le Bengale, il n'y eut pas d'assemblée à l'Académie de marine. Le 21 juillet seulement, se tint une réunion de six membres, afin d'approuver un à-compte de mille livres pour la livraison d'un quart de cercle de trois pieds de rayon, dont l'achat avait été ordonné par délibération du 22 juillet de l'année précédente.

En janvier 1757, Machault, disgracié, fut remplacé par Moras[1]. Ce fut une vraie perte pour la marine. Le grand art de Machault, comme de Rouillé et de Maurepas, avait été, avec une marine inférieure, d'en calculer les mouvements de telle sorte que, portant des secours suffisants partout, il avait été en même temps en mesure d'attaquer l'ennemi. Il se retira dans sa terre d'Arnouville près Paris et y vécut ignoré jusqu'à la Révolution. Mort en captivité le 12 juillet 1794. Son successeur, François-Marie Peirenc de Moras, arrivé au pouvoir dans les circonstances les plus difficiles, ne put relever la situation, quelque bonne volonté qu'il eût d'ailleurs. L'Académie, en lui présentant ses hommages, lui marqua qu'elle ne perdait pas de vue ses travaux, et qu'elle se proposait de les reprendre dans des temps plus tranquilles. En effet, on n'était occupé au port de Brest que d'armements. C'étaient, dit

---

[1] L'*Annuaire de la marine*, que nous avons suivi jusqu'ici, dit que Moras entra en fonctions le 1er février. Cependant la lettre de l'Académie est à la date du 13 janvier.

P. Levot dans son *Histoire de la ville et du port de Brest*, les deux divisions qui furent commandées en novembre par Kersaint et Caumont; la division de 5 vaisseaux et de 2 frégates partie le 30 janvier sous les ordres du chef d'escadre Beaufremont; l'escadre de 9 vaisseaux et de 2 frégates que le lieutenant-général Du Bois de la Motte conduisit, le 3 mai, à la même destination, c'est-à-dire au Canada; enfin les 8 vaisseaux et 2 frégates envoyés dans l'Inde au mois d'avril, sous les ordres du comte d'Aché, et qui portaient les troupes expéditionnaires commandées par Lally. Le marquis de Choiseul-Praslin, autrefois de l'Académie, commandait le *Superbe* dans l'escadre de Du Bois de la Motte, dont le retour à Brest, au mois de novembre 1757, devait laisser de si lugubres souvenirs. La peste, apportée par l'escadre du Canada, dura jusqu'au 12 avril 1758 et enleva 10,000 personnes, la moitié de la population de Brest. Dans cette circonstance, se signalèrent : Maistral, médecin de Landerneau, qui se chargea des malades du bagne et d'une partie de ceux de la ville; et, parmi les académiciens, indépendamment du comte Du Guay, commandant de la marine et de l'intendant Hocquart, le médecin Courcelles, qui y déploya un dévoûment héroïque, et l'enseigne Thiersanville qui, ainsi que plusieurs autres officiers dont nous regrettons de ne pas connaître les noms, ne s'éloigna du chevet des malades que lorsque le fléau l'eut lui-même atteint, et qui faillit en être victime.

En fait de décès d'académiciens se rapportant à l'année 1757, nous avons à signaler, à la date du 11 janvier, celle de l'adjoint de Thiennes, sous-lieutenant d'artillerie et enseigne de vaisseau ; à une époque que nous ne pouvons préciser, celle du commissaire général Robert, académicien ordinaire ; enfin, celle du P. Du Châtelard, jésuite, maître de mathématiques au port de Toulon, académicien libre. Entré dans le corps de l'hydrographie le 20 septembre 1728, en remplacement du P. de Laval, il avait été retraité le 23 avril 1757 et était mort le 15 octobre de la même année. Ce fut le P. Blanchard, mathématicien de l'Observatoire de Marseille, qui le remplaça à Toulon.

En 1758, nous perdîmes le Sénégal, Louisbourg, la vallée de l'Ohio, et la France fut insultée en Normandie et en Bretagne. Moras avait cédé la place, le 1er juin, au marquis de Massiac, lieutenant-général des armées navales, le seul marin ministre avant la Révolution, et dont le ministère ne dura que jusqu'au 1er novembre de la même année. Dans la lettre de félicitations que l'Académie lui écrivit le 14 juin, il est fait allusion à la descente des Anglais à Saint-Servan et à Cherbourg, qui n'a point permis à l'Académie de s'assembler, les devoirs du service faisant disparaître tout autre engagement.

Il n'y eut, en effet, que deux séances en 1758 : l'une, de six membres, le 11 mai ; l'autre, de huit, le 22 juin. Dans la première, on examina : 1° la *Carte du golfe de Gascogne*, présentée par l'ingénieur de la marine Magin, académicien ordinaire[1]. Les contours des côtes et la disposition des dangers étaient pris sur les cartes particulières du *Neptune français* ; mais l'auteur y avait corrigé l'entrée de la rivière de Bordeaux, en levant un plan particulier ; fait quelques corrections, depuis Bayonne jusqu'au cap Machicaco, sur la côte de Biscaye, et rectifié une erreur grossière au sujet de la position de Saint-Carins, près le cap Ortégal, en tenant compte des remarques qui lui avaient été communiquées par Bory ; enfin, il y avait indiqué les sondes faites par ordre du Roi sur la frégate l'*Anémone*, commandée par le lieutenant de vaisseau Périgny ; 2° la *Carte de l'entrée de la rivière de Loire*, levée géométriquement par le même Magin et au moyen de laquelle l'auteur assurait qu'on pourrait entrer sans pratique jusqu'à la rade de Mindin, attendu qu'il y avait indiqué les sondes faites avec soin par Keranstret, qui lui avait communiqué son mémoire du 6 mars 1755. L'Académie, persuadée que ces cartes seraient utiles au public, décida de faire réponse en forme de remercîment à l'auteur. — Dans la seconde séance, celle du 22 juin, on convint de faire l'acquisition d'une machine pneumatique et de quelques instruments de physique provenant de la succession d'un médecin du Roi, nommé Chomel. Ils avaient coûté, à Paris, 900 livres ; l'Académie les obtint pour 600.

Il n'y eut d'autre armement à Brest, en 1758, que celui de la division du comte de Breugnon, qui mit à la voile le 21 avril, à destination du Canada.

Le 3 janvier de cette année était mort un enseigne de vaisseau de grande espérance, l'adjoint Thiersanville, qui avait lutté de science nautique avec le comte de Roquefeuil et qui s'était si bien comporté dans l'épidémie de 1757. Entré dans la marine comme garde en 1749,

---

[1] Cet ingénieur, ainsi qu'il résulte d'une note qui nous a été fournie par les archives de Paris, avait été employé depuis plusieurs années à Bordeaux, pour travailler, sous les ordres de M. de Tourny, à la facilité de la navigation de la Garonne depuis son embouchure jusqu'à Bordeaux. On l'envoya aussi à Nantes pour faire quelques travaux à la rivière de Loire sous les ordres du duc d'Aiguillon. C'était donc le résultat de ses recherches qu'il consignait à l'Académie de marine.

il ne dépassa point la trentaine. Voici, en ce qui le concerne, l'apostille du comte Du Guay, commandant la compagnie des gardes de la marine à Brest, en date du 8 janvier 1751 : « Fort jeune, bien élevé, esprit déjà solide et capable d'application, apprenant bien et par raison. On peut assurer qu'il fera un sujet de distinction. »

E.: avril 1758, mourut le conseiller d'État Pallu, beau-frère du Ministre Rouillé, un des membres honoraires fondateurs de l'Académie de marine. Il était intendant des classes, après avoir rempli, pendant vingt ans, les fonctions d'intendant à Lyon.

Le 15 août de la même année, s'éteignit une des gloires de l'Académie de marine, l'académicien honoraire Pierre Bouguer, également de l'Académie des sciences, géomètre, hydrographe et astronome, né, en 1698, au Croisic, d'un professeur d'hydrographie, qu'il avait remplacé, n'ayant encore que quinze ans. Dès 1727, il avait remporté un prix à l'Académie des sciences pour son *Traité de la mâture des vaisseaux* et, deux ans plus tard, il fut également couronné pour sa *Méthode d'observer sur mer les hauteurs des astres*. En 1737, il avait remporté un troisième prix pour sa *Méthode d'observer en mer la déclinaison de la boussole*. Aussi, lorsque l'Académie des sciences prit la résolution de déterminer la grandeur et la figure de la terre, fut-il envoyé, en 1735, au Pérou, avec Godin et La Condamine, pour mesurer un degré du méridien sous l'équateur, pendant que Maupertuis, Clairaut, Camus et Lemonnier étaient chargés de la même mission en Laponie. Des travaux de Bouguer est résulté la *Théorie de la figure de la terre*. Trois ans auparavant, en 1746, il avait publié son *Traité du navire*. Enfin, en 1753, il avait donné son *Traité de navigation* et, en 1757, un *Traité de la manœuvre des vaisseaux*. La mort l'empêcha de mettre au jour son *Traité d'optique*, qui fut publié depuis par l'abbé de Lacaille. Bouguer est un des hommes qui ont le plus contribué au progrès des sciences pendant la première moitié du xviiie siècle. Il a constaté, le premier, la déviation que l'attraction des montagnes fait éprouver aux pendules. On lui doit aussi l'invention de l'*héliomètre*, servant à mesurer le diamètre ainsi que la distance des corps célestes. Enfin, il est le créateur de la *photométrie*, partie de la physique qui enseigne à mesurer l'intensité de la lumière.

En 1759, il n'y eut pas une seule assemblée. Ce fut une année funèbre pour la France. Berryer venait d'être nommé Ministre de la marine, et son fameux projet de descente devait aboutir aux désastres de Santa-

Maria et de Quiberon. Dans cette dernière affaire, Chézac était capitaine de pavillon du maréchal de Conflans sur le *Soleil-Royal*, avec le chevalier Des Roches pour major; Villars de la Brosse, autre académicien ordinaire, commandait le *Glorieux*; Bigot de Morogues, le *Magnifique*. Celui-ci combattit seul pendant près d'une heure contre trois vaisseaux anglais et, ayant réussi à s'en faire abandonner, conduisit son bâtiment à l'Ile d'Aix. Mais quelle dut être la douleur de Chézac dont, au surplus, Conflans fait un bel éloge dans son rapport, et de Des Roches, quand le vice-amiral ordonna de jeter à la côte, dans l'anse du Croisic, le vaisseau qui portait son pavillon, bien qu'il n'eût aucunement souffert dans la bataille, et qu'il le fît incendier par le chevalier de Montazet, sans être aucunement inquiété par l'ennemi. Quant à Villars de la Brosse, ce fut un des sept commandants qui, à la faveur de la marée, entrèrent dans la Vilaine, où leurs bâtiments furent bloqués par les Anglais. Cette même année 1759, Froger l'Éguille, académicien ordinaire, devenu chef d'escadre, commandait, dans l'escadre du comte d'Aché, le *Minotaure*, qui maltraita rudement le vaisseau anglais *Tiger*, dans l'affaire du 10 septembre.

En 1759, le 4 janvier, mourut encore un académicien honoraire, Jean-Florent de Vallière, lieutenant-général des armées du Roi et de l'artillerie, le père de l'artillerie française au XVIIIe siècle, qui, chargé de la réorganisation du matériel en même temps que le maréchal de camp Camus-Destouches était nommé directeur général des écoles, avait fait déterminer, par l'ordonnance de 1732, l'uniformité des calibres, réduits à cinq pour les canons, à deux pour les mortiers ainsi que pour les pierriers. Il avait assisté à soixante siéges et à dix batailles rangées, et était de l'Académie des sciences depuis 1731. Il y fut remplacé par Chabert.

Chacune des années de la guerre coloniale devait être marquée par une perte irréparable. C'est le 8 septembre 1760 que fut signée la capitulation qui effaçait la Nouvelle-France, autrement dit le Canada, de la carte du globe. Après le désastre de Quiberon, on avait renoncé à tout armement, et plus que jamais l'économie, qui avait ruiné la marine française depuis la Régence, était à l'ordre du jour. Aussi l'Académie, bien qu'elle n'eût pas touché le fonds de 6,000 livres qui lui était alloué pour chacune des années 1755 et 1756, et celui de 3,000 pour 1857, se proposait-elle de reprendre en silence ses travaux, sans rien demander au Ministre, quand une dette de 7,300 livres, que le P. Pésenas, membre associé, lui avait fait contracter à son insu, bien qu'avec l'agrément de Machault, pour la construction d'un télescope à l'usage particulier du Père, la força de recourir à Berryer, par un mémoire en date du 12 décembre 1760. L'Académie lui exposa qu'en 1757 et 1759 elle avait dépensé 1,800 livres pour la construction d'un quart de cercle confié à la surveillance de Duhamel, instrument qu'elle n'avait pas reçu, non plus que des livres rassemblés pour elle par Le Febvre, secrétaire de la bibliothèque du Roi. Il ne lui restait en caisse qu'environ 4,000 livres, dont encore une partie était engagée pour un restant de compte et pour la suite de plusieurs ouvrages demandés. Berryer, qui dès la fin de 1759 avait ordonné à la Compagnie de cesser toute acquisition de livres au delà des fonds qui pouvaient lui rester encore, ne fit aucune réponse à cette lettre.

Le 9 septembre 1760, mourut à Brest le commandant de la marine, Hilarion Josselin, comte Du Guay, chef d'escadre et académicien honoraire. Il était né en 1692, à Saint-Malo, d'un commissaire de la marine du département de cette ville, et la comtesse de Tourville avait signé à son baptême à titre de marraine, ainsi que l'indique le prénom d'Hilarion, qui est un de ceux de Tourville. Ses états de services, des plus brillants du reste, le portent comme garde de la marine à Brest en 1707, enseigne en 1710, chevalier de Saint-Louis en 1721, lieutenant de vaisseau en 1727, capitaine de vaisseau en 1738, commandant des gardes de la marine à Brest en 1747, chef d'escadre en 1751, commandeur de Saint-Louis en 1754, lieutenant-général en 1757. Un demi-siècle auparavant, il s'était trouvé à l'affaire du *Devonshire*, où il avait été blessé; en 1710, au siège de Douai, où il reçut deux blessures; en 1712, à la prise du fort de la Scarpe et des places de Douai, du Quesnoy, de Bouchain et de Dinant. En 1719, il avait participé, sur le *Mars*, à la prise de Pensacola en Floride, et, avec la chaloupe du bâtiment, s'était emparé d'une frégate espagnole. En 1745, escortant, avec le *Magnanime* et le *Rubis*, un convoi de deux cents voiles allant à la Martinique, il avait forcé l'amiral anglais Towsend de lui ouvrir le passage de la rade. C'est du moins ce qui est dit dans son dossier, car l'affaire est tout autrement racontée, nous devons le mentionner, dans les *Batailles navales* de M. Troude, qui donne le commandement du *Magnanime* à Macnémara et ne parle point de Du Guay. En 1746, revenant de la Martinique avec 50 voiles, il était repassé en France, malgré la flotte de Towsend, forte de 23 vaisseaux. En 1747, commandant du *Terrible*, à l'affaire du 6 octobre, il avait été blessé d'un coup de mitraille aux deux jambes et fait prisonnier. Il fut remplacé à Brest par le comte de Blénac, commandant par intérim jusqu'à la nomination du chef d'escadre Roquefeuil en 1761.

Une semaine après Du Guay, 17 septembre, mourait à l'hôtel d'Artois, à Rennes, le capitaine de vaisseau marquis de Choiseul-Praslin, dont nous avons raconté l'histoire aux mouvements de 1755.

Les deux seules séances qui eurent lieu en 1761, année de la prise de Pondichéry et de Belle-Ile, furent consacrées, 9 juin et 16 septembre, à la présentation et à l'approbation de la *Tactique navale* de Morogues, traité des évolutions et signaux qui parut en 1763 (Paris, in-4°). Chézac et le chevalier Des Roches furent nommés commissaires, et ce fut sur leur rapport que l'Académie émit un jugement favorable. Une traduction anglaise de cet ouvrage parut à Londres en 1767, et le traducteur O'Brien écrivit à ce sujet à l'auteur que si Conflans avait suivi ses mémoires avec autant de fermeté et de résolution qu'il en inspirait dans son ouvrage, il aurait probablement diminué la gloire que l'amiral Hawke avait si justement acquise dans cette mémorable journée. Mais dire et faire sont deux choses essentiellement différentes, car enfin quoi de plus complet et de mieux raisonné que l'ordre du jour du maréchal de Conflans avant la bataille?

Dans cette même séance du 9 juin, Keranstret avait proposé à la Compagnie l'achat d'une toise étalonnée à l'Académie des sciences, et qui fut payée 72 livres. Le 16 septembre, on régla un compte administratif.

Le 14 octobre 1761, Choiseul succéda, en qualité de Ministre de la marine, à Berryer, auquel Louis XV abandonna le revenu lucratif des sceaux, qu'il retenait à son profit depuis la disgrâce de Machault. Quelques jours auparavant, 20 septembre, était mort dans sa campagne de Neuilly, le Ministre qui avait attaché son nom à la fondation de l'Académie de marine, Louis-Antoine Rouillé, comte de Jouy. Dans une brochure précédente, *La Marine au dix-huitième siècle* (*Revue* d'octobre et novembre 1867), nous croyons avoir établi les titres de Rouillé à l'estime publique, contrairement à Voltaire, dont le jugement sur ce Ministre est aussi dur que superficiel[1]. Esprit patriotique, Rouillé a

---

[1] « C'était, dit-il dans ses Mémoires, le plus inepte secrétaire d'État que jamais roi de France ait eu, et le pédant le plus ignorant qui fût dans la robe. Il avait demandé un jour si la Vétéravie était en Italie. Tant qu'il n'y eut point d'affaire épineuse à traiter, on le

essayé de relever la marine française affaiblie par la Régence et par le ministère de Fleury. Entravé de ce côté par l'insouciance de Louis XV et par les intrigues de l'Angleterre, il continua du moins les traditions du ministère de Maurepas en favorisant le commerce et les sciences. Il releva l'administration de la marine, partie faible du ministère de son prédécesseur. La fondation de l'Académie de marine est sa plus belle œuvre, celle qui honorera à jamais sa mémoire. Il avait été reçu lui-même, en 1751, membre honoraire de l'Académie des sciences. En 1758, ses infirmités le forcèrent d'abandonner le Conseil. Rouillé avait épousé en 1730 une fille de Pallu, conseiller au parlement de Paris.

En 1762, dernière année de la guerre coloniale, signalée par la prise de la Martinique ; en 1763, époque du traité de Paris de si déplorable mémoire, et même en 1764, la dispersion des membres de l'Académie, ainsi que la mort d'un certain nombre d'entre eux, réduisirent ceux qui étaient à terre à travailler seuls. Il n'y eut donc pas de séance jusqu'en 1765. Dans le courant de l'année précédente, nous n'avons à signaler qu'une lettre de Le Febvre, du 20 août 1764, relative à un règlement de comptes, pour envois de livres en 1753 et 1756, et un mémoire du 3 août 1764 au Ministre Choiseul, à propos du règlement de compte de l'affaire Pézenas. Déjà l'Académie avait écrit, pour ce même objet, au même Ministre, le 7 juin 1762. Quant à l'affaire, elle resta vraisemblablement sans solution par suite des événements.

Le 22 mai 1764, mourut à Brest le constructeur Mathurin-Louis Geoffroy, dit Geoffroy cadet, académicien adjoint, « excellent sujet, dit l'intendant Hocquart dans une lettre pour demander une pension en faveur de sa veuve, également laborieux, assidu à son ouvrage, très-intelligent et de la plus exacte probité ». Fils, frère et père de constructeurs, c'était un de ces agents subalternes et ignorés, mais dévoués, qui ont fait de la marine française, au temps de Louis XV, la plus belle marine du monde au point de vue du matériel.

Le lendemain, 23 mai, s'éteignit à Brest le sous-secrétaire de l'Académie, le capitaine de vaisseau Bidé de Chézac, académicien ordinaire. Né à La Rochelle, c'était le fils d'un lieutenant de vaisseau mort au

---

souffrit ; mais dès qu'on eut de grands objets, on sentit son insuffisance, on le renvoya, et l'abbé de Bernis eut sa place. » Nous convenons sans peine que le poète de M¹ᵐᵉ de Pompadour, celui que Voltaire lui-même appelait *Babet la bouquetière*, est plus littéraire que Rouillé; mais Voltaire ne fait-il pas de l'érudition à bon marché? Est-il si difficile de feuilleter un Dictionnaire de géographie et d'y lire que la Vétéravie ou Vestéravie était une ancienne province d'Allemagne faisant partie du cercle du Bas-Rhin?

service. Garde en 1721, enseigne en 1731, lieutenant de vaisseau en 1741, lieutenant des gardes-marine en 1743, chevalier de Saint-Louis du 10 août 1744, capitaine de vaisseau et commandant des gardes-marine en 1751, après le comte Du Guay, il s'était signalé, en maintes circonstances, notamment en 1744, sur le *Content*, à la prise du *Northumberland*, où il fut blessé, et en 1746 sur l'*Ardent*, où, séparé de l'escadre par un coup de vent à l'atterrage sous Belle-Ile, il soutint un combat contre cinq vaisseaux anglais, de six heures du matin à six heures du soir, et se perdit à la côte pour échapper à l'ennemi.

Le 1er octobre 1764, l'intendant Hocquart prenait sa retraite et était remplacé par Clugny. Au terme de l'article 3 du règlement, c'était un académicien honoraire de plus, et nous retrouverons Hocquart en 1769.

Le 26 juin 1765, Jonathas de Kergariou, dit l'Audacieux, celui que nous croyons être l'adjoint de l'Académie, devenu lieutenant de vaisseau, embarqué sur la *Licorne*, sous les ordres de Duchaffault, se faisait tuer au bombardement de Larrache.

Le 1er août, quatre mois après l'ordonnance Choiseul, qui réorganisait la marine française, les assemblées de l'Académie de marine parurent devoir recommencer régulièrement. Ce jour-là, quatorze académiciens se réunirent, savoir : Honoraires : le comte de Roquefeuil, commandant de la marine; l'intendant Clugny et l'ingénieur Frézier. Ordinaires : Choquet l'aîné, directeur ; le chevalier Des Roches, sous-directeur ; Morogues, secrétaire ; les chevaliers de La Cardonnie, de Goimpy, de Diziers et de Baracé ; Keranstret, Choquet de Lindu ; enfin Courcelles. Ce fut une séance de réorganisation. On lut la liste des mémoires présentés à l'Académie depuis son établissement, et le compte rendu des mots faits pour le Dictionnaire de marine ; on invita les membres de l'Académie à continuer leurs ouvrages ; on songea à remplir les places vacantes, entre autres celle du sous-secrétaire Chézac; et, dans ce but, on demanda au Ministre l'autorisation de procéder à ces nominations ; on pria le secrétaire de la bibliothèque du Roi, Le Febvre, de faire l'envoi des livres adoptés depuis 1759; on délibéra sur la nécessité de faire quelques changements au règlement du 30 juillet 1752 ; enfin on écrivit au Ministre de vouloir bien demander au Roi des lettres patentes pour fixer à l'avenir l'état de l'Académie.

A la séance suivante, 8 août, le secrétaire Morogues communiqua à l'Académie le projet de règlement, avec quelques modifications qu'il avait cru devoir y insérer, suivant la mission qu'il en avait reçue de l'assemblée. Ce même jour, Goimpy lut l'invitation que Lemonnier, de l'Académie des sciences, avait faite à l'Académie de marine, d'observer l'éclipse partielle de soleil qui devait avoir lieu le 16 août. Il lut également l'extrait d'un mémoire envoyé par lui, l'année précédente, à Bellin, sur la longitude de Funchall et sur la position des Antilles et du Cap. Enfin Keranstret apporta le plan de l'ancienne forme de Troulan ou bassin de Brest, et un mémoire dont la lecture fut remise à l'assemblée suivante.

La séance du 14 août fut consacrée tout entière à la discussion du règlement. Les changements à faire dans la rédaction de quelques-uns de ses articles furent arrêtés, et l'on convint d'en faire une copie pour l'envoyer au Ministre, quand celui-ci aurait répondu aux lettres déjà écrites par l'Académie.

Le 22 août, le comte de Roquefeuil lut un mémoire de 3 pages in-folio que, dès le 23 décembre 1763, il avait remis au bureau de la marine, à Versailles, et qui était intitulé : *Idée sur la contre-quille des vaisseaux*. Il y préconisait l'avantage qu'il y aurait à ajouter, ainsi que le demandait Clairain Deslauriers, une contre-quille au vaisseau la *Ville-de-Paris*, que cet ingénieur avait construit en 1763, et il proposait de généraliser pour tous les vaisseaux l'emploi de la contre-quille. Dans cette même séance, l'assemblée repoussa l'emploi de deux sortes de grues inventées par un machiniste de l'ex-roi de Pologne Stanislas, nommé Bourrier.

Le 29 août, pour raison de service, il n'y eut pas d'assemblée.

Enfin, le 5 septembre, il n'y avait plus que huit membres présents. C'étaient : le comte de Roquefeuil ; Choquet l'aîné, directeur ; Morogues, secrétaire ; Baracé, Choquet de Lindu, Courcelles, Keranstret et Goimpy. Constatons l'absence du chevalier Des Roches, le sous-directeur, qui au surplus reparaîtra sur la liste de 1769, à titre d'associé. Morogues remit à l'Académie la carte et le mémoire de Chézac sur les Açores, dont nous avons parlé en 1754. Goimpy lut, à propos du loch, un mémoire dont il ne laissa pas copie. Ce fut le dernier travail présenté et la dernière réunion jusqu'à la réorganisation de l'Académie, en 1769.

L'ACADÉMIE ROYALE DE MARINE

JUSQU'A SON AFFILIATION

AVEC L'ACADÉMIE DES SCIENCES

PAR

ALF. DONEAUD DU PLAN

PROFESSEUR A L'ÉCOLE NAVALE

DEUXIÈME PARTIE

PARIS

BERGER-LEVRAULT ET Cie

Éditeurs de la Revue maritime et coloniale et de l'Annuaire de la Marine

5, RUE DES BEAUX-ARTS, 5

MÊME MAISON A NANCY

1879

(Extrait de la *Revue maritime et coloniale.*)

L'ACADÉMIE ROYALE DE MARINE

JUSQU'A SON AFFILIATION

AVEC L'ACADÉMIE DES SCIENCES

Deuxième partie.

VI.

Reconstitution de l'Académie.

Lorsque l'Académie de la marine fut reconstituée en 1769, Praslin avait remplacé Choiseul depuis trois ans. Malgré la tentative de réorganisation de 1765, le petit nombre auquel les académiciens étaient réduits et l'abandon dans lequel cet établissement s'était trouvé pendant plusieurs années avaient rendu leurs efforts inutiles. Ce n'est pas que Choiseul se fût montré hostile à l'Académie, mais il s'était attiré l'animosité de la noblesse de mer en annonçant son intention de supprimer l'institution privilégiée des gardes-marine, et de réorganiser le grand corps, où il voulait admettre les plébéiens qui s'étaient distingués pendant la dernière guerre. Aussi les officiers rouges lui suscitèrent-ils tant d'opposition qu'en 1766, Choiseul, dépité de ces tracasseries, avait abandonné la marine à son cousin Praslin pour prendre la place de celui-ci aux affaires étrangères.

Praslin, ajournant les réformes radicales projetées par son prédécesseur, se borna à réorganiser l'institution des gardes-marine — c'est du moins ce que semble indiquer le sous-commissaire Le Roy dans son rapport de 1773 à l'Académie royale de marine — et à les mettre dans la nécessité de s'instruire pour arriver aux grades. En même temps, il encouragea par tous les moyens le réveil maritime de la France, et son ministère fut une brillante continuation de celui de son cousin. C'est ainsi qu'il admit dans le corps de la marine le chevalier de Borda, jeune ingénieur déjà connu par plusieurs mémoires concernant l'art nautique; qu'il nomma Pierre Poivre intendant des Mascareignes; qu'il envoya dans les mers du Sud Bougainville, le premier navigateur français qui ait été chargé par son gouvernement d'un voyage de circumnavigation; dans la Méditerranée, Chabert, qui ne cessait d'amasser des matériaux pour son *Neptune*; à Saint-Domingue, La Cardonnie, chargé également d'une mission hydrographique; dans l'Atlantique, Fleurieu, pour expérimenter la montre Berthoud. Chabert et La Cardonnie étaient de l'ancienne Académie de marine; Borda et Fleurieu allaient bientôt faire partie de la nouvelle.

De grands travaux furent exécutés au port de Brest, où Choquet de Lindu, autre académicien de 1752, remplaça par de beaux édifices en granit les bâtiments en bois ou tombant de vétusté élevés à la hâte du temps de Colbert. Le ministre s'y était rendu lui-même dès le mois d'août 1766, et y avait passé une douzaine de jours. Le 18 août, dit Levot dans son *Histoire de la ville et du port de Brest*, il y avait présidé un conseil de construction auquel avaient assisté Roquefeuil, commandant de la marine, l'intendant Clugny, Morogues et plusieurs autres officiers généraux ou supérieurs, les ingénieurs Ollivier et Groignard, le commissaire général Marchais. On y arrêta la forme et les principales dimensions que devaient avoir désormais les vaisseaux de guerre, les proportions de leur mâture, de leur membrure, etc., pour avoir des types uniformes. Ce fut l'opinion de Groignard qui prévalut.

Pour couronner toutes ces mesures, l'Académie de la marine fut réorganisée. Jamais les circonstances n'étaient redevenues plus favorables pour la culture des sciences. C'était six ans après le traité de Paris, de déplorable mémoire. Il s'agissait de prendre une glorieuse revanche des hontes de la guerre coloniale. Celle-ci contenait en soi les tristes, mais utiles enseignements que donne l'adversité. Après les défaites de Santa-Maria et de Quiberon, causées par l'incapacité notoire des chefs, on avait compris, par une dure expérience, à quel point, dans la carrière navale, la théorie est nécessaire à la pratique, et jamais on ne s'était livré avec plus d'ardeur à faire des applications de l'une à l'autre. Malheureusement ces efforts, étant isolés, menaçaient de devenir stériles, si bien que tous ceux qui s'intéressaient au progrès des sciences désiraient voir renaître l'Académie de la marine. On s'adressa au ministre pour obtenir une nouvelle création. Le vicomte de Morogues, le comte de Roquefeuil, commandant du port, et l'intendant Clugny n'eurent pas de peine à l'obtenir de Praslin. L'Académie de la marine reparut donc, et même avec plus de dignité que précédemment, car elle fut placée, comme sa sœur des sciences et comme les autres grandes académies du royaume, sous la protection directe du roi, ce qu'indique le nouveau titre que lui donne le règlement de 1769, celui d'Académie royale. C'est alors qu'elle prit pour devise un vaisseau voguant à toutes voiles avec la légende : *Per hanc prosunt omnibus artes*, vulgarisation de la science.

Ce règlement, également en 35 articles, a été rédigé sur les mêmes errements que le premier. Il est daté de Versailles, le 24 avril 1769. Le voici avec son préambule :

De par le Roi,

Sa Majesté ayant approuvé l'établissement d'une Académie de marine au port de Brest, par le règlement qu'elle a fait dresser à cet effet le 30 juillet mil sept cent cinquante-deux, et s'étant fait rendre compte de son état actuel, elle aurait reconnu que ses travaux, également utiles pour tout ce qui a rapport à la marine et à la navigation, ont été suivis avec autant de zèle que de succès pendant les premières années de son établissement; mais que différentes circonstances ayant dispersé la plupart de ses membres, et ayant fait vaquer plusieurs places, ses assemblées auraient cessé, et son travail discontinué; que cependant il se trouvait encore à Brest plusieurs de ses anciens membres et un nombre considérable de sujets dont les lumières et les connaissances procureraient des productions utiles à la marine s'ils étaient réunis : à quoi Sa Majesté désirant pourvoir, et voulant d'ailleurs donner à l'établissement de l'Académie de marine une forme solide et permanente, elle a jugé à propos d'expliquer ses intentions par le présent règlement qu'elle veut être exactement observé.

Article premier. — L'Académie royale de marine à Brest continuera d'être sous la protection du secrétaire d'État, ayant le département de la marine.

Art. 2. — L'Académie sera composée de soixante académiciens, dont dix honoraires, dix associés, vingt académiciens ordinaires et vingt adjoints.

Art. 3. — Les honoraires seront choisis parmi les principaux officiers de la marine, et les personnes recommandables par leurs connaissances dans les mathématiques, la physique et autres parties relatives à la marine. Le commandant et l'intendant du port de Brest seront toujours des honoraires

Art. 4. — Les associés seront choisis parmi les personnes dont les travaux et les connaissances seront utiles à l'Académie, soit qu'elles soient attachées ou non au service de la marine.

Art. 5. — Les vingt ordinaires seront tous attachés au service de la marine; quatorze au moins seront du département de Brest; ils seront pris le plus ordinairement parmi les adjoints.

Art. 6. — Les vingt adjoints seront également tous attachés au service de la marine, et dix au moins seront du département de Brest.

Art. 7. — L'Académie pourra s'associer des correspondants de tous états, dont le nombre ne sera point limité.

Art. 8. — Lorsqu'il vaquera quelque place, l'Académie en informera le secrétaire d'État, ayant le département de la marine, et sur sa réponse elle indiquera le jour de l'élection.

Art. 9. — L'élection se fera par voie de scrutin, et l'Académie présentera pour chaque place vacante deux sujets au secrétaire d'État, ayant le département de la marine, qui choisira celui qui devra être reçu. Il en informera l'Académie et l'académicien élu, auquel sa lettre servira de titre.

Art. 10. — Nul ne pourra être proposé qu'il ne se soit fait connaître par quelque ouvrage ou mémoire qui justifie ses connaissances, principalement dans les mathématiques ou autres parties relatives à la marine.

Art. 11. — La place de l'académicien ordinaire ou adjoint qui se retirera du service de la marine, sera regardée comme vacante; mais l'académicien pourra demander la vétérance qui ne sera accordée qu'après quinze ans d'inscription à l'Académie. La même chose sera observée lorsque, pour raison d'infirmité, un académicien demandera à se retirer.

Art. 12. — Tous les ans, à la fin de décembre, l'Académie procédera à l'élection de ses officiers, savoir: d'un directeur, d'un vice-directeur, d'un secrétaire et d'un sous-secrétaire, lesquels seront du département de Brest, et pris dans le nombre des académiciens ordinaires, et ils pourront être continués par une nouvelle élection, excepté le directeur qui ne pourra rentrer en charge qu'après une année d'intervalle.

Dans le cas où l'un de ces quatre officiers irait à la mer, on nommerait à sa place, pour le temps de son absence seulement, de manière que si le temps de son exercice n'était pas expiré, il reprendrait ses fonctions jusqu'à la fin de l'année.

Art. 13. — Tous les académiciens présents à l'assemblée y auront voix délibérative lorsqu'il s'agira de questions relatives aux sciences; mais à l'égard des affaires de la Compagnie et des élections, les honoraires, associés et ordinaires auront seuls voix délibérative.

Art. 14. — Le directeur présidera aux assemblées, indiquera les mémoires qui seront lus, et proposera tout ce qui sera avantageux à l'Académie, aux progrès des sciences qui ont rapport à la marine, et au bon ordre qui doit régner dans les assemblées.

Si les propositions souffrent quelques difficultés, on prendra les voix des académiciens, et on sera tenu de se conformer au résultat de la délibération. Le vice-directeur fera les fonctions du directeur en son absence, et le plus ancien académicien ordinaire présidera en l'absence de l'un et de l'autre.

Art. 15. — Le secrétaire tiendra les registres en bon ordre ; il se fera remettre les mémoires qui auront été lus aux assemblées, pour les représenter au besoin. Il signera tous les mémoires et les datera aussitôt qu'ils lui auront été remis. Il signera de même tous les actes et rapports qui seront délivrés, par ordre de l'Académie. Il ne donnera aucune communication aux étrangers, des mémoires des académiciens, ni des registres, sans y être autorisé par l'Académie.

Il recevra les mémoires qui seront envoyés à l'Académie par ses membres non résidants, ou par ses correspondants ; il en fera lecture aux assemblées, fera les réponses conformes aux intentions de la Compagnie, et sera particulièrement chargé de la correspondance, quoique tous les académiciens soient invités à l'étendre autant qu'il sera possible.

Avant de faire partir les lettres qu'il écrira au nom de l'Académie, il en fera lecture aux assemblées.

Il fera, à l'ouverture de chaque séance, le rapport de ce qui se sera passé dans la séance précédente, et un abrégé des mémoires qui y auront été lus. Il fera, tous les six mois, l'extrait des mémoires qui y auront été lus pendant le semestre, et en fera lecture à l'Académie qui en adressera copie au secrétaire d'État, ayant le département de la marine, afin qu'il soit instruit des travaux de l'Académie.

Il écrira aussi, au nom de l'Académie, les lettres qui informeront ceux qui auront été élus correspondants, et ces lettres avec l'inscription sur les registres seront les seuls titres des correspondants.

Le sous-secrétaire aidera le secrétaire dans ses fonctions, et le remplacera en cas d'absence.

Art. 16. — Les académiciens associés feront part à l'Académie des recherches qu'ils auront faites relativement à l'objet du travail de la Compagnie, et leurs remarques et mémoires utiles seront portés sous leur nom sur les registres.

Art. 17. — Les académiciens ordinaires et adjoints, qui seront à Brest, seront assidus aux assemblées, et ne s'en absenteront que pour des raisons légitimes.

Ils travailleront assidûment à remplir les objets qu'ils se seront proposés et dont la Compagnie les aura chargés.

Les académiciens qui auront entrepris un travail difficile, ou qui en auront été chargés par l'Académie, pourront demander à être aidés par d'autres académiciens que la Compagnie accordera si elle le juge à propos. Les académiciens ainsi nommés se livreront avec zèle à ce travail commun ; et s'il survenait quelque différence de sentiment, ils en feront rapport à l'Académie et se conformeront à sa décision.

Art. 18. — Les académiciens non résidants enverront, le plus souvent qu'ils le pourront, quelques mémoires ou dissertations relatives aux travaux de l'Académie, donneront exactement les éclaircissements qui leur sont demandés par la Compagnie, et leurs mémoires qui seront jugés utiles seront inscrits sur les registres.

Art. 19. — Les correspondants ne seront assujettis à aucun travail fixe, mais ils seront exhortés de donner les éclaircissements qui leur seront demandés par l'Académie. Leurs mémoires utiles seront portés dans un registre particulier, et ils pourront assister aux assemblées lorsqu'ils passeront à Brest, sans y avoir voix délibérative.

Art. 20. — L'Académie tiendra ses séances le jeudi de chaque semaine, et lorsqu'il y aura une fête, l'assemblée sera remise au lendemain. Le directeur annoncera les jours de séances; elles seront de deux heures, savoir : depuis trois jusqu'à cinq en été, et depuis deux heures et demie jusqu'à quatre heures et demie en hiver.

Art. 21. — L'Académie sera en vacances depuis Noël jusqu'aux Rois, et pendant la quinzaine de Pâques seulement.

Art. 22. — Tout ce qui a rapport à la marine, sera le principal objet du travail de l'Académie. Elle continuera surtout avec exactitude la composition d'un dictionnaire de marine, et ceux de ses membres qui en seront chargés en rendront compte dans les assemblées.

Art. 23. — Si quelque partie paraissait négligée, l'Académie engagera quelques-uns des académiciens à s'y attacher; et, pour cet effet, elle les invitera à donner par écrit, au commencement de chaque année, le détail de leur projet de travail.

Art. 24. — Quoique les parties de mathématiques qui ont un rapport direct à la marine soient le principal objet du travail de l'Académie, cependant les académiciens sont invités à étendre leurs recherches sur tout ce qui peut être utile ou curieux dans les autres parties des mathématiques et de la physique, aussi bien que dans celles des arts et de l'histoire naturelle.

Art. 25. — Les séances seront remplies par les délibérations sur les affaires de l'Académie et par la lecture des mémoires et dissertations qui y seront portés ou envoyés.

On commencera par la lecture des lettres, mémoires et dissertations des personnes non attachées à l'Académie, que le secrétaire ou les autres membres auront reçus. Si ce sont des mémoires ou dissertations, elle nommera des commissaires pour les examiner, et sur leur rapport elle décidera de l'usage qu'elle peut en faire, et il sera répondu par le secrétaire ou autres membres de l'Académie qui les auront présentés, pour en accuser la réception. Si ce sont des questions sur lesquelles on consulte l'Académie, le secrétaire, ou celui des académiciens auquel les lettres auront été écrites, y fera également réponse, pour en accuser la réception, mais sans entrer dans aucun détail. Cependant le président de l'assemblée pourrait commettre quelques académiciens pour examiner le sujet de la question et dresser un projet de réponse.

s'il y a lieu, lequel ayant été ensuite examiné et approuvé par l'Académie, sera envoyé à celui qui s'y sera adressé.

Le secrétaire ou le sous-secrétaire lira ensuite les mémoires ou dissertations qu'il aura reçus des académiciens qui ne seront point à Brest; lesquels mémoires et dissertations resteront entre les mains du secrétaire, qui les datera et les signera; et lorsque l'Académie aura décidé de leur utilité, ils seront transcrits sur ses registres.

Après la lecture des mémoires des académiciens non résidants, ceux qui le seront, présenteront leurs propres ouvrages, lesquels seront également laissés entre les mains du secrétaire de l'Académie, pour être par lui datés, signés et transcrits sur les registres.

Il en sera de même des relations de combat, extraits de journaux et mémoires concernant la marine, qui auront été lus aux assemblées.

Pour que les assemblées soient remplies, les académiciens ordinaires et adjoints sont invités d'apporter, chacun à leur tour, quelques mémoires de leur composition. Chacun de ceux qui seront présents aura la liberté de faire ses remarques sur ce qui sera lu et proposé, observant que ce soit avec modération, sans critique et sans partialité; et si quelque chose souffre difficulté, le directeur prendra les voix.

Art. 26. — Si quelque académicien se propose de faire imprimer quelque ouvrage, l'Académie n'y donnera son approbation qu'après le rapport des commissaires qu'elle chargera de l'examiner, et aucun des membres ne pourra en prendre le titre à la tête des ouvrages qu'il fera imprimer, s'ils ne sont approuvés par l'Académie.

Art. 27. — Toutes les expériences qui seront rapportées par quelque académicien, seront par lui vérifiées dans les assemblées, s'il est possible, ou du moins elles le seront en présence des commissaires nommés pour y assister.

Art. 28. — Les assemblées de l'Académie se tiendront dans la salle de l'arsenal à ce destinée.

Art. 29. — Le secrétaire de l'Académie sera chargé, par inventaire, des livres, registres et instruments appartenant à l'Académie, et il ne pourra rien déplacer sans le consentement de la Compagnie et le récépissé de ceux à qui il sera confié.

Art. 30. — Il sera destiné tous les ans une somme de *quatre mille livres* sur les fonds de la marine, pour être employée aux frais ordinaires de l'Académie, achats de livres et d'instruments, etc. L'emploi en sera fait par le secrétaire sur les délibérations de l'Académie, et après en avoir rendu compte à l'intendant de la marine.

Art. 31. — Il sera fait mention sur les registres de l'Académie de ceux qui auront augmenté ses collections de modèles, cartes et plans, livres tant imprimés que manuscrits et autres objets qui lui seront utiles.

Art. 32. — A la fin de chaque séance, il sera distribué un jeton d'argent à chacun des académiciens ordinaires, qui, au commencement de la même séance, aura signé son nom sur le registre de présence. Le paiement de ces jetons sera fait sur les fonds de l'Académie.

Art. 33. — Tous les ans, au mois de décembre, l'intendant de la marine et le directeur examineront si les livres et autres effets de l'Académie sont en bon ordre, et en dresseront procès-verbal qui sera lu à l'assemblée de la Compagnie.

Art. 34. — Le directeur occupera le milieu du premier banc, et aura à sa gauche le secrétaire; le vice-directeur et le sous-secrétaire occuperont les deux premières places des bancs de retour, le premier à la droite, l'autre à la gauche. Les honoraires se placeront sur les premiers bancs à la suite du directeur et du secrétaire; les associés sur le banc à droite, les ordinaires sur le même banc à la suite des associés, et sur celui de la gauche; et les adjoints et correspondants, lorsqu'il s'en trouvera, sur celui en face des honoraires. Chacun se placera sur son banc respectif, sans distinction et suivant qu'il entrera.

Art. 35. — Le présent règlement sera inscrit sur les registres de l'Académie et lu chaque année à la rentrée après les Rois.

Fait à Versailles, le 24 avril 1769.

Signé : LOUIS. Et plus bas : Le Duc DE PRASLIN.

Si nous comparons ce règlement avec celui de 1752, nous pouvons constater que, bien qu'il n'y ait que l'article 7 qui soit rédigé en termes identiques, les deux règlements ne diffèrent en général que par de légers changements dans la rédaction, qui est beaucoup plus concise d'ailleurs dans le second. Les principales modifications sont les suivantes :

Art. 2. — Soixante académiciens au lieu de soixante-quinze, attendu que le nombre des ordinaires fut d'abord réduit de dix, celui des adjoints de cinq. Mais par une lettre de l'abbé Terray, ministre intérimaire de la marine, en date du 20 mars 1771, et qui n'était que la mise à exécution d'un projet de Praslin (voir à l'article *Mouvement* de la séance du 25 mai 1770), la classe des académiciens ordinaires et celle des adjoints furent augmentées chacune de cinq membres pris dans l'arrondissement de Brest. Quant aux académiciens libres de 1752, ils prennent, à partir de 1769, le titre d'associés.

Art. 5 et 6. — La part proportionnelle du port de Brest est augmentée pour les ordinaires et diminuée pour les adjoints.

Art. 8 et 9. — Les formalités des élections sont unifiées pour tous les membres de l'assemblée.

Art. 11. — La vétérance n'est plus accordée qu'après quinze ans d'inscription sur les listes de l'Académie.

Art. 12. — Le sous-directeur de 1752 prend en 1769 le titre de vice-directeur.

Art. 17. — Suppression du paragraphe de l'ancien article 16, ainsi conçu : « Les adjoints ne diront leur avis, lorsqu'il sera délibéré sur les questions de sciences, que quand le directeur le leur demandera. » Déjà l'article 13 du nouveau règlement leur accorde voix délibérative, mais seulement dans les questions relatives aux sciences et non pour les affaires de la Compagnie et les élections.

Art. 20. — Les séances d'hiver commenceront à deux heures et demie au lieu de deux heures, et se termineront à quatre heures et demie au lieu de quatre heures.

Suppression du paragraphe 24 de l'ancien règlement concernant les comptes rendus d'ouvrages étrangers à l'Académie.

Art. 25. — Suppression de ce membre de phrase : « Le but de la Compagnie devant être uniquement de s'instruire et non de s'ériger en tribunal pour décider sur aucune matière. » — Égalité dans les conditions de travail imposées aux ordinaires et aux adjoints.

Art. 30. — L'entretien annuel de l'Académie est porté de trois mille livres à quatre mille.

Art. 32. — Distribution de jetons de présence en argent aux ordinaires présents au commencement des séances.

Art. 34. — Les adjoints ne sont plus placés derrière les ordinaires.

En résumé, les deux modifications les plus importantes sont la suppression des deux paragraphes signalés plus tard par le commissaire Le Roy comme s'accordant peu avec l'objet qu'on s'était proposé en formant l'Académie : « Tel était, dit-il, celui où il est défendu de répondre avec détail aux questions qui seraient posées par l'Académie, sous prétexte que le but de cette Compagnie devait être uniquement de s'instruire, et non de s'ériger en tribunal pour décider sur aucune matière. Tel était encore l'article où l'on établissait entre les académiciens ordinaires et les adjoints des différences assez humiliantes pour ces derniers, assis derrière les ordinaires et tenus de garder un silence religieux, à moins que le directeur ne les invitât de lui-même à parler. Ce dernier article avait été pris dans l'ancien règlement de l'Académie des sciences, qui l'avait elle-même, depuis longtemps, supprimé comme peu convenable. »

Dans ce même discours, Le Roy parlait encore de la jalousie de certains officiers qui, prévenus contre des connaissances qu'ils n'étaient plus à même d'acquérir, faisaient le plus grand tort à leur corps en s'écriant que la théorie n'est bonne à rien, et que la pratique seule peut faire un bon officier. Le commissaire continuait en traçant ainsi le programme de l'Académie :

« Faciliter les moyens d'instruction en divulguant les connaissances de détail qu'un silence coupable concentrait entre les mains d'un petit nombre ;

« S'attacher à détruire toutes les parties défectueuses, tous les usages nuisibles ;

« Perfectionner toutes les branches de la marine appartenant aux sciences ;

« Examiner ce que les autres marines ont de bon pour se l'approprier, et de défectueux pour en tirer avantages. »

Enfin, il indiquait plusieurs sujets d'étude, tels que : « la forme de la carène, qui n'est pas à beaucoup près, disait-il, irrévocablement fixée ; les machines, qui sont d'un si grand usage dans la marine ; la conservation des corps, leur force, leur durée, leur emploi ; les arts et métiers qui dépendent de la marine. » Dans ce discours imprimé, qui sert de préface au volume des *Mémoires de l'Académie de marine*, il est dit de plus que la Compagnie, « en dévouant ses travaux à l'utilité des navigateurs, ne prétend pas les borner aux objets qui sont pour eux d'un usage immédiat ; elle atteindra plus sûrement au but qu'elle s'est proposé, en dirigeant ses recherches sur d'autres parties des sciences, quelquefois étrangères, en apparence, à la marine, mais dont les progrès ont une liaison nécessaire avec ceux de cet art. »

Les soixante-deux premiers membres de l'Académie royale de marine — il y eut un honoraire d'excédant et un correspondant — furent :

10 *honoraires*.

1. *D'Héricourt*, honoraire de 1752.
2. *Hocquart de Champerny*, id., conseiller d'État, intendant général des classes.
3. *Frézier*, id., ancien directeur des fortifications en Bretagne.
4. *Duhamel du Monceau*, id.
5. Le comte *de Roquefeuil*, ordinaire de 1752, lieutenant-général des armées navales, commandant de la marine à Brest.
6. *Clugny*, intendant de Brest, honoraire de l'Académie des sciences, arts et belles-lettres de Dijon.
7. *Ruis-Embito*, ordinaire de 1752, commissaire de la marine à Brest.
8. *De l'Eguille-Froger*, id., lieutenant-général des armées navales, commandant de la marine à Rochefort.

9. *Bigot de Morogues*, ordinaire de 1752, chef d'escadre et inspecteur général d'artillerie de la marine.
10. Le comte *d'Orvilliers*, id., chef d'escadre.
11. *De Bory*, id., de l'Académie des sciences, chef d'escadre.

NOTA. — Cela fait onze honoraires, par suite du maintien sur la liste d'Hocquart, retiré du service ; mais il fut convenu qu'on ne remplirait pas la première place vacante.

10 associés.

12. *D'Après de Mannevillette*, académicien libre de 1752, directeur du dépôt des cartes et plans de la Compagnie des Indes, correspondant de l'Académie des sciences.
13. *Bellin*, id., ingénieur de la marine.
14. *Pingré*, astronome de la marine, de l'Académie des sciences.
15. *Poissonnier-Desperrières*, médecin du roi, de l'Académie des sciences.
16. *Le Monnier*, astronome de la marine, de l'Académie des sciences.
17. *De Lalande*, astronome, de l'Académie des sciences, lecteur et censeur royal.
18. *Bezout*, examinateur de la marine et de l'artillerie, de l'Académie des sciences.
19. *Choquet* l'aîné, ordinaire de 1752, commissaire général.
20. *Du Dresnay des Roches*, id., capitaine de vaisseau, gouverneur général des îles de France et de Bourbon[1].
21. *Marchais*, commissaire général.

20 ordinaires.

22. *Missiessy*, ordinaire de 1752, capitaine de vaisseau et chef de brigade d'artillerie à Toulon.
23. Le vicomte *de Roquefeuil*, id., chef d'escadre à Brest.
24. *De l'Isle Beauchesne*, id., capitaine de vaisseau à Rochefort, commandant des gardes de la marine.
25. *Chabert*, id., capitaine de vaisseau à Toulon, de l'Académie des sciences.
26. *Clairain-Deslauriers*, id., ingénieur en chef à Rochefort.
27. *Choquet de Lindu*, id., ingénieur en chef à Brest.
28. *Petit*, id., lieutenant de vaisseau à Brest.
29. *Verguin*, id., ingénieur en chef à Toulon.
30. *Kerunstret*, adjoint de 1752, ordinaire de 1753, capitaine de frégate à Brest.
31. *La Cardonnie*, id., id., id.

---

[1] Nommé le 22 juillet 1768, il était parti, le 10 décembre, de la même année, sur le *Sphinx* pour se rendre à son poste.

32. *Goimpy*, adjoint de 1752, ordinaire de 1753, capitaine de frégate à Brest.
33. *Courcelles*, académicien libre de 1752, premier médecin de la marine à Brest.
34. Le chevalier *d'Oisy*, capitaine de vaisseau à Brest.
35. *Groignard*, adjoint de 1752, ingénieur-constructeur à Brest.
36. Le baron *d'Arros-Argelos*, capitaine de frégate à Rochefort.
37. *Briqueville*, capitaine de frégate à Brest.
38. *La Motte-Baracé*, adjoint de 1754, lieutenant de vaisseau à Brest.
39. *Duval Le Roy*, professeur de mathématiques à Brest.
40. Le chevalier *de Borda*, de l'Académie des sciences, lieutenant de vaisseau et de port à Brest.
41. L'abbé *Rochon*, adjoint de l'Académie des sciences, astronome à Brest.

20 adjoints.

42. Le chevalier *de Monteil*, adjoint de 1752, capitaine de vaisseau à Brest.
43. *Fortin*, adjoint de 1755, maître d'hydrographie au port de Brest.
44. *Fortin d'Orpède*, capitaine de vaisseau à Toulon.
45. *D'Arbaud-Jouques*, id.
46. *Vialis*, lieutenant de vaisseau et capitaine d'artillerie à Toulon.
47. *Le Bègue*, id., à Brest.
48. *La Porte*, commissaire général de la marine et ordonnateur à Brest.
49. *Tromelin*, lieutenant de vaisseau à Brest.
50. *Kerguelen-Tremarec*, lieutenant de vaisseau et capitaine d'artillerie à Brest.
51. *De Saulx-Rosnevet*, id., id., id.
52. Le baron *de Bombelles*, id., id., à Rochefort.
53. *Secqval*, lieutenant de vaisseau à Brest.
54. *Fleurieu*, enseigne de vaisseau et de port à Toulon.
55. *Trouillet de Bléré*, enseigne de vaisseau à Brest.
56. *Charnières*, lieutenant de vaisseau à Brest.
57. *Trémergat*, enseigne de vaisseau à Brest.
58. *Grenier*, id., id.
59. *Le Roy*, sous-commissaire de la marine à Brest.
60. *Blondeau*, ingénieur ordinaire de la marine à Brest.
61. *Blondeau*, professeur de mathématiques à Brest.

1 correspondant.

62. *Targe*, correspondant de 1754 à Orléans.

Il résulte de ce tableau que, ont disparu de la liste de 1752 :
Honoraires : Pallu, mort en 1758 ; Vallière, en 1759 ; La Galissonnière, en 1756 ; Du Guay, en 1760 ; Camus, en 1768 ; Bouguer, en

1758. Charles-Étienne-Louis Camus, le seul dont nous n'ayons pas parlé dans notre article précédent, si ce n'est pour dire qu'il avait envoyé à l'Académie de marine un exemplaire de son cours de mathématiques, en somme, n'a pas rendu de services personnels à l'Académie de Brest, sur laquelle il a seulement répandu l'éclat de son nom. Né en 1699, à Cressy-en-Brie, il avait concouru, à l'âge de vingt-huit ans, pour le prix proposé par l'Académie des sciences : *Sur la manière la plus avantageuse de mâter les vaisseaux.* Bouguer avait remporté le prix; mais le mémoire de Camus était d'un mérite tel, que l'Académie des sciences l'admit dans son sein. Aussi lui consacra-t-il ses travaux les plus importants. Camus fut du nombre des savants envoyés en Laponie pour déterminer la figure de la terre. Membre de la Société royale de Londres, de l'Académie d'architecture, il devint encore examinateur des écoles du génie et de l'artillerie, pour lesquelles il fit son cours de mathématiques. Son éloge est dans le recueil de l'Académie des sciences.

Académiciens libres : Le Cloustier; Le Febvre; le P. Esprit Pézenas, qui n'est mort qu'en 1776, à l'âge de quatre-vingt-quatre ans, mais qui fut probablement écarté par suite de ses démêlés antérieurs avec la Compagnie et qui, d'ailleurs, depuis la suppression des jésuites, s'était retiré à Avignon. Malgré son éloignement, il continua de rendre de grands services aux marins — tout en engageant des polémiques violentes avec Le Monnier et le P. Pingré — en publiant ses *Essais sur les longitudes,* ses *Tables de logarithmes* et enfin son *Histoire critique de la découverte des longitudes,* qui parut un an avant sa mort. Lalande a prononcé son éloge dans le *Journal des savants*; le P. Du Châtelard, retraité et mort en 1757; le P. Laroche; Crozet, retraité en 1754; Le Sueur, qui ne mourut pourtant qu'en 1771, et qui avait été nommé premier maître de mathématiques des gardes de la marine en 1764, mais qui était vraisemblablement retraité en 1769, étant alors âgé de soixante-huit ans.

Ordinaires : Robert, mort en 1757; Serigny, en 1753; Toussaint-Hocquart, le chef d'escadre, qui a dû prendre sa retraite vers 1760 et a vécu jusqu'en mai 1772[1]; De la Brosse, qui faillit revenir comme

---

[1] Mazas, dans son *Histoire de l'ordre de Saint-Louis,* mentionne un certain Hocquart de Blincourt, fils du feu intendant de Toulon, frère de l'intendant de Brest, qui eut permission de se retirer, le 1ᵉʳ janvier 1761, avec les provisions de chef d'escadre. Ce doit être notre Toussaint-Hocquart.

honoraire et qui mourut en 1774 probablement peu après, puisqu'on ne le trouve plus sur l'Annuaire de 1777 ; Chézac, mort en 1764 ; Choiseul-Praslin, en 1760 ; Fourcroy, dont nous n'avons pu suivre la trace, ainsi que celle de beaucoup d'autres académiciens, bien que nous ayons trouvé un Louis-Antoine-François Fourcroy, commissaire général et ordonnateur à Rochefort, en l'absence de M. d'Aubenton ; Senac, commissaire de marine à la Cour en 1756, qui avait été nommé en 1764, intendant de la Guadeloupe ; Landré, mort à une époque que nous ne pouvons préciser ; Saint-Victoret, non réélu pour cause d'absence et bientôt retraité comme chef d'escadre, mort en 1788, à l'âge de soixante-seize ans ; La Tullaye, démissionnaire en 1753 ; les constructeurs Coulomb et Chapelle ; Magin, ingénieur à Bayonne en 1756 et qui était encore, vingt ans plus tard, ingénieur de la marine, employé au travail des sondes et relèvements des côtes de France, mais dont nous avons en vain cherché la date de mort aux *Archives de la marine*.

Adjoints : Du Tillet ; De Traversay, qui était alors à Saint-Domingue, en qualité de lieutenant-général au gouvernement de cette colonie et qui y mourut en 1776 ; De Maupin ; De Grassy ; De Diziers, qui revint cette même année 1769 à l'Académie, à titre de correspondant ; De Monty, retraité en 1755 ; De Cours, Bourhis et Dabbadie, tous trois portés morts sur une liste manuscrite de 1756 ; Dufresne, non réélu pour cause d'absence, mais nommé correspondant en 1769 ; Raby des Genets, qui était parti pour Saint-Domingue, vers la fin de 1766, en qualité de sous-commissaire et qui y fut assassiné par deux brigands, dans le courant de l'année 1768 ; Dudin, qui n'est mort qu'en 1807, à l'âge de quatre-vingt-deux ans, mais que ses fonctions de secrétaire à l'École des ingénieurs-constructeurs de vaisseaux et ses travaux pour Duhamel du Monceau tenaient probablement empêché. En 1782, à la mort de Duhamel, il devint directeur de cette même École, et n'y cessa ses services que lorsqu'elle fut transférée à Brest en 1801 ; Geoffroy, mort en 1764 ; les ingénieurs Garavaque et Blaveau[1], dont nous ignorons le sort ; Ozanne (Nicolas-Marie), qui s'occupait alors de l'éducation nautique des petits-fils de Louis XV, mais qui revint comme correspondant en 1774 ; Lubet, qui ne mourut pourtant qu'en 1796 et qui,

---

[1] Dans son *Histoire de la ville et du port de Brest*, II, 200, Levot signale un M. de Blaveau ancien major du génie, comme auteur en 1785 d'une étude sur les eaux de Brest.

depuis 1766, époque où il fut nommé premier sculpteur à Brest, jusqu'à sa mort, dirigea tous les travaux de sculpture du port. On lui doit les ornements de la façade de la Comédie de Brest et les bas-reliefs des statues de Charlemagne et de saint Louis pour l'église paroissiale. C'était un élève de Bouchardon.

Enfin, nous ne voyons plus, sur la liste de 1769, l'enseigne De Thiennes, adjoint de 1753, mort en 1757; l'abbé Gilbert, de Saint-Malo, dont nous avons cherché en vain le nom dans la *Bibliographie astronomique* de Lalande; Thiersanville, le garde-marine, adjoint en 1754, mort en 1758; Kergariou, également adjoint en 1754 et mort en 1765; Chauchot et Du Piquet-Guelton, adjoints de 1755; Du Bocage de Bléville, le correspondant de 1756.

VII.

L'Académie royale de marine en 1769.

Depuis le 24 mai 1769, époque où eut lieu la première assemblée de l'Académie royale de la marine, jusqu'à la fin de l'année, nous avons compté trente et une séances. Sur les soixante-deux membres de la nouvelle Société, quinze étaient présents, savoir : trois honoraires, le comte de Roquefeuil, commandant de la marine; Clugny, intendant du port, et Frézier; sept académiciens ordinaires, Choquet de Lindu, Petit, Goimpy, Courcelles, Briqueville, Duval Le Roy, Borda; cinq adjoints, Fortin, De la Porte, Kerguelen, Rosnevet et Le Roy, le commissaire. Il n'y eut aucun apparat. Comme le règlement ne prescrivait point de séance publique, *on crut mieux se conformer à son esprit*, est-il dit dans la préface du volume des Mémoires imprimé, *en s'occupant, dès le premier jour, de choses utiles, qu'en employant le temps à des discours.* On fit donc la lecture du règlement; on arrêta d'écrire une lettre de remerciement au ministre, puis l'assemblée reprit le cours des travaux que la guerre avait interrompus.

Ces premiers travaux de l'Académie renaissante, dit à son tour Vial du Clairbois dans l'*Encyclopédie méthodique*, article *Académie royale de marine*, ne sortirent pas de son intérieur : correspondance avec le ministre pour les projets ou mémoires qu'il soumit souvent à son exa-

D. DU P.

men, ou avec des particuliers qui, d'eux-mêmes, consultaient l'Académie ; travaux ordonnés par elle à plusieurs de ses membres pour la perfection de quelques instruments nécessaires à la navigation ; soins de toute espèce pour juger ou écarter des projets dangereux ou tout au moins dispendieux proposés par des personnes ne connaissant pas la mer, ou pour encourager, rectifier même au besoin ceux qui le méritaient ; plus tard, soins et dépenses pour se former une bibliothèque et pour la rendre publique : voilà ce qui occupa tout d'abord l'Académie.

A la seconde séance, celle du 31 mai, on procéda à l'élection des officiers qui furent, pour l'année 1769 :

Le comte de Roquefeuil, chef d'escadre, *directeur* ;

Le comte de Goimpy, capitaine de frégate, *vice-directeur* ;

Le lieutenant de port Petit, *secrétaire* ;

Duval Le Roy, professeur des gardes-marine, *sous-secrétaire*.

Dans sa dépêche en date de Marly, le 14 juin, pour approuver l'élection des officiers, Praslin répondit que le comte de Roquefeuil lui ayant donné l'idée de jetons, il avait chargé Cote d'en frapper et qu'il en attendait l'épreuve. En effet, à partir de la fin de 1769, on commença à distribuer des jetons de présence aux académiciens.

Bigot de Morogues, devenu inspecteur général d'artillerie en 1767[1], et fixé depuis cette époque, soit à Versailles, soit à Orléans, était à tout jamais éloigné de Brest par ses nouvelles fonctions ; néanmoins, il participa encore plus d'une fois aux travaux de la Société. Quant au comte de Roquefeuil, qui avait été un des membres fondateurs de l'Académie de 1752, il remplaça dignement Morogues, bien qu'il n'ait été nommé qu'une fois directeur, probablement parce qu'il fut très-occupé par le double commandement de terre et de mer qu'il exerça à Brest de 1761 à 1772, et il coopéra aux travaux de la Compagnie par de nombreux mémoires d'architecture navale qu'on doit moins juger, dit Levot dans ses *Essais de biographie maritime*, par leur valeur intrinsèque, souvent contestable, que d'après l'impulsion fructueuse qu'il donna aux travaux de l'Académie, en l'engageant dans des voies que plusieurs de ses adversaires parcoururent plus sûrement que lui.

Le 22 juin, le vice-directeur Goimpy proposa de faire la révision des mémoires des académiciens depuis 1752. En conséquence de cette pro-

---

[1] Élevé en 1771 au grade de lieutenant-général des armées navales, il eut même un moment l'espoir d'être nommé ministre de la marine.

position, Briqueville et Rosnevet furent nommés pour examiner lesquels de ces mémoires pouvaient être imprimés, et ceux dont les auteurs étaient décédés. Ils lurent leur rapport le 27 juillet, dit le registre, qui ajoute qu'ils n'en laissèrent point le résultat. Aussi bien n'avons-nous pas trouvé ce document ; mais il existe à la bibliothèque du port de Brest un compte rendu par Goimpy, devenu directeur en 1770, des mémoires de la Société depuis son rétablissement jusqu'à 1770. Nous avons fait notre profit de ce précieux ouvrage inédit, trop heureux si nous avions trouvé un pareil secours pour les années précédentes et suivantes. L'histoire de l'Académie, ainsi jugée par elle-même, eût présenté un intérêt tout autre.

I. DICTIONNAIRE. — Morogues continua de donner à l'Académie un grand nombre de plans et de notes concernant l'artillerie ; mais son éloignement fut une perte réelle pour le Dictionnaire, auquel il avait fourni au surplus plus de six cents mots. D'un autre côté, Saint-Victoret, ordinaire de la première Académie, non compris dans la liste de 1769, avait redemandé ses papiers, et l'Assemblée lui rendit le résultat de ses travaux, c'est-à-dire une centaine de mots environ sur le gréement. Nous ignorons la cause qui éloigna le marquis de Saint-Victoret de la nouvelle Académie. Il était vraisemblement près de sa retraite, étant né en 1712, et ne se trouve pas sur l'Annuaire de 1777. Il est mort en 1788, à Brest, retraité comme chef d'escadre.

Le travail du Dictionnaire avait été à peu près abandonné depuis 1755 ; on résolut de le reprendre. Le comte de Roquefeuil se chargea de la partie manœuvre ; l'intendant Clugny, de la police des ports ; La Motte-Baracé, du commerce ; l'adjoint Trémergat, de la navigation, des évolutions et aussi de la police des ports ; Blondeau, le professeur, de la partie hydrographique et astronomique. Une cinquantaine de mots furent ainsi composés pendant le premier semestre de 1769. Les principaux sont : *pilotage, cabotage, terres, pôles, méridiens, parallèles, ligne, cercles, sphère* et *degrés*, par Blondeau ; *navigation*, par Trémergat ; *gréement*, par Briqueville ; *affréter, affréteur, amiral, amirauté, ancrage, ancre* et plusieurs autres, par Baracé. Tous les mots de Blondeau sont dans le *Dictionnaire encyclopédique*, partie marine.

Le 2 novembre, Trémergat avait lu un mémoire dans lequel il proposait de suivre l'ordre alphabétique, et il avait été décidé que les différents membres qui s'étaient chargés de travailler au Dictionnaire suivraient cet ordre. Mais peu après, dans la séance du 9 décembre, le sous-commissaire Le Roy, un des plus jeunes membres de l'Académie, lut un remarquable discours sur la forme et le plan qui lui paraissaient le mieux convenir au Dictionnaire. Ce mémoire, de 25 pages in-folio, a été inséré dans le 3ᵉ volume des Mémoires manuscrits de l'Académie, pages 44 et suivantes. En voici les conclusions :

« Il est nécessaire de songer à distribuer le travail entre tous les académiciens présents ou absents, en formant une division complète des différentes parties de la marine, et ne s'occuper de la rédaction que lorsque chaque particulier aura achevé la partie qui lui aura été confiée;

« Il faut convenir de la manière dont on traitera les mots tant génériques que particuliers, l'arrêter et la fixer d'après une délibération générale, et inviter tous les académiciens à s'y conconformer. »

Vial du Clairbois a eu certainement présentes à l'esprit ces considérations quand il a mis en tête de son dictionnaire un tableau analytique ou système encyclopédique de marine, indiquant l'ordre suivant lequel doivent être lus les articles de ce Dictionnaire pour en tirer le fruit d'un traité. L'ouvrage est également précédé d'un judicieux discours préliminaire.

Conformément aux conclusions de Le Roy, l'assemblée décida qu'il serait écrit une lettre-circulaire aux académiciens des différents ports, pour les encourager à travailler au Dictionnaire. Cette lettre fut lue à la première séance de l'année 1770 et expédiée aussitôt.

II. Astronomie et navigation. — Le grand événement astronomique de l'année 1769 fut, au 3 juin, le passage de Vénus sur le disque du soleil, qui donna lieu au premier voyage de circumnavigation de Cook, et qui fut suivi, le 4 au matin, d'une éclipse partielle de soleil. La planète Vénus, dont l'éclat est assez vif pour qu'elle devienne parfois visible en plein jour, accomplit treize révolutions autour du soleil pendant que la terre parcourt huit fois son orbite. Tous les huit ans, les deux astres se rencontrent aux mêmes points. Dans cet intervalle, Vénus passe cinq fois entre la terre et le soleil. Comme la lune nouvelle, elle tourne alors vers nous sa face obscure et devient invisible, sauf le cas très-rare où elle se projette sur le soleil. C'est là ce qu'on appelle proprement un passage : on l'aperçoit alors pendant quelques heures sur le soleil comme une tache parfaitement circulaire. Par une singularité remarquable, ce phénomène, qui se reproduit dans l'espace de huit ans, ne reparaît ensuite qu'après plus d'un siècle d'intervalle, et il a lieu tantôt en juin, tantôt en décembre. Les deux passages du xviiiᵉ siècle ont eu lieu en juin 1761 et 1769 ; le premier du xix° siècle a eu lieu en décembre 1874 ; le second se représentera en décembre 1882 ; il n'y en aura pas au xx° siècle ; les deux du vingt et unième seront en juin 2004 et 2012. Ce phénomène, si rare, présente un grand intérêt astronomique, en ce qu'il permet de calculer la parallaxe du soleil, c'est-à-dire la distance qui le sépare de la terre.

Le passage de 1631, prédit par Képler, ne put être observé par cet astronome, qui mourut un an avant la production de ce phénomène. Celui de 1639 passe en quelque sorte inaperçu ; mais l'astronome anglais Edmond Halley, qui ne pouvait espérer observer le passage de 1761, car il était né en 1655, le recommanda aux astronomes à venir. Le passage du 6 juin 1761 fut effectivement observé au Cap, en Laponie, à Tobolsk, en même temps que sur quantité de points en Europe ; malheureusement plusieurs circonstances défavorables, entre autres le mauvais choix des stations, empêchèrent de tirer de ces observations le fruit qu'on en attendait. L'Académie de marine ne s'en occupa point. Nous avons vu néanmoins qu'elle avait tenu séance le 9 juin, mais ses membres étaient alors dispersés par les malheurs de la guerre coloniale. Un Normand, membre de l'Académie des sciences, Legentil de la Galaisière, était parti de Brest, en mars 1760, pour observer le passage à Pondichéry. Lorsque, après mille incidents de voyage à cause de la guerre, il arriva en vue de cette ville, elle était au pouvoir des Anglais, et il était encore en mer quand le passage eut lieu. Il attendit alors celui de 1769 ; un coup de vent, tout à fait imprévu, l'empêcha de rien observer. Quand il revint en France, l'Académie des sciences, le tenant pour mort, l'avait remplacé ; il a vécu jusqu'en 1792. Son *Mémoire sur le passage de Vénus sur le soleil* est dans le *Journal des savants* de mars 1760 ; son *Voyage dans les mers de l'Inde* a été publié en 1779. Un autre membre de l'Académie des sciences, associé de l'Académie de marine, Pingré, avait observé sans succès le passage de 1761 à l'île Rodrigue.

Au contraire, le passage de 1769 fut observé avec un plein succès dans toutes les parties du monde : par Cook, à Taïti ; par l'abbé Chappe d'Auteroche[1], en Californie ; par Pingré, aidé de Fleurieu, le commandant

---

[1] Celui-ci y est mort le 1er août 1769, victime de son dévouement à la science, à l'âge de 41 ans. Il avait traversé l'Atlantique sur une barque et fut atteint d'une maladie épidémique. (V. son éloge dans l'*Histoire de l'Académie des sciences*.) Le même volume contient l'éloge du duc de Chaulnes.

de l'*Isis*, à Saint-Domingue ; par le Père Hell, à Wardhuus en Laponie. En France, l'*Histoire de l'Académie des sciences* mentionne encore : Le Monnier et Chabert, au château de Saint-Hubert, où se trouvait alors Louis XV ; Cassini de Thury, Maraldi, le duc de Chaulnes et Dionis du Séjour à l'Observatoire royal de Paris ; Lalande et l'abbé Marie, au collège Mazarin ; Noël, Bory, Bailly, l'abbé Bouriot et de Fouchy, au cabinet de physique du roi à la Muette ; l'abbé Dicquemare, correspondant de l'Académie des sciences, qui devint en 1771 correspondant de l'Académie de marine, au Havre ; Après de Mannevillette, associé de l'Académie de marine, à Kergars près Lorient ; Saint-Jacques de Silvabelle, le successeur de Pézenas à l'École d'hydrographie de Marseille, à Marseille, et enfin, à Brest, le lieutenant de vaisseau Verdun de la Crenne, aidé par l'académicien ordinaire Duval Le Roy et deux adjoints de l'Académie de marine, Fortin et Blondeau, tous trois professeurs d'hydrographie ou de mathématiques.

Verdun et Fortin déterminèrent le contact intérieur : Fortin, à 7 h. 11 m. 44 s. ; Verdun, à 7 h. 11 m. 37 s. Ils déterminèrent également la fin de l'éclipse de soleil à 7 h. 56 m. 44 s. et 7 h. 56 m. 36 s., temps vrai, le lendemain matin, 4 juin[1]. Duval Le Roy et Blondeau déterminèrent le même contact : le premier, à 7 h. 12 m. 8 s. ; Blondeau, à 7 h. 12 m. 4 s. ; la fin de l'éclipse, à 7 h. 56 m. 32 s. et 7 h. 56 m. 34 s. Ces quatre observations de Brest donnèrent les contacts plus tard, toutes réductions faites, qu'ils n'avaient été observés à Paris ; mais cet effet ne fut produit, selon Lalande, que parce que l'effet de la parallaxe était plus grand à Brest qu'à Paris. Le *Précis de l'observation de Vénus sur le disque du soleil*, par Fortin et Verdun de la Crenne[2] ; l'*Observation du passage de Vénus sur le soleil*, par Duval Le Roy et Blondeau ; enfin l'*Observation de l'éclipse de soleil du 4 juin 1769*, par les mêmes, sont dans le seul volume publié des Mémoires de l'Académie royale de marine. Ce dernier travail ne se compose que de quelques lignes.

Nous n'avons pas à parler de l'observation française de 1874, qui se

---

[1] Dans le mémoire imprimé de l'Académie de marine, le texte porte : « M. de Verdun l'a déterminé avec son mégamètre 6 s. plus tôt. » Nous avons suivi l'indication des registres, qui est en parfait accord avec les nombres donnés dans l'*Histoire de l'Académie des sciences*. De même plus loin, pour les observations de Duval Le Roy et de Blondeau, il y a 7 s. et 3 s. Ces différences, insignifiantes d'ailleurs, s'expliquent parce que Le Roy et Blondeau revirent leur travail en 1771.

[2] Le Monnier en a déduit la longitude du port de Brest. (V. son mémoire dans le volume de l'Académie des sciences de 1771.)

trouve dans la *Revue maritime et coloniale* de 1875; disons seulement, pour terminer ce qui concerne cette question, que, dès 1767, les préparatifs que faisaient les différentes puissances, en vue de l'entreprise, avaient suggéré à l'académicien ordinaire Goimpy l'idée de déduire la connaissance de cette parallaxe par la théorie. En 1769, il reprit ce projet et trouva, par ses calculs, que la parallaxe du soleil doit être de 8 $\frac{1}{4}$ s. à peu près ou plutôt de 8 $\frac{1}{3}$ s., ce que, ajoute-t-il dans ses extraits, les observations postérieures ont confirmé. L'*Histoire de l'Académie des sciences* donne 7 $\frac{1}{4}$ s. pour cette parallaxe. Lalande dit qu'elle est de 8 à 9 s. Les derniers calculs de M. Encke l'évaluaient à 8 s. 9 t. M. de Puiseux, se servant des résultats obtenus en 1874 à l'île Saint-Paul et à Pékin, a trouvé, dans ses premiers calculs, 8 s. 879 millièmes pour la parallaxe solaire moyenne.

Le même Goimpy donna, le 8 juin, un *Mémoire sur la manière de conclure la hauteur méridienne du soleil et par conséquent la latitude de deux hauteurs.* Le désir de remédier à l'incapacité de certains maîtres et pilotes lui avait fait préférer une méthode indirecte, dont le fond était tiré de Maupertuis; le professeur de mathématiques Blondeau, chargé du rapport, préféra la méthode ordinaire dans un travail qui a été inséré au tome I des *Mémoires manuscrits*, pages 182-192. Goimpy opposa quelques objections aux conclusions de Blondeau, et composa même, à ce sujet, un mémoire qui est dans le tome II, pages 155-157; mais il ne voulut pas faire copier son premier mémoire et annota comme à supprimer son second. Il annota de même ses *Remarques sur quelques points d'astronomie*, tome I, p. 9, extraites d'un imprimé de deux pages qu'il avait fait insérer dans le *Journal des savants*. L'auteur remarquait dans cet écrit: 1° que les temps des rotations des planètes sont en raison inverse de la racine cubique des diamètres; 2° que les temps des rotations sont, comme les distances moyennes, divisés par les distances périhélies. Mais, dit Lalande dans sa *Bibliographie astronomique*, « comme on ne voit aucune liaison entre ces éléments, je crois que c'est un à peu près et un hasard ».

Le 30 juin, Blondeau lut un *Mémoire pour diminuer l'intensité de la lumière du soleil dans les lunettes.* C'était en les enfumant. Ce mémoire a été inséré dans le tome I, pages 66-68, avec la note: « A ne point imprimer. » Blondeau lut encore le 13 juillet et remporta un *Essai sur l'invention de la longitude* qu'il se proposait de perfectionner.

La détermination des longitudes était en effet la grande question qui occupait tous les savants en Europe depuis le commencement du xviii° siècle. Après bien des recherches, on en était arrivé à en considérer la solution au moyen des horloges marines comme la mieux appropriée au service et aux connaissances du marin. Mais la difficulté était d'obtenir un chronomètre qui indiquât constamment et sans variation l'heure précise du premier méridien. « Comme il était impossible d'atteindre cette précision, dit M. Legal dans un article sur l'*Introduction des chronomètres dans la marine française* (*Revue* de juillet 1878), on se contenta de demander une horloge qui n'exposât pas à avoir une erreur de plus d'un demi-degré sur la longitude après une traversée de six semaines. Vingt mille livres sterling furent assurées à l'inventeur d'une méthode satisfaisant à la condition indiquée. » Les premières tentatives furent faites en Angleterre par Huyghens, en France par Ferdinand Berthoud. L'essai de la première montre Berthoud avait eu lieu en 1764, en rade de Brest, à bord d'une corvette commandée par Goimpy, assisté de Duhamel du Monceau et de l'abbé Chappe. Le résultat n'ayant pas été satisfaisant, Berthoud corrigea sa montre avant de la livrer de nouveau à l'abbé Chappe, en 1768, pour le voyage de cet astronome en Californie. La même année, la frégate l'*Enjouée*, commandée par le capitaine Tronjoli, servit de théâtre à des expériences dont l'Anglais Harrison et le Français Le Roy se disputaient l'invention. Ce dernier embarqua sur la frégate qui alla de Terre-Neuve aux côtes du Maroc, puis revint à Brest. Au rapport des officiers, le résultat fut que la montre Le Roy n'était pas supérieure à celle de Harrison.

Ainsi la question restait à l'étude. L'Académie des sciences avait proposé, pour le sujet du prix de 1767, de *déterminer la meilleure manière de mesurer le temps à la mer*. Quoiqu'une des montres présentées au concours eût parfaitement réussi dans les épreuves à terre, la nécessité de faire ces mêmes épreuves à la mer engagea l'Académie des sciences à proposer de nouveau le sujet pour 1769. Cette fois, le prix fut adjugé à l'horloger P. Le Roy.

De son côté, Berthoud obtint de faire embarquer deux horloges sur l'*Isis*, commandée par l'enseigne de vaisseau et académicien adjoint Fleurieu, qui se fit assister d'un associé de l'Académie de marine, l'astronome Pingré. De 1768 à 1769, Fleurieu fit le tour de l'Atlantique par les Canaries, Gorée, les Antilles et Terre-Neuve, et le succès de cette montre dépassant ses espérances, il en consigna le souvenir dans une relation qui parut en 1773 (2 volumes in-4°). Berthoud, de son côté, composa un mémoire qui fut lu par Goimpy à la séance du 20 juillet, et qui est intitulé : *Sur la manière dont on peut faire l'épreuve d'une horloge marine pour s'assurer de la confiance que l'on doit avoir en elle pour la détermination des longitudes en mer*. Cet important travail, approuvé par l'Académie des sciences, à laquelle il avait été présenté, fut inséré dans le tome I des *Mémoires manuscrits de l'Académie de marine*, pages 135-150.

Le 21 septembre, Trémergat, académicien adjoint, lut aussi un *Mémoire sur le moyen de trouver la longitude en mer*. Ce travail a été inséré dans le tome II, pages 137-149, avec l'annotation marginale suivante de Goimpy, assez singulière : « A ne point insérer, suivant l'avis de l'Académie, devant être regardé comme mémoire particulier, remis d'ailleurs comme commandant au commandant. » L'auteur, convaincu que la construction d'une montre marine dépend de trop d'éléments mécaniques pour qu'on puisse lui donner une entière confiance, proposait à l'Académie de prier le ministre d'envoyer chaque année, dans les ports, des exemplaires de l'Almanach nautique des Anglais, où sont indiquées les distances de la lune au soleil et aux principales étoiles zodiacales pour chaque jour, de trois heures en trois heures. Il voulait qu'on armât tous les étés un bâtiment sur lequel les gardes-marine, dirigés par un professeur d'hydrographie, se seraient exercés à ces observations, en même temps qu'ils auraient fait de la manœuvre. Le comte de Roquefeuil transmit le mémoire au ministre, mais nous ne connaissons pas la réponse de Praslin.

Une autre importante question de navigation dont on commença à s'occuper en 1769 fut celle des boussoles. Les mémoires insérés dans les *Transactions philosophiques* et dans quelques autres ouvrages avaient donné lieu de craindre que le laiton employé à la fabrication des boîtes ne produisît des dérangements dans la direction de l'aiguille aimantée. La Motte-Baracé et De la Porte, nommés le 26 octobre par l'Académie pour suivre les expériences relatives à cet objet, remarquèrent que le cuivre rouge qu'ils avaient présenté à l'aimant contenait des parties ferrugineuses, mais en quantité bien moins considérable que la limaille de cuivre jaune ou laiton. Ils firent faire deux aiguilles, l'une de laiton, l'autre de cuivre, les aimantèrent et les suspendirent. Celle de cuivre ne fut pas attirée, celle de laiton fut au contraire très-sensible. Le rapport de ces deux académiciens est dans le tome III, pages 40-42. En conséquence de ces expériences, qui furent renouvelées devant l'assemblée, le 1er décembre, et après avoir entendu la lecture de quelques réflexions de Baracé sur la façon défectueuse dont étaient faites au port de Brest les boussoles et particulièrement les aiguilles, l'Académie en conclut qu'il fallait proscrire l'usage des aiguilles de laiton dans les boussoles. Elle donna communication à l'intendant Clugny du résultat des expériences et des observations des commissaires ; enfin, à la demande de ceux-ci, elle pria le professeur Blondeau de faire de nouvelles expériences à ce sujet.

Au mot *archipel*, composé pour le Dictionnaire et lu dans la séance du 19 octobre, La Motte-Baracé, académicien ordinaire, à propos de l'Euripe ou canal de Négrepont, avait adopté l'opinion commune de la marée se produisant jusqu'à sept fois par jour dans ce détroit. Sur les observations de l'Académie, il étudia de nouveau le sujet, et son *Mémoire* du 26 octobre *sur le flux et le reflux de l'Euripe* nous le montre incertain, d'affirmatif qu'il avait été, tome III, pages 17-18. Aussi se contente-t-il de caractériser vaguement l'Euripe comme connu par l'inconstance de son flux et de son reflux, et il termine son travail en demandant que l'Académie fasse constater le fait par quelqu'un de ses membres ou correspondants. Il paraît aujourd'hui démontré que ce que les anciens géographes prenaient pour de véritables marées n'est autre chose que des courants violents qui se font effectivement sentir dans l'Euripe plusieurs fois par jour. On sait qu'à sa partie la plus resserrée ce canal n'a que 65 mètres, et qu'on y a jeté un pont à l'extrémité duquel est Négrepont, l'ancienne Chalcis.

A la suite de deux voyages dans la mer du Nord, accomplis en 1767 et 1768 sur les frégates la *Folle* et l'*Hirondelle*, le lieutenant de vaisseau Kerguelen-Tremarec, académicien adjoint, songeait à en publier la relation. Il demanda à l'Académie des commissaires pour examiner son travail. Rosnevet et De la Porte furent nommés. D'après leur jugement, consigné au tome I, p. 151, « le journal de Kerguelen leur a paru contenir des instructions utiles pour la navigation des mers du Nord, et les détails des précautions nécessaires à prendre pour l'entrée et la sortie des ports qu'il a vus ne laissent rien à désirer. L'auteur a joint à sa relation des observations sur l'histoire naturelle des pays du Nord et l'explication de quelques phénomènes de la nature plus ordinaires dans ces pays que dans le nôtre. Ces deux parties sont traitées avec soin, et M. de Kerguelen a eu attention d'appliquer ses recherches aux objets les plus intéressants » On trouve, en effet, dit à son tour

Levot dans la *Biographie bretonne*, notice *Kerguelen*, d'assez bons dé-
détails sur les pays visités par l'auteur ; mais son ignorance de la langue est cause qu'il a mutilé les noms des lieux. Ce voyage, où Kerguelen s'est montré navigateur soigneux et instruit, se recommandait par la
rectification de plusieurs erreurs des cartes françaises. Poissonnier et
Bory furent également priés, à la séance du 20 juillet, d'examiner le
voyage de Kerguelen sur un exemplaire imprimé qui devait leur être
remis. La relation ne parut qu'en 1771, et conséquemment le rapport
des commissaires ne put être lu que la même année. Il est dans le tome
VIII, pages 150-160. C'est une analyse très-soignée de l'ouvrage, entièrement approbative du reste, et les rapporteurs concluent en terminant
que le livre méritait d'être imprimé sous le privilége de l'Académie.

Dans la lettre écrite à Bory, pour le charger de l'examen de la relation Kerguelen, l'Académie lui mandait en outre que, ayant l'intention
de faire imprimer un volume des mémoires donnés pendant son premier établissement, elle le priait de consentir à l'impression de ses
voyages au cap Finistère, à Lisbonne et à Madère en 1753, sur la
Comète, commandée par Chézac, mort en 1764 (V. plus haut). Ce projet
n'eut pas de suite. Mais les observations de Bory sont dans les *Mémoires
de l'Académie des sciences*, années 1768 et 1772, et il est parlé de son
observation du passage de Mercure sur le soleil, dans le 3° vol. des
Mémoires de mathématiques présentés à l'Académie royale des sciences.

A la suite de la séance du 17 août, Goimpy lut et remporta quelques
remarques sur la baie de la Calinodie et Sainte-Marthe, ainsi qu'une
lettre sur les défenses proche l'île Madère et sur le chenal de Porto-
Rico à Saint-Domingue.

Pour terminer ce qui concerne la navigation en 1769, signalons, à
la date du 26 août, le retour à Rochefort de l'académicien ordinaire
La Cardonnie, capitaine de la corvette la *Bergère*, qui avait été chargé
d'achever sa carte du débouquement anglais de Krooked à Saint-Domingue. Nous avons parlé de cette question en 1753, sous la rubrique
« Hydrographie ».

III. MATHÉMATIQUES. — La seule question traitée en 1769 se rapporte
directement à la navigation.

Le 19 octobre, Blondeau lut l'extrait d'une *Lettre* de Bezout, examinateur d'artillerie et académicien associé, *relative au défaut de paral-
lélisme des faces des miroirs dans l'usage de l'octant*, défaut qui peut,
disait l'auteur, occasionner des erreurs qu'on ne doit point négliger.

Cet extrait est dans le tome III, p. 10. Bezout y annonçait qu'on trouverait une table de ces erreurs dans le *Traité de navigation* qu'il se proposait de publier. L'ouvrage parut en effet en 1769, sous le titre de *Cours de navigation à l'usage des gardes de la marine*, contenant ledit traité. « C'est, dit Lalande dans sa *Bibliographie astronomique*, le sixième volume d'un cours de mathématiques fort estimé ; mais l'astronomie y est fort négligée. »

IV. Manœuvre. — Une seule question de manœuvre fut également agitée en 1769, encore avait-elle été déjà traitée par la précédente Académie. Aux séances du 26 octobre et du 9 novembre, le comte de Roquefeuil relut un mémoire dont il n'avait pas laissé le manuscrit en 1753, et où il traitait *de la force de l'homme appliquée au cabestan*. Nous avons vu qu'un garde-marine, Thiersanville, avait traité la même question avec succès en 1754. Trémergat et Duval Le Roy furent chargés du rapport relatif au mémoire de Roquefeuil. Ledit travail et le jugement qu'ils en portèrent est dans le tome III, pages 22-31,-36. Les deux commissaires s'accordèrent pour reconnaître que Roquefeuil avait relevé quelques erreurs échappées au mathématicien Philippe de La Hire, de l'Académie des sciences, dans le mémoire qu'il avait composé en 1699, entre autres celle qu'un homme qui tire horizontalement une corde obtient le même effet quand cette corde est attachée à ses épaules que quand elle passe par le milieu de son corps. La question sera encore reprise en 1771. En effet, au tome VIII, pages 214-218, nous trouvons un mémoire de Duval Le Roy qui, sans rappeler celui-ci, n'en est pourtant que la reproduction, sauf quelques variantes dans les tournures de phrase.

V. Architecture navale. — Si l'on s'occupa peu de manœuvre en 1769, en revanche, grâce au nouveau directeur Roquefeuil, on agita un certain nombre de questions de construction.

La première remonte à une époque antérieure à la réorganisation de l'Académie. Clairain-Deslauriers, ingénieur-constructeur en chef à Rochefort et académicien ordinaire, avait projeté un vaisseau de 64 canons, qui devait avoir cinq pieds de batterie et porter six mois de vivres. Le comte de Roquefeuil, trouvant un inconvénient considérable dans la diminution de vitesse qui devait, selon lui, en résulter, voulait que la batterie fût réduite à quatre pieds six pouces. Il avait écrit à ce sujet à Deslauriers une lettre datée de Versailles, le 3 février 1769, et qui a été transcrite dans le tome I, pages 68-76. Le ministre Praslin ayant témoigné le désir que l'Académie s'occupât particulièrement de cette question, une polémique intéressante s'engagea à ce sujet entre plusieurs des académiciens. Deslauriers, tout naturellement, répondit le premier.

Tout en convenant que la réduction proposée par Roquefeuil permettait encore de faire un bon vaisseau de 64 en réduisant également son creux de six pouces, il laissait percer la crainte qu'elle n'eût pour effet d'en diminuer la vitesse. Le vice-directeur Goimpy et l'académicien ordinaire Briqueville appuyèrent et développèrent l'opinion de Deslauriers dans un mémoire rédigé en commun où, s'étayant de l'autorité d'Euler contre Bouguer qui, dans quelques conversations avec Goimpy, avait lui-même reconnu l'autorité d'Euler, ils discutèrent savamment l'influence que le plus ou moins de profondeur de la carène peut exercer sur la stabilité et la marche du vaisseau. Une seconde lettre du comte de Roquefeuil sur la même question donna lieu à un second mémoire des mêmes auteurs, inséré à la gauche des pages 9 et 10 du tome I, avec la note à peu près constante de Goimpy : « Supprimer absolument. » Quant au premier mémoire, on n'en a copié qu'une page, dit le registre, parce que M. de Goimpy l'a repris et ne l'a remis que longtemps après. Le chevalier de Borda intervint dans le débat par une lettre adressée à Roquefeuil, tome I, pages 231-233, où il paraît se ranger du côté de Bouguer relativement à l'usage de la batterie. « Au reste, ajoute-t-il, je crois que la meilleure manière d'avancer la science de la construction, c'est de chercher à connaître la résistance des fluides et, pour cela, il serait bien nécessaire de faire des expériences[1]. » Goimpy, lui, envisageait la question sous un point de vue plus analogue à celui de Bernoulli, c'est-à-dire non pas en considérant le cas d'un vent constant, mais bien celui des augmentations subites de la force du vent. Il répondit à la lettre de Borda par des remarques insérées dans le tome II, pages 28-42, et à une seconde lettre du chevalier, sur un vaisseau incliné par la force du vent, par deux mémoires. Borda, y rapportant une théorie de Bouguer, ne pensait pas qu'on pût dire également que plus le centre de figure et le métacentre sont bas, plus le moment du vent est considérable, toutes

---

[1] Borda avait lui-même composé sur les fluides une étude qui est dans les *Mémoires de l'Académie des sciences*, année 1767. Ce travail est relatif à des expériences qu'il avait faites en 1763, à Dunkerque, sur la résistance de l'air et de l'eau. Thévenard reprit plus tard, en 1769 et 1770, ces expériences au port de Lorient. Son travail est dans le quatrième volume de ses *Mémoires sur la marine*.

choses égales d'ailleurs. Goimpy combattit cette opinion. Ces trois derniers travaux sont dans le tome II, pages 149-157. On peut encore lire le résumé de ces débats dans les *Extraits* de Goimpy.

Une autre question de charpentage était engagée simultanément par Roquefeuil, et nous avons eu quelque peine à la démêler d'avec la première. Elle fut soulevée par un constructeur nommé Boux. C'était, dit l'*Espion anglais*, le fils d'un artisan de Rochefort, qui devint capitaine de brûlot, entra même dans le grand Corps en qualité de lieutenant de vaisseau, enfin eut une grande influence sous le ministère de Boyne, s'il est vrai qu'on doive lui attribuer l'ordonnance du 18 février 1772. Il est mort à Saint-Domingue, au commencement de la Révolution. Il parlait avec facilité, quoique sans éducation, entendait la construction et était très au fait des différentes parties de la marine. Il avait fait un bâtiment appelé d'un nom significatif, l'*Expérience*, dont les fonds étaient absolument différents de ceux des corvettes et bâtiments de charge ordinaires. En effet, les parties inférieures de la carène étaient, vers les extrémités de l'avant et de l'arrière, renflées de telle sorte que les lignes d'eau se dirigeaient en ligne droite, sans courbures rentrantes, vers les extrémités du navire. Ce bâtiment avait appareillé de Brest, le 31 mars 1769, pour aller à l'île de France. Dans ce voyage, les qualités de l'*Expérience* avaient paru inférieures à celles des autres corvettes dans la compagnie desquelles elle avait essuyé un coup de vent violent, et le rapport fait à cette occasion avait été peu favorable à ce genre de bâtiment. Tout en le regardant comme outré, le comte de Roquefeuil le jugea néanmoins préférable au genre de construction de l'époque, dont il corrigeait, pensait-il, la plupart des défauts, et il rédigea, dans ce sens, un mémoire intitulé : *Observations sur la construction actuelle des vaisseaux et sur une nouvelle méthode de construire leurs fonds,* tome I, pages 50-62. Clairain-Deslauriers, contrairement à l'avis de Roquefeuil, répondit, le 30 juin, par un mémoire, tome I, pages 13-49, où il démontrait que les bâtiments construits par la méthode Boux étaient peu propres à s'élever sur la lame. Dans cette circonstance, Goimpy se joignit encore à Deslauriers pour combattre les conclusions de Roquefeuil. Son mémoire est dans le tome III, pages 70-78. Roquefeuil ne se tint pas pour battu et il rédigea, en réponse à Goimpy, des observations qui vont de la page 77 à la page 132 du tome I. Thévenard, dans son compte rendu de 1771, en fait un grand éloge. Mais l'Académie se rangea à l'opinion de Goimpy et de Deslauriers. (Voir le développement de cette question dans les *Extraits* de Goimpy en 1771. On peut encore consulter la notice *Roquefeuil* dans les *Essais de biographie maritime* de P. Levot.)

Le 28 septembre, Roquefeuil donna encore communication à l'Académie d'un mémoire qu'il avait déjà lu en 1755, dit un des registres — il n'en est pas question dans celui de 1755 —, et qui se trouve dans le tome I, pages 158-163, sous le titre de *Mémoire sur les étraves droites des vaisseaux considérées pour la marche seulement*. Pensant que le taille-mer vertical était pour la marche un obstacle qu'il évaluait au sixième de la résistance totale du vaisseau, il voulait que l'étrave fût taillée et façonnée extérieurement suivant les calculs qui lui avaient paru les plus propres à obtenir ce résultat. Il avait donné cette observation, disait-il, au feu sieur Ollivier, dont il ne lui a pas paru qu'il ait fait usage, et il la proposait de nouveau à ceux qui en pourraient goûter l'utilité. Goimpy, dans ses *Extraits*, mentionne simplement le mémoire sans appréciation. Thévenard, dans son rapport de 1771, dit que le travail méritait d'être imprimé.

Le 26 octobre, Goimpy lut un *Mémoire sur la manière de mesurer la résistance qu'éprouve la proue du vaisseau*. Bouguer, dans son *Traité du navire*, avait donné une méthode pour calculer cette résistance. Celle de Goimpy réduit à une heure de travail environ le calcul d'une résistance, dit l'auteur, et peut s'appliquer aux divisions de couple les plus inégales. Son travail a été inséré dans le tome III, pages 12-17, et porte la note : « Supprimé par l'auteur. »

VI. Artillerie. — Le 20 juillet, l'infatigable vice-directeur avait lu et remporté un *Mémoire sur la chute des boulets*. Comme il n'en parle point dans ses *Extraits*, nous avons lieu de penser que c'est à peu près le même travail que celui qu'il lut à la séance suivante et qui est intitulé : *Mémoire sur la vitesse des corps par rapport à la résistance de l'air*, tome I, pages 154-181, composé, dit-il, en vue de rendre complète la théorie de l'artillerie. L'expérience seule pouvant donner du poids à sa nouvelle théorie de cette résistance, il l'appliqua aux expériences de l'Anglais Robins et trouva, entre les résultats de sa théorie et les observations, une conformité telle qu'on ne pouvait désirer, dit-il, plus d'exactitude. Enfin, il rendit les calculs faciles et donna des exemples. En analyste fidèle, nous avons résumé les idées de Goimpy; mais nous laissons, et pour cause, aux officiers de l'arme le soin de se former une opinion sur le travail de cet académicien.

Dans les séances du 31 août et du 14 octobre, le même Goimpy lut encore une traduction, faite par lui, du traité de Meuler sur l'artillerie. Nous ne savons s'il l'a fait imprimer. Il n'y a, de cet auteur, dans le catalogue des bibliothèques de la marine, que son *Traité sur la construction des vaisseaux*.

Enfin le 3 août, Goimpy lut un *Mémoire* de Texier de Norbec *sur le service des canons des vaisseaux*. Ce lieutenant de vaisseau, du port de Rochefort, qui s'occupait beaucoup d'artillerie, avait composé ce travail en 1766. Il est enregistré dans le tome I, pages 215-230, avec la note marginale de Goimpy : « Mémoire étranger à l'Académie, à ne point imprimer par conséquent, d'ailleurs traitant d'une perfection d'armes. » Il y est question d'adapter des platines aux canons. On y trouve intercalée, pages 223-225, une lettre de Morogues au ministre Praslin pour lui recommander ce travail. Briqueville et Kerguelen furent chargés du rapport. Leur jugement, entièrement favorable à Norbec, est dans le tome II, pages 2-8. En voici la conclusion : « L'invention et perfection de cette platine, qui a été éprouvée ici cette année, mérite de grands éloges, parce qu'elle prouve toute la sûreté, solidité, célérité et commodité qu'on peut désirer, et qu'elle est d'ailleurs très-simple et d'une très-facile construction. M. de Norbec a appliqué son zèle pour le service très-efficacement, la réussite ayant aussi parfaitement répondu qu'on pouvait l'exiger. »

VII. MÉDECINE. — Le 15 juin, Goimpy avait donné connaissance à l'Académie d'instructions dressées par une société de Hollande pour sauver la vie aux noyés, instructions approuvées par le gouvernement des États généraux de ce pays et rédigées en forme de loi. L'Académie prenant, sur la demande de son vice-directeur, l'objet en considération, chargea le comte de Roquefeuil et l'intendant Clugny de se joindre au médecin Courcelles pour prendre connaissance de ces instructions, ainsi que des règlements des États généraux. Clugny écrivit à ce sujet à Malet, consul de France à Amsterdam. Roquefeuil, de son côté, s'adressa au ministre Praslin, qui se montra très-satisfait de ce que l'Académie avait pris en considération un objet si intéressant pour l'humanité, et annonça qu'il donnerait des ordres pour procurer à l'Académie ces règlements. Effectivement, la Compagnie reçut bientôt une brochure de 38 pages in-8°, intitulée : *Histoire et mémoire de la Société fondée à Amsterdam en faveur des noyés en* 1767, première partie, imprimée à Amsterdam, chez Meyer, sur le Dam, en 1768. Le 10 août, Courcelles lut son rapport sur ce mémoire. Après avoir analysé les instructions qu'il contenait et les ordonnances rendues pour entrer dans les vues humanitaires de la Société, Courcelles rappelle l'avis publié par ordre de Louis XV et attribué au physicien Réaumur, ainsi que les moyens proposés par lui-même dans son *Manuel des opérations de chirurgie*, imprimé en 1756 pour les élèves chirurgiens de l'École de médecine de Brest, et ne trouve pas de notables différences entre les moyens proposés de part et d'autre. Il conclut en disant qu'il est digne de l'Académie de la marine de s'occuper de cet intéressant sujet. Le rapport de Courcelles est dans le tome II, pages 9-27. Nous reverrons cette question l'année suivante.

Le 30 juin, Blondeau lut une lettre du chevalier de Suzannet, enseigne de vaisseau du port de Brest, au sujet d'un matelot qui, étant à la pêche, avait été mordu au doigt et au côté par un animal aquatique de la forme d'une anguille. Le chevalier de la Coudraye, autre enseigne, dont Suzannet tenait ce fait, croyait pouvoir affirmer qu'il s'était passé aux Moluques, dans une des relâches de Bougainville[1]. L'homme fut guéri avec de l'eau de Luce, dont on frotta les morsures et qu'on lui fit aussi avaler.

Le 24 août, Courcelles lut un *Mémoire* de Loubet, ancien chirurgien-major de Touraine, *sur l'eau que l'on embarque sur les vaisseaux*. L'auteur proposait de mettre, dans chaque tonneau, de 25 à 30 livres de goudron pour empêcher, disait-il, la putréfaction. Courcelles combattit longuement cette proposition, qu'il considérait comme inefficace, par un mémoire où il traita *ex professo* la matière. Ce rapport et le travail de Loubet sont dans le tome II, pages 58-66-90. Le travail n'a que neuf pages ; la réponse de Courcelles en contient vingt-cinq.

Dans la même séance du 24 août, Courcelles lut un avis favorable sur le *Mémoire* d'un sieur Leroy, commis aux vivres, *concernant un projet d'établissement d'une brasserie au port de Brest*. Ce Leroy, de l'agrément de l'intendant Hocquart, avait établi, en 1762, sa brasserie à l'anse Saupin ; mais elle ne réussit pas, et en 1768 le ministre lui avait accordé une indemnité de 3,523 livres en dédommagement de

---

[1] Bougainville était rentré à Saint-Malo, le 16 février 1769. Il est assez singulier que l'Académie de marine, qui s'occupe dans une de ses séances d'un fait aussi peu important que celui de la morsure d'un congre, n'ait pas cherché tout d'abord à constater les résultats obtenus par le premier navigateur français chargé d'un voyage autour du monde.

ses pertes[1]. Nous n'avons pas trouvé le travail de l'auteur, mais le rapport de Courcelles est dans le tome II, pages 90-94. Celui-ci inclinait à donner à de la bière bien faite la préférence sur les vins de Saintonge dont on faisait usage dans la marine et qui, disait Courcelles, n'ont ni force ni chaleur, tournent facilement à l'aigre, ne soutiennent point la mer et ne sont presque point potables au bout de quinze jours de navigation.

VIII. PHYSIQUE. — Une épreuve faite à Lorient, par ordre du directeur de la Compagnie des Indes, avait établi la supériorité des charbons d'Angleterre sur ceux de Montrelais, partie de la commune d'Ingrandes, qui appartient maintenant au département de la Loire-Inférieure. De leur côté, les propriétaires de la mine avaient fait à Paris une contre-épreuve, dans laquelle les houilles de Montrelais avaient eu l'avantage. L'intendant de Brest, Clugny, chargea le sous-commissaire Le Roy de renouveler les expériences. Du rapport détaillé de celui-ci, tome I, pages 198-214, il résulta que le charbon de Newcastle devait être considéré comme supérieur à tous les autres, mais qu'on pouvait employer celui de Montrelais au lieu du charbon de Swansey pour un certain nombre de travaux, bien qu'il soit plus cher, parce que, dit-il patriotiquement, il est toujours avantageux d'encourager l'exploitation de nos mines, et que c'est augmenter nos richesses territoriales. Ce mémoire est ainsi annoté par Goimpy : « L'Académie a décidé de ne pas l'imprimer. » Et, au-dessous, de la main de Le Roy : « Elle a bien fait. »

Le 21 septembre, Blondeau lut une longue *Dissertation sur les moyens les plus propres à procurer l'assèchement des eaux superflues d'un pays le plus sûrement et le moins dispendieusement qu'il est possible*. Ce mémoire a été inséré dans le tome II, pages 99-137, mais avec l'indication signée de l'auteur : « Vu les fautes qui se sont rencontrées dans cette copie, l'auteur a demandé qu'il soit supprimé, dans la séance du 22 août 1771. » Et, en dessous : « Accordé par l'Académie. Signé Goimpy. » M. Blondeau, dit ce dernier dans ses *Extraits*, voudrait qu'on profitât des terrains les plus bas, et en faire plusieurs lacs et étangs. Ces eaux réunies seraient moins malsaines : on pourrait y mettre du poisson, et la diminution de dépense d'excavation serait considérable. Mais ces eaux, ajoute le rapporteur, auront-elles une communication facile avec

---

[1] En 1767, une brasserie fut établie au compte de la marine, à Brest, dans l'anse du Moulin à poudre ; mais bientôt il y eut des abus dans l'exploitation, laquelle fut mise au compte du munitionnaire à partir du 1ᵉʳ janvier 1775.

les grands canaux de la mer? C'était l'objection faite par Petit, à laquelle Blondeau essaya de répondre par une note qui fut insérée dans le tome II, pages 163-164.

Le même Blondeau lut et remporta, le 5 octobre, la *Mention d'un phénomène très-singulier* occasionné par le choc d'un fluide tel que l'eau sur le fond d'un vase opaque. Ce même jour, l'assemblée écouta avec plaisir la lecture, par Duval Le Roy, d'un *Mémoire* du chevalier de la Coudraye, enseigne de vaisseau, *au sujet de l'attraction des vaisseaux dans le calme*. C'est une simple note qui a été insérée dans le tome III, pages 2-4. Les épreuves faites lors du rapport démontrèrent qu'en temps de calme cette prétendue attraction n'a pas lieu, et que, conséquemment, la pratique qui consistait à éloigner les navires de peur d'un abordage était inutile.

A la séance suivante, 12 octobre, Goimpy lut un *Rapport sur un effet de mirage* qu'il avait observé le 26 juillet 1763, alors qu'il ramenait en France l'*Héroïne*, qu'il commandait, et la *Bergère*. Il avait vu distinctement la Bermude, à une distance de sept ou huit lieues, cinq grands quarts d'heure avant le lever du soleil. Ce travail a été inséré dans le tome III, pages 8-9, avec la note de l'auteur : « A supprimer absolument. »

Dons d'ouvrages. — Les ouvrages offerts en 1769 à l'Académie sont les suivants :

8 juin. L'Académie arrête d'écrire à Duhamel du Monceau pour le remercier de son *Traité sur la pêche*, dont la première partie lui avait été offerte par l'auteur. Ce bel ouvrage, en 4 vol. in-folio, ne devait être terminé qu'en 1782.

15 juin. Don par Courcelles de ses *Formules pharmaceutiques*, petit in-4°.

10 août. Duhamel envoie son *Supplément au traité de la corderie*, imprimé chez Desaint en 1769. Le premier ouvrage de l'auteur sur cette matière, intitulé : *Traité de la fabrique des manœuvres ou art de la corderie perfectionnée*, in-folio, avait paru en 1747.

Achat de livres et faits divers. — Un achat de livres avait été décidé le 27 juillet. L'intendant Clugny, consulté, dit qu'on pouvait s'en procurer pour la somme de deux à trois mille livres. L'Académie resta bien au-dessous de ce chiffre. A la séance du 5 octobre, on décida l'acquisition des ouvrages suivants, pour lesquels on employa la somme de 474 livres 14 sols :

Leçons de physique, de l'abbé Nolet, 6 vol. in-12;

Ordonnance de la marine de 1765, in-4°;

L'Optique de Smith, traduite, 1 vol. in-4°;

Les Arts et métiers, in-folio, avec l'*Art du tailleur*;

Le Traité du calcul intégral, de Bougainville, 2 vol. in-4°;

Cœlum australe stelliferum, de l'abbé de La Caille, 1 vol. in-4°.

Dans la même séance où avait été décidé cet achat, l'Académie avait approuvé la proposition de l'adjoint De la Porte pour demander au ministre le droit d'impression et de censure, et en outre elle avait jugé convenable d'informer Clugny, en qualité d'intendant de la marine, qu'elle avait été inquiétée, neuf ans auparavant, par le trésorier de la marine, au sujet du paiement d'un télescope acheté par le P. Pézenas, au nom de l'Académie, par ordre du ministre Machault. Enfin, le 3 août, l'Académie écrivit au ministre, pour lui faire part de son désir de faire imprimer les mémoires les plus intéressants de l'Académie. Le registre des lettres ministérielles ne commençant que le 19 décembre 1769, nous ignorons quelle fut la réponse de Praslin.

Mouvements et nominations. — L'Académie accorda en 1769 trois lettres de correspondant : le 20 juillet, à *Diziers* ; le 17 août, à *Dufresne* ; le 5 octobre, à *Digard de Kerguette*. Le premier est l'académicien adjoint de 1752, retraité comme lieutenant de vaisseau, et qui habitait le château de Montlivaut, à Saint-Dye-sur-Loire. Dufresne, également adjoint de 1752, non réélu en 1769, pour cause d'absence, avait déposé en 1755, ainsi que nous l'avons vu, entre les mains du secrétaire de l'Académie, un paquet cacheté contenant un mémoire sur une machine de son invention à planter les pilotis. Il le redemanda en 1769. L'Académie, en lui renvoyant son travail, lui accorda la correspondance. Quant à Digard de Kerguette, né à Paris en 1717, il avait professé les mathématiques dans les écoles militaires jusqu'en 1755, époque où il les abandonna pour celles de l'hydrographie. Bouguer aîné le choisit d'abord pour remplacer son frère au Croisic. En 1764, il avait été nommé professeur des gardes de la marine à Rochefort, et dès l'année suivante il cumula ces fonctions avec celles de professeur public de mathématiques dans la même ville. Ses *Essais de mathématiques*, publiés en 1751, avaient obtenu l'approbation de l'Académie des sciences. On citait encore de lui, en 1756, des *Expériences sur la lumière de l'eau de mer*; en 1761, des *Observations sur la marine et le commerce*; en 1764, un *Cours de navigation* et une *Nouvelle pratique du pilotage*.

Le 26 octobre, Briqueville, académicien ordinaire, fut nommé vice-directeur intérimaire pendant une absence de Goimpy.

En décembre, Clugny cessa ses fonctions d'intendant à Brest. Levot, dans son *Histoire de la ville et du port de Brest*, dit que le rôle fâcheux à certains égards qu'il avait joué dans le procès de l'espion Gordon, décapité à Brest le 29 novembre 1769, l'avait rendu l'objet d'une grande animosité dans la ville. Il fut remplacé intérimairement, jusqu'au 30 novembre 1770, par le commissaire général Marchais, associé de l'Académie.

En conséquence de ces nominations, le nombre des académiciens, au 1er janvier 1770, était de 65, dont quatre correspondants.

Les officiers élus pour l'année 1770 furent :

Directeur : Goimpy, en remplacement de Roquefeuil;
Vice-directeur : Briqueville, en remplacement de Goimpy;
Secrétaire : Petit, réélu;
Sous-secrétaire : Duval Le Roy, réélu.

VIII.

Année 1770.

En 1770, l'Académie royale de marine était en pleine activité. Elle ne tint pas moins de quarante-neuf séances, parmi lesquelles il y en a trois seulement, 26 avril, 15 juin et 22 novembre, où il ne fut fait aucune lecture ni pris aucune délibération. Ce devait être la dernière année du ministère de Praslin, et la France, alors en paix avec toutes les nations de l'Europe, réorganisait à loisir sa marine. C'est à peine si on signale quelques armements ordonnés par Choiseul, pour le cas d'une rupture avec l'Angleterre, rupture qui n'eut pas lieu, et, au commencement de juillet, le bombardement des forts de Bizerte et de Suza, dans l'État de Tunis, par le commandant de Broves. Le chevalier Forbin d'Oppède, capitaine de vaisseau et académicien adjoint, y commandait l'*Atalante*, de 26 canons, et D'Arbaud-Jouques, la *Mignonne*. L'Académie put donc se livrer en toute tranquillité d'esprit à ses travaux intellectuels. Aussi l'année fut-elle féconde en résultats scientifiques.

I. Dictionnaire. — L'appel fait aux académiciens des différents ports par la lettre circulaire du 12 janvier 1770, que nous avons annoncée l'année précédente, ne fut pas infructueux. Le contrôleur et académicien adjoint Laporte écrivit le premier de Paris, 6 février, qu'il s'estimerait très-heureux de pouvoir coopérer aux travaux de l'Académie ; seulement sa lettre ne fut lue que le 15 mars. A la séance du 22 février, on lut quatre réponses ; les deux premières étaient expédiées de Toulon, le 8. L'une était du capitaine de vaisseau et premier académicien ordinaire Missiessy qui, promettant son concours, demandait à quelle lettre on en était, pour ne pas faire double emploi. L'autre était du capitaine de vaisseau et académicien adjoint D'Arbaud de Jouques, annonçant un mémoire de lui sur les principales dimensions des vaisseaux, et un autre, du chevalier Forbin d'Oppède, sur les proportions de la mâture. La troisième lettre, de Clairain-Deslauriers, était datée de Rochefort, 10 février : elle annonçait qu'il allait faire tous ses efforts pour répondre aux vues de l'Académie. La quatrième, écrite de Paris, le 13 février, par Chabert, assurait l'Académie de son zèle et de sa coopération, autant que pourrait le lui permettre la multiplicité des opérations dont il était chargé en ce moment. Le ministre l'avait en effet attaché au dépôt des cartes et plans à Versailles, avec mission de coordonner les matériaux qu'il avait recueillis pour son *Neptune de la Méditerranée*. On lut encore, le 15 mars, une lettre de Vialis, lieutenant de vaisseau et académicien adjoint, écrite de Versailles et datée du 4. Celle-ci était une véritable fin de non-recevoir. L'auteur y mandait qu'il était de passage dans cette ville. Le ministre venait de le destiner à suivre le travail de la forge de Ruelle : il devait s'y rendre avant la fin de ce mois. Il regrettait de n'avoir pas été instruit plus tôt des vues de l'Académie. Il s'était occupé de cette question du Dictionnaire, il y avait quelques années, et avait rassemblé quelques matériaux auxquels il eût mis avec plaisir la dernière main. Malheureusement, il n'était pas en ce moment à portée d'en faire usage, ayant laissé à Toulon tous ses papiers de marine, et n'ayant emporté que ceux concernant l'artillerie. Il se trouvait donc hors d'état de concourir aux travaux de l'Académie relativement au Dictionnaire. Tel est le résumé des explications verbeuses dont il priait son compatriote et ami d'enfance, l'infatigable secrétaire Petit, de donner communication à ses confrères. Enfin, le chevalier de Monteil, capitaine de vaisseau et premier académicien adjoint, écrivit de Tarbes, le 12 mars, qu'à son arrivée à Brest, cet été, il s'emploierait volontiers au travail si important du Dictionnaire.

En attendant l'exécution de ces promesses, il n'y eut qu'un petit nombre de mots nouveaux composés, la plupart par un enseigne au département de Brest, le chevalier de La Coudraye, qui avait déjà donné un premier travail en 1769; mais comme l'Académie était au complet, il ne fut fait adjoint que l'année suivante. Le 28 juin, Trémergat lut, de cet auteur : *abattée, abattre, abord, abordable* et *abordage*. L'Académie déclara qu'elle acceptait avec reconnaissance l'abandon que lui faisait La Coudraye de ces cinq mots, et qu'elle recevrait avec plaisir la suite de ce travail. Le 6 septembre, Trémergat en remit encore plusieurs du chevalier, depuis *aborder* jusqu'à *acculer*, et depuis *adent* jusqu'à *agitation*; le 16 décembre, il en lut seize autres, depuis *agréer* jusqu'à *aller à la voile*. Blondeau, de son côté, lut et remporta les mots *carte marine, carte céleste, cercles de la sphère, cercles de déclinaison*. Enfin, du 25 octobre au 15 novembre, on relut 93 mots de construction précédemment composés par Morogues.

A la séance du 9 août, Trémergat en était revenu à une idée qu'il avait déjà émise l'année précédente, et, combattant par ses observations le discours de Le Roy dont nous avons parlé, avait soutenu qu'il fallait s'en tenir à l'ordre alphabétique purement et simplement, et publier un premier volume du Dictionnaire, sitôt terminé. Son discours, inséré dans le tome VI, pages 206-217, paraît l'avoir emporté, à en juger d'après l'ordre suivi par La Coudraye. L'auteur y soutenait que les académiciens, qui connaissent chacun la partie qu'ils doivent traiter, ont toute formée dans leur esprit cette ordonnance que demandait le commissaire Le Roy, et qu'un officier entendu en construction comme Morogues peut bien, en s'astreignant à l'ordre alphabétique, traiter le mot *allonge* avant celui de *membre*. Il ajoutait que cette nécessité de se former un tableau a sa raison d'être dans un ouvrage suivi, mais n'existe pas dans un dictionnaire. Il comparait les dictionnaires scientifiques à des amas de plans topographiques qu'on va consulter à l'occasion, mais qui n'ont pas besoin, pour être bien faits, d'être ordonnés au tout dont ils font partie. Il suffit, disait-il, qu'ils soient exactement tracés et simplement orientés quand on veut les voir en perspective. D'ailleurs cet ordre, qui paraît si naturel, est difficile à suivre, ce que prouve l'imperfection des livres méthodiques. Pour arriver au but que se propose M. Le Roy, il faudrait, indépendamment du Dictionnaire, composer des traités complets sur chaque objet relatif à la marine, ce qui n'est pas la question. En soumettant, aussitôt que possible, un volome au jugement du public, on se procurerait les moyens de perfectionner l'ouvrage et pour la suite, et pour une nouvelle édition. Bien que ne partageant pas sur plusieurs points les idées de l'auteur, nous avons voulu cependant donner une analyse succincte de ce discours, où Trémergat, entrevoyant en quelque sorte prophétiquement l'impossibilité où se trouva l'Académie de faire imprimer même un premier volume de son Dictionnaire, s'écriait, dans un sens tout opposé à Le Roy : « Le public trompé aurait le droit de se plaindre, puisqu'il se trouverait privé des travaux de l'Académie, dont il est certain qu'il eût joui avec fruit, quelque imparfaits qu'on veuille les supposer. »

II. Astronomie et Navigation. — Les travaux astronomiques présentés en 1770 furent les suivants :

1° *Mémoire sur les longitudes*, par Saint-Jacques de Silvabelle, lu à la séance du 11 janvier. L'auteur, né à Marseille en 1722, dès l'âge de vingt-sept ans, s'était placé au premier rang parmi les mathématiciens en résolvant le problème de la précession des équinoxes par une méthode qu'il jugeait plus simple que celle de Dalembert, et qu'il publia. Directeur de l'Observatoire de la marine à Marseille, en remplacement du P. Pézenas, en 1763, il avait fait quantité d'observations et perfectionné les instruments. Son mémoire sur les longitudes, composé depuis quelques années et lu dans une assemblée publique de l'Académie de Marseille, il l'avait adressé, vers la fin de 1769, par l'intermédiaire du ministre, à l'Académie de marine, sur la prière d'un des membres de celle-ci. Il y proposait de connaître d'une manière assez rapprochée la longitude du lieu où l'on est, en observant le temps écoulé entre le lever ou le coucher du soleil et le lever ou le coucher de la lune. Pour rendre, disait-il, cette méthode praticable aux marins, il ne s'agirait que de dresser des tables de ces levers et de ces couchers pour toutes les latitudes sous le méridien de Paris avec les différences relatives aux longitudes. Fortin, nommé commissaire, lut son rapport à la séance du 25 janvier. Le mémoire et le rapport sont dans le tome IV, pages 59-67-72. Tout en objectant qu'on pourrait avoir avec cette méthode des erreurs de dix-huit à vingt secondes, le rapporteur ne se prononce pourtant ni pour l'adoption ni pour le rejet du mémoire.

2° Le travail de Silvabelle donna probablement à Blondeau l'idée de relire, à la séance du 15 mars, son *Essai sur l'invention de la longitude en mer*, dont il avait déjà été question le 13 juillet 1769, mais qu'il avait travaillé de nouveau depuis le mémoire de Trémergat lu en septembre 1769. Le travail de Blondeau a été inséré dans le tome IV, pages 182-200. Il est divisé en deux parties. Dans la première, l'auteur établit que les montres, si perfectionnées qu'elles soient, ne peuvent être invariables, mais qu'elles sont suffisantes si l'on connaît les lois de leur variation. Dans la seconde, il indique le moyen d'arriver à connaître ces lois par la physique expérimentale. En conséquence, il demande que, après examen fait, la Compagnie décide s'il ne serait pas bon d'éprouver pour la longitude d'abord de bonnes montres ; puis, avec le globe, si la première épreuve n'est pas satisfaisante ; enfin, s'il est nécessaire, avec le secours des observations sur les variations thermométriques. L'Académie, en effet, jugea qu'il serait bon d'essayer l'usage du globe et de la méridienne, et nomma Petit ainsi que Duval Le Roy rapporteurs du mémoire Blondeau. Leur compte rendu, lu à la séance du 12 juillet, a été inséré dans le tome VI, pages 179-184. Il est entièrement approbatif. Néanmoins, quand il fut plus tard question de l'impression du mémoire, Baracé et Lézerec conclurent qu'il ne pouvait être imprimé qu'à la condition de supprimer les exemples de montres, et bien que Blondeau ait souscrit à cette suppression, le travail porte la note marginale de Goimpy, si souvent reproduite : « A ne point imprimer. »

3° Le 5 juillet, Blondeau lut l'*Explication du quartier français*, nouvel instrument pour la navigation, composé par le sieur Deslonchamps, maître d'équipage au port de Brest, *pour observer la hauteur du soleil et des étoiles sur l'horizon, et trouver la latitude tant sur mer que sur terre, avec la même facilité et beaucoup plus de justesse qu'on ne peut le faire avec la flèche, l'astrolabe et le quartier anglais.* Cet ouvrage au long titre, comme on les faisait autrefois, porte la date du 25 novembre 1715, et a été inséré dans le tome VI, pages 155-168. Blondeau, qui accompagna ce travail d'un mémoire apologétique, inséré à la suite, tome VI, pages 171-176, reconnut lui-même plus tard, à la fin de son mémoire, la priorité des droits de Bouguer le père dans ce que cet instrument avait d'essentiel.

4° A la séance du 6 septembre, l'académicien adjoint Charnières lut un *Discours à l'occasion d'une nouvelle construction de mégamètre*, sorte d'héliomètre pour observer les distances en mer, et dont l'astronome Véron lui avait donné l'idée. L'auteur lut également un discours qu'il avait prononcé à l'Académie des sciences le 30 août 1769, et le jugement de cette Académie, en date du 4 septembre. Ces travaux ont été insérés dans le tome VII, pages 1-10-15-19. Il montra aux académiciens de la marine son instrument qu'il avait perfectionné. L'assemblée nomma pour rapporteurs le comte de Roquefeuil, Petit, Tromelin et Duval Le Roy ; mais leur jugement ne se trouve pas dans les registres de 1770. En revanche, les approbations de l'Académie des sciences sont en tête des deux ouvrages imprimés de Charnières, intitulés : *Mémoires sur l'observation des longitudes* et *Expériences sur les longitudes*.

5° *Mémoire* de Blondeau *relatif à un nouveau compas de variation qu'il serait utile de substituer à ceux qui sont en usage dans la marine*, lu le 30 août, relu le 20 septembre, et inséré dans le tome VII, pages 33-44. C'est le compas à alidade et à nonius de Gowin-Knight, qui faisait concurrence au compas à miroir de Bouguer et au compas azimutal de Halley. Sur les conclusions de Tromelin et de Charnières, rapporteurs, dont le compte rendu, lu le 27 septembre, a été inséré dans le tome VII, pages 253-255, l'Académie décida d'envoyer une copie du mémoire et du rapport au ministre, et de le prier de donner des ordres pour faire construire un certain nombre de compas anglais.

6° Le 11 octobre, l'abbé Rochon commence la lecture de son *Mémoire sur un nouvel instrument appelé astromètre*. Ce n'était qu'un essai ; l'auteur le remporta, et il n'en fut plus question en 1770.

7° Lecture, le 2 novembre, des *Observations météorologiques faites au port de Brest*, à la prière de Borda, par Blondeau. Elles vont du 15 au 30 octobre 1770, et sont accompagnées de quelques observations de l'auteur. On les a insérées dans le tome VII, pages 270-279.

8° A la séance du 29 novembre, le même Blondeau lut et remporta un *Mémoire sur un nouvel instrument propre à éclairer sur la théorie des baromètres*. C'est le prélude d'importants travaux du même auteur, dont nous aurons à nous occuper bientôt.

Enfin, le 19 avril, l'Académie avait été avisée par une lettre de Duhamel du Monceau du prix proposé par l'Académie des sciences pour 1771 : *Sur la meilleure manière de trouver l'heure en mer*. Le prix ne fut point décerné, mais on le remit à l'année 1773, ainsi que le prix extraordinaire : *Sur la meilleure manière de perfectionner les verres propres à faire des lunettes achromatiques*.

III. HYDROGRAPHIE. — Ce même jour du 19 avril, il y eut une séance extraordinaire, à la demande de l'abbé Rochon, dernier académicien ordinaire, pour y entendre la lecture d'un mémoire sur les observations qu'il avait faites soit à terre, soit à la mer, pendant le cours de sa campagne sur la corvette l'*Heure-du-Berger*, commandée par l'enseigne Grenier. Ce navire, destiné à stationner aux îles de France et de Bourbon, était parti de Brest le 1er novembre 1767. Trouvant sa mission trop restreinte, Grenier avait demandé et obtenu de rechercher la route la plus courte pour aller de l'île de France à la côte de Coromandel, et en même temps il avait prié qu'on lui associât l'abbé Rochon en qualité d'astronome. Celui-ci ne le rejoignit qu'à son retour de Madagascar. L'*Heure-du-Berger* ayant appareillé de l'île de France, le 30 mai 1769, avec sa conserve le *Vert-Galant*, commandée par le lieutenant de frégate De la Fontaine, ces deux officiers explorèrent pendant quatre mois les Seychelles ainsi que la mer des Indes jusqu'à Pondichéry, et Rochon en profita pour déterminer ou rectifier la majeure partie des positions assignées sur les cartes de Mannevillette. De retour à l'île de France, Rochon, qui était en dissentiment d'opinions sur plusieurs points avec Grenier, se sépara de lui et s'embarqua sur la flûte la *Normande*, pour se rendre au cap de Bonne-Espérance, où il trouva le baron d'Arros d'Argelos, capitaine de frégate et académicien ordinaire, et le vaisseau de la Compagnie des Indes le *Vilvant*, qui le ramena en France au mois d'avril 1770. C'est alors qu'il adressa presque simultanément son mémoire à l'Académie des sciences et à l'Académie de marine. Ce travail, très-étendu, a été inséré dans le tome V, pages 51-129, et reproduit par l'auteur dans ses *Voyages à Madagascar et aux Indes orientales*. Il est divisé en deux parties. Dans la première, Rochon indique deux routes qu'on pourrait suivre pour aller de l'île de France dans l'Inde, l'une dans la mousson favorable, l'autre dans la mousson contraire, tout en faisant observer qu'elles ne pourraient être adoptées avec sécurité que quand on aurait déterminé astronomiquement la position des écueils qui les sillonnent, ou que quand on les aurait plusieurs fois parcourues avec précaution. La seconde partie contient le détail des rectifications à faire aux cartes du *Neptune oriental*. Le secrétaire Petit fut chargé d'écrire au ministre au sujet de ce travail, qui parut à l'Académie présenter des faits intéressants, tant par les diverses positions astronomiques qui déterminent la position de plusieurs dangers que par les remarques. Praslin répondit, le 13 mai, qu'il verrait avec plaisir le travail de Rochon, dont au surplus l'abbé lui-même devait lui rendre compte. Trémergat et Tromelin, les deux adjoints chargés de faire le rapport sur le mémoire de Rochon, déclarèrent, le 20 septembre, que ses observations étaient très-utiles, qu'elles lui méritaient la reconnaissance des marins, et qu'elles étaient dignes d'être rendues publiques. Leur compte rendu a été inséré dans le tome VII, pages 23-32.

A la séance du 7 juin, on lut un *Mémoire* de Bellin *sur une nouvelle édition de la carte du golfe du Mexique et des îles de l'Amérique, faite en 1769 pour le service des vaisseaux du Roi, par ordre de Mgr le duc de Praslin, ministre de la marine.* Ce mémoire a été inséré dans le tome VI, pages 77-120. Trémergat et Blondeau, nommés commissaires, firent observer à Bellin que son mémoire était une copie très-défectueuse, ce dont ce cartographe s'excusa, par une lettre de Paris, le 7 juillet. Le rapport des juges, lu le 18 octobre et inséré au tome VII, pages 262-269, fait ressortir les différences qui existent entre la carte de Bellin et son mémoire.

A la séance du 16 août, Grenier lut à son tour un mémoire détaillé de son voyage de l'Inde, en réponse à celui de l'abbé Rochon, et dans lequel il faisait connaître une route nouvelle et abrégée qu'il conviendrait, disait-il, de suivre pour faire en très-peu de temps le voyage de l'Ile Bourbon et de l'Ile de France aux possessions françaises de l'Inde. Grenier lut également une réponse à un mémoire sur le même objet, très-répandu à l'Ile de France et qu'il attribuait à l'abbé Rochon. En effet, celui-ci, à son débarquement à Port-Louis, avait cru devoir soumettre aux administrateurs de la colonie les motifs de son dissentiment avec Grenier. L'auteur remporta son travail, qui a été imprimé à Brest, chez Malassis, sous le titre de : *Mémoire de la campagne de découverte du chevalier Grenier.* In-4°. Peu de temps après, 6 septembre, le même Grenier lut et remporta également deux autres travaux. Le premier, intitulé : *Réflexions et observations sur les vents et les courants de la mer des Indes*, devait être le prélude du grand ouvrage dont il s'occupait encore en 1803, année de sa mort. Le second était un *Mémoire des corrections faites sur la carte de Mannevillette de l'Archipel au nord de l'île de France*. Rosnevet et Charnières, nommés rapporteurs des travaux de Grenier, lurent leur compte rendu le 13 septembre. Il est dans le tome VII, pages 19-22. Relativement au premier mémoire, il y est dit que la route proposée par Grenier a le double avantage d'être praticable dans toutes les saisons et d'abréger considérablement les traversées de l'Ile de France aux Indes. Quant à la partie du rapport relative aux vents et courants, en voici la conclusion : « Quoique de telles combinaisons sur un sujet aussi susceptible d'incertitude et de variation ne semblent pas être suffisantes pour déterminer complètement une théorie, il nous a paru cependant que la manière ingénieuse et réfléchie dont M. Grenier l'a envisagée et le nombre de preuves qu'il a su employer à propos pour faire valoir un système qui d'ailleurs ne contredit pas les idées d'un de nos plus grands naturalistes[1], il nous a paru, dis-je, que les travaux de M. Grenier méritaient l'approbation et les éloges de l'Académie et que son mémoire et la carte des courants qui y est jointe sont dignes d'être rendus publics. »

IV. MANŒUVRE. — Peu de manœuvre en 1770, comme l'année précédente.

Le 10 mai, Trémergat lut un *Mémoire concernant un projet d'établissement dans les ports pour expérimenter les manœuvres en usage pour réparer les accidents qu'on éprouve à la mer*. Ce travail a été inséré dans le tome V, pages 171-176. L'auteur proposait de demander au ministre un bâtiment où l'on simulerait ces sortes d'accidents, afin d'enseigner les moyens d'y remédier. Comme l'Académie n'avait rien décidé relativement à ce travail, Trémergat le relut à la séance du 4 octobre. Briqueville et Charnières, nommés commissaires, lurent leur rapport à la séance suivante. Il était défavorable à l'idée de Trémergat. L'Académie, y adhérant complétement, ordonna l'enregistrement du rapport, qui est dans le tome VII, pages 257-259.

Le 18 octobre, Goimpy lut un petit *Mémoire sur les poids nécessaires pour caréner un vaisseau de 80*. Il est dans le tome VII, pages 260-261. L'auteur, après avoir refusé plus tard de le laisser imprimer, « comme n'étant pas dans une forme convenable », finit par y mettre la note : « Retiré absolument. »

V. MATHÉMATIQUES. — Par contre, les mathématiques, qui jusqu'alors ne figuraient, pour ainsi dire, que pour mémoire dans le programme de l'Académie, furent cette année brillamment représentées par un simple garde de la marine, Marguerie, en qui Lagrange, un des premiers géomètres de l'Europe, voyait déjà le successeur futur du géomètre Fontaine des Bertins, avec lequel Marguerie s'était lié. Il débuta, en janvier, par un *Mémoire sur la résolution des équations en général et particulièrement de l'équation du cinquième degré*, et il suffira de dire, pour donner une idée de la grandeur du travail entrepris par l'auteur, que si depuis plus de deux cents ans les équations du troisième degré avaient été résolues par Ferreo, celles du quatrième par Ferrari, les analystes les

---

[1] Buffon, *Des Inégalités du fond de la mer et des courants.*

plus illustres avaient en vain cherché la résolution de celles du cinquième[1]. L'Académie décida d'écrire au ministre pour lui faire part de ce mémoire, et pour le prier d'admettre Marguerie au nombre des académiciens ordinaires, tant elle trouvait dans ce travail des vues nouvelles et des méthodes ingénieuses. La lettre était signée de six académiciens. La réponse du ministre n'arrivant pas, l'Académie écrivit une nouvelle lettre, à la date du 4 avril, dans laquelle elle demandait pour Marguerie tout au moins une place d'adjoint surnuméraire, demande qui lui fut accordée le 29 mai[2].

Marguerie donna encore quatre autres mémoires dans la seule année 1770. Ce sont:

Mémoire sur le système du monde, envoyé de Caen le 21 mai, lu le 31 mai et le 7 juin, et inséré dans le tome VI, pages 1-76 ;

Sur une opération d'algèbre appelée l'Élimination des inconnues, lu le 21 juin, inséré dans le tome VI, pages 121-154 ;

Sur l'établissement d'une nouvelle théorie de la résistance des fluides, enfin *sur la sommation des suites*. Ces deux derniers mémoires, insérés dans les tomes VIII, pages 29-106, et VII, pages 45-212, furent lus dans la séance du 20 septembre. Blondeau, Fortin et Duval Le Roy, les trois professeurs de mathématiques du port, furent nommés rapporteurs de ces travaux. Leurs rapports ont été transcrits: celui des équations, tome IV, pages 137-142 ; celui du système du monde, tome VI, pages 218-227 ; celui de l'élimination des inconnues, tome VI, pages 228-229 ; celui des fluides, tome VIII, pages 107-113 ; enfin celui des suites, tome VIII, pages 113-121. Quant aux cinq mémoires, ils se trouvent aussi dans le seul volume imprimé des *Mémoires de l'Académie royale de marine*. « Les trois mémoires sur la résolution des équations en général, sur l'élimination des inconnues et sur la sommation des suites étant, dit Goimpy dans ses Extraits, peu susceptibles d'extraits. ne peuvent qu'être indiqués. — Celui sur le système du monde[3] avoit pour objet principal de déterminer la route que deux corps, dont l'un est attiré par une force centrale dans la raison inverse du quarré des distances et mû par une force de projectile, doit (*sic*) décrire. On peut remar-

---

[1] On peut rapprocher les mémoires de Marguerie des travaux du marquis de Condorcet et du hollandais Vandermonde, qui sont dans le volume de 1771 de l'Académie des sciences.

[2] Marguerie fut fait enseigne hors tour en décembre 1770. Il avait débuté en 1767 comme garde. Il était né à Caen en 1742. (Voir l'analyse de ses travaux dans les *Essais de Biographie maritime* de P. Levot.)

[3] Au tome VIII, pages 241-243, il y a des observations de Goimpy sur le système du monde, sans date.

quer qu'en écartant la synthèse, M. de Marguerie parvient par des solutions algébriques aux mêmes résultats. Il donne aussi quelques équations qu'il assure devoir être d'une grande utilité, dans les mémoires qu'il préparera sur le système des trois corps. — Le mémoire sur les fluides est principalement fondé sur les expériences de M. de Thévenard[1]. M. de Marguerie trouve qu'elles indiquent que la résistance est assés exactement dans la raison du quarré des vitesses, mais il semble cependant désirer un plus grand nombre d'expériences. — La loy des résistances, eu égard aux obliquités ou signes d'incidences, a déjà été recherchée par plusieurs géomètres, qui trouvent tous la loy des quarrés des sinus insuffisante. M. de Marguerie compare les résistances données par l'expérience à celles que donneroit la théorie, soit en supposant la loy des sinus ou des quarrés des sinus. — Une chose bien digne d'attention, dit M. de Marguerie, est la différence sensiblement constante entre les poids calculés dans l'hypothèse de la résistance comme le sinus simple d'incidence et les poids donnés par expérience, qui fait voir que pour une proue formée de deux plans inclinés l'un à l'autre, la résistance de l'eau, passé un certain angle, approche bien d'être comme le sinus simple d'incidence et sembleroit prouver l'existence d'une proue d'eau qui se formeroit dans certaines circonstances en avant du corps qui se meut. — Au reste, on voit l'idée de cette proue d'eau dans M. Euler. M. de Borda a fait aussi des expériences qui semblent détruire aussi la loy des résistances dans la raison du quarré des sinus d'incidence. On voit qu'aucun de ces rapports n'est suivi exactement, et M. de Marguerie termine son mémoire pour trouver que la loy des résistances des fluides ne peut être déterminée que par de nouvelles expériences, il y soupçonne même les plus grandes difficultés. »

VI. Architecture navale. — L'impulsion donnée par le directeur Roquefeuil à la construction continua en 1770, et d'importantes questions furent traitées.

Le 11 janvier, on débuta par la lecture d'un *Mémoire* de Forbin d'Oppède, adjoint du département de Toulon, *sur les proportions de la mâture des vaisseaux*. Ce travail, qui est dans le tome IV, pages 1-57, avait déjà été présenté au conseil de construction tenu à Toulon en mai 1767. En voici l'analyse, également tirée des Extraits de Goimpy: « Envisa-

---

[1] Voir une note de l'année 1769, où nous avons dit que ces expériences avaient eu lieu en 1769 et 1770 au port de Lorient. Le travail de Thévenard est daté du port de Brest, le 20 juin 1771.

geant cette question sous un point de vue géométrique, M. d'Oppède y porte toute l'exactitude dont cette matière est susceptible. Les vaisseaux ont une stabilité proportionnelle au quarré de leurs dimensions simples. Les moments des mâtures doivent donc être comme les puissances $^4/_3$, et la force pour incliner est comme les cubes, si toutes les voilures suivent les proportions ordinaires; mais il faut prendre un terme de comparaison tiré de la pratique. M. d'Oppède prend les vaisseaux de 74 canons ayant 43 pieds de large et 164 de long, parce qu'avec le plus de désavantage, eu égard aux autres considérations, on voit cependant que leur mâture n'est pas trop forte. Il remarque que les vaisseaux de 80 et 64 canons ont, eu égard à ce qu'ils doivent porter, des dimensions beaucoup plus fortes que ceux de 74. Il pense qu'il vaut mieux allégir les vaisseaux de 64 canons que d'en augmenter la mâture. Pour les vaisseaux de 80 canons, il propose de profiter de leurs dimensions plus avantageuses pour en augmenter l'artillerie. Il conserve les envergures ordinaires. M. d'Oppède donne partout les modèles des calculs, y joint des exemples de mâtures qui ont été d'autant plus avantageuses pour la marche qu'elles ont été plus conformes aux règles qu'il donne. Il suppose dans ce mémoire que le rapport des longueurs aux largeurs est constant, ce qu'il regarde comme avantageux ; mais il prévient de ce qu'il y a à faire, lorsque ce rapport est différent. Alors il n'y a qu'à changer le moment des voiles, ou plutôt du vent, suivant le rapport de ces nouvelles longueurs. »

Six semaines plus tard, 17 février, d'Arbaud-Jouques, autre académicien adjoint du département de Toulon, envoyait de ce port une lettre et un *Mémoire sur les principales dimensions des vaisseaux*, qui furent lus à la séance du 15 mars. Voici encore, au sujet de ce mémoire, l'appréciation qu'en donne Goimpy : « Il est étonnant que le rapport des grandeurs des vaisseaux de différents rangs reste, pour ainsi dire, sans aucune connexion. Les vaisseaux de 43 pieds 6 pouces de large portent avec facilité à Toulon 74 canons. Je dis à Toulon, parce qu'on leur donne la même épaisseur de bois qu'à Brest, et de la différence de pesanteur, il est aisé, puisqu'on connoît le rapport des poids d'un vaisseau de 80 canons qui porteroit du 24 à sa seconde batterie, de voir quelle doit être sa largeur et ses autres dimensions proportionnelles. C'est ce qu'a fait M. d'Arbaud-Jouques, qui considère l'économie, l'avantage d'éviter les dimensions énormes de longueur qui affoiblissent un vaisseau par la lenteur forcée de ses mouvements. Il donne les tables de dimension de ces vaisseaux. Il en résulte qu'un vaisseau de 64 canons doit avoir 40 pieds 6 pouces de large, celui de 74 canons ayant 43 pieds et demi, et que celui de 80 canons doit avoir 47 pieds et demi, ou plus exactement 47 pieds 5 pouces 5 lignes de large. » Le mémoire de d'Arbaud-Jouques est dans le tome IV, pages 157-181.

Le 29 mars, le comte de Roquefeuil lut à l'assemblée une lettre du ministre Praslin, datée de Versailles le 14 et annonçant qu'un enseigne au département de Toulon, Duranti de Lironcourt, avait dressé le plan d'une corvette de 18 canons de 6, en l'accompagnant d'un mémoire contenant des éclaircissements au sujet desquels le chevalier de Borda lui avait fait des observations qui lui paraissaient mériter attention. Il envoyait donc le mémoire et le plan du bâtiment pour les faire examiner par l'Académie. Il désirait que, d'après les raisons que ces officiers lui avaient exposées sur les proportions qu'un pareil bâtiment doit avoir, l'assemblée pût déterminer celles qui lui paraissaient les plus propres à donner à ce bâtiment les qualités requises et la marche la plus avantageuse. Lironcourt avait proposé de mâter cette corvette à pible, espèce de mâture en usage dans la Méditerranée et préconisée par l'ingénieur-constructeur Coulomb, dans un petit mémoire qu'il envoyait à l'Académie et qui fut inséré dans le tome V, pages 27-29. Les deux mâts principaux d'un bâtiment à pible étant d'un seul sujet, sans hunes, chouquet, ni barres de perroquet, s'amènent en paquet, c'est-à-dire rapidement jusque sur la vergue basse, ce qui est avantageux dans les raffales. L'Académie devait décider si ce genre de mâture était préférable à celle en senau usitée dans les ports du Ponant, et qui consistait en un mâtereau établi en arrière du grand mât, et portant en bas sur le pont, en haut sur le bord de la hune, pour servir à tenir une voile semblable à l'artimon des vaisseaux. « Le plan de cette petite frégate, disait de son côté Lironcourt dans son mémoire, tome V, pages 7-14, est dressé essentiellement sur les proportions employées dans nos ports ; j'ai cependant fait un assez grand usage des proportions anglaises, parce que la nouvelle construction de leurs grandes et petites frégates nous offre de beaux modèles pour cette espèce de bâtiments. » Borda, tout en rendant justice au talent, à l'intelligence et aux connaissances de l'auteur, faisait néanmoins, dans une lettre insérée au tome V, pages 17-20, une objection contre les dimensions proposées par Lironcourt. Sa corvette devait avoir 108 pieds de long. En suivant la proportion ordinaire de 1 à 4, disait Borda, elle eût dû avoir 27 pieds ou tout au plus

27 pieds 6 pouces de large, au lieu que M. de Lironcourt lui donnait 29 pieds 8 pouces. Cette augmentation paraissait trop considérable au chevalier, attendu que, toutes choses égales d'ailleurs, ce sont les bâtiments les plus allongés qui, en général, ont le plus de vitesse. Quant à la mâture à pible, Borda lui reconnaissait les avantages de la solidité, de la légèreté et de la simplicité; mais il objectait que les accidents dans cette sorte de mâture sont plus difficiles à réparer. En effet, si un mât d'une seule pièce vient à casser, il faut, pour réparer le dommage, le dégarnir en entier, au lieu que, dans les mâtures de trois pièces, les parties supérieures sont facilement remplacées, même en pleine mer, par des mâts de rechange. Lironcourt répondit aux objections de Borda par un mémoire qui est dans le tome V, pages 21-26. Il y est dit : « 1° que la proportion n'est pas la même à Toulon qu'à Brest, à cause de la pesanteur spécifique plus forte des bois de Provence et d'Italie ; 2° que la proportion de 1 à 4 adoptée pour la largeur d'un vaisseau ne lui paraît pas propre à une frégate et surtout à une corvette, attendu que les fonds d'un vaisseau, la coupe de ses côtés et son appui à la ligne de flottaison démontrent que sa stabilité est autrement composée et étendue que celle d'une corvette, où tous les articles précédents sont sacrifiés et décidés pour la marche, et où on oseroit dire que la stabilité qui lui est nécessaire pour naviguer sûrement réside en un point placé à la ligne de flottaison. La mâture présente encore des différences qui exigent une plus grande largeur relative pour les corvettes. Néanmoins l'observation de Borda lui ayant paru essentielle, il a fait les changements indiqués par le chevalier, et donné 29 pieds seulement à sa corvette dans sa plus grande largeur, 14 pieds de long à la varangue maîtresse, pour 108 pieds de longueur; pour 110 pieds, 29 pieds 7 pouces et une varangue de 14 pieds 4 pouces (6 lignes négligées). Quant à la mâture à pible, tout en convenant de la justesse des observations de Borda, il dit que l'ayant éprouvée par le temps le plus aigre, il l'a trouvée sans comparaison plus flexible que toute autre, et que cette souplesse même avertit de diminuer la voile ou d'en serrer, en cas de besoin. Il est donc facile de veiller aux accidents, et la manœuvre qui en garantit est beaucoup plus prompte. » Le comte de Roquefeuil écrivit à ce sujet à Lironcourt une lettre qui est dans le tome V, pages 33-38. Il pensait, de même que Borda, que l'auteur donnait peut-être un peu trop de largeur à sa corvette, n'examinant au surplus la question qu'au point de vue économique, plus de largeur entraînant plus de mâ-

ture, celle-ci une plus grande grosseur de cordages, enfin la pesanteur du gréement nécessitant plus d'équipage pour la manœuvre, de telle sorte que les largeurs plus grandes influent en général sur toutes les dépenses de l'armement. Briqueville, nommé commissaire par l'Académie, fit son rapport le 5 avril, tome V, pages 39-49. L'assemblée décida, en conséquence, que le plan de Lironcourt, présentant les qualités qui font un bon bâtiment, pouvait être exécuté. Elle fit observer seulement qu'avec de pareilles dimensions la corvette aurait pu porter plus de canons ; mais que, suivant les apparences, elle n'avait été percée à 18 qu'afin de lui donner plus de marche. Quant à la mâture à pible, comme elle n'était pas en usage à Brest, l'Académie s'en rapportait sur ce sujet aux lumières du port de Toulon, auquel les inconvénients inhérents à ce genre de mâture doivent être connus, et qui sait également qu'un bâtiment de guerre doit être muni de façon à ne pas manquer une campagne par suite de la perte d'un mât de hune. Lironcourt répondit à la fois à la lettre de Roquefeuil et au rapport de Briqueville par un dernier mémoire inséré dans le tome VI, pages 185-191, mémoire dans lequel il proposait plusieurs corrections. Ainsi il donnait 20 canons à sa corvette au lieu de 18, et diminuait la largeur de 14 pouces, sans toucher aux autres dimensions. L'assemblée, sur le rapport de Trémergat, tome VI, pages 192-195, donna son assentiment aux modifications proposées.

Le même Lironcourt avait présenté au ministre le manuscrit d'un dictionnaire raisonné de la construction pratique. Praslin envoya l'ouvrage à l'Académie pour en faire l'examen. L'assemblée le fit copier et nomma pour rapporteurs Briqueville et Goimpy. Ils firent leur rapport verbal à la séance du 20 décembre et, en conséquence, Goimpy écrivit au ministre, au nom de l'Académie, que, tout en rendant justice aux connaissances de M. de Lironcourt, elle pensait que les omissions nombreuses de cet ouvrage ne permettaient pas de l'imprimer pour l'instruction des gardes de la marine.

Deux mémoires de Clairain-Deslauriers terminent le bilan de la construction pour l'année 1770. Ils furent lus à la séance du 27 septembre. Le premier, inséré dans le tome VII, pages 214-245, est relatif au jaugeage des vaisseaux. L'auteur y donne une table ou tarif où est exprimée, dans un très-grand détail, quelle quantité de telles ou telles matières forme un tonneau d'arrimage et contient un tel volume. La note marginale de Goimpy est : « On a jugé qu'il peut être imprimé. » Le second mémoire de Deslauriers, relatif aux flûtes, est l'historique de la différence de construction de ce genre de bâtiment en France depuis le commencement du xviii° siècle. Il a été inséré dans le tome VII, pages 246-252, avec la note : « Ne peut être imprimé. »

VII. ARTILLERIE. — Trois importantes questions relatives à cette arme furent traitées en 1770, et elles donnèrent lieu à des discussions non moins intéressantes que celles concernant la construction.

Voici l'exposé de la première. Le 2 mai, Goimpy, alors à Paris, avait envoyé à l'Académie un *Mémoire* de l'académicien adjoint Fougeroux de Secval, lieutenant de vaisseau au département de Brest, *sur des nouvelles pièces d'artillerie proposées pour le service de la marine, avec les réflexions auxquelles l'examen et les épreuves de ces pièces ont donné lieu.* Goimpy expose lui-même l'historique de la question dans ses Extraits : « Il avoit été fait plusieurs tentatives, dit-il, pour augmenter la force des canons et diminuer néanmoins leur poids en y employant des barres de fer battu. Le succès n'avoit pas encore répondu aux espérances quand le sieur Feutry renouvela cet essai en 1769. De l'agrément du ministre Praslin, il fit couler, dans la forge de Bonrecueil[1], en Périgord, trois canons de 1, 6 et 12 livres. Le canon de 1 livre en fer ou de 22 onces en plomb étoit en entier de fer de fonte coulé à noyau et se chargeoit par la culasse. L'âme de la pièce diminuoit au premier renfort, ce qui obligeoit de se servir de boulets de plomb. L'assemblage des parties qui formoient la culasse en rendoit le service fort long et même dangereux, parce qu'il s'échappoit beaucoup de feu, au point d'enflammer les étoupes parsemées à l'arrière de la pièce. Néanmoins, cette pièce soutint l'épreuve, ayant été tirée cinq fois avec six onces de poudre et son boulet de plomb. Cette pièce étoit en entier de fer coulé. Celle de 12 étoit composée de dix-neuf barres de fer forgé de huit lignes d'épaisseur, réunies au moyen de vingt-huit cercles de fer forgé. Mais, malgré toutes ces attentions, la lame d'un couteau entroit en quelques endroits. Tout cet assemblage étoit recouvert de fonte de fer. Cette pièce se chargeoit par la culasse comme la première. On tira deux coups avec une charge égale à la moitié de la pesanteur du boulet. Il s'échappa beaucoup de feu entre la culasse et la fausse culasse. » Ces expériences avaient eu lieu au port de Roche-

---

[1] Il y a Bon-Réveil dans l'extrait de Goimpy, Bourceuil dans le tome V des Mémoires manuscrits. Les Mémoires imprimés disent Bonrecueil.

fort. Secval, qui en rendit compte dans son mémoire lu à la séance du 10 mai, conclut qu'à cause des inconvénients constatés, ces sortes de bouches à feu lui paraissaient ne pouvoir être employées sur les vaisseaux, et il fut alors remarqué qu'on ne pourrait jamais, sans inconvénient, charger les canons par la culasse, surtout dans les navires. Goimpy continue ainsi : « La pièce de 6 avoit les proportions ordinaires et se chargeoit comme les autres pièces de l'époque. Formée de treize douvelles de huit lignes d'épaisseur, elle étoit liée par vingt-deux cercles de fer battu. Ce canon, à la charge d'épreuve, creva au premier coup par grands éclats, et plusieurs cercles qui lioient les frettes se rompirent. » Secval en profita pour démontrer qu'il n'y a aucune liaison entre le fer forgé et la fonte de fer. Il avait commencé son mémoire par rendre compte de diverses tentatives pour composer les canons de fonte de fer coulé réunie au fer battu, et parlé, entre autres choses, d'un canon indien recouvert de fonte de cuivre sur une première enveloppe de fonte de fer qui recouvrait et liait un assemblage de douvelles et de cercles. Le mémoire de Secval fut inséré dans le tome V, pages 131-166, avec la note de Goimpy : « L'Académie a jugé qu'il ne devoit pas être imprimé. » Il le fut néanmoins, sans doute à cause du rapport de 1771, et on le trouve dans les *Mémoires de l'Académie royale*, avec cinq planches.

Dans cette même séance du 10 mai, on en revint aux platines Norbec, dont nous avons parlé à l'année 1769. Briqueville lut un supplément à son compte rendu, en conséquence des éclaircissements donnés par l'auteur. Kerguelen et Le Bègue, académiciens adjoints, nommés contre-rapporteurs de ce rapport, conclurent en déclarant que la modification proposée par M. de Norbec paraissant préférable, l'ouvrage des platines devait être suspendu jusqu'à décision invariable. Le second rapport de Briqueville est dans le tome V, pages 167-170; le rapport Kerguelen et Le Bègue, dans le même volume, pages 177-178. Mais nous n'avons pas trouvé la suite de cette affaire dans la correspondance.

Le 25 octobre, le lieutenant de vaisseau Verdun de la Crenne, qui fut fait adjoint en 1771, lut un important *Mémoire sur le pointage des canons, leurs défauts et la manière de remédier à la chute des boulets*. Ce travail est dans le tome VIII, pages 1-27. L'auteur y proposait un instrument pour assurer ce pointage quand on tire à distance et pour évaluer cette distance. Monteil et Goimpy, nommés commissaires, lurent leur rapport à la séance du 20 décembre. Ils concluaient à ce que

Verdun communiquât son travail à Bigot de Morogues, en sa double qualité d'inspecteur général d'artillerie et de membre de l'Académie. Leur rapport, du reste favorable, est dans le tome VIII, pages 122-123. Quant à l'Académie, elle décida que le mémoire de Verdun ne serait pas imprimé, « parce que l'avantage des armes devant être exclusivement réservé pour la patrie, on ne peut publier ce qui y a rapport, afin de profiter au moins quelques instants de la découverte. » Dans son rapport de 1771, La Motte-Baracé donne une autre raison. Il dit que Verdun de la Crenne n'ayant pas rendu compte à l'Académie d'expériences postérieures relatives à son pointage, a ainsi contrevenu à l'article 27 du règlement.

VIII. MÉDECINE. — Nous avons dit, à l'année précédente, qu'il fut encore question, en 1770, des secours à donner aux noyés. Une lettre de Praslin, en date du 15 janvier, annonça, en même temps que l'envoi de la brochure hollandaise, un fumigateur dont on pouvait se servir avec succès pour rappeler les noyés à la vie. Lorsque l'Académie aurait copié la brochure — nous avons vu qu'elle l'avait reçue d'autre part — et fait exécuter l'instrument, elle devait renvoyer l'un et l'autre au ministre, qui se proposait de remettre le fumigateur à la police de Paris, où non-seulement il pourrait être utile, mais encore donner lieu à des inventions plus ingénieuses sur le même objet. Goimpy rédigea en faveur des noyés un projet de règlement qui fut lu par Briqueville, adopté et enregistré au tome IV, pages 135-136. Courcelles, de son côté, fit un mémoire relatif à la machine envoyée par le ministre. Son travail, lu à la séance du 2 août et intitulé : *Avis sur les moyens de secourir les noyés*, fut enregistré au tome VI, pages 196-205, et il fut décidé qu'on en tirerait une copie pour l'envoyer au ministre en même temps que le fumigateur et la brochure. L'Académie jugea, en outre, qu'il conviendrait de faire imprimer ce mémoire, pour le répandre dans tous les ports et d'exécuter la machine pour les noyés, afin d'en embarquer sur les vaisseaux. En conséquence, elle pria le commissaire général Marchais, intendant par intérim, de donner des ordres tant pour l'exécution de plusieurs machines que pour l'impression du mémoire Courcelles. Tandis que l'on s'entretenait de cette matière, Blondeau avisa l'Académie qu'un homme tombé dans la Loire à Nantes et resté près d'une heure sous l'eau avait été néanmoins rappelé à la vie par les soins d'un médecin de cette ville.

Une autre question importante fut agitée la même année. Le 1ᵉʳ mars, un chirurgien démonstrateur, nommé Herlin, donna un mémoire intitulé : *Réflexions anatomiques pour servir à la connaissance des maladies qui dépendent de l'habillement du soldat.* Ce travail, inséré au tome IV, pages 143-153, avait paru d'une valeur telle, que l'Académie demanda pour Herlin la même faveur que pour Marguerie, et qu'il fut nommé académicien adjoint en même temps que cet officier. L'auteur y agitait les inconvénients pour le soldat des vêtements trop resserrés. « Déjà le maréchal de Saxe, dit Goimpy dans ses Extraits, avait considéré combien les différentes ligatures, jarretières, etc., gênent le soldat dans les marches. » Herlin, après l'avoir cité, passait à l'examen d'accidents plus graves. De la compression presque totale que produit l'habillement serré du soldat, doit naître, disait-il, un engorgement très-considérable dans les grandes chaleurs, qui peut produire des morts subites dans les marches. Le rétrécissement des canaux par où passe le sang en augmente l'action et la chaleur déjà trop fortes, ce qui peut produire une plus grande propension à la putridité. Le sang, qui passe dans le même temps en plus grand volume, parce qu'il est plus raréfié par la chaleur, peut produire des engorgements dans les viscères. Le poumon en particulier, dont la texture est fort lâche, se ressentira de l'embarras général que le refoulement du sang nécessite. La manière de porter le havre-sac peut aussi incommoder les poumons. Si le soldat le porte attaché à une double courroie qui traverse le col et les épaules, le poumon se trouve tiraillé, parce que la pression ou allongement des muscles de cette partie qui se communiquent avec différents nerfs qui, par leurs communications, composent en grande partie le plexus pulmonaire, les fatigue, de même que dans les maladies des poumons ces parties paraissent tiraillées, parce que le poumon souffre. Roquefeuil et Courcelles furent nommés commissaires pour examiner le mémoire d'Herlin. Leur rapport, lu à la séance du 8 mars, a été enregistré à la suite du mémoire, tome IV, pages 155-156. Il y est dit, en forme de conclusion : « Tout ce que l'auteur avance est fondé en raisons tirées de l'anatomie et de l'économie animale. On pourrait ajouter que l'habillement des soldats ne les garantit pas suffisamment des injures du temps. Mais peut-on espérer que des réflexions aussi judicieuses l'emporteront sur la mode, les préjugés et sur des vues d'économie qui frappent bien plus que tous les maux qui peuvent en résulter ? »

Dons d'ouvrages. — Le 1er février, on lut une lettre de Duhamel du Monceau annonçant l'envoi de la continuation de son *Traité sur les pêches*. Il demandait à l'Académie des renseignements sur la pêche de la sardine telle qu'elle se fait dans l'Océan. Le livre de Duhamel fut, en effet, envoyé dans le courant de l'année.

A la séance du 26 juillet, on reçut de Charnières, académicien adjoint : 1° *Expériences sur les longitudes faites à la mer par ordre du Roi en 1767 et 1768* ; 2° *Mémoire sur l'observation des longitudes en mer, publié par ordre du Roi*. Paris, in-8°, 1767 et 1768, imprimerie royale. Le premier de ces deux traités est en 72 pages. Dans le second, qui en a 112, on trouve la description du mégamètre et des réflexions sur l'octant Hadley. C'était le prélude de l'ouvrage du même auteur sur la *Théorie et la pratique des longitudes en mer*, publié en 1772.

A la séance du 13 septembre, on reçut les *Opuscules de mathématiques*, par l'abbé Rochon ; Brest, in-8°, 1768. On y trouve, dit Lalande, un mémoire sur la détermination des longitudes en mer, sur le moyen d'y observer les satellites, d'y employer l'héliomètre de Bouguer.

Achat de livres. — Le 2 août, l'Académie décida qu'on écrirait au libraire De la Tour, pour le prier de se charger de faire parvenir à la Compagnie les livres étrangers dont elle aurait besoin, et, au cas où il ne le pourrait pas, de lui indiquer la voie la plus courte et la plus sûre pour se les procurer. Elle lui demandait par la même lettre *The rudiments of navigation*, 1760, par Mungo Murray, maître de mathématiques du vaisseau de guerre le *Magnanime*. Ce professeur s'était acquis beaucoup de réputation par une théorie de la construction des vaisseaux publiée à Londres[1]. En outre, les Anglais avaient commencé à publier en 1767 un ouvrage périodique sous le titre de *Nautical Almanac*. L'Académie décida de faire venir le premier volume, qui contient des méthodes intéressantes, par exemple celle de Lyons pour les longitudes et des tables. Le libraire De la Tour déclina la proposition, mais il indiqua un de ses confrères de la rue Saint-Jacques, nommé Durand. Le libraire de Brest Malassis, avisé par De la Tour, et dont Durand était le correspondant, demanda à l'Académie la préférence, qui lui fut accordée.

L'Académie obtient un privilège. — Dès la première année de sa réorganisation, l'Académie avait demandé un privilège d'impression. Le 11 janvier 1770, une lettre du sieur Marin, censeur royal de la po-

---

[1] Vraisemblablement l'ouvrage intitulé : *A Treatise on shipbuilding and navigation in three parts*.

lice et secrétaire général de la librairie, lui annonça l'envoi de ce privilège, nouvelle qui lui fut confirmée peu après par une lettre de Clugny, en date du 5 février. Nous ne reproduisons pas ce document, qui porte la date du 23 novembre 1769, attendu qu'il a été imprimé à la fin du volume publié des Mémoires de l'Académie de marine.

Une fois en possession de son privilège, la Compagnie agita longuement, le 6 décembre, la question de savoir si l'on procéderait à l'impression d'un volume de Mémoires et dans quelle proportion ceux de Marguerie devaient y entrer. Le vicomte de Roquefeuil, Briqueville, Baracé, Fortin, Charnières, Trémergat, Blondeau, Monteil, Frézier et Duval Le Roy étaient d'avis de lui accorder le tiers du volume ; Courcelles et Goimpy voulaient ne lui donner que le quart. Le vote des premiers l'emporta nécessairement. Dans le volume imprimé, Marguerie a plus de la moitié du livre : 240 pages sur 440. Quant à l'impression dudit volume, elle fut estimée par l'éditeur Malassis, par à peu près et au plus bas prix, à raison de 600 pages in-4° et de 10 planches en taille-douce, au tirage de 1,000 exemplaires, à la somme de 5,295 livres.

A la séance suivante, 13 décembre, Goimpy lut un *Extrait des mémoires de l'Académie depuis son rétablissement*. C'est le précieux registre qui nous a tant servi, et qui fut envoyé au ministre le 8 juillet 1771. Il se compose de 31 pages in-folio. Le 20, Goimpy lut également une note relative aux Mémoires de l'ancienne Académie dignes de l'impression. Nous avons vivement regretté la disparition de ce travail.

Mouvements. — En fait de nominations nouvelles, pour l'année 1770, il n'y a à signaler que celle de Marguerie et d'Herlin, comme adjoints surnuméraires, à la date du 4 avril. Le ministre écrivit, à leur sujet, qu'il approuvait la demande de l'Académie, à la condition que les deux premières places d'adjoints qui viendraient à vaquer ne seraient pas remplies. D'un autre côté, l'astronome Pierre-Charles Lemonnier, de l'Académie des sciences, dont nous n'avons pas trouvé le nom sur certaines listes de 1769, disparaît définitivement des listes d'associés, à partir de 1770, nous ne savons pour quelle cause. C'était un des maîtres de Lalande, qui en fait un grand éloge dans son *Histoire abrégée de l'astronomie*. Il est mort en 1799.

Dans le courant de l'année, il y eut plusieurs lettres échangées entre l'Académie et l'intendant Clugny, pour répondre aux intentions du ministre, qui désirait une augmentation du nombre des académiciens.

L'assemblée proposa d'en nommer dix de plus, dont cinq ordinaires et cinq adjoints, tous du département de Brest. Toutefois, la première lettre adressée à Praslin ayant été égarée dans les bureaux du ministère, l'affaire traîna en longueur, et elle n'était pas encore décidée à la fin de l'année. Le nombre des académiciens était donc, en décembre 1770, de 66, savoir : 11 honoraires, 9 associés, 20 ordinaires, 22 adjoints, 4 correspondants.

Le 29 novembre, l'assemblée décida d'écrire à Clugny, pour le féliciter au sujet de sa nomination à la place d'intendant général de la marine et des colonies. La position était en effet magnifique : 50,000 livres de traitement, 30,000 d'établissement à Versailles, sans compter une pension de 6,000 livres sur les Invalides, reversible par moitié sur sa femme. Clugny ne la conserva, il est vrai, que peu de temps, sa charge ayant été supprimée le 8 avril 1771 ; mais il devint, cinq ans plus tard, contrôleur général, en remplacement de Turgot. Le lendemain, 30 novembre, Ruis-Embito remplaçait, en qualité d'intendant de Brest, l'intérimaire Marchais ; mais comme ils étaient déjà l'un et l'autre académiciens honoraires, cela n'en change pas le nombre qui restera fixé à onze jusqu'en 1772, époque de la mort du premier d'entre eux, le chef d'escadre Froger de l'Éguille.

Le 20 décembre, l'Académie procéda à l'élection de ses officiers pour 1771. Ce furent :

Briqueville, *directeur*, en remplacement de Goimpy ;
La Motte-Baracé, *vice-directeur*, en remplacement de Briqueville ;
Goimpy, *secrétaire*, en remplacement de Petit ;
Duval Le Roy, continué en qualité de *sous-secrétaire*.

Cinq jours plus tard, 25 décembre, Praslin était remplacé par l'abbé Terray, qui exerça l'intérim du ministère de la marine jusqu'au mois d'avril 1771. L'Académie ne pouvait pas encore en être informée le 28 décembre, jour où elle expédiait sa lettre relative au renouvellement des officiers. Il ne paraît pas qu'elle ait jugé à propos d'écrire une lettre de condoléance au dernier des Choiseul, restaurateur de l'Académie ; du moins n'en avons-nous pas trouvé trace, nous le regrettons. Nous avons lu seulement, dans une lettre du comte de Roquefeuil à Goimpy, datée de Versailles, le 9 janvier 1771, ces quelques mots : « Ce ministre a dû mériter nos regrets particuliers par la faveur qu'il promettait au savoir et à l'instruction. » Mince éloge pour un ministre qui avait rendu tant de services à la marine et qui, au moment où il était disgracié, s'occupait d'un Code noir destiné à améliorer le sort de nos esclaves dans les colonies! Mais si l'Académie s'est montrée oublieuse, pour ne pas dire, à défaut de preuves positives, ingrate envers Praslin, elle ne manqua pas d'envoyer ses félicitations de bienvenue à l'abbé Terray. Sa lettre est du 18 janvier 1771. Dix jours auparavant, l'abbé avait annoncé sa nomination en approuvant l'élection des officiers.

IX.

Affiliation avec l'Académie des sciences.

La grande affaire de l'année 1771, par laquelle nous terminons ce second fascicule, fut l'association de l'Académie de marine avec l'Acamie des sciences. Le 20 mars, l'abbé Terray écrivait à la première de vouloir bien se conformer au règlement approuvé par le roi pour cette réunion des deux Compagnies. La lettre fut lue en séance extraordinaire le 30 mars. L'idée de Praslin, en proposant à l'Académie des sciences de lui associer celle de marine, avait été d'accélérer le progrès des sciences nautiques par une communication réglée et constante des travaux respectifs de ces deux sociétés. Le règlement approuvé par le roi pour leur affiliation, et qui fut lu à cette même séance du 30 mars, porte la date du 13 février. Il est extrait des registres de l'Académie des sciences. En voici la teneur :

« Le Ministre de la marine ayant fait connaître à l'Académie royale des sciences, à la séance du 7 septembre dernier :

1° Que les travaux de l'Académie de la marine établie à Brest, qui avaient été suspendus pendant quelque temps, allaient reprendre leur activité par la nouvelle forme que le ministre venait de procurer à cette Compagnie ;

2° Que, comme les travaux de l'Académie de la marine devaient regarder plusieurs objets dont l'Académie des sciences s'est toujours occupée, il avait jugé utile au progrès des sciences relatives à la navigation de proposer à Sa Majesté de remplir plusieurs places de l'Académie de la marine par des membres de l'Académie royale des sciences ;

3° Que quelques avantages qu'ait déjà produits une correspondance entre quelques membres des deux Compagnies, il y en aurait encore de plus grands à espérer si cette correspondance pouvait avoir lieu entre les deux Compagnies mêmes ;

4° Que, néanmoins, avant de rien proposer à Sa Majesté sur cet objet, il croyait devoir demander sur cela l'avis de l'Académie.

L'Académie royale des sciences, sensible au témoignage que cette proposition rend à son zèle pour l'utilité publique, a saisi avec satisfaction l'occasion de contribuer à la perfection d'une science qu'elle a toujours regardée comme très-importante. En conséquence, elle a nommé MM. le comte de Maillebois, Trudaine, Duhamel du Monceau, Cassini de Thury, Bory et Bezout pour examiner la forme suivant laquelle cette correspondance peut avoir lieu et lui en rendre compte.

Le motif qui détermine l'Académie royale des sciences à agréer avec plaisir l'association qui lui est proposée étant de contribuer toujours de plus en plus au progrès des sciences relatives à la marine, elle fonde de grandes espérances sur le concours de la théorie avec les observations que l'on pourra faire à la mer. Mais, quoique nous représentions cette association entre les deux Académies comme devant être fort avantageuse, il nous paraît que les membres de chacune des deux Académies ne doivent prendre que le titre que leur donne leur Académie, comme, de l'Académie des sciences, pour ceux qui en sont, ou de l'Académie de la marine pour ceux qui sont de cette Compagnie, et qu'on ne pourra prendre les deux titres que quand on aura été expressément nommé de l'une et de l'autre.

Il doit résulter du concert qu'on veut établir entre les deux Compagnies une communication de leurs travaux ; et comme, à l'égard de celle de la marine, cette communication peut être facilitée par la voie de ceux de ses membres que différentes affaires appelleraient à Paris, il paraît convenable qu'elle se fasse par les officiers de l'Académie de la marine préférablement à tous autres ; et, pour cette raison, il est à propos qu'ils aient séance aux assemblées de l'Académie royale des sciences. Mais, dans le cas où les officiers directeur, sous-directeur ou secrétaires ne viendraient point à Paris, nous pensons que cette entrée aux séances de l'Académie royale des sciences pourra être accordée à deux membres de l'Académie royale de la marine, qui seront choisis et annoncés par leur Compagnie. Car le nombre des membres de l'Académie royale des sciences étant fixé par le règlement, il y aurait de l'inconvénient à le beaucoup augmenter.

Il suit de ce que nous venons d'exposer à l'Académie :

1° Que l'association proposée pour le progrès des sciences relatives à la marine peut être agréée par l'Académie royale des sciences ;

2° Que chacun des membres de l'Académie des sciences ou de la marine ne pourra prendre d'autre dénomination que celle de l'Académie dans laquelle il aura été élu, de sorte qu'un académicien ne pourra prendre le titre de membre de l'Académie royale des sciences et de l'Académie royale de la marine que lorsqu'il aura été élu spécialement par les deux Académies ;

3° Que les officiers de l'Académie royale de la marine auront droit de séance aux assemblées de l'Académie royale des sciences lorsqu'ils viendront à Paris, et qu'en l'absence des officiers, ce droit ne pourra être conféré qu'à deux membres de l'Académie royale de la marine ; bien entendu que ceux qui sont des deux Académies ne seront point compris dans ce nombre, ayant, comme membres de l'Académie royale des sciences, le droit d'assister à ses assemblées ;

4° Enfin, que le droit de séance à l'Académie royale des sciences de Paris ne pourra, dans aucun cas, appartenir aux membres de l'Académie royale de marine qui fixeraient leur résidence à Paris ou qui seraient censés l'avoir, et cette résidence sera déterminée par leur séjour à Paris pendant plus d'une année.

Signé : Maillebois, Trudaine, Cassini de Thury, Duhamel du Monceau et Bory.

Pour copie conforme : Grandjean de Fouchy, *secrétaire perpétuel*. Ce 19 février 1771. »

L'Académie de la marine nomma, de son côté, au sujet de cette association, La Motte-Baracé, Duval Le Roy, Trémergat et La Tullaye pour l'examiner. Le rapport qu'ils rédigèrent en commun fut lu à la séance du 25 avril. Il a été inséré dans le tome VIII, pages 206-209. Il contient les observations suivantes, relativement au plan d'association arrêté par l'Académie des sciences :

« L'Académie royale de la marine, par sa constitution et par les membres qui la composent, ayant souvent l'occasion de réunir la pratique à la théorie, a vu, avec la plus grande satisfaction, le Roi associer les deux Académies pour contribuer ensemble aux progrès d'une science dont la perfection est le but auquel tendent tous les travaux de l'Académie de marine. La suite de cette association étant la réunion d'un plus grand nombre de lumières dirigées vers un même objet, il ne peut qu'en résulter un très-grand avantage. Mais pour que cette réunion puisse avoir lieu, il est nécessaire que les deux Académies adoptent de concert une forme constante suivant laquelle elles se communiquent réciproquement leurs travaux respectifs. C'est pour remplir cet objet que l'Académie royale des sciences avait nommé des commissaires dont le rapport, approuvé par cette Compagnie, vient d'être adressé par le ministre à l'Académie royale de marine. Ce rapport forme un arrangement sur lequel nous avons cru devoir faire les observations suivantes :

Les deux Académies ayant des membres communs, la forme de communication qui résulterait de ce règlement ne remplirait pas tous les vœux de l'Académie de marine. D'ailleurs, cette communication n'ayant rien de constant ni de réglé, rien qui en assure la continuité, dépendrait trop des circonstances et de la manière de penser de ceux qui s'en trouveraient successivement chargés, et serait souvent exposée à être interrompue.

Nous[1] croyons donc que l'Académie royale de marine doit renoncer aux prérogatives dont elle jouirait en vertu des dispositions contenues dans ce règlement. Il nous semble qu'elle le doit, d'autant plus qu'au fond il lui serait peu utile d'en jouir, et qu'en y renonçant elle ne fera qu'entrer davantage dans les vues de l'Académie des sciences, dont le plan d'association fait sentir l'inconvénient qu'il y aurait à ce que les assemblées devinssent trop nombreuses. Ne voyant pas que le même inconvénient subsiste pour l'Académie royale de marine, nous avons pensé qu'elle verrait toujours avec plaisir les membres de l'Académie des sciences à ses assemblées[2].

Quant aux autres dispositions du plan d'association, comme elles sont de pure formalité, nous croyons que l'Académie n'a aucune raison de ne pas les adopter.

A l'égard de la forme qu'il est nécessaire de donner à la correspondance entre les deux Compagnies, il nous semble que, pour rendre cette correspondance plus immédiate et moins sujette à varier, il conviendrait de l'établir par la voie des secrétaires respectifs, lesquels seront tenus de s'informer réciproquement de tout ce qui peut intéresser les travaux des deux Compagnies, tous les six mois au moins et

---

[1] Tout cet alinéa, jusqu'au mot « assemblées », fut supprimé à la seconde lecture.
[2] Le seul qui y vint en 1771 fut Darcy, brigadier des armées navales. Il assista à la séance du 29 avril.

même plus souvent lorsque l'importance des matières paraîtra le demander, sans qu'aucune des deux Compagnies puisse d'ailleurs rien exiger de l'autre, sinon qu'elle lui accuse la réception de ce qui lui aura été envoyé. Ce moyen nous paraît mériter d'autant plus la préférence qu'il rendrait la communication constante et uniforme, et que les interruptions auxquelles elle serait exposée par celui que propose l'Académie des sciences ne seraient plus à craindre. Car si l'on adoptait celui-ci, il y a tel cas où la communication entre les deux Compagnies cesserait faute d'avoir quelqu'un de ses membres à portée de l'entretenir, ou lorsque la nécessité de s'occuper d'autres affaires les empêcherait de suivre ses assemblées.

Nous croyons aussi que l'Académie royale de marine, pour cimenter d'autant plus une association proposée par le Roi et désirée par ses ministres, peut statuer qu'à l'avenir il sera envoyé à celle des sciences un exemplaire de chacun des volumes de ses Mémoires à mesure qu'ils seront imprimés.

Brest, le 21 avril 1771.

 Signé : La Tullaye, Trémergat, Duval Le Roy et De La Motte Baracé. »

A la séance du 16 mai, le plan d'association fut examiné. Le comte de Roquefeuil, mécontent, proposa d'en discontinuer l'examen. Goimpy, au contraire, seul y adhéra pleinement et émit l'avis de se conformer entièrement au règlement. Tous les autres membres de l'assemblée furent d'avis de continuer la délibération, et l'on décida que la correspondance se ferait uniquement par la voie des secrétaires. On arrêta ensuite :

1° Que la correspondance des Académies aurait lieu seulement quand la nature des objets le demanderait et non pas en temps fixé ;

2° Qu'on ne parlerait pas au ministre de faire stipuler le droit de séance aux membres de l'Académie des sciences quand ils viendraient à Brest ;

3° Qu'on ne stipulerait pas le don à l'Académie des sciences d'un exemplaire des Mémoires que l'Académie royale de la marine voudrait faire imprimer.

En conséquence de ces résolutions, l'Académie de marine, dans sa séance du 6 juin, arrêta la délibération suivante, au sujet de son association avec l'Académie royale des sciences :

« L'Académie royale de marine, associée par le Roi à l'Académie royale des sciences, ayant cru devoir s'occuper des moyens de remplir le plus exactement qu'il lui était possible les vues qui l'ont fait désirer à M. le duc de Praslin et à M. l'abbé Terray, a pensé que la correspondance à laquelle cette association donne lieu serait d'autant plus avantageuse au progrès des sciences relatives à la navigation qu'elle serait plus conforme aux vues et aux désirs des deux Compagnies. Pour s'assurer de son côté de remplir cet objet, elle pense qu'il est nécessaire que la correspondance se fasse par la voie des secrétaires uniquement et lorsque la nature des objets paraîtra le demander. »

Ce fut le ministre Boyne qui approuva cette réponse de l'Académie de marine. Sa nomination était du 8 avril. Il répondit, le 26, aux compliments de l'Académie par les mêmes assurances de bienveillance et de protection que ses prédécesseurs.

Les deux Académies étaient désormais affiliées. Les membres communs à l'une et à l'autre étaient : Duhamel du Monceau, Bory, Après de Mannevillette, Pingré, Poissonnier-Desperrières, Lalande, Bezout, Chabert, Borda et Rochon.

L'ACADÉMIE ROYALE
DE MARINE
DE 1771 A 1774

PAR

ALF. DONEAUD DU PLAN
PROFESSEUR A L'ÉCOLE NAVALE

TROISIÈME PARTIE

PARIS
BERGER-LEVRAULT ET Cⁱᵉ
Éditeurs de la Revue maritime et coloniale et de l'Annuaire de la Marine
5, RUE DES BEAUX-ARTS, 5
MÊME MAISON A NANCY
—
1880

(Extrait de la *Revue maritime et coloniale.*)

L'ACADÉMIE ROYALE

DE MARINE

DE 1771 A 1774

X.

Année 1771. (*Suite.*)

Reprenons maintenant la suite des travaux qui furent présentés et des questions que l'on agita pendant cette même année 1771.

I. DICTIONNAIRE. — Malgré les promesses faites par plusieurs académiciens des différents ports, le travail du dictionnaire était déjà en souffrance depuis quelque temps, et il y resta pendant toute l'année. Le 21 mars, le nouveau directeur Briqueville avait engagé les académiciens présents à Brest à s'en occuper, et dit qu'il verrait avec plaisir qu'on examinât la partie dont il s'était chargé. Le 18 avril, Fleuriot de Langle, académicien adjoint récemment nommé, prit les parties *charpentage* et *machine*; La Coudraye, adjoint de la même promotion, choisit le *calfatage*. Le 10 mai, Théveuard, autre adjoint nommé le même jour que les précédents, se chargea des mots *fer* et *bois*; enfin Granchain, académicien adjoint du même jour que les trois autres, lut, le 16 mai, les mots *poulie*, *palan* et *caliorne*; le 29 août, Briqueville lut *hauban*. Le 11 juillet, Le Bègue avait demandé que quelqu'un des académiciens revit les mots relatifs à l'artillerie qu'il avait composés. Le 18 septembre, un des éditeurs de l'*Encyclopédie*, Robinet, écrivit de Bouillon à l'Académie, la priant de vouloir bien enrichir le supplément de l'*Encyclopédie* pour la partie maritime. L'Assemblée lui répondit que, travaillant elle-même à un dictionnaire de marine, elle ne pouvait accéder à sa prière. Au mois d'octobre, le même Robinet ayant demandé à l'Académie un précis historique et le détail de son institution, celle-ci acquiesça cette fois à sa demande. Nous avons trouvé en effet cet article dans le tome Ier du supplément, où il occupe la valeur d'une page, c'est-à-dire deux colonnes.

II. ASTRONOMIE. — Le 21 février, on fit lecture d'une lettre de Lemonnier, de l'Académie des sciences, contenant quelques observations faites en 1753 pour remplacer celles qui manquent à la 92e livraison de la période observée par cet astronome. Cette lettre se trouve dans le tome Ier des *Correspondants*, pages 20-22. Charnières, à qui le même Lemonnier avait envoyé précédemment les calculs de la 91e livraison, se chargea de lui transmettre les remerciements de l'Académie.

La question la plus importante agitée cette année fut, comme en 1769, celle des boussoles. Les journaux anglais et la *Gazette de France* avaient rapporté, sous la forme d'un avis aux navigateurs, que, le 22 juillet 1761, M. Chappet, observant la variation du compas au château de Pourdertham, proche Exeter, « en approchant une chandelle de l'aiguille qui pour lors était fixe, elle prit subitement un mouvement très-accéléré de chaque côté de quatre ou cinq degrés, et elle ne se fixa que quand la chandelle fut éloignée ». Le Bègue traduisit le mémoire anglais qui avait donné lieu à cette nouvelle, et sa traduction, lue le 7 février, est dans le tome VIII, pages 148-150. Nommé rapporteur, ainsi que Blondeau, pour vérifier cette expérience, il dit, le 14 février, que ni le suif ni les autres matières grasses ne sont attirables par l'aimant, mais que le fer des chaudières dans lesquelles on fait bouillir le suif et la couperose qu'on emploie dans les chandelles moulées pouvaient avoir donné lieu au phénomène observé en Angleterre. L'Académie jugea, dit Goimpy dans ses *Extraits*, que la faiblesse de ces causes et la rareté des cas où elles pourraient produire quelques erreurs, la dispensaient de communiquer ces résultats jusqu'à ce qu'elle eût examiné diverses autres questions sur le magnétisme.

Ces questions ne tardèrent pas à se produire. L'Académie n'oubliait pas les inconvénients qu'elle avait reconnus au cuivre jaune employé communément dans la construction des boussoles. Mannevillette lui avait écrit, à ce sujet, d'Hennebon, le 12 février, que le sieur Retail, ingénieur d'instruments de mathématiques et d'astronomie, entretenu depuis vingt ans par la Compagnie des Indes au port de Lorient pour la construction des compas et autres instruments des pilotes, ayant constaté, il y avait quatre ans environ, les mêmes inconvénients, n'employait plus que le cuivre rouge pour les boussoles des vaisseaux de la Compagnie [1]. Ce savant hydrographe appelait en même temps l'attention de l'Académie de marine sur l'utilité qu'il y avait de réformer l'usage de mettre deux compas dans l'habitacle. Les différences entre ces compas allaient parfois jusqu'à 5 ou 6 degrés, ce qu'il attribuait à l'action réciproque des aiguilles, ainsi que les expériences qu'il avait faites en 1747 l'en avaient convaincu. L'Académie, comprenant l'importance de cette découverte, nomma l'adjoint Rosnevet, le professeur Blondeau et Trouillet de Bléré, commissaires, pour examiner l'effet de l'attraction des deux aiguilles aimantées. Ceux-ci lurent leur rapport à la séance du 11 avril. La conclusion de ce rapport, qui est dans le tome VIII, pages 202-204, est que l'usage généralement suivi de placer deux boussoles dans les habitacles des vaisseaux a des inconvénients considérables, et que les erreurs dont cette mauvaise disposition est la source peuvent avoir les suites les plus fâcheuses. Les expériences qui y sont rapportées parurent si intéressantes à l'Académie, qu'il fut résolu de les répéter à la séance suivante, puis à celle du 10 mai, enfin de les publier, ce qui eut lieu effectivement. L'Académie pria les commissaires de rédiger pour l'impression un mémoire qui fut tiré d'abord à trois cents, puis à six cents exemplaires et répandu dans les ports. Duhamel du Monceau écrivit à ce sujet à l'Académie que, sans revendiquer la priorité de la découverte qui appartenait à Mannevillette, il avait autrefois découvert le secret de l'anglais Neit pour donner aux aiguilles une grande force magnétique, et que, comme on lui avait objecté que ses boussoles étaient trop sensibles pour ne pas se déranger mutuellement dans l'habitacle, il avait répondu en disant d'en retrancher une, chose qu'il n'avait pu obtenir. Morogues parla également, dans une lettre datée du 7 juillet, d'expériences qu'il avait faites depuis plus de trente ans sur les boussoles, avec deux aiguilles de six pouces dont les pivots

---

[1] Ce fabricant était alors vraisemblablement employé par l'État, attendu que le traité qui désintéressa la Compagnie des Indes, en donnant le port de Lorient au Gouvernement, est du 7 février 1770.

étaient dans la même verticale, une des aiguilles étant au fond d'une boîte vitrée de trois pieds de haut environ, l'autre au haut de la boîte. Blondeau lut, le 23 mai, un mémoire sur l'attraction qu'une aiguille aimantée placée sur une boussole exerce sur l'aiguille inférieure. Il trouvait des résultats tout à fait contraires à ceux que Lahire, Cassini et Homberg avaient trouvés, ainsi qu'il ressort des *Mémoires de l'Académie des sciences*, année 1692. Le désir de se rencontrer avec ces hommes célèbres fit varier à Blondeau ses expériences : elles donnèrent invariablement des résultats conformes à ce qu'il avançait, savoir « que, dans quelque position qu'on place une aiguille immobile aimantée sur la glace d'une boussole, pourvu seulement que les centres des deux aiguilles soient dans la même verticale, l'aiguille mobile, après un nombre d'oscillations d'autant plus grand que les pôles de même nom sont plus près, se place toujours dans le plan vertical passant par l'immobile, d'où il suit que, dans le cas particulier énoncé par Lahire, l'aiguille mobile, au lieu de parcourir 41 ou 42 degrés comme il le dit, en parcourt 180. » Ce travail de Blondeau, intitulé : *Sur une expérience de M. de Lahire (Mémoires de l'Académie des sciences)*, 1692, est dans le tome VIII, pages 209-214. Le 29 août, Blondeau lut encore, mais sans le laisser, à l'Académie, le récit de plusieurs expériences qu'il avait faites sur les boussoles. Enfin, il commença, le 7, le 21 et le 28 novembre, la lecture d'un mémoire sur l'action réciproque des aiguilles aimantées. Nous aurons occasion d'y revenir en 1772.

L'activité de Blondeau était infatigable. Le 14 mars, il lisait à l'Académie un supplément à son mémoire de l'année précédente sur l'invention de la longitude en mer. Ce travail, inséré au tome VIII, pages 167-169, est intitulé : *Moyen simple et commode d'user l'un sur l'autre deux blocs de marbre tels qu'ils sont nécessaires pour la méridienne proposée dans mon mémoire des longitudes.* Dans ce mémoire, Blondeau proposait de tracer une méridienne dans chaque port, afin de régler les montres dont on se servirait en mer. Il ne négligeait pas, dit le compte rendu des séances, de donner à cette méridienne toute la netteté et l'on peut dire toute l'élégance dont un ouvrage de cette espèce est susceptible, et il indiquait une manière simple d'user les blocs de marbre qui devaient être employés. Le 31 mai, il donna un *supplément* pour trouver avec exactitude le point qui répond au centre du trou que l'on fait pour laisser passer l'image du soleil quand on trace une méridienne. Ce mémoire est dans le tome VIII, pages 218-219. Blondeau tenait essentiellement à faire imprimer, dans le premier volume des *Mémoires de l'Académie de marine*, le résultat de ses travaux sur la longitude. Ses efforts furent vains. Trédern de Lézerec et La Motte Baracé, nommés commissaires du second rapport sur le mémoire de la longitude, furent d'avis que ce mémoire n'offrant pas des idées assez neuves pour mériter l'impression, l'auteur devait le retirer. Leur rapport est dans le tome VIII, pages 281-283.

Blondeau fut plus heureux pour une autre idée qu'il émit peu après. Ayant proposé de renfermer dans des globes de verre, faits suivant certaines précautions qu'il indiquait, les montres ordinaires dont on se servait en mer pour mesurer le temps, dans le but de les garantir d'une partie des variations auxquelles elles sont sujettes, et de rendre par conséquent leur marche plus constante et plus régulière, l'Académie, dans sa séance du 3 octobre, décida de demander au ministre de vouloir bien faire exécuter ces globes. L'approbation de Boyne pour la construction des globes Blondeau est du 21 octobre.

Le 31 mai, Duval Le Roy et Blondeau donnèrent un second *Mémoire d'observations du passage de Vénus sur le soleil le 3 juin* 1769. Ce nouveau travail, qui est dans le tome VIII, pages 221-226, ainsi que l'*observation de l'éclipse de soleil du 4 juin* que l'on trouve à la suite, pages 226-227, supprimait le premier mémoire, et ce fut celui-ci qu'on imprima.

Le 25 juillet, Boyne envoya à l'Académie un mémoire du sieur Jeanne, capitaine de navire, contenant divers objets relatifs aux longitudes et aux observations. Ce travail est dans le *Recueil des lettres du ministre à l'Académie*, pages 20-26. Boyne demandait à celle-ci de porter un jugement sur cet ouvrage intitulé : *Mémoire concernant la longitude et autres observations*. L'auteur y présentait les plans de différentes machines pour l'observation des longitudes en mer, telles que : 1° un plan offrant un moyen d'observer la longitude aux satellites de Jupiter, cette planète fût-elle même au zénith ; 2° un horizon factice pouvant servir en même temps à plusieurs instruments différents et dont l'utilité était de procurer des observations de latitude, à défaut de l'horizon vrai, influant en outre avec efficacité, dit l'auteur, sur les observations de la longitude avec les montres marines ; 3° un support pour les montres, l'insuffisance de la suspension de Cardan étant reconnue pour leur usage. L'Académie répondit au ministre, par une lettre en date du 9 août, que le mémoire ne contenait aucun des détails nécessaires pour qu'elle pût en porter un jugement, le sieur Jeanne s'étant contenté de dire qu'il faudrait un volume d'écriture pour démontrer l'utilité de ses machines et la manière de s'en servir ; que conséquemment l'Académie était forcée de borner ses réflexions au simple récit de ce qui s'était fait jusque-là. En Angleterre, on avait renoncé à l'usage des observations des satellites par le moyen des chaises marines d'Irwin. L'abbé Rochon avait aussi trouvé un moyen de ramener Jupiter au centre de la lunette, ce qui en facilitait les observations ; mais ces tentatives n'avaient fait que diminuer les difficultés. A ces observations, peu fréquentes d'ailleurs, on avait préféré celles de longitudes par les distances de la lune au soleil. Relativement à l'horizon factice du sieur Jeanne, l'Académie faisait observer qu'on en avait déjà inventé un en Angleterre. L'instrument qui donnait cet horizon était une espèce de toupie à laquelle on imprimait un mouvement de rotation rapide. Cet instrument, bon à terre avec des pivots bien d'aplomb, était susceptible d'erreur sur un navire. Le sieur Jeanne n'indique pas si son horizon est différent de ceux qui ont déjà été trouvés, puis négligés en raison de leur imperfection. Enfin, relativement au balancier de Cardan, l'Académie objecte que Berthoud, dans le voyage qu'il fit en 1764 pour l'expérimenter sur l'*Hirondelle* commandée par Goimpy, ne parut pas regarder les mouvements de la mer comme un inconvénient considérable. Pour conclure, si, malgré le vague de ce mémoire, le ministre jugeait à propos d'ordonner l'essai de ces instruments, attendu qu'il n'y a pas d'impossibilité que l'auteur ait trouvé quelque chose d'avantageux, l'Académie demandait qu'il en suivît lui-même les expériences, soit pour être à portée de remédier aux accidents, soit pour constater d'une façon décisive la réussite ou le manque de succès, sans avoir la ressource de s'en prendre aux observateurs. Nous n'avons pas trouvé trace de la décision du ministre, qui vraisemblablement ne s'occupa plus de cette affaire. Quant à la lettre de l'Académie, que nous avons analysée, elle est dans le *Recueil des lettres au ministre*, pages 17-19.

Le 5 septembre, Goimpy lut et remporta quelques remarques sur la parallaxe et les rotations.

Le 30 novembre, le ministre recommanda au jugement de l'Académie un mémoire anonyme, intitulé : *Manière de trouver les longitudes tant sur terre que sur mer*. Ce travail est dans le *Recueil des lettres ministérielles*, pages 29-36. Fortin et Blondeau furent chargés du rapport. Leur compte rendu, qui ne fut lu que le 16 janvier 1772, est à la suite du mémoire, pages 36-37. Il y est dit que le fond de la méthode proposée par l'auteur paraît être le passage de la lune au méridien. Cette méthode, praticable à terre, ne l'est pas en mer, où il n'est pas possible de s'assurer avec précision du moment de ce passage. L'auteur fait d'ailleurs des suppositions forcées sur le mouvement de la terre dans son orbite et surtout celui de la lune, puisque, pour construire une table du passage de la lune par les méridiens qu'il imagine dans le ciel, il prétend qu'il suffira de l'espace d'une lunaison. Sa méthode suppose aussi l'usage d'une lunette qui ne lui paraît devoir souffrir à la mer aucune difficulté, ce qui sans doute ne sera pas avoué par les navigateurs. En somme, ce mémoire, bien qu'indiquant dans son auteur des connaissances astronomiques, ne peut être d'aucune utilité pour trouver les longitudes en mer. L'Académie envoya ce rapport au ministre, comme parfaitement conforme à son propre jugement.

Ce fut encore Blondeau qui présenta le dernier travail astronomique de l'année 1771. Le 19 décembre, il lut un extrait du *Nautical almanac*, par lequel il faisait connaître la méthode employée depuis 1767 par les Anglais pour déduire la longitude en mer de la distance observée de la lune au soleil et aux étoiles. Blondeau avait joint à son extrait des notes pour faciliter l'intelligence de la méthode. Ce travail n'a pas été inséré, que nous sachions, dans les volumes de l'Académie.

III. NAVIGATION. — Le 10 janvier, on fit lecture à l'Académie d'un mémoire de Pierre Levallois (de Honfleur), capitaine cosmographe, membre de l'Académie de Rouen et de la Société académique de Cherbourg, sur un sillomètre de son invention. Ce travail, intitulé : *Dissertation sur les défauts du loch ou sillomètre ancien et actuel dont les navigateurs se servent, avec la description d'un autre nouvellement inventé et éprouvé par sieur Pierre Le Vallois*, est en tête du tome Ier des *Correspondants*, pages 1-11. Il s'agit en effet d'un nouveau genre de loch que l'auteur propose de substituer aux anciens, dont il énumère les défauts, au nombre de huit, dit-il. Son nouveau loch, qu'il appelle sillomètre ou silodomètre, communique le mouvement à un odomètre placé dans le corps du navire. L'assemblée offrit à l'auteur des lettres de correspondance, et chargea Baracé, Charnières et Goimpy du compte rendu de son invention. Leur rapport, lu le 11 avril, est dans le tome Ier des *Correspondants*, page 33. Il y est dit que les épreuves faites dans la rade de Brest n'ont pas rassuré complétement les commissaires sur la crainte que cet instrument ne mesure pas toujours exactement le sillage. Mais la machine n'en est pas moins ingénieuse ; elle indique assez exactement la dérive, et peut être appliquée avec utilité à connaître les forces et les directions des courants aux diverses profondeurs.

Encouragé par ce premier succès, le même Levallois donna, à la séance du 31 janvier, un autre *Mémoire sur les imperfections de la navigation hauturière*. Ce travail a été inséré à la suite du précédent, pages 12-20. L'auteur y expose trente-deux problèmes ou difficultés, dont il donne la solution au moyen de six machines qu'il a inventées[1], et qui sont : le *silodomètre* ; un horizon artificiel qu'il nomme *horizon-psélomètre* ; un *régulateur* ; l'*anémomètre marin* ; le *tire-navire* ; enfin une *rame nouvelle*. Il n'a encore exécuté que les trois premières. L'Académie fit enregistrer son mémoire, mais il n'y eut pas cette fois de commissaires nommés pour l'examiner.

IV. Voyages scientifiques. — Le 2 avril, Chabert, capitaine de frégate et académicien ordinaire, nommé au commandement de la *Mignonne*, emporta pour ses opérations astronomiques et hydrographiques une montre Berthoud. C'est à l'issue de cette campagne, fin novembre, qu'il fut nommé capitaine de vaisseau.

Le 1er mai de la même année, partit de Lorient, sur le *Berryer*, le lieutenant de vaisseau académicien adjoint Kerguelen-Tremarec, pour son voyage aux terres australes. Il l'avait proposé dès septembre 1770 au ministre Praslin, mais la crainte d'une rupture avec l'Angleterre avait fait ajourner l'expédition. Le ministre par intérim Terray lui enjoignit de s'assurer préalablement si la route proposée par le chevalier Grenier pour se rendre de l'Ile de France à la côte de Coromandel était praticable. L'abbé Rochon, académicien ordinaire, lui fut adjoint en qualité d'astronome.

Mais l'événement le plus important de l'année 1771, et qui se rattache à l'astronomie nautique aussi bien qu'à l'hydrographie, fut le départ de Brest de la *Flore*, 29 octobre. Le lieutenant de vaisseau Verdun de la Crenne, nouvel académicien adjoint, qui s'était distingué en 1765

---

[1] L'avocat de Quimper, La Fléchardière, dont nous avons parlé en 1753 sous la rubrique Physique, avait adressé à l'Académie de marine un catalogue, que nous avons retrouvé, de 28 inventions, dont 23 pour la marine. Il y indique plusieurs machines pour enfoncer les pilotis, 5 modèles de pompes, des ancres, des cabestans, etc. Mais, ainsi que le lui fit remarquer l'Assemblée, ce n'était guère qu'un catalogue.

au bombardement de Larrache, où il avait été grièvement blessé, fut nommé au commandement de cette frégate destinée à un voyage d'exploration scientifique. L'Académie des sciences avait remis au concours de 1771, ainsi que nous l'avons dit, le prix proposé dès 1767 *sur la meilleure manière de mesurer le temps à la mer*. Ce fut principalement pour la solution de ce problème qu'on arma la *Flore*; mais le cercle de la mission confiée à Verdun de la Crenne fut élargi par l'Académie, conjointement avec le ministre. Le lieutenant de vaisseau Borda, le chanoine Pingré et l'enseigne Grandchain, ce dernier élu adjoint à l'Académie en même temps que Verdun, partagèrent avec le commandant la gloire de cette expédition. Pierre Ozanne, maître de dessin des gardes de la marine et frère cadet de Nicolas-Marie, fut embarqué sur la frégate en qualité de dessinateur. Borda et Pingré étaient chargés particulièrement de vérifier les instruments mis au concours pour le prix de l'Académie des sciences. Charnières, adjoint de l'Académie de marine, ne pouvant embarquer sur la *Flore*, écrivit, le 24 août, de Nantes à l'Assemblée, pour lui annoncer qu'il confiait à Verdun de la Crenne son mégamètre pour servir aux expériences. L'Académie, dans sa séance du 19 septembre, décida que ceux de ses membres qui étaient embarqués sur la frégate seraient commissaires pour lui rendre compte de tout ce qui a rapport aux longitudes, et, dans celle du 3 octobre, que les commissaires nommés par l'Académie de marine pour examiner conjointement avec ceux de l'Académie des sciences les diverses méthodes de déterminer les longitudes en mer formeraient eux-mêmes le projet d'instruction qu'elle devait leur donner. Mais le ministre Boyne ayant paru, dans une lettre adressée à Verdun, improuver cette commission, le commandant et Granchain s'en désistèrent. Leur désistement, qui est *in extenso* dans le registre du compte rendu des séances, est même signé par les quatre académiciens commissaires. Briqueville remit alors un extrait des instructions données à Verdun, Borda et Pingré. En voici la teneur:

« Lorsque l'état de chaque horloge en particulier et leur état journalier auront été bien constatés à Brest pendant lesdits quinze jours d'épreuve, tant en présence des sieurs Verdun de la Crenne, chevalier de Borda et Pingré qu'en celle des officiers destinés à servir sur la frégate la *Flore*, et qui assisteront aussi à toutes les observations qui seront faites, lesdits sieurs Verdun de la Crenne, chevalier de Borda et Pingré en dresseront un procès-verbal qui sera signé d'eux et desdits officiers, et dont ils feront le rapport à l'Académie royale des sciences, qui en rendra compte au secrétaire d'État ayant le département de la marine, et ils remettront une copie dudit procès-verbal à l'Académie royale de marine à Brest.

« Toutes les observations, depuis le départ de Brest jusqu'au retour, relatives tant aux horloges marines qu'aux autres méthodes propres à déterminer les longitudes en mer seront faites en présence des officiers de la frégate; il sera pris acte par les sieurs Verdun de la Crenne, chevalier de Borda et Pingré, de ces observations ainsi que de leurs résultats, et ils en dresseront un procès-verbal qui sera signé d'eux et des autres officiers de la frégate, et dont ils feront le rapport à l'Académie royale des sciences, qui en rendra compte au secrétaire d'État ayant le département de la marine, ils remettront copie dudit procès-verbal à l'Académie royale de marine à Brest.

« Le 17 octobre 1771.

« Signé : Verdun de la Crenne, chevalier de Borda, Pingré. »

Le 31 octobre, Verdun, Borda et Pingré dressèrent un procès-verbal constatant l'état des montres marines dont ils étaient chargés de faire l'essai, et les variations qu'elles avaient éprouvées depuis l'instant où on les avait déposées dans le vaisseau jusqu'à celui du départ. C'étaient, dit Verdun de la Crenne dans la relation de son voyage, les deux montres marines A et S (ancienne et seconde) de Le Roy; une montre marine d'Arsandeaux, horloger de Paris; une pendule ou horloge de Biesta, également horloger de Paris. Verdun emporta encore une nouvelle chaise marine inventée par Fyot, ancien professeur de mathématiques à Orléans, lequel avait obtenu de Boyne de la faire expérimenter, et, indépendamment du mégamètre de Charnières, la montre n° 8 de Berthoud; une lunette achromatique aux verres subsidiaires de l'abbé Rochon; enfin, quantité d'autres instruments pour les observations astronomiques. Puis la *Flore* appareilla. Un mois plus tard, 2 décembre, le ministre approuvait la commission donnée par l'Académie à ses membres embarqués sur cette frégate de lui rendre compte, au retour de la campagne, des épreuves faites des instruments pour déterminer la longitude en mer.

Nous aurons encore occasion de parler, l'année suivante, de la *Flore*, qui rentra à Brest le 8 octobre 1772.

V. Physique. — Le 21 mai, Levallois, qui ne s'occupait pas seulement de navigation, lut un mémoire sur des cèdres trouvés au Brésil, à quatre ou six cents pieds sous terre. Ce travail, intitulé *Problèmes de physique*, fut inséré dans le tome 1er des *Correspondants*, pages 23-27. L'auteur, après avoir fait observer les difficultés de plusieurs explications qu'on en pouvait donner, indique une cause assez vraisemblable. Les pluies abondantes qui règnent au Brésil auront pu, dit-il, occasionner des torrents, faire écrouler des arbres situés sur des pentes escarpées, et après que ces arbres auront été entraînés dans les ravins, la dégradation des terres sur lesquelles ils étaient situés aura comblé lesdits ravins. C'est du moins ce qu'indique le compte rendu des séances.

Le 29 avril, Goimpy lut et remporta un mémoire sur les résistances de l'air et les expériences de Robins. Il s'agit vraisemblablement ici, sans que pourtant nous puissions nous prononcer affirmativement, des recherches de ce savant anglais sur l'artillerie. Il en est question dans les *Mémoires de l'Académie des sciences* de 1750, et, dès 1745, Euler en avait fait une traduction allemande, avec commentaires.

Le 24 octobre, le comte de Roquefeuil ayant proposé à l'Académie de faire des recherches sur les inflammations spontanées, l'Assemblée jugea qu'une étude pareille ne pourrait être que très-utile, et, en conséquence, nomma commissaires, pour suivre cet objet, Roquefeuil lui-même avec l'intendant Rhuys-Embito, Blondeau le professeur et Courcelles. Malheureusement le registre des comptes rendus n'indique pas quelle suite fut donnée à ces expériences.

VI. HYDROGRAPHIE. — En 1769, Pingré, qui avait fait le voyage de l'*Isis* sous le commandement de Fleurieu, s'y était occupé principalement des observations. Le 7 février, on lut à l'Académie une lettre de ce chanoine contenant la détermination de la position de plusieurs lieux, tels que la Tour-de-Fer, à l'entrée de la Corogne; l'extrémité la plus occidentale des îles Sisarga, sur la côte de Galice; le cap Finistère; la plus grosse des îles Barlingues, sur la côte de l'Estramadure portugaise; le cap La Roque; Cadix; le port de Santa-Cruz, dans l'île de Ténériffe; le cap Vert; Gorée; l'extrémité la plus méridionale de l'île de Mai, dans l'archipel du cap Vert; la rade de la Praya; le volcan de l'Ile de Feu; l'île de Brava; le bastion neuf du Port-Royal de la Martinique; le fort Saint-Pierre; le cap Français de Saint-Domingue; les accores et sondes du grand banc de Terre-Neuve; Angra, la capitale des Açores; Flores, autre île du même archipel; la pointe de Sainte-Catherine, au

Nord de l'île Fayal ; le pic des Açores ; la pointe la plus méridionale de l'île Saint-Georges ; l'île Saint-Michel ; Funchal, la capitale de Madère ; enfin la partie septentrionale de l'île Salvage. Cette lettre, qui est dans le tome VIII, pages 142-147, ayant été considérée comme un mémoire, et Goimpy faisant remarquer que plusieurs des positions indiquées par le chanoine donnaient matière à discussion, le secrétaire de l'Assemblée fut nommé avec Fortin pour examiner le travail de Pingré. Leur rapport fut lu à la séance du 14 février. Ils signalaient plusieurs erreurs dans les latitudes observées à la mer, ainsi que sur la position du cap Français. On résolut de suspendre le rapport en demandant des éclaircissements à Pingré. La réponse du chanoine est dans le tome VIII, pages 169-175. Il y défend pied à pied ses observations, mais avec modestie et sans obstination. Aussi, quand, au mois d'octobre suivant, Pingré embarqua sur la *Flore*, il reçut communication d'une lettre écrite à Briqueville par Goimpy, dans laquelle celui-ci le priait, au nom de l'Académie, de faire diverses observations tendant à fixer la position de divers lieux de Saint-Domingue, son observation du cap Français étant admise.

Le rapport Poissonnier et Bory sur la relation des voyages de Kerguelen, présenté en 1769, ne fut lu que le 14 février 1771. En conséquence de ce compte rendu, l'Académie décida d'envoyer à l'auteur l'approbation suivante :

« MM. de Bory et Poissonnier, qui avaient été nommés par l'Académie royale de marine pour examiner la relation de deux voyages dans la mer du Nord aux côtes d'Islande, de Groënland, de Ferro, de Shetland, des Orcades et de Norwège, faits, l'un en 1767 et l'autre en 1768, par M. de Kerguelen de Trémarec, lieutenant des vaisseaux du roi, commandant les frégates la *Folle* et l'*Hirondelle*, en ayant fait leur rapport, l'Académie a jugé que la publication de cet ouvrage serait d'autant plus utile aux navigateurs qu'on a peu de détails sur la navigation de cette mer. »

Le 21 mars, Trémergat dénonça Bellin comme ayant mis en vente la carte des Antilles que l'Académie avait examinée en 1770, sans avoir fait les corrections indiquées par celle-ci. La Compagnie décida d'acheter cette carte pour la comparer avec celle qui lui avait été présentée, et nomma commissaires à cet effet Trémergat et Blondeau. Sur le rapport verbal de ceux-ci, l'Académie décida que la carte n'étant pas approuvée, on manderait à l'auteur d'avoir à en retirer les exemplaires. Par une lettre en date du 23 mai, Bellin s'excusa sur la multiplicité de ses occupations de n'avoir point fait les corrections indiquées ; il protesta de sa bonne volonté, et cita même, en terminant sa Lettre, les deux vers d'Horace :

> *Si quid novisti rectius istis,*
> *Candidus imperti ; si non, his utere mecum.*

Malheureusement la querelle ne tarda pas à se renouveler. Le 24 octobre, le même Trémergat informa l'Académie que Bellin avait pris le titre de membre de l'Académie de marine en tête d'une carte du golfe de Venise, sans l'avoir soumise au préalable au jugement de l'Assemblée, en quoi il avait expressément manqué à l'article 26 du règlement. L'Académie résolut d'écrire à Bellin qu'elle désapprouvait l'irrégularité de ce procédé, et qu'elle ne pouvait se dispenser de s'en plaindre publiquement. En conséquence, elle rendit compte de l'affaire au ministre et chargea La Tullaye, Trémergat et Blondeau de rédiger la lettre à Bellin, ainsi que l'avertissement au public préparé préalablement par Briqueville. Bellin essaya de se justifier par une lettre en date du 25 novembre, dans laquelle il disait être extrêmement sensible aux reproches de l'Académie, que c'était par pure ignorance et faute de n'avoir pas fait assez attention à l'article 26 du règlement ; qu'il avait toujours pensé qu'un auteur est libre de publier ses ouvrages tels qu'ils sortent de sa plume et suivant ses lumières ; que ce serait pour lui un objet de retard et d'une grande dépense s'il lui fallait s'assujettir à envoyer des copies manuscrites à l'Académie avant de faire rien graver et imprimer ; que sa description du golfe de Venise se composait de 50 planches et d'un volume in-4° de discours ; qu'à l'égard de la carte du golfe du Mexique, il en corrigerait avec le temps les erreurs. Il annonçait dans la même lettre deux cartes nouvelles : la première sur la mer de Marmara et le détroit des Dardanelles, l'autre sur la mer Noire et la mer d'Azof. Il terminait en demandant à l'Académie si elle exigeait qu'il fît faire des copies de ce dernier ouvrage avant de mettre sous presse ; que, quelque dépense et quelque retard que cela lui causerait, il se conformerait à sa décision. Il ajoutait enfin, en manière de post-scriptum, qu'il présentait à l'Académie son ouvrage sur le golfe de Venise, en la priant de l'examiner et d'y donner, s'il y avait lieu, son approbation. Par une lettre datée du 13 décembre, la Compagnie lui répondit qu'il n'avait point à se plaindre d'une condition imposée à tous ses membres; qu'elle le laissait entièrement libre de publier ses ouvrages sans les lui communiquer, pourvu qu'il ne prît point en tête de ces mêmes ouvrages le titre de membre de l'Académie de marine. Le ministre approuva en tous points la conduite de l'Académie dans cette circonstance par une lettre en date du 9 décembre.

Nous avons dit, en 1770, qu'à la suite de son voyage sur l'*Heure-du-Berger*, le chevalier de Giron Grenier, enseigne, commandant cette corvette, avait proposé, pour aller de l'île de France à la côte de Coromandel et en Chine, une route qui devait abréger de 300 lieues cette traversée. Il envoya au ministre le mémoire qu'il avait fait imprimer à ce sujet. Terray consulta l'abbé Rochon, qui avait accompagné Grenier dans sa campagne en qualité d'astronome. Rochon prétendit que la route proposée par son chef, bien loin d'être une découverte, était la première connue, tentée et suivie par les Portugais, mais qu'on avait été obligé de l'abandonner à cause de la contrariété des vents et des écueils dont elle est parsemée. Le ministre s'adressa alors à l'Académie de marine qui, dans sa séance du 30 mars, nomma Briqueville et Goimpy commissaires pour examiner le mémoire de Grenier et sa réponse aux objections de Rochon. La lettre de l'abbé au ministre est dans le tome VIII, pages 175-187, avec les annotations de Grenier. Goimpy écrivit, le 8 avril, à Mannevillette, à Rochon et à Monteil, pour avoir quelques éclaircissements au sujet du mémoire Grenier. Nous n'avons trouvé au registre des *Lettres à divers* que celle à Rochon, mais les deux autres doivent être analogues. Mannevillette, dans sa réponse, promit d'envoyer différents journaux pour éclaircir la question. Effectivement, le 16 avril, il envoya, d'Hennebon, un *Extrait d'observations* qui a été inséré à la fin du tome VIII, pages 289-316, et qui n'est pas favorable à l'abbé. Froissé de ce que Rochon avait relevé un assez grand nombre d'erreurs dans son *Neptune*, et se constituant l'auxiliaire de Grenier, il accuse assez volontiers l'abbé de mauvaise foi. Sans entrer dans ces personnalités que l'Académie eut le bon goût de faire retrancher des *Observations* pour ne conserver que les faits, Briqueville et Goimpy s'étaient contentés, à la séance du 11 avril, de rendre compte verbalement des objections principales de Rochon. Mais dans celle du 25, ils lurent leur rapport, duquel il résulte que la mousson ouest au Sud de la Ligne étant un fait prouvé, la route proposée par Grenier est avantageuse; mais que, bien qu'elle soit praticable, puisqu'elle a été suivie par l'amiral anglais Boscawen et par plusieurs autres navigateurs, de la manière dont l'a proposée M. Grenier, il est utile que le ministre fasse reconnaître les bancs de Nazareth et même les parallèles de 5°·à 3° sud, depuis les îles Seychelles jusqu'au delà des îles Candu. L'Académie envoya au ministre ce rapport, qui est dans le tome VIII, pages 189-202. Quelques jours plus tard, 30 avril, Mannevillette envoyait à l'Assemblée une lettre écrite de Kergars, dans laquelle il se félicitait de la conformité de ses sentiments avec ceux de l'Académie. Voir, au registre des *Lettres diverses*, pages 64-66, cette lettre qui est encore un petit mémoire relatif à la question. Enfin, le 10 juillet, Grenier rendit compte à l'Académie de ce qui s'était passé depuis son arrivée à Paris, à propos de son mémoire. Boyne, prévenu en faveur de Rochon, avait voulu que la question fût soumise contradictoirement à l'Académie des sciences. Celle-ci nomma commissaires Bory, Pingré et Le Monnier, dont le jugement concorda pleinement avec celui de l'Académie de marine. Grenier à sa lettre joignait divers extraits certifiés par Pingré, pour prouver que Rochon s'était joué de la confiance de la Compagnie en combattant le travail de Grenier par de fausses citations. La lettre de Grenier et les extraits sont dans le recueil des *Lettres diverses à l'Académie*, pages 78-88.

Le 6 juin, Blondeau lut et remporta un mémoire sur les imperfections du *Petit Flambeau de la mer*, désigné vulgairement sous le nom de *Petit Bougard*, du nom de l'auteur, lieutenant des vaisseaux du roi. Il désirait que cet ouvrage fût corrigé, ou que les maîtres des bâtiments marchands et des barques se servissent de préférence du *Neptune français*. Le 22 août, il revint à la charge en donnant le détail d'un grand nombre d'erreurs graves contenues dans cet atlas, et demanda à l'Académie d'être chargé par elle d'écrire aux professeurs d'hydrographie des différents ports pour pouvoir rassembler le plus de détails possibles sur les côtes de France, et tâcher de procurer une édition moins imparfaite de cet ouvrage, qui exposait journellement les navigateurs. L'Académie, qui avait repoussé naguère son mémoire sur les longitudes et qui venait, ce jour-là même, d'en faire autant pour son travail de 1769 sur les desséchements, loua son zèle et dit qu'elle voyait avec plaisir ce témoignage de l'exactitude avec laquelle il remplissait ses fonctions de professeur, et l'autorisa à se servir de son nom pour se procurer toutes les correspondances qui pourraient lui être utiles.

Le 11 juillet, on lut une lettre de Mannevillette, datée de Kergars le 6, dans laquelle il appelait l'attention de l'Académie sur la nécessité de faire supprimer sur tous les vaisseaux l'usage du renard [1], par lequel les pilotes préposés à la route réduisaient également un sillage inégal de demi-heure en demi-heure, et marquaient à chaque quart une route fort différente de la route effective. Dans cette même lettre, il expliquait sa façon de penser sur l'usage du *Nautical almanac* et vantait le soin comme l'exactitude de l'observation anglaise. Il ajoutait en note que l'Académie devrait réclamer les papiers de l'astronome de la marine Véron, qui avait fait les voyages de Bougainville et de Trémigon, et qui était mort à l'Ile de France, papiers dont M. Le Gentil de la Galaisière [2] s'était emparé, et qui contenaient des observations importantes relatives à la navigation. La Compagnie décida d'écrire à ce sujet au ministre, et celui-ci répondit en disant qu'il donnerait des ordres pour que ces papiers fussent remis à l'Académie.

Le 18 juillet, on lut un *Mémoire* de Mannevillette *sur les corrections et additions à la carte réduite de l'Océan oriental, touchant l'archipel du Nord et du Nord-Est de Madagascar jusqu'à la ligne équinoxiale.* Briqueville et Goimpy furent nommés commissaires pour l'examen de cet ouvrage. Leur rapport est du 16 août. Les positions données par l'auteur ayant paru exactes, l'Académie crut devoir donner son approbation à ce travail dans les termes suivants : « L'Académie a jugé que les corrections que M. d'Après propose étant fondées sur des relations et journaux qui paraissent exacts et sur des observations astronomiques réunissant enfin les diverses combinaisons hydrographiques, cette carte mérite d'être donnée au public et répond à la réputation de son auteur. » Le mémoire de Mannevillette, inséré d'abord dans le tome IX, pages 1-27, fut ensuite imprimé dans le volume des *Mémoires de l'Académie de marine*, pages 241-256. Le rapport Briqueville et

---

[1] Le renard, dit l'*Encyclopédie méthodique*, partie Marine, est un morceau de planche coupé en rond avec un petit manche. On y figure les 32 aires de vent de la boussole. Sur chaque aire sont percés 8 petits trous pour représenter les 8 demi-heures marquées par 8 ampoulettes ou horloges de sable qui forment la durée du quart à bord des vaisseaux. A chaque demi-heure, le timonier met une cheville sur l'aire de vent suivant laquelle il a gouverné, et le renard, ainsi marqué de 8 chevilles, sert au pilote, à la fin de chaque quart, pour écrire la route que le vaisseau a faite et la calculer, ayant égard à la dérive et à la variation de l'aiguille. Cette pratique, ajoute Vial du Clairbois, est surtout fort utile par des vents mous et variables et ceux contraires à la droite route du vaisseau, dont on cherche continuellement à se rapprocher à mesure que le vent le permet. Elle sert également lorsqu'on louvoye à petites bordées.

[2] Véron, du Collège de France, donna le premier, dit Lalande dans son *Histoire abrégée de l'astronomie*, l'exemple de l'observation des longitudes en mer par le moyen de la lune, méthode qui commença une révolution dans la marine française. Quant à Guillaume-Hyacinthe-Joseph-Jean-Baptiste Le Gentil de la Galaisière, nous en avons parlé en 1769.

Goimpy est dans le tome IX, pages 68-75. Quelque temps après, Mannevillette écrivit une lettre à Goimpy, au sujet de l'addition d'une petite île de la Providence, avec l'écueil qui se prolonge 9 à 10 lieues au Sud, sur lequel s'était perdu l'*Heureux*, capitaine Cambis, et l'Académie trouva que cette addition était nécessaire. Enfin, le 19 décembre, on lut encore, du même auteur, des *Observations faites à Foulepointe, situé à la partie orientale de Madagascar, en l'année* 1757. Fortin. nommé commissaire, fit un rapport entièrement approbatif, en conséquence duquel l'Académie décida l'impression de ce second mémoire, qui a été inséré à la suite du premier dans le volume des *Mémoires de l'Académie de marine*, pages 257-264. On peut le trouver également, mais manuscrit, dans le tome IX, pages 101-110 ; et le rapport de Fortin est dans le même volume, pages 117-118.

VII. MANŒUVRE. — Voici quels furent les principaux travaux de l'année 1771, relatifs à la manœuvre des vaisseaux :

Le 21 février, Marguerie lut et remporta une démonstration sur le roulis. Malheureusement nous n'avons pas trouvé ce travail.

Le 23 mai, Duval Le Roy lut un mémoire sur la force de l'homme, intitulé *Réflexions sur un principe de Lahire*. L'auteur y combattait l'idée du savant mathématicien de l'Académie des sciences que la force de l'homme consiste dans le poids qu'il emploie et que la force des muscles ne sert qu'à lui donner de la vitesse. Ce travail rappelait les mémoires de Roquefeuil de 1753 et de 1769 et celui de Thiersanville de 1754 sur la force de l'homme employée au cabestan. Briqueville, chargé du compte rendu de ce mémoire, défendit Lahire qui, dans son mémoire de 1699, n'a appliqué son opinion qu'à l'action de lever, porter et tirer, et non à celle de virer au cabestan. La conclusion du rapporteur est que : « M. Le Roy s'est beaucoup avancé, et si M. Lahire pouvait deffendre ce qu'il a dit, il aurait beaucoup d'avantage. » Le mémoire de Duval Le Roy est dans le tome VIII, pages 214-218 ; le rapport de Briqueville, dans le même volume, pages 276-280.

Le 31 mai, Thévenard lut un important *Mémoire sur l'utilité des phares*. L'auteur y rappelle les modèles célèbres des phares de l'antiquité et du moyen âge ; il mentionne les principaux feux établis en divers pays, et propose un système général d'éclairage des côtes de France. Il en veut 9 dans la Manche, 7 entre Ouessant et Ré, 2 dans le reste du golfe de Gascogne, 3 en Provence. Il détermine enfin la forme des tours, l'établissement du fanal sur leur sommet et l'estimation de la dépense et de l'entretien, avec le moyen de subvenir à cette dépense. Ce travail, qui fut relu à l'assemblée du 8 août, a été inséré dans le tome IX, pages 28-67 [1]; mais nous n'avons pas vu que l'Académie ait nommé des commissaires pour l'examiner. A cette époque, on éclairait encore les phares par des feux de bois ou de charbon de terre, et Thévenard nous apprend dans son mémoire que la tonne de charbon anglais coûtait 110 livres et jusqu'à 200 en temps de guerre. Dans le *Dictionnaire encyclopédique*, partie Marine, il est dit que les phares, avec beaucoup d'utilité, ont aussi des inconvénients, et l'auteur de l'article cite à l'appui un mémoire adressé à un ancien maire de Dieppe, nommé Le Moyne, par les mariniers et pêcheurs de Dieppe et du faubourg du Pollet. Ce mémoire est suivi d'un ravail du même Le Moyne sur un moyen aussi utile qu'infaillible de donner aux phares et aux feux particuliers à l'entrée des ports un caractère distinctif. Ce moyen consistait en une machine destinée à produire des éclipses, dont la durée variable, suivant les phares, n'aurait pas permis de les confondre. Mais cette machine n'était pas praticable avec les feux de bois ou de charbon; aussi l'inventeur proposait-il les réverbères déjà établis en plusieurs endroits par le sieur Sangrin. A la fin de l'article, il est dit que cette machine n'était pas encore mise à exécution en 1785.

Le même Thévenard lut le 27 juin et relut également le 8 août un *Mémoire sur le calcul raisonné de la force d'un appareil pour tirer un vaisseau à terre*. Ce travail, inséré dans le tome VIII, pages 254-275, a été plus tard imprimé dans le volume des *Mémoires de l'Académie*, pages 364-380, puis publié par l'auteur dans ses *Mémoires relatifs à la marine*. Dans la commission de 1771, Baracé l'avait condamné comme peu théorique et peu précis dans les calculs; mais l'avis de Blondeau, qui l'emporta, fut qu'il méritait l'impression.

Le 16 août, on lut un *Mémoire* d'un sous-commissaire nommé Tirot, *sur le commétage*. L'auteur y proposait de substituer aux poids du carré dont on se servait dans les corderies une corde de retenue servant de modérateur à la marche du carré. Ce travail est dans le

---

[1] Pendant la Révolution, l'auteur remania ce mémoire et y mêla des notes archéologiques. Ainsi modifié, le travail de Thévenard sur les phares parut dans le tome III des *Mémoires relatifs à la marine*, sous le titre : *Sur les Phares anciens et modernes*. A cette dernière époque, il y avait 26 phares existant en France, et Thévenard en voulait 18 nouveaux. Il reproduit en terminant les instructions du sieur Tourtille-Sangrin sur le service de la tour de Cordouan. L'ouvrage est accompagné de 10 planches qui reproduisent 32 figures de phares.

tome Iᵉʳ des *Mémoires de correspondants*, pages 27-33. Le rapport de Thévenard et du sous-commissaire Le Roy, qui est à la suite, pages 33-38, fut approbatif. Les commissaires proposaient seulement quelques corrections légères, mais essentielles. En conséquence, l'Académie jugea, le 29 août, « que la machine de M. Tirot avait l'avantage de commettre plus uniformément les cordages dans toute leur longueur que par la méthode ordinaire ». Elle approuva en même temps les corrections proposées par les rapporteurs, et pensa qu'il serait avantageux que l'inventeur obtînt la permission d'en faire des expériences en grand dans les ports. Il n'est pas question de l'invention de Tirot dans l'article *commettre* de Duhamel du Monceau, qui ne contient pas moins de 136 colonnes du *Dictionnaire encyclopédique*, partie Marine, ni dans le *Mémoire sur les cordages dans les vaisseaux*, qui occupe près de 100 pages des *Mémoires* de Thévenard relatifs à la marine.

Le 17 octobre, Trémergat lut une *Démonstration d'une règle générale d'évolutions*. Elle est dans le tome IX, pages 98-100. Il s'agit de déterminer, lorsque des bâtiments sont placés sur une même ligne à égale distance les uns des autres, la quantité dont chacun d'eux doit arriver pour que, l'armée se rendant à une autre ligne, ils soient sur celle-ci à la même distance les uns des autres qu'ils étaient précédemment. Le Père Hoste, Morogues, Bourdé de Villehuet avaient donné les règles, l'auteur en donne la démonstration.

Le 24 du même mois, Trémergat et Rosnevet furent nommés pour faire des expériences tendant à déterminer la meilleure forme à donner aux porte-voix. Nous avons vu que Crozet, le maître de mathématiques de Rochefort, était occupé de cette question en 1753. Il est dit à ce sujet, dans le *Dictionnaire de l'encyclopédie méthodique*, partie Marine : « On ignore encore (1785) la figure qu'il conviendrait de donner à cet instrument. »

VIII. MATHÉMATIQUES. — Le 17 janvier, Marguerie lut un supplément à son *Mémoire sur la résistance des fluides*. Nous n'en avons pas trouvé trace dans les volumes manuscrits des *Mémoires*. Son travail manuscrit et celui qui a été imprimé sont identiques. Le 21 mars, le même Marguerie lut et remporta un *Mémoire sur la manière de trouver les centres de gravité*. Il a été sans doute perdu comme tant d'autres travaux de cet officier.

Le 31 mai, Duval Le Roy, marchant sur les traces de Marguerie, lut un important travail intitulé : *De quelques équations différentielles du premier ordre à deux variables qui peuvent être rendues intégrables en les multipliant par des facteurs de forme donnée.* Ce travail, qui a été inséré au tome VIII, pages 227-240, était la continuation de celui d'Euler sur la même matière. Goimpy y trouva quelques erreurs. Blondeau et Fortin, nommés commissaires pour en décider, lurent leur rapport le 18 juillet. Blondeau y dit que Fortin, qui s'est chargé de vérifier les calculs, n'a trouvé aucune erreur, si ce n'est quelques inadvertances de copiste, et que ce travail est digne de l'impression dans les mémoires de quelque académie que ce soit. En marge de cette assertion formelle, nous lisons l'annotation significative de Goimpy : « Comme étant secrétaire, je laisse passer et copier toute cette tirade de M. Blondeau. » Le mémoire a été effectivement imprimé dans le volume de l'Académie, où il se trouve, pages 305-313.

Le 6 juin, ce fut au tour de Goimpy de lire un *Mémoire sur les forces centripètes.* Tout le monde sait, disait-il, que Newton a traité de plusieurs cas de ces forces. J'ai considéré principalement quelques spirales des degrés supérieurs à celui de la spirale équiangle. Fortin ayant assuré à Goimpy que John Keill s'était occupé de ces matières, le secrétaire retira son mémoire. A la séance suivante, il déclara qu'il n'avait rien trouvé dans le docteur anglais qui eût rapport au genre de spirales qu'il traitait, mais que néanmoins il ne croyait pas devoir encore remettre son travail à l'Académie.

IX. ARCHITECTURE NAVALE. — L'intendant de Rhuys, pendant qu'il administrait le port de Rochefort, avait songé à faire des couvertures pour les vaisseaux. Clairain-Deslauriers, chargé de les exécuter, adressa à ce sujet à l'Académie, qui le lui avait demandé l'année précédente, un mémoire sur la manière dont était faite cette couverture au port de Rochefort. Ce travail, à la date du 20 mai 1770, fut retardé dans les bureaux et ne put être lu qu'à la séance du 10 janvier 1771. Il est dans le tome VIII, pages 125-137, sous le titre : *Mémoire concernant l'établissement des couvertures sur les vaisseaux.* L'auteur y rapportait les différents projets pour conserver les vaisseaux, détaillait la façon dont il avait exécuté ses couvertures et proposait d'adresser à l'Académie un état de ce que la première avait coûté. Celle-ci le pria d'envoyer cet état, qui fut transcrit à la suite de son mémoire, pages 137-141, avec les dimensions de cette couverture, la liste des bâtiments radoubés et une nomenclature des noms différents donnés aux mêmes pièces de construction dans les ports de Rochefort et de Brest.

Le mémoire de Clairain-Deslauriers a été annoté en marge : « Mérite attention, a été jugé digne de l'impression. »

Quelques jours plus tard, 18 janvier, le ministre intérimaire Terray envoya à l'Académie un mémoire dans lequel le sieur Lemaire, capitaine du navire le *Maréchal-de-Richelieu*, alors à Brest, lui avait proposé de faire construire un vaisseau dont, en cas de guerre, il se promettait les plus grands avantages pour la facilité qu'il lui donnerait d'aborder l'ennemi. C'était un bâtiment de l'échantillon d'un vaisseau de 74, plein de bois depuis 8 pieds au-dessous de la ligne d'eau jusqu'à la hauteur de son second pont; point de sabords à l'entrepont; l'étrave droite, sans élancement, sans gorgère ni figure, le beaupré à pic, sans civadière; une rentrée à ses allonges de revers de 3 pieds seulement; les extrémités où se trouve le plat-bord à plomb avec les préceintes; l'entrepont moins haut que ceux des vaisseaux de 74, celui-ci ne devant porter que 12 canons de 24 livres de balles et 2 de 12 livres. Avec un pareil bâtiment, l'inventeur se faisait fort de se rendre maître de toutes les frégates et corsaires qu'il chasserait. Le ministre n'en paraissait nullement persuadé, car il disait à l'Académie de ne pas se donner la peine d'examiner en lui-même un projet qui ne méritait pas la moindre attention (le mémoire est à la suite de la lettre ministérielle, pages 10-14); mais comme le sieur Lemaire prétendait que la rentrée des vaisseaux était un obstacle à l'abordage, et que d'habiles marins pensaient que cela pouvait être vrai jusqu'à un certain point, il priait l'Académie de lui donner son avis sur un objet qui tient à la théorie et à la pratique. A la séance du 24 janvier, Goimpy lut un projet de réponse portant que la rentrée n'est nullement un obstacle à l'abordage. Ce projet ayant été désapprouvé, l'Académie délibéra de traiter de la rentrée sous ses différents points de vue, et nomma à ce sujet pour commissaire Petit, Baracé et Trémergat. Le 14 février, ces trois rapporteurs lurent chacun un travail sur l'utilité de la rentrée. L'Académie les pria alors d'en rapporter un résumé à la séance suivante, ce qui eut lieu, et le rapport fut inséré au tome VIII, pages 160-166. « A moins que la rentrée ne soit excessive, disent-ils, elle n'apporte que peu d'obstacles à l'abordage. » Les commissaires indiquent dans quelles limites on doit renfermer la rentrée, relativement au service des canons et à l'influence qu'elle peut avoir sur les qualités des bâtiments. Goimpy objecta qu'il lui semblait que ce mémoire ne remplissait pas les vues de l'Académie, qui avait arrêté de considérer la rentrée tant du côté de la théorie que de celui de la pratique. L'Assemblée ne fut pas de cet avis. Goimpy ajouta qu'il aurait même des observations à faire sur ce mémoire quant à l'exactitude, et prétendit qu'on ne pouvait dire que la saillie du gaillard d'avant favorise l'abordage, parce qu'on ne doit compter que l'ouverture du gaillard d'avant; qu'il n'y a pas de saillie proprement dite, la saillie et la rentrée devant se prendre relativement au fort, et qu'il était indifférent pour faciliter l'abordage que le vaisseau rentrât beaucoup au deuxième pont. Les commissaires persistèrent dans leur opinion, et l'Assemblée se rangea de leur côté. Voici la lettre au ministre, en date du 8 mars, qui résume le jugement de l'Académie sur cette matière : « L'Académie royale de marine a l'honneur de vous adresser le mémoire ci-joint. Comme elle a reconnu par la comparaison du vaisseau le *Lys* que commandait M. Duguay-Trouin, avec ceux de la construction actuelle, que la rentrée telle qu'elle est dans les vaisseaux n'est pas un obstacle à l'abordage, la difficulté qu'elle peut occasionner étant encore diminuée dans les frégates, puisque les plus grandes n'ont guère plus de 3 pieds de rentrée pendant que les vaisseaux en ont près de 5, les académiciens nommés pour rédiger les sentiments de l'Académie ont cru qu'il était inutile d'en parler. — Mais, Monseigneur, quoique l'Académie pense unanimement que la rentrée n'est pas un obstacle à l'abordage, ce n'est pas qu'elle ne pense qu'il ne peut y en avoir de considérables dans quelques-unes des dispositions de la construction actuelle, telles que sa grande longueur et le peu de hauteur des œuvres mortes. — L'examen que l'Académie se proposait de faire de tout ce qui a rapport à la rentrée a retardé sa réponse ; mais comme cet examen de la rentrée et de ses effets dans une mer agitée eût entraîné des discusssions et même des incertitudes, elle a cru devoir se borner à établir ce qu'elle regarde comme des règles générales de construction. Elle est convenue que la rentrée ne doit commencer au moins sensiblement au-dessous de la première batterie que vers le terme de la plus grande inclinaison pour conserver aux vaisseaux l'usage de leur première batterie le plus qu'il est possible. — Comme le service de l'artillerie ne doit jamais être perdu de vue, elle pense aussi que les constructeurs doivent conduire la rentrée en sorte que l'artillerie du deuxième pont des vaisseaux et du pont des frégates soit manœuvrée avec facilité en conservant les mâts de hune de rechange sur le pont. » Dans sa réponse, en date du

20 mars, le ministre écrivit que le résultat des réflexions de l'Académie lui ayant paru très-satisfaisant, il en ferait usage [1], et qu'il sentait tout le prix des solutions qu'elle était en état de donner dans des questions aussi intéressantes que celle dont il s'agissait. On peut rapprocher ce débat de l'opinion de Thévenard dans le troisième volume de ses *Mémoires* (*Observations sur le raccourcissement des canons de fer de la marine*), et de la polémique entre Gicquel des Touches et Pontophile (Tupinier), tome VIII, X et XII des *Annales maritimes et coloniales*.

Dans la même séance du 14 février, Goimpy avait remis à l'Académie un imprimé sur le *camourlot*, espèce d'enduit dont on s'était servi plusieurs fois pour la carène des vaisseaux. Ce mot ne se trouve pas dans le *Dictionnaire encyclopédique*, partie Marine.

X. ARTILLERIE. — Deux travaux seulement furent présentés.

Le 16 août, Thévenard lut sur la fonte des canons un mémoire intitulé : *Observations sur les canons de fer*. Ce travail a été enregistré au tome IX, pages 76-98 ; mais il n'y eut pas de commissaires nommés pour l'examiner. L'auteur l'a inséré dans le 3ᵉ volume de ses *Mémoires* sur la marine, sous le titre : *Sur les causes qui ont fait crever des canons de fer forés comme crevaient ceux fondus à noyau*, avec une lettre approbative d'un officier supérieur d'artillerie, nommé Dangenoust.

Le 24 octobre, Briqueville remit à l'Assemblée un paquet de Verdun de la Crenne, alors en mer, contenant une copie des expériences qu'il avait faites pour connaître la quantité verticale dont les boulets descendent au-dessous du prolongement de l'âme à une distance donnée. Cette pièce, de 19 pages in-f°, dont 17 en tableaux et qui complétait son travail de l'année précédente, fut insérée, à la date du 25 novembre 1773, dans le tome X, pages 191-208.

XI. MÉDECINE. — Une seule question de médecine occupa l'Académie en 1771, celle du nouveau régime végétal que Poissonnier-Desperrière avait proposé au ministre d'introduire sur les vaisseaux, en vue de prévenir une partie des maladies qu'on y contracte, et principalement le scorbut occasionné par des aliments qu'on avait coutume de donner aux équipages. Comme il avait été ordonné qu'on ferait l'essai de sa

---

[1] La commission de 1771 fut plus sévère. Baracé, dans son rapport, dit que le travail de Petit, Baracé et Trémergat ne peut être imprimé sous la forme où il est sans la permission expresse du ministre, et qu'il laisse d'ailleurs trop de vague sur cette question compliquée et peut-être insoluble pour occuper une place dans des mémoires académiques.

méthode sur la *Belle-Poule*, commandant d'Orves, qui allait au cap Français, le chevalier de la Coudraye, embarqué sur cette frégate, lut à l'Académie, à son retour le 21 novembre, un mémoire qui n'a pas été enregistré, et où il rapportait des faits peu favorables à ce nouveau genre d'alimentation dont la base était le riz [1]. Il attribuait à ce régime les fièvres qui avaient régné dans l'équipage et l'espèce d'anémie où il s'était lui-même trouvé. Comme le chirurgien de la frégate, Métier, en avait au contraire fait l'apologie, l'Académie, consultée, nomma le vicomte de Roquefeuil, Courcelles et Briqueville, commissaires pour élucider cette question. A la séance suivante, 28 novembre, le chirurgien Herlin communiqua à l'Assemblée ses observations au sujet de ce régime végétal. Le 5 décembre, les commissaires lurent leur rapport, et La Coudraye de son côté fit, 5 et 12 décembre, des observations au sujet du mémoire d'Herlin ou plutôt sur le journal de Métier. Le 12 décembre, sur la demande de Briqueville, il fut décidé que l'on communiquerait au chirurgien de la *Belle-Poule* les observations de La Coudraye. Le 19, Briqueville lut ses observations sur les deux mémoires de La Coudraye. La question sera reprise en 1772.

Dons d'ouvrages. — Voici la liste des principaux ouvrages offerts à l'Académie en 1771 :

Séance du 21 mars, don par Kerguelen de sa *Relation d'un voyage dans la mer du Nord, aux côtes d'Islande, du Groënland, de Ferro, de Schettland, des Orcades et de Norwége, fait en 1767 et 1768* (pl.). Paris, Prault, 1771, in-4°;

10 mai : Bellin donne sa *Carte des Falkland* et une *Carte pour passer de la Manche dans la Méditerranée sans être obligé de changer de carte*;

23 mai : Duhamel du Monceau donne la troisième section de son *Traité des pêches*;

20 juin : Bougainville donne le *Voyage autour du monde par la*

---

[1] État des vivres ordonnés par la Cour pour la nourriture de l'équipage de la frégate la *Belle-Poule* : Dimanche et jeudi, à dîner, trois onces de lard cuit avec quatre onces de riz pour chaque homme. Lundi et vendredi, à dîner, cinq onces de riz pour chaque homme, assaisonné avec une demi-once de sucre et un peu de gingembre. Mardi, mercredi et samedi, à dîner, six onces de lentilles ou de fèves blanches ou de pois alternativement assaisonnés avec du sel, une demi-once d'huile pour chaque homme et des oignons confits au vinaigre. Les soupers seront composés comme à l'ordinaire, avec cette différence qu'au lieu d'huile, on donnera, pour assaisonner la soupe, une once d'oseille préparée au beurre. Dans les cas où l'on ne pourra pas donner la soupe à l'équipage, on y substituera la ration de bon fromage ou deux onces de miel.

frégate du Roi la Boudeuse *et la flûte l'*Étoile, etc. Paris, 1771, in-4° (pl.);

7 novembre : L'abbé Dicquemare, de l'Académie des sciences de Rouen, résidant au Havre, donne : 1° *La Connaissance de l'astronomie rendue aisée* (Paris, 1771, in-8° avec 26 planches, 2ᵉ édition [1], 158 pages); 2° *Description du cosmoplane inventé et construit par M. l'abbé Dicquemare, professeur de physique expérimentale au Havre-de-Grâce, dédiée à M. l'abbé Nollet.* Paris, 1769, Desnos, in-8°, 40 pages. Les éléments de l'abbé Dicquemare sont, dit Lalande dans sa *Bibliographie astronomique*, un abrégé court, mais intéressant, de ce qu'il y a de plus curieux en astronomie, mais sans démonstrations. Quant au cosmoplane, c'est un instrument de géographie et de cosmographie, composé de deux plaques, dont l'une tourne concentriquement dans l'autre, qui a vingt pouces de diamètre. Cette dernière offre, à sa partie supérieure, une portion de cercle d'environ 50°, sur laquelle est marquée la déclinaison du soleil ; au-dessous est un demi-cercle où sont marqués les climats, les zones et les durées des jours. L'Académie, en retour, lui donna des lettres de correspondance ;

21 novembre : Mannevillette donna quinze exemplaires de sa *Carte réduite de l'Océan oriental*, pour être distribués par Briqueville, comme il l'entendrait, entre les différents membres de l'Académie ;

5 décembre : Bellin donna sa *Carte du golfe de Venise*, avec un volume in-4° de discours relatifs à cette carte. — Blondel, architecte du roi au vieux Louvre, une *Dissertation ayant pour objet de joindre à l'étude de l'architecture la connaissance des beaux-arts qui y sont relatifs*. Déjà, en 1754, l'auteur avait envoyé à l'Académie un discours analogue. Choquet de Lindu, à qui était adressée la lettre de Blondel, fut chargé de le remercier au nom de l'Académie.

Achats de livres. — A la séance du 7 février, l'Académie délibéra de faire venir le nouveau *Dictionnaire de marine de Falkoner*, traduit de l'anglais, et de tâcher de s'en procurer l'original.

Le 10 mai, on résolut d'écrire à Lalande pour le prier de faire venir le *Nautical almanac*, surtout celui de 1767, le premier paru. Comme l'Assemblée jugeait important que cet ouvrage fût traduit, elle priait l'Académie des sciences et Lalande en particulier de s'en vouloir bien

---

[1] En 1769, l'auteur avait déjà publié l'*Idée générale de l'astronomie, ouvrage à la portée de tout le monde*, in-8° avec 24 planches.

charger, sinon l'Académie de marine s'occuperait elle-même de cette traduction et de l'impression. Lalande répondit que depuis longtemps il désirait, comme l'Académie, mettre dans la *Connaissance des Temps* tout ce que le *Nautical almanac* contenait d'important pour la marine ; que la seule raison qui l'en avait empêché jusque-là, c'était le retard de la publication anglaise ; mais que l'éditeur l'ayant assuré qu'on allait y remédier, il espérait, pour 1774, remplir les intentions de l'Académie et exécuter son projet. Cette question sera reprise en 1772.

Le 17 juillet, on acheta le *Traité de manœuvre de Bouguer*.

Le 29 août, après avoir remercié Lalande de son envoi du *Nautical almanac*, on proposa de faire venir les diverses tables relatives aux déterminations des longitudes imprimées sous la permission du Bureau des longitudes, et on résolut de souscrire au *Journal des savants*.

Question du prêt des livres et instruments. — A la séance du 21 février, le secrétaire Goimpy ayant représenté que le règlement ne lui permettait pas de délivrer des livres sur les reçus des académiciens sans y être autorisé, la Compagnie, pour encourager le travail de ses membres, adopta un projet de règlement pour le prêt des livres et instruments. C'était, à peu de chose près, le même que celui qui est adopté pour la bibliothèque actuelle du port de Brest, dont la bibliothèque de l'Académie de marine a formé le noyau. Les académiciens devaient donner un reçu, ne pas garder les livres pendant plus de trois mois consécutifs, et étaient tenus de les rapporter soit à la réquisition du secrétaire, soit avant leur départ de Brest. Les machines, instruments et cartes ne pouvaient être prêtés sans une délibération particulière, laquelle devait fixer l'époque de la remise desdits objets. Le secrétaire s'absentant de Brest était tenu de faire une vérification du matériel en présence du sous-secrétaire, qui alors seulement en était chargé. Le secrétaire sortant de charge devait livrer tous les ans, à la première séance, l'état des dépenses faites pendant son exercice. Tel fut le projet primitif ; mais dans le règlement définitivement adopté, il fut défendu, par l'article 7, d'emporter aucun livre, sous quelque prétexte que ce fût. C'est que la bibliothèque venait d'être rendue accessible à d'autres qu'aux académiciens.

La bibliothèque ouverte aux différents corps de la marine. — En effet, le 1ᵉʳ août, Briqueville proposa de demander au ministre de rendre la bibliothèque publique pour les différents corps de la marine. Cette proposition fut agréée par le consentement unanime de l'Assemblée. Il fut décidé, en conséquence, que dans le projet de règlement on tâcherait de concilier les prérogatives de l'Académie et l'avantage du corps de la marine. A la séance suivante, 8 août, Briqueville lut le projet, qui est enregistré au registre des règlements, pages 64-66. L'Assemblée commença par le communiquer au comte de Roquefeuil et à Rhuys-Embito, c'est-à-dire au commandant de la marine et à l'intendant, et ceux-ci l'ayant approuvé, elle décida, le 16 août, de l'envoyer au ministre, dont l'approbation est datée du 8 septembre. Boyne, de son côté, décida que les appointements donnés au bibliothécaire seraient pris sur les fonds de l'Académie. Celle-ci prit pour garde-bibliothécaire un nommé Vincent[1], dont les appointements, d'abord de 800 livres, furent portés plus tard à 1,200. L'ouverture de la bibliothèque eut lieu le 14 octobre. L'entrée en était accordée aux officiers militaires et de l'administration, aux ingénieurs-constructeurs et des bâtiments de la marine, ainsi qu'à ses médecins et chirurgiens entretenus, les lundi, mercredi et samedi de chaque semaine, depuis deux heures jusqu'à quatre de l'équinoxe de septembre à celui de mars, jusqu'à cinq pendant les six mois de printemps et d'été.

Affaire de l'impression d'un volume de mémoires. — Toute l'année 1771 fut employée à la grande question de l'impression d'un volume de mémoires, sans que rien fût décidé. Le 21 février, Goimpy lut une lettre de Forbin d'Oppède demandant que son mémoire sur la mâture ne fût pas imprimé. Cette lettre, étant particulière à Goimpy, ne fut pas enregistrée ; mais nous trouvons dans une autre lettre de d'Arbaud-Jouques, datée d'Aix le 26 janvier, les raisons alléguées par l'auteur. La publicité donnée à son système pourrait le faire adopter aux ennemis de la France, et d'Oppède ne croyait pas devoir contribuer à l'accroissement de leurs connaissances qu'il regardait comme étant pour la plupart inférieures à celles des Français. La même considération obligeait d'Arbaud-Jouques à la même réserve, et à propos de son mémoire sur les dimensions des vaisseaux, il demandait à l'Académie de vouloir bien excepter de la publicité les dernières pages qui présentent quelques réflexions sur ce nouveau système de mâture. L'Académie, sur la de-

---

[1] Devenu, après la suppression de l'Académie, bibliothécaire du port, Vincent a été retraité en 1812.

mande de Forbin d'Oppède, apostilla son mémoire comme ne devant pas être imprimé. Quant à celui de d'Arbaud-Jouques, il y a seulement la note, de la main de Goimpy : « à revoir ».

Le 7 mars, Marguerie ayant demandé de retirer ses mémoires pour les faire imprimer en particulier, l'Assemblée décida que, voulant les conserver pour son volume, elle en commencerait, dès le 12, l'impression, et dans la même séance on convint des conditions de la publication avec l'imprimeur Malassis. Le 14 mars, l'Académie arrêta que chaque académicien dont les mémoires devaient être imprimés en commencerait immédiatement la mise en feuilles afin d'avoir le temps de les revoir.

Le 11 avril, Briqueville proposa d'examiner de nouveau, avant l'impression, les mémoires de Marguerie (il était embarqué depuis le 13 avril sur le vaisseau l'*Actionnaire* commandé par Monteil et destiné pour l'Ile de France). A ce sujet, Goimpy signala quelques erreurs qu'il croyait avoir trouvées dans le *Système du monde*, ainsi que quelques fautes d'algèbre. Son mémoire, intitulé *Observations sur le mémoire de Monsieur de Marguerie intitulé Système du monde*, est dans le tome VIII, pages 241-248. Il faut, ajoutait-il, que le manuscrit, avant de passer à l'impression, soit correct. Duval Le Roy, que Marguerie avait chargé de veiller à l'impression, demanda qu'il fût passé outre, et dit qu'il se chargeait de corriger les erreurs. La Compagnie, se rangeant à son avis, décida que le manuscrit serait imprimé immédiatement. Le 31 mai, Goimpy revint à la charge en faisant au *Système du monde* quelques objections qu'il pria Roquefeuil et Fortin de vouloir bien examiner. Sa demande fut agréée, mais nous n'en connaissons pas le résultat.

Dans une séance précédente, celle du 11 avril, Goimpy et Fortin, sur la proposition de Briqueville, avaient été nommés rédacteurs des *Mémoires* de l'Académie de marine avant son rétablissement. Goimpy, le 2 mai, lut deux mémoires de l'ancienne Académie, ceux de Landré et de Raby des Genets (la mise sur la cale, à Toulon, de l'*Hirondelle* et la description d'un pétard anglais). L'approbation ministérielle pour l'impression étant arrivée le 13 juin[1] ; et, à cette époque, la mise en

---

[1] Voici, dans la lettre du ministre, ce qui se rapporte à l'impression : « Je ne peux qu'approuver la convention que l'Académie a faite pour l'impression d'un volume de 600 à 650 pages de ses *Mémoires* dont elle tirera 100 exemplaires, moyennant 1,200 livres qu'elle paiera des fonds fixés pour les dépenses annuelles de l'Académie ; mais il ne peut pas être question que le Roi en prenne pour son compte. »

pages des mémoires Marguerie étant presque terminée, on délibéra d'examiner les autres mémoires qui pouvaient être susceptibles d'impression. Goimpy lut alors, aux séances du 20 et du 27 juin, une note de tous les ouvrages présentés, et y joignit ses réflexions. Ce travail a été inséré dans le tome VIII, pages 249-254. En voici le résumé :

Il lui a semblé, ainsi qu'à Briqueville, que les mémoires du *comte de Roquefeuil* ne peuvent être mis en délibération jusqu'à son retour, et Goimpy supprime pareillement ceux de ses mémoires qui y sont relatifs. Si pourtant M. de Roquefeuil voulait, dans la suite, faire imprimer ses mémoires sur l'avantage d'avoir quatre pieds et demi de batterie seulement au lieu de cinq et sur la construction de M. Boux ou les lettres de M. Borda, alors on devrait donner quelque place aux mémoires en réponse.

M. *de Courcelles* a donné une instruction sur les secours qu'on doit donner aux noyés et sur la manière de les traiter. Elle fut retirée par l'auteur.

MM. *de Baracé* et *de la Porte* ont donné un mémoire intéressant sur la sensibilité à l'aimant du cuivre jaune. Ce mémoire fut approuvé. M. de Baracé y a joint quelques réflexions sur l'imperfection de nos aiguilles aimantées et une dissertation sur l'Euripe. Tous ces travaux furent retirés.

M. *Deslauriers* a donné plusieurs mémoires. Les uns ont été communiqués par M. de Roquefeuil, l'auteur nous a donné les autres. C'est de ces derniers seulement, dit Goimpy, que nous pourrons entretenir l'Académie. Ont été approuvés le mémoire sur le jaugeage des vaisseaux et celui sur l'établissement des couvertures des bassins de Rochefort. Quant au mémoire sur les flûtes, il ne présente qu'une comparaison peu détaillée des genres de construction de flûtes faites en France depuis ce siècle, et surtout relativement à leurs hauts. Aussi attendons-nous à ce sujet la décision de l'Académie. Elle décida que le mémoire n'était pas à imprimer.

M. *Blondeau* a donné : 1° Observation du passage de Vénus en commun avec M. Le Roy. Il me semble que les détails compris dans le second mémoire sont susceptibles de quelques remarques ; 2° Manière d'enfumer les objectifs. Mais est-il avantageux d'enfumer les objectifs ? L'auteur l'a retiré ; 3° Assèchements des pays qui ont des eaux superflues. M. Blondeau rassemble les eaux dans les terrains les plus bas. Mais ne reviendra-t-il pas de nouvelles eaux ? La communication de ces eaux avec les canaux de navigation et leur écoulement seront-ils faciles? Ne sera-ce pas un écoulement momentané? Ce mémoire ne mériterait-il pas un autre examen? Le manuscrit ne fut pas approuvé, et l'auteur le supprima; 4° Essai sur l'invention de la longitude en mer. L'Académie peut-elle, sans craindre d'inspirer une confiance imprudente, citer les navigations de M. Radouay et du major Holmes? N'eût-il pas fallu au moins des épreuves à terre, et n'est-ce pas trop exactement le mémoire inséré dans le *Mercure* de 1763, sans changement essentiel ni expériences? Il y a deux suppléments : l'un sur la manière d'user deux blocs de marbre, l'autre sur celle de tracer une méridienne. L'essai sur la longitude ne fut pas approuvé, au moins pour la totalité; 5° Remarques sur une expérience de M. de Lahire, rapportée dans les *Mémoires de l'Académie royale des sciences*, année 1692. Ces observations paraissent intéressantes. Effectivement elles furent approuvées.

M. *Fortin* a donné l'Observation du passage de Vénus ; elle est dans un détail satisfaisant. Elle fut approuvée.

M. *Le Roy*, sous-commissaire, a donné un mémoire sur la comparaison des charbons de terre de Montrelais, de Newcastle et de Swansey. Ce mémoire nous paraît être de quelque utilité. Malgré l'annotation de Goimpy, il ne fut pas approuvé. Il a donné aussi un mémoire sur la forme à donner au Dictionnaire. Ce travail, étant une discussion intérieure, ne fut pas désigné à l'impression. Pour la même raison, on écarta le mémoire de M. de Trémergat, en réponse à celui de M. Le Roy, sur la façon de rendre le Dictionnaire de marine le meilleur possible.

M. *de Trémergat* a donné un projet pour instruire les officiers aux observations de longitude. Nous demanderons l'avis de l'Académie sur ce mémoire. Celle-ci décida qu'il n'était pas à imprimer.

M. *Duval Le Roy* a donné : 1° Quelques réflexions sur le principe adopté par M. de Lahire au sujet de la force des hommes, qui est un extrait du rapport fait par M. de Trémergat et lui en 1769; 2° quelques équations différentielles rendues intégrables en les multipliant par des facteurs de forme donnée. Nous pensons qu'il est difficile de statuer sur le premier de ces mémoires, tant parce que c'est un mémoire commun qu'on ne peut s'approprier, que parce qu'il est douteux que M. de Lahire ait dit ou fait entendre la chose sur laquelle il est attaqué.

Quant au second, il nous semble qu'il contient des erreurs graves et qu'il est bon d'attendre le retour de M. Le Roy[1].

M. *de Secval* a donné un mémoire sur des pièces du sieur Feutry, où il rapporte divers faits qui paraissent mériter attention et être intéressants. L'Assemblée ne l'approuva pas tout d'abord pour l'impression, mais elle revint sur sa décision, et il se trouve dans le seul volume des *Mémoires* imprimés *de l'Académie*.

M. *de Verdun* a donné un mémoire sur le pointage des canons. Nous sommes persuadé que son intention est de ne pas le rendre public, et nous croyons que ce doit être la façon de penser sur ce qui a rapport aux armes. L'Assemblée décida, en effet, qu'il ne serait pas publié.

M. *Le Bègue* a lu un mémoire sur les attractions prétendues du suif et de l'aimant. Les expériences qu'il a faites avec M. Blondeau montrent qu'il n'y a d'attraction qu'autant qu'il y a dans les chandelles du fer revivifié provenant de la rouille des chaudières, ou de la couperose qu'on met dans les chandelles moulées. Pas de décision prise par l'Académie relativement à ce travail.

M. *Pingré* a envoyé à l'Académie la détermination de quelques endroits. La Compagnie décida que les explications ne lui paraissaient pas encore suffisantes.

M. *Herlin* a donné à l'Académie un mémoire sur l'habillement du soldat. La poitrine doit être souvent affectée par leur peu d'ampleur et par la manière de porter le havre-sac. Ce travail ne fut pas imprimé.

M. *d'Arbaud-Jouques* a envoyé, sur le rapport que doivent avoir les proportions des vaisseaux, un mémoire qui me paraît exact, dit Goimpy.

Le 4 juillet, Briqueville et Goimpy démontrèrent l'impossibilité où l'on était de continuer l'impression. On comptait sur plusieurs ouvrages qui n'avaient pas été remis. D'autres, au contraire, l'étaient, qu'on ne voulait pas accepter. C'est ainsi que, contrairement à l'avis de plusieurs membres, Blondeau s'étant obstiné à considérer son mémoire de 1769 sur les desséchements comme digne de l'impression, Choquet et Petit furent nommés pour l'examiner de nouveau. Ils conclurent, le 11 juillet, dans leur rapport qui fut enregistré au tome VIII, pages 280-281, dans le sens indiqué par Goimpy. Choquet signa : « Ce mémoire n'a rien de

---

[1] Nous ignorons les motifs de l'absence, en juin 1771, de Duval Le Roy, qui ne quitta le port de Brest pour l'école du Havre qu'en 1773.

commun avec la marine. » Petit ajouta à l'idée de son collègue : « Ni qui offre à l'art des ressources nouvelles à la pratique ni à la théorie. » Pour achever Blondeau, Goimpy lui remit une note des erreurs géométriques qu'il trouvait dans son mémoire. A la séance du 16 août, Blondeau fit des observations sur les rapports, tant de son mémoire sur les desséchements que sur celui de la longitude. Il alla même jusqu'à offrir de couper le premier. Goimpy, sans se laisser toucher, répondit par des observations péremptoires, qu'il offrit du reste de ne pas inscrire si Blondeau voulait retirer sa dernière réponse. Sa proposition fut acceptée et, le 22 août, cette discussion fut ainsi terminée. Goimpy demanda les ordres de l'Académie au sujet du mémoire sur les desséchements. Il la pria de remarquer que, comme le compte de ce travail avait été rendu au ministre, on ne pouvait ni le couper, ni le supprimer des registres ; mais comme il paraissait que M. Blondeau voulait bien le supprimer, et que la suite de ses réponses aux commissaires ne pourrait être qu'une multiplication d'écrits polémiques, il semblait avantageux de supprimer tout ce qui y avait rapport. Ce qui ayant été approuvé par Blondeau et par l'Académie, il fut décidé d'écrire en marge de son mémoire, ainsi que nous l'avons dit précédemment, que vu les fautes qui étaient dans cette copie, l'auteur avait lui-même demandé qu'elle fût considérée comme supprimée. Furent également regardés comme supprimés et apostillés en conséquence les mémoires ou rapports de Choquet et de Petit.

Cette discussion intérieure était à peine résolue qu'il s'en éleva une nouvelle, pareillement relative à la publication du volume des *Mémoires de l'Académie*. Le 12 septembre, Briqueville ayant proposé de prendre un parti pour l'impression, Goimpy fit une seconde lecture des mémoires de la nouvelle Académie pour ceux des membres qui étaient absents lors de la première lecture. Mais son droit ayant été contesté par quelques académiciens, bien qu'il eût été nommé expressément par l'Assemblée et que son rapport ne portât que sur les ouvrages à propos desquels l'Académie avait déjà statué antérieurement, la lecture fut interrompue, et l'on nomma de nouveaux commissaires, savoir : Le Roy, le sous-commissaire, et Thévenard, pour examiner les tomes I et II ; Rosnevet et Briqueville, pour les tomes III et IV ; Trémergat et Fortin, pour les tomes V et VI ; Baracé et Blondeau, pour les tomes VII et VIII. Goimpy, indigné, déclara alors qu'il retirait absolument tous ses mémoires, et ajouta que Borda, de son côté, n'avait pas écrit ses lettres pour l'impression. Le 19 septembre, on rendit compte des quatre premiers volumes. Ce même jour, Blondeau lut un petit mémoire dirigé, dit le compte rendu des séances, contre Borda et Goimpy. Celui-ci déclara que comme Blondeau lui faisait dire des choses qu'il n'avait point dites, il ne pouvait recevoir cet écrit qu'en l'apostillant en marge. La querelle se termine là sur le registre. Le 26 septembre, on rendit compte des volumes V, VI, VII et VIII. Nous avons retrouvé, dans les feuilles volantes, tous ces comptes rendus, sauf celui du tome IV, confié à Rosnevet. En voici le résumé :

Thévenard et Le Roy, chargés de l'examen des volumes manuscrits I et II, n'y trouvèrent à imprimer que les Observations du comte de Roquefeuil en réponse à Clairain-Deslauriers, le Précis de l'observation du passage de Vénus, par Fortin, le Mémoire sur les longitudes de Trémergat et celui sur les étraves droites de Roquefeuil.

Briqueville approuva seulement, dans le tome III, le rapport de Baracé et de La Porte relativement à leurs expériences pour découvrir si le laiton ne peut pas occasionner de la variation dans les boussoles.

Les sept mémoires du tome IV sont ceux de Forbin d'Oppède, sur les proportions de la mâture ; de Sylvabelle, sur les longitudes ; de Marguerie, sur la résolution des équations ; de Goimpy, en faveur des noyés ; d'Herlin, sur l'habillement du soldat ; de d'Arbaud-Jouques, sur les principales dimensions d'un vaisseau ; de Blondeau, sur l'invention de la longitude.

Trémergat et Fortin approuvèrent, dans les tomes V et VI, le mémoire de Secval sur l'artillerie, et les deux études déjà imprimées de Marguerie sur le système du monde et sur l'élimination des inconnues.

Baracé et Blondeau, chargés des tomes VII et VIII, jugèrent dignes de l'impression le mémoire de Marguerie sur les suites, et celui sur la résistance des fluides, déjà imprimés ; celui de Deslauriers, sur le jaugeage des vaisseaux ; le rapport de Rosnevet, Trouillet de Bléré et Blondeau, sur les observations faites par Mannevillette de l'influence de deux boussoles dans le même habitacle ; le mémoire de Blondeau, sur l'aimant, contradictoire avec celui de Lahire ; les observations de Duval Le Roy et de Blondeau sur le passage de Vénus sur le soleil ; enfin le mémoire de Duval Le Roy, sur quelques équations différentielles du premier ordre à deux variables.

Blondeau fit quelques observations particulières relativement à l'impression des pièces de ces deux derniers volumes. Il défendait contre Goimpy son travail, dont l'objet principal était le compas de variation de Gowin-Knight; il formulait quelques critiques contre le mémoire sur le jaugeage; repoussait celui sur les flûtes; demandait l'impression de ses observations météorologiques qu'il se proposait de continuer, celle du mémoire Thévenard, ainsi que des deux lettres de Pingré; enfin était d'avis de supprimer absolument les observations de Goimpy sur le système du monde de Marguerie. Pour tout le reste, il était complétement d'accord avec Baracé.

Le 10 octobre, les Mémoires de l'ancienne Académie furent distribués en quatre portefeuilles. Briqueville et Rosnevet se chargèrent d'examiner le premier: Thévenard et Le Roy, le second; Trémergat, Fortin et Blondeau, le troisième; Courcelles, le quatrième. Le 24 octobre, Trémergat rendit compte du troisième portefeuille; Briqueville, du premier. Nous n'avons pas trouvé mention du second. Quant au quatrième, dont Courcelles rendit compte le 28 novembre, c'est le seul que nous ayons retrouvé dans les feuilles volantes. Courcelles ne trouvait de bon pour l'impression que le mémoire de Choquet sur le bagne de Brest et la description de la cloche à plonger de Vernet, avec les observations de Bigot de Morogues à l'appui. Au surplus, aucun des travaux de l'ancienne Académie n'a été publié dans l'unique volume des *Mémoires de l'Académie royale de marine*.

Le 7 novembre, Briqueville lut et remporta un travail dont l'objet était de faire sentir les dangers auxquels s'exposait l'Académie en imprimant ses *Mémoires*. Blondeau lui répondit par un discours contradictoire concernant les intérêts littéraires de l'assemblée. A la séance suivante, Briqueville répliqua à Blondeau. Le 21 novembre, Trémergat lut un discours pour concilier les différentes opinions relatives à l'impression. Aucun de ces écrits ne nous est resté. L'Académie résolut que l'on ferait un dernier examen des mémoires à imprimer, eu égard à la forme la plus convenable qu'ils doivent avoir pour être livrés à l'impression, et qu'on soumettrait à un examen nouveau ceux sur lesquels les commissaires nommés pour décider de leur sort ne se sont point accordés. Le Bègue, Trémergat et La Coudraye furent nommés pour ce dernier objet. Ils lurent leur rapport à la séance suivante, 28 novembre, et la fin de l'année arriva sans que le volume annoncé eût pu paraître. Mais la question sera décidée en 1772.

Proposition d'un journal de marine. — N'eut pas plus de succès tout d'abord la proposition que fit, le 12 décembre, le comte de Roquefeuil de consigner dans un journal particulier les principaux faits qui ont rapport à la marine. On n'y donna pas suite pour le moment, mais la question sera reprise par Blondeau en 1775.

Boyne, ministre de la marine. — Le 8 avril 1771, Boyne remplaça l'intérimaire abbé Terray. C'est le dernier ministre de la marine sous Louis XV. Fils d'un caissier de la Banque, il s'était enrichi par le système de Law, esprit faux, caractère ardent, dit Malouet dans ses *Mémoires*. Honnête, austère, religieux, inflexible, il passa tout le temps de son ministère, plus important qu'on ne se l'imagine d'ordinaire, à combattre à la fois le grand corps et l'administration. Le 19 avril, l'Académie lui écrivit pour le complimenter. Boyne répondit en assurant l'Assemblée du désir qu'il avait qu'elle le mît à portée de faire valoir son zèle et de lui procurer les grâces de Sa Majesté.

Mouvements. — Les nominations de 1771 furent les suivantes :

Le 11 janvier, correspondance accordée à *Levallois* pour son mémoire sur son invention du silodomètre;

Le 24 janvier, nomination de cinq ordinaires et de huit adjoints, en conséquence du projet de Praslin d'augmenter le nombre des académiciens. Ces nominations furent approuvées le 20 mars par Terray. Les cinq académiciens ordinaires choisis furent : *Monteil, Le Bègue, Charnières, Trémergat* et *Marguerie*, tous adjoints, les quatre premiers de 1769, le dernier de 1770. Les huit adjoints[1] furent : *La Tullaye, Thévenard, Chasteloger, Verdun de la Crenne, Granchain, Trédern de Lézerec, La Coudraye* et *Fleuriot de Langle*. Nous croyons, sans preuve absolue d'ailleurs, que La Tullaye n'est autre, malgré l'infériorité actuelle du titre, que l'académicien ordinaire de 1752, démissionnaire en 1753, alors lieutenant de vaisseau et devenu depuis capitaine de vaisseau et directeur de l'artillerie à Brest. Nous devons dire cependant qu'il y a plusieurs La Tullaye dans Mazas et dans l'arme de l'artillerie. — Thévenard était un Malouin, ancien capitaine de vaisseau de la Compagnie des Indes, attaché à la marine de l'État après la dissolution de cette société, et employé comme capitaine de port à Lorient. En 1772, il fut appelé à servir à Brest. — Chasteloger, fils d'un chef d'escadre mort en 1765, était lieutenant de vaisseau depuis 1762. En 1756, il s'était distingué au combat du *Diadème* contre le *Vanguard*, où il

---

[1] Il n'y eut que trois adjoints en plus au lieu de cinq, parce qu'il y avait deux adjoints surnuméraires de l'année précédente.

avait eu la jambe cassée par un canon crevé à bord. — Nous avons parlé du marquis Verdun de la Crenne à propos du voyage de la *Flore*. — Liberge de Grandchain, de la Normandie, comme Verdun de la Crenne, né en 1744, n'avait cessé de naviguer depuis son entrée dans la marine comme garde en 1757 jusqu'en 1771, époque où il fut embarqué sur la *Flore*. Il était alors enseigne depuis six ans. — Tredern de Lézerec, qui épousa une des filles de Bigot de Morogues, était né à Quimper en 1742. Entré dans la marine en 1756, il avait assisté, sur le *Solitaire*, à la bataille de Quiberon, puis servi sous les ordres du comte de Grasse et pris part à l'attaque de Larrache. Il était lieutenant de vaisseau depuis 1766. — Le chevalier de La Coudraye, né vers 1740 à Fontenay-le-Comte en Poitou, était fils d'un gouverneur de cette ville. Entré au service en 1758, il était enseigne en 1771. — Fleuriot de Langle enfin, né au château de Kerlouet en Bretagne, en 1744, et entré comme garde en 1758, avait été fait enseigne en 1766, et allait être embarqué avec Lapérouse, sur la *Belle-Poule*, pour une campagne à Saint-Domingue.

Le 26 juin, Clugny avait écrit à l'Académie que, ayant conservé, malgré sa mise à la retraite, son titre d'intendant général de la marine et des colonies, il demandait s'il faisait toujours partie de l'Assemblée. Celle-ci lui fit répondre que, attendu qu'il avait été nommé sur la liste arrêtée en 1769 par Praslin, ce ne pouvait être comme intendant, et qu'elle le considérait toujours comme académicien honoraire.

Le 12 septembre, l'académicien adjoint *Rosnevet* fut nommé ordinaire, en remplacement du capitaine de frégate Kéranstret, ordinaire de 1752 et 1769, décédé. Nous n'avons point trouvé de renseignements biographiques sur cet officier, ni aux archives de la marine, ni dans Mazas, qui mentionne seulement sa nomination de chevalier de Saint-Louis. En 1761, *Bougainville* et Carry d'Anières furent proposés par l'Académie pour remplir la place que laissait vacante Rosnevet. Le ministre choisit le commandant de la *Boudeuse*. Bougainville, Parisien, avait d'abord servi dans la guerre du Canada sous Montcalm, et n'était entré dans la marine qu'après la paix de 1763, c'est-à-dire à l'âge de près de quarante ans, mais il se recommandait par son voyage autour du monde et par la publication de son *Traité du calcul intégral*, 1752, 2 vol. in-4°.

Le 7 novembre, des lettres de correspondance furent accordées à l'abbé *Dicquemare*, en retour des deux ouvrages qu'il avait offerts à l'Académie.

A la fin de l'année 1771, le nombre total des académiciens était de 76, savoir : 11 honoraires, 9 associés, 25 ordinaires, 25 adjoints et 6 correspondants.

Le 12 décembre, l'Académie procéda à l'élection de ses officiers pour 1772. Ce furent :

Directeur : La Motte Baracé, en remplacement de Briqueville ;
Vice-directeur : Trémergat, en remplacement de La Motte Baracé ;
Secrétaire : Rosnevet, en remplacement de Goimpy ;
Sous-secrétaire : Duval Le Roy, continué.

XI.

Année 1772.

L'année 1772 ne fut guère moins occupée que les précédentes. En effet, nous n'avons relevé de vacances qu'aux dates du 7 et du 29 mai, du 4, du 19 et du 25 juin, enfin du 25 juillet. Louis XV assistait impassible au partage de la Pologne. Boyne instituait l'escadre d'évolutions, composée de 5 vaisseaux et 12 bâtiments inférieurs, sous les ordres successifs des chefs d'escadre Orvilliers, Du Chaffault et Breugnon, et, conseillé par le constructeur Boux, dont nous avons parlé en 1769 à propos de la construction, rendait son ordonnance bizarre du 18 février, qui divisait le corps royal de la marine en huit régiments, dont les officiers ne pouvaient avancer que par ordre d'ancienneté dans leur régiment, au lieu de suivre l'ordre général du tableau de la marine. A chacun de ces régiments étaient attachés des bâtiments en nombre déterminé et des compagnies d'artillerie. Quant au corps administratif, chaque chef de détail fut placé sous l'inspection d'un officier nommé par le commandant de la marine. Cette ordonnance, imaginée pour prévenir désormais tout sujet de division entre les officiers d'administration et ceux de la marine, déplut aux deux corps, mais principalement à celui de l'épée. A Brest, les officiers de marine refusèrent de revêtir la veste blanche qui, suivant l'ordonnance, devait être l'uniforme de l'infanterie ; et il faut avouer qu'effectivement cette couleur de drap est peu compatible avec le service de la mer. Marguerie composa, au sujet de l'ordonnance, un grand travail embrassant tous les détails du service à la terre et à la mer. Nous n'avons pas trouvé ce manuscrit qui existait en 1847, lorsque P. Levot éditait ses *Essais de biographie maritime*, puisqu'il y dit que cet ouvrage, dont les matériaux disséminés auraient aujourd'hui besoin d'être coordonnés, formerait un volume in-4° de 600 pages. Le comte de Roquefeuil adressa au ministre un mémoire de représentations dont une copie manuscrite est à la bibliothèque du port de Brest. La réclamation principale des officiers porte sur la hiérarchie et sur la dégradation qu'on leur faisait éprouver, puisqu'un chef d'escadre, ayant rang de maréchal de camp, rétrogradait en devenant colonel, et un capitaine de vaisseau, qui a rang de colonel, en redevenant capitaine d'infanterie. Il y est dit en substance :

Que les capitaines de vaisseau sont dans la marine des officiers supérieurs, titre qu'ils doivent non-seulement à leur grade, mais dérivé de la nature du service maritime et de leurs fonctions importantes, qui sont très-fréquemment les mêmes que celles des officiers généraux ;

Que les lieutenants affectés au commandement des frégates et corvettes remplissent alors des missions essentielles, puisque ces bâtiments font la sûreté des escadres, qu'ils préparent, assurent et couronnent souvent le succès des opérations ;

Que le reste de ces lieutenants est avec les enseignes chargé du quart à bord des vaisseaux et autres bâtiments ;

Que toutes ces fonctions étant spéciales, on doit éviter d'en détourner les officiers de marine par d'autres obligations en quelque sorte étrangères ;

Que les Anglais se sont bien gardés, en principe, de mettre des capitaines de vaisseau à la tête des régiments de marine ;

Tout au plus conviendrait-il, pour concilier les vues du ministre avec le service, de donner le commandement des compagnies à quelques lieutenants de vaisseau et à des enseignes, ces derniers ayant pour la plupart 16 ou 18 ans de service. Deux enseignes suffiraient par compagnie;

Quant aux lieutenants de vaisseau, ils doivent être affectés dans l'arsenal aux travaux maritimes, dont les capitaines sont faits pour diriger le détail ;

Les missions lointaines, les accidents, les besoins du service, en un mot, peuvent chaque jour, dans nos armées, nos escadres, nos vaisseaux, forcer à des répartitions qui contrarient l'énoncé du règlement par le. ...el chaque régiment doit être employé sans mélange. D'ailleurs cet énoncé ne peut qu'alimenter une division préjudiciable au bien du service;

L'article 15, si favorable qu'il puisse paraître aux jeunes officiers du corps, en les faisant passer, par le hasard du tableau particulier, avant des officiers d'autres régiments plus expérimentés, renverse l'ordre naturel en faisant de l'avancement un effet des caprices du sort;

Il ne convient pas que des officiers de marine puissent avoir des fonctions inférieures à celles de leur grade;

L'incorporation des gardes de la marine dans les régiments ne peut qu'être pernicieuse. Cette association soldatesque, loin d'élever l'esprit et l'âme, de conférer le ton de décence et de noblesse qui doit distinguer l'officier, agira d'une manière tout opposée. On en fera des officiers; mais il manquera (sic) les vertus, suite naturelle du dépérissement des principes que cette forme semble malheureusement provoquer.

On peut consulter, contradictoirement avec ce mémoire, le chapitre 3 du tome VIII de l'*Espion anglais*, où il y a une appréciation très-originale des réformes de Boyne. L'auteur, sous les noms du commissaire général Ruis, frère de l'intendant, et du major Fautras, y relève vivement les vices de l'organisation maritime de l'époque. Quant au travail de Roquefeuil, assez mal rédigé d'ailleurs et peut-être peu adroit, il se termine par le paragraphe suivant, que nous citons textuellement:

« Le service militaire a des exigences qui proscrivent tel établissement et en nécessitent tel autre. On ne peut en changer l'essence : c'est de son analyse que doivent dériver les lois destinées à lui donner le mouvement et à l'entretenir. Quels regrets ne devons-nous donc pas avoir des faux éclaircissements qui vous ont été donnés! Un ministre dont le génie supérieur donne autant d'espérance méritait qu'on lui présentât le vrai; qu'aidé dans une matière neuve par les lumières des gens sages initiés dans le métier, il les fît concourir aux avantages du service, à sa gloire personnelle, à la satisfaction des militaires zélés et à lui en conférer l'amour et l'estime. »

Une instruction du 14 juin, que nous n'avons pu consulter, car le *Recueil des ordonnances concernant la marine rendues sous le ministère de Boyne*, en grande partie manuscrit, ne se trouve qu'aux

Archives de Paris, précisait nécessairement et commentait l'ordonnance du 18 février. L'Académie y répondit, le 5 octobre, par la lettre suivante, sans signature ni adresse, dont nous reproduisons la teneur :

Monsieur, l'obéissance aux ordres du Roi a été jusqu'à présent la règle de notre conduite, et nous ne nous en écarterons jamais. Mais notre silence, sur ce qui intéresse essentiellement le bien de son service ainsi que notre état, serait blâmable, et nous ne pouvons cesser de réclamer contre tout ce qui peut y être nuisible. Tel est l'objet des observations que nous avons à vous faire.

L'extrait de vos instructions, Monsieur, en annonçant des changements dans quelques articles, laisse subsister dans toute leur force, les articles 3, 15 et 39, dont l'exécution entraîne infailliblement la ruine du corps et celle de la marine. Cette vérité est prouvée dans nos observations adressées à M. de Boyne, sur lesquelles nous vous prions de jeter les yeux.

Nous nous permettrons cependant de rappeler ici une partie des inconvénients qui en résultent. De quelle utilité peut être, par exemple, la division du Corps ? Ce serait mal connaître les hommes que de penser qu'elle fasse jamais naître l'émulation : elle ne produira tout au plus qu'une basse jalousie toujours funeste au succès des opérations militaires.

En obligeant les officiers de s'embarquer par régiments, on assemblera souvent des gens aussi opposés dans leurs principes que dans leurs caractères. La répugnance et le dégoût se mêleront au service. Chacun se bornera à remplir les fonctions de son état ; et l'on sait assez, quand on connaît le service de la mer, qu'en ne faisant que son devoir, on ne fait pas tout ce qu'on peut.

L'emploi de chacun des officiers à la partie du service qui lui est la plus familière fait craindre qu'on n'ait l'intention d'en fixer à terre un certain nombre, qu'on obligerait par là de renoncer au métier de la mer, auquel ils se sont particulièrement destinés. Une telle répartition deviendrait une source d'humiliations, de jalousies, de divisions et d'injustices. La plupart de ces officiers n'ont jamais servi sous les ordres de leurs chefs actuels, et, quelles que soient les lumières de ces chefs, il leur sera bien difficile de fixer exactement le degré de connaissances et l'aptitude de chaque individu.

L'intention d'exercer les soldats à la manœuvre, pour diminuer le nombre des matelots, tend visiblement à la destruction des classes. Un soldat, pour cette partie, ne vaudra jamais un matelot, et la quantité de ceux-ci que l'ordonnance destine au service des vaisseaux est à peine suffisante.

Nous n'avons jamais été choqués de la dénomination de régiments, et nous croyons devoir déclarer authentiquement à tous les corps militaires de France que nous n'avons jamais admis de différence entre eux et nous, que celle qu'exige nécessairement la différence de service.

La confiance dont le Roi vous honore, Monsieur, vous met à même de faire valoir auprès de lui notre zèle souvent éprouvé, et d'insister particulièrement sur la suppression des articles 3, 15 et 39, comme absolument contraires au bien de son service. Persuadée de vos bonnes intentions, la marine entière se flatte que vous emploierez tout votre pouvoir pour obtenir cette suppression. Vous contribuerez par là à son rétablissement, et chacun de ses membres vous devra la conservation de son état, auquel, dans les circonstances présentes, il ne peut plus être attaché. »

En résumé, les officiers de marine n'approuvaient, dans l'ordonnance, que la partie qui étendait leurs fonctions aux dépens du corps de l'administration ; mais ils rejetaient tout le reste. L'intendant Ruis-Embito, qui aurait eu, plus qu'un autre, à faire des représentations, dit l'*Espion anglais*[1], ayant au contraire répondu par la plus entière soumission, fut insulté dans le port par les officiers de marine. Le lieutenant-général comte d'Estaing fut chargé de venir rétablir l'ordre à Brest, avec le double titre d'inspecteur général et de commandant de la marine. Roquefeuil avait résigné ses fonctions, indigné de ce que le ministre de la guerre lui eût retiré, sans l'avoir prévenu, le commandement des troupes de terre que Choiseul lui avait donné en 1761, précisément pour faire cesser les mésintelligences entre les officiers de terre et de mer. La mission du comte d'Estaing n'eut et ne pouvait avoir que de médiocres résultats. Son caractère hautain n'était pas propre à dissiper les préventions auxquelles il était en butte, en sa qualité d'*intrus*, c'est-à-dire d'officier de terre passé dans la marine ; et il accrut la haine du grand corps en affichant hautement sa préférence pour les officiers bleus. Les nobles s'entendirent pour ne pas paraître aux soirées qu'il donna à Brest. La bénédiction des drapeaux remis, le 31 décembre, aux troupes de la marine, fournit aux opposants une occasion nouvelle de manifester l'esprit qui les animait. Dans une relation manuscrite de cette cérémonie, nous lisons qu'il y avait peu de femmes de la marine, mais beaucoup de peuple. Dans le sanctuaire, le corps du génie, le major de Guyenne, l'intendant de la marine, un commissaire. Les drapeaux furent présentés au prêtre par les quatre officiers généraux qui étaient à Brest, savoir le comte d'Aché, le comte d'Estaing, le vicomte de Roquefeuil et le comte de Breugnon, et par huit capitaines de vaisseau. Le recteur prononça deux discours, où il ne fut question ni de son sujet, ni de la marine.

---

[1] Consulter, dans cet ouvrage, tome VIII, pages 134-142, le mémoire vrai ou apocryphe de Ruis-Embito, intendant de Rochefort, véritable contre-partie des plaintes des officiers de marine.

Ce ne fut qu'un panégyrique *outré* du comte d'Estaing et de la nouvelle constitution, et *les honnêtes gens ont vu avec indignation que la chaire de vérité fût profanée par le mensonge*. Au dîner de 50 couverts que donna le comte d'Estaing, il y avait *plusieurs femmes comme il faut*. Au bal qui suivit ce repas, assistaient, comme tous les jeudis d'auparavant, plusieurs capitaines de vaisseau, peu de lieutenants et d'enseignes. Mais les gardes de la marine qui y allaient tous auparavant, s'abstinrent ce jour-là. Quelques-uns des officiers allèrent les chercher, et on les mena danser *par ordre du roi*. Un de ces gardes, Rennepont, fut mis en prison par Trémigon cadet, officier des gardes du pavillon, *pour avoir balancé à le suivre au bal*. De même, il fallut un ordre du comte d'Estaing, en date du 10 novembre, pour forcer des lieutenants, enseignes et gardes de la marine ainsi que du pavillon, à l'accompagner à la comédie. Le commandement du comte se termina en novembre 1772, époque où il fut remplacé, comme commandant de la marine, par le comte de Breügnon ; mais son inspection se prolongea jusqu'au mois de janvier 1773.

I. Dictionnaire. — L'Académie songeait toujours à son dictionnaire. Néanmoins, le travail n'avançait pas ; c'était une vraie toile de Pénélope. Le 23 janvier, le vice-directeur Trémergat avait proposé de lire le vocabulaire pendant une partie des séances, afin qu'on pût charger quelque académicien du travail relatif aux mots dont la classe n'était pas déterminée ou qui ne se trouvaient pas encore pris. Sa proposition fut approuvée, et l'on fit la lecture du vocabulaire dans les séances du 30 janvier, 6 et 20 février, 17 mars. A cette dernière date, on avait fini seulement la lettre B, et pour cette année le travail en resta là.

II. Astronomie. — En revanche et comme les années précédentes, on s'occupa beaucoup d'astronomie. La première question soulevée le fut encore par Blondeau, le 23 janvier. C'était celle de l'opportunité d'un almanach nautique uniquement destiné aux observations de longitudes en mer par les distances de la lune au soleil et aux étoiles. L'auteur faisait ressortir l'avantage qu'il devait y avoir pour l'Académie à ne pas se laisser prévenir dans la publication d'un ouvrage aussi utile aux navigateurs. Il énumérait les tables dont cet almanach devait être composé, et donnait les moyens de s'en servir ou de suppléer à ce qu'elles ne contiendraient pas. Ne se déterminant pas sur le choix de la méthode à préférer pour la réduction des observations, il exposait la plus exacte selon lui : « celle de trouver l'angle au zénith par la connaissance des compléments de la hauteur de deux astres et de leur distances apparentes, et de trouver ensuite leur distance vraie par la résolution d'un triangle où l'on connaît l'angle au zénith et les compléments de la hauteur des deux astres corrigés des effets de la réfraction et de la parallaxe. » Il donnait ensuite une traduction de la méthode de l'astronome anglais Witchel, sans démonstration, mais accompagnée de remarques et d'un moyen de construire des tables de logarithmes proportionnels. Cette traduction a été insérée dans le tome IX, pages 159-168. Blondeau terminait son mémoire en enseignant un moyen de se passer de ces mêmes logarithmes proportionnels. Trémergat répondit à Blondeau que, pour ce qui le concernait, il était tellement persuadé de l'utilité d'un almanach nautique, qu'il avait proposé, en 1769, de faire la traduction du *Nautical*, et il désigna au choix de l'Académie Beauchaîne, Blondeau et Rosnevet en même temps que lui-même pour s'occuper de ce travail. Ce choix fut approuvé par la Compagnie. Le 27 février, Trémergat lut l'instruction destinée à être imprimée pour faciliter l'usage des tables de l'*Almanach nautique*. L'assemblée décida de faire imprimer les tables de l'année 1772 pour les huit derniers mois seulement. Le 13 mars, Bloudeau lut la *Démonstration de la méthode employée par Witchel pour la réduction des longitudes*, méthode dont il n'y a que l'exposition, disait-il, dans le *Nautical almanac*. Ce mémoire, en six articles, a été inséré dans le tome IX, pages 211-248. Les *Tables et instructions propres à la détermination des longitudes en mer, pour l'année* 1773, *publiées par ordre de l'Académie de marine*, parurent à Brest, Malassis, 1772, 86 pages in-8°. Cet ouvrage contient, dit Lalande dans sa *Bibliographie astronomique*, une méthode détaillée pour trouver les longitudes en mer, et un extrait des calculs du *Nautical almanac* de Londres pour 1773. L'Académie décida d'en envoyer des exemplaires au ministre. Dans la lettre qu'elle lui écrivit à ce sujet, le 20 avril 1772, il était dit que l'Académie avait préféré une autre méthode que celle des Anglais pour la réduction des longitudes. Elle aurait souhaité pouvoir donner cet almanach au public sans recourir à une nation étrangère, attendu que les circonstances peuvent lui interdire cette ressource. Il serait mieux, ajoutait-elle, que cet almanach parût deux ans d'avance, ainsi que la *Connaissance des temps*; mais la modicité de ses fonds ne lui a pas permis pareille entreprise. Elle a même moins consulté ses facultés que son zèle en publiant l'ouvrage. Afin de ne point retarder à procurer aux navigateurs les avantages de l'*Almanach nautique* pour la détermination des longitudes à la mer, elle a fait imprimer les tables de 1772 à commencer du mois de mai. Les feuilles seront tirées avant le départ de l'escadre. Boyne ayant répondu à l'Académie en lui reprochant de n'avoir donné au public qu'une simple traduction, ce qui était en quelque sorte contrevenir à son privilége, et d'avoir conservé dans ses calculs le méridien de Greenwich, l'Académie répondit au ministre que ni son règlement ni son privilége n'excluaient les traductions; que d'ailleurs ce livre de l'Académie n'était point une simple traduction, puisqu'il contenait des tables qui ne sont point dans l'almanach anglais; que la méthode de réduction n'était pas la même, et qu'enfin il renfermait des remarques et des pratiques utiles dont il n'est pas question dans le *Nautical*. Le temps lui avait manqué pour réduire ses calculs au méridien de Paris. Quant à publier un almanach nautique qui lui fût propre, l'Académie de marine était dépourvue des secours nécessaires, et Lalande luimême, l'astronome de l'Académie des sciences, bien qu'abondamment pourvu de secours de toute espèce, ne se proposait de l'entreprendre qu'en s'aidant de tout ce que l'almanach anglais pourrait lui fournir. Ce dernier écrivit à l'Académie qu'il espérait lui épargner à l'avenir la peine de rédiger cet almanach, attendu qu'il comptait mettre les distances de la lune au soleil dans la *Connaissance des temps*[1], ce qui eut lieu en effet à partir de 1774, l'Académie lui ayant écrit, le 5 octobre, pour le prier de vouloir bien s'occuper de la rédaction de cet almanach.

Le 30 janvier, Duval Le Roy lut un mémoire intitulé: *Solution de quelques problèmes d'astronomie*. Ce travail occupe les pages 169-190 du tome IX. Les problèmes sont au nombre de trois. Le premier donne les moyens de déterminer l'inclinaison de l'équateur solaire avec le plan de l'écliptique par trois longitudes et trois latitudes observées d'une tache du soleil par une méthode nouvelle; le second a pour objet de déterminer l'aphélie et l'excentricité de l'orbite des planètes avec la plus grande précision, lorsque ces deux éléments sont déjà à peu près connus par trois longitudes héliocentriques observées et le temps de la révolution connu; le troisième a pour objet de trouver la plus grande équation du centre par l'excentricité connue, et, réciproquement, de trouver l'excentricité par la plus grande équation. Ces trois problèmes parurent aux commissaires désignés, Fortin et Trédern de Lézerec,

---

[1] La *Connaissance des temps* avait commencé à paraître sans interruption depuis 1679, ainsi que cela est rappelé dans tous les volumes.

dignes de l'approbation de l'Académie et mériter d'être imprimés parmi les autres mémoires qu'elle se proposait de donner au public. Aussi figurent-ils dans le volume des mémoires imprimés de l'Académie, pages 314-326. Quant au rapport, il est dans le volume IX manuscrit, pages 190-192.

Le 6 février, l'Académie prit une délibération des plus importantes. Ayant examiné les imperfections des compas dont on se servait à bord des vaisseaux, elle délibéra sur les moyens les plus convenables pour faire cesser les inconvénients qui en résultaient, et il fut résolu de demander à l'intendant Ruis-Embito que tous les compas fussent présentés à l'Académie, et qu'à l'avenir on les construisît sur le modèle que celle-ci fournirait. L'intendant ayant donné une réponse favorable, Blondeau et Rosnevet furent nommés pour suivre la construction des nouveaux instruments. Voir, pour plus de détails, dans le *Dictionnaire encyclopédique*, partie *Marine*, l'article *Boussole* qui est signé Blondeau.

Dans le courant de l'année, plusieurs travaux relatifs aux boussoles furent présentés à l'Académie. Ce sont les suivants :

Le 5 et le 26 mars, Blondeau lut un mémoire sur l'action réciproque des aiguilles aimantées, composé à l'occasion d'une expérience faite par La Hire en 1592. Ce travail, intitulé vaguement : *Sur une expérience de M. de La Hire*[1], a été inséré dans le tome IX, pages 252-296. De Langle et Lézerec, nommés commissaires, firent, le 30 avril, leur rapport qui termine le tome IX, pages 347-350. Il est à l'avantage de Blondeau. Le 24 septembre, il reprit sous une forme différente ce travail qu'il intitula : *Mémoire sur l'effet des aiguilles aimantées placées l'une au-dessus de l'autre*. La Coudraye et Le Bègue furent nommés rapporteurs de ce nouveau mémoire. Le 8 octobre, ce dernier demanda deux nouveaux commissaires. Vialis et Fortin furent désignés : Vialis lut et remporta, le 22 octobre, son compte rendu. Le 24 décembre, Blondeau fit une troisième lecture de son mémoire encore remanié. Le rapport des commissaires, signé Fortin, Trédern de Lézerec et Vialis, est du 4 mars 1773, et a été inséré dans le tome X, pages 143-145. Il y est dit que le travail de Blondeau est plein de vues bonnes et utiles, et qu'il contient des expériences soigneusement faites ; mais il laisse à l'Académie le soin de décider s'il doit être imprimé. Il le fut en effet, et il occupe

---

[1] Il y en a deux et même trois, attendu que l'auteur y combat encore les déductions tirées par Du Fay d'une expérience relative à l'aimant.

les pages 385-400 du volume des *Mémoires de l'Académie*, avec la date du 9 janvier 1773.

Le 13 mars, le pilote entretenu Pierre Levallois, correspondant de l'Académie, dont l'imagination, bien qu'il approchât de la soixantaine, était toujours féconde en découvertes, présenta à l'Académie un mémoire sur une boussole de son invention. Cette machine, que l'auteur appelait *goniomètre*, avait pour but de marquer avec précision toutes les routes faites par le navire, de manière à ce qu'on pût déduire le véritable angle de route, sans être obligé de veiller à la boussole. Ce travail, intitulé : *Mémoire sur une boussole singulière nouvellement inventée par le sieur Pierre Levallois*, ancien navigateur, capitaine, cosmographe, de l'Académie des sciences de Rouen, de la Société académique de Cherbourg et correspondant de l'Académie royale de marine, est dans le tome I des *Correspondants*, pages 63-66. Rosnevet et Delangle, nommés commissaires, conclurent que cette découverte, tout ingénieuse qu'elle fût, ne pouvait être utile sur les vaisseaux du roi, où l'attention redoublée de gens éclairés ne permettait jamais que le bâtiment s'écartât beaucoup de la direction qu'on voulait lui faire suivre; mais que les capitaines des navires de commerce, qui sont obligés de se fier à des matelots ignorants ou inattentifs, pouvaient en tirer avantage. Or, comme l'objet principal de l'auteur avait été de rendre son invention utile à ces derniers, les juges pensèrent que l'Académie royale de marine devait lui faciliter les moyens de faire construire un instrument plus parfait que celui qu'il avait présenté, pour qu'en le soumettant à l'expérience, on pût juger du degré d'exactitude dont il était susceptible. Le jugement de l'Académie fut en tous points conforme à celui des commissaires.

Pour terminer ce qui concerne les boussoles en 1772, on lut, le 28 juillet, une lettre de Lenoble, chanoine à Vernon, sur des aimants qu'il avait armés de façon à les rendre plus généreux. L'assemblée décida d'en faire venir un, au prix de 48 livres. De même, le 22 octobre, d'après le compte rendu fait par Borda de l'usage des aiguilles aimantées composées de quatre barres d'acier, l'Académie jugea à propos d'en faire construire une de cette forme, afin de pouvoir se prononcer sur son avantage. Nous ne connaissons pas le résultat de ces expériences, mais nous renvoyons le lecteur à l'article *Aiguille aimantée* de Blondeau, qui occupe 19 colonnes du *Dictionnaire encyclopédique*, partie *Marine*.

Le 22 octobre, le même Levallois, alors à Brest, lisait à l'Académie un *Mémoire sur les avantages d'un horizon artificiel*, inventé par lui et qu'il appelait *Haurionpséiomètre*. Ce travail est dans le tome I des *Correspondants*, pages 153-156. C'était un niveau adapté à l'octant. Borda, Granchain et Rosnevet furent nommés commissaires ; mais le rapport, qui va de la page 191 à 197, est signé des deux derniers noms seulement. Les deux juges trouvèrent quelques inconvénients à cet horizon, surtout en mer à cause des mouvements du vaisseau, et conclurent à de nouvelles expériences qui seraient faites par des membres de l'Académie de marine embarqués. Le jour même où on lisait ce rapport, c'est-à-dire le 26 novembre, l'infatigable Levallois faisait la lecture d'un nouveau mémoire contenant la résolution de plusieurs problèmes de navigation par l'usage du silodomètre et de l'anémomètre qu'il avait présentés l'année précédente à l'Académie. Chasteloger et Lézerec furent nommés commissaires pour faire le rapport de ce travail; mais l'auteur le retira, ce qui fait qu'il n'a pas été inséré dans un des volumes des *Correspondants*.

Le 14 mars, Boyne avait écrit à l'Académie pour lui demander un rapport sur l'ouvrage du lieutenant de vaisseau et académicien ordinaire Charnières, intitulé : *Théorie et pratique des longitudes en mer*, et il désignait nominativement Bory et Chabert, alors à Paris, pour l'examiner. Celle-ci répondit au ministre pour le prier de la dispenser du rapport qu'il exigeait d'elle, le livre ayant été déjà déféré au jugement de l'Académie des sciences. Charnières, de son côté, donna à l'Académie les raisons qui lui avaient paru rendre sa démarche régulière, et insista pour avoir un rapport de la Compagnie, mais celle-ci demeura inflexible. Elle s'était fait une loi, disait-elle, de ne donner son approbation à aucun ouvrage qui n'eût été présenté préalablement à ses assemblées, se réservant de prononcer sur le rapport des commissaires qu'elle jugeait à propos de nommer pour en faire l'examen. Charnières dut donc se contenter de l'approbation donnée par l'Académie des sciences.

Le 2 avril, lecture fut faite d'un *Mémoire* de Mannevillette *sur des observations astronomiques faites à la Chine*. Nous n'avons point vu de rapport sur ce travail qui, inséré d'abord dans le tome IX, pages 325-346, a été imprimé dans le volume des *Mémoires de l'Académie*, pages 295-304.

Le 30 du même mois, Blondeau lut le travail d'un correspondant,

Digard de Kerguette, sur un nouveau sillomètre. Ce mémoire, intitulé : *Projet d'un sillomètre*, est dans le tome I des *Correspondants*, pages 97-103, avec figure. Rosnevet et La Coudraye furent nommés commissaires pour l'examiner. N'ayant pas trouvé leur rapport, nous dirons simplement que le sillomètre de l'abbé, instrument fort approchant de l'anémomètre de Bouguer, avait pour but de faire connaître directement la force réelle de l'impulsion de l'eau et conséquemment la vitesse du vaisseau.

Le 28 juillet, on lut un mémoire de Blottières sur les moyens de déterminer les longitudes par les observations des distances de la lune au soleil et aux étoiles. Nous ne connaissons pas l'auteur de ce travail, et nous n'avons pas trouvé son mémoire, que le registre des assemblées indique comme devant être dans le portefeuille, année 1772, à la 27e séance, et qui ne fut pas transcrit sur le registre des *Correspondants*. La Coudraye et Blondeau, nommés commissaires, firent leur rapport, qui était avec le mémoire, et à la suite duquel l'Académie décida, le 6 août, d'écrire à Blottières pour le remercier. Cette lettre est assez sèche et l'on n'offrit même pas à l'auteur la correspondance avec l'Académie. La voici textuellement : « J'ai présenté à l'Académie, Monsieur, la méthode de réduction pour la détermination des longitudes que vous m'avez fait l'honneur de m'adresser. Votre travail lui a paru exact et exposé avec une grande clarté. Elle me charge de vous assurer de sa reconnaissance. J'ai l'honneur d'être, etc. »

Le 10 avril, Trémergat lut le rapport de quelques observations qui lui avaient fait découvrir ainsi qu'à Delangle, embarqué comme lui sur la *Dédaigneuse* dans la campagne d'évolutions de l'escadre commandée par le chef d'escadre comte d'Orvilliers, que l'ascension droite d'Antarès était mal déterminée dans la *Connaissance des temps* de 1771 et 1772. Il avait cru devoir prévenir l'Académie de marine de cette erreur. Comme il s'était chargé d'en instruire également Lalande, il n'en fut pas question dans la lettre que celle-ci adressa à cet astronome, le 5 octobre, au sujet de l'*Almanach nautique*. Le travail de Trémergat et Delangle, intitulé : *Observations*, est dans le tome X, pages 97-98. Quelques jours plus tard, 15 octobre, le même Trémergat présentait à l'Académie un rapport sur les observations de longitudes faites en commun avec Delangle et La Prévalaye, sur cette même frégate, par les distances de la lune au soleil et aux étoiles. Ce second travail a été inséré dans le tome X, pages 121-133.

III. Voyages. — Le 11 juin, le comte de Roquefeuil avait donné connaissance à l'Académie d'une lettre que le chevalier de Borda lui avait adressée de Port-Royal de la Martinique, en date du 8 avril. Cette lettre a été insérée dans le *Recueil des lettres diverses à l'Académie*, pages 116-118. L'auteur y faisait l'éloge des montres de Berthoud, dont il suivait en ce moment les expériences. Il y parlait également de mâture, ainsi que d'observations physiques et astronomiques. Le 8 octobre, la *Flore* revint à Brest, après une navigation de onze mois et onze jours. Elle avait visité Cadix, Madère, Ténériffe, Gorée, l'archipel du Cap-Vert, les Antilles, Terre-Neuve, l'Islande, les îles Féroë, les côtes de Norwège, Copenhague; constaté la précision des longitudes obtenues au moyen des montres marines, et perfectionné l'hydrographie de l'Atlantique au moyen de cartes hydrographiques qui complétèrent la tâche commencée par Fleurieu sur l'*Isis*. Aussitôt débarqués, les commissaires Verdun de la Crenne, Borda et Pingré préparèrent, au sujet de leur mission, un rapport détaillé, qui sera lu l'année suivante à l'Académie de marine.

Le 3 juillet, au moment où Kerguelen était sur le point de revenir en France, on lisait à l'Assemblée un mémoire qu'il avait composé sur l'Ile de France et sur la route proposée par le chevalier Grenier. Il y exprimait la conviction que la possession de cette colonie était plus onéreuse qu'utile ; que néanmoins la route indiquée par Grenier était non-seulement praticable, mais encore préférable à celle suivie jusque-là[1]. Briqueville et Rosnevet, nommés rapporteurs, jugèrent, le 6 août, que le travail de Kerguelen, qui confirmait l'opinion où était déjà l'Académie sur la route proposée par Grenier, méritait les éloges de l'assemblée. Le mémoire de Kerguelen a été inséré dans le tome X, pages 67-68 ; le rapport des commissaires est à la suite, pages 89-90. Peu de temps après, Kerguelen, de retour, était présenté à Louis XV, qui lui donnait la croix de Saint-Louis et le faisait capitaine de vaisseau pour sa découverte de l'île que l'on croyait être le continent austral. Quant à Rochon, ne pouvant supporter le caractère violent et fantasque de son chef, il l'avait quitté à l'Ile de France, et ne revint qu'en 1773, sur l'*Indien*, commandé par le baron d'Arros, académicien ordinaire de 1769.

IV. Physique. — Deux travaux seulement furent présentés.

Le 16 janvier, Thévenard, adjoint, lut un mémoire sur les pesanteurs

---

[1] Nous sommes ici en contradiction avec l'article de la *Biographie Michaud*, où il est dit que Kerguelen était de l'avis de Rochon.

spécifiques de différentes matières, principalement de celles qu'on emploie dans la marine. L'Académie arrêta qu'on remettrait à la séance suivante ce travail aux commissaires nommés pour suivre l'impression des mémoires, afin d'en faire leur rapport. Mais, dans l'intervalle, Thévenard retira son manuscrit, qui avait d'ailleurs déjà été présenté en 1768 à l'Académie des sciences, puis retiré quand son auteur fut appelé à servir au port de Lorient. Il le fit imprimer depuis dans le tome I de ses *Mémoires relatifs à la marine*.

Le 8 octobre, l'Assemblée chargea l'académicien ordinaire Le Bègue de faire des recherches sur l'effet qui résulte de la proximité du fer et du cuivre dans le doublage des navires. Le comte d'Estaing, commandant de la marine et inspecteur général à Brest, ayant observé que les ferrures de l'*Expérience*, vaisseau doublé en cuivre — c'était alors une invention toute récente et qui nous venait des Anglais, — étaient extraordinairement rouillées, avait prié l'Académie de vouloir bien en rechercher les causes. Le Bègue lut à la séance du 17 décembre son rapport qui fut inséré dans le tome X, pages 133-143. Il conclut en disant qu'on ne devait pas attribuer un effet aussi singulier au doublage en cuivre, mais plutôt à la qualité du fer moins pure et mêlée de matières qui ont aidé à l'action de l'air et de l'eau.

V. HYDROGRAPHIE. — Un travail d'hydrographie vint encore confirmer l'excellence de la route proposée par Grenier : c'est celui du chevalier du Roslan, enseigne de vaisseau, *sur la campagne qu'il avait faite par ordre du roi dans l'archipel situé au N.-E. de Madagascar en 1770 et 1771*. Il fut lu à la séance du 23 juillet et inséré dans le tome I des *Correspondants*, pages 67-83. Cet important document fut l'objet d'un rapport entièrement approbatif de Marguerie et de Rosnevet, rapport inséré à la suite du mémoire, pages 84-87.

Aussi bien l'hydrographe Mannevillette s'empressa-t-il de demander communication du mémoire de Kerguelen, et comme du Roslan avait relevé plusieurs inexactitudes de son *Routier des Indes*, la Compagnie lui envoya également le travail du chevalier, après avoir toutefois demandé l'agrément des auteurs. A la séance du 20 août, Mannevillette fit présenter à l'Académie une nouvelle édition de son atlas ; Beauchaîne et La Coudraye, nommés commissaires pour l'examiner, jugèrent de la manière suivante : « Quoique le temps et l'expérience puissent seuls donner le sceau de l'approbation publique aux changements que M. d'Après a cru devoir faire à son ouvrage, cependant l'exactitude connue de l'auteur, ses talents, ses connaissances et son zèle nous paraissent devoir augmenter encore, pour cette seconde édition, la confiance que les navigateurs ont toujours eue dans la première. » Ce rapport est dans le tome X, pages 90-91.

Le dernier mémoire d'hydrographie présenté en 1772 fut celui du sieur Simonin, professeur d'hydrographie à Bayonne. Ce travail, lu le 5 novembre par Blondeau, intitulé : *Précis historique des changements arrivés à la barre de Bayonne, embouchure de la rivière de l'Adour, depuis le XIIIe siècle, occasionnés par les sables que la mer y transporte chaque flot* (sic), a été inséré dans le tome I des *Correspondants*, pages 156-170. Il n'y eut pas de commissaires nommés pour apprécier ce mémoire, l'Académie n'ayant pas voulu vraisemblablement se prononcer entre les ingénieurs et l'auteur, d'un avis tout opposé relativement aux travaux à exécuter. Néanmoins, l'assemblée envoya une lettre de correspondant à Simonin.

VI. MANŒUVRE. — Nous retrouvons encore ici, pour débuter, le nom de Levallois. Le 30 janvier, on lut de ce correspondant un mémoire intitulé : *Observations sur les vents et sur l'utilité d'un anémomètre propre à l'usage de la mer, suivi de la description de cette nouvelle machine*. Dans cette étude, qui a été insérée au tome I des *Correspondants*, pages 38-55, l'auteur examinait les avantages qu'il y aurait à connaître à la mer la force absolue et relative du vent, et terminait son mémoire par la description de son instrument. Thévenard et Petit, nommés commissaires, donnèrent leur rapport à la séance du 13 mars : il est à la suite du mémoire, pages 55-63. L'Académie, délibérant sur ce rapport, jugea que si l'anémomètre Levallois pouvait être employé à la mer, il y serait utile et qu'il serait à désirer qu'on en fît l'essai.

Le 20 février, le comte de Roquefeuil donna un *Mémoire sur les effets de la décomposition du vent pour la manœuvre des vaisseaux*. Ce travail est dans le tome IX, pages 192-211. L'auteur disait avoir aperçu un nouveau principe d'hydrodynamique qui avait échappé jusque-là aux savants, et pensait que ce principe devait engager à changer des manœuvres pratiquées assez généralement. Il rapportait des exemples à l'appui de son sentiment. Petit, Fortin et Trémergat, chargés du rapport, jugèrent qu'en effet la manœuvre conseillée par Roquefeuil était susceptible d'être pratiquée avec succès dans bien des cas : ils proposèrent seulement quelques modifications à son travail, afin qu'il fût digne de figurer dans le recueil de l'Académie. Leur rapport est dans le tome IX, pages 340-347. Quant au mémoire de Roquefeuil, modifié suivant le conseil des commissaires, principalement quant au style, il a été imprimé dans le volume de l'Académie, pages 265-285.

Le 19 mars, Trémergat proposa à l'assemblée de faire sur un petit bâtiment l'essai des poids placés au centre et sur les extrémités, relativement au mouvement de tangage. Il fut nommé, avec Rosnevet, Delangle et Lézerec pour suivre cet essai, dont nous ne connaissons pas le résultat, mais au sujet duquel il avait rédigé un mémoire qui est dans le tome IX, pages 248-251, à la date du 12 décembre de l'année précédente, sous le titre : *Mémoire dans lequel on propose une expérience propre à faire connaître si on augmente la vivacité des mouvements de tangage en portant les poids vers les extrémités ou en les rassemblant au milieu du vaisseau.*

Le 16 juillet, on lut un *Mémoire* de Tirot *sur une machine de son invention, destinée au commettage des cordages.* Ce travail, qui a été inséré au tome I des *Correspondants*, pages 87-93, était le perfectionnement de celui qu'il avait présenté à l'Académie en 1771. Le sous-commissaire Le Roy et Rosnevet, nommés commissaires pour l'examen de ce mémoire, se prononcèrent affirmativement pour l'utilité de sa machine, après des expériences dont procès-verbal fut dressé, et l'Académie donna un jugement conforme en tous points à celui des commissaires. Leur rapport est à la suite du mémoire, pages 95-97.

Pour terminer ce qui concerne en 1772 la manœuvre, le 15 octobre, le vice-directeur Trémergat fit lecture à l'Académie de la *Description* par Trémigon, officier embarqué sur l'escadre du comte d'Orvilliers, *d'une machine dont avait fait usage un capitaine anglais pour suppléer à la perte de son gouvernail.* C'est à Lisbonne que cet officier en avait eu connaissance, par le ministre du roi de Portugal, auquel le capitaine anglais avait communiqué son appareil. Ce travail, fort court d'ailleurs, fut inséré dans le tome I des *Correspondants*, pages 185-186.

VII. MATHÉMATIQUES. — Les travaux de mathématiques présentés en 1772 furent les suivants :

Séance du 5 mars : *Méthode pour étendre à l'usage des secondes les tables des logarithmes de M. l'abbé de la Caille*, par Bezout. Ce travail fut inséré au tome IX, pages 216-210 ; mais il n'en fut pas fait de rapport.

Séance du 30 avril : *Mémoire* de Duval Le Roy *sur le principe de moindre action en mécanique.* Cet important travail commence le tome X, pages 1-63. Le rapport, signé Roquefeuil (le vicomte) et Fortin, est à la suite, pages 65-66. Il y est dit que « M. Le Roy a fait heureusement usage de ce principe inventé en 1744 par Maupertuis, pour résoudre plusieurs problèmes de dynamique déjà résolus par des méthodes déjà connues. » Ce mémoire a été imprimé dans le volume des *Mémoires de l'Académie*. Il en occupe les pages 327-363, sous le titre, légèrement modifié de : *Sur l'utilité du principe de la moindre action.*

Séance du 6 août : Lecture d'une lettre de Marguerie, datée de Brest le 4 août[1], et annonçant la découverte d'une méthode nouvelle pour la résolution des équations du cinquième degré. Il donnera la résolvante du cinquième degré dans un mémoire où sera tout le détail de ce calcul. Pour le moment, il ne veut que s'assurer de la date du travail qu'il se propose. Cette étude termine le tome X, pages 513-563, avec la date du 22 mars 1771.

Séance du 8 octobre : Lecture d'un *Mémoire* de Romme[2] *sur le calcul intégral, ou Méthode générale pour intégrer toute équation différentielle.* Fortin et Duval Le Roy furent nommés commissaires pour examiner ce travail, qui est dans le tome I des *Correspondants*, pages 115-136 ; mais le rapport est signé Duval Leroy et Blondeau. En voici le dernier paragraphe : « Les équations différentielles du premier degré ne sont pas les seules que M. l'abbé Romme tâche de rendre susceptibles de sa méthode. Il a cherché encore à l'étendre aux équations du second et même de degrés supérieurs. Il rapporte des équations auxquelles elle s'applique avec succès. Au reste, il eût été peut-être à dési-

---

[1] Parti de la rade de Port-Louis le 13 avril 1771 sur le vaisseau l'*Actionnaire* commandé par Monteil, et destiné pour l'île de France, Marguerie était de retour à Brest depuis le 15 juillet 1772.

[2] Voici encore un nom que nous avons été fort étonné de ne pas voir parmi les membres de l'Académie de marine, de même que celui de Savérien. Charles-Nicolas Romme, géomètre, né à Riom en 1744, mort en 1805 à Rochefort, est un des savants qui ont le plus contribué aux progrès de la navigation dans le xviiie siècle. Dès 1771, il avait publié à la Rochelle un mémoire de 22 pages où il proposait une *Nouvelle méthode pour déterminer les longitudes en mer* ; c'était d'observer le coucher ou le lever de la lune et la hauteur d'une étoile dans le même vertical. Il a donné encore en 1778, une *Description de la mâture* ; en 1781, l'*Art de la voilure* ; en 1787, l'*Art de la marine* ; en 1792, un *Dictionnaire de la marine française* ; en 1800, la *Science de l'homme de mer* ; enfin, en 1805, un *Tableau des vents, marées et courants qui ont été observés dans toutes les mers du globe*. Ce dernier ouvrage, d'une grande valeur pour l'époque, fit faire un pas important dans la voie tracée de nos jours par le commandant américain Maury. Romme était professeur de mathématiques et de navigation des élèves de la marine à l'École de Rochefort, et frère aîné du conventionnel Gilbert, un des auteurs du *Calendrier républicain*. En 1778, il devint correspondant de l'Académie des sciences.

rer que les exemples auxquels il applique sa méthode eussent été un peu plus composés et plus nombreux. »

VIII. ARCHITECTURE NAVALE. — Le 9 janvier, on lut une lettre de Clairain-Deslauriers, datée de Rochefort le 15 décembre de l'année précédente et annonçant à Goimpy, à qui elle était adressée, un *Mémoire sur l'arrangement et la coupe des principales pièces de charpente qui entrent dans la construction des vaisseaux de guerre*. Il destinait ce travail au *Dictionnaire de marine*; mais différentes occupations l'avaient empêché de mettre la dernière main à cet ouvrage devenu plus long qu'il ne l'avait compté, à cause des développements qui lui avaient paru nécessaires. Il ne l'acheva probablement pas, attendu qu'il n'en fut point question dans les mémoires de 1772.

Le 16 janvier, l'intendant Ruis-Embito lut un *Mémoire sur les causes du prompt dépérissement des bois employés à la construction des vaisseaux et sur les moyens de leur procurer la plus longue durée possible*. Cet important travail est dans le tome IX, pages 119-159. Il contient, indépendamment des idées de l'auteur, les observations qui lui furent faites et ses réponses. Ruis pose en principe que ce sont les eaux de pluie et le défaut d'air circulant qui causent la fermentation des bois. Briqueville, le vicomte de Roquefeuil et Petit furent nommés commissaires pour l'examen de ce mémoire, et leur rapport fut lu à la séance du 23 janvier. A celle du 13 février, l'Académie formula son jugement, ainsi conçu :

Plusieurs comparaisons de bois conservés sous l'eau de mer ou dans des hangars déterminent M. de Ruis à préférer cette dernière méthode : des raisons physiques appuient son sentiment. — L'usage de débiter des bordages dans les forêts lui paraît très-vicieux. — Il pense qu'on assurerait la conservation des bois si l'on avait l'attention de les laisser faire une dessudation suffisante à couvert après les avoir débités, et qu'on ne devrait calfater les vaisseaux que deux mois après les avoir bordés. — M. de Ruis propose ensuite de construire les vaisseaux dans des formes ou sur des chantiers couverts, et de les conserver à flot sous des couvertures telles qu'on en a pratiquées sur le vaisseau la *Ville-de-Paris*[1]. — Après quelques réflexions sur l'usage en partie adopté à Brest de lester les vaisseaux avec de l'eau de mer, M. de Ruis le condamne absolument[2]. — L'opinion de l'A-

---

[1] Voir les objections à ce projet dans la lettre 8 du volume VIII de l'*Espion anglais*. Il y est dit que Boyne n'eut pas le temps de commettre la nouvelle balourdise dont il s'agit, les études n'ayant pu commencer qu'en 1773, et Louis XV étant mort au printemps de l'année suivante.

[2] Dans un état des vaisseaux de ligne de la marine du port de Brest en 1778, l'*Espion*

cadémie s'est trouvée, sur les différents articles traités dans ce mémoire, parfaitement d'accord avec M. de Ruis; mais elle ne prétend rien décider généralement dans des questions aussi importantes, et l'on ne doit prononcer définitivement que sur des faits multipliés.

Le jour même où on lisait le mémoire de Ruis, l'Académie entendait également la lecture d'un autre mémoire, celui-ci anonyme, envoyé par le ministre sur le même objet. L'auteur de ce travail qui avait été présenté à l'intendant et qui lui avait suggéré peut-être son propre mémoire, voyait lui aussi avec peine le peu de durée des vaisseaux et frégates d'alors, et attribuait ce résultat à la mauvaise qualité des bois qu'on employait pour leur construction. Son travail, sans titre, est dans le *Recueil des lettres du ministre à l'Académie*, pages 38-43. Il est suivi du rapport des mêmes commissaires que ceux nommés pour le mémoire de Ruis, signé Roquefeuil et Briqueville, pages 43-47. L'auteur de cette étude proposait un moyen de conserver les bois en les charbonnant. L'Académie, tout en faisant remarquer qu'il y a des parties, telles que les écarts et les adents, qu'il est presque impossible de charbonner, n'en approuve pas moins la méthode proposée et exprime le vœu qu'il en soit fait un essai.

Le 2 avril, Thévenard lut à l'Assemblée le récit d'*Expériences météorologiques faites dans les cales de vaisseaux* par le sous-commissaire Le Roy et par lui-même, en conséquence de la lettre ministérielle du 10 janvier adressée à l'intendant de Brest. Ce mémoire a été inséré dans le tome IX, pages 296-321.

Le 10 septembre, le comte de Roquefeuil lut un travail *Sur la manière la plus avantageuse de déterminer les lignes d'eau dans les parties de l'arrière des vaisseaux*. Petit, Delangle et Marguerie furent nommés commissaires pour faire le rapport de ce mémoire; mais nous n'avons trouvé dans les onze volumes ni ce rapport, ni le mémoire, dont P. Levot n'a pu découvrir le manuscrit, quand il rédigeait la notice *Roquefeuil* dans les *Essais de biographie maritime*.

Le 1er octobre, on lut un mémoire du chevalier Forbin d'Oppède, intitulé: *Devis de la frégate du roi la* Sultane, *au retour de la campagne qu'elle vient de faire dans le Levant*. Ce travail, essai d'une

---

anglais dit, à propos du *Robuste*, que le comte d'Estaing, en octobre 1772, fit remplir d'eau de mer la cale de ce vaisseau en manière de lest, et coucha à bord pour vérifier par lui-même ce qui pouvait résulter de dangereux de cette expérience. Elle ne réussit pas : il en eut des coliques violentes.

nouvelle proportion de mâture, a été inséré dans le tome X, pages 99-107. L'auteur pensait qu'il y aurait avantage à mâter tous les vaisseaux dans des proportions plus faibles que celles alors en usage. En 1770, le chevalier avait proposé à l'Académie une échelle proportionnelle de mâtures à laquelle il s'était conformé, et l'avantage lui en paraissait maintenant confirmé par l'expérience. Les commissaires Vialis et Lézerec ne trouvèrent pas que l'essai fait sur la *Sultane* présentât des résultats assez évidents pour conclure avec certitude. Leur rapport est à la suite du mémoire, pages 107-110. Le chevalier répondit, le 15 janvier 1773, par des *Observations* qui sont à la suite du rapport, pages 110-121.

Le 8 octobre, c'est-à-dire le jour même où il exposait sa *Méthode générale d'intégrer les équations essentielles*, Romme lisait un second mémoire intitulé : *Sur les causes qui font arquer les vaisseaux*. Ce travail est dans le tome I des *Correspondants*, pages 137-149. Le rapport rédigé à ce sujet par Rosnevet et Duval Le Roy se trouve dans le même volume, pages 187-191. Il combat sur plusieurs points les idées émises par l'abbé, et indique une cause de destruction bien plus redoutable, qui est la manière vicieuse dont on retenait les vaisseaux à leur poste par des câbles fixés aux extrémités.

Le dernier mémoire d'architecture navale et de physique tout ensemble, présenté en 1772, fut celui du vicomte de Pagès, qui fut lu à la séance du 12 novembre. La campagne de cet officier avait été des plus aventureuses. Né à Toulouse en 1748, il était entré dans la marine à l'âge de neuf ans, et dès 1758 avait assisté à un combat contre un corsaire sur le *Triton*. L'année suivante, il était sur le *Souverain* à l'affaire de Santa-Maria, et y avait le visage brûlé par suite de l'explosion d'un canon. Enseigne depuis 1765, il se trouvait embarqué sur la *Dédaigneuse*, capitaine Amblimont, lorsqu'en 1767, il voulut mettre à exécution le projet qu'il avait formé depuis longtemps d'explorer les mers de l'Inde en s'y rendant par l'Ouest, de traverser la Chine, de se rendre par la Tartarie sur les côtes du Kamtchatka, et de chercher le passage du Nord par les côtes septentrionales de l'Asie. En conséquence, abandonnant sa frégate, il partit du cap Français le 30 juin, prolongea l'île de Cuba, traversa le canal de Bahama, et arriva le 28 juillet à la Nouvelle-Orléans. Il remonta ensuite le Mississipi, et tournant au S.-O., il parcourut tantôt par terre, tantôt sur des pirogues d'Indiens, plus de six cents lieues de pays sauvages, et arriva ainsi à Mexico, ayant recueilli un grand nombre d'observations et levé la carte des régions qu'il avait explorées. De là, il se rendit à Acapulco, d'où il fit voile pour Manille sur un galion. Déçu, après une longue attente, de l'espoir de trouver passage sur quelque navire à destination de la Chine, il se détermina à continuer son voyage par la voie de l'Inde. La goëlette sur laquelle il s'embarqua, le 7 mars 1769, pour Batavia, y mouilla le 15 avril. Pagès y passa trois mois et demi, au bout desquels reprenant sa route par l'Ouest, il traversa le golfe du Bengale, visita successivement Bombay, Mascate, Bassorah, Damas, le Liban et revint enfin, le 15 septembre 1771, à Marseille. Pendant son absence, il avait été rayé des listes de la marine, comme déserteur ; mais on le réintégra dans son grade, à son rang d'ancienneté, en faveur de la hardiesse de son entreprise. Tel était l'homme qui présenta à l'Académie la *Description d'une pirogue à cadre de balancement pontée et accastillée en façon de trirème, en usage chez les indigènes des Philippines.* Il demandait si cette espèce de bâtiment était susceptible de quelques modifications qui pussent en rendre l'usage possible dans les mers du Levant ou de l'Amérique pendant la belle saison. Il joignit à sa description des réflexions sur les vents d'Ouest et les alizés qui règnent pendant les deux saisons entre les tropiques. Enfin, il demandait s'il n'était pas possible que la route d'un vaisseau fût accélérée par un courant d'air surchargé de parties pesantes, compactes et cependant extrêmement divisées, qui forme un horizon pareil à celui des environs de volcans. Il avait cru remarquer cet effet dans la partie de la mer du Sud qui borde les côtes d'Acapulco. Ce mémoire est dans le tome I des *Correspondants*, pages 171-180. Le rapport de La Coudraye et de Vialis, qui y fait suite, pages 180-184, fut lu à la séance du 19 novembre. Relativement au premier point, il y est dit que le trirème décrit par Pagès ne peut servir avec avantage que dans des mers tranquilles, où des calmes fréquents mettent dans la nécessité de faire plutôt usage des avirons que de la voile, ce qui n'a lieu dans aucune de nos colonies. Sur le second point, « M. Pagès rapporte au mouvement diurne de la terre la cause des vents d'Est qui règnent entre les tropiques ; mais cette opinion, qui est celle de beaucoup de savants, a été abandonnée, dit le rapport, par la difficulté de rendre raison, d'après elle, de différents phénomènes et variations qu'on observe dans les vents. Il paraît qu'on s'accorde généralement à attribuer la cause des vents d'Est entre les tropiques, à l'action du soleil qui raréfie l'air sous la Ligne ; cet air raréfié se dilate et monte suivant les lois générales de la statique, et il est remplacé par l'air circumvoisin qui est plus dense, ce qui doit occasionner un vent de N.-E. dans les lieux qui sont au septentrion de l'Équateur, et un vent de S.-E. dans les lieux plus méridionaux que l'Équateur. Cette hypothèse, plus conforme à l'expérience, rend raison des vents qui règnent entre les tropiques, de l'air plus serein dans les parties dont le soleil est le plus éloigné, des pluies plus fréquentes sous la Ligne et des autres phénomènes qui y sont relatifs. » Quant à ce qui concerne la dernière partie de son mémoire, « il paraît évident que la force du vent étant supposée la même, si l'atmosphère est chargée de parties pesantes et compactes, leur effort sera plus grand que si cet air était plus pur et plus raréfié, le choc étant en raison des masses, et que la vitesse du vaisseau qui l'éprouvera en sera augmentée. C'est ce qu'on observe dans les coups de vent qu'on essuie l'hiver à la mer, qui sont plus pesants relativement à l'état de l'atmosphère qui est plus dense dans cette saison. L'air qui environne les volcans n'a rien qui puisse l'assimiler à celui-ci ; il est très-dilaté par l'inflammation des pyrites, des soufres, des bitumes, etc. ; s'il paraît pesant et étouffant, c'est à cause de la quantité de phlogistique qu'il contient. » Nous avons cru devoir reproduire presque intégralement ce document, en raison de son importance, de même que nous n'avons pas voulu scinder le mémoire de Pagès, en rapportant à la physique cette seconde partie de son travail.

IX. Médecine. — La question du régime végétal proposé pour les gens de mer par Poissonnier-Desperrières occupa encore l'Académie en 1772. Le 9 janvier, le médecin Herlin, adjoint à l'Académie, lut un mémoire du chirurgien Métier, favorable, comme nous le savons, à ce régime, en réponse à ceux de La Coudraye. L'Académie arrêta que ce mémoire que nous n'avons pas retrouvé, pas plus que ceux de La Coudraye [1], serait remis au portefeuille avec les autres touchant cette matière, ainsi que le tableau des journées que les matelots avaient passées au poste des malades, lequel était joint au mémoire. Le 6 février, Courcelles s'étant désisté du rapport, on nomma en sa place Beau-

---

[1] Le 16 mai 1802, La Coudraye écrivit de Copenhague au général de division Estourmel, pour avoir copie à Brest du *Vocabulaire* des mots qu'il avait dû traiter autrefois dans le *Dictionnaire de marine*, et de ses *Mémoires sur la nourriture des gens de mer*. Il lui fut répondu que le *Vocabulaire* ne se trouvait pas dans les *Mémoires* de la ci-devant Académie, que, quant aux *Mémoires*, ils avaient été imprimés à Versailles à l'imprimerie de l'hôtel de la guerre en 1772, à la suite de ceux de Poissonnier-Desperrières.

chaîne. A la séance suivante, 13 février, Briqueville lut le rapport demandé par l'Académie et qui, signé Beauchaîne, Roquefeuil et Briqueville, a été enregistré au tome IX, pages 112-117. Il y est dit, sous forme de conclusion, que les faits qui se sont passés sur la *Belle-Poule* ne suffisent pas pour porter un jugement définitif qui condamne ce genre de nourriture. L'Académie crut devoir y ajouter que de pareils essais ne devaient être faits que par gradation et non en changeant tout à la fois, ainsi qu'on l'avait fait à bord de la frégate. Courcelles, lui, était complétement opposé à ce régime, ce que prouve son mémoire publié en 1781, c'est-à-dire six ans après sa mort, par La Coudraye, et qui est la réfutation complète de l'ouvrage de Poissonnier-Desperrières. Le jugement de l'Académie ne termina pas le débat. Le 9 avril, le chevalier La Coudraye communiqua à l'Assemblée un mémoire de Desperrières en réponse aux observations qu'il avait lues à l'Académie. Non content d'avoir fait imprimer ces observations sans son aveu, Poissonnier-Desperrières y avait répondu par des expressions indécentes. Délibérant sur cet objet, l'Académie pensa judicieusement qu'elle ne devait point se mêler dans des questions de procédés; mais qu'attendu que le mémoire de Desperrières était offensant pour plusieurs officiers de la marine et particulièrement pour le chevalier La Coudraye qu'elle voyait avec plaisir au nombre de ses membres, elle approuvait ses justes réclamations et la lettre qu'il adressait à ce sujet au ministre. Nous ne savons ce que répondit Boyne; mais, le 1er octobre, on lut le mémoire d'un nouvel adversaire de Desperrières : c'était le médecin Auffray, chirurgien-major de la *Dédaigneuse*. Son travail, intitulé : *Mémoire de M. Auffray sur le régime végétal proposé par M. Desperrières*, est dans le tome I des *Correspondants*, pages 105-115. L'essai qu'on avait fait du régime végétal de Desperrières dans la moitié des vaisseaux de l'escadre d'évolutions commandée par le comte d'Orvilliers ne lui paraissait pas devoir déterminer à le préférer à la nourriture ordinaire des équipages. Courcelles, chargé du rapport sur le mémoire Auffray, le rédigea naturellement dans le même sens, et, du reste, se borna à une simple analyse. Son rapport est dans le tome I des *Correspondants*, pages 149-152.

Une autre question, qui avait déjà fait l'objet de plusieurs rapports en 1769 et 1770, fut également reprise en 1772. Le 20 février, Briqueville lut un projet de règlement ou d'instruction sur les secours qu'on peut donner aux noyés. A ce sujet, Courcelles rappela qu'il avait déjà lu à l'Assemblée, dans la séance du 2 août 1770, un projet de règlement sur le même objet. L'Académie décida qu'on enverrait au ministre le mémoire Courcelles, avec les additions que Le Bègue et Briqueville étaient chargés de proposer, et qu'on prierait le ministre de le rendre public. A la séance suivante, 27 février, Briqueville et Le Bègue donnèrent leur travail, qui est dans le tome IX, pages 213-215. Trémergat lut, de son côté, le résumé de l'instruction Courcelles, et le tout fut envoyé à Boyne. Celui-ci répondit, le 30 avril, dans un sens favorable aux désirs de l'Académie. Mais il fallut deux lettres de celle-ci pour obtenir ce résultat : la première, du 21 février ; l'autre, du mois d'avril, et même, le 3 septembre, l'Académie, impatiente des lenteurs ministérielles, se décida à faire imprimer l'instruction, de sa propre autorité, tout en demandant l'agrément du ministre pour le fait accompli, par une lettre en date du 14 septembre.

Le 29 octobre et le 26 novembre, on lut les *Observations* de l'abbé Dicquemare *sur la reproduction des anémones de mer*. Ce travail est dans le tome I*er* des *Correspondants*, pages 197-205. Le rapport de Courcelles, qui est à la suite, pages 205-206, fut peu favorable. Les expériences de l'abbé, pour prouver la multiplication par bouture des anémones de mer, n'offraient rien de plus singulier que celles faites précédemment par Tremblay, Lyonnet, Réaumur et Jussieu, et comme il les avait fait imprimer d'ailleurs dans le *Journal encyclopédique* de novembre 1772, l'Académie n'y pouvait prendre qu'un intérêt médiocre.

Dons d'ouvrages. — Voici la liste des ouvrages offerts à l'Académie en 1772 :

Séance du 9 mars : Le *Livre de la conservation des farines*, de Duhamel du Monceau ;

Du 28 juillet : Don par Mannevillette d'un petit *Ouvrage anglais sur les moyens de lever les plans* ;

Du 6 août : Don d'un exemplaire de la *Carte du grand banc de Terre-Neuve*, par l'abbé Dicquemare, devenu éditeur de cette carte[1] ;

---

[1] Peut être la prétentieuse lettre d'envoi de l'abbé avait-elle indisposé l'assemblée contre son auteur. En voici la fin : « Vous serez sans doute surpris, Monsieur, autant que je l'ai été moi-même, de trouver, avec la carte, le portrait gravé du plus faible des correspondans. Cette distinction peu méritée, je la dois sans doute en plus grande partie à l'honneur que m'a fait l'Académie. Quelques éloges peu mesurés par feu M. l'abbé Nollet et, comme vous le verrez, l'amitié d'un artiste qui court à pas de géant vers la célébrité, ont fait le reste. Je suis justement, sur la liste de l'Académie que vous avez eu l'attention de m'envoyer, ce que les ombres sont dans un tableau. C'est ainsi que les moindres choses deviennent utiles,

Du 29 novembre : Une *Carte de la Manche*, par le même.

Achat de livres. — Il restait de l'ancienne Académie un fonds de 2,471[#] 2ˢ 6ᵈ que le secrétaire avait remis, en 1766, entre les mains du trésorier de la marine. Par une lettre de Versailles, en date du 20 janvier 1772, Boyne la fit remettre à l'Académie. Celle-ci en profita pour arrêter, le 30 janvier, une liste de livres à acheter. Le 11 juin, on proposa une seconde liste, mais le registre des séances n'indique pas quels sont ceux dont on fit l'acquisition.

L'impression d'un volume de mémoires est décidée. — Le 16 janvier, l'Académie trouvant que ce qu'elle possédait de mémoires méritant l'impression était très-suffisant pour former un volume, décida d'une voix unanime la publication dudit volume. A la séance suivante, Le Bègue, le sous-commissaire Le Roy et Rosnevet furent désignés pour suivre l'impression, composer le discours préliminaire et rédiger les extraits qui devaient, dans l'origine, être annexés à la publication. Le 30 janvier, Le Bègue lut un rapport des mémoires Secqval, Clairain-Deslauriers et Thévenard destinés à l'impression. L'assemblée décida qu'on écrirait aux auteurs, pour savoir s'ils ne voulaient rien changer à leur travail. Nous n'avons trouvé, dans la correspondance de l'Académie, que les lettres adressées à Deslauriers et Secqval et la réponse du premier. Il ne voyait pas de changement à faire dans son *Mémoire sur le jaugeage des vaisseaux*. Quant à sa réponse au mémoire de Roquefeuil, il ne l'avait pas destinée, dans sa pensée, à l'Académie. Si néanmoins celle-ci jugeait à propos de l'imprimer, il convenait de lui donner une forme générale en supprimant des faits particuliers cités à l'époque de la rédaction du mémoire ; mais pour peu que les réflexions qu'il y avait données pussent déplaire, l'auteur consentait volontiers à la suppression de son mémoire. On écrivit également à Goïmpy pour lui dire que l'Académie, par l'estime particulière qu'elle avait pour ses ouvrages, souhaitait pouvoir en faire imprimer quelques-uns. Le chevalier répondit, de Gueldres, le 15 février, qu'il persistait dans sa résolution de ne pas consentir à ce que ses mémoires fussent imprimés avec ceux de l'Académie royale de marine ; que, s'il avait à les faire paraître, ce ne serait qu'après diverses additions et explications, mais surtout comme mémoires particuliers, afin que la critique à laquelle

---

quand elles sont à leur place. L'Académie, qui a bien voulu s'approprier cette ombre en original, n'en dédaignera peut-être point la copie, si vous la jugez digne de lui être présentée. »

ils seraient sujets ne portât que sur lui seul. En un mot, ses mémoires n'étaient pas dans le degré de perfection où il les aurait désirés. Le 5 mars, le sous-commissaire Le Roy lut le *Discours préliminaire* destiné à être placé en tête du volume imprimé. Il a été enregistré au tome IX, pages 221-241, et la rédaction en est un peu plus étendue que celle qui a été adoptée définitivement. Le même jour, après quelques réflexions sur l'acte d'association entre l'Académie des sciences et celle de la marine, il fut arrêté qu'on ne ferait pas mention de cet acte dans le volume des *Mémoires de l'Académie*. Le 30 avril, Duval Le Roy et La Coudraye furent adjoints à Le Bègue, Le Roy, le commissaire, et Rosnevet, pour suivre l'impression et accélérer le travail. Le même jour, on remit aux commissaires le *Mémoire* du comte de Roquefeuil *sur les effets de la décomposition du vent pour la manœuvre des vaisseaux*, lu à la séance du 20 février, avec les notes ajoutées par l'auteur et le rapport des commissaires qui avaient examiné ce travail. Le 23 juillet, on relut le *Mémoire* de Deslauriers *sur le jaugeage des vaisseaux*, et, contradictoirement à ce qui avait été décidé à la suite d'un premier examen, on arrêta qu'il ne serait point placé dans le premier volume des mémoires imprimés de l'Académie. Le 28 juillet, Thévenard demanda si l'on devait faire usage, pour l'impression, de son *Mémoire sur la manière de tirer un vaisseau sur la cale*, lu à la séance du 27 juin 1771. Nous n'avons pas trouvé la réponse de l'Académie; mais elle fut évidemment affirmative, puisque le mémoire susdit est, ainsi que nous l'avons déjà dit, dans le volume imprimé. D'ailleurs, à la séance du 17 septembre, Blondeau lut une lettre de Thévenard, ainsi que des notes ajoutées à son mémoire, pour servir de réponse à quelques objections qui lui avaient été faites. A la même séance du 28 juillet, Marguerie demanda qu'on fît le rapport des objections de Goimpy à ses mémoires, ou qu'on supprimât ces objections sur les registres. L'assemblée décida qu'on écrirait à Goimpy pour lui en proposer la suppression; sinon, on ferait le rapport. Nous avons en vain cherché cette lettre, qui ne fut peut-être pas envoyée. Le 3 septembre, on prit la résolution de ne pas mettre d'extraits ni de partie historique à la tête du volume, afin de pouvoir donner place à quelques mémoires de plus. On demanda seulement au lieutenant de vaisseau Chalvet-Souville le précis de ses *Expériences sur l'union du fer forgé au fer fondu*, afin d'en faire une note au mémoire Secqval. Souville donna effectivement des *Extraits d'observations sur les canons proposés par Feutry*, qui furent transcrits au tome X, pages 92-96, et l'on en fit une note qui fut insérée, page 92, à la fin du mémoire Secqval. Le même jour, Marguerie ayant proposé, par une lettre adressée au comte de Roquefeuil, un nouveau mémoire sur la construction, si l'Académie jugeait à propos de l'insérer dans son premier volume, celle-ci l'engagea à envoyer son travail sur l'usage duquel elle prononcerait après l'avoir examiné. Comme nous n'en avons plus trouvé de traces, il est probable que Marguerie ne put le terminer à temps pour l'impression, et que plus tard il n'y songea plus.

Événements de l'année. — Les deux principaux événements de l'année sont l'inspection du comte d'Estaing, dont nous avons parlé au commencement de ce chapitre et à laquelle l'Académie de marine resta étrangère, en tant qu'Académie, et la visite de l'arsenal de Brest par le duc de Chartres, que l'on destinait à la marine. Il arriva le 5 mai, assista aux manœuvres de l'escadre d'évolutions, visita en détail les établissements du port, mais ne parut pas à l'Académie de marine qui était d'ailleurs en vacances pendant son séjour à Brest. Il partit le 11 mai.

Mouvements. — Le 30 avril, Trémergat étant embarqué, Beauchaine fut élu vice-directeur pendant le temps de son absence.

Au mois d'août, Roquefeuil demanda au ministre l'autorisation de s'absenter pour affaires personnelles. C'est alors que Boyne, ainsi que nous l'avons dit, envoya à Brest le comte d'Estaing, avec le double titre d'inspecteur général et de commandant de la marine. Néanmoins, Roquefeuil continua d'abord de jouir, indépendamment des appointements de lieutenant-général, du supplément de 6,000# attribué aux commandants des ports. Ce ne fut qu'en novembre qu'il fut remplacé par le *comte de Breugnon*. Celui-ci, de son côté, ne devait prendre le commandement en chef dans le port qu'après le départ du comte d'Estaing, qui eut lieu en janvier 1773, comme nous l'avons rapporté.

En septembre, la retraite du lieutenant de vaisseau La Motte Baracé laissa vacante une place d'académicien ordinaire et celle de directeur. Le 17 du même mois, Beauchaine fut élu directeur, en remplacement de Baracé. Ce même jour, Trémergat, qui avait repris ses fonctions de vice-directeur, demanda la vétérance pour Baracé, académicien depuis sa nomination d'adjoint en 1754. Il ne paraît pas que l'Académie ait donné suite, à l'origine, à cette proposition, attendu que la lettre adressée le 21 septembre au ministre pour l'informer de cette vacance, ne parle pas de la vétérance.

Le 5 novembre, Fortin et Blondeau furent proposés au ministre en qualité d'académiciens ordinaires en remplacement de Baracé, avec trois voix chacun ; les enseignes Carry-Danières, avec cinq voix, et Guichen, avec quatre, pour la place d'adjoint, en remplacement de Fortin ou de Blondeau. Le ministre choisit *Blondeau* et *Carry-Danières*. Les deux candidats proposés pour la place d'adjoint n'avaient pas donné d'ouvrage, conformément à l'article 10 du règlement de l'Académie ; mais celle-ci, dans sa lettre du 16 novembre, se porta garante de leurs connaissances et sûre du zèle avec lequel ils partageraient ses travaux. Dans la même lettre, l'Académie demanda à Boyne de ne proposer qu'un sujet pour chacune des places d'honoraire et d'associé, devenues vacantes par la mort de Froger-l'Éguille et de Bellin [1], son choix ne pouvant tomber que sur un très-petit nombre de personnes, auxquelles elle ne voudrait pas opposer de concurrents. Le ministre, par sa réponse en date du 29 janvier 1773, refusa d'accéder à cette demande. Ce serait, disait-il, faire une dérogation au règlement, et il en résulterait peut-être que ces places seraient moins recherchées, au lieu qu'en se conformant à la règle, ce serait au moins un agrément pour celui qui n'a pas été choisi d'avoir été proposé.

Enfin, le 12 novembre, des lettres de correspondance furent accordées à *Simonin*, le professeur d'hydrographie, pour son *Mémoire sur la barre de Bayonne*.

En résumé, à la fin de l'année 1772, le nombre total des académiciens était de 75, savoir : 10 honoraires, 8 associés, 25 ordinaires, 25 adjoints et 7 correspondants.

Le 17 décembre, l'Académie procéda à l'élection de ses officiers, qui furent pour l'année 1773 :

Directeur : Beauchaîne, continué depuis le 17 septembre ;
Vice-Directeur : Rosnevet, en remplacement de Trémergat ;
Secrétaire : Duval Le Roy, en remplacement de Rosnevet ;
Sous-Secrétaire : Blondeau, en remplacement de Duval Le Roy.

---

[1] Bellin était mort à Versailles, le 21 mars, d'après une note que nous avons fait relever à la mairie de cette ville ; Froger-l'Éguille, à Angoulême, le 5 septembre. Ce dernier était lieutenant-général des armées navales et commandeur de l'ordre de Saint-Louis. Quant à Bellin, la *Biographie Michaud* le fait mourir à Paris, cinq jours après la lettre par laquelle l'Académie de marine demandait son remplacement. Les atlas de cet ingénieur n'ont plus de nos jours aucune valeur hydrographique ; mais ce cartographe n'en a pas moins la gloire d'avoir fondé en quelque sorte le dépôt des cartes et plans. Il y avait débuté, quarante ans auparavant, sous la direction du capitaine de vaisseau chevalier de Luynes, comme commis dessinateur, aux appointements de 1,200 livres.

XII.

Année 1773.

Pas une seule vacance dans l'année 1773, qui ne compte pas moins de cinquante séances. C'est celle où paraît l'unique volume des Mémoires imprimés de l'Académie. On se remet avec une nouvelle ardeur au Dictionnaire. Les autres branches des sciences ne sont pas négligées. Boyne continue de veiller strictement à l'exécution de l'ordonnance de 1772, et passe tout le temps de son ministère à combattre à la fois le grand corps des officiers de marine et de l'administration. Dans l'intention de supprimer un jour les gardes-marine, il fonde l'école du Havre, où il n'était pas besoin de faire preuve de noblesse pour l'admission. Il voulait en établir une autre à Toulon ou à Marseille pour le commissariat, et fondre ensuite ces deux établissements en une seule école polytechnique d'où seraient sortis tous les officiers destinés à être employés dans les différentes parties de la marine. Enfin, le ministre chargeait Groignard de la construction de la première forme qu'ait eue le port de Toulon.

I. DICTIONNAIRE. — Résolue à reprendre le travail du Dictionnaire, comme étant le principal objet qu'elle s'était proposé, l'Académie arrêta, le 28 janvier, qu'elle ne cesserait de s'en occuper. Clugny avait écrit à Rosnevet qu'il se chargeait de la police des ports. Vialis prit pour lui tous les articles relatifs aux forges, fers et aciers employés sur les vaisseaux. Le 4 février, l'Assemblée pria Baracé, Trémergat, Goimpy, le sous-commissaire Le Roy et Thévenard de continuer chacun leur travail pour les parties du Dictionnaire qu'ils avaient entreprises, relativement aux lettres A B C, suffisantes pour former un premier volume. La Motte-Baracé répondit le premier, le 25 février, d'Angers, que ses occupations actuelles le mettaient dans l'impossibilité de continuer son travail, et qu'il l'abandonnait volontiers à celui qui serait chargé de le remplacer, pour le retoucher et le refondre même, si besoin était. Le lendemain, 26, Thévenard écrivait de Paris en annonçant les mots *Bois*, *Fer* et *Galère*, et se chargeant de *Chanvre* et de *Cordages*, si ces deux derniers n'étaient pas entrepris ou destinés. Il soumettait au jugement de l'Académie, pour le mot *Bois*, la division suivante : 1° les différentes sortes de bois qu'on emploie dans la marine ; 2° les terrains où ils se plaisent, leur culture, leur croissance, leurs signes sur pied ; 3° leur exploitation, leur préparation brute dans les forêts pour chaque rang de navire, avec la dimension et la courbure de chaque pièce ; 4° les distinctions d'espèces, leurs qualités, leurs perfections et leurs vices ; 5° leur pesanteur spécifique, leur force ; 6° les principaux lieux d'où on les tire, leur prix commun ; 7° la quantité de chaque espèce brute ou travaillée pour chaque rang de vaisseau, frégate, etc., et à quoi chacune d'elles est employée. Trémergat répondit, le 28, du château des Granges, que, comme il prévoyait qu'il ne pourrait s'occuper de longtemps du Dictionnaire, il priait l'Académie de vouloir bien disposer de la partie qui lui était destinée. Le sous-commissaire Le Roy répondit, de Versailles, le 2 mars, que ses occupations actuelles ne lui laissaient plus le loisir de travailler au Dictionnaire ; il abandonnait à un autre académicien les articles qu'il s'était proposé de traiter, ainsi que son Discours préliminaire, qu'il ne croyait pas digne de figurer, dans la forme qu'il lui avait donnée, à la tête du recueil des Mémoires de l'Académie. Enfin, Goimpy répondit de Paris, le 14 avril, en demandant les cahiers de Morogues, en vue de satisfaire aux demandes de l'Académie, dans le cas où le ministre lui accorderait une prolongation de congé. L'Académie approuva la méthode avec laquelle Thévenard se proposait de traiter le mot *Bois* ; elle l'invita même à traiter tout l'article de la corderie, en le dispensant du mot *Fer* déjà remis à d'autres mains. Quant au mot *Galère*, on décida d'écrire à Toulon au chevalier d'Oppède et à d'Arbaud-Jouques, pour les prier de traiter cet article avec tout le détail qu'il méritait. Le premier répondit, le 11 mai, que son collègue et lui étaient tout disposés à souscrire aux désirs de l'Académie, mais qu'étant l'un et l'autre destinés pour l'escadre qu'on armait en ce moment, ils ne pouvaient songer, pour l'heure présente, à s'en occuper. Le 18 mars, on décida que Kerguelen et Rosnevet allant être, par leur absence [1], dans l'impossibilité de travailler au premier volume du Dictionnaire, seraient remplacés dans le cas où ils voudraient se désister de leur

---

[1] Kerguelen repartait sur le *Roland* qu'accompagnaient l'*Oiseau* et la *Dauphine*, pour aller prendre position de l'île qu'il avait découverte l'année précédente. La suppression de sa relation nous empêche de faire connaître sur quel bâtiment était embarqué Rosnevet. Nous savons seulement que l'Académie le chargea d'expérimenter un des aimants artificiels qu'elle possédait, et de redemander à l'abbé Rochon les instruments à elle appartenant et dont celui-ci était en possession depuis plusieurs années.

travail, mais nous n'avons pas trouvé trace de ce fait dans la correspondance.

Ainsi qu'on voit par les lignes ci-dessus, ce n'était pas la bonne volonté qui manquait aux académiciens : mais par leurs absences fréquentes pour cause de service et par leurs occupations, beaucoup d'entre eux se trouvaient dans l'impossibilité d'assister régulièrement aux assemblées. Aussi décida-t-on, le 11 février, de faire la lecture des mots faits ou non faits, en suivant l'ordre alphabétique. Dès le 26, on avait terminé l'A; le 18 mars, on commença le B. Le 6 mai, on songea à demander au ministre la création d'académiciens vétérans, pour faciliter l'acquisition de nouveaux membres pouvant suivre le travail du Dictionnaire. D'après l'article 11 du règlement, il fallait quinze ans d'inscription pour avoir droit à la vétérance. Le 8 juillet, on reprit la lecture du vocabulaire, afin de déterminer plus exactement à quelle partie chaque mot devait appartenir, et on poursuivit cette lecture les 5, 12 et 19 août, les 2, 9, 16 et 30 septembre, le 21 et le 28 octobre. Le 22 juillet, Blondeau lut et remporta plusieurs mots relatifs au pilotage. Le 9 septembre, on écrivit à Clugny pour le prier de consacrer à son travail tout le temps dont il pourrait disposer. Celui-ci répondit en demandant sous quelle forme il devait traiter les articles dont il s'était chargé, et l'Académie lui envoya en communication quelques articles de commerce comme modèles. Le 2 décembre, Bougainville annonça qu'il se chargeait, conjointement avec Kerguelen, de traiter tout ce qui concernait la construction étrangère. Le même jour, on décida qu'on nommerait dorénavant des commissaires pour tous les mots lus en assemblée. Le 9 décembre, Marguerie lut *Atterrage*; La Coudraye, *Agitation de la mer*. Verdun de la Crenne et La Coudraye furent nommés commissaires pour l'examen du premier de ces deux mots; Bougainville et Fortin, pour le second. Enfin, le 23 décembre, Guichen, Marguerie et Fortin furent désignés pour faire leur rapport sur plusieurs mots de Baracé.

II. ASTRONOMIE. — Le 26 mars, on fit lecture d'une lettre de Fleurieu relative à la publication de son *Voyage par ordre du Roi, en 1768-1769, sur l'Isis pour éprouver en mer les horloges marines* de Berthoud. Paris, in-4°, 2 vol. « La première partie de cet ouvrage, disait Fleurieu, contient : 1° le journal des horloges marines ou la suite de quatorze vérifications servant à apprécier la régularité de ces machines sous divers points de vue, relativement aux divers usages auxquels on peut les employer; 2° le journal de la navigation, dans lequel sont exposés tous les secours que les horloges ont fournis pour perfectionner la navigation et la géographie : d'où suit un examen critique de plusieurs cartes publiées au Dépôt des plans et journaux de la marine, avec une carte générale de l'Océan occidental et des cartes particulières des Îles Canaries, de celles du Cap-Vert et des Açores, dressées sur de nouvelles observations. — Dans la seconde partie sont contenues toutes les observations astronomiques qui ont été faites tant à la terre qu'à la mer pour vérifier la régularité des horloges; les résultats particuliers de chaque opération, les résultats généraux de l'épreuve et des tables relatives à ce travail. J'y ai joint, ajoutait l'auteur, une instruction très-détaillée sur la manière d'employer les horloges marines à la détermination des longitudes, tous les modèles de calculs et un recueil de tables usuelles. Tous ces objets réunis formeront deux volumes in-4° de six à sept cents pages chacun. » L'auteur demandait pour juges de son ouvrage Chabert et Bezout, ce dernier déjà chargé par le ministre d'en faire la censure. L'Académie, dans sa séance du 1er avril, accorda à Fleurieu sa demande. Le rapport des commissaires fut lu le 7 octobre. Il est dans le tome X, pages 166-167. Leur conclusion fut que le travail de Fleurieu méritait l'approbation de l'Académie, tant par l'utilité de son objet que pour les soins que l'auteur avait donnés à son exécution, et ils le jugèrent très-digne de l'impression. L'Assemblée décida de donner à Fleurieu un certificat en conséquence.

Convaincu que la montre de Berthoud, à laquelle il avait d'ailleurs coopéré, était supérieure à celle de Leroy[1], Fleurieu avait déjà exprimé cette conviction dans un ouvrage intitulé : *Examen critique d'un mémoire publié par M. Leroy, horloger du Roi, sur l'épreuve des horloges propres à déterminer la longitude en mer et sur les principes de leur construction.* Londres et Paris, in-4°, 1767. C'était la réfutation complète du mémoire de Leroy. Le 21 octobre, on lut à l'Académie un mémoire imprimé où Leroy revendiquait la découverte

---

[1] La montre de Leroy, qui avait déjà obtenu, de l'Académie des sciences, le prix de 1769, pour déterminer la meilleure manière de mesurer le temps à la mer, fut couronnée de nouveau pour le même sujet, en 1773, à la suite des épreuves faites sur la frégate la *Flore*. Quant à la montre de Berthoud éprouvée également par ordre du Roi sur la *Flore*, elle avait paru mériter beaucoup d'éloges par la régularité de sa marche; mais l'auteur ayant expressément déclaré qu'il ne jugeait pas à propos de concourir et n'ayant point d'ailleurs fait connaître la construction de sa montre, l'Académie avait cru devoir s'abstenir d'en porter aucun jugement relativement au prix.

de Berthoud. C'est un mémoire en 51 pages intitulé : *Précis des recherches faites en France depuis l'année 1730, pour la détermination des longitudes en mer par la mesure artificielle du temps.* L'Académie arrêta qu'on accuserait à l'auteur réception de cet écrit et qu'on l'en remercierait. La lettre est du 25 octobre ; elle ne contient rien de plus que ce remerciement. Quant à Berthoud, qui venait de donner son *Traité,* en 588 pages, *des horloges marines,* il répondit au *Précis* de Leroy par un mémoire de 164 pages intitulé : *Éclaircissements sur l'invention, la théorie, la construction et les épreuves des nouvelles machines proposées en France pour la détermination des longitudes en mer par la mesure du temps.* Paris, in-4°.

Le 22 avril, on fit la lecture d'une lettre du ministre, en date du 6, ainsi conçue : « M. Mistral, commissaire général de la marine, ordonnateur au Havre, qui avoit remis à différents marins des exemplaires, des tables et instructions propres à la détermination des longitudes dressées par l'Académie royale de la marine, a reçu des observations faites avec le secours de ces tables par le sieur Desouches embarqué sur le navire l'*Élisabeth* destiné pour Saint-Domingue. Je vous envoie une copie de ces observations et de la lettre de ce navigateur ; vous voudrez bien les remettre à l'Académie pour les examiner, et me marquer si le travail du sieur Desouches mérite au moins quelque éloge qui puisse l'encourager à donner de nouvelles preuves de zèle et d'application. » Nous n'avons trouvé, dans le tome Ier des *Correspondants,* que le titre du mémoire et le rapport des commissaires Blondeau, Delangle et Fortin, qui se trouve aux pages 206-207. Les commissaires de l'Académie signalaient dans les observations de Desouches plusieurs négligences de calcul ; ils attestèrent néanmoins du travail, du zèle et de l'intelligence de ce navigateur du commerce.

Le 3 juin, lecture d'une nouvelle lettre ministérielle, en date du 23 mai et relative à des observations de longitudes faites sous les yeux de Clairon, professeur d'hydrographie au Havre. Son travail, ainsi que celui de Desouches, est indiqué dans le tome Ier des *Correspondants* comme devant se trouver dans le portefeuille de 1773, que nous n'avons plus. Les commissaires nommés par l'Académie, Granchain, Delangle et Fortin, y signalèrent également dans leur rapport, qui est à la suite du précédent, pages 208-210, quelques fautes, presque toutes purement d'arithmétique, qui ne doivent pas être un obstacle, disaient-ils, à l'approbation que l'auteur peut espérer de l'Académie. Le ministre fit parvenir à Clairon comme à Desouches l'expression du sentiment de la Compagnie à leur égard.

Le 29 avril, Blondeau proposa à l'Assemblée « une manière de suspendre l'aiguille aimantée en employant le magnétisme telle que plus l'aiguille a de pesanteur, moins elle éprouve de frottement. » Il proposa également un moyen de diminuer à volonté le frottement des aiguilles ordinaires sur leur pivot. Le 11 juin, ce même académicien lut un *Mémoire sur l'effet de deux aiguilles aimantées l'une sur l'autre, lorsque, librement suspendues, elles se trouvent dans leurs sphères d'activité réciproque, à peu près dans le même plan horizontal.* Vialis, Granchain, La Coudraye et Fortin furent nommés commissaires pour faire le rapport de ce mémoire. Ils proposèrent à l'auteur quelques changements que celui-ci adopta, et il fut arrêté, le 17 juin, que le travail de Blondeau serait livré à l'impression. Il figure en effet dans le volume imprimé de l'Académie, aux pages 401-420.

Le 21 mai, lecture fut commencée à l'Académie d'une copie du rapport Borda, Pingré et Verdun de la Crenne des épreuves faites en mer pendant la campagne de la *Flore* et des différentes méthodes pour déterminer la longitude. Le dernier cahier fut envoyé pour être lu le 3 juin. Nous n'avons trouvé, à ce sujet, dans le tome X, que le titre de ce travail, qui est : *Opérations faites, tant à bord de la frégate la Flore qu'en différents ports ou rades de l'Europe, d'Afrique et d'Amérique, pour la vérification des instruments et des méthodes relatives à la détermination des longitudes sur mer, et à d'autres objets concernant la navigation*, avec la mention : imprimé dans les *Mémoires de l'Académie royale des sciences*, année 1773[1]. Sur la proposition de Granchain, l'Académie écrivit au ministre, à la date du 30 juin, une lettre où elle donnait son approbation à ce travail, particulièrement à ce qu'il renferme sur les avantages qu'on peut retirer des horloges marines et du sextant. Boyne répondit de Compiègne, le 23 juillet, « qu'il saisiroit avec plaisir les occasions d'encourager les artistes à perfectionner le sextant et les autres instruments destinés aux observations à la mer ». Deux ans plus tard, les mêmes auteurs complétèrent leur travail par un ouvrage intitulé : *Voyage fait par ordre du Roi en 1771 et 1772, en diverses parties de l'Europe, de l'Afrique et*

---

[1] Le mémoire fut effectivement remis, le 27 novembre, par Pingré à l'Académie des sciences et inséré dans les *Mémoires* de cette Compagnie, pages 253-322.

de l'Amérique, pour vérifier l'utilité de plusieurs méthodes et instruments servant à déterminer la latitude et la longitude, tant du vaisseau que des côtes, isles et écueils qu'on reconnoît ; suivi de recherches pour rectifier les cartes hydrographiques (3 cartes et 26 planches). Paris, Imprimerie royale, 1778, 2 vol. in-4°. Les trois cartes, dit P. Levot, dans sa notice biographique sur Verdun de la Crenne (*Revue maritime et coloniale* de septembre 1871), sont des cartes réduites d'une partie de l'Atlantique, d'une partie des mers du Nord et des Antilles. Les 26 planches contiennent 148 vues de côtes exécutées par Pierre Ozanne, professeur de dessin des gardes-marins, embarqué sur la *Flore*.

Le 26 août, Blondeau lut une lettre de Cassini de Thury, invitant l'Académie à faire des observations correspondantes à celles qu'il faisait lui-même à l'occasion des réfractions. Nous ne voyons pas qu'il ait été donné suite à cette lettre. Le même jour, Blondeau lut également un *Mémoire* qu'il avait composé *sur les variations de l'intensité magnétique ; sur les rapports du magnétisme avec l'électricité, avec les différents états de l'atmosphère, etc.* Granchain et Petit furent nommés commissaires pour l'examen de ce travail. A la suite de leur rapport, lu le 2 septembre, il fut arrêté que ce mémoire serait imprimé dans le volume des *Mémoires de l'Académie*. C'est, en effet, le dernier et il occupe les pages 421-440.

Le 19 novembre, l'Académie écrivit au ministre que les boussoles faites à Brest étaient si défectueuses qu'il était à désirer que l'Académie de la marine pût diriger et surveiller la construction de ces instruments. On peut dire que, depuis sa réorganisation en 1769, la Compagnie n'avait cessé, pour ainsi dire, de se préoccuper de cette question si importante pour la navigation. A cette époque, les aiguilles aimantées étaient faites hors du port par un coutelier; les autres pièces, soit dans les ateliers du port, soit ailleurs. Le cadranier, homme employé aux boussoles et sabliers, recevait au retour de la mer les boussoles, constatait leur état, faisait exécuter où bon lui semblait les grosses réparations, et se contentait, pour sa part, d'aimanter ou de réaimanter les aiguilles. Celles-ci, faiblement trempées et seulement par les bouts, n'étaient traitées qu'avec un aimant naturel très-peu généreux. Il était de la plus haute importance, disait l'Académie, de remédier à l'imperfection des compas de route et de variation, imperfection telle, surtout pour ces derniers, qu'autant eût valu s'en passer. L'Académie en avait déjà fait construire sous ses yeux, d'un moindre prix et néanmoins supérieurs, et elle était en état de les améliorer encore, sans augmenter la dépense. En conséquence, elle demandait à être autorisée à prescrire la forme qu'on doit donner à ces instruments, et à nommer un ou plusieurs de ses membres pour éclairer les ouvriers et pour veiller à ce qu'il ne fût délivré aucun compas qui n'eût pas les qualités requises, non-seulement lors de la première livraison, mais encore à chaque armement. Le 21 janvier 1774, Boyne répondait à l'Assemblée qu'il approuvait qu'elle se concertât avec l'intendant sur la meilleure forme à donner à ces boussoles et sur les meilleures matières à y employer ; qu'elle convînt avec cet intendant qu'il la ferait avertir lorsqu'on aurait à construire, à réparer ou à vérifier des boussoles, afin qu'elle pût nommer un ou plusieurs académiciens capables pour éclairer les ouvriers de manière qu'il ne pût être livré à l'avenir aucune boussole défectueuse. Telle fut l'origine de l'atelier des boussoles de Brest qu'on appelait alors Cadrannerie.

III. HYDROGRAPHIE. — Le 14 janvier, on lut des remarques de Goësbriand, garde de marine[1], sur la différence que donnaient, pour les longitudes de différents endroits de la côte du Portugal, les cartes du *Neptune français* et de l'*Hydrographie française*. Ces remarques parurent fondées à l'Académie, puisqu'il fut décidé qu'on enverrait au ministre un extrait des observations de longitude faites sur cette côte par Trémergat et Delangle, avec une lettre pour le prier de donner des ordres afin que ces fautes fussent corrigées.

Le 20 février, Mannevillette écrivit d'Hennebon à l'Académie, pour lui soumettre son plan d'exécution d'une nouvelle édition de son *Neptune oriental*, en 56 cartes. La première édition remontait à l'année 1745. Par une lettre du 8 du même mois, adressée au chevalier d'Oisy, capitaine de vaisseau et directeur du dépôt des cartes et plans, l'Assemblée avait demandé à cet académicien un recueil général des cartes du dépôt avec tous les volumes de discours y relatifs, et particulièrement les ouvrages de Mannevillette. L'Académie répondit à celui-ci qu'elle verrait avec plaisir son ouvrage s'exécuter à Brest sous ses yeux, et qu'elle donnerait tous ses soins pour que l'exécution répondît à l'importance de son objet. Le 17 juin, on fit lecture du prospectus de l'auteur et l'imprimeur de l'Académie, Malassis, fut autorisé à im-

---

[1] Il fut fait enseigne la même année, lieutenant de vaisseau en 1779. Il était du département de Brest.

primer ce prospectus. Le 30 septembre, Chasteloger, La Coudraye et Marguerie furent nommés commissaires pour l'examen du nouveau *Neptune* et lecture fut faite, le 7 octobre, *des Instructions sur la navigation de France aux Indes, soit par le canal de Mozambique, soit en abordant aux îles de France et de Bourbon*. A la séance suivante, et sur le rapport des commissaires, l'Académie arrêta qu'on pourrait livrer ces instructions à l'impression et souscrivit pour l'ouvrage. Le 11 novembre, on lut une lettre de Mannevillette à Blondeau, annonçant la suite de son livre. C'était le *Traité des vents qui règnent dans la mer des Indes*. La Coudraye fit son rapport sur cette suite et, à ce sujet, le comte d'Aché, vice-amiral et académicien honoraire de l'année, communiqua, le 16 décembre, à l'Assemblée, ce que l'expérience lui avait fait connaître sur le passage dit des Neufs, où il avait fait route, en 1759, avec son escadre et avec un plein succès. Le rapport général sur la nouvelle édition du *Neptune* ne put être lu qu'en 1775. C'est une analyse très-détaillée qui n'occupe pas moins de 29 pages du tome X des volumes manuscrits de l'Académie.

Le 21 mai, Blondeau fit lecture d'une lettre de Digard de Kerguette, professeur d'hydrographie de Rochefort et membre correspondant de l'Académie, relative à un cours de pilotage qu'il se proposait de soumettre au jugement de l'Académie. Ce doit être son cours de navigation de 1764. Nous inscrivons, au surplus, ce fait pour mémoire, attendu que cette lettre ne fut pas laissée et que rien n'indique, dans les registres, que l'auteur ait donné suite à sa proposition.

Le 3 juin, l'abbé Rochon ayant demandé communication des observations écrites par Mannevillette pour appuyer l'opinion de Grenier sur sa nouvelle route pour aller de France aux Indes, observations dont il a été parlé en 1771 et qui sont à la fin du tome VIII, l'Académie lui accorda sa demande après avoir, toutefois, retranché de la copie de ces extraits les personnalités dirigées contre l'abbé. Vialis, Courcelles et Le Roy furent chargés de ce travail.

Le dernier mémoire d'hydrographie, présenté en 1773, fut un travail de l'enseigne Rosily, sur l'île de Timor, lu à la séance du 26 août. Le chevalier de Rosily était fils d'un chef d'escadre, commandant de la marine à Brest, illustré en 1757, alors qu'il commandait le *Diadème*, par la prise du vaisseau anglais le *Greenwich*. Le fils, né à Brest, en 1748 et entré dans la marine à l'âge de 14 ans, après un examen des plus brillants, avait fait, de 1762 à 1769, diverses campagnes à Rio, à Saint-Domingue et aux Antilles. Embarqué, de 1770 à 1772, sur le vaisseau l'*Aberwrach*, puis sur le *Berryer* et enfin sur la frégate la *Fortune*, tous bâtiments commandés par Kerguelen, il avait été abandonné par celui-ci en février 1772, sur les côtes désertes de l'île que Kerguelen avait découverte, et n'avait dû son salut qu'à la rencontre fortuite de la flûte le *Gros-Ventre*, commandant Saint-Allouarn, qui naviguait de conserve avec Kerguelen. C'est pendant une relâche à Timor qu'il visita cette île, divisée en trente petits royaumes, dont les uns obéissaient au Portugal, les autres à la Hollande. Il ne paraît pas qu'il ait été nommé de commissaires pour l'examen de ce travail, qui a été inséré dans le tome Ier des *Correspondants*, pages 220-251, et qui contient d'excellentes remarques sur la manière d'attaquer l'île par la partie de l'Est, en venant du Sud, ainsi que sur les autres façons de l'aborder dans cette même direction ; sur la température, les maladies, l'agriculture, les productions, les terrains, les mines, la pêche, les animaux domestiques et sauvages, la chasse, les habitants, le gouvernement, la religion, les peuples, le langage, la population, les mœurs, la politique, les lois, le caractère, la navigation, les habillements, les armes, la guerre, le commerce. L'ouvrage est terminé par un dictionnaire franco-timorien.

IV. MANŒUVRE. — Au commencement de l'année, 14 janvier, Le Vallois ayant redemandé à l'Académie son mémoire en forme de supplément du travail qu'il avait donné l'année précédente, sur l'anémomètre, ce mémoire lui fut remis.

Un seul travail relatif à la manœuvre en 1773, et il est de la fin de l'année. A la séance du 9 décembre, Verdun de la Crenne lut un *Mémoire sur une nouvelle voile d'étai pour mettre à la cape*[1], avec le résultat de l'expérience qui en avait été faite sur la *Flore*. Guichen et Marguerie furent nommés commissaires pour l'examen de ce travail, qui est dans le tome X, pages 209-213. Leur rapport est à la suite, pages 213-215. Ils trouvèrent cette voile dite de cape très-avantageuse, sans le moindre inconvénient, et proposèrent de demander au ministre qu'on en fît l'expérience. Si le rapport de cette expérience confirmait leur opinion, comme ils avaient tout lieu de le croire, on devait en adopter l'usage sur les bâtiments de Sa Majesté. L'Assemblée décida,

---

[1] C'était une voile triangulaire de toile de basses voiles, avec de fortes ralingues. Cette voile se hissait à la tête du mât de misaine, s'amurait à la poulie de fausse amure et venait se border entre les haubans et le mât à une poulie près du fronteau du gaillard d'avant.

en conséquence, de proposer au ministre l'essai de l'invention de Verdun de la Crenne. La lettre de l'Académie est du 14 janvier 1774. Boyne répondit, le 30 du même mois, qu'en attendant qu'il se présentât une occasion de faire faire l'épreuve par comparaison sur deux bâtiments partant pour la même destination, comme l'Académie le croyait nécessaire, il mandait à M. de Breugnon et à M. de Ruis (le commandant du port et l'intendant) de faire pourvoir d'une voile de cette espèce la frégate le *Zéphir*[1], dont l'armement venait d'être ordonné. L'officier qui la commandera, ajoutait le ministre, aura ordre de saisir toutes les occasions qui se présenteront dans sa campagne, d'en comparer l'usage avec les autres manières de capeyer connues et usitées jusqu'à présent, et de me rendre compte, au retour, du résultat des expériences. Boyne terminait sa lettre en disant qu'il en ferait part dans le temps à l'Académie.

V. MATHÉMATIQUES. — Il n'y eut, en 1773, que deux mémoires de mathématiques, présentés l'un et l'autre par Marguerie.

Le premier, lu à la séance du 9 septembre, traitait de la statique des vaisseaux. Nous n'avons trouvé dans les volumes manuscrits de l'Académie que le titre de ce mémoire, dans lequel, dit P. Levot (*Essais de biographie maritime*), Marguerie considérait son sujet dans sa plus grande généralité et le traitait d'une manière absolument neuve et originale. Il n'est pas dit non plus, dans le compte rendu des séances, qu'il ait été nommé des commissaires pour l'examen de cet ouvrage.

Le second *Mémoire* de Marguerie, lu à la séance du 16 septembre, est un travail *sur la résolution des équations du cinquième degré*. C'est le mémoire que cet officier avait annoncé à l'Académie par la lettre du 4 août de l'année précédente. « Il y démontre, dit P. Levot, que la résolvante du cinquième degré est réellement du vingt-quatrième. Après avoir montré la route qu'il faut suivre pour trouver cette résolvante, et fait voir que le calcul en est très-praticable, il cherche ce qu'on pourrait faire pour la résoudre. Ayant réussi à décomposer la résolvante du quatrième degré en deux, l'une du troisième, l'autre du deuxième, il semblerait, à en juger par analogie, que la résolvante du cinquième degré devrait dépendre pareillement de trois équations, l'une du quatrième, l'autre du troisième, et enfin une du deuxième. Il cherche la première

---

[1] Vieille frégate de Rochefort qui remontait à 1728. Elle avait été refondue, en dernier lieu, en 1754 et fit partie de l'escadre d'évolutions de 1775, sous les ordres du capitaine de vaisseau de Beausset.

indépendamment des deux autres, et indique comment on peut la trouver, si elle existe. Mais venant à reconnaître que cette recherche exige beaucoup d'essais que l'incertitude ne permet pas d'entreprendre, il n'ose se prononcer sur l'existence ou la non-existence de cette équation. » Fortin et Blondeau furent nommés commissaires pour l'examen de ce mémoire. Nous n'avons pas trouvé leur rapport.

VI. ARCHITECTURE NAVALE. — Ainsi que nous l'avons vu en 1772, le chevalier d'Oppède avait envoyé de Toulon des Observations sur le rapport que Vialis et Trédern de Lézerec avaient fait de son mémoire l'année précédente. Marguerie, Borda et Goimpy furent nommés commissaires pour l'examen de ces Observations, et conséquemment pour l'examen du système de mâture que cet académicien proposait d'établir. L'Académie laissa aux juges la liberté de donner leur avis conjointement ou séparément. Le rapport des commissaires, inséré dans le tome X, pages 145-155, avec des devis et calculs justificatifs, fut accompagné d'une lettre de Goimpy, qui est dans le registre des diverses lettres, pages 139-142. Il est dit dans le rapport que l'approbation donnée à Toulon au mémoire de M. d'Oppède, l'enregistrement de sa formule au contrôle de la marine, enfin sa capacité et son expérience reconnues ne permettent aux commissaires de proposer leurs réflexions que comme des doutes soumis à l'Académie de marine. Quant à la lettre de Goimpy, c'est une étude critique raisonnée du système, dans laquelle il oppose au fait particulier de l'auteur, le fait non moins particulier et tout opposé de l'augmentation de mâture de la *Thétis* et de l'*Héroïne*, au moyen de laquelle Goimpy a amélioré la marche de ces deux frégates. L'Académie, dans sa séance du 27 mai, décida qu'elle enverrait le rapport au chevalier.

Le 1er juillet, Briqueville lut un *Mémoire sur la mâture des vaisseaux*. Le rapport fait sur ce travail, qui est dans le tome X, pages 156-164, ne sera donné qu'en 1783. L'auteur y indique la façon et les proportions qu'il croit être les meilleures pour les différentes pièces de mâture susceptibles de rechange, dans le but d'y trouver un plus grand nombre de ressources.

VII. ARTILLERIE. — A la fin de l'année 1770, Verdun de la Crenne avait lu à l'Académie un mémoire tendant à rendre plus exact et plus facile le pointage du canon à la mer. Ayant obtenu du ministre la permission de faire des expériences pour connaître à peu près la quantité verticale dont le boulet de différents calibres doit tomber au-dessous de la ligne du prolongement de l'âme de la pièce à une distance donnée, il fit ses premières expériences, à l'anse de Lanninon à Brest, avant l'armement de la *Flore*, et, ainsi que nous l'avons dit en 1771, il en remit une copie cachetée au secrétaire de l'Académie. Le 25 novembre 1773, il lut à l'Assemblée un mémoire intitulé : *Rapport et résultats des expériences faites en 1771 pour rendre plus exact et plus facile le pointage du canon sur les vaisseaux, avec l'application à la pratique.* Ce travail est dans le tome X, pages 177-190 et il est suivi, 191-208, des *Expériences faites pour reconnaître la quantité verticale dont les boulets descendent au-dessous du prolongement de l'âme à une distance donnée.*

VIII. Histoire naturelle. — Le 29 juillet, on fit lecture d'une *Suite d'observations sur les anémones de mer* que l'abbé Dicquemare avait envoyée du Havre à l'Académie, avec une lettre où il priait de considérer ce travail non comme un mémoire, mais simplement comme une notice contenant quelque chose de nouveau. C'était une réponse indirecte au rapport peu favorable de Courcelles, dont nous avons parlé l'année précédente. L'Assemblée fit inscrire la suite de ces observations dans le tome 1er des *Correspondants*, pages 210-220, et, par une lettre en date du 2 août, l'engagea à continuer ses expériences.

Dons à l'Académie. — Les ouvrages ou instruments offerts à l'Académie en 1773 sont :

Séance du 4 mars : *Théorie et pratique des longitudes en mer*, publiées par ordre du Roi par Charnières. Paris, in-8°, 1772. « Cet ouvrage, dit Lalande dans sa *Bibliographie astronomique*, est le troisième de M. de Charnières[1] ; il contient une description très-détaillée du mégamètre qu'il avait proposé, en 1767, pour observer en mer les distances de la lune aux étoiles, et qui est une suite de l'héliomètre de Bouguer. »

Du 18 mars : Don d'un *Aimant artificiel* par Le Noble, chanoine de la collégiale de Vernon. Ce présent avait été précédé d'instructions assez détaillées sur les aimants composés par ce même chanoine. Ces instructions, à la date du 19 juillet, sont dans le registre des diverses lettres, pages 124-129.

Du 6 mai : *Carte du cours de la rivière de l'Adour*, envoyée par Simonin, à l'appui de son mémoire de l'année précédente.

---

[1] Il avait offert les deux précédents en 1772.

Du 27 mai : Envoi par Ferdinand Berthoud de son *Traité des horloges marines*. Paris, in-4°, 1773, 558 pages. « Cet ouvrage, dit Lalande, est le fruit de plusieurs années d'expériences, qui ont été couronnées par le succès de ses montres marines. C'est une suite importante du grand ouvrage du même auteur intitulé : *Essai sur l'horlogerie*. »

Du 23 septembre : Don par Simon, maître de forges, d'un *Vitruve*.

Du 2 décembre : Don par Dicquemare, de sa *Carte du Ponant*. L'abbé s'occupait de cartes marines en même temps que d'histoire naturelle, et travaillait à cette époque pour le *Neptune oriental*.

Achat de livres et d'instruments. — Le 21 janvier, l'Académie arrêta de faire l'acquisition d'un certain nombre de livres, dont la liste lui avait été remise depuis longtemps, et Courcelles se chargea de faire une note des meilleurs livres de chimie, de minéralogie, de médecine et de physique, pour les joindre à cette liste.

Le 22 avril, elle se détermina à faire l'acquisition des meilleures cartes de la Méditerranée.

Le 13 mai, elle défendit de confier à des étrangers des livres de sa bibliothèque pour les emporter, et arrêta de faire imprimer un catalogue des ouvrages qu'elle possédait.

Le 27 mai, elle arrêta de demander à Paris deux thermomètres, l'un à mercure, l'autre à esprit-de-vin.

Le 3 juin, elle décida qu'aucun membre de l'Académie ne pourrait confier à qui que ce fût les instruments de l'Académie dont il serait chargé, et que, pour éviter les désagréments auxquels il pourrait être exposé par le refus qu'il en ferait, il lui serait remis une copie de cette délibération. Le même jour, par une délibération nouvelle, elle autorisa le secrétaire à communiquer aux étrangers qui viendraient lire à la bibliothèque tous les ouvrages, excepté les manuscrits.

Le 1er juillet, elle délibéra sur l'achat de livres qu'elle se proposait de faire.

Le 22 juillet, elle souscrivit pour l'ouvrage de Banks et Solander. Joseph Banks, naturaliste anglais, et Daniel Solander, naturaliste suédois, avaient accompagné Cook dans son voyage de 1768 à 1771, et s'étaient liés d'amitié. Quant à l'ouvrage dont il est ici question, il est intitulé : *Supplément au voyage de Bougainville* ou *Journal d'un voyage autour du monde en* 1768, 1769, 1770 *et* 1771, et se trouve à la bibliothèque de l'hôpital du port de Brest.

Le 5 août, elle fit, pour la somme de 250 livres, l'acquisition de l'*An-*

tiquité expliquée, avec figures, en 15 vol. in-folio. C'est l'ouvrage du bénédictin D. Bernard de Montfaucon, en latin et en français, pour lequel l'auteur avait mis à contribution tous les Cabinets de l'Europe.

Le 19, elle acquit, pour 60 livres, une traduction en cinq volumes de l'*Histoire naturelle* de Pline.

Le 19 octobre, elle souscrivit, ainsi que nous avons dit à la rubrique *Hydrographie*, à la nouvelle édition du *Neptune* de Mannevillette.

Le 4 novembre, on décida d'écrire à l'intendant général des monnaies, Cotte ou Côtes, de faire frapper pour l'Académie 500 jetons, semblables à ceux qui avaient été commandés en 1770 par Praslin. Ils coûtèrent 1,138 livres. Ce même jour, il fut arrêté d'envoyer au ministre un catalogue imprimé des livres de la bibliothèque, afin qu'il pût juger de la manière dont elle employait ses fonds pour l'utilité générale. Dans la même séance, on chargea encore Marguerie d'acheter, pour le compte de l'Académie, un certain nombre de livres de la bibliothèque de Frézier, qu'on mettait en vente après le décès de cet académicien. L'Académie acquit ainsi : un *Dictionnaire de peinture*, un *Traité des bois*, des *Mémoires critiques d'architecture*, un *Traité des ponts*, une *Construction des chemins*, une *Mécanique du feu*, un *Tarif des bois*, une *Architecture* de Daviler, une *Méthode du dessin*, in-4° de 15 livres (ce fut l'ouvrage le plus cher), des *Principes d'architecture*, l'*Art des fortifications*, *Architecture*, par Palladio; *Mouvement des eaux*, par Mariotte; *Manuel de l'artifice*, *Essai sur les feux d'artifice*, *Coupe des bois*; un *Traité d'architecture*, probablement celui de Dupuis; une *Architecture*, en italien, de Scamozy; le *Bombardier français*, par Bélidor; l'*Architecture* de Lepaute, celle de Brosse; neuf *Connaissances des temps*; enfin, les *Éléments d'Euclide*, par Mercator; total : 33 volumes pour la somme de 103 livres.

Le 2 décembre, on accepta la proposition de Lalande d'envoyer à l'Académie un exemplaire des *Tables anglaises*. Enfin, le 2 décembre, on décida de faire l'acquisition d'un nouvel ouvrage d'Euler sur la construction. C'est le livre intitulé : *Théorie complète de la construction et de la manœuvre des vaisseaux*. Pétersbourg, 1773, in-8°.

Affaires intérieures. — L'arrêté du 3 juin relatif aux instruments avait été motivé par le retard qu'avait mis un des membres de l'Académie à lui restituer les instruments qui lui avaient été confiés. Le 24 février, c'est-à-dire alors que l'abbé Rochon revenait en France sur l'*Indien*, commandé par le baron d'Arros d'Argelos, l'Académie écrivit au ministre, pour qu'il voulût bien lui faire redemander les instruments à elle appartenant et dont il jouissait depuis près de cinq ans. Boyne, ainsi que nous l'avons dit dans une note relative au paragraphe du Dictionnaire en 1773, autorisa l'abbé à remettre ces instruments à Kerguelen ou à Rosnevet, moyennant reçu. Le 3 juin, l'Académie reçut de Rochon un quart de cercle. Il devait rendre incessamment les autres instruments, sauf celui des passages que l'abbé prétendait lui appartenir. L'Académie décida, le 4 novembre, que Duval Le Roy, secrétaire de l'Assemblée, chez lequel Rochon l'avait fait déposer, le remettrait, moyennant récépissé que le sous-secrétaire Blondeau lui donnerait. Rochon, de son côté, ayant écrit au ministre, qu'il était dans l'impossibilité de remettre actuellement une pendule de Berthoud et un graphomètre que Poivre avait exigé qu'il laissât à l'Ile de France, Boyne écrivit, le 9 décembre, à l'Académie qu'il avait donné l'ordre de les renvoyer par le premier bâtiment qui rentrerait en France. À la fin de l'année, l'Académie réclamait encore à Rochon, indépendamment des deux objets ci-dessus, une lunette de 12 pieds, un compas de variation, une pendule et une montre à secondes, tous objets prêtés le 6 février 1768, plus un quart de cercle estimé 900 livres et une lunette achromatique de 300 livres.

Ainsi qu'on le voit, ce premier débat n'était pas encore terminé, lorsqu'il s'en éleva, entre l'Académie et le même Rochon, un second, qui ne devait pas durer moins de sept années. Nous n'en voyons pour ainsi dire que l'origine en 1773. Le 8 octobre, l'Assemblée écrivit au ministre pour faire assurer l'état du sieur Vincent, et faire porter ses appointements de 800 à 1,200 livres, avec le brevet de garde-bibliothécaire. La bibliothèque étant devenue publique, le sieur Vincent, dont le zèle, le soin et l'intelligence ne s'étaient jamais démentis, n'avait plus un moment qui ne fût employé au service de l'Académie. Le ministre ayant répondu, par une lettre en date du 24, qu'il ne lui paraissait pas possible d'accorder cette faveur au sieur Vincent, attendu que l'abbé Rochon avait déjà le titre de garde-bibliothécaire avec 1,200 livres d'appointements[1], l'Académie représenta au ministre, par une

---

[1] C'était l'Intendant Clugny qui avait obtenu du ministre Praslin le brevet de garde de la bibliothèque pour l'abbé Rochon.

seconde lettre en date du 1er novembre, que l'abbé Rochon ne résidant point à Brest (effectivement, il était presque toujours à Paris ou à Morlaix), ne pouvait remplir les fonctions de garde de la bibliothèque et des instruments appartenant à l'Académie, et que c'était précisément pour ce motif qu'elle demandait à le faire remplacer par le sieur Vincent. Les choses en étaient là à la fin de l'année 1773.

Publication du volume de Mémoires. — Le grand événement de l'année pour l'Académie, fut la publication de son unique volume de mémoires. Au mois de mars, l'éditeur Malassis, perdant patience, se plaignit des torts que lui causait le retardement de l'impression commencée depuis deux ans. Ce ne fut pourtant que le 25 juin qu'on lut le discours préliminaire composé l'année précédente par le commissaire Le Roy. L'Académie ayant jugé que ce travail exigeait quelques changements, ce à quoi l'auteur, du reste, avait souscrit, ainsi que nous l'avons dit au paragraphe du Dictionnaire de cette année; Vialis, Petit et Fortin furent chargés de lui donner la forme convenable. Le 8 juillet, on fit lecture du discours de Le Roy modifié, et l'Assemblée adopta les changements proposés par les commissaires. L'ouvrage ayant paru, vraisemblablement dans les premiers jours de septembre, date du dernier mémoire imprimé, celui de Blondeau, sur les variations de l'intensité magnétique, on demanda au ministre, par une lettre en date du 6 septembre, de vouloir bien indiquer quelles étaient les formalités à observer par l'Académie dans la présentation qu'elle se proposait de faire au roi d'un exemplaire de cet ouvrage. Boyne répondit, le 30 septembre, que ceux des membres de l'Académie qui étaient à Paris n'avaient qu'à s'assembler, et qu'il leur indiquerait le jour où Sa Majesté voudrait bien les recevoir. Le 14 octobre, on arrêta qu'il serait relié un exemplaire en maroquin doré sur tranches pour le ministre; et Marguerie fut prié d'écrire au comte de Roquefeuil de vouloir bien se mettre à la tête de la commission chargée de présenter le volume à Sa Majesté. Le comte y ayant consenti par sa lettre du 8 octobre, et conseillant en même temps de laisser passer les premiers moments du mariage de la Cour (c'était l'époque où le comte d'Artois épousait Marie-Thérèse de Savoie), l'Académie expédia, le 1er novembre, au ministre, 14 exemplaires, dont cinq seulement n'étaient pas reliés. C'étaient ceux destinés au roi, à ses trois petits-fils, le Dauphin, le comte de Provence et le comte d'Artois, enfin au duc de Penthièvre, amiral de France. On priait Boyne de donner des ordres pour qu'ils fussent reliés et mis sous la forme où ils devaient être pour que Roquefeuil pût les présenter. Des neuf exemplaires restants, un était pour le ministre, un pour Roquefeuil, un pour le maréchal de Conflans, celui des deux vice-amiraux qui ne faisait pas partie de l'Académie (l'autre était le comte d'Aché); six enfin étaient destinés au duc d'Orléans, à son fils le duc de Chartres, au prince de Condé, au duc de Bourbon, au prince de Conti et au comte de la Marche, dans le cas où ç'aurait été l'usage de l'Académie des sciences. Sinon, le comte de Roquefeuil était prié de les garder provisoirement pour les distribuer plus tard aux membres de l'Académie de marine résidant à Paris, ce qui eut lieu, croyons-nous. Quant à la présentation du livre au roi et à la famille royale, elle se fit à Versailles le 9 janvier 1774.

Vingt mémoires sont contenus dans ce volume. Ce sont d'abord les cinq de Marguerie sur la *Résolution des équations en général*, le *Système du monde*, l'*Élimination des inconnues*, l'*Établissement d'une nouvelle théorie de la résistance des fluides par l'expérience*, enfin les *Suites*. Ils forment 240 pages sur 440, c'est-à-dire plus de la moitié du volume. Le mémoire sur la *Sommation des suites*, à lui seul, occupe 99 pages. Viennent ensuite : un mémoire de Mannevillette sur des *Corrections et additions à sa carte réduite de l'Océan oriental* et des observations du même auteur, faites à Foulepointe en 1757; le tout ne prend que 24 pages; mais Mannevillette a encore plus loin ses *Observations astronomiques faites en Chine*, qui tiennent 10 pages; le mémoire de Roquefeuil sur les *Effets de la décomposition du vent pour la manœuvre des vaisseaux*, 11 pages; celui de Secqval relatif à des *Expériences d'artillerie*, 19 pages; trois mémoires de Duval Le Roy, sur des *Équations différentielles*, des *Problèmes d'astronomie* et le *Principe de moindre action*, 59 pages à eux trois; le calcul raisonné de Thévenard sur la *Force d'un appareil pour tirer un vaisseau à terre*, 13 pages; le *Précis de l'observation du passage de Vénus sur le disque du soleil*, par Fortin et Verdun de la Crenne, l'observation de ce même passage du 3 juin 1769, par Duval Le Roy et Blondeau, et l'*Observation de l'éclipse du 4 juin 1769*, par les mêmes, 8 pages pour ces trois mémoires; enfin, les deux mémoires de Blondeau sur les *Aiguilles aimantées* et celui sur l'*Intensité magnétique*, qui termine le volume. Ils forment un total de 56 pages.

En résumé, le volume des mémoires en contient 7 de mathématiques abstraites et transcendantes, 8 d'astronomie, 2 de manœuvre, 1 d'artillerie, 1 de géographie, 1 de physique. M. Ch. Dupin, dans sa notice *Du rétablissement de l'Académie de marine*, juge que l'objet de la Compagnie était trop vague et trop tourné vers les recherches spéculatives, la moitié de ses mémoires publiés étant étrangère, dit-il, au but direct de l'Académie. Mais, tout en reconnaissant la justesse de cette observation, n'est-il pas permis de croire, d'après le relevé des travaux qu'il nous reste à exposer, qu'avec le temps, l'Académie de marine se serait montrée plus pratique et aurait fini par bannir, sinon de ses travaux, du moins de la collection de ses mémoires, les recherches purement théoriques? N'oublions pas que ce seul volume imprimé devait être suivi de plusieurs autres, et que les circonstances seules empêchèrent la Compagnie de donner suite à ce projet comme à celui du Dictionnaire de marine.

Mouvements — Le 22 avril, Le Bègue fut élu directeur, en remplacement de Beauchaîne: Courcelles, sous-directeur, à la place de Rosnevet. Ce dernier était embarqué sous les ordres de Kerguelen ; Beauchaîne, nous ne savons où, peut-être sur l'escadre d'évolutions.

Le 29 avril, on rédigea un projet de lettre au ministre, relativement aux deux places d'associé et d'honoraire vacantes, depuis l'année précédente, par la mort de Froger de l'Éguille et de Bellin ; mais il ne paraît pas que cette lettre ait été envoyée. Seulement, le 21 mai, on procéda à l'élection d'un honoraire. Le vicomte de Roquefeuil, chef d'escadre, et Missiessy, capitaine de vaisseau, académiciens ordinaires, obtinrent: le premier, 4 suffrages; le second, 3. Les adjoints Vialis, capitaine de vaisseau, et Fortin furent désignés pour remplir la place d'ordinaire que ce changement devait laisser vacante; Vialis eut 4 voix, Fortin, 3. Enfin, deux nouveaux adjoints furent proposés : le capitaine de vaisseau Guichen, avec 6 voix; l'enseigne du Roslan, avec 3, ce dernier à cause de son mémoire de 1772 sur la campagne qu'il avait faite dans l'archipel situé au N.-E. de Madagascar. Le ministre choisit *Roquefeuil, Vialis* et *Guichen*. Quant à la place d'associé devenue vacante par la mort de Bellin, elle ne fut pas remplie, personne parmi les savants étrangers ne s'étant proposé pour l'occuper, et les autres classes ne pouvant fournir à celle-ci. Aussi l'Académie délégua-t-elle au ministre le soin de nommer à cette place. Dans sa réponse, datée du 27 juin, Boyne promit de s'occuper du choix d'un sujet digne de la Compagnie.

Le 6 mai, l'Assemblée avait rédigé un projet de lettre au ministre pour la création d'une classe d'académiciens vétérans. Elle y songeait depuis l'année précédente, époque où le lieutenant de vaisseau La Motte-Baracé, académicien depuis 1754, avait pris sa retraite, et ainsi, d'après l'article XI du règlement, avait cessé de faire partie de l'Académie. Nous n'avons pas trouvé cette lettre; mais l'abbé Rochon, ayant été prié d'instruire la Compagnie des formalités à observer lorsque quelqu'un de ses membres, en se retirant, était dans le cas de réclamer la vétérance, fit répondre, le 12 août, que celui qui voulait obtenir la vétérance eût à écrire au ministre pour lui exposer les motifs qui lui faisaient solliciter cette grâce. Le ministre demanderait ensuite à l'Académie si le sujet dont il s'agit est susceptible de cette faveur, et, selon la réponse de celle-ci, expédierait ou refuserait la vétérance. En conséquence de cette instruction, il fut arrêté que le ministre serait prié d'accorder la vétérance à La Motte-Baracé, cet académicien étant dans le cas de l'obtenir. La lettre partit le 20 avril. Il y était dit que ce n'était pas seulement à la faveur du règlement que M. de Baracé pouvait prétendre à cette grâce, mais qu'il avait pour l'obtenir les titres les plus légitimes et les plus glorieux. Ses services dans la marine, où il avait toujours joui de la plus grande réputation, son zèle, ses talents qui le faisaient sans cesse regretter par l'Académie, dont il avait été un membre distingué, tout sollicitait puissamment en sa faveur. Boyne répondit, par une lettre en date du 13 septembre, que pour mettre l'Académie en règle, conformément à ce qui se pratiquait pour l'Académie des sciences, il fallait que l'Académie de la marine prit une délibération sur la demande de M. de Baracé, qu'elle la fit passer au ministre, et que lui Boyne prendrait les ordres du roi pour l'approuver. L'Assemblée écrivit de nouveau, le 24 septembre, qu'ayant délibéré (la veille) en conséquence de l'ordre ministériel, on avait été d'avis, unanimement, que M. de La Motte-Baracé, emportant les regrets de la Compagnie, était parfaitement dans le cas de la vétérance à tous égards, et qu'elle regarderait comme un nouveau bienfait de vouloir bien la lui procurer. La réponse de Boyne annonçant l'agrément du roi est datée de Fontainebleau, le 19 octobre.

La retraite de Trémergat, du mois d'août et la mort de Frézier à Brest, le 14 octobre, donnèrent lieu à de nouvelles élections. Le 23 août, Trémergat écrivait de Rennes à l'Académie, pour lui annoncer la cessation de ses services et le regret que la date de son inscription (1769 comme adjoint, 1771 comme ordinaire) ne lui permît pas de solliciter la vétérance. L'Assemblée lui répondit, par une lettre du 30, qu'il avait tant de droits à cette grâce, non-seulement par ses services, mais par son mérite personnel, qu'elle se flattait que le ministre ne lui refuserait pas la vétérance. Il n'en fut rien, et nous verrons même que, l'année suivante, Trémergat échoua dans la demande d'une place d'associé. Quant à Frézier, académicien honoraire de 1752 et de 1769, retraité depuis 1764, c'est-à-dire à l'âge de 82 ans, il n'avait pu, en raison de son grand âge, coopérer que fort peu aux travaux de l'Académie; mais, indépendamment de son *Traité de stéréotomie*, on lui doit, sur les beaux-arts, l'histoire naturelle et la géographie, quelques opuscules qui montrent des connaissances solides et variées. Dans la séance du 21 octobre, on procéda d'abord à son remplacement. Le comte d'*Aché*, vice-amiral, réunit tous les suffrages pour remplir cette place; après lui, ce fut le marquis de Saint-Aignan, lieutenant-général des armées navales, qui obtint la pluralité des voix. On vota ensuite pour l'élection d'un ordinaire, en remplacement de Trémergat. Au premier tour, les adjoints La Coudraye et Fortin obtinrent un nombre égal de voix; à un second scrutin, *Fortin* eut 5 voix, La Coudraye, 2. Enfin on s'occupa de l'élection d'un nouvel adjoint. Le chevalier *Montluc de la Bourdonnaye*, obtint 6 voix; de Flotte-Beuzidou, également enseigne, en eut 4. Par sa lettre du 10 novembre, Boyne choisit le comte d'Aché, Fortin et Montluc. A la séance du 18 novembre, on arrêta que le comte d'Aché, en sa qualité d'honoraire, serait reçu les deux battants ouverts, sans que cela pût tirer à conséquence pour qui que ce fût.

En novembre 1773, le professeur d'hydrographie Duval Le Roy fut envoyé au Havre. Il devait cette disgrâce à ce qu'il s'était livré, dans ses leçons, à des commentaires et diatribes contre la religion catholique. Étant secrétaire de l'Académie, il rendit ses comptes tant de recettes que de dépenses de l'année, lesquels ayant été trouvés justes, il fut en conséquence totalement déchargé des effets et des sommes qu'il avait reçus pour la Compagnie. Dans la même séance, celle du 4 novembre, on pria le sous-secrétaire Blondeau de faire les fonctions de secrétaire jusqu'à la fin de la présente année. Duval Le Roy écrivit, paraît-il, à l'Académie une lettre de regrets, puisque celle-ci lui répondit, le 3 décembre, par un billet où elle le remerciait de son souvenir et des bons sentiments qu'il conservait pour elle.

A la fin de 1773, le nombre total des académiciens était de 75, ainsi répartis : 10 honoraires[1], 8 associés, 25 ordinaires, 1 vétéran, 25 adjoints, 6 correspondants.

Le 16 décembre, l'Assemblée procéda à l'élection de ses officiers, qui furent pour l'année 1774 :

Directeur : Le Bègue, prorogé depuis le 22 avril, époque où il avait remplacé le directeur Beauchaîne;

Vice-directeur : Petit, en remplacement de Courcelles ;

Secrétaire : Marguerie, en remplacement de Duval Le Roy;

Sous-secrétaire : Courcelles, en remplacement de Blondeau.

XIII.

Année 1774.

En 1774, dernière année du règne de Louis XV, il y eut quarante-sept séances. La production des mémoires se ralentit; mais, en revanche, pendant les deux tiers de l'année, trente assemblées, on s'occupa presque exclusivement du Dictionnaire, qui devint cette fois véritablement l'affaire capitale de l'Académie.

I. DICTIONNAIRE. — Dès le 13 janvier, on lut le rapport des commissaires Guichen, Marguerie et Fortin, nommés, le 23 décembre de l'année précédente, pour l'examen de la lettre A du commerce, par Baracé. L'Assemblée, ayant approuvé leurs observations, les chargea eux-mêmes des changements qu'ils avaient proposé d'y apporter. La Motte-Baracé résidait alors, pendant l'hiver, à Angers; en été, à son château du Coudray, près Chinon, en Touraine.

Le 17, on écrivit une lettre circulaire à Delangle, Granchain, Vialis, Clugny, Thévenard, Chasteloger et Duval Le Roy, pour leur envoyer les mots de la lettre A appartenant à la partie dont chacun d'eux s'était chargé. L'Académie les priait de l'informer sans délai de l'état

---

[1] Héricourt était mort dans le courant de l'année 1773; mais l'Assemblée n'en avait pas eu connaissance, ainsi qu'il y paraîtra au mouvement de 1774. En octobre 1773, était mort également un membre associé, Louis-Pierre-Gabriel-Gaëtan Dufresne, né à Rennes en 1730, élève à Brest en 1736 et en dernier lieu commissaire des classes à Saint-Brieuc en 1768. Il avait fait sept ou huit campagnes dans les colonies, en escadre et en course, et avait été employé dans des commissions particulières hors de son département pendant la guerre coloniale.

actuel de leur travail et approximativement de l'époque où ils comptaient pouvoir le terminer. Elle les invitait à s'y livrer entièrement, afin qu'elle pût faire paraître incessamment le premier volume. Tout en comptant pleinement sur eux, comme il lui fallait prendre des mesures certaines pour ne pas manquer son objet, elle les prévenait que, faute de réponse de leur part, elle nommerait des commissaires pour s'occuper de leur partie et traiter les mots qui ne seraient pas faits, seul moyen de s'assurer que tout le travail serait terminé en temps utile. On devait adresser primitivement la même lettre à Goimpy et à Briqueville. Mais ce dernier devant revenir incessamment, il fut décidé qu'on ne lui enverrait pas la circulaire. Quant à Goimpy, il l'avait prévenue en quelque sorte par une lettre en date du 11 janvier, écrite au directeur Le Bègue, lettre dans laquelle il se démettait de la partie *Construction* dont il s'était chargé. En conséquence de ce fait, on arrêta que Marguerie serait chargé de la partie remise par Goimpy.

Thévenard répondit le premier, de Lorient, le 20 janvier, qu'il allait s'occuper des mots qu'on lui avait envoyés (*abatis de forêts, abougri*[1], *aubier, avorté*), et qu'il enverrait son travail sous huitaine. Des sept divisions qu'il avait proposées l'année précédente pour le mot *bois*, il en avait traité cinq. Il ne lui restait plus à entreprendre que la troisième et la cinquième, qu'il comptait faire passer à l'Académie pour la fin du mois suivant. Le 29 janvier, il écrivit de nouveau pour dire que le ministre ayant donné ordre d'assembler un conseil de marine au port de Lorient, pour l'examen et la comparaison des navires du Roi la *Pourvoyeuse* et la *Consolante* avec d'autres bâtiments, cette circonstance l'obligeait à des recherches et à un travail assidu qui devaient éloigner de dix à douze jours l'époque du 1er mars qu'il s'était prescrite. Les mots *abatis, abougri* et *aubier* furent effectivement lus à la séance du 24 mars.

Granchain répondit de son château de Granchain, près Bernay, le 22 janvier, que, chargé depuis six mois à peine, de la partie *Évolutions*, et absent de Brest depuis plus de quatre mois, il ne lui avait guère été possible d'avancer beaucoup le travail qu'il avait entrepris; que, néanmoins, comme les articles qui le concernaient étaient peu nombreux et qu'il espérait que ses affaires lui permettraient de retourner à Brest au mois de mars, il croyait pouvoir s'engager à fournir tous les mots

---

[1] Le mot actuel est *rabougri*. Les arbres rabougris sont impropres à la construction.

de la lettre A, appartenant à sa partie, pour le 1ᵉʳ juillet au plus tard. Le 21 juillet, en effet, il lut *armée navale, ordre de bataille*.

Cluguy répondit de Paris, le 29 janvier, que ce qui avait retardé son travail, c'est qu'il n'avait reçu que depuis peu de temps les premiers mots du vocabulaire de la partie dont l'Académie l'avait chargé, bien que Rosnevet les lui eût annoncés par sa lettre du 22 janvier 1773. Malgré ce retard, il espérait pouvoir envoyer la plupart de ses mots dans le courant du mois suivant. Le 26 février, en répondant à la lettre circulaire du 31 janvier, qui lui faisait part de l'envoi du premier volume des *Mémoires* de l'Académie, il annonça que son travail serait terminé dans trois ou quatre jours. Effectivement, le 4 mars, il envoya les mots *adjudication, adjuger, administrateur, administration* et *amirauté*. L'Académie le remercia par une lettre en date du 11, dans laquelle elle le priait de donner la suite de son travail. Il répondit à ce sujet, le 21 mars, en disant qu'il ne pourrait pas s'en occuper de suite avant le mois de mai ou de juin. Il demandait, par avance, le vocabulaire de la lettre C. A l'égard des détails de l'administration, il s'était proposé de les traiter dans le mot *officiers d'administration*, qu'il avait composé en grande partie ; mais il n'avait point envoyé ce travail parce que, au moment où il s'en occupait, il avait entendu parler de nouveaux arrangements à ce sujet. Il s'agit vraisemblablement ici de l'ordonnance provisoire du 8 novembre 1774. L'Académie lui répondit qu'elle ne le presserait pas jusqu'à ce que la nouvelle forme qu'on venait de donner à ce corps eût pris une certaine consistance.

Delangle écrivit de Kerloët, le 30 janvier, pour convenir qu'en ce moment il méritait les reproches de l'Académie, mais qu'il espérait un jour mériter son suffrage. En somme, il annonçait, sans indiquer d'époque précise, la bonne volonté de tenir ses engagements.

Le dernier qui répondit — nous n'avons trouvé de lettres ni de Vialis, ni de Duval Le Roy — fut Chasteloger, qui, par une première lettre datée de Mayenne, le 11 février, dit que la plupart des mots qu'on lui avait envoyés étaient faits, et que tous l'auraient été s'il n'avait pas laissé tous ses papiers à Brest. A son retour dans cette ville, il ne demandait que quinze jours pour terminer son travail. Il se chargerait au besoin, des mots *armement* et *arborer un pavillon* : s'il ne les avait pas pris, c'est qu'ils n'ont aucun trait à l'arrimage. En revanche, il croyait que dans son vocabulaire particulier pour la lettre A, se trouvaient quelques mots qu'on ne lui avait pas envoyés. Sa seconde lettre, du 27 février, est une reproduction à peu près textuelle de la première. Enfin, le 29 mai, il envoya son travail. Il demandait seulement à l'Académie de faire revoir l'explication des termes relatifs à la partie du lieutenant en pied. Quant au mot *armement*, dénué de tout secours, il n'avait osé le traiter ; mais il avait idée que Clugny s'en était chargé.

Le 20 janvier, Bougainville, La Coudraye et Marguerie furent nommés commissaires pour examiner les mots de la lettre A, de l'artillerie, donnés au directeur Le Bègue.

Le 27 janvier, on décida que le format du Dictionnaire serait in-4° sur deux colonnes ; le caractère, cicéro œil moyen. Dans la même séance, il fut arrêté qu'on s'occuperait incessamment de sa rédaction, afin de mettre chaque mot suivant l'ordre où il devait être imprimé. Le nom des auteurs ne devait point figurer aux articles. Le titre devait porter, en général : *Par l'Académie royale de marine*. La décision, néanmoins, ne devait être considérée comme définitive qu'après en avoir fait part à quelques académiciens absents, afin d'avoir le consentement unanime de tous les ouvriers.

Dans la lettre écrite, le 31 janvier, au chef d'escadre comte d'Orvilliers, pour lui annoncer l'envoi du premier volume des *Mémoires de l'Académie*, on l'informa des arrêtés du 27 janvier et l'on écrivit, pour le même objet, une lettre circulaire au vicomte de Morogues, à Bory, au chevalier du Dresnay des Roches, à Missiessy, au marquis de Chabert, à La Cardonnie, au comte de Goimpy, au chevalier d'Oisy, au baron d'Arros d'Argelos, à Forbin d'Oppède, à d'Arbaud-Jouques, au chevalier de Borda, à Secqval, à Fleurieu, au baron de Bombelles, à Hocquart, à Duhamel du Monceau, à Clugny, à Pingré, à Poissonnier, à Lalande, à Bezout, à Clairain-Deslauriers, à Verguin, à Groignard, à l'abbé Rochon, enfin au sous-commissaire Le Roy ; total, 28 lettres à peu près pareilles, sauf quelques variantes de rédaction, selon le rang ou le titre des académiciens. Parmi les réponses envoyées à l'Académie, nous remarquons, pour ce qui concerne le Dictionnaire :

Lalande écrit, le 25 février, de Paris, qu'il apprend avec plaisir que l'Académie s'occupe du Dictionnaire ; qu'il n'est point étonné qu'on ait pris le parti de ne pas signer les articles, mais qu'il est surpris que l'on ait annoncé que cet ouvrage doit être en quelque façon celui des officiers de la marine ; qu'elle semble, par là, vouloir écarter du concours tous ceux qui n'ont pas l'honneur d'être du corps. Il n'attribue point, du reste, à l'Académie cette manière de penser et de s'exprimer, et cela ne l'empêchera pas de s'occuper avec empressement des articles que la Compagnie pourrait lui confier. Nous ne connaissons pas la réponse de l'Assemblée à cette lettre.

Ce même 15 février, Bezout écrivit également de Paris qu'il espérait trouver dans ce grand ouvrage une occasion de donner à la Compagnie des preuves sinon de ses talents, du moins de son zèle.

Duhamel du Monceau écrit de Paris, le 28 février, qu'il voudrait bien concourir avec l'Académie à l'avancement du *Dictionnaire de marine*, mais qu'il est si accablé d'ouvrage qu'il craint fort de ne pas pouvoir satisfaire sur cela son inclination; que, lors de l'établissement de l'Académie en 1752, il avait proposé de faire un vocabulaire où les termes seraient définis, à peu près comme dans les dictionnaires de Furetière, de Trévoux et de l'Académie française, et qui eût été, en quelque sorte, une table pour le grand Dictionnaire. Mais la plupart des membres de la nouvelle Académie ont débuté, ajoutait-il, par des dissertations fort étendues sur chaque terme, et l'on en est resté là. Il proposait, à cause des interruptions qui ne peuvent manquer d'arriver en temps de guerre, de commencer par de petits traités isolés sur la construction, le gréement, l'artillerie, la mâture, la manœuvre, etc. De cette manière, à quelque point qu'en resterait l'ouvrage, il ne serait point incomplet, puisque chacun de ces traités serait indépendant. On pourrait ainsi reprendre le travail, lorsque la paix permettrait de recommencer les séances, et leur réunion ferait le corps complet de l'ouvrage.

Pingré répond de Paris, le 1er mars, que tout ce qu'il pourra faire, ce sera de balbutier quelques mots sur les différentes méthodes de déterminer les latitudes et les longitudes sur mer. Mais cela ne presse pas pour le moment. Il travaille à la relation de son dernier voyage, qui lui donne assez d'occupation.

Missiessy, répondant de Paris le même jour, allègue que ses occupations ne lui permettent pas de seconder le zèle de l'Académie avec l'activité et l'assiduité qu'elle y met; qu'il tâchera, néanmoins, une fois de retour à Toulon, de contribuer à ses travaux.

Clairain-Deslauriers répond de Rochefort, le 5 mars, qu'il se propose de lui adresser incessamment un plan ou plutôt une vue des couvertures qu'il vient de faire exécuter sur les cales de construction de Rochefort. Il y joindra le mémoire qu'il a fait en 1773 sur la conservation des bois, mémoire qui a donné lieu à cet établissement et qui est une suite du travail sur la couverture des vaisseaux envoyé, en 1770, à l'Académie. Ce mémoire peut s'intituler : *Angars* ou *Hangars*, suivant qu'on adoptera l'orthographe de l'Académie française ou celle en usage dans la marine ou dans l'architecture civile. C'est à l'Académie à juger de la place qui lui convient. Par une nouvelle lettre, en date du 2 avril, Deslauriers annonça l'envoi de son mémoire. Était jointe à ce travail la vue de ses couvertures.

Orvilliers répond vaguement de Rochefort, le 7 mars, qu'il sera charmé de pouvoir concourir au travail que l'Académie se propose d'entreprendre.

Le chevalier d'Oppède écrivit de Toulon, le 9 mars, que s'il était assez heureux pour faire quelques mots utiles au Dictionnaire, il ne manquerait pas de les présenter à l'Académie, mais qu'il ne pouvait, sans présomption, se charger d'aucun. Invité, conjointement avec d'Arbaud-Jouques, à travailler au mot *galère*, il n'a pu s'en occuper jusqu'ici, ayant été détourné par la fièvre et par diverses occupations relatives au service ; mais comme la lettre G n'est pas encore prête à paraître, il espère avoir le temps d'y travailler.

Secqval répond d'Orléans, le 10 mars, qu'il compte, vers le milieu d'avril, retourner à la forge de Ruelle, où il est encore employé. Pour ce qui concerne le *Dictionnaire de marine*, il pense que ce doit être un assemblage de mémoires instructifs et raisonnés. Il se chargera volontiers, s'il en est temps encore, de l'artillerie. Il propose *affût*, tout en disant que personne à Brest n'est plus en état que Le Bègue de donner de très-bonnes choses sur l'artillerie. Il fera aussi *ampoulette* ou *fusée de bombe*. Pour la lettre B, il pourra se charger de *balistique*, *bombe*. Ce dernier mot est fait en partie, il l'enverra lorsque l'Académie lui aura fait part de ses intentions. Comme il se propose de les mouler et de les couler, cette description nécessitera quelques planches. Cette partie lui paraît d'autant plus intéressante à détailler, qu'elle ne se trouve bien exposée dans aucun ouvrage. Si personne n'a pris le mot *artillerie*, pour ce qui concerne la guerre de mer, il s'en chargera volontiers. Il prendra aussi *boulet rond* et *boulet ramé* ou *à deux têtes*. Pour la mitraille, outre qu'il n'en doit pas être question de sitôt, ce mot doit être décrit dans les ports. Il détaillera, au mot *boulet*, ainsi qu'aux bombes, leur moulage. Il approuve le projet de l'Académie de ne pas signer les articles ; mais il voudrait voir nommer dans chaque partie trois commissaires ou rédacteurs, pour rendre compte à l'Assemblée, avant l'impression, du résumé de tous les travaux.

D'Arbaud-Jouques, par une lettre de Paris datée du 17 mars, se rejette sur son insuffisance et ses occupations qui ne lui permettent pas de fournir des matériaux au Dictionnaire. La Cardonnie répond, le 29 juin, de Port-au-Prince, que les affaires de famille pour lesquelles il se trouve à Saint-Domingue lui laissent à peine le temps de respirer, et qu'il lui tarde d'être de retour à Brest et aux ordres de l'Académie.

Enfin, le chevalier de Fleurieu, par une lettre de Paris en date du 11 avril, dit, en parlant du Dictionnaire, qu'il lui semblerait utile de commencer par établir une nomenclature générale de tous les mots qui doivent entrer dans sa composition. Cette nomenclature, une fois imprimée, serait envoyée nommément à tous les membres de l'Académie. Chacun y ajouterait les mots qui pourraient avoir été omis, et l'on aurait ainsi une liste complète, tandis que plus de 400 mots, omis dans l'*Encyclopédie*, ont nécessité plusieurs volumes de suppléments. Il résulterait encore un avantage de cette nomenclature : chaque académicien ayant sous les yeux la tâche entière que l'Assemblée se propose de remplir, serait plus à portée de choisir les mots pour lesquels il a plus de connaissances et plus de matériaux ; il ferait part à l'Académie des mots qu'il a choisis, et l'on éviterait par là les doublures. Quant aux mots qui ne seraient pris par personne, l'Académie en ferait la distribution comme elle le jugerait convenable. Quant à l'auteur de la lettre, il sera toujours très-empressé à seconder, dans la limite de ses moyens, la Compagnie dans une entreprise pour laquelle on ne saurait rassembler trop de secours.

L'auteur du *Journal des Savants*, annonçant dans son numéro de janvier 1774 le *Dictionnaire de marine*, avait supposé que des sollicitations étaient faites de toutes parts à l'Académie pour l'engager à travailler à ce dictionnaire. Par une lettre en date du 4 avril, celle-ci écrivit assez sèchement au directeur, qu'elle n'avait besoin des sollicitations de personne pour entreprendre un travail dont elle, plus que personne, connaissait l'importance, l'utilité et la difficulté.

Le 17 février, on prévint le désir de Secqval en nommant quatre rédacteurs du Dictionnaire : ce furent Petit, La Coudraye, Le Bègue et Marguerie. Le même jour, il fut décidé qu'on se procurerait toutes les ordonnances de marine. Le lendemain, dans une lettre adressée au ministre, l'Académie demanda la création d'une classe d'académiciens étrangers, pris dans les différentes marines de l'Europe, pour concourir à la rédaction du Dictionnaire. Chaque marine, disait-elle, a sa méthode et ses usages particuliers, sur lesquels on ne doit attendre de connaissances précises que des marins de la nation. L'Académie eût choisi depuis longtemps des correspondants, si ce titre avait pu convenir pour des personnes d'une certaine considération par leur état et leurs lumières. Quant aux académiciens étrangers, dont l'Académie sollicitait la création, elle demandait un certain temps, pour pouvoir former, après mûre réflexion, une liste de sujets convenables. Boyne répondit, le 13 mars, que Sa Majesté, à laquelle il avait rendu compte du vœu de l'Académie, avait bien voulu approuver la formation de cette nouvelle classe, sous le titre d'Associés étrangers, et qui ne serait composée que de six académiciens pris dans les différentes marines de l'Europe. Le 7 juillet, l'Académie donna plein pouvoir à Marguerie pour traiter de cette matière avec telles personnes qu'il jugerait convenable.

Le 25 février, Blondeau lut plusieurs mots de pilotage. Portin, Verdun de la Crenne et Marguerie furent nommés commissaires pour les examiner.

Sur le désir exprimé par l'Académie que le Roi se chargeât de faire les dépenses de la gravure des planches du Dictionnaire, le ministre avait fait assurer celle-ci par Bougainville, qu'il lui paraissait à propos que non-seulement Sa Majesté fît cette dépense, mais qu'elle se chargeât en outre de faire imprimer l'ouvrage au bureau de la guerre par les imprimeurs royaux, et que l'impression serait suivie par quelques-uns de ses membres résidant soit à Paris, soit à Versailles. La première partie de la proposition souriait fort à l'Académie ; mais, pour ce qui concerne la seconde, elle voyait une foule d'inconvénients à ce que l'impression fût faite ailleurs que sous ses yeux. Premièrement, elle avait presque contracté des engagements avec Malassis, l'éditeur de ses *Mémoires*. En second lieu, elle n'aurait pas voulu que le Roi, ayant fait les frais de l'impression, s'emparât de toute l'édition, dont elle se proposait de retirer un certain profit pour en faire un emploi convenable. Enfin, il lui semblait difficile, pour ne pas dire impossible, que des membres qui ne feraient point une résidence fixe à Versailles pussent conduire l'impression, principalement pour la partie du calcul. Aussi l'Académie pria-t-elle Bougainville de se charger d'une négociation assez délicate, celle de décliner la seconde proposition. Elle-même écrivit dans ce sens au ministre, le 25 mars. Boyne répondit, le 11 avril, que le Roi ferait les frais de la gravure ; que, quant à l'impression, l'Académie pourrait la faire faire comme elle le jugerait à propos, puisqu'il lui paraissait convenable que cette impression fût exécutée sous ses yeux. Lorsque, au mois de juin, Marguerie s'absenta de Brest, ce fut encore lui que l'Assemblée chargea de traiter auprès du ministre tout ce qui avait rapport aux dessins et aux gravures du Dictionnaire, comme aussi de rechercher et de recueillir tout ce qui pourrait concerner ledit ouvrage.

L'Académie avait aussi demandé au ministre, par une lettre que nous n'avons pas retrouvée, d'être autorisée à prendre dans le port tous les renseignements dont elle aurait besoin pour son Dictionnaire. Boyne répondit, le 30 mars, qu'il était disposé à lui procurer toutes les facilités convenables ; mais qu'il ne pouvait l'autoriser à nommer des commissaires pour prendre ces éclaircissements ni dans les bureaux du port, ni dans ceux du ministère. L'Académie pouvait s'adresser à l'intendant de Brest pour les renseignements que celui-ci pourrait lui procurer des bureaux de ce port ; quant à ceux du ministère, comme le ministre les faisait rassembler en ce moment, il en ferait part, en temps opportun, à la Compagnie.

Le 9 mars, l'Académie demanda au ministre de lui procurer les ordonnances des différentes marines militaires de l'Europe. Elle spécifiait nommément celles d'Angleterre, d'Espagne, de Hollande, du Danemark, de Suède, de Malte, de Gênes, de Venise, de Naples, de Russie et même de Turquie, si cela était possible. La correspondance ne donne pas la réponse du ministre ; mais il est vraisemblable de supposer que Boyne répondit qu'il donnerait des ordres en conséquence aux différents ambassadeurs et envoyés de France à l'étranger.

Le 10 mars, on lut les mots de la lettre A composés par Verdun de la Crenne ; *adjudication, adjuger, administration*, par Clugny ; *arsenal*, par Choquet de Lindu. Les commissaires désignés furent : pour les mots de Verdun de la Crenne, Trédern de Lézerec et Guichen ; pour ceux de Clugny, Petit et Marguerie ; pour celui de Choquet de Lindu, Petit et Verdun. A la séance suivante, on lut encore *atelier*, par Choquet de Lindu. Les mêmes commissaires nommés précédemment pour lui furent chargés de l'examen de ce nouveau mot. Le 24 mars, on lut les mots *amiral*, par Trédern de Lézerec ; *abatis, abougris* et *aubier* de Thévenard. Le registre n'indique pas quels commissaires furent nommés à ce sujet. Le 14 avril, on lut *affolée, aimant, aimant armé, aimant artificiel, aimanté, aimanter*, tous mots vraisemblablement de Blondeau, bien que le registre n'en dise rien. Le 21 avril, *abri, abrier, abrolhos, abatée. Abrier*, ou plutôt *abreyer*, est synonyme d'*abriter. Abrolhos*, qu'on écrivait aussi *abrolles* et *abrohollos*, désignait des écueils dangereux qu'on rencontre en pleine mer. Quelques hydrographes prétendent, dit Blondeau dans le *Dictionnaire encyclopédique*, partie *Marine*, que ces mots viennent du latin *aperi oculos*, ouvre les yeux, prends garde.

Dans cette même séance du 21 avril, il fut décidé, d'après le judicieux conseil donné par Fleurieu dans sa lettre du 11 du même mois, que l'on ferait imprimer la nomenclature du Dictionnaire, avec un avertissement en tête pour prier les académiciens et autres personnes de vouloir bien rétablir dans cette liste les mots oubliés dont ils pourraient avoir connaissance, et inviter ceux qui voudraient travailler au Dictionnaire à communiquer leurs travaux à l'Académie.

Le 28 avril, on lut une lettre adressée de Ruelle, le 15, par Secqval, et dans laquelle l'auteur, en annonçant les mots *affût* et *ampoulette*, émettait l'avis que les articles du Dictionnaire devaient être signés, ce qui fut rejeté tout d'une voix par l'Assemblée. Du 28 avril jusqu'au 3 juin, on lut une centaine de mots environ du vocabulaire, c'est-à-dire toute la lettre A et le commencement de B, lettre qui devait terminer vraisemblablement le premier volume. On continua cette lettre pendant tout le mois de juin. Le 7 juillet, on lut *académie de la marine, aciérie, acier*. Le 21, La Coudraye lut *abattre*; Granchain, *armée navale, ordre de bataille*; Le Bègue relut le mot *administration* de Clugny; Briqueville lut *allonge* et *amure*; La Coudraye, le mot *vents alisés* de Marguerie. Furent nommés commissaires : pour les mots de Briqueville, Granchain et Montluc ; pour celui de Marguerie, Blondeau et La Prévalaye. Le 28 juillet, on envoya au nouveau ministre de la marine Turgot six exemplaires de la nomenclature, en lui demandant la permission de faire passer sous son couvert les exemplaires que l'Académie se proposait d'envoyer dans les ports, ce que Turgot approuva par une dépêche du 11 août. On remit à Blondeau les exemplaires qu'il s'était chargé d'envoyer dans les ports de Bordeaux, Bayonne, Marseille, Nantes, Saint-Malo, Le Havre et Dunkerque. Ce jour-là, Granchain lut le rapport du mot *amure* de Briqueville, rapport fait conjointement avec Montluc. On envoya à Forbin d'Oppède les exemplaires destinés au port de Toulon, et la liste d'une trentaine de termes de galère relatifs aux lettres A et B qu'on le pria de remplir. On s'adressa au comte de Maurville, chef d'escadre, commandant de la marine à Rochefort, pour la distribution des exemplaires de la nomenclature dans ce port. Plusieurs académiciens répondirent à l'Académie au sujet de l'envoi de la nomenclature ; entre autres Dicquemare et Forbin d'Oppède, qui envoyèrent un supplément. Aux yeux de l'abbé, un *Dictionnaire de marine* ne pouvait pas être trop volumineux. Il eût voulu y faire entrer un *Dictionnaire d'hydrographie*, l'histoire naturelle de la mer, des gravures multipliées, enfin de véritables traités sur les mots *assurance, sondes, vivres*, etc. Il demandait qu'on établit le genre de chaque mot et qu'on le fît suivre de la traduction latine. L'Académie remercia l'abbé par une lettre en date du 11 novembre, importante en ce sens qu'elle montre quelles étaient ses idées relativement au Dictionnaire. C'est ainsi qu'elle repoussait les mots *aberration, achromatique, acoustique, anneau de Saturne*, comme étant des termes d'astronomie ou de mathématique pure. Bien que l'astronomie soit la base de toutes les opérations du pilotage, que l'optique enseigne la théorie des lunettes dont on fait un grand usage à la mer, que d'autres parties des mathématiques soient utiles ou mêmes nécessaires dans la construction, l'arrimage, la manœuvre, elle ne pouvait, sans s'écarter étrangement de son objet, embrasser la totalité de ces sciences et tous les termes qu'elles emploient. Elle devait se borner à rassembler dans un petit nombre d'articles les connaissances d'astronomie et de mathématiques nécessaires à l'homme de la mer. L'Académie paraissait également décidée à supprimer un grand nombre de termes de commerce portés dans la nomenclature, tels que *acquiescer, appel, assignation*, etc., qui ne sont point particuliers au commerce de mer. Elle ne pouvait pas non plus adopter ceux qui sont du langage ordinaire, comme *battre l'ennemi*, expression entendue de tout le monde et *bénir un vaisseau*, qui ne représente qu'une cérémonie. Enfin, elle paraissait encore déterminée à ne pas adopter indifféremment tous les mots en usage dans les différents ports : beaucoup de ces mots n'appartiennent pas à la langue française ; il suffirait d'admettre les plus importants. Le genre de chaque mot sera marqué dans le Dictionnaire, mais la marine moderne présente trop de rapports avec celle des anciens pour qu'il soit utile ou même possible de donner les équivalents latins. Mieux vaudrait indiquer les mots anglais, hollandais et espagnols. L'Académie accepte avec plaisir les articles d'hydrographie proposés par l'abbé, mais elle n'entrera pas à ce sujet dans d'aussi grands détails qu'elle aurait pu le faire pour un dictionnaire spécial de géographie maritime. Elle donnera simplement le nom et la description des mers, des grands golfes, des détroits, des ports les plus considérables de France, des grandes rivières, de quelques îles, côtes et ports qui, par leur position ou par des singularités relatives à la marine, peuvent présenter quelque intérêt à être connus. Le plan de l'abbé concernant l'histoire naturelle de la mer est trop vaste. On traitera de la résistance de cet élément ; on enseignera, aux articles *dessaler*, *cucurbite*, etc., les moyens de rendre l'eau de mer potable ; on parlera des pêches du hareng, de la baleine, de la morue et des autres pêches qui se font en pleine mer ; on indiquera les plantes et autres remèdes antiscorbutiques ; enfin, on parlera de quelques oiseaux de mer au mot *atterrage*. Mais il est impossible, dans un dictionnaire de marine, d'accorder un article séparé à chacune des productions animales et végétales de la mer. Ce serait perdre de vue l'objet principal et aller au delà du but que de vouloir renfermer en détail dans cet ouvrage l'universalité des connaissances dont un navigateur peut avoir besoin, même dans les circonstances où on ne peut plus le considérer comme navigateur. Quant aux articles *assurance*, *sondes*, *vivres*, ils doivent être effectivement chacun l'objet d'un traité.

Dans la séance du 11 août, après avoir lu les mots *Cayenne* et *austral*, on avait délibéré d'écrire au lieutenant de vaisseau Marigny pour le remercier des mots qu'il avait envoyés à l'Académie, c'est-à-dire des observations sur la nomenclature. A celle du 9 septembre, on décida d'écrire à Secqval pour le prier d'envoyer ce qu'il avait fait sur l'artillerie. Celui-ci s'étant excusé par sa réponse du 4 octobre, datée d'Orléans, sur ce que le ministre lui avait donné une mission et que Marguerie, qu'il avait vu à Paris, lui avait dit que le projet de l'Académie était de faire précéder l'impression du Dictionnaire par celle d'un vocabulaire, une seconde lettre lui fut envoyée le 5 novembre pour l'exhorter à ne point perdre de vue le travail dont il s'était chargé.

En réponse à la lettre de Forbin d'Oppède, du 9 mars, l'Académie l'avait prié, le 29 juillet, par l'organe du directeur Le Bègue, de vouloir bien se charger de tout ce qui était relatif aux galères, comme étant l'officier le plus capable de rendre ce service à l'Académie. Le chevalier répondit, le 29 août, par une lettre où il disait qu'il considérait les expressions flatteuses dont il était honoré en ce moment comme une compensation de la façon dont ses Mémoires sur la mâture avaient été accueillis[1], et qu'il se rendait la justice de reconnaître qu'il n'avait pas plus mérité l'un que l'autre. Comme il montrait en outre une certaine répugnance à s'occuper de bâtiments abolis depuis 1748, le directeur le pria, par une nouvelle lettre en date du 26 septembre, de se charger, conjointement avec d'Arbaud-Jouques, de ce travail ingrat mais nécessaire. Il lui demandait, par la même occasion, de donner, pour les lettres A et B, la nomenclature des termes en usage dans la Méditerranée.

Le 15 septembre, on lut le mot *approvisionnement*. Le même jour, on arrêta que le directeur Le Bègue écrirait à Perrier de Salvert, nouvel adjoint, pour l'engager à faire la table qu'il proposait. Nous n'avons pas trouvé cette lettre. Petit et Choquet de Lindu, chargés d'examiner le mot *approvisionnement*, firent leur rapport le 23 septembre.

Nous avons tenu à faire aussi complétement que possible ce relevé assez aride des séances relatives au Dictionnaire, afin de prouver au lecteur quelle était l'activité déployée en 1774 pour cet objet par l'Académie. Néanmoins, en dépit de tous ses efforts, le premier volume, qui ne devait comprendre que les lettres A et B, n'était pas encore prêt de paraître au commencement de l'année 1775.

II. ASTRONOMIE. — En attendant que l'Académie fût à même de s'acquitter de la tâche principale qu'elle s'était proposée, elle continuait à s'occuper de créer à Brest un atelier de boussoles. Le ministre Boyne ayant approuvé, ainsi que nous l'avons dit en 1773, qu'elle fût chargée de l'inspection de ces instruments, elle pria le comte de Roquefeuil, au mois d'octobre, de demander au ministre Sartines d'autoriser la Compagnie à faire un approvisionnement suffisant de boussoles, pour fournir aux besoins du service, sans attendre le moment des armements, qui ne permet pas toujours d'en fabriquer une quantité suffisante. Le 27 octobre, Blondeau ayant lu un petit *Mémoire sur la nécessité de bannir le cuivre jaune des boussoles de toutes espèces*, l'Académie le fit transcrire au tome X, pages 327-330, et chargea l'auteur d'examiner un mélange de cuivre rouge et d'étain, pour suppléer au cuivre jaune, avant d'envoyer copie de ses mémoires au ministre. La lettre qui accompagnait ce travail fut envoyée à Sartines le 28 novembre 1774. Il y était dit que le cuivre rouge ou rosette brute étant trop

---

[1] Voir plus loin à la rubrique *Architecture navale*.

tendre pour être employé seul, au moyen d'un alliage dans lequel entrait $\frac{1}{12}$ d'étain fin, l'Académie avait composé un métal malléable qui avait toute la résistance du cuivre jaune, sans en présenter la propriété attractive, et qui paraissait, par sa couleur et ses autres qualités, être à peu près le même que celui employé par les Anglais pour les cercles de leurs boussoles. Le cuivre rouge ordinaire ferait les caisses ; le nouveau métal serait employé pour les cercles et les points de suspension, qui ne peuvent être d'un métal trop dur. L'Académie demandait les ordres du ministre à ce sujet. La réponse de Sartines étant du 31 janvier 1775, nous y reviendrons l'année suivante.

Le même Blondeau avait lu, le 21 janvier, un mémoire sur un baromètre marin de son invention. Il ne fut pas nommé de commissaires pour ce travail, qui n'était vraisemblablement qu'une ébauche, et que l'auteur devait reprendre plus tard.

Le 15 avril, on avait fait lecture d'un *Mémoire* du duc de Croÿ, honoraire de l'année, *sur les longitudes à la mer*. L'Académie, en remerciant l'auteur, lui écrivit qu'elle ferait usage de son travail pour le Dictionnaire, au mot *longitude*. En attendant, elle le fit transcrire au tome Ier des *Correspondants*, pages 252-266. Il y a, dit l'auteur, trois principaux moyens d'observer les longitudes : par l'estime, par les horloges, par les angles. Il discute les avantages et les inconvénients de ces trois méthodes, et il en conclut que la moindre précision est celle de l'estime ; la plus grande, celle de l'horloge, qu'il appelle garde-temps ; que toutes ces méthodes présentent des avantages, il n'en faut négliger aucune, mais les vérifier l'une par l'autre et les faire s'entr'aider. Quant au moyen d'estimer la longitude par le degré de variation de la boussole, il le range dans la pratique de l'estime.

Enfin, le 14 juillet, Blondeau avait encore présenté à l'Académie un mode de suspension de l'aiguille aimantée propre à mesurer l'inclination magnétique, et qui était une suite de son magnétomètre, et le même jour il avait lu un mémoire sur différents sables pour sabliers ou horloges de sable. Bien que le compte rendu indique qu'il a laissé ce mémoire, nous l'avons cherché en vain dans les tomes manuscrits. L'Assemblée décida qu'il fallait des expériences pour constater les qualités de ces sables.

III. HYDROGRAPHIE. — La seule question d'hydrographie agitée en 1774 fut celle du routier de Mannevillette, au sujet duquel on en revint encore une fois à s'occuper de la route proposée par le chevalier

Grenier. Le 27 janvier, Blondeau se chargea de faire part à l'auteur des observations des commissaires. Celui-ci, par une lettre du 1ᵉʳ février, approuva les corrections et additions proposées par Marguerie pour son *Neptune des Indes*. Il s'y accuse notamment d'avoir oublié de faire mention des horloges marines, qui ont pourtant donné de si bons résultats. L'abbé Rochon profita de cette circonstance pour remettre sur le tapis l'affaire Grenier, par un long mémoire polémique qui occupe les pages 281-325 du tome X. Ce travail est intitulé : *Réponse à une lettre de M. d'Après qui fut lue aux séances du 25 février et du 3 mars*. D'un côté est la lettre de Mannevillette; de l'autre, les objections et réponses de l'abbé. Comme Rochon s'appuyait principalement sur la relation d'une tentative infructueuse faite en 1772 par M. de la Biolière, l'Académie, pour s'édifier complétement sur la question, demanda au ministre¹ le journal de cet officier, fit prendre copie de plusieurs cartes prêtées par l'abbé, et envoya son mémoire à Mannevillette. A la date du 21 juillet, celui-ci lisait à l'Académie la préface imprimée de son *Neptune oriental*, qui parut l'année suivante.

IV. MANŒUVRE. — Un seul mémoire en 1774, c'est le rapport des *Expériences faites à bord de la frégate la* FLORE, *par Verdun de la Crenne, pour tâcher de connaître le rapport des vitesses de sa marche suivant l'angle du vent avec la route, de beau temps et de belle mer*. Ce travail, qui fut lu à la séance du 14 avril, est dans le tome X, pages 271-280. Montluc et Delangle furent nommés commissaires, et leur rapport, lu à la séance du 30 juin, fut inséré dans le même tome X, pages 326-327. « Dans la première partie de son mémoire, y est-il dit, M. de Verdun suppose deux vaisseaux à peu près semblables et semblablement arrimés, courant vent arrière avec une vitesse rendue égale par augmentation ou diminution de voiles; ces vaisseaux se relèvent et mesurent leur distance réciproque. L'un d'eux, à un signal convenu, fait dépendre les vents d'un bord de 20 à 30 degrés. Après avoir couru un temps fixé, on répète les observations de relèvement et de mesure de distance, et la position réciproque des vaisseaux aux deux différentes

---

¹ La lettre expédiée au ministre à ce sujet est du 18 février ; mais nous n'avons pas vu la réponse de Boyne, de sorte que nous ignorons quelle a été la conclusion de cette affaire. Nous savons seulement que Pingré écrivit, le 2 février, à l'Académie une lettre dans laquelle il disait qu'effectivement en janvier et février 1772 La Biolière ayant voulu suivre la nouvelle route proposée par Grenier, avait été obligé d'y renoncer, mais que d'autres avaient été plus heureux, suivant deux lettres que Grenier lui avait communiquées. Il convenait, avec toute l'Académie, que la lettre de Mannevillette était plus remplie d'invectives que de raisons solides ; mais cela ne faisait rien au fond de l'affaire.

stations dans le chemin parcouru par chaque vaisseau dans l'intervalle des observations. — Il donne dans la seconde partie de son mémoire une table des différents degrés de vitesse qu'a eus la frégate la *Flore*, au plus près, vent largue et vent arrière. — On ne peut savoir trop de gré à M. de Verdun de s'être occupé d'une partie si intéressante. Les expériences qu'il propose ont l'avantage (comme il l'expose dans son mémoire) d'être faites en grand et sur l'objet pour lequel il serait le plus à désirer de connaître les lois de la résistance des fluides. Mais il nous semble que la première expérience suppose dans les deux vaisseaux une identité absolue sur laquelle on ne peut compter. N'ayant pas dans la seconde l'objet de comparaison, on est réduit à mesurer le sillage avec le loch, ce qui ne le donnerait pas avec assez d'exactitude pour compter sur les résultats. » L'auteur, au surplus, en pensait à peu près de même. Il ne considérait ses expériences que comme une suite de celles de Borda et de Thévenard; il ne se dissimulait pas qu'avec différents degrés de force dans le vent et une mer plus ou moins agitée, les rapports dans les vitesses ne devaient pas être les mêmes; mais il pensait qu'en rassemblant un grand nombre d'expériences de cette espèce faites avec soin, il serait peut-être possible d'en tirer des conséquences utiles pour la manœuvre et la construction des vaisseaux.

V. Architecture navale. — Le jugement porté par l'Académie de marine, le 27 mai 1773, sur le mémoire de Forbin d'Oppède de 1772, n'ayant pas absolument convaincu le chevalier, celui-ci envoya au ministre des *Observations sur le rapport de l'Académie*, observations que Boyne adressa à celle-ci, par sa lettre du 30 décembre 1773. Le nouveau mémoire de Forbin fut lu à la séance du 13 janvier, ainsi qu'un autre ouvrage du même auteur intitulé : *Plan d'un essai de nouvelles proportions pour la nature des frégates, proposé en 1766 par M. le chevalier d'Oppède, capitaine de vaisseau au département de Toulon*. Ces deux mémoires sont à la suite l'un de l'autre, dans le tome X, pages 216-236-253. Petit et Marguerie, nommés commissaires, rédigèrent leur rapport, qui fut lu à la séance du 10 mars, et inséré dans le tome X, pages 270-271. « Ayant vu, disent-ils, que les principes et le calcul de ce mémoire ne sont fondés que sur les formules de M. Bouguer sur cette matière qui supposent la résistance des fluides comme les carrés des sinus des angles d'incidence, formules détruites par de nouvelles expériences sur les fluides qu'on fait voir dans le mémoire de M. de Marguerie, imprimé parmi ceux qui composent le premier volume de l'Académie royale de la marine, nous avons cru devoir nous dispenser d'en faire l'analyse, puisque la base sur laquelle ils portent est détruite. — L'addition faite au rapport des commissaires, dont se plaint M. le chevalier d'Oppède, n'étant signée de personne, doit être regardée comme non avenue » Il s'agissait ici d'une formule que l'on avait proposé de substituer à celle du chevalier, et qui pourrait bien être de Goimpy. Le jugement des commissaires ayant été approuvé par l'Académie, celle-ci envoya au chevalier copie du rapport de son mémoire. Forbin d'Oppède, par une lettre datée de la Vendière, par Aix, le 27 avril, répondit, tout en se plaignant assez amèrement qu'on n'eût pas cru devoir faire l'analyse de son travail, qu'il se soumettait au jugement porté par l'Académie.

Le 20 janvier, Verdun de la Crenne lut un *Mémoire sur le bastingage des vaisseaux et en général sur les moyens de se garantir d'une partie de l'effet des armes de l'ennemi*. Ce travail est dans le tome X, pages 254-270. Les commissaires nommés furent Le Bègue et Marguerie; mais nous n'avons pas trouvé trace de leur rapport. L'auteur parle dans son mémoire d'expériences sur la portée et la pénétration des balles des fusils du temps, observée avec les différents systèmes de bastingage qu'il a essayés, tels que : matelas, ballots de foin, d'étoupe, feuillards de coudrier, panneaux, bouts de grelin, bordage de chêne, lattes de fer, liège. De ces expériences il conclut que les corps les plus durs, à pesanteur égale, sous une même surface, sont ceux qui résistent le mieux à l'effort de la balle. En conséquence, il propose de préserver les effets de l'équipage par les tables et cloisons doublées de tôles de fer d'une ligne un tiers d'épaisseur. Il évalue, pour un vaisseau de 74, le poids de cette cuirasse à 4,000 livres et le prix à 1,200. Encore, dit-il, pourrait-on diminuer cette dépense de moitié, à cause de la facilité qu'il y a de faire passer en un instant ce bastingage d'un bord à l'autre. L'auteur termine son travail en proposant plusieurs moyens pour se mettre à l'abri de l'ennemi, tant sur les gaillards que dans les batteries, entre autres des filets pour garantir les hommes contre la chute des poulies, des cordages et les éclats.

Le 28 avril et le 13 mai, on fit lecture d'un mémoire de Thévenard sur la position et la hauteur des mâts. Ce travail ne fut pas inséré, ayant été rendu à son auteur.

VI. HISTOIRE NATURELLE. — Le 17 février, on lut un mémoire en forme de lettre, de l'abbé Dicquemare, sur l'histoire naturelle, dit le registre. Il s'agissait toujours des anémones de mer. Le 15 juillet, il écrivit encore à l'Académie pour lui annoncer qu'on avait traduit en anglais, dans les *Transactions philosophiques*, ses premières découvertes. Les anémones peuvent servir de baromètres marins. Artistement groupées, elles fourniraient même des ornements pour la sculpture, la peinture et l'architecture. Il est dit, dans la *Biographie Michaud*, que l'abbé restait des heures entières dans l'eau pour mieux observer les animaux marins, et qu'il plongeait souvent dans la mer afin de les poursuivre dans leurs retraites. Il passait sa vie au Havre dans les rochers du rivage. Il a fait aussi des recherches sur les méduses, sur les poulpes, les tarets, etc.

Le 27 octobre, on lut le rapport, fait par Courcelles, de l'ouverture du cadavre du nommé André Bazile, forçat n° 8606, âgé de 38 ans, entré, le 5 septembre 1774, à l'hôpital de la marine à Brest, où il mourut le 10 octobre. Fournier, chirurgien ordinaire et démonstrateur, apporta et fit voir aux académiciens toutes les pièces qui avaient été trouvées dans l'estomac de ce malheureux : elles étaient au nombre de cinquante-deux. Il y avait, entre autres, des portions de cercle de barrique, des morceaux de bâton, dix-huit morceaux de bois, des cuillers, des fragments de métaux, un briquet, une pipe, des clous, des portions de verre de vitre, un morceau d'empeigne de soulier, etc. L'Académie voulut consigner dans ses annales un fait aussi singulier, et le rapport fut transcrit au tome X des *Correspondants*, où il occupe les pages 266-273.

VII. Littérature. — Le 14 avril, on lut à l'Académie l'*Éloge de Frézier*, par Marguerie. Ce travail, que nous n'avons pas retrouvé dans les papiers de l'Académie, a été inséré dans le *Nécrologe des hommes célèbres de France pour* 1775, tome VI, pages 113-126. Maëstricht (Paris), 1775, in-12, dit P. Levot, dans ses *Essais de biographie maritime*.

Dons d'ouvrages. — Les ouvrages offerts, en 1774, furent :

Séance du 27 janvier : *Éclaircissements sur l'invention, la théorie, la construction et les épreuves des nouvelles machines proposées en France pour la détermination des longitudes en mer par la mesure du temps, etc.*, par Berthoud, 164 pages. C'est une réponse au *Précis* de Leroy, dans lequel celui-ci revendiquait l'invention des montres marines. Leroy répondit à Berthoud par une *Suite du Précis sur les montres marines*, 98 pages, Paris, in-4°, 1774, que l'Académie reçut le 23 juin ;

Du 17 février : *Deuxième section de la seconde partie du Traité général des pêches*, par Duhamel du Monceau ;

Du 3 mars : *Arte de navegar*, etc., par Manoel Pimentel, donné par Rochon ;

Du 21 avril : *Voyage fait par ordre du Roi, en 1768 et 1769, en différentes parties du monde, pour éprouver en mer les horloges marines*, par M. *d'Éveux de Fleurieu*. Paris, in-4°, 2 vol. 1773. Cet ouvrage contient le détail des observations astronomiques et géographiques faites dans le voyage de l'*Isis*, pour la vérification des montres de Berthoud, plus des méthodes et des calculs pour les longitudes, ainsi que des cartes nouvelles des îles françaises ;

Du 3 juin : Nous lisons dans le registre que l'Académie arrêta d'écrire une lettre de remerciment au duc de Croÿ pour sa carte. Elle n'est pas mentionnée autrement dans le compte rendu des séances. Dans le registre de correspondance, l'Académie en fait le plus grand éloge, mais ne la nomme pas davantage. C'est la carte de l'hémisphère austral, dressée sous les yeux du duc par le géographe Vaugondy, et qui est à la bibliothèque du port de Brest ;

Du 30 juin : La Coudraye remet un *plan des amarrages de vaisseaux dans le port*, dessiné par Kerorlais l'aîné, enseigne de vaisseau ;

Du 4 août : *Les Anémones de mer* de l'abbé Dicquemare, en anglais et en français. L'Académie arrêta d'écrire une lettre de remerciment à l'abbé, en l'exhortant à continuer ses observations, et l'assura que, suivant son désir, elle lui garderait le secret sur sa lettre, dont il ne serait fait aucun usage public sans sa participation. Ce qu'il y a de certain, c'est qu'elle n'est pas dans les registres de correspondance ; mais nous l'avons trouvée dans les feuilles volantes ; elle a six pages ;

Du 9 décembre : *Don, par le ministre Sartines, des instruments achetés par le Roi et payés sur les fonds de la marine pour la campagne de Kerguelen aux terres australes*. Le ministre demandait, en retour, que l'Académie en dressât un inventaire, ainsi que de ceux dont elle était déjà en possession et qu'elle le lui envoyât, pour que, dans l'occasion, il pût juger de ceux qu'il pourrait employer dans des missions et des opérations particulières. C'est ce que fit l'Académie qui, néanmoins, à cause de l'absence de Rosnevet, ne put compléter son inventaire que le 16 février 1775.

Achats de livres et d'instruments. — Le 3 février, l'Assemblée décida de souscrire pour l'acquisition d'un scaphandre.

Le 14 avril, on arrêta, dit le compte rendu, de prendre les volumes de Berlin à 15 fr. chaque volume. Pas d'autre renseignement.

Le 21 avril, on décida d'acheter : l'*Histoire de l'anatomie et de la chirurgie*, 6 vol. in-8° ; un *Traité d'ostéologie*, traduit de l'anglais, de Monro ; *Recherche sur l'origine et les progrès de la chirurgie*, par Quesnay, in-4° ; *Pharmacopée*, traduit de l'anglais de Pemberton, 3 vol. in-4° ; *Essais et observations de médecine*, traduit de l'anglais par M. Demours ; *Chirurgie d'Heister*, 4 vol. in-8° ; le 8° et le 9° volume de Haen, *Ratio medendi*, 9 vol. in-12.

Le 7 juillet, on arrêta de demander le *Diarium navale*, par Urbain Bruan Anskow. Copenhague, 1774. Nous n'avons pas trouvé cet ouvrage.

Le 14 juillet, on pria La Coudraye de demander à Marguerie une boussole d'inclinaison faite par Magné.

Le 28, on décida d'écrire à l'abbé Rozier pour la souscription d'un exemplaire de la *Table des matières* contenues dans les volumes de l'Académie des sciences.

Le 9 septembre, on arrêta d'acheter les deux cartes des pôles, par le P. Chrysologue, capucin d'Égy, avec le mémoire y joint, pour la somme de six livres.

Le 27 octobre, achat du premier livre du *Pilote anglais*, pour la somme de trois livres.

Envoi du volume de Mémoires. — Le 20 janvier, on décida d'envoyer une lettre circulaire à différents membres de l'Académie pour les prévenir de l'envoi du premier volume de Mémoires. Le même jour, il fut arrêté qu'on enverrait un exemplaire à Praslin, l'ancien ministre, auquel l'Académie devait sa renaissance. Il devait être relié aux armes des Choiseul et accompagné d'une lettre d'honnêteté pour le prévenir de ce présent. Cette lettre fut expédiée le 28. Le 31, on adressa une lettre-circulaire aux six lieutenants-généraux de la marine pour les prévenir de l'arrêté de l'Assemblée du 27, qui leur faisait présent dudit volume. Ces six lieutenants-généraux qui, vraisemblablement, remplaçaient les princes du sang dont il avait été question l'année précédente, étaient : le comte d'Estaing, Beaufremont, prince de Listenois, le comte d'Aubigny, le marquis de Saint-Aignan, le comte de Cousages La Rochefoucauld et le prince de Montbazon. Les deux autres, Roquefeuil et Morogues, faisaient partie de l'Académie de marine. Le même jour, on envoya à Rodier, le commis du ministère, un exemplaire pour lui, plus 31 exemplaires, en le priant de les distribuer, sept au comte de Roquefeuil, vingt-quatre, suivant une liste de destination, pour les académiciens de Paris, Rochefort, Toulon, etc., et on écrivit au maréchal de Conflans que le comte de Roquefeuil avait été chargé de lui remettre le volume au nom de l'Académie, ce dont celui-ci la remercia par une lettre en date du 5 février. Le 17 du même mois, on arrêta de faire présent d'un exemplaire aux gardes-marine du port de Brest. Le 28 février, sur les observations de Bougainville, on en envoya un au duc de Chartres, chef d'escadre. Le 25 mars[1], autre exemplaire envoyé au duc d'Aiguillon, ministre des affaires étrangères. Le 14 avril, lettre circulaire pour envoyer le volume à chacun des ministres. Le 20 mai, c'est-à-dire dix jours après la mort de Louis XV, envoi du volume à Maurepas, ministre d'État sans portefeuille. Le 29 juillet, l'Assemblée remercie Marguerie d'avoir prévenu son vœu en envoyant le volume à Turgot, le nouveau ministre de la marine. Le 1er septembre, elle chargea Marguerie d'en faire autant pour Sartines, qui venait de remplacer Turgot au ministère. Enfin, le 15 du même mois, on lut une lettre d'Euler fils, datée de Saint-Pétersbourg le 9 août; il accusait réception du premier volume des Mémoires de l'Académie. Celle-ci profita de l'occasion pour prier Marguerie de vouloir bien prendre ses mesures afin de faire venir un exemplaire de l'ouvrage d'Euler le père, sur la construction et la manœuvre des vaisseaux. L'ouvrage ne fut vraisemblablement expédié que plus tard, attendu que l'exemplaire de la bibliothèque du port, qui provient de l'Académie de marine, porte la date de 1776.

Affaires intérieures. — Nous avons dit, à l'année précédente, que la présentation du volume au Roi avait eu lieu le 9 janvier 1774. La *Gazette de France*, en annonçant le fait, n'avait point donné le nom des membres de l'Académie de la marine qui avaient présenté les exemplaires au Roi et à sa famille. L'Assemblée, par sa lettre du 21 janvier, témoigna son mécontentement au comte de Roquefeuil et le laissa maître de faire toutes les démarches qu'il jugerait convenables

---

[1] Nous trouvons encore indiquée, à la séance du 17 mars, sous le titre de « lettre à écrire et à envoyer », une à Trémergat, en lui envoyant le volume, pour l'engager à reprendre son travail, ce qui pourrait porter l'Académie à le choisir un jour pour associé si les circonstances toutefois se trouvaient favorables à ses désirs, l'Académie n'ayant pu lui offrir la vétérance. Mais la lettre ne fut pas écrite probablement, ou du moins nous ne l'avons pas trouvée dans la correspondance.

pour faire relever cette omission soit dans la prochaine gazette, soit dans tels autres papiers publics qu'il voudrait. La réponse de Roquefeuil à ce sujet est assez curieuse : « Il est certain, dit-il, que cela y est très-mal exprimé ; mais je suis en quelque sorte le seul de l'Académie auquel il serait malséant de représenter là-dessus, puisqu'il semblerait qu'un petit intérêt de vanité personnelle me ferait plutôt agir que la demande de l'Académie, que j'aurais pu mendier, pour être mis dans la *Gazette*. On m'avait déjà dit que je devais m'en plaindre, et ne l'ai pas voulu faire pour cette raison. Peut-être, M. de Boyne n'a-t-il pas eu envie que j'y fusse nommé, ni qu'un homme qu'il a trouvé mauvais fût connu pour académicien. Peut-être aussi que c'est une gaucherie du sieur Marin le gazetier, que M. de Beaumarchais dit n'être pas mal bête..... » L'Académie écrivit alors, le 4 février, à Marin, qu'elle trouvait son rapport défectueux : 1° parce qu'il attribuait à M. de Boyne une fonction qui n'est point celle des ministres ; 2° parce que l'Académie ne doit rien présenter que par ses membres ; qu'elle avait nommé, pour cet effet, M. le comte de Roquefeuil, lieutenant-général des armées navales, à qui elle avait laissé le choix des autres membres parmi ceux pour lors à Paris dont il voudrait se faire accompagner ; que, la veille de la présentation, il s'était fait, selon l'usage, inscrire chez le premier gentilhomme de la Chambre, et que, le lendemain dimanche, avec le chevalier d'Oisy et le comte du Maitz de Goimpy, il avait fait cette présentation, à laquelle il avait été conduit, comme cela devait être, par M. de Boyne, secrétaire d'État. Marin répondit, le 8 février, que l'article dont se plaignait l'Académie lui avait été envoyé par le ministre lui-même, avec ordre de l'insérer textuellement. L'Assemblée envoya cette réponse au comte de Roquefeuil, avec prière de la rendre publique, même au besoin dans les gazettes étrangères, ainsi que sa première lettre, en se couvrant, s'il croyait devoir le faire, du nom de l'Académie. Elle avait lieu de croire, disait-elle, que les bureaux avaient eu plus de part à cette annonce que le ministre lui-même. L'Académie avait appris qu'ils étaient mécontents qu'elle ne leur eût pas envoyé quelques exemplaires. La mort du Roi et la disgrâce de Boyne détournèrent vraisemblablement plus tard le cours des idées de l'Assemblée.

Le 31 juillet, Charnières écrivit à l'Académie, du château de Preuil, près Doué, par Saumur, afin de demander l'agrément de la Compagnie pour une place d'associé de l'Institut de Bologne qu'on lui offrait.

L'Assemblée, par une lettre du 8 août, le remercia de son attention, et lui dit qu'elle ne pouvait qu'applaudir à ce choix et qu'elle lui faisait son compliment sur cette marque de distinction honorable. Elle terminait sa lettre en lui exprimant ses regrets que le dépérissement de sa santé ne lui eût pas permis de terminer la campagne des mers australes et de multiplier ses observations sur le mégamètre.

Plusieurs officiers de la garnison de Brest ayant témoigné le désir de venir lire, dans la salle de l'Académie, des livres de sa bibliothèque, il fut arrêté, le 3 novembre, que le directeur serait autorisé à accorder cette permission à ceux qui s'adresseraient à lui, à charge de se conformer au règlement de l'Académie fait à ce sujet.

Le 21 janvier, Boyne informa la Compagnie qu'il avait écrit à l'abbé Rochon de remettre incessamment à celle-ci les instruments dont il était détenteur. L'Académie, de son côté, par une lettre en date du 28, annonça au ministre que l'abbé avait rendu tous les instruments, sauf un petit quart de cercle et un pendule de Gallonde, qui étaient entre les mains du lieutenant de vaisseau Tromelin, lequel les avait reçus d'Oger, le second de l'*Heure-du-Berger*, commandé par l'enseigne de vaisseau Saint-Félix. L'abbé avait prêté ces instruments à Oger pour faire des observations, sur la demande de Poivre, ainsi qu'il résultait d'une lettre de cet intendant en date du 24 juin 1772. Il est probable qu'ils rentrèrent plus tard au pouvoir de l'Académie.

La question du remplacement de l'abbé Rochon fut plus difficile à régler : elle occupa encore la Compagnie pendant toute l'année 1774. Le 20 janvier, l'Assemblée avait arrêté que Bougainville serait chargé de la négociation auprès du ministre au sujet de la demande qu'elle avait faite d'une augmentation de 400 livres pour les appointements du sieur Vincent, et d'un brevet qui le constituerait garde de la bibliothèque, sans cependant porter atteinte à l'article 29 du règlement qui portait que le secrétaire serait chargé par inventaire des livres, registres et instruments appartenant à l'Académie. En conséquence de cet arrêté, l'Académie écrivit, le 28 janvier, à Bougainville, en le priant de remettre sous les yeux du ministre les représentations énoncées par elle dans sa lettre du 1er novembre 1773, et de faire ressortir la contradiction choquante qu'il y avait que quelqu'un qui résidait à Paris pût être garde d'une bibliothèque publique à Brest. Le 4 février, nouvelle lettre de l'Académie à Bougainville pour le prier de suivre instamment auprès du ministre la négociation dont il a bien voulu se charger. Il ne pourra sur ce sujet avoir de conférence avec Rochon, attendu que l'abbé est en ce moment à Morlaix. Il veut probablement faire acte d'apparition à Brest pour faire valoir auprès du ministre cet instant de résidence comme donné à ses fonctions de garde de la bibliothèque. Il n'y a véritablement que le sieur Vincent qui puisse remplir cette place, maintenant surtout que la bibliothèque est ouverte tous les jours. Depuis la renaissance de l'Académie, la place de l'abbé, obtenue de Praslin par Clugny, est positivement supprimée en vertu de l'article 29 du règlement. Rochon ne peut être garde d'une chose dont un autre est chargé par inventaire ; d'ailleurs, il ne peut nullement lui convenir d'être aux ordres du secrétaire de l'Académie, en sa qualité d'académicien ordinaire. Boyne ayant fait demander à l'abbé s'il voulait renoncer aux fonctions pour lesquelles il avait des émoluments, Rochon répondit négativement, et dit qu'il partait pour Brest dans l'intention de les exercer. L'Académie, au reçu de la réponse de Bougainville en date du 21 février, écrivit, le 2 mars, au ministre pour lui représenter que l'abbé ayant toujours été employé à la mer depuis neuf ans et pouvant être destiné à de nouveaux voyages, ne pouvait pas être chargé de la bibliothèque. D'ailleurs Rochon, d'après sa propre déclaration, n'avait jamais été pourvu du brevet de garde de la bibliothèque de l'Académie de marine. Les 1,200 livres dont il jouit lui avaient été accordées par Praslin en qualité d'astronome de la marine, quelque temps après son retour de la campagne du vaisseau l'*Union* qui avait porté le comte de Breugnon comme ambassadeur au Maroc, et quelque temps avant son premier voyage à l'Ile de France. En conséquence, l'Académie renouvelait au ministre sa demande d'un brevet de garde pour le sieur Vincent, avec un supplément de 400 livres. Le 9 mars, Bougainville rendit compte à l'Assemblée de son entrevue avec le ministre, par une lettre qui fut lue le 17. Boyne lui avait répondu que la place de bibliothécaire n'était point vacante, étant occupée par l'abbé. Rochon n'était plus astronome de la marine, attendu que M. Messier avait obtenu ce dernier titre, et que M. l'abbé Boscowich était adjoint spécialement à ce dernier pour l'optique. Les appointements de l'abbé Rochon tombaient donc uniquement sur sa place de bibliothécaire à l'Académie de marine. Sur les représentations de Bougainville que la bibliothèque étant sous la sauvegarde du secrétaire de l'Académie, le bibliothécaire devait dépendre de lui ; que la bibliothèque étant publique et très-fréquentée, il fallait un gardien pour l'ouvrir et la fermer tous les jours, et que celui-ci n'en sortît pas tant qu'elle resterait ouverte, le ministre lui avait répondu que l'abbé Rochon devait remplir toutes ces conditions, à défaut desquelles sa place serait donnée à un autre. Bougainville terminait sa lettre en disant que, bien qu'il n'eût rien pu obtenir pour le sieur Vincent, il ne fallait pas cependant que celui-ci perdît courage ; que cette dépendance, cette assiduité journalière ne conviendraient probablement pas à l'abbé Rochon, et qu'il ne serait peut-être pas difficile, la place une fois vacante, de l'obtenir pour un autre. La Compagnie envoya, le 14 mars, copie de la lettre de Bougainville à Rochon, en lui exprimant le désir qu'il pût se trouver à la séance du jeudi 17 mars, ou qu'il fît du moins connaître quel parti on pouvait prendre. Rochon répondit, le 15, de Morlaix, que ses affaires de famille ne lui permettaient pas de se rendre à Brest pour la première séance, mais qu'il y viendrait après les vacances de Pâques ; que, puisque le ministre voulait absolument le regarder comme bibliothécaire de l'Académie, il se ferait toujours honneur et devoir d'exécuter les volontés et les intentions de la Compagnie ; qu'il était même charmé que ce nouvel arrangement l'obligeât de résider à Brest, parce que sa présence aux assemblées le mettrait à même de prouver à l'Académie le zèle dont il était animé pour le progrès des sciences relatives à la navigation. Il terminait sa lettre en exprimant le désir que l'Académie lui fît part de la réponse directe que le ministre ferait à son sujet, attendu qu'il doutait que la lettre de Bougainville suffît pour prendre un parti définitif. A cette lettre assez cavalière, l'Académie répondit sèchement, le 15 avril, que, certaine de la volonté du ministre que l'abbé résidât à Brest, elle le priait décidément de s'y rendre, afin qu'elle sût définitivement à quoi s'en tenir sur ses intentions. De là une réponse sans date de l'abbé, qui fut lue à la séance du 21 avril, et dans laquelle il annonçait son arrivée pour le plus prochain lundi. Rochon paraît s'être effectivement rendu à Brest le lendemain, attendu qu'il y eut le 23 une séance extraordinaire, où on lui permit de faire remplir ses fonctions par telle personne qu'il voudrait choisir, pourvu qu'elle fût agréable à l'Académie, et en prélevant une partie de son traitement en faveur de celui qui le remplacerait. Rochon ayant proposé sans vergogne un nommé Lunven, homme complètement illettré auquel il n'aurait accordé qu'un très-mince salaire, l'Assemblée repoussa cette proposition inconvenante, de sorte que l'abbé finit par proposer

Vincent, lequel fut accepté, et l'Académie écrivit, le 6 mai, à Rochon, pour l'informer que, de son côté, le sieur Vincent acceptait de le remplacer, moyennant les 400 livres promises par une lettre de l'abbé, lettre que l'Assemblée considérait comme suffisante pour la validité de l'arrangement contracté par Rochon. L'affaire n'en resta pas là néanmoins, et elle ne devait être terminée que six ans plus tard. En 1774, nous voyons encore une lettre du 18 août de l'Académie au ministre Turgot, pour le prier de décharger l'abbé de cette obligation de payer 400 livres par an au sieur Vincent, et le 13 octobre, l'Assemblée arrêtait de prier Roquefeuil de demander à Sartines une prompte décision pour l'arrangement de cette affaire. Elle sera encore reprise l'année suivante.

Boyne remplacé par Turgot, puis par Sartines. — L'Académie, par une lettre en date du 28 février, avait félicité Boyne de son entrée au Conseil, ce dont celui-ci la remercia par sa réponse du 7 mars. Louis XV étant mort le 10 mai, son successeur prit pour premier ministre Maurepas, lequel fit entrer au ministère de la marine Turgot, qui n'y passa qu'un mois, puis Sartines, lequel s'adjoignit, en 1777 (mois de janvier), comme directeur général des ports et des arsenaux, le chevalier de Fleurieu, auquel on doit les ordonnances de 1776. Si Turgot était resté au ministère, Marguerie eût rédigé les ordonnances au lieu de Fleurieu. Le travail par lequel il avait fait ressortir les inconvénients de l'ordonnance de 1772 l'ayant désigné au nouveau ministre, il avait été chargé par Turgot de composer une nouvelle ordonnance qu'il eût communiquée aux officiers de la marine les plus expérimentés. Même après le changement de Turgot, il s'occupa de ce travail qu'il termina, et tous ceux qui en eurent connaissance s'accordèrent à reconnaître qu'il avait traité le sujet de main de maître. L'ouvrage est malheureusement perdu, et il ne nous reste que des matériaux épars du premier travail où il combattait les règlements de Boyne. Pour en revenir à Turgot, dans son court passage au ministère, il assura, le 30 juillet, à l'Académie, en réponse à une lettre de félicitations de celle-ci, du 28, de son empressement à seconder son zèle et son travail. Lettre analogue de l'Académie, le 1ᵉʳ septembre, pour Sartines, qui répondit également, le 10, de ses bonnes dispositions pour venir en aide à tout ce qui pourrait concourir à l'avantage de la marine.

Mouvements. — Un académicien honoraire était mort dans le courant de l'année 1773, sans que l'Académie en eût été informée. C'était Bénique-Jacques du Trousset d'Héricourt, marquis de Boullay, chevalier d'Opsonville, conseiller du Roi en ses conseils et conseiller d'honneur au parlement d'Aix, chevalier de l'ordre militaire de Saint-Lazare, intendant de la marine et des galères à Marseille de 1720 à 1740, retiré en 1749, comme secrétaire général. C'était un homme de beaucoup d'esprit, de connaissances et d'érudition. Il était originaire de Paris, fils de l'intendant de la maison du comte de Toulouse, neveu de Valincour, le secrétaire général de la marine et de l'abbé du Trousset, conseiller clerc au parlement. L'Assemblée écrivit, le 14 janvier, au ministre, pour lui demander l'autorisation de procéder à l'élection de cette place vacante. L'approbation de Boyne ayant été donnée le 31 janvier, on procéda, le 17 février, à une élection d'honoraire. Le duc de *Croÿ-Solre*, chevalier des ordres du Roi, eut les premières voix avec unanimité de suffrages ; Villars-la-Brosse, chef d'escadre et académicien ordinaire de 1752, non réélu en 1769, eut les secondes voix, mais avec trois suffrages seulement sur huit. Boyne choisit le premier de ces deux candidats par sa lettre en date du 13 mars.

Dans cette même séance du 13 janvier, où l'Académie avait élu le duc de Croÿ, il avait été arrêté de prier l'ingénieur Blondeau de se retirer de l'Académie. Cet adjoint, bien différent de son homonyme le professeur d'hydrographie, quoique résidant à Brest, n'assistait pas aux séances, et n'avait donné aucun travail à la Compagnie. Il écrivit, le 16 février à l'Assemblée, pour se disculper. Le ministre Praslin, en le nommant, n'avait consulté ni sa volonté, ni ses talents. Plus militaire qu'homme de lettres, il avait passé la plus grande partie de sa jeunesse au service de l'infanterie, et n'avait fait d'études que pour le génie de terre ; conséquemment, il ne possédait qu'une légère connaissance de la marine. Les maladies, les travaux journaliers et minutieux qu'il lui avait fallu suivre, la présence continuelle qu'exigeaient les mêmes détails de sa profession, l'avaient mis malgré lui dans la dure nécessité de ne pas pouvoir être présent aux séances de l'Académie. Il priait celle-ci de demander au ministre d'être dispensé d'assister à des séances dont il était privé par suite de ses occupations journalières.

Le 18 février, l'Académie écrivit à Boyne qu'ayant accordé à Blondeau sa retraite, sur la demande que cet ingénieur lui en avait faite, elle attendait sa réponse pour procéder à l'élection d'une place d'adjoint qui devenait alors vacante. La lettre ministérielle, qui approuvait l'élection du duc de Croÿ, servit pour autoriser celle d'un adjoint. A la séance du 24 mars, l'enseigne *de Flotte-Beuzidou* eut les neuf premières voix ; l'enseigne La Prévalaye, trois premières ; l'enseigne Perrier de Salvert, deux premières ; le même Salvert, quatre secondes voix ; l'enseigne Rosily l'aîné, deux secondes : d'où il résultait que de Flotte avait eu la pluralité des premières voix ; Salvert, celle des secondes. Aussi le premier fut-il élu par le ministre.

Le 20 janvier, on lut à l'Académie une lettre de Choquet l'aîné, en date du même jour, demandant la vétérance. Choquet, qui venait de prendre sa retraite en qualité de commissaire général de la marine, était inscrit sur les listes depuis 1752, et académicien associé depuis 1769. C'était la suppression de son nom dans la liste de l'Académie de la marine à la suite de l'Almanach de 1774 qui avait provoqué sa demande. L'Académie écrivit à Rodier que Choquet, en sa qualité d'académicien associé, ne devait pas être effacé de la liste, par suite de sa mise en retraite. En effet, l'article 11 du règlement ne concernait que les académiciens ordinaires et les adjoints. Rodier, par une lettre en date du 30 janvier, promit de réparer cette erreur pour l'année suivante.

A la suite de la séance du 20 janvier, l'Assemblée avait encore écrit à l'abbé Rochon et à Groignard pour les informer qu'elle avait l'intention de les faire passer de la classe des ordinaires dans celle des associés. C'était pour se procurer par là, en choisissant de nouveaux ordinaires, des sujets dont la résidence continuelle à Brest pût lui être, au besoin, d'un secours assuré. Dans la lettre adressée à Groignard, l'Académie lui faisait observer qu'il n'avait répondu jusqu'ici à aucune des lettres qu'elle lui avait écrites. Il est même dit, dans le compte rendu, que si Groignard ne fait pas de réponse, l'Académie prendra son silence pour une demande de retraite. Le secrétaire Marguerie prit vraisemblablement sur lui d'adoucir les termes de la lettre. Groignard répondit de Versailles, le 13 février, que, tout flatté qu'il était de la nouvelle place dont l'Académie voulait l'honorer, il préférerait néanmoins toujours celle qui pourrait le rendre plus utile ; que des affaires de service l'éloignaient encore, à son grand regret, du port de Brest, mais qu'il s'occupait depuis longtemps d'un objet qui pouvait être agréable à l'Académie (sans doute sa forme de Toulon) ; enfin, qu'il avait exactement répondu à toutes les lettres de l'Académie qui lui étaient parvenues.

Rochon, lui, répondit de Morlaix, le 15 février, qu'il se faisait honneur et devoir de se soumettre aveuglément à tout ce que l'Académie jugerait lui prescrire. En conséquence de ces deux réponses, l'Académie écrivit, le 18 février, au ministre, que, bien qu'il vaquât plusieurs places dans la classe des associés, elle lui demandait de procéder à l'élection d'un seul, ayant en vue de procurer des sujets tout à fait convenables. Boyne ayant, par cette même lettre du 13 mars dont nous avons déjà parlé pour le duc de Croÿ et pour Blondeau, autorisé l'Académie à ne procéder qu'à l'élection d'un seul associé pour remplir une des deux places vacantes, dans la séance du 13 mars, *Rochon* eut douze premières voix ; Marguerie, une première ; Trémergat, sept secondes ; Borda, une seconde ; d'où il résulta que Rochon avait eu la pluralité des premières voix, et Trémergat, celle des secondes. Rochon fut choisi par le ministre.

Mais la nomination de Rochon laissait vacante une place d'ordinaire. De là une nouvelle lettre au ministre le 25 avril et une seconde le 1ᵉʳ juin, pour lui rappeler la nécessité de pourvoir à ce remplacement. L'autorisation ministérielle ayant été donnée le 9 juin, l'Assemblée procéda, le 15, à l'élection d'un ordinaire, puis à celle de l'adjoint que devait laisser vacante l'élection même. Pour l'académicien ordinaire, toutes les premières voix furent pour La Coudraye ; toutes les secondes, pour Delangle. Pour l'adjoint, les six premières voix furent pour La Prévalaye et deux pour Salvert ; toutes les secondes pour Salvert. Par sa lettre du 8 juillet, la dernière qu'il écrivit à l'Académie, Boyne choisit *Delangle* et *La Prévalaye*. De là une lettre du 15 juillet de l'Académie au ministre, se plaignant que les premières voix données unanimement à La Coudraye n'eussent pas eu le suffrage ministériel. Ce fut Turgot qui répondit, le 8 août, de Compiègne, en écrivant une lettre de condoléance, d'après l'opinion favorable que l'Académie lui donnait des talents de La Coudraye. L'Académie en profita pour demander à Turgot le titre d'académicien ordinaire surnuméraire pour La Coudraye. « Cette grâce, disait-elle, ne déroge point à nos statuts ; mais elle passerait l'éponge sur un trait irrégulier qui a droit de blesser la délicatesse noble de l'Académie qui a le bonheur de vous voir son chef et protecteur. » Sartines répondit à l'Académie, de Versailles, le 26 septembre, en lui accordant la satisfaction qu'elle désirait. En conséquence, la Compagnie arrêta, dans sa séance du 13 octobre, que, pour se conformer aux intentions du ministre, *La Coudraye* serait regardé comme académicien ordinaire depuis le 14 juillet dernier, date à laquelle lui était parvenue la réponse de Boyne à la lettre par laquelle l'Académie lui avait fait part de cette élection.

La nomination de La Coudraye laissant vacante une place d'adjoint, il fut procédé à cette nouvelle élection le 15 décembre. *Perrier de Salvert* eut toutes les premières voix ; l'enseigne La Fouchais, toutes les secondes. Salvert fut conséquemment choisi par le ministre le 13 janvier 1775.

Le 29 septembre, on lut une lettre de Marguerie accompagnant une autre lettre de Nicolas-Marie *Ozanne*, lequel demandait la lettre de correspondant qu'il avait autrefois refusée à cause de sa santé chancelante. L'une et l'autre sont datées de Versailles : celle d'Ozanne, du 16 septembre ; celle de Marguerie, du 17. L'Académie s'empressa d'envoyer à cet artiste la lettre qu'il demandait. On peut la lire dans le registre de correspondance de l'Académie, à la date du 3 octobre.

A la fin de 1774, le nombre total des académiciens était de 78, ainsi répartis : 1 honoraire, 9 associés, 26 ordinaires, 1 vétéran, 24 adjoints et 7 correspondants.

Le 15 décembre, l'Assemblée procéda à l'élection de ses officiers, qui furent pour l'année 1775 :

Directeur : Rosnevet, en remplacement de Le Bègue. Cinq voix contre deux accordées à Petit.

Vice-directeur : Petit, prorogé avec quatre voix. Le Bègue en eut une, Courcelles une, Rosnevet une.

Secrétaire : Marguerie, prorogé par six voix contre une donnée à Choquet de Lindu.

Sous-secrétaire : La Coudraye, en remplacement de Courcelles, par quatre voix. La cinquième fut pour Briqueville, la sixième pour Blondeau, la septième pour Choquet de Lindu.

L'ACADÉMIE ROYALE
DE MARINE
DE 1775 A 1777

PAR

ALF. DONEAUD DU PLAN
PROFESSEUR A L'ÉCOLE NAVALE

QUATRIÈME PARTIE

PARIS
BERGER-LEVRAULT ET Cie
Éditeurs de la Revue maritime et coloniale et de l'Annuaire de la Marine
5, RUE DES BEAUX-ARTS, 5
MÊME MAISON A NANCY
—
1881

(Extrait de la *Revue maritime et coloniale.*)

L'ACADÉMIE ROYALE

DE MARINE

DE 1775 A 1777

XIV.

Année 1775.

Il y eut en 1775 quarante-neuf séances, dont deux seulement, la trente et unième et la quarante-sixième, furent inoccupées. Louis XVI, celui de tous les souverains de l'ancienne France qui a le plus favorisé et le mieux compris la marine, et son ministre Sartines, bien qu'étranger aux choses de la mer par suite de ses fonctions antérieures, encourageaient puissamment ce réveil du pays. L'escadre d'évolutions, commandée en 1775 par le comte de Guichen, capitaine de vaisseau, donnait d'excellents résultats. L'Académie de marine, de son côté, poursuivait avec éclat le cours de ses savants travaux.

I. DICTIONNAIRE. — Elle ne put néanmoins arriver à terminer le premier volume du Dictionnaire. Ne voulant pas se borner à une simple nomenclature, elle demandait sur chaque article des traités spéciaux exigeant de longues recherches que le service de ses différents membres interrompait souvent. Constatons cependant, ainsi que nous l'avons fait pour les années antérieures, les efforts déployés en 1775.

Le 12 janvier, c'est-à-dire à la première réunion, Blondeau commença la lecture d'un mémoire sur le choix et l'ordre des mots d'astronomie qui devaient entrer dans la composition de l'ouvrage. Rien n'indique, dans le compte rendu des séances, qu'il ait achevé cette lecture, si ce n'est peut-être la mention vague, à la date du 19 janvier : « On a discuté et délibéré sur plusieurs objets relatifs au Dictionnaire. » Dans la même assemblée du 12, le capitaine de vaisseau et académicien ordinaire Monteil, qui allait commander dans l'escadre la frégate la *Renommée*, s'était chargé de faire des recherches sur les droits et prérogatives et en général sur la charge d'amiral chez les nations étrangères. Le 10 février, l'Académie écrivit au lieutenant de vaisseau Fleurieu[1], pour qu'il témoignât au ministre du désir de l'Assemblée d'avoir un recueil général et complet des ordonnances, règlements et instructions françaises sur la marine. Boyne avait autrefois chargé le sous-commissaire Le Roy d'y travailler. Le travail de celui-ci devait être assez avancé pour qu'il fût possible de compléter promptement la collection. Nous n'avons pas trouvé la réponse de Fleurieu, lequel du reste travaillait à cette époque aux ordonnances de 1776.

Le 23 février, on lut deux lettres de l'adjoint Forbin d'Oppède, datées de Toulon, le 27 novembre 1774 et le 30 janvier 1775, lettres dans lesquelles il annonçait qu'il continuait de s'occuper des termes de galère. Le 2 mars, on fit lecture d'une troisième lettre du chevalier, datée de la Verdine par Barjols, en Provence, le 15 février : elle accompagnait l'envoi d'une nomenclature des termes de galère du Levant. L'absence de Toulon de ce capitaine de vaisseau ne lui avait pas permis de joindre une explication à chacun de ces mots. Mais la Compagnie pouvait s'adresser directement pour cet objet à Thirat de Chailly, aide de port à Toulon, qui avait aidé le chevalier dans son travail. Dans une quatrième lettre, lue à la séance du 16 mars, Forbin d'Oppède ajoutait que Thirat avait besoin de six semaines environ pour achever son ouvrage. L'Assemblée chargea, le 13 mars, le capitaine de vaisseau Vialis, académicien ordinaire et sous-directeur de l'artillerie à Toulon, de continuer le travail de Forbin d'Oppède, en lui désignant Thirat comme auxiliaire. A la séance du 9 mars, l'enseigne de vaisseau Granchain, adjoint, avait fait quelques remarques sur la nomenclature du chevalier, et en général sur le plan de toute la nomenclature. On envoya copie de ces remarques à Vialis, pour l'aider dans le choix des termes. Le 5 juillet, Vialis envoya de Toulon, avec une lettre adressée à La Coudraye, le vocabulaire des mots de galère A, B, C. Le même Granchain,

---

[1] Il allait bientôt passer capitaine de vaisseau, et être employé comme adjoint de Chabert au Dépôt des cartes, plans et journaux de la marine, fonctions qu'il ne tarda pas à cumuler avec celle de directeur des ports et arsenaux.

dans la séance du 30 mars, avait rendu compte par écrit à l'Académie des motifs qui l'avaient déterminé à supprimer dans la nomenclature plusieurs mots du Dictionnaire, pour les transporter au mot principal auquel ils se rapportent. Nous avons trouvé, dans les feuilles volantes, les deux écrits de Granchain intitulés : le premier, *Notes d'un des rédacteurs de la nomenclature générale* ; l'autre, *Supplément*. L'un a six pages d'une écriture fine et serrée ; le second, douze. Le 6 avril, l'adjoint Montluc de la Bourdonnaye, enseigne de vaisseau, fut chargé, en l'absence de Granchain embarqué sur l'*Aigrette*, de la rédaction de la nomenclature générale.

Il n'y eut qu'un très-petit nombre de mots lus. Le 23 mars, l'enseigne de vaisseau Perrier de Salvert, nouvel adjoint, relut le mot *approvisionnement*, composé d'après les notes rédigées par Petit et Le Bègue. Le même jour, le capitaine de vaisseau Rosnevet lut et rapporta le mot *métacentre*. Il se chargea de traiter sur le même modèle tous les mots commençant par centre : centre de gravité, de roulis, etc. Le 21 septembre, on lut *axiomètre*, par l'enseigne de vaisseau Guichen, adjoint. Dans la même séance, l'enseigne La Prévalaye, autre adjoint, lut une légère correction à un mot qu'il avait déjà donné.

II. Astronomie et navigation. — Tout ce qui concerne l'astronomie et la navigation continuait à occuper la première place parmi les préoccupations de l'Assemblée. Aussi, à la première séance, ayant été mis en délibération s'il ne serait point utile que chacun des académiciens fût tenu, au retour de ses voyages sur mer, de rapporter à l'Académie un extrait de son journal, contenant, sur la campagne, toutes les remarques qui pourraient être de quelque utilité pour la navigation, tous les membres applaudirent à cette idée, et, en conséquence, le capitaine de vaisseau Monteil s'engagea à remettre incessamment le journal de la campagne qu'il avait faite en 1774, comme commandant du *Zéphir*. Le chevalier d'Oisy, académicien ordinaire et sous-directeur du Dépôt des cartes et plans, ayant pris occasion de ce fait pour se plaindre au comte d'Orvilliers, commandant du port de Brest, que l'Académie interceptait les journaux de navigation, celle-ci répondit, le 30 juin, au comte, pour se laver de cette accusation. Elle n'avait jamais possédé aucun journal, disait-elle. Si elle en avait eu, elle eût pu envoyer des extraits au Dépôt, pour corriger les défauts sans nombre de cartes qui en sortaient toujours les mêmes, depuis un temps immémorial. Son opinion était que cet établissement serait infiniment mieux placé dans un port, où il y aurait plus d'ouvriers pour un travail négligé à Paris, et qui se ferait gratuitement mais avec zèle. Le chevalier d'Oisy, attaqué à son tour, répondit, le 13 octobre, à la Compagnie par une longue lettre, dans laquelle il lui annonçait, entre autres nouvelles, que les formes du Dépôt étaient totalement changées ; que la bibliothèque serait dorénavant ouverte au public pendant quatre heures le matin et trois heures de l'après-dîner ; que le ministre l'avait spécialement chargé de la correspondance avec l'Académie ; que lui priait les officiers de vouloir bien lui confier leurs journaux, en s'adressant directement à lui ; qu'il les ferait copier et les leur remettrait exactement. Il demandait enfin que l'Assemblée lui fît part des armements du port de Brest, afin qu'il fût en état de préparer les plans, mémoires et relèvements à faire dans les lieux où les bâtiments devaient aller. Il remplirait ainsi une foule de lacunes qui l'arrêtaient pour la correction des cartes. La Compagnie lui répondit, le 6 novembre, qu'elle saisirait avec empressement toutes les occasions de concourir à ses vues. Quelques jours après cette lettre, le chevalier mourut et fut remplacé par Fleurieu.

La question des boussoles occupa encore l'Académie pendant toute l'année 1775. Nous avons dit que, le 28 novembre 1774, l'Assemblée avait envoyé au ministre, avec le mémoire de Blondeau, une lettre où elle le priait de donner des ordres pour bannir absolument le cuivre jaune des boussoles. Sartines répondit, le 31 janvier, qu'il consentait volontiers à ordonner pour Brest, suivant le désir de l'Académie, un certain approvisionnement de planches du métal composé par elle ; que les précautions qu'elle indiquait pour la fonte et l'union de l'étain au cuivre seraient bien observées à la manufacture d'Ormoy, près Corbeil. Il demandait seulement si l'Académie voulait que le métal fût étendu sous le martinet ou passé aux cylindres, et quelles dimensions devaient avoir les planches ; enfin la quantité qu'elle en désirait. L'Assemblée accepta d'autant plus volontiers la proposition ministérielle, que, dans la séance du 16 février, Blondeau lui avait rendu compte de quelques difficultés qu'on rencontrait à Brest pour la préparation du métal. Elle demanda au ministre vingt-cinq planches passées au cylindre, et ayant chacune trois pieds et demi de long, sur trois de largeur et une ligne et demie d'épaisseur (lettre du 24 février). La Compagnie estimait que chacune des planches fournirait les cercles et les suspensions de six compas de variation ou de douze compas de route. Le 28 mai, Sartines envoya à la Société copie d'une lettre d'Odelin, entrepreneur de la manufacture de fils de cuivre dorés et argentés d'Ormoy, dans laquelle il était dit qu'on ne pouvait guère entreprendre la fourniture du métal proposé par l'Académie. Les laminoirs connus à Paris étaient ou trop petits ou trop faibles pour des planches de trois pieds carrés. Il croyait d'ailleurs indispensable de battre ces planches sous le martinet, avant de les passer entre les cylindres. A cette difficulté se joignait l'aigreur du métal proposé, qui, même battu à froid, devait être sujet à se gercer. Pour répondre néanmoins aux vues de la Compagnie, l'entrepreneur proposait de couler dans des moules les cercles et les points de suspension des compas de variation et des compas de route, et de les employer sans autre préparation. L'Académie éviterait ainsi les retailles et les déchets résultant inévitablement de la coupe des planches, et n'aurait qu'à fournir les modèles. Odelin proposait encore, à défaut de cet expédient, un mélange de cuivre rouge très-pur et de régale de zinc bien préparé. Ces planches seraient, il est vrai, battues sous le martinet ; mais on pourrait en fournir de la grandeur demandée. L'Assemblée, après avoir arrêté, le 16 juin, que des planches de trente pouces de long sur vingt-quatre de large seraient suffisantes, répondit, le 10 juillet, au ministre qu'elle s'arrêtait à l'idée de faire couler les cercles et les points de suspension, pour lesquels elle envoyait les modèles. Elle joignait à sa dépêche des instructions pour le sieur Odelin, et en profitait pour demander à Sartines le renouvellement de l'approvisionnement du port en compas de route et de variation. Le ministre n'ayant pas répondu, à ce qu'il semble, à cette lettre, l'Académie lui en écrivit une nouvelle, le 24 novembre, pour lui rappeler de lui envoyer des planches du métal composé. Le 9 du même mois, elle avait arrêté l'acquisition de trois livres d'acier de fonte, pour la construction des aiguilles aimantées. La question en resta là pour cette année.

Dans les séances du 30 mars et du 6 avril, Blondeau avait lu un *Mémoire sur la variation de l'intensité magnétique* ; dans celles du 11 et du 18 mai, un *Mémoire sur le magnétisme*, dit le compte rendu. C'est probablement le même travail que le précédent, et que l'auteur ne laissa pas, parce qu'il n'était pas terminé. Enfin, le 21 décembre, Blondeau lisait encore, sans le déposer, un *Mémoire sur la vraie direction des boussoles*. Il en résulte qu'aucun de ces travaux n'est dans les volumes manuscrits de Mémoires ; mais dans l'*Encyclopédie méthodique*, partie Marine, l'article *Boussole* est signé Blondeau.

Le 28 avril, l'Académie de marine s'adressa à l'Académie des sciences, pour lui demander communication des pièces qui avaient concouru au sujet du prix sur l'aimant proposé pour 1775. Condorcet lui répondit, le 26 mai, que le prix avait été remis à deux ans, et qu'il n'y avait eu ni pièce couronnée ni accessit. Le prix fut partagé en 1777 entre un professeur hollandais, Van Swinden et un Français, Coulomb, capitaine au corps du génie. L'Académie des sciences distingua en outre une boussole de l'artiste Magny, auquel elle décerna, sur le prix, une somme de huit cents livres.

Le 11 mai, on lut une lettre collective de Pingré, Borda et Verdun de la Crenne demandant des commissaires pris à Paris, pour faire le rapport de leur voyage de la *Flore*, vu l'impossibilité où ils se trouvaient de faire passer à l'Académie de marine leur manuscrit. Cette faveur leur fut accordée, sans tirer à conséquence, et l'Assemblée nomma pour commissaires Bory, Bezout et Bougainville. Mais le rapport, signé des deux premiers noms seulement et inséré au tome XI, pages 12-32, ne fut lu qu'à la séance du 6 juin 1778.

Le 9 février, on avait lu une lettre de Dulague, professeur d'hydrographie de Rouen, adressée à Blondeau et relative à de nouvelles ampoulettes qui avaient été demandées pour la construction des sabliers. Blondeau fut chargé naturellement de le remercier de la part de la Compagnie, et plus tard, 8 juin, d'écrire à Dunkerque, pour connaître la composition du sable des ampoulettes composées par le sieur Perre. Le 14 décembre, Rosnevet lu des *Remarques sur les clepsydres*, communiquées par le sieur Jeanvril. Blondeau fut encore chargé de répondre à ce dernier, pour le remercier, ce qui donne à penser qu'il était peut-être aussi professeur d'hydrographie.

Le 22 juin, on lut le rapport fait par Rosnevet et Le Bègue, académiciens ordinaires, sur une nouvelle boussole inventée par le sieur Gaspard Morel, lieutenant de frégate à Dunkerque. On peut consulter, au tome Ier des *Correspondants*, pages 282-285, ce travail qui avait été lu à la séance du 27 avril, ainsi que la lettre écrite par l'auteur au commandant des armes, le chef d'escadre comte de Breugnon. Le plan de la boussole Morel est à la page 286. Quant au rapport, qui est dans le même volume, pages 288-289, il y est dit que les boussoles dont on se sert sur les vaisseaux du roi étant suspendues de manière à ne pas pouvoir se démonter, et conséquemment n'étant pas sujettes aux accidents auxquels celle de M. Morel remédie, il n'y a pas lieu d'adopter un changement qui ne serait pas d'ailleurs sans inconvénient. Au surplus, la boussole du sieur Morel ne différait de celles en usage que par un angle formé par l'aiguille au point de suspension. Il y a, sur l'*Annuaire* de 1777, un Morel lieutenant de frégate au Havre, de la promotion de 1771. L'auteur ne fut pas satisfait du jugement porté par l'Académie sur un instrument qu'il s'était attaché pendant dix-huit ans à perfectionner, et ne pouvant obtenir l'avancement qu'il sollicitait à l'occasion de sa boussole, il quitta peu après le service, au bout de quarante années de mer, ayant navigué depuis l'âge de neuf ans. Son mémoire trahit un homme complétement illettré.

Le 18 juillet, un professeur d'hydrographie de Nantes, Pierre Lévêque, fut plus heureux. C'était un ancien élève des Jésuites qui, passionné pour la science maritime, avait débuté dans la carrière comme matelot sur un bâtiment de l'État. Après un voyage de deux ans, il s'était adonné aux mathématiques, et à Nantes, avant Montgolfier, avait présenté le spectacle d'un aérostat, comme aussi celui d'une machine à vapeur. Tel était l'homme qui envoya à Marguerie, par l'intermédiaire du comte de Beaumont, lieutenant de vaisseau, l'esquisse d'un grand ouvrage qu'il venait d'entreprendre sur le calcul des angles horaires. Il priait Marguerie de vouloir bien l'honorer de ses conseils pour mener à la perfection ce travail, dont il envoyait le manuscrit, avec un mémoire y relatif, et il le priait de soumettre le tout au jugement de la Compagnie. Celle-ci, dans l'assemblée du 27, vota des remerciments à l'auteur, et nomma commissaires Duval Le Roy, Fortin et Blondeau, qui conclurent, le 3 août, en approuvant le travail et en encourageant l'auteur à le continuer. Leur rapport est dans le tome Ier des *Correspondants*, page 289.

Le 14 septembre, on lut un *Mémoire* de l'enseigne Fleuriot de Langle, académicien ordinaire, *sur la méthode de déterminer la latitude en mer par deux hauteurs du soleil prises hors du méridien*. Les commissaires nommés furent De Flotte, Duval Le Roy et Marguerie. Leur rapport fut lu le 21 : il est dans le tome X des *Mémoires*, pages 373-375, à la suite du travail de De Langle, qui va de la page 367 à la page 373. Il y est dit que « la méthode dont il s'agit est redevable à son auteur du degré de perfection qui lui était nécessaire pour être employée, et qu'il paraît qu'elle mérite actuellement toute la confiance qu'on peut accorder à une méthode qui n'a pas l'avantage d'être directe ». Le jugement de l'Académie s'étant trouvé conforme à celui des commissaires, il fut arrêté qu'on écrirait au ministre au sujet du rapport fait sur cet académicien.

Le 21 octobre de l'année précédente, l'Académie avait écrit au ministre pour se plaindre de n'avoir pas reçu ses trente exemplaires de la *Connaissance des temps* de 1744 ; elle demandait au moins ceux de l'année 1775 qui venaient de paraître. Sartines lui fit répondre, le 23 décembre 1774, que le comte de Breugnon, commandant du port, était chargé de les lui remettre, sauf cinq exemplaires destinés au chevalier d'Oisy, et à Marguerie, Fleurieu, Verdun de la Crenne et Mannevillette, alors à Paris. Le 21 juillet 1775, la Compagnie pria le ministre d'ordonner le plus promptement possible l'envoi de la *Connaissance des temps* de 1776, en cours de publication. Elle recevait bien, il est vrai, tous les ans cet ouvrage, mais toujours très-tard, et parfois en un trop petit nombre d'exemplaires. Le 9 septembre, autre lettre à Sartines, pour le prier de délivrer à l'Académie plus d'exemplaires. Le ministre répondit, le 3 octobre, qu'il avait donné l'ordre au Dépôt des cartes et plans d'en réserver un cent pour l'Académie de marine. Mais le chevalier d'Oisy écrivit de son côté, le 13, qu'il lui était impossible, pour cette année, d'en délivrer plus que le nombre ordinaire, attendu que l'Imprimerie royale n'était dans l'usage d'en tirer que la quantité qui lui était demandée, et que par conséquent le supplément accordé par le ministre ne pourrait avoir son effet que pour la *Connaissance* de 1777.

III. Physique. — Le 19 janvier, Blondeau lut et remporta une relation des effets du tonnerre tombé à bord du *Zéphir*, commandant Monteil, en 1774. A la séance suivante, il exposa de nouveaux détails et des réflexions sur le même objet. En ayant conclu qu'il serait bon que la Compagnie fît quelques recherches et tentât quelques expériences à ce sujet, l'Assemblée l'autorisa à s'en occuper en son nom, et lui adjoignit Grandchain pour se concerter avec lui, pour ce qui leur paraîtrait utile au but qu'il se proposait. La question s'arrête là sur les registres.

Le 9 février, Petit, Trédern de Lézerec et De Flotte furent nommés pour faire différentes épreuves sur deux clous enduits d'un vernis, qu'on avait présenté à l'Académie comme devant préserver le fer de la rouille. A la suite de leur rapport, qui fut lu le 23, la Compagnie décida qu'on écrirait à l'inventeur, pour obtenir de nouveaux clous sur lesquels on continuerait les expériences. Le 30 mars, De Flotte lut un nouveau rapport sur l'effet occasionné par l'eau de mer sur ce vernis. Il fut arrêté en conséquence d'écrire au ministre que s'il lui avait plu de porter cet objet au jugement de l'Académie, elle aurait pu lui faire connaître plus promptement ce qu'on doit penser de ce vernis, et éviter conséquemment bien des frais. Sans se laisser décourager par cette lettre, qu'au surplus nous n'avons pas trouvée et qui peut-être ne fut pas envoyée, Sartines écrivit au comte d'Orvilliers, commandant de la marine à Brest, pour lui rendre compte d'une nouvelle invention de ce genre ; c'était une cheville de fer revêtue de cuivre. Les commissaires nommés par l'Académie furent cette fois Bougainville, Thévenard et Souville, tous trois académiciens ordinaires. Leur rapport, lu le 21 septembre, se trouve dans le tome X, pages 375-378. Ils concluent que l'usage des chevilles de fer doublées de cuivre est par trop dispendieux et inutile. Celles tout en cuivre coûteraient moins ; quant aux chevilles en fer, elles durent plus de douze ans, ce qui est le terme moyen de l'existence des vaisseaux.

Plusieurs journaux de l'année ayant annoncé un procédé pour conserver de la viande, mais n'en ayant pas donné le secret, Souville, qui se rappelait avoir lu quelque part un moyen de conservation pendant un temps relativement considérable, en fit part à la Compagnie, le 7 décembre. L'utilité dont une pareille découverte devait être pour la marine décida l'Assemblée à en faire faire l'essai sous ses yeux. Souville et Rosnevet s'en chargèrent. Le 11 décembre, ils emportèrent vingt-cinq livres de bœuf récemment tué et bien saigné, dans six pots vernissés. Après les avoir remplis de bonne huile d'olive, ils les fermèrent avec un bouchon de liége recouvert d'un mastic de vitrier et d'un parchemin. Deux de ces pots furent laissés dans la salle de l'Académie ; deux autres, placés dans un grenier ; les deux derniers, dans une cave. Nous rendrons compte du résultat, à l'année 1776.

IV. HYDROGRAPHIE. — Trois séances de l'année 1775, celles du 26 janvier, du 23 février et du 9 mars, furent consacrées à lire la préface du *Neptune oriental* de Mannevillette et l'épître dédicatoire au roi. On entendit ensuite le rapport des commissaires La Coudraye, Chasteloger et Marguerie, nommés par l'arrêté du 30 septembre 1773, et cet écrit fut inséré dans le tome X, pages 330-359. C'est une analyse très-consciencieuse de l'ouvrage. Conformément à ce rapport, l'Académie jugea que ce *Neptune* serait utile à la marine et était digne de l'impression. A la séance suivante, quelques membres ayant fait observer que les commissaires n'avaient prononcé que sur le discours, et qu'elle-même n'avait rien statué sur les cartes dans le jugement qu'elle avait porté, Blondeau fut nommé pour comparer la position et le gisement des terres dans l'atlas avec leur position et leur gisement indiqués par le discours, et chargé de rendre compte à l'Académie du degré de confiance que méritaient les cartes. Cette comparaison ayant été favorable à l'illustre hydrographe, on lui envoya copie conforme du rapport et du jugement qu'en avait porté l'Académie. La nouvelle édition du *Neptune oriental* parut la même année, Paris, Demonville, in-folio.

Le 10 janvier, un ancien serviteur des vaisseaux de l'État et du commerce, qui avait été forcé, en 1766, de quitter la mer par suite de ses infirmités et qui était devenu maître d'hydrographie au Havre, Jean-Baptiste Degaulle, auteur d'un livre intitulé *Usage d'un nouveau calendrier perpétuel astronomique et maritime*, Paris, 1768, in-8°, demanda le jugement de la Compagnie pour une carte réduite de la Manche, en trois feuilles, qu'il lui envoyait, ainsi qu'une feuille imprimée annexe, laquelle en indiquait le contenu. Blondeau et Granchain furent nommés commissaires pour l'examen de cette carte. Sur leur conclusion, lue le 9 mars, l'Académie fit répondre à ce professeur qu'elle ne pouvait se prononcer sur son ouvrage s'il n'y joignait un mémoire justificatif des corrections et changements qu'il proposait dans sa carte. Degaulle répondit, le 25 du même mois, en envoyant le mémoire demandé, qui fut lu le 6 avril et inséré dans le tome 1er des *Correspondants*, pages 273-281. Les commissaires nommés furent Blondeau, Rosnevet et Bougainville. Leur rapport, lu le 27 avril, est à la suite du mémoire, page 287. Il y est dit que l'auteur leur avait paru mériter les éloges de l'Académie et la reconnaissance des navigateurs. Degaulle, en remerciant l'Assemblée par une lettre du 16 mai, annonça de nouveaux ouvrages du même genre. Les *Cartes réduites de la Manche, de Bretagne et des Sorlingues* furent publiées en 1778, au Havre, avec le mémoire explicatif.

V. MANŒUVRE. — Cet article ne figure, en quelque sorte, que pour mémoire dans les travaux de 1775.

Le 16 mars, un anonyme avait envoyé, à l'Académie, une question sur le poste le plus convenable au commandant d'une escadre pendant le combat. L'Assemblée arrêta de regarder comme non avenue cette question et de la laisser sans réponse, ainsi que toute demande posée par quelqu'un qui ne se nommerait pas.

Le 11 mai, on lut une lettre d'un capitaine Stephano, baron de Bissy, au ministre, lui envoyant un plan de rames à établir sur les bâtiments de guerre. Le mémoire fut lu dans la même séance et l'on arrêta que Thévenard ferait venir, de Lorient, le rapport de l'expérience qui avait été faite sur un bâtiment de la Compagnie des Indes avec des rames semblables à celles proposées par l'auteur. On demanda, en outre, à celui-ci, avant de se prononcer, le rapport des commissaires de l'Académie des sciences sur son travail. Quant au jugement des commissaires de l'Académie de marine, Rosnevet et Le Bègue, qui fut rendu le 22 juin, après nouvelle lecture du mémoire de l'auteur, il y est dit que « les réflexions de M. le baron de Bissy, sur les avantages des rames qu'il propose, sont établies sur des suppositions exagérées et dont les juges ne font mention que pour faire connaître qu'ils ne les acceptent pas ». Le registre des comptes rendus mentionne encore, à ce sujet, qu'on lut, le 27 juillet, l'extrait d'une lettre de Vialis, relative à la machine de Bissy ; mais le travail du baron n'a pas été inséré parmi les mémoires des correspondants étrangers à l'Académie.

VI. MATHÉMATIQUES. — La question de la quadrature du cercle, déjà écartée par l'Académie en 1753, fut reprise en 1775, pour être enterrée définitivement. Le 26 janvier, on fit lecture d'une lettre du sieur Guillaume Le Rohberger de Vausenville, astronome, ancien correspondant de l'Académie des sciences[1], historiographe de Vire, sa patrie, le même qui avait annoncé, à l'Académie de marine, une éclipse de lune en 1754. Il demandait le jugement de la Compagnie sur un mémoire imprimé joint à sa lettre et intitulé : *Consultation sur la quadrature indéfinie du cercle*. Le travail de l'auteur fut lu dans cette même séance, ainsi qu'une lettre, également imprimée, qu'il avait écrite autrefois à Dalembert pour cet objet, et où il l'invitait à réfuter les résolutions exposées dans son mémoire. Cette invitation avait été lue à toutes les académies de Paris. Celle des sciences lui avait répondu, le 12 janvier 1774, par l'organe de Pingré et de Vendermonde, que sa lettre, ne contenant aucun des principes de l'auteur, ne pouvait pas former matière à un jugement académique ; que, cependant, comme il se plaignait que la décision portée contre lui n'était pas générale, l'Académie lui répondait qu'elle avait été prise sur l'avis de toute la classe, qui ne croyait pas, comme avait fait le rédacteur du rapport, qu'il pût être indifférent de donner, en pareille matière, une approbation purement conditionnelle. Dès 1771, Dalembert lui avait répondu textuellement :

[1] Il avait été rayé de la liste des correspondants de l'Académie des sciences, comme domicilié à Paris.

« Je ne connois point, Monsieur, de démonstration rigoureuse de l'impossibilité de la quadrature définie du cercle ; mais je crois la chose si difficile que je doute qu'on y parvienne. » Vausenville n'en fit pas moins publier, dans le *Journal des sciences et beaux-arts de France*, de décembre 1774, une invitation générale à réfuter ses idées, et supplia l'Académie de marine d'engager les plus habiles géomètres de son corps à examiner ses raisons et à faire publier son jugement. Blondeau et Granchain furent désignés en qualité de commissaires. D'après leur rapport, l'Assemblée répondit à l'auteur, le 6 février, avec politesse, mais en se dérobant, que l'objet de sa consultation avait un rapport trop éloigné à l'art dont elle s'occupait pour qu'elle pût se livrer à l'examen qu'il demandait[1] ; que, néanmoins, quand l'acquiescement des géomètres de l'Europe aurait assuré sa découverte, l'Académie de marine prononcerait, s'il continuait à le désirer, sur l'application qu'il proposait d'en faire, à la détermination des longitudes en mer. L'auteur fit paraître, en 1778, son *Essai physico-géométrique*, avec la signature ironique : Le Rohberg-Herr de Vausenville = 0, et en fit don d'un exemplaire à l'Académie de marine. Le livre était dédié à Sa Sainteté Pie VI et aux monarques de France, d'Europe et de la terre. Après les dédicaces, la préface et l'avant-propos, vient l'*Essai*, qui comprend 96 pages in-8°, et contient : 1° la détermination du centre de gravité d'un secteur de cercle quelconque ; 2° la révolution géométrique de la quadrature définie du cercle. Puis l'invitation à Dalembert ; enfin l'observation du passage de Vénus en 1769, étudiée par l'auteur, pour Paris et pour Vire, et l'indication de plusieurs de ses inventions, telles que : un réverbère d'une courbure particulière, donnant six fois plus de lumière que ceux employés jusque-là ; l'art de rayer les papiers par une méthode plus prompte que l'impression, ce qui lui avait valu des lettres patentes lui permettant d'établir une manufacture de papiers rayés à Paris. Nous perdons ici de vue ce travailleur qui, après tant d'autres, s'était obstiné à poursuivre la grande chimère de trouver, par des constructions géométriques, la longueur de la circonférence dont on a le rayon, ou le carré équivalent au cercle dont le rayon est connu. Pour se débarrasser de cette question, considérée comme résolue néga-

---

[1] Et cependant Vausenville marquait dans son écrit qu'il allait s'occuper bientôt des longitudes, et il mentionnait la récompense de 10,000 livres sterling annoncée dans la *Gazette de France* du 30 mai 1774, pour celui qui trouverait la manière de déterminer la longitude en mer, à un demi-degré près d'un grand cercle, 5,000 livres à un degré.

tivement, l'Académie des sciences de Paris décida, en 1775, qu'elle n'examinerait plus, à l'avenir, les communications qui lui seraient faites à ce sujet, et le même parti fut pris, peu après, par la Société royale de Londres.

VII. Architecture navale. — De nombreux et importants travaux furent examinés en 1775.

Le 16 février, Briqueville lut une note du comte Du Maitz de Goimpy, académicien ordinaire de 1769 et capitaine de vaisseau depuis 1772. Celui-ci, voulant faire imprimer son *Traité sur la construction des vaisseaux*, désirait que les examinateurs fussent choisis parmi ceux des membres de l'Académie de marine résidant à Paris. On mit en délibération la question de savoir s'il était possible d'accorder à Goimpy la demande formulée dans cette note, parce qu'elle semblait indiquer qu'il serait alors dispensé d'envoyer son ouvrage à la Compagnie et que les examinateurs seuls en prendraient connaissance. L'Assemblée, « guidée par ses sentiments pour M. Du Maitz », voulut bien acquiescer à sa demande, mais sans conséquence pour l'avenir et sans cesser d'exiger qu'en pareille circonstance, l'ouvrage fût, avant tout, envoyé à l'Académie pour être lu et examiné. Conséquemment à la délibération ci-dessus et à la demande de Goimpy, on nomma Bigot de Morogues, Duhamel du Monceau et Borda, les deux premiers académiciens honoraires, le troisième ordinaire, pour examiner le livre et en faire le rapport à l'Assemblée. Duhamel écrivit, à ce sujet, le 9 mars, de Paris, que, prévoyant des circonstances qui pourraient l'éloigner et l'empêcher d'examiner le traité de M. Du Maitz, il n'osait prendre aucun engagement à cet égard avec l'Académie ; mais que, dans ce cas, M. de Morogues et M. le chevalier de Borda suffiraient, et qu'au surplus il se ferait un vrai plaisir de se réunir à eux si les circonstances dont il parlait ne lui en ôtaient pas la liberté. Dans sa note, Goimpy avait demandé pour juges Duhamel du Monceau et Morogues, pensant que ce nombre était suffisant. Il avait ajouté, néanmoins, qu'il se ferait un vrai plaisir et même un devoir de consulter M. de Borda, parce qu'ayant, sur quelques points, une opinion différente de celle du chevalier, il devait éviter d'exposer faiblement les sentiments opposés aux siens et qu'il s'empresserait de déférer à ses lumières. Le 15 septembre, Morogues envoya, du château de Villefayers, près d'Orléans, où il était en disgrâce par suite d'une intrigue de cour, son rapport, entièrement approbatif, et ce jugement a été inséré dans le tome X, pages 378-380.

Borda ayant conclu dans le même sens, par un rapport envoyé séparément, de Paris, le 18 septembre, l'Assemblée, dans sa séance du 28, jugea l'ouvrage digne de l'impression et décida d'envoyer son approbation à l'auteur. Goimpy ayant encore demandé qu'il fût spécifié que l'Académie approuvait l'impression de l'ouvrage sous son privilége, cette nouvelle faveur lui fut accordée, ainsi qu'il résulte du certificat qui lui fut envoyé, de Brest, le 27 septembre 1776, signé Marguerie. L'ouvrage parut la même année, Paris, Couturier, 1 vol. in-4°.

A la séance du 31 août, à laquelle assista le ministre Sartines, on lut, entre autres mémoires, des *Réflexions sur la rentrée des vaisseaux*. Ce travail anonyme était vraisemblablement d'un membre de l'Académie, puisqu'il fut inséré dans le tome X, pages 359-367. Les conclusions en sont que la rentrée qu'on donne actuellement aux vaisseaux leur est avantageuse, et qu'elle le serait encore plus si elle ne commençait qu'au-dessous des seuillets de la première batterie. Le point où elle prend dans les frégates est beaucoup trop bas, et on peut la diminuer sur tous les bâtiments de guerre jusqu'aux limites que nous avons cru, dit l'auteur, devoir fixer à la moindre largeur de leurs ponts. Dans la même séance, on délibéra qu'il était nécessaire de savoir pourquoi des vaisseaux de 64 de même force avaient maintenant plus d'échantillon et plus de bois que les vaisseaux de même rang construits anciennement, et on nomma pour examiner cette question les académiciens ordinaires Briqueville et Petit et l'adjoint Carry d'Anières. C'est en vain que nous avons cherché dans le tome X le jugement des commissaires. On délibéra également d'examiner si les bois se conservent mieux dans l'air que sous les hangars, et s'ils durent quand on les emploie après avoir été mis sous l'eau. Petit et Monteil, académiciens ordinaires, et l'adjoint Souville furent chargés d'examiner ce qui serait le plus propre à leur conservation. Ils lurent leur rapport le 7 septembre. Ce travail a été inséré dans le tome X, pages 388-390. Les commissaires concluaient que, indépendamment des précautions à prendre pour le choix des bois, le temps et la manière de les employer, il fallait absolument abandonner l'usage destructeur de les entasser sous l'eau, d'où l'on était obligé de tirer le dernier venu, tandis que le premier reçu se perdait ou s'envasait de manière à ne pouvoir être retiré. Ils préféraient conserver le bois sous des hangars, et proposaient de faire l'essai d'un hangar à étuve, où l'on eût placé des poêles pour y dessécher lentement les bois, qu'on eût fait ensuite passer dans les hangars de conservation. Dans cette même séance du 7 septembre, on lut un travail du marquis de Pezay, mestre de camp de dragons et maréchal général des logis des armées du roi. Cet officier littérateur, qui avait donné des leçons de tactique à Louis XVI, lorsqu'il n'était encore que dauphin, venait d'accomplir, par ordre du roi, une mission secrète, à la suite de laquelle il avait rédigé, sur le port de Brest, deux mémoires exprimant les idées les plus saines sur la défense des côtes [1]. Son travail pour l'Académie de marine, intitulé modestement *Notes devant servir de post-scriptum au mémoire de M. de Souville sur la conservation des bois*, est dans le tome 1ᵉʳ des *Correspondants*, pages 293-298. L'auteur émet des doutes sur l'affirmation des commissaires qu'il vaut mieux conserver les bois dans les hangars que sous l'eau. Il est constant, dit-il, qu'il y a des eaux éminemment propres à la conservation des bois, puisqu'il s'en trouve qui les amènent jusqu'au degré de lapidification. Ce ne serait donc qu'après la double expérience de bois conservés dans l'eau et desséchés ensuite avec ménagement et lenteur avant d'être employés, qu'il doit être permis de statuer définitivement sur la question. A la vérité, l'eau de mer est impropre à la conservation des bois; mais n'y a-t-il pas aux environs du port de Brest un étang à portée des rivières qui conduisent à la rade, et dont les eaux auraient cette propriété requise pour cette conservation? En Suède, on carbonise les bois avant de les mettre sous l'eau, et ce procédé les conserve indéfiniment. Quant à l'étuve proposée par Souville, Pezay propose de la remplacer, à cause du danger de feu et de la dépense, par une espèce de calorifère dont il a vu le modèle en Angleterre pour un établissement de bains. Il étendait même ce moyen de dessèchement à tous les établissements du port, pour combattre l'humidité naturelle du climat de Brest. Tombé en disgrâce presque aussitôt après avoir terminé sa mission, Pezay ne put donner suite à ses projets et travaux; mais quelques années plus tard, 1787, le grand parc aux bois de l'anse Kerhuon fut acquis par la marine. L'Académie, en remerciment, expédia, le 12 septembre, à Pezay des lettres de correspondance.

Le 5 octobre, on lut la préface d'un *Essai d'architecture navale*, par Vial du Clairbois, ancien capitaine du commerce passé en 1754 au service de l'armée de terre, et qui devait rentrer en 1777 dans la ma-

---

[1] Ils ont été analysés dans l'*Histoire de la ville et du port de Brest*, par P. Levot, tome II, p. 163, et sont, en manuscrit, à la bibliothèque du port de Brest.

rine en qualité de sous-ingénieur. La première partie de l'ouvrage fut remise à la Compagnie, qui nomma commissaires Rosnevet, Petit et Duval Le Roy ; mais c'est en vain que nous avons cherché le rapport dans les tomes des *Correspondants*. L'ouvrage parut en 1776 sous le titre : *Essai géométrique et pratique sur l'architecture navale*, Brest, 2 vol. in 8°.

Un officier de l'ancienne Compagnie des Indes, nommé Lavigne-Buisson, commandant à Lorient, avait prié le commissaire général Marchais, associé de l'Académie, de présenter à celle-ci un mémoire dans lequel il proposait plusieurs modifications dans l'architecture des vaisseaux. Ce travail, lu à la séance du 19 octobre, fut inséré dans le tome Ier des *Correspondants*, pages 299-305, sous ce titre : *Mémoire que je prie M. Marchais de vouloir bien présenter à l'Académie royale de marine à Brest, s'il trouve que mes réflexions méritent son attention*. L'auteur demandait : 1° que les sabords de tous les vaisseaux fussent faits sur le modèle des embrasures des fortifications de terre ; 2° que, pour renforcer les coques, on pratiquât sous les baux du premier pont deux rangs d'illoires renversées de douze à quatorze pouces en carré, qui iraient de l'avant à l'arrière du bâtiment, tribord et bâbord des écoutilles, avec de bons écarts de six pieds soutenus par deux rangs d'épontilles, lesquelles seraient appuyées sur des pièces de vaigre de l'épaisseur de la carlingue. Ces pièces remplaceraient le rang d'épontilles et l'illoire renversée du milieu qui, ne pouvant avoir de prolongement suivi, à cause des écoutilles, ne peut, dit l'auteur, donner aucune force dans le sens de la longueur ; 3° que, pour rendre les vaisseaux mieux liés et plus forts dans le sens de la longueur, la lisse du plat-bord, les grandes et les petites préceintes, les bauquières et les fourrures de gouttières eussent leurs écarts croisés l'un sur l'autre à mi-bois, au lieu d'écarver la plupart de ces pièces suivant l'usage ordinaire. Il en serait de même des barots de trois pièces, qui seraient plus forts si les deux demi-baux qui portent sur les serre-bauquières et qui viennent s'abuter au milieu pouvaient, sans aucune perte sensible de bois, se croiser au milieu par un écart à mi-bois de quelques pieds ; 4° que toutes les manœuvres dormantes fussent fabriquées en grelins, au lieu de l'être en aussières ; 5° que l'on adoptât les chouquets à l'anglaise, en tous points préférables aux nôtres, disait-il ; 6° que les jottereaux des bas mâts fussent composés de deux courbes à l'encontre, au lieu de pièces de bois debout échancrées presque à l'endroit qui soutient tout le poids du mât de hune sous la clef. Le mémoire est terminé par une nouvelle méthode que propose l'auteur pour amurer la misaine, afin, dit-il, de lui faire présenter au vent toute la surface possible et de relever les pistolets d'amures, qui sont établis trop bas et avec trop peu de saillie. L'auteur insiste sur cette dernière proposition, dont il a éprouvé le succès dans la pratique, en 1744, 1745 et 1746. Si important que puisse nous paraître ce travail, la Compagnie se contenta de répondre vaguement, le 6 novembre, au commandant Lavigne-Buisson, qu'elle ferait toujours l'accueil le plus favorable à ses productions.

Sartines ayant encore consulté la Société relativement à un *Traité de construction* qui lui avait été présenté pour être imprimé aux frais du roi, l'Assemblée, dans sa séance du 14 décembre, nomma Rosnevet, Petit et La Prévalaye pour en faire l'examen. Ce travail était d'un ingénieur-constructeur ordinaire de Rochefort, nommé Pic. A la séance suivante, 21 décembre, les commissaires donnèrent leur jugement. Ils n'avaient trouvé dans ce mémoire que des vues sans principes, des propositions sans démonstrations et des formules erronées, par exemple celle pour le métacentre. Leur conclusion était que l'ouvrage ne méritait pas d'être imprimé. Ce jugement, assez péremptoire, fut provoqué à la suite de nouveaux éclaircissements fournis par l'auteur, attendu que le rapport n'est daté que du 1er février 1776. Le 5 du même mois, l'Académie envoya une lettre de condoléance à l'auteur. Le secrétaire Marguerie lui mandait qu'il était très-fâché que la Compagnie n'eût pas pu conclure à l'impression. Il pouvait se trouver dans son mémoire des vues utiles, et lui Marguerie était persuadé que si l'auteur avait le courage de refondre son travail et de le réduire aux seules idées qui pouvaient particulariser son système, peut-être réussirait-il.

Dans la même séance où était écarté le mémoire de Pic, on lisait une note à insérer dans le traité de Vial du Clairbois. Enfin Marguerie remettait un troisième traité, composé par un maître charpentier, le sieur Train, ainsi que plusieurs cahiers relatifs aux dépenses de construction et d'armement des vaisseaux. Petit, Rosnevet, Thévenard et Marguerie furent nommés commissaires pour l'examen de ce dernier ouvrage, accompagné de plans et de lettres relatives à la prétention du sieur Train, qui réclamait la propriété de l'invention des flûtes la *Pourvoyeuse* et la *Consolante*, de construction nouvelle. Cet ouvrage occupera encore l'Académie pendant toute l'année 1776.

VIII. ARTILLERIE. — Un important mémoire fut présenté.

Un lieutenant de vaisseau du port de Brest, nommé Cheffontaine Trévien[1], capitaine de fusiliers, avait présenté, le 21 décembre 1773, au ministre un mémoire dans lequel il lui proposait de construire un mortier à bombes sur un principe tout différent de celui des mortiers en usage, et d'une portée plus avantageuse, disait-il. La chambre de son mortier formait un ovale régulier, et le feu s'y communiquait en deux points opposés par deux conduits de lumière. Boyne ayant nommé des commissaires pour l'examen de cette invention, elle fut approuvée quant aux principes établis par l'auteur; néanmoins elle ne fut pas adoptée, à cause de la commotion et de la difficulté de placer des grains dans les deux lumières. Le ministre, trouvant la forme ellipsoïde avantageuse pour la portée[2], ordonna à Cheffontaine de faire quelques changements, en vue d'éviter les accidents. De là un nouveau plan de l'auteur d'un mortier à bombes, cette fois à une seule lumière. Ce plan fut approuvé, et Boyne se proposait d'en ordonner l'exécution aux forges de Ruelle, quand il quitta le ministère. Cheffontaine représenta son projet au ministre Sartines, qui demanda l'avis de l'Académie à ce sujet. Le mémoire de Cheffontaine fut lu à la séance du 7 septembre, et inséré dans le tome 1er des *Correspondants*, pages 290-292. A la suite, page 293, est le rapport des commissaires nommés par la Compagnie, Marguerie et Souville. Conformément à leurs conclusions, l'Assemblée arrêta que l'on écrirait au ministre que l'Académie ne pouvait se prononcer théoriquement; qu'il fallait renvoyer cet objet à l'expérience, et qu'elle se chargeait de rédiger incessamment un mémoire où elle examinerait en détail le projet de Cheffontaine. Nous n'avons trouvé ni ce mémoire ni la lettre.

IX. MÉDECINE. — En matière de médecine, nous n'avons à signaler, pour cette année, que deux arrêtés de l'Académie : 1° celui du 16 février, qui accorde à un médecin de la marine, nommé Vigier, l'autorisation de faire transporter à l'hôpital du roi la machine électrique de la Compagnie, jusqu'à ce qu'il ait remplacé la sienne, pour le traitement de ses malades; 2° celui du 7 décembre, invitant les chirurgiens-majors des vaisseaux du roi à lui remettre à leur retour un double des rapports qu'ils envoyaient à leur chef Poissonnier.

---

[1] Il était de la promotion de 1764, celle de Petit.
[2] A peu près vers la même époque (21 mai 1775), le maréchal comte de Muy, ministre de la guerre, autorisait le mortier à forme de cône tronqué du comte de Gomer, alors colonel d'infanterie et commandant de l'École d'artillerie de Douai. L'idée de celui-ci remontait à l'année 1774. (Voir notre notice sur Gomer, dans la *Revue* de juillet 1867.)

Lettre de l'abbé Sutaine. — Le 16 janvier, l'abbé Sutaine, principal du collège de Pont-Sainte-Maxence, près Senlis, avait écrit à la Compagnie, pour lui annoncer qu'il reprenait le *Journal économique*, interrompu depuis deux ans, et qu'il priait l'Assemblée de lui fournir des mémoires, dissertations, etc., relatifs aux objets qu'il se proposait de traiter dans son journal, c'est-à-dire l'agriculture, les arts et le commerce. Il joignait à sa lettre un prospectus imprimé (que nous avons trouvé) des objets d'instruction, usages observés et exercices soutenus dans la pension-collège qu'il dirigeait. Bien que toutes ces matières fussent étrangères à l'Académie, au point que nous avons été obligé de rejeter jusqu'ici ce paragraphe, ne sachant où le rattacher, celle-ci lui répondit néanmoins avec égards, le 27 janvier, qu'elle verrait avec plaisir la reprise du *Journal économique* et qu'elle saisirait avec empressement toutes les occasions de prouver à l'abbé tout l'intérêt qu'elle y prenait.

Dons d'ouvrages. — Le 3 février, il avait été arrêté qu'on prierait Chabert de demander au ministre une collection de toutes les cartes du Dépôt et de tous les mémoires qui leur servent d'instruction. Sartines répondit, le 14 mars, qu'il y avait longtemps que Chabert avait prévenu les désirs de la Compagnie en lui faisant cette demande; que les cartes étaient prêtes, et qu'il pouvait satisfaire sur-le-champ le vœu de l'Académie. Chabert écrivit de Paris, le 27 mars, dans le même sens et joignit à sa lettre une note de l'envoi. Il se composait de : l'*Hydrographie française*, de Bellin, en deux volumes; le *Neptune français* ou recueil de cartes marines, un vol.; le *Portulan anglais*, un vol.; le *Petit Atlas maritime*, de Bellin, en cinq volumes in-4°; le *Recueil de plusieurs plans des ports et rades et de quelques cartes de la Méditerranée*, par le sieur Ayrouard, pilote réal des galères du Roi, un vol. in-4°; le *Voyage de l'Amérique septentrionale*, par Chabert, in-4°; la *Description de l'île de Corse*, par Bellin, in-4°; celle des *îles Britanniques*, des *Antilles anglaises*, du *golfe de Venise*, de la *Guyane*, par le même; celle des *Débouquements de Saint-Domingue*; les *Observations de la lune*, en quatre volumes in-folio par Lemonnier, imprimerie royale, 1751; l'*Astronomie nautique lunaire*, par le même, un vol. in-8°; le *Traité des longitudes en mer*, par Charnières; la *Carte du zodiaque* et son petit volume d'explication; vingt-six *Remarques ou Mémoires* de Bellin, in-4°; sept autres, in-folio; celles du *Neptune*; cinq cartes géographiques supprimées de l'*Hydrographie française*;

l'*Exposition du calcul astronomique*, par Lalande, un vol. in-12; cinq exemplaires brochés et un relié du *Voyage de Fleurieu pour les épreuves des horloges marines*, 1773, deux volumes.

A la séance du 11 mai, la Compagnie décida qu'elle ferait monter un *plateau électrique*, qui lui avait été donné par un lieutenant de vaisseau du port de Brest, nommé Tarade.

A celle du 26, on fit lecture d'une lettre de Bory (sa date), annonçant à l'Académie l'envoi, de la part de l'auteur, de la *Description des octans et sextans anglais ou quarts de cercle à réflexion*, avec la manière de s'en servir et de les construire, par J.-H. Magellan, Paris, in-4°, 1775, un ouvrage des plus étendus, dit Lalande, et des plus complets qu'on ait sur cette matière. Jean-Hyacinthe de Magellan, physicien portugais, né à Lisbonne en 1723, mort en Angleterre en 1790, était le dernier descendant du grand découvreur. Après un long séjour dans les couvents de l'ordre des Augustins dont il avait pris l'habit, il alla à Londres, où il fut admis en 1774 à la Société royale. Il fit aussi partie des Académies des sciences de Paris, de Madrid et de Pétersbourg. C'était lui qui, en 1753, avait fait voir à Bory le monastère de Sainte-Croix à Coïmbre.

Séance du 27 juillet : lecture d'une lettre de Duhamel du Monceau à Rosnevet, annonçant l'envoi, par l'intermédiaire de l'intendant Ruis, de son *Traité général des pêches*, le 3° volume probablement, attendu que le 4° et dernier ne parut qu'en 1783.

Séance du 7 septembre : l'abbé Girault de Keroudou, correspondant, envoie à la Compagnie sa *Théorie du choc des corps*, Paris, 1775, un vol. in-8°; des *Mémoires contenant quatre problèmes sur les suites*, La Haye, 1771, in-8°; enfin ses *Thèses de mathématiques et de mécanique*, tous ouvrages approuvés par l'Académie des sciences.

Séance du 21 septembre : l'Assemblée remercie Mannevillette de l'envoi de sa seconde édition de son *Neptune oriental*, et reçoit le plan d'*y una barca speronara* donné par Guichen.

Séance du 7 décembre : Don d'un exemplaire des *Jugements d'Oléron*, par Préville, avocat, à qui l'Académie avait accordé l'entrée à la bibliothèque. Les jugements ou rôles d'Oléron sont un recueil de coutumes maritimes dont on ne connaît pas l'auteur, et qui remontent à la fin du xi° siècle.

Achats de livres et instruments. — Le 27 avril, on décida d'écrire à l'enseigne Rosily, alors à Londres, pour le prier d'acheter les ordonnances anglaises.

Le 4 mai, on paya, pour achats de livres, au libraire Malassis, la somme de 1,463 livres, et l'on décida d'acquérir les ouvrages suivants : *Mémoires de physique sur l'art de fabriquer le fer, d'en fondre et forger des canons d'artillerie*, par Grignon, Paris, Delalain, 1775, in-4°; tous les ouvrages du chevalier d'Arcy[1]; celui de M. De Luc, intitulé *Recherches sur les modifications de l'atmosphère*, Genève, 1772, 2 vol. in-4°; le *Mémoire sur le passage du Nord-Est*, par Engel, Lausanne, 1765, in-4°; tous les ouvrages pour ou contre qui ont paru sur la Compagnie des Indes; l'*Ordre naturel et essentiel des sociétés politiques*, par La Rivière, Londres, 1767, in-4°.

Le 26 mai, on arrêta de souscrire pour les *Éphémérides du citoyen*, en demandant en même temps toutes les nouvelles éphémérides, et on décida l'acquisition de trois baromètres marins de ce même Magny, distingué par l'Académie des sciences, pour une nouvelle boussole. Ils coûtèrent la somme de 228 livres.

Le 1er juin, on acheta 200 exemplaires de *Dispositifs de calculs pour les distances observées*, ouvrage de Borda, et, à la séance suivante, il fut arrêté d'en donner 24 à Blondeau, pour être envoyés dans différents ports.

Le 27 juillet, on acquit les livres de la vente Charnières, qui quittait le service, pour le prix énoncé de 518 livres 5 sols. Mais le registre des comptes rendus ne donne pas le détail de cette vente.

Le 21 septembre, on fit, pour la somme de 50 livres, l'achat d'un modèle de galère, et l'on demanda une boussole à Londres.

Le 12 octobre, on paya 24 livres les deux volumes du *Traité d'évolutions* de Morogues, traduit en anglais, Londres, 1767, in-4°.

Le 2 novembre, il fut décidé que l'on souscrirait pour les suppléments de l'*Encyclopédie* et pour les *Économies royales* de Sully, ainsi que pour un journal anglais dont le premier volume venait de paraître.

Enfin, le 7 décembre, l'Académie fit, pour la somme de 63 livres 15 sols, l'acquisition de la *République des lettres* de Bayle.

Renouvellement du privilège de l'Académie. — Le privilège de la

---

[1] Il ne s'agit pas ici, paraît-il, du comte d'Arcy, de l'Académie des sciences, mais du lieutenant de vaisseau de la promotion de 1761, qui figure encore sur l'*Annuaire* de 1777. D'où il résulte que nous ignorons quels ont ces ouvrages, qui ne figurent pas sur le catalogue de l'Académie fait en 1781. Peut-être renonça-t-on à cette acquisition.

Compagnie devant expirer en décembre 1775, elle écrivit à Clugny le 10 mars, pour le prier de faire les démarches nécessaires, afin d'en obtenir le renouvellement. Celui-ci répondit, le 18, de Paris, qu'il y était tout disposé, mais qu'il fallait que l'Assemblée lui fît parvenir une copie de l'ancien privilége. Ce papier lui ayant été envoyé, Clugny, dans une seconde lettre datée du 31 mars, annonça qu'il allait faire les démarches nécessaires. Par une troisième, en date du 29 avril, il fit connaître que le garde des sceaux accordait ce privilége pour douze ans. Enfin, le 30 juin, il envoya le susdit parchemin, qui coûta à l'Académie la somme de 36 livres 12 sols. Il est à la date du 17 mai 1775. Entièrement calqué du reste sur le précédent, il n'en diffère que par sa durée et le nom du chancelier Hue de Miromesnil, qui remplace celui de Maupeou. Il a été enregistré, comme celui de 1769, sur le registre XIX de la chambre royale et syndicale des libraires et imprimeurs de Paris, n° 234, folio 442.

Événements de l'année. — L'événement principal de l'année, pour l'Académie, fut le voyage du ministre de la marine. Par suite de l'abandon où Boyne avait laissé le port de Brest, l'arsenal, les vaisseaux et les batteries étaient dans un état de délabrement complet. Résolu de se convaincre par ses yeux de l'état des choses et des remèdes à y apporter, Sartines arriva à Brest le 24 août, et y passa quinze jours à visiter les ateliers, les magasins, les vaisseaux, ainsi qu'à conférer avec les différents chefs de service. Le lendemain de son arrivée, qui était le jour de la Saint-Louis, il entendit la messe à bord du *Saint-Esprit*, nomma le comte de Roquefeuil inspecteur de la marine et conféra le cordon rouge à Villars de La Brosse, qui allait probablement être mis à la retraite, car nous ne le voyons plus figurer sur l'*Annuaire* de 1777. On donna au ministre le spectacle d'une frégate tirée à sec sur sa cale. Le 31, il assista à une séance de l'Académie de marine, et, entre au tres lectures, il entendit celle d'un extrait sur la marine en général. Il fut arrêté, dit le registre des comptes rendus, que le *Mémoire sur la marine* serait fait et suivi dans tous ses détails et remis au ministre. Ceci n'est pas clair. S'agirait-il du rapport que Sartines fit à Louis XVI, et à la suite duquel on acheta immédiatement des approvisionnements, en même temps qu'on donnait les premiers soins au radoub des vaisseaux? Quant aux travaux des bâtiments civils, ils furent, pour le moment, ajournés. Un dernier détail, intéressant particulièrement la Compagnie. Sartines, dit Marguerie dans son projet de règlement, vit, pendant son séjour à Brest, combien le logement de l'Académie était désagréable par son peu d'étendue, son obscurité et le bruit inséparable du voisinage d'un bassin (la forme de Troulan). Le ministre promit à l'Académie de lui chercher une autre salle, et, s'il n'en trouvait pas dans le port, de lui en faire plutôt bâtir une tout exprès. Il en fut de ce projet, comme de tant d'autres qui n'ont point été exécutés.

Affaires intérieures de l'Académie. — Le 23 mars, le sous-secrétaire La Coudraye rendit compte à l'Assemblée que Marguerie avait fait proposer à l'amiral de France, duc de Penthièvre, d'être le premier honoraire de la Compagnie. Ce prince ayant fait répondre par écrit qu'il serait flatté de cette distinction, Marguerie demandait que l'Assemblée ratifiât sa démarche et l'autorisât à répondre à l'amiral, au nom de l'Académie, pour le remercier de l'honneur qu'il voulait bien lui faire. On donna pleins pouvoirs à Marguerie pour traiter cette affaire. Elle ne paraît pas cependant avoir eu de suite, attendu que le duc de Penthièvre ne figure pas, dans l'*Annuaire* de 1777, comme faisant partie de l'Académie de marine. Aussi bien lisons-nous, en note dans le projet de règlement de 1775 : « N. S. S. l'amiral et le duc de Chartres ont désiré d'être de l'Académie de marine, si une fois elle était sous la protection de Sa Majesté. » Mais le projet ne fut pas adopté, et plus tard la guerre de 1778 détourna l'attention du Gouvernement sur d'autres objets.

Le 6 avril, l'Académie décida qu'elle écrirait pour demander des jetons frappés au coin de Louis XVI. Le 8 juin, elle remit cette proposition sur le tapis, et arrêta de demander préalablement au ministre de vouloir bien faire la dépense du coin. La légende des jetons devait être aussi changée. Mais les lettres relatives à ce sujet ne furent vraisemblablement envoyées qu'en 1777.

L'affaire Rochon et Vincent revint encore sur l'eau en 1775. Le 28 avril, la Compagnie écrivit au ministre, en lui envoyant copie de l'engagement contracté par l'abbé au sujet d'une demande de 400 livres en supplément d'appointements au sieur Vincent, pour le prier de lui faire connaître sa décision sur le traitement de Rochon. Sartines répondit, le 27 mai, que comme il ne pouvait être question de régler pour le moment un traitement au sieur Vincent, il ne voyait rien qui empêchât l'exécution de l'engagement contracté envers lui par l'abbé, engagement qu'il approuvait. L'abbé ne se rendant pas encore, l'Assemblée écrivit, le 21 juillet, une nouvelle lettre, dans laquelle elle suppliait le ministre de vouloir bien en ordonner. L'abbé jouissait de 1,200 livres en sa qualité de bibliothécaire; mais les deux tiers de cette somme devaient suffire à quelqu'un qui n'exerçait pas, tout en ayant droit à cette pension par les services qu'il avait rendus. La Compagnie désirait seulement qu'il exécutât la teneur de son billet, c'est-à-dire qu'il payât au sieur Vincent 400 livres par an, à partir du 1ᵉʳ janvier 1774. Le ministre répondit, le 31 juillet, que si l'abbé se refusait formellement à tenir l'engagement qu'il avait contracté, l'Académie pourrait lui en rendre compte, et qu'il verrait quel parti il conviendrait de prendre. Il paraît que Rochon continua à se montrer récalcitrant, attendu que nous le voyons, le 19 octobre, prier l'Académie de vouloir bien lever l'arrêt mis sur ses appointements, en prélevant la somme qu'il a consenti de donner au sieur Vincent. L'Assemblée lui accorda sa demande, et, en conséquence, écrivit à l'intendant Ruis de vouloir bien lever l'arrêt. Il fut encore décidé, dans cette même séance, qu'il serait délivré à l'abbé Rochon, sur la demande qu'il en avait faite, un extrait des lettres relatives à son affaire, et, le 26 octobre, on arrêta : 1° qu'on laisserait au sieur Vincent les 400 livres qu'il venait de toucher sur les appointements de l'abbé pour l'année 1774, en vertu de l'arrangement fait par le ministre Boyne, en conséquence duquel cet académicien avait cédé au sieur Vincent pareille somme sur ses appointements par chaque année, à commencer au 1ᵉʳ janvier 1774 ; 2° qu'il ne serait plus fait d'avances désormais au sieur Vincent, et que l'Académie toucherait la même somme prise sur l'année actuelle des appointements de l'abbé, afin de se rembourser d'une somme égale qu'elle avait avancée, l'année précédente, au sieur Vincent. Si péremptoire que fût cet arrêté, il ne devait pas suffire néanmoins pour terminer l'affaire.

En 1771, le comte de Roquefeuil avait proposé à la Compagnie la création d'un journal de marine. Cette proposition fut reprise, le 12 octobre 1775, dans un mémoire où le professeur d'hydrographie Blondeau faisait ressortir les avantages de la publication d'une feuille périodique sur tout ce qui concerne les choses de la mer. A la séance suivante, 19 octobre, Blondeau lut le prospectus du journal projeté, et l'on envoya ce document au ministre, avec une lettre qui partit le 23 octobre. Pas une feuille de ce journal ne devait paraître qu'elle n'eût été approuvée par l'Académie. Sartines ayant répondu à Blondeau, en lui disant de consulter la Compagnie relativement à la composition de son journal, l'Assemblée écrivit de nouveau au ministre, le 24 novembre, pour lui marquer qu'elle continuait de prendre le plus grand intérêt à l'idée de ce recueil. Consultée par son auteur sur ce qui pouvait en assurer le succès, et particulièrement sur le nombre de cahiers qu'il conviendrait de publier pour la première année, elle l'avait exhorté, pour se conformer aux intentions du ministre, à se borner, pour le moment, à quatre cahiers par an. Le 7 décembre, Blondeau, avant de livrer à l'impression son prospectus, en fit lecture à la Compagnie, qui lui donna son approbation. Quant à l'autorisation ministérielle, elle est du 24 avril 1776.

La dernière affaire intérieure fut le nouveau projet de règlement ; mais à cause de son étendue et de son importance, nous sommes obligé d'en faire l'objet d'un chapitre particulier.

Mouvements. — Le 1er mars, le comte d'Orvilliers, chef d'escadre, déjà honoraire, prend, suivant ordre du roi, le commandement du port de Brest, en remplacement du comte de Breugnon.

Le 16 mars, on lit à l'Assemblée une lettre de l'abbé *Giroust de Keroudou*, conseiller du roi, lecteur et professeur en mécanique, licencié en théologie, professeur du collège de Navarre, demandant la correspondance. A cette lettre était jointe un mot de Marguerie témoignant des talents de l'abbé. La correspondance lui fut accordée.

Le 6 avril, De Langle, enseigne de vaisseau et ordinaire, fut élu pour remplir les fonctions de secrétaire, en remplacement du secrétaire Marguerie et du sous-secrétaire La Coudraye. Ce dernier était embarqué avec Granchain sur l'*Aigrette*, commandant Balleroi, chargé d'une campagne dans la Méditerranée ; quant à Marguerie, il avait été nommé au commandement du cutter le *Moucheron*, faisant partie de l'escadre d'évolutions de Guichen. En fait d'académiciens embarqués, nous pouvons encore citer Briqueville, qui avait obtenu le commandement de l'*Hirondelle*, et Perrier de Salvert, embarqué sur la *Tourterelle*.

Le 27 avril, il fut décidé que le pilote Le Vallois résidant à Brest, sa correspondance était annulée, d'après la délibération du 6 février 1772, en vertu de laquelle tout correspondant, après trois mois de résidence, n'avait plus son entrée à l'Académie.

Le 26 mai, Le Bègue fut élu sous-secrétaire, en remplacement de La Coudraye.

Le 8 juin, on décida d'écrire au ministre, pour le prier d'autoriser la Compagnie à procéder à l'élection d'un adjoint, en remplacement de Kerguelen-Trémarec. A la suite d'un conseil de guerre tenu à Brest le 15 mai 1775 et présidé par le comte d'Aché, vice-amiral, Kerguelen avait été cassé de son grade de capitaine de vaisseau, pour manquement à ses devoirs pendant la campagne du *Roland*, et pour avoir compromis par sa conduite la dignité du commandement ; de plus, rayé des listes de la marine et condamné à six ans de prison. La lettre partit le 9 juin. Le 22, Sartines autorisa l'élection, à laquelle on procéda le 6 juillet. Le lieutenant de vaisseau Chalvet, baron de Souville, premier aide-major à Brest, eut les premières voix; le chevalier de Coëtlando, enseigne de vaisseau, eut les secondes. *Souville* fut désigné naturellement par le ministre.

Le 20 juillet, on lut une lettre de Charnières, datée du château de Preuil, près Saumur, le 8 du même mois. Sa mauvaise santé ne lui permettant plus de faire campagne — sa dernière était celle du *Roland*, — il s'était vu obligé de demander sa mise à la retraite. Le roi avait bien voulu la lui accorder d'une manière flatteuse — en lui accordant la croix de Saint-Louis — ; mais ce qui le chagrinait, c'était de ne plus pouvoir assister aux séances de l'Académie. Il priait celle-ci de vouloir bien accepter ses deux mégamètres. L'Assemblée lui répondit, le 21 juillet, par une lettre de condoléances. Le 11 août suivant, elle lui écrivit que, d'après la lettre qu'il avait envoyée à *feu Courcelles*, elle ne pouvait pas garder ses mégamètres, qui du reste lui étaient utiles pour son travail, dont l'Académie se proposait de recueillir les fruits. Il ne serait au surplus question de le remplacer que lorsque le ministre aurait avisé la Compagnie de sa mise à la retraite. Charnières ayant répondu, le 10 août, en priant l'Assemblée de demander pour lui la vétérance, celle-ci lui répondit, le 18, qu'elle ne croyait pas devoir faire pour lui ce qui n'avait pas été fait pour d'autres ; mais qu'il pouvait tenter des démarches personnelles, démarches que l'Académie ne désapprouverait pas. Charnières abandonna sa première idée, et même, sa santé s'étant un peu rétablie, il reprit du service, car nous le retrouvons en 1780 promu au grade de capitaine de vaisseau et demandant d'être réintégré comme académicien ordinaire. Il n'eut pas le temps d'attendre l'effet de cette démarche. Tombé malade le jour même du départ du vaisseau l'*Indien* sur lequel il était embarqué, il mourut en mer le 15 février 1780. Indépendamment de ses mémoires d'astronomie nautique, il y a de lui, au Dépôt de la marine, un manuscrit intitulé : *Traité des évolutions navales* (pl.), in-4°.

Le mot de feu Courcelles que nous venons de souligner est la seule trace que nous ayons trouvée dans les registres de l'Académie du décès du premier médecin de la marine à Brest. Étienne Chardon de Courcelles, académicien ordinaire de 1752, mort à Brest le 5 juillet 1775, dirigeait depuis plus de trente ans l'école d'anatomie créée par Maurepas et supprimée temporairement par le ministre Berryer. Dans l'expédition du duc d'Enville en 1746, dans l'épidémie de Brest de 1757, il s'était fait remarquer par un dévouement des plus méritoires. Secondé par Poissonnier-Desperrières, il avait donné une grande extension au Jardin botanique de Brest, restreint auparavant à la culture de quelques plantes médicinales. Ses principaux ouvrages, indépendamment du *Manuel de la saignée* et de l'*Abrégé d'anatomie*, dont nous avons déjà parlé, sont un *Manuel des opérations de chirurgie*, 1756, et un *Mémoire sur le régime végétal des gens de mer*, publié après sa mort par le chevalier de La Coudraye, Nantes, 1781, in-12, et qui est la réfutation de l'ouvrage de Poissonnier. On ne s'occupa point de pourvoir à son remplacement, parce qu'il y avait dans la liste un excédant de deux académiciens ordinaires.

Dans ce même mois de juillet, était mort à Paris un adjoint, au remplacement duquel il ne fut pas non plus pourvu immédiatement. C'était le lieutenant de vaisseau Louis-Marc-Antoine René de Mercerel de Chasteloger, chevalier de Saint-Louis, entré dans la marine en 1748, et lieutenant de vaisseau depuis 1762. Nous n'avons pu nous procurer ses états de services.

Le 7 septembre, la Compagnie, ainsi que nous l'avons dit, avait accordé une lettre de correspondance au marquis de *Pezay*, maréchal général des armées du roi, à cause de son mémoire sur les bois.

Le 12 octobre, Le Bègue fut remplacé, pour la signature du compte rendu, par Duval Le Roy, à qui l'on avait permis de revenir à Brest, comme professeur, dans le courant de l'année 1775.

Vers la fin de la même année, s'éteignait à Paris le capitaine d'Oisy, chevalier de Malte, sous-directeur du Dépôt des cartes et plans de la marine, académicien ordinaire. Pour la même raison que pour Courcelles, l'Académie ne s'occupa point de son remplacement. Les *Mémoires secrets* disent qu'à la veille de sa mort, il allait partir pour une mission secrète en Angleterre. Il avait donné des leçons de marine à Louis XVI, dauphin.

A la fin de l'année 1775, le nombre total des académiciens était de

77, ainsi répartis : 11 honoraires, 9 associés, 23 ordinaires, 1 vétéran, 25 adjoints, 8 correspondants.

Le 21 décembre, l'Assemblée procéda à l'élection de ses officiers pour l'année 1776. Ce furent :

Directeur : Petit, en remplacement de Rosnevet ;
Vice-directeur : Rosnevet, en remplacement de Petit ;
Secrétaire : Marguerie, en remplacement de De Langle ;
Sous-secrétaire : Duval Le Roy, en remplacement de Le Bègue.

XV.

Projet d'un nouveau règlement.

Nous avons dit, au paragraphe du Dictionnaire, que, le 7 juillet 1774, l'Académie avait donné pleins pouvoirs à Marguerie pour créer une classe d'associés étrangers, pris au nombre de six dans les différentes marines de l'Europe. En 1775, celui-ci n'avait pas encore traité cette question avec les ambassadeurs des différentes puissances, parce qu'il n'avait pas perdu l'espérance d'obtenir pour la Compagnie un nouveau règlement qui, en lui donnant plus de dignité et de consistance tout ensemble, l'aurait mis dans le cas de choisir les sujets les plus distingués des marines étrangères. Il avait beaucoup travaillé à un projet de règlement qu'il proposa à la séance du 14 septembre, et qui fut adopté par l'Assemblée, à la suite d'un examen fait par Thévenard, Le Bègue, Souville, Guichen, Duval Le Roy et Marguerie lui-même. Voici ce projet de règlement, tel qu'il fut arrêté à la séance du 21 septembre et envoyé au ministre.

Projet d'un nouveau règlement portant confirmation de l'établissement de l'Académie royale de marine sous une nouvelle forme.

Sa Majesté s'étant fait rendre compte de deux règlements concernant l'Académie de marine, le premier du 30 juillet 1752, le second du 24 avril 1769, et des changements survenus dans cet établissement en vertu de lettres particulières [1], aurait reconnu que cette Académie, qui

---

[1] Une augmentation du nombre des académiciens ordinaires et des adjoints, par une lettre de l'abbé Terray, datée de Versailles le 20 mars 1771, et la création d'une classe d'académiciens étrangers consentie par une lettre de Boyne, Versailles, le 13 mars 1774.

a mérité sa bienveillance et sa protection, était susceptible d'une constitution plus avantageuse, comme plus analogue à l'état des membres qui la composent, dont la plupart étant officiers de mer ne peuvent être assujettis à une résidence continuelle dans le lieu des assemblées ; en conséquence, elle a expliqué ses intentions par le présent règlement qu'elle veut être exactement observé.

Article premier. — L'Académie royale de marine sera sous la protection de Sa Majesté, dont elle demandera et recevra les ordres par le secrétaire d'État ayant le département de la marine.

Art. 2. — L'Académie de marine sera partagée en cinq classes, dont une d'académiciens honoraires, une de résidents, une de non-résidents, une d'étrangers et une d'académiciens retirés.

Art. 3. — L'amiral, le secrétaire d'État ayant le département de la marine et les vice-amiraux seront académiciens honoraires.

Art. 4. — Les académiciens soit de la marine nationale, soit des marines étrangères qui parviendront au grade d'officier général deviendront honoraires au moment de leur promotion.

Art. 5. — Les commandants, intendants et directeurs généraux des ports de Brest, Toulon et Rochefort seront honoraires, mais cesseront de l'être en quittant le commandement, l'intendance ou la direction, s'ils ne sont pas devenus honoraires par élection, ou s'ils n'étaient pas déjà membres de l'Académie avant d'être commandants, intendants ou directeurs généraux.

Art. 6. — Indépendamment des honoraires nommés dans les trois articles précédents, l'Académie pourra encore en choisir six autres, dont quatre au moins parmi des personnes qui ne seront point attachées au service de la marine.

Art. 7. — Tous les honoraires ci-dessus, à la réserve de l'amiral et des princes du sang, qui seront toujours les premiers, prendront rang entre eux suivant leur entrée dans la classe des honoraires.

Art. 8. — Les académiciens résidents seront choisis particulièrement parmi les officiers de la marine du département de Brest, et parmi les personnes attachées ou non au service de la marine, pourvu qu'elles fassent leur résidence dans ce port.

Art. 9. — Le nombre des académiciens résidents, sans jamais pouvoir être porté au-dessus de quarante, pourra rester au-dessous, suivant la volonté de l'Académie.

Toutes les places de résidents remplies, il y aura toujours au moins deux académiciens versés particulièrement dans l'art de la construction, deux dans l'astronomie, un dans l'hydrographie, un dans la chimie et un dans l'anatomie, ces deux derniers au fait des maladies des gens de mer.

Art. 10. — Les académiciens non résidents seront choisis particulièrement parmi les officiers de la marine de deux autres départements, Toulon et Rochefort, et parmi les autres personnes du royaume ne résidant pas à Brest.

Art. 11. — Le nombre des académiciens non résidents, sans pouvoir jamais être porté au-dessus de trente, pourra rester au-dessous, suivant la volonté de l'Académie.

Toutes les places de non-résidents remplies, il y aura toujours au moins deux académiciens versés particulièrement dans l'art de la construction, un dans l'astronomie, deux dans la chimie et un dans la géographie.

Art. 12. — Si un académicien non résident venait à se fixer à Brest, il passera dans la classe des académiciens résidents, et sa place de non-résident sera censée vacante. De même, si un académicien résident venait à établir sa résidence hors de Brest, sa place de résident sera censée vacante, et il passera dans la classe des non-résidents, à moins qu'il ne voulût se retirer de l'Académie.

Ceux qui passeront ainsi d'une classe dans une autre y resteront surnuméraires s'il n'y a pas de place vacante.

Art. 13. — La classe des académiciens étrangers ne pourra être composée de plus de dix académiciens qui seront choisis dans les différentes marines de l'Europe et parmi les étrangers dont les connaissances peuvent être utiles à la marine.

Art. 14. — La classe des académiciens retirés sera composée des académiciens résidents, non résidents et étrangers, qui ne voudront plus être dans l'obligation de contribuer aux travaux de l'Académie. La Compagnie, comme elle le jugera à propos, pourra leur conserver le droit de présence aux assemblées, même avec voix délibérative.

Art. 15. — L'Académie pourra s'associer jusqu'à soixante correspondants pris indifféremment partout. Tout correspondant cessera de l'être du moment où il aura fixé sa résidence à Brest.

Art. 16. — Lorsque l'Académie voudra remplir une place vacante, soit parmi les six honoraires électifs, soit parmi les académiciens résidents, non résidents et étrangers, elle en informera le secrétaire d'État ayant le département de la marine. D'après les ordres de Sa Majesté, l'Académie pourra procéder à l'élection, dont le jour aura été indiqué toujours au moins deux séances d'avance.

Art. 17. — Nul sujet ne pourra être proposé dans les élections d'académicien résident, non résident et étranger, si par des ouvrages il n'a fait connaître sa capacité et ses talents, et s'il n'a témoigné, par le désir d'entrer dans l'Académie, la volonté où il est de contracter avec elle l'engagement de contribuer à ses travaux.

Art. 18. — Tout académicien pourra proposer un sujet, en se rendant garant des conditions énoncées dans l'article précédent; mais l'admission des sujets au concours commencera toujours par être décidée par la voie du scrutin, une séance avant l'élection.

Art. 19. — Le nombre des sujets qui doivent concourir étant une fois déterminé, l'on procédera par la voie du scrutin à l'élection, pour laquelle il sera toujours exigé la présence de onze au moins des membres de l'Académie. Ils éliront deux sujets l'un après l'autre; le premier élu aura les premières voix de l'Académie, et le dernier n'en aura que les secondes.

Art. 20. — Il sera rendu compte de cette élection au secrétaire d'État de la marine, qui informera du choix de Sa Majesté l'Académie et l'académicien élu auquel la lettre d'avis servira de titre.

Art. 21. — Les sciences et les arts qui peuvent avoir quelque rapport à la marine seront l'objet des travaux de l'Académie.

Art. 22 — L'Académie, sans perdre de vue la continuation de ses Mémoires, s'occupera sans relâche de la composition du Dictionnaire de marine, pour que tous ses membres puissent continuellement faire usage de leurs différentes connaissances. Elle peut dès ce moment former des projets pour la confection d'un neptune universel. En conséquence, tous les académiciens, au retour de leurs campagnes, seront tenus de remettre au moins un extrait de leur journal. L'Académie, pour certains voyages entrepris par ses membres, pourra leur donner un mémoire d'instructions auxquelles ils se conformeront.

Art. 23. — Tous les académiciens résidents, non résidents et étrangers, pour remplir leurs engagements envers l'Académie, fourniront des articles, dissertations ou mémoires dont on puisse faire usage pour la composition du Dictionnaire de marine et autres ouvrages entrepris par l'Académie.

Art. 24. — Les académiciens honoraires ainsi que les retirés ne seront tenus à aucun travail.

Les correspondants seront seulement dans l'obligation de répondre aux questions qui leur seront faites par la Compagnie, qui pourra, en cas de négligence de leur part, annuler leur lettre de correspondant.

Art. 25. — Si un membre manque essentiellement à ses engagements et à ses devoirs d'académicien, l'Académie pourra déclarer sa place vacante.

La Compagnie ne pourra jamais prendre de résolution contre un de ses membres, si l'objet de la délibération n'a pas été annoncé d'avance au moins dans la dernière assemblée. Les délibérants ne pourront être en moindre nombre que treize, et l'avis le plus doux prévaudra contre le plus sévère, si celui-ci ne l'emporte de cinq voix.

Art. 26. — Il y aura quatre principaux officiers de l'Académie : le directeur, qui pourra être pris parmi les honoraires ou les académiciens résidents; le vice-directeur, le secrétaire et le vice-secrétaire, qui seront pris indistinctement parmi tous les académiciens résidents.

L'Académie pourra en outre confier certains détails particuliers à quelques-uns de ses membres.

Art. 27. — Le directeur et le vice-directeur seront élus tous les ans ; le secrétaire ne le sera que de cinq en cinq.

Le directeur nécessairement sera renouvelé chaque année ; mais le vice-directeur et le secrétaire pourront être continués par une nouvelle élection.

Art. 28. — Pour l'élection du directeur et du vice-directeur, il sera toujours exigé la présence de onze au moins des membres de l'Académie, et de treize au moins pour l'élection du secrétaire.

Ces officiers seront élus à la dernière séance du mois d'octobre, si les membres de l'Académie sont en nombre suffisant, comme il vient d'être dit; sinon, l'élection sera différée, et les anciens officiers continueront leurs fonctions.

Art. 29. — Pour le suppléer en cas d'absence, le secrétaire proposera trois sujets à l'Académie dont l'admission commencera par être décidée par la voie du scrutin, et par la même voie ensuite il sera procédé à l'élection d'un d'entre eux, lequel sera vice-secrétaire.

Art. 30. — Dans l'absence de l'officier principal, son second en exercera les onctions, et même en cas de mort le remplacera. Dans tous les cas, l'exercice d'un substitut cessera toujours comme aurait cessé celui de l'officier qu'il représente.

Art. 31. — Le premier officier et son second pourront être élus tous les deux absents à la fois.

En cas d'absence ou de mort de tous les deux à la fois, il sera procédé au remplacement sans avoir égard au nombre de membres présents.

Art. 32. — Dans l'intervalle d'une séance à l'autre, en l'absence du directeur et du vice-directeur, le plus ancien des académiciens résidents sera censé directeur, sans que jamais dans aucun cas le secrétaire ou le vice-secrétaire puissent en remplir les fonctions.

De même en l'absence du secrétaire et du vice-secrétaire, les paquets pour l'Académie seront remis à l'officier principal, qui les ouvrira.

Art. 33. — Le directeur aura l'inspection générale sur tout ce qui concerne l'Académie. Il pourra porter des plaintes à la Compagnie contre les membres qui se négligeront.

Particulièrement chargé de maintenir le bon ordre dans les assemblées, il y présidera. Si plusieurs membres ont des mémoires à lire, il leur marquera l'ordre dans lequel ils devront le faire.

Art. 34. — Il aura le droit, suivant les circonstances, d'ouvrir le premier son avis à la Compagnie ; il ne pourra jamais se dispenser de mettre en délibération ce qui sera proposé par un des membres. Lorsque quelque chose souffrira difficulté, il ira aux opinions et prendra la voie du scrutin, si le secret peut contribuer à assurer la liberté des suffrages. Dans tous les cas, il prononcera les décisions de la Compagnie.

Art. 35. — Si le secrétaire ou quelqu'un des membres de l'Académie vient à recevoir quelque avis particulier, d'après lequel la Compagnie pourrait être dans le cas de s'assembler sans délai, il en préviendra le directeur, à qui seul appartient le droit de convoquer des assemblées extraordinaires. Le directeur restera responsable à l'Académie du refus qu'il en peut faire.

Art. 36. — Le secrétaire sera chargé particulièrement, mais non exclusivement, de la correspondance de l'Académie, qui pourra faire écrire telle ou telle de ses lettres par tel de ses membres qu'elle jugera à propos. Du reste tous les membres sont invités à étendre cette correspondance autant qu'ils le pourront. Il recevra les lettres adressées à la Compagnie, et les lira dans les assemblées. Il y lira de même, avant de les faire partir, celles qu'il écrira pour l'Académie, à moins que, pour prévenir les inconvénients de retardement, il n'ait été arrêté qu'il les ferait partir sans aucun délai.

Art. 37. — Il tiendra en bon ordre les registres de l'Académie, sur lesquels il ne sera rien écrit sans que sa signature en constate la vérité ou la conformité à l'original. Il tiendra un registre particulier de tout ce qui se passera aux assemblées ; un de toutes les lettres écrites à l'Académie, qui y seront transcrites en entier ou par extrait ou dont il sera fait simplement mention il en tiendra de même un de toutes les lettres qu'il écrira pour la Compagnie.

Art. 38. — Il ne pourra refuser à l'auteur d'un ouvrage le rapport des commissaires nommés par l'Académie, au bas duquel il certifiera le jugement rendu en conséquence.

Il expédiera aux correspondants leurs lettres de correspondance pour leur servir de titre.

Il signera tous les actes qui seront faits et tous les extraits de registre qui seront délivrés par ordre de la Compagnie.

Art. 39. — Le dépôt de tous les registres, journaux, mémoires, relations, lettres, inventaires, états de recettes et de dépenses, enfin de tous les papiers quelconques, originaux et copies appartenant à l'Académie, sera sous la garde du secrétaire, qui n'en pourra donner connaissance aux étrangers, sans y être formellement autorisé par la Compagnie.

Art. 40. — Les mémoires et ouvrages sur lesquels l'Académie aura prononcé seront remis au secrétaire avec les rapports qui en auront été faits et au bas desquels il certifiera le jugement rendu par l'Académie. Les auteurs seuls pourront retirer leurs mémoires en donnant leur récépissé, si toutefois l'Académie ne s'en était pas expliquée autrement ; cependant, dans certains cas, le secrétaire pourra les refuser, mais il en rendra compte à l'Académie.

Art. 41. — Quoique le secrétaire doive avec la dernière exactitude faire sur le registre des séances mention de tout ce qui se passe aux assemblées, cependant, pour ne négliger aucun des moyens propres à assurer la propriété des inventions à leurs véritables auteurs, il aura soin de coter et parapher tous les mémoires qui lui seront présentés, page à page, du nombre desquelles il sera fait mention à la fin, ainsi que de la date du jour de leur présentation à l'Académie, de celui du rapport des commissaires qui les auront examinés et enfin de celui de leur remise au secrétaire.

Art. 42. — Le secrétaire cotera de même et paraphera les mémoires qui lui seront présentés, à l'effet d'en retenir date, et ensuite il les rendra sans les lire ; mais s'il en reste dépositaire, il ne pourra refuser d'en donner un récépissé.

Art. 43. — Il écrira sur les paquets cachetés qui lui seront remis la date du jour de leur dépôt. Il ne pourra refuser de rendre les papiers ainsi déposés à ceux qui lui rendront le récépissé qu'il en aura pu donner. Quant aux dépôts dont les auteurs viendraient à mourir, ou qui, restant longtemps sans être réclamés, paraîtraient oubliés, l'Académie prononcera sur l'usage qu'on en doit faire.

Art. 44. — Le secrétaire sera particulièrement chargé de veiller à l'impression des ouvrages dont l'Académie aura ordonné l'édition ; cependant il ne corrigera les épreuves que des mémoires dont les auteurs seront absents, encore pourra-t-il demander quelques académiciens pour l'aider dans ce travail. Quand les auteurs d'un mémoire qu'on imprimera seront présents, ils seront eux-mêmes tenus d'en corriger les épreuves.

Art. 45. — Tous les ans, le secrétaire de l'Académie rendra compte au secrétaire d'État ayant le département de la marine des travaux de l'Académie, ainsi que de toutes les délibérations en forme de règlement.

Tous les ans, il lui adressera la liste des académiciens pour servir à l'impression de celle qui sera mise dans l'état de la marine chaque année

Art. 46. — Lorsqu'un académicien viendra à mourir, le secrétaire tâchera de se procurer tous les mémoires et éclaircissements relatifs à la vie du mort, dont il donnera un précis avec l'extrait de ses ouvrages ou travaux. L'Académie prononcera sur la publicité qu'on devra donner à ces éloges qui, dans la supposition (sic), seront imprimés dans le recueil de ses Mémoires.

Art. 47. — L'Académie pourra s'assembler régulièrement jusqu'à deux fois par semaine, si une seule assemblée ne suffit pas ; du reste, Sa Majesté lui laisse la liberté de se fixer à elle-même les jours, l'heure et la durée de ses séances. Lorsqu'une fête ou quelque autre empêchement ne permettra pas de tenir l'assemblée le jour ordinaire, elle sera remise à un jour dont le directeur aura soin de prévenir les académiciens l'assemblée d'auparavant.

Art. 48. — L'Académie continuera de tenir ses assemblées dans la salle ordinaire, en attendant qu'on puisse lui destiner un autre logement composé de plusieurs salles et appartements, tant pour ses assemblées que pour sa bibliothèque, le dépôt de ses registres, mémoires, etc., celui des journaux, plans, cartes, etc., un cabinet de physique, un d'histoire naturelle, un de modèles, machines et instruments, etc.

Art. 49. — Il y aura un registre de présence, sur lequel tous les académiciens présents signeront leur nom, à la réserve toutefois de l'amiral et prince du sang, à moins qu'ils ne voulussent l'honorer de leurs signatures, qui seront alors les premières. Dans tout autre cas, le président signera toujours le premier ; tous les autres académiciens signeront après sans distinction. La signature du secrétaire, qui sera la dernière, fera la clôture de chaque séance.

Art. 50. — Le directeur aura la première place, ayant le vice-directeur à sa droite et le secrétaire à sa gauche. Les places suivantes, à droite et à gauche, seront destinées aux honoraires, qui se placeront sans distinction entre eux, suivant qu'ils arriveront à l'Académie. Il en sera de même de tous les autres académiciens, qui se placeront après les honoraires.

Art. 51. — Il y aura un banc particulier pour les correspondants, qui, ne faisant à Brest qu'un séjour momentané, pourront assister aux assemblées de l'Académie pendant six mois seulement.

Les étrangers qui viendront lire ou présenter un ouvrage à l'Académie seront assis sur le même banc.

Art. 52. — Le secrétaire commencera l'ouverture de la séance par le rapport de tout ce qui se sera passé à la séance précédente. Il lira ensuite les lettres qu'il aura reçues pour l'Académie, et celles qu'il se propose d'écrire en son nom. Il rendra compte des mémoires qui auront été envoyés, et si l'Académie juge à propos d'en entendre la lecture, elle sera faite par ceux qui les auront reçus et qui seront tenus d'en accuser la réception aux auteurs.

Enfin les étrangers et les académiciens présents liront leurs mémoires, observations, rapports, etc.

Art. 53. — Les séances seront remplies par des lectures, des examens, des comptes rendus et des délibérations sur les affaires de la Compagnie. Chacun de ceux qui seront présents aura dans tous les cas voix délibérative, avec la liberté de proposer ses observations.

L'Académie ne pourra statuer définitivement sur aucun objet, si les membres délibérants sont en moindre nombre que sept.

Art. 54. — L'Académie ne prendra aucune connaissance des mémoires sur lesquels elle ne sera point consultée, si ce n'est qu'elle y fût attaquée ou compromise. Elle n'en prendra de même aucune des ouvrages sur lesquels une autre compagnie aurait déjà prononcé, ni de ceux imprimés et déjà répandus dans le public.

Art. 55. — Comme les mémoires, dissertations, etc., et autres ouvrages ne sont presque jamais dans le cas d'être jugés sur une simple lecture faite rapidement en pleine assemblée, l'Académie choisira indistinctement entre tous ses membres pour leur examen au moins trois commissaires, qui lui en feront leur rapport par écrit et le signeront tous, s'ils sont du même avis ; mais s'il y a entre eux conflit d'opinions, ils en rendront compte à l'Académie.

Art. 56. — Les ouvrages qui n'auront pas été approuvés par l'Académie pourront être remis aux auteurs. Ceux qui, sans avoir été jugés dignes de l'impression, mériteront cependant d'être conservés, seront transcrits sur les registres. Indépendamment des premiers commissaires, il sera encore établi un comité d'impression, dont sera toujours le secrétaire, pour prononcer définitivement sur le sort des mémoires. Non-seulement les ouvrages des membres de l'Académie, mais même ceux des étrangers seront imprimés dans le recueil sous le nom de leurs auteurs. Il en sera de même des pièces de prix, dont on parlera. Dans le cas où ces pièces ne seraient point écrites en français, la traduction sera toujours mise à côté du texte.

Art. 57. — Les étrangers qui imprimeront leurs ouvrages présentés à l'Académie pourront imprimer en même temps le rapport des commissaires suivi du jugement de l'Académie. Un membre ne pourra imprimer que le simple certificat d'approbation, et si son ouvrage n'a pas été approuvé, il ne pourra prendre à la tête son titre d'académicien.

Art. 58. — Les étrangers ne seront point reçus dans les assemblées de l'Académie s'ils n'ont rien à y présenter ou à lire.

Permet Sa Majesté à l'Académie de rendre quelques-unes de ses assemblées publiques.

Art. 59. — Il ne sera plus distribué de jetons aux assemblées, hormis deux fois l'année, le jour de l'élection des officiers de l'Académie, et à celui de la rentrée après la quinzaine de Pâques.

Art. 60 — Les campagnes que la plupart des académiciens sont obligés de faire causant dans leurs travaux une interruption inévitable, ce qui met par conséquent de la longueur et de la lenteur dans ceux de la Compagnie, l'Académie n'aura de vacance que depuis Noël jusqu'aux Rois et pendant la quinzaine de Pâques seulement.

Art. 61. — Sa Majesté, pour favoriser et récompenser les découvertes utiles à la marine, donnera tous les ans une somme de...... ou une médaille de même valeur qui sera remise pour prix à l'auteur qui, au jugement et à la satisfaction de l'Académie, aura le mieux traité un sujet qu'elle aura proposé.

Art. 62. — Les membres de l'Académie de marine, à l'exception toutefois des membres étrangers, seront les seuls qui ne pourront concourir pour le prix, dont le sujet, ainsi que toutes les conditions du concours, sera toujours annoncé au moins deux ans d'avance.

Les pièces ne seront plus admises à concourir après le temps qui aura été prescrit pour les recevoir.

Art. 63. — Les commissaires nommés pour l'examen des pièces de prix ne seront jamais en moindre nombre que sept. Ils mettront dans leur examen la plus scrupuleuse attention. Ils ne chercheront point à pénétrer quels peuvent être les auteurs des pièces, et dans l'occasion ils auront la délicatesse de se récuser, en gardant cependant toujours leur secret.

Art. 64. — Connaissant Sa Majesté combien il serait important que l'on pût parvenir à la confection d'un excellent neptune universel, ouvrage qui ne peut guère être entrepris avec succès que par une société, elle autorise son Académie de marine, qui ne saurait s'y prendre de trop bonne heure, pour amasser les matériaux à former sous les yeux d'une commission particulière de ses membres un dépôt de cartes, plans, observations astronomiques journaux et extraits de journaux, etc.

Art. 65. — Pour favoriser les recherches et les travaux de l'Académie sur cet objet, il sera établi une correspondance entre le dépôt de l'Académie et le dépôt général et les autres particuliers établis dans les ports.

L'on ne pourra refuser communication des pièces qui seront demandées, sans une défense expresse de Sa Majesté lorsque la pièce sera de nature à devoir rester dans le secret.

Art. 66. — La bibliothèque de l'Académie continuera d'être publique, sans que la propriété cesse un instant d'en appartenir à l'Académie, qui dans certaines circonstances pourra la fermer.

L'Académie pourra en confier l'inspection particulière à quelqu'un de ses membres, qui aura sous ses ordres, pour l'ouvrir, la fermer et donner des livres, conformément à un règlement particulier fait par l'Académie, un garçon de bibliothèque.

Pour la garde de la bibliothèque et autres effets appartenant à l'Académie, il sera fourni des troupes de la marine une sentinelle qui sera posée à la porte de l'Académie.

Art. 67. — Se réserve Sa Majesté de donner ses ordres pour l'établissement d'un observatoire à Brest. Quoique particulièrement destiné pour l'instruction des jeunes officiers, il sera cependant sous l'inspection de l'Académie, qui pourra en confier la direction particulière à quelqu'un des astronomes qui lui sont attachés.

Art. 68. — Il sera fait mention sur les registres de l'Académie de ceux qui auront augmenté ses collections de livres, instruments, modèles, plans, cartes et autres objets qui lui seront utiles.

Art. 69. — Pour accélérer les progrès de la science navale, reconnus aujourd'hui presque entièrement dépendants de l'expérience et de l'étude des faits, Sa Majesté autorise l'Académie à nommer des commmissaires pour faire des expériences et des observations dans le port. Le commandant, l'intendant et le capitaine de port leur donneront toutes les facilités et les moyens qui dépendront d'eux, sans troubler l'ordre du service.

Art. 70. — Les mêmes commissaires prendront dans les ateliers tous les éclaircissements nécessaires à leur objet. Il ne pourra leur être refusé au contrôle la communication des plans, devis et dimensions de vaisseaux et autres machines du port. Ils pourront les prendre eux-mêmes sur les vaisseaux soit en construction, soit en radoub dans les bassins ou flottant dans la rivière, pourvu toutefois qu'il n'en résulte aucun inconvénient pour le bien du service.

Art. 71. — Les expériences rapportées par un académicien seront vérifiées par lui en pleine assemblée, ou, si cela ne se peut, elles le seront en particulier, en présence de commissaires que l'Académie nommera, pour y assister.

Art. 72. — Si l'Académie, pour cause de guerre ou autrement, vient à prévoir la dispersion de la plupart de ses membres, alors elle s'assemblera pour régler tous les arrangements qui devront avoir lieu pendant tout le temps de la cessation de ses assemblées.

Art. 73. — Sa Majesté autorise l'Académie à faire pour elle des règlements de police, discipline et conduite particulière sur différents objets, principalement pour la conservation de ses effets, pourvu qu'ils ne soient contraires en aucune manière à l'esprit du présent et validés suivant l'article 53.

Lorsqu'il s'agira de délibérations contraires à des délibérations anciennes ou d'arrêtés devant avoir force de règlement, le nombre des délibérants ne pourra être au-dessous de quinze ; encore faudra-t-il que l'arrêté l'ait emporté de cinq voix sur le sentiment opposé.

Art. 74. — Tous les ans il sera payé des fonds de la marine une somme de...... qui sera employée pour les dépenses de l'Académie sur les délibérations de laquelle l'emploi sera fait par le membre chargé de la caisse des fonds conjointement avec le directeur.

Art. 75. — L'Académie pourra, pour la gestion de ses affaires, commettre particulièrement un de ses membres, qui sera chargé de la recette, garde et emploi des fonds de la Compagnie. Il tiendra leur état de situation en règle, de manière à être toujours prêt à rendre ses comptes.

Art. 76. — Tous les ans au mois de décembre, le directeur, accompagné de trois commissaires nommés par l'Académie, fera, avec le secrétaire et les autres membres ayant des détails particuliers, l'inspection de la caisse des fonds, dont le membre qui en sera chargé rendra compte avec les pièces justificatives des dépenses. Il fera ensuite la visite de tous les autres effets quelconques appartenant à l'Académie dans quelque lieu qu'ils soient placés ; il examinera les dépérissements, vérifiera les consommations et les réparations.

De cette visite il sera dressé procès-verbal signé de tous les membres qui y auront assisté ; ensuite il sera lu en pleine assemblée.

Art. 77 et dernier. — Le présent règlement ainsi que les règlements particuliers, seront inscrits sur les registres de l'Académie, qui sera tenue de s'y conformer exactement ; ils seront lus chaque année à la rentrée après les Rois.

En marge de ce règlement, que nous avons extrait du registre des règlements de l'Académie, se trouvent encore consignées de longues annotations de son auteur Marguerie. Il avait composé le sien, parce qu'en général il trouvait l'ancien règlement trop exactement calqué sur celui de l'Académie des sciences pour qu'il pût convenir à une Académie de marine. Pour la première, disait-il, la présence aux assemblées est le premier devoir : il a donc fallu faire des lois contre ceux qui n'assistent point aux séances. Pour les membres de l'Académie de marine, il y a souvent les devoirs plus essentiels du service qui les empêchent de suivre les séances : il faut donc faire des lois en faveur des absents. En reprenant cette constitution proposée par lui et la résumant, nous voyons que les modifications les plus importantes qu'il y voulait apporter étaient les suivantes :

Art. 1er. — L'Académie placée sous la protection du Roi.

Art 2. — Division de l'Académie en cinq classes : honoraires, résidents, non résidents, étrangers, et académiciens retirés. Marguerie ne voulait pas des associés, placés avant les ordinaires et qui n'étaient tenus à aucun travail ; il n'admettait pas non plus la distinction entre les ordinaires et les adjoints.

Art. 3 et 4. Le titre d'académicien honoraire accordé de droit à l'amiral de France, au ministre, aux deux vice-amiraux, et aux académiciens parvenus au grade d'officier général.

Art. 5. — Par contre, ce même titre enlevé aux commandants, intendants et directeurs généraux des trois ports de Brest, Toulon et Rochefort, lorsqu'ils ne seront plus en fonctions.

Art. 9 et 10. — Fixation du nombre des académiciens résidents à 40 au maximum ; celui des non-résidents, à 30, avec la faculté de rester au-dessous de ce nombre Places réservées pour un nombre fixé de membres dans certaines branches des sciences maritimes.

Art. 13. — La classe des académiciens étrangers autorisés par Boyne portée de six à dix, en raison du nombre des puissances maritimes.

Art. 14. — Les académiciens retirés pourront conserver leur droit de présence aux assemblées, même avec voix délibérative. Marguerie trouvait que les vétérances en usage dans les autres académies avaient le défaut d'être accordées à l'ancienneté et non aux travaux académiques.

Art. 15. — Le nombre des correspondants fixé à 60 au maximum.

Art. 23. — On n'exige pas de tous les académiciens des ouvrages d'invention pour lesquels la bonne volonté ne peut suppléer au génie créateur ; mais on leur demande à tous des travaux dont on puisse faire usage, principalement pour la composition du Dictionnaire.

Art. 27. — Le secrétaire élu pour cinq ans, sorte de tempérament entre un secrétaire annuel et le secrétaire perpétuel de toutes les Académies.

Art. 46. — Éloge des académiciens décédés.

Art. 53. — Voix délibérative accordée à tous les membres présents, l'égalité la plus entière entre tous les membres ne pouvant qu'être avantageuse, dit Marguerie, et n'ayant pas d'inconvénients.

Art. 56. — Impression des mémoires étrangers parmi ceux de l'Académie.

Art. 59. — Suppression d'une grande partie de la dépense des jetons, d'abord comme onéreuse, puis comme injuste pour ceux que le service empêche d'assister aux séances de l'Académie.

Art. 61. — Fondation d'un prix annuel sur un sujet proposé par l'Académie.

Art. 64. — Projet de confection d'un neptune universel.

Art. 67. — Mention de l'observatoire à créer au port de Brest, dont l'Académie réclame la direction.

Art. 69. — Expériences et observations dans le port autorisées par le Roi.

Art. 74. — Marguerie avait laissé en blanc les sommes à allouer à l'Académie pour son prix et son entretien annuels ; mais, quant à cette dernière allocation, à cause de l'extension toujours croissante de l'Académie, il n'évaluait pas à moins de 10,000 livres, la somme à peine suffisante pour satisfaire, disait-il, sans le moindre luxe à tous les objets.

Le nouveau règlement fut expédié le 22 septembre au ministre, avec une lettre où l'Académie lui disait que cette nouvelle constitution qu'elle lui envoyait était entièrement suivant les vœux et les sentiments de la Compagnie. Elle était bien éloignée du reste de vouloir lui dicter cette constitution, qui n'était qu'un projet ; mais elle avait trouvé cette méthode plus commode pour mettre sous ses yeux, de la manière la plus nette et la plus précise, ses idées tant sur l'ancienne constitution que sur la nouvelle et c'était ce qui l'avait déterminée à accompagner d'observations les articles du projet. Pour disposer plus favorablement Sartines, l'Académie pria Fleurieu de remettre lui-même la dépêche.

Celui-ci répondit, de Fontainebleau, le 13 octobre, qu'il s'était acquitté de la commission dont la Compagnie avait bien voulu le charger, et qu'elle avait dû recevoir la réponse ministérielle. Sartines lui avait paru très disposé à se prêter à tous les changements que l'Académie avait jugés nécessaires pour perfectionner sa situation. Les affaires de toute nature qui s'étaient accumulées pendant son voyage ne lui avaient pas, il est vrai, encore permis de s'occuper de cet objet ; mais il se chargeait de le lui rappeler aussitôt qu'il verrait pouvoir le faire sans importunité. L'Académie, de son côté, avait reçu du ministre une lettre en date du 3 octobre, dans laquelle Sartines lui disait qu'il examinerait très attentivement le projet de règlement. L'Assemblée lui ayant rappelé sa promesse par une nouvelle lettre, en date du 22 décembre, le ministre répondit, le 22 janvier 1776, qu'il n'avait point perdu de vue la question, mais qu'il ne lui avait pas encore été possible de s'en occuper.

En dépit de cette promesse, l'attention se détourna bientôt sur les troubles toujours croissants des colonies anglaises d'Amérique, et l'Académie de marine garda son règlement de 1769. A en croire du reste certain passage de la lettre du 22 décembre, où il est fait allusion au sentiment de quelques membres et autres savants qui pouvaient penser autrement que l'Académie de marine, il y eut peut-être une opposition sourde mais toute-puissante contre le règlement de 1775.

XVI.

Année 1776.

Quarante-neuf séances en 1776, comme l'année précédente. Les hostilités avaient commencé le 19 août 1775 entre les *insurgents* d'Amérique et l'Angleterre par la défaite du général anglais Gage à Lexington, près Boston. La France, qui brûlait du désir de venger les hontes de la guerre de Sept ans, applaudissait à ce premier succès de la jeune Amérique. Louis XVI, bien que peu sympathique aux révoltés, poursuivait la régénération de la marine française, ne voulant pas qu'elle fût prise au dépourvu, comme pendant la lutte précédente. L'escadre d'évolutions, commandée par le comte Du Chaffault, qui allait être promu en 1777 au grade de lieutenant-général des armées navales, était composée de 17 bâtiments, dont 3 vaisseaux, 7 frégates, 5 corvettes, 2 cutters, et elle tint la mer de la fin d'avril à la fin de septembre.

I. DICTIONNAIRE. — Pendant que la guerre éclatait dans le Nouveau-Monde, l'Académie perdait de vue le Dictionnaire. Il n'en est, pour ainsi dire, pas question en 1776. En effet, c'est à peine si nous trouvons : 1° à la séance du 1er février, une lettre de Vialis, en date du 13 janvier, envoyant la fin des mots appartenant à la nomenclature des termes de galères. La langue de ces bâtiments étant devenue morte pour la marine depuis dix ans, dit l'auteur, et la majeure partie des individus qui la connaissaient s'étant éteinte ou dispersée, il a eu assez de peine à se procurer les renseignements nécessaires, ce qui a rendu son travail fastidieux et beaucoup plus long qu'il n'avait compté. Il persiste à penser que la plus grande partie de ces mots peut être fondue dans la nomenclature générale de la marine, sans qu'on soit obligé d'en faire des articles à part, puisque la chose reste la même et qu'il n'y a de différence que dans le mot qui la désigne. Dans sa lettre de remerciement, le secrétaire Marguerie lui répondit qu'il était de son sentiment dans le parti de fondre et d'insérer ces mots dans le Dictionnaire, sans les mettre à part, mais qu'il ne pouvait lui dire encore ce que la Compagnie déciderait sur cet objet ; 2° à la date du 29 mars, une lettre de l'Assemblée adressée à Groignard, alors occupé à creuser la première forme de Toulon, pour le prier de lui adresser tous les termes du vocabulaire général relatifs à la construction. On l'engageait, en outre, à s'occuper pendant son séjour sur les côtes de la Méditerranée, de la description de tous les bâtiments particuliers à cette mer ; 3° à la séance du 14 novembre, une proposition de Petit de former un tableau général de toutes les parties de la marine, tableau pour lequel il offrait celui qu'il avait fait lui-même. L'Académie arrêta d'y travailler, et accepta l'offre de son travail. Il en est resté plusieurs manuscrits in-folio qui sont encore à la bibliothèque du port de Brest.

II. Boussoles. — En revanche, on continua à s'occuper beaucoup d'astronomie en général, et en particulier de la construction des boussoles. Le 18 janvier, la Compagnie écrivit au ministre que les armements se multipliant de jour en jour, la mettaient dans l'impossibilité de satisfaire aux besoins des bâtiments pour les compas de route. On avait commencé par raccommoder les vieilles boussoles, puis on en avait construit de plus parfaites. L'Académie priait le ministre de réitérer ses ordres au sieur Odelin, pour accélérer la fourniture du métal dont on était convenu avec lui. Sartines répondit, le 22, qu'il donnerait ses ordres en conséquence. En attendant leur exécution, l'Assemblée arrêta, le 15 février, de faire graver deux planches en cuivre pour l'impression des roses de compas de variation et de route, et nomma Fortin ainsi que Blondeau pour opérer la division des planches. Il fut encore décidé d'écrire à Rosnevet, pour le prier de faire l'emplette, au nom de l'Académie, d'une grande plate-forme exécutée par le meilleur ouvrier de Paris. Elle devait particulièrement servir à la division d'arcs de cercle sur les instruments. La Compagnie était décidée à en faire, au besoin, l'acquisition de ses propres deniers ; c'était, suivant ses prévisions, une dépense de cinq à six cents livres. Rosnevet répondit de Versailles, le 15 mars, qu'il avait été chez le fabricant Baradelle, pour faire la commission dont l'Académie l'avait chargé. Les plates-formes à diviser, dans le goût de celle de Ramsden, étaient de quatre à cinq mille livres ; celles ordinaires, de quinze pouces de rayon, valaient de mille à douze cents livres. Avec ces dernières, il était très-difficile de diviser avec précision ; quant aux autres, il ne croyait pas devoir en faire en ce moment l'acquisition pour la Compagnie. Dans cette même séance du 15 février, l'Assemblée arrêta encore que Blondeau ferait exécuter une nouvelle suspension pour les baromètres marins.

Cependant le temps se passait, et rien ne se faisait. Le 17 mai, l'Académie résolut d'écrire au ministre, pour lui rappeler la promesse qu'il avait faite, en différents temps, de lui procurer le métal convenable pour la confection des boussoles. Le 15 juillet, ce métal composé n'arrivant pas, la Compagnie écrivit à Fleurieu pour le prier de faire remettre à Sage, de l'Académie des sciences, les modèles qu'elle avait envoyés au ministre pour la confection des boussoles, et qui étaient restés dans les bureaux du ministère. En même temps, elle lui fit passer une seconde lettre adressée à Sage, pour rappeler à ce savant la promesse qu'il avait faite à Chabert de faire fondre à Essonne toutes les pièces nécessaires à la confection des boussoles. Fleurieu répondit de Versailles, le 10 juillet, qu'au ministère, Blouin, le premier commis de la marine, s'était chargé d'envoyer à Sage lesdits modèles. Mais en même temps, ce dernier faisait connaître à la Compagnie l'impossibilité où il se trouvait de satisfaire ses désirs, Odelin n'étant plus à la tête de la manufacture d'Essonne. L'Académie prit alors, le 14 novembre, la résolution d'écrire au ministre pour lui rappeler que, par suite du défaut de métal convenable pour la construction des boussoles, ces instruments manquaient absolument ; qu'elle avait réussi à en fournir l'escadre actuelle, mais qu'elle était absolument dans l'impossibilité d'en fournir aux vaisseaux qu'on pourrait armer par la suite, si le ministre ne donnait les ordres les plus absolus pour la fonte des pièces nécessaires, d'après les modèles qui lui avaient été envoyés. Dans cette même assemblée, la Compagnie préposa Petit pour demander au comte d'Orvilliers, commandant de la marine au port de Brest, de vouloir bien autoriser l'Académie de faire fondre, aux frais du roi, les pièces nécessaires pour la construction des boussoles, chez la veuve Beurrier, qui avait fait en ce genre des essais très satisfaisants. L'Assemblée avait déjà demandé et obtenu la livraison de deux cents chapes d'agate. Le 21 novembre, elle décida : 1° de faire faire à ses frais le vernis proposé pour les boussoles; 2° de tenter l'essai d'une manière particulière d'étamer le cuivre également proposé ; 3° de faire demander au comte d'Orvilliers par Rochegude, enseigne de vaisseau et nouvel adjoint, l'autorisation de faire fondre les pièces par la veuve Beurrier. Le 28, on arrêta que, sans perdre de vue le degré de perfection à donner aux boussoles, on en construirait un certain nombre avec du cuivre rouge pur, en observant seulement de faire avec le métal composé les pièces sujettes à frottement. Dans la même séance, Blondeau se chargea d'écrire à son collègue de Rochefort, Digard de Kerguette, correspondant de l'Académie, pour savoir combien le directeur de la fonderie de Rochefort demanderait par livre pour fondre le métal nécessaire à la confection des boussoles. Enfin, La Coudraye et Rochegude furent chargés d'aller voir le comte d'Orvilliers, pour concerter avec lui les moyens de fournir l'Académie de toutes les matières dont elle avait besoin pour la construction de ces instruments et lui donner les ouvriers propres à ce travail. Le 12 décembre, la Compagnie arrêta de faire les frais de la main-d'œuvre pour la fonte de douze livres du métal composé, quitte à en demander le remboursement au port. Le 19, Guichen se chargea d'écrire à De Langle, pour s'informer du prix de la main-d'œuvre de ce métal.

Le 6 décembre, l'Académie avait obtenu un résultat plus positif. Comme l'atelier des boussoles, compas de route et de variation, sabliers et dépendances n'était pas nominativement compris dans l'ordonnance du 27 septembre 1776, elle demanda formellement au ministre que la direction lui en fût maintenue, sous l'autorité immédiate du commandant du port et du directeur général de l'arsenal. Fleurieu se chargea encore d'appuyer cette requête. Sartines y fit droit par sa dépêche du 23 décembre adressée au comte d'Orvilliers. Il y est dit que la perfection de ces instruments lui paraissant effectivement exiger que l'atelier soit maintenu sous la direction de l'Académie, il approuve que celle-ci en soit chargée, sous la réserve que l'emploi des matières et les journées d'ouvriers seront toujours constatés par le commissaire des ateliers et chantiers, ainsi qu'il en est usé pour tous les autres ateliers du port.

Dans l'assemblée du 15 février, la Compagnie avait décidé qu'il serait embarqué sur le *Solitaire*, commandé par le duc de Chartres dans l'escadre d'évolutions, un quart de cercle, pour être remis aux académiciens qui feraient partie de la campagne. A la séance suivante, 21 février, on lut une lettre de Sartines, en date du 12, ordonnant à l'Académie de remettre aux gardes-marine le quart de cercle provenant du vaisseau le *Roland*, dont elle était dépositaire, depuis que Kerguelen le lui avait remis à son retour des terres australes. Celle-ci pria le ministre de vouloir bien le lui laisser, les gardes en ayant déjà un suffisant pour l'usage qu'on en pouvait faire, puisqu'il n'y avait pas encore d'observatoire établi à Brest, et l'Académie n'en possédant que deux en tout, dont un avait été prêté aux académiciens embarqués sur l'escadre. Dans sa réponse, en date du 31 mars, Sartines maintint son ordre, mais avec quelques modifications. Comme le quart de cercle des gardes-marine était hors de service, il exigea que la Compagnie le remplaçât par un autre. A cette condition seulement, il lui permettait de réserver celui du *Roland* pour les campagnes d'observations.

Déjà antérieurement, par une lettre en date du 12 décembre 1775, Sartines avait autorisé l'Assemblée à prêter plusieurs instruments à l'enseigne de vaisseau Du Drenec, qui partait sur le *Brillant* pour l'île de France, afin d'y être employé sur les bâtiments d'Inde en Inde, et qui se proposait, dans le cours de sa navigation, de faire des observations astronomiques tendant à déterminer quelques points de géographie. Comme le ministre n'avait pas spécifié dans sa dépêche quels étaient les instruments demandés, l'Académie attendit que l'enseigne en question formulât son état de demande, ce qu'il fit le 14 mars. A cette époque, la plupart des instruments qu'il demandait étaient en main ou promis. Le graphomètre unique que la Compagnie possédait avait été prêté à Le Bègue, alors en mer; un compas de variation, de ceux travaillés particulièrement pour l'usage de l'Académie, était réservé pour la campagne de Borda, qui partait sur la gabare la *Boussole*, pour aller faire des observations hydrographiques à la côte d'Afrique et aux îles du cap Vert. Le même Borda ayant demandé une des pendules de Berthoud qui avait fait le voyage des terres australes, l'Assemblée n'avait pas cru pouvoir disposer d'aucune de ces pendules en faveur de M. Du Drenec, dans l'incertitude où elle était du choix de Borda, et pensant, d'ailleurs, qu'elle devait réserver ses préférences pour un voyage essentiellement astronomique. Afin de remplir dans les limites du possible les intentions du ministre, elle avait autorisé M. Du Drenec à prendre à l'Ile de France une pendule de Gallonde appartenant à la Compagnie, et que l'abbé Rochon y avait laissée. La lettre se terminait par des représentations au ministre sur l'impossibilité où se trouvait l'Académie de fournir des instruments pour les navigations ordinaires, alors fort multipliées ; elle était obligée de les réserver pour ceux qui avaient en vue des observations astronomiques. Par cette même lettre du 31 mars, où il était question du quart de cercle provenant du *Roland*, Sartines approuva d'autant plus facilement la délibération de l'Académie que la discussion était désormais inutile, puisque, à cette date, l'officier devait être parti et que, d'ailleurs, l'ordre ministériel n'avait déterminé ni le nombre, ni l'espèce d'instruments à lui remettre ; mais il ajoutait qu'il n'appartenait pas à la Compagnie de juger de l'importance des missions que le roi pouvait songer à propos de donner à des officiers quelconques qui ne seraient pas de ses membres, missions qui pouvaient être secrètes, et qu'il la croyait trop scrupuleuse à se renfermer dans les pouvoirs à elle attribués pour se permettre de donner aux ordres de Sa Majesté des interprétations qui contrarieraient ses vues. L'Académie n'ignorait pas, au surplus, que les instruments provenant de la campagne des terres australes n'étaient qu'en dépôt dans ses salles, et qu'elle ne pouvait en disposer que sur la permission ministérielle. L'Assemblée s'inclina devant cette mercuriale, qui au surplus ne demandait pas de réponse, attendu que le ministre n'aurait pas souffert des représentations à ce sujet.

Le 9 mai, le chevalier de Borda remit à la Compagnie un état des instruments et livres qu'il demandait pour sa campagne de la *Boussole* et qui lui furent accordés. Il emportait : un quart de cercle de Ramsden, d'un pied de rayon ; un second, de Canivet, de deux pieds ; deux pendules de Berthoud ; un compas de variation et deux de route ; un compas azimutal ; un des nouveaux compas de route envoyés par Magellan ; une boussole d'inclinaison ; un exemplaire des grandes Tables anglaises pour le calcul des observations de distance par le sextant ; un exemplaire du *Voyage* de Fleurieu ; une lunette achromatique de la Compagnie ; un exemplaire des Tables de Gardiner ; enfin une petite brochure anglaise intitulée : *An essay of the most commodious methods of marine surreging*. Son voyage avait pour but principal de déterminer la position exacte des Canaries. Il partit de Brest le 20 mai.

III. ASTRONOMIE. — Quant aux mémoires astronomiques, voici ce que nous avons trouvé pour le bilan de l'année 1776 :

Le 28 mars, on fit lecture d'un travail de Blondeau sur l'octant. Ce mémoire, intitulé : *Sur l'usage, pour les secteurs de réflexion, d'une glace dépolie par une de ses faces pour le plus grand miroir*, a été inséré dans le tome X, pages 392-399. Les commissaires nommés furent Granchain, Duval Le Roy, Fortin et Trédern de Lézerec ; mais ce dernier n'a pas signé le rapport, qui fut lu à la séance du 25 avril. Il est à la suite du travail de Blondeau, pages 399-401. Les juges conclurent qu'il leur paraissait nécessaire de faire en mer l'épreuve de l'instrument de Blondeau, avant de pouvoir se prononcer définitivement sur son usage. L'Assemblée décida en conséquence qu'il serait fait des expériences de ce nouvel octant. Nous ne savons malheureusement pas quel en fut le résultat. Nous voyons seulement que, à la séance du 5 décembre, Blondeau lut encore un *Mémoire sur les boussoles*. Il n'est rien dit de plus dans le compte rendu des séances, et c'est en vain que nous avons cherché, dans les tomes X et XI, ce travail de l'auteur, si tant est qu'il ne soit pas le même, sous un autre titre, que le précédent. Il est encore possible qu'il l'ait repris plus tard, pour le fondre dans le *Dictionnaire encyclopédique*, partie Marine.

Le 30 mai, Lévêque, professeur d'hydrographie de Nantes, dont nous avons déjà parlé en 1775, soumit au jugement de la Compagnie la traduction d'un ouvrage anglais de Sudlam, sur la navigation, avec notes. Trédern de Lézerec, puis Blondeau, par suite d'une maladie de Lézerec, et Fortin furent nommés commissaires pour l'examen de cet ouvrage intitulé : *Guide du navigateur*. Leur rapport, lu à la séance du 27 juin, est dans le tome II des *Correspondants*, page 1. A la suite de ce jugement, il fut arrêté : 1° que l'on donnerait une lettre de correspondant à Lévêque ; 2° dans la séance du 8 juillet, que l'ouvrage était digne de l'impression. Le 25 du même mois, Blondeau remit à l'Académie, de la part du même auteur, deux *Dispositifs de calculs pour la détermination des longitudes en mer*. C'est sur ce second travail que porte le jugement inséré dans le tome I*er* des *Correspondants*, page 289, et signé Blondeau et Duval Le Roy, avec la date inexacte de :

lu à la 28° séance, 3 août (il faut lire 25 juillet); rapport où il est dit
que l'Académie ne peut qu'approuver et encourager le travail de l'auteur. Pour terminer ce qui concerne Lévêque en 1776, la Compagnie,
dans sa séance du 24 octobre, arrêta d'accorder à ce professeur la
liberté de faire imprimer, sous le privilège de l'Académie, le *Guide du
navigateur*, sans que cette grâce tirât à conséquence pour l'avenir.
L'ouvrage parut en 1778, Nantes, in-8°, 600 pages. « Cet ouvrage, dit
Lalande dans sa *Bibliographie astronomique*, est le plus étendu, le
plus complet et le plus commode qu'on ait donné jusqu'ici, pour les
méthodes des longitudes en mer et des autres objets relatifs aux observations. On y trouve aussi toutes les tables dont l'astronome a besoin
sur la mer. L'auteur en prépare une seconde édition. On peut y suppléer par mon *Abrégé de navigation*. »

Il y avait eu une éclipse de lune dans la nuit du 30 au 31 juillet.
Digard de Kerguette, professeur d'hydrographie de Rochefort, envoya
à ce sujet des observations qui, lues le 22 août, furent insérées dans le
tome II des *Correspondants*, pages 1-3. Elles se terminent par cette
phrase enthousiaste : « Un spectacle aussi magnifique, aussi pompeux
était capable d'émouvoir et de remplir d'admiration les spectateurs les
plus stupides, et toute âme sensible ne pouvait manquer de s'écrier:
Cœli enarrant gloriam Dei. »

IV. PHYSIQUE. — Le 8 février, Souville, adjoint, fit son rapport de
l'expérience tentée au mois de décembre précédent pour conserver de
la viande fraîche à la mer. Ce rapport est dans le tome X, pages 390-392. Les deux pots placés dans la salle de l'Académie n'avaient pu s'y
conserver. La trop grande chaleur du poêle avait fait gonfler la viande,
soulever les bouchons mastiqués, de sorte que l'huile avait débordé,
et que l'air s'était introduit dans les vases. Un des deux pots placé
dans un grenier avait été ouvert le 6 février : quelques parties séreuses
avaient surnagé ; mais la viande n'avait aucune odeur. Cependant la
portion qui touchait au fond et qui n'était point abreuvée d'huile sentait quelque peu, et était d'une couleur rouge moins vive que la viande
d'en dessus. Celle qui était fraîche fut cuite comme un bouilli ordinaire et se trouva fort bonne, après cinquante-cinq jours. Souville pensait que le procédé qu'il avait indiqué pouvait conduire à la découverte d'un moyen infaillible, et il proposait d'en suivre l'expérience
avec Salvert sur le vaisseau l'*Indien*, vieux bâtiment de l'ancienne
Compagnie des Indes, où ils étaient embarqués l'un et l'autre, à desti-

nation de l'Inde. La Compagnie accepta leur proposition, et écrivit à ce sujet, le 12 février, au ministre, en lui envoyant leur rapport. Elle demandait de n'être pas obligée de prendre les dépenses sur son fonds, attendu que les choses en étaient venues au point que, contre l'usage ordinaire, on lui refusait dans le port jusqu'au papier. Sartines répondit, le 23, que, bien qu'il doutât que ce qui était résulté de l'épreuve fût suffisant pour engager à faire une expérience en grand sur l'*Indien*, il en écrirait à l'intendant Ruis et le prierait de se concerter avec le comte d'Orvilliers, pour voir quel était le parti qu'il convenait de prendre à cet égard. De son côté, l'Académie nomma un nouvel adjoint, Herlin, et Trédern de Lézerec pour suivre les expériences à Brest, en l'absence de Salvert et de Souville, et décida que Rosnevet leur serait adjoint, à son retour.

Le 26 février, le ministre avait envoyé à l'Académie des *Réflexions philosophiques* d'un sieur Desbayes, médecin, sur des moyens très simples, disait-il, d'apaiser les flots de la mer et de préserver les vaisseaux du naufrage. Il proposait de calmer les vagues avec de l'huile et des paillassons. Attaché à son idée, écrivait le ministre, il désirait que la Compagnie examinât son travail. L'Assemblée nomma commissaires pour cette question Granchain, Trédern de Lézerec et Blondeau. Leur rapport, lu le 14 mars, est dans le tome 1er des *Correspondants*, pages 317-318. Il y est dit que l'amour de l'humanité et le désir d'être utile ont évidemment dicté à l'auteur les moyens qu'il propose ; mais que le défaut de connaissance de la mer et de la manière d'être d'un vaisseau pendant la tempête ne lui a pas permis de se faire à lui-même les objections qui se présentent naturellement à l'esprit de l'homme qui a fait une seule campagne sur un bâtiment. On engageait le docteur à connaître et à voir par ses propres yeux l'ennemi qu'il voulait combattre. S'il tenait à ses idées, il pouvait les présenter avec les corrections qu'il jugerait nécessaires. La lettre au ministre est encore plus catégorique : « Il est malheureux pour l'humanité qu'on ne puisse se promettre des vues de l'auteur ce que son envie d'être utile aux hommes lui a fait regarder comme très-possible. »

V. HYDROGRAPHIE. — Comme les armements se multipliaient, on s'occupa beaucoup d'hydrographie en 1776.

Le 25 janvier, on fit lecture d'un extrait du journal de Pierre-Charles Billard d'Annoville, capitaine du navire l'*Heureux*, sorti du port de Saint-Malo le 4 février 1775, pour aller à la pêche sur le banc de

Terre-Neuve, et rentré le 13 juin à son point d'embarquement. Guichen et Marguerie, nommés commissaires, déclarèrent dans leur rapport que ce capitaine avait mérité des éloges par la fermeté et le sang-froid qu'il avait conservés dans une position critique, et dont il ne s'était heureusement tiré qu'à l'aide des moyens qu'il avait ingénieusement imaginés. En effet, pris le 28 avril par une lame monstrueuse qui lui occasionna des avaries majeures, il coupa son grand mât, pour faire redresser le navire ; et comme son gouvernail avait été emporté, il fabriqua, n'ayant ni gabarit ni ferrure, un gouvernail de fortune, avec un tronçon de mât. Le journal donne le détail des moyens ingénieux qu'il employa et qui réussirent pleinement, car il essuya encore plusieurs coups de vent, avant de pouvoir rallier son port. Le rapport des commissaires fut envoyé au capitaine Billard, pour lui servir de certificat. Quant à l'extrait de son journal, il fut inséré dans le tome Ier des *Correspondants*, avec le rapport à la suite, pages 315-316. On le trouve aussi imprimé dans le premier cahier du *Journal de marine* de Blondeau.

Le 25 février, le professeur d'hydrographie du Havre, De Gaulle, donna avis à la Compagnie de quatre phares établis sous la protection du roi sur les côtes de Normandie. La chambre de commerce de cette province, qui avait la direction desdits phares, l'avait engagé à en faire un plan raisonné qu'il envoyait à l'Académie. Celle-ci, en le remerciant de son envoi, émit le vœu que ces guides du navigateur, qu'il serait à désirer de voir se multiplier, fussent déterminés par d'habiles hydrographes. — Le 5 septembre, on lut, du même auteur, un mémoire intitulé : *Réflexions concernant les fonds de la mer, pour servir de réponse à des remarques sur le même sujet*. Ce travail a été inséré dans le tome II des *Correspondants*, pages 4-13. De Gaulle trouvait sans fondement l'idée exprimée par l'abbé Dicquemare, dans le second volume du *Mercure* de janvier 1776, d'un second fond accidentel et variable de la mer, outre son fond permanent. Les commissaires Blondeau et Fortin, dans leur rapport daté du 12 septembre et inséré à la suite du travail de De Gaulle, pages 13-14, sans admettre entièrement l'opinion des deux fonds, jugèrent néanmoins que le mémoire de De Gaulle n'en détruisait pas la possibilité, et l'on écrivit à l'auteur, le 27 septembre, ou d'abandonner son opinion, ou de faire de nouveaux efforts pour la défendre. Quoi qu'il dût arriver, la Compagnie écouterait avec plaisir ses raisons. De Gaulle ne paraît pas avoir répondu, ou du moins sa réponse, s'il y en eut une, ne se trouve pas dans la correspondance de l'Académie.

Le 18 avril, Granchain, en vertu de l'arrêté de l'Académie du 12 janvier 1775, avait remis à la Compagnie le journal de sa campagne de l'*Aigrette*. Parti en avril de l'année précédente, en qualité de second du commandant Ballerci, il avait parcouru la Méditerranée et composé une intéressante relation, qui est à la bibliothèque du port de Brest, et dont on peut lire des extraits dans les tomes IV et V de la *Revue bretonne*. Ils font regretter que cet officier ait consacré presque tous ses loisirs à son château de Granchain. Il est loin, néanmoins, de s'être montré inactif, car il a envoyé plusieurs travaux importants, bien que, dans l'espace de quinze ans, il ait passé à peine quelques jours à Brest. Disons en passant que les enseignes Trouillet de Bléré, La Coudraye et Coëtlando faisaient partie de l'équipage de ce bâtiment en même temps que Granchain.

Le 9 mai, on lut du correspondant Digard de Kerguette un *Mémoire sur le cours de la Charente*, dont il avait été chargé de lever le plan. Thévenard et Blondeau furent nommés commissaires pour l'examen de ce travail, qui est dans le tome I*er* des *Correspondants*, pages 318-340. Sur leur rapport, la Compagnie, dans sa séance du 21 juin, jugea le travail du professeur d'hydrographie de Rochefort digne d'éloges et de l'impression, et elle décida qu'il serait fait une copie de la carte de l'auteur. Nous n'avons point trouvé cette carte ; mais nous avons lu le mémoire, qui est en effet des plus consciencieux et fort intéressant. Le rapport des commissaires termine le tome I*er* des *Correspondants*, pages 340-341.

Le 26 septembre, le vicomte de Grenier, lieutenant de vaisseau et adjoint de 1769, soumit au jugement de la Compagnie son ouvrage tendant à démontrer la certitude de la route qu'il avait découverte pour aller des Mascareignes aux Indes : il demandait seulement que ceux des membres résidant à Paris fussent chargés de l'examen. Selon ses désirs, Roquefeuil (le comte) et Bory furent nommés commissaires. Mais leur rapport, inséré au tome X, pages 492-496 et daté du 3 mars 1777, ne fut lu que le 13 mars de la même année. Ils concluaient que l'ouvrage méritait d'être imprimé sous le privilège de l'Académie. Il a paru, en effet, en 1780, Paris, in-8°. C'est une réimpression du mémoire imprimé à Brest en 1770.

VI. Manœuvre. — En matière de manœuvre, il n'y eut, cette année, que deux mémoires présentés. Encore n'avons-nous trouvé dans les tomes manuscrits ni ces travaux, ni les rapports auxquels ils durent donner lieu.

Le 27 juin, un certain Mazières soumit à l'Assemblée un cabestan de son invention, dont il présentait deux modèles. Nous ne savons ni ce qu'était Mazières, ni en quoi consistait l'invention de son cabestan, n'ayant trouvé ni le travail ni le rapport.

Le 18 juillet, le vice-directeur Rosnevet, sous-directeur des constructions, remit à la Compagnie un travail que lui avait envoyé le ministre pour être examiné. C'était un mémoire sur une nouvelle méthode de gouverner, composé par le marquis de Vaudreuil, capitaine de vaisseau, commandant le *Fendant* dans l'escadre d'évolutions. Nous ignorons à quelle discussion donna lieu ce travail, que nous n'avons pu découvrir. Toujours est-il que, le 29 août, il fut soumis à un nouvel examen, et que les mêmes commissaires furent nommés ; mais nous n'avons pas trouvé leur rapport. Nous savons seulement, par l'*Annuaire* de 1777, que Vaudreuil était alors directeur des constructions au port de Rochefort.

VII. ARCHITECTURE NAVALE. — En fait d'architecture navale, toute l'année fut employée à la discussion de l'ouvrage de construction du sieur Train, dont nous avons déjà parlé en 1775. C'était un maître charpentier, comme Pic et Boux dont il revendiquait les découvertes, qui était devenu en 1776 sous-ingénieur constructeur au port de Rochefort, Pic étant ingénieur-constructeur ordinaire de ce même port depuis 1767. Le 11 janvier, La Prévalaye fut nommé commissaire pour examiner son ouvrage, en remplacement de Rosnevet empêché[1]. Le 2 mai, l'Assemblée arrêta que le travail de Train aurait pour titre : *Tableau des diverses matières qui forment ensemble la coque d'un vaisseau*, et que l'on continuerait de copier les différents rangs de frégate. Le 12 novembre, Train écrivit de Rochefort pour prier la Compagnie de faire le rapport de son *Traité d'architecture navale*, et de lui renvoyer l'ouvrage. A la suite de cette lettre, l'Assemblée arrêta, le 21 novembre, que si Thévenard et Petit ne pouvaient pas achever le rapport, Rochegude et Champagny, deux nouveaux adjoints, les suppléeraient. Le 5 décembre, on lut quelques notes de Thévenard sur le livre

---

[1] Nous devons également signaler que, le 2 mars, en conséquence des ordres du ministre, se tenait à Brest un conseil de marine, pour agiter lequel (*sic*) était le plus avantageux de faire construire les vaisseaux par économie ou de les mettre en marché. La *Revue bretonne*, qui nous donne ce renseignement, n'indique pas quelle résolution fut prise.

de Train. Enfin, le 19 décembre, Marguerie, La Prévalaye et Thévenard donnèrent leur rapport, qui est dans le tome II des *Correspondants*, pages 14-16. Le secrétaire écrivit en conséquence à l'auteur une lettre dans laquelle l'Académie lui disait que l'ouvrage avait besoin d'être retouché avant l'impression, mais que le fond en était bon, et qu'avec le temps, il pourrait en tirer parti. Nous ne savons ce qu'est devenu le traité qui, vraisemblablement ne put être imprimé ; mais la bibliothèque du port de Brest possède encore, sous le titre de *Construction*, un énorme manuscrit in-folio, composé tout entier de tableaux, avec une lettre de dédicace à l'illustre corps de la Cadémie (*textuel*) et quantité de lettres approbatives adressées à l'auteur.

VIII. Travaux hydrauliques. — Le 8 février, on fit lecture d'une lettre du ministre au comte d'Orvilliers, lui prescrivant de remettre à la Compagnie le projet de bassin d'un enseigne de vaisseau du port de Toulon, nommé Guillaumanche du Boscage [1]. Il s'agissait de la première forme de Toulon, dont Groignard avait commencé l'exécution en 1774. L'entreprise d'un bassin de carénage dans l'enceinte de ce port avait été jugée si souvent impraticable que Maurepas avait songé autrefois à en établir un au port de la Seyne. Ce n'était pas tant la hauteur presque uniforme des marées que la nature du terrain, entrecoupé de sources abondantes, qui semblait présenter d'insurmontables obstacles. On sait que Groignard n'en triompha qu'au moyen d'un encaissement à sec, qu'il coula avec un radeau sur le terrain où il devait reposer, et ce fut sur ce caisson qu'il construisit la forme. La Tullaye, Petit et Trédern de Lézerec furent nommés commissaires, pour examiner le travail de Guillaumanche du Boscage. Leur rapport, qui est dans le tome Ier des *Correspondants*, pages 316-317, fut lu à la séance du 21 février. Il porte en substance qu'il ne leur est pas possible de formuler un avis, jusqu'à ce que l'auteur ait donné les renseignements nécessaires, qu'ils lui indiquent au nombre de sept. Ce rapport ayant été approuvé par l'Assemblée, on l'envoya à l'auteur, en lui remettant son mémoire et ses plans. Aussi bien regrettons-nous l'absence de ce document, qu'il eût été curieux de comparer avec les travaux de Groignard sur le même objet.

---

[1] Garde en 1757, enseigne dix ans plus tard, il devint lieutenant de vaisseau à la promotion du 14 février 1778, lieutenant-colonel ès armées en 1782, major de vaisseau en 1786, et ne se trouve plus sur l'*Annuaire* de 1790. Comme il était chevalier de Malte, il n'obtint la croix de Saint-Louis qu'en 1784. Encore dut-il se pourvoir auprès du grand-maître de l'ordre de Malte de l'autorisation sans laquelle il ne pouvait pas être nommé chevalier de Saint-Louis.

Bien plus importants du reste devaient être les renseignements que celui-ci envoya à l'Académie sur ses propres travaux. Dans sa lettre datée de Toulon, le 1er mai, où il accusait à Marguerie réception des termes de construction dont il avait été chargé, cet ingénieur avait offert à la Compagnie de l'informer des procédés qu'il avait suivis dans la construction de sa forme de Toulon. L'Assemblée, en le remerciant, le pria de les lui donner, avec toute l'étendue que ce travail méritait. Groignard répondit, le 10 novembre, qu'il avait remis à Marguerie différents mémoires à ce sujet. Ces documents ont été tous consignés dans le tome X, pages 402-491, et ils sont d'une valeur telle qu'il serait à désirer qu'ils fussent publiés. Malgré les progrès de la science depuis cette époque, nous croyons qu'il y aurait encore bien des détails utiles à y reprendre. Ils se composent : 1° du *Projet d'établissement des formes de Toulon*, daté de Versailles, le 15 janvier 1774 ; 2° d'un traité intitulé : *Utilité des formes pour les radoubs, les refontes, les carènes, la construction, la mise à l'eau des vaisseaux et la célérité des armements*, Toulon, 1er octobre 1776 ; 3° *Mémoire sur les moyens d'établir des formes dans l'arsenal de Toulon*, avec des réflexions et des expériences qui démontrent la solidité des moyens proposés et celle du fond du port sur lequel la forme doit être établie ; 4° *Rapport des commissaires nommés par l'Académie des sciences* (Borda, Chabert, Perronet et Bory) *pour examiner le projet de bassin présenté par M. Groignard*. Marguerie, La Coudraye et Le Bègue furent nommés par l'Académie de marine pour l'examen de ces différents mémoires de Groignard, et l'Assemblée, par une lettre en date du 11 décembre, félicita l'auteur d'être parvenu à triompher des difficultés sans nombre qu'il avait rencontrées. Duval Le Roy ajoutait, en terminant la lettre dont il avait été chargé : « Il est glorieux d'avoir vaincu, quand on a eu à combattre le physique et le moral réunis. » Dans un article précédent, *la Marine française et ses arsenaux* (Revue de 1870), nous avons parlé de ce beau travail et de l'appréciation qu'en fit le capitaine de vaisseau Granchain, académicien adjoint. Nous rappelons ici seulement que, commencée neuf jours avant la mort de Louis XV, la forme n° 1 de la darse Vauban fut terminée en 1778, au début de la guerre d'Amérique. Un million avait été promis à celui qui aurait doté le port de Toulon d'un bassin de carénage. Groignard se contenta de la création en sa faveur du titre d'ingénieur général de la marine, dont personne n'a été honoré après lui, et d'une pension de six mille livres.

Louis XVI y ajouta en 1780 la croix de Saint-Louis et des lettres de noblesse, avec cette légende quelque peu amphibologique tirée du cantique de Moïse : *Mare vidit et fugit*, la mer l'a vu et s'est retirée devant lui. On ne tarda pas à l'appliquer méchamment, mais plus conformément au génie de la langue latine, au duc de Chartres, après la bataille d'Ouessant : Il a vu la mer et s'en est allé.

IX. ARTILLERIE. — Un seul travail, encore fut-il repoussé.

Le 12 septembre [1], on lut une lettre de Saint-Auban, lieutenant-général d'artillerie, lequel envoyait à la Compagnie, pour être soumis à son examen, un mémoire de sa composition, sur les nouveaux systèmes d'artillerie, avec un ouvrage de Joseph Florent de Vallière sur la même matière, intitulé : *Mémoire touchant la supériorité des pièces d'artillerie*, un volume in-8°. L'Assemblée lui répondit qu'elle était très-fâchée de ne pouvoir en user comme il le désirait, mais que, ainsi que toutes les Académies de l'Europe, elle s'était imposé la loi de ne jamais connaître des ouvrages imprimés, et par conséquent, de n'en jamais porter un jugement public et authentique. Si en ce moment, ajoutait Duval Le Roy, la plupart des membres de l'Académie, surtout les officiers qui s'occupent de l'artillerie, n'étaient pas en mer, les travaux envoyés par M. de Saint-Auban auraient eu un certain nombre de lecteurs, entre lesquels quelques-uns auraient pu lui dire leur avis au sujet de questions sur lesquelles les sentiments des officiers d'artillerie sont partagés, mais le sous-secrétaire d'Académie, auteur de cette lettre, est lui-même embarqué sur l'escadre, et son bâtiment est en partance.

Dons d'ouvrages. — Le 7 mars, Vialis fit don à la Compagnie d'un *Cahier de construction des galères*, avec deux planches y relatives et une légende pour les termes de construction de ce genre de bâtiment, en explication des planches.

Le 14 mars, De Gaulle donna sa *Carte réduite concernant les phares établis sur les côtes de Normandie*. — Ce même jour, La Coudraye remit à l'Assemblée un modèle de la manière dont les Ottomans gouvernaient à cette époque, modèle pris d'après un vaisseau turc et sur le vaisseau même.

---

[1] Au mois d'avril de la même année, une commission nommée par le conseil de marine et composée de La Tullaye, Balleroy, Villebois, Bombelles, Chambertrand, Conradin, le premier seulement de l'Académie de marine, faisait l'épreuve de l'examen de trois gargousses du calibre de 3 adressées par le ministre au comte d'Orvilliers, avec un mémoire sur le même objet. Avant de donner son avis définitif sur cette invention, la commission engagea l'auteur à donner quelques éclaircissements sur la composition de son enduit ainsi que sur le prix de revient de ces nouvelles gargousses.

Le 2 mai, l'abbé Dicquemare fit présent d'un exemplaire de son *Second mémoire sur les anémones de mer*, en français et en anglais.

Le 17 mai, Duhamel du Monceau fit don de tous ceux de ses ouvrages qui manquaient à la Compagnie. C'étaient : l'*Exploitation des bois*, deux volumes in-4°; *Semis et plantations*, in-4°; la *Pomone française*, deux volumes in-4°; la suite du *Traité général des pêches*, in-f°; *Histoire d'un insecte qui dévore les grains de l'Angoumois*, Paris, 1762, in-12; *Moyen de conserver la santé des équipages*, in-12; *Supplément à la conservation des grains*, 1771, in-12; *Avis pour le transport par mer des arbres, des animaux et des différents morceaux d'histoire naturelle*, Paris, 1752, in-12; *Traité de la garance*, 1765, in-12. La Compagnie lui adressa une lettre de remerciement toute particulière : « Elle était on ne peut plus flattée de tenir de leur illustre auteur lui-même des ouvrages également recommandables par leur utilité et par le savoir qui y règne. Ils seraient toujours à ses yeux et aux yeux de ceux qui savent penser les productions précieuses d'un savant de premier ordre et d'un des plus ardents bienfaiteurs de l'humanité. »

Le 27 juin, Goimpy envoya son *Traité de construction* (pl.), Paris, 1776, in-4°. L'Assemblée lui fit répondre par Duval Le Roy qu'elle ne doutait pas que ce digne fruit de ses longs travaux et de ses profondes réflexions sur un art aussi important ne fût accueilli favorablement du monde navigateur.

Le 19 septembre, l'Académie reçut quarante *Connaissance des temps* pour 1777.

Le 26, Groult, procureur du roi à l'Amirauté de Cherbourg, fit présent d'un exemplaire de la thèse qu'il avait soutenue devant l'Université de Caen sur le droit maritime. Peu après, le même auteur envoya un ouvrage de droit maritime. Le compte rendu des séances n'indique pas quel est cet ouvrage, que nous avons cherché en vain dans le catalogue de la bibliothèque de l'Académie de 1781, et la bibliographie Quérard ne mentionne de Groult que ceux qui sont postérieurs à 1776. Dans cette même séance du 26 septembre, Ferdinand Berthoud fit remettre un livre qui n'est pas mentionné dans la *Bibliographie astronomique* de Lalande et qui est intitulé : *Les Longitudes par la mesure du temps, ou Méthode pour déterminer les longitudes en mer*, Paris, 1775, in-4°.

Le 15 mars, Régnier du Tillet, commissaire ordinaire de la marine dans l'île de Corse[1], avait donné avis à la Compagnie de l'établissement d'une société littéraire dont il était le directeur. Il priait l'Académie de vouloir bien entrer en correspondance avec cette société. Celle-ci, en le remerciant par une lettre en date du 26 avril, lui demanda des détails sur les bois de construction de l'île ; sur les cartes et plans de la côte ; sur les bâtiments de mer; enfin sur l'état de la marine et du commerce maritime de la Corse et sur ce qu'on pourrait s'en promettre pour l'avenir. Peu après, l'Académie lui donna une lettre de correspondant. En lui faisant part de son élection, c'est-à-dire le 6 septembre, elle lui manda qu'elle acceptait avec la plus vive reconnaissance toutes les offres qu'il avait bien voulu lui faire, à savoir : l'*Atlas d'Italie* de Magini ; son journal de tout ce qui s'était passé en Corse, depuis que cette île appartenait à la France ; la collection des ordonnances, arrêtés et règlements qui y avaient été rendus. Elle demandait en outre les différents codes et les ordonnances des puissances maritimes voisines, ainsi que les cartes les plus récentes dont leurs marins se servaient pour naviguer dans la Méditerranée. Enfin elle acceptait de grand cœur sa compilation des titres, ordonnances, règlements ou mémoires concernant la marine française, et elle paierait volontiers tous les frais de copiste pour en avoir un exemplaire, dont elle tirerait un grand parti pour la composition de son Dictionnaire. Le 26 septembre, Régnier du Tillet, en remerciant la Compagnie, lui annonça l'envoi, par les soins de Marguerie et de Vialis alors à Toulon, d'une caisse contenant l'*Atlas d'Italie*, par Magini, 1620, in-f° ; l'échantillon d'un pavé de mosaïque, d'environ neuf pouces, trouvé sur les bords de la mer, à l'île Plane, près de Bonifacio ; enfin la *Collection d'ordonnances pour l'île de Corse*. La Compagnie, en le remerciant, le 11 décembre, le pria de lui faire passer une livre de truffes de l'île de Monte-Cristo.

Achat de livres et d'instruments. — Le 11 janvier, tout compte fait, il restait en caisse à l'Académie la somme de 4,235 livres 14 sols 5 deniers. Le 14 mars, on arrêta de faire l'acquisition d'une balance hydrostatique.

---

[1] Régnier du Tillet (Honoré-Marie), né à Paris le 2 février 1726, était fils d'officier, et débuta en qualité de commis aux écritures à Brest en 1748. Voici ses états de service : écrivain ordinaire à Toulon en 1751; commis ordinaire à la cour à Versailles en 1757 ; commissaire aux classes à Antibes en 1763 ; commissaire ordinaire de la marine en Corse en 1770 ; réformé par l'ordonnance du 27 septembre 1774; commissaire des ports et arsenaux de Corse le 1er janvier 1777 ; chef d'administration de 1re classe à Bastia le 1er octobre 1792. L'intendant de marine Hurson l'avait noté en 1785 : « Sujet exact, laborieux et instruit. »

Le 25 avril, il fut décidé qu'on achèterait les Voyages de Chappe d'Auteroche en Sibérie et en Californie. C'était un membre de l'Académie des sciences qui avait été envoyé successivement dans ces deux pays, pour y observer les passages de Vénus sur le soleil de 1761 et de 1769. Il était mort à San-Lucar, l'année même de la seconde de ces éclipses. Son *Voyage en Sibérie* avait été publié en 1768, celui *en Californie* avait paru en 1772 par les soins de C. F. Cassini.

Le 23 mai, la Compagnie vota l'acquisition de l'*Histoire civile du royaume de Naples*, par Pierre Giannone. Une traduction française en avait paru à la Haye, 1742, quatre volumes in-4°. L'ouvrage avait attiré des persécutions à son auteur, parce qu'en certains passages, il nie l'autorité temporelle du Pape.

Le 30 mai, on arrêta d'acheter les *Économiques*, par L. D. H., Amsterdam, 1769, in-4°, et *Yu le Grand et Confucius*, histoire chinoise, par Clerc, Soissons, 1769, in-4°.

Le 4 juillet, on décida de remettre à Rosnevet la somme de cent cinquante-huit livres, pour deux compas de Magellan qu'il avait procurés à la Compagnie.

Le 25 juillet, on arrêta l'acquisition des ouvrages suivants : une *Histoire naturelle* de Pline, en latin, 1618, in-f°; une *Harmonie du monde* de Kepler, également en langue latine, 1619, in-4°; un exemplaire des *Tables anglaises* pour la réduction de la longitude apparente à la longitude vraie ; un abrégé de navigation anglais intitulé : *Atkinson's epitome of the art of navigation*, London, 1753, in-8°.

Le 30 août, Verdun de la Crenne et son second Marguerie étaient revenus à Brest, après avoir rapporté de Cronstadt, sur la *Tamponne*, des bois de mâture. Dans sa séance du 5 septembre, la Compagnie compta à ce dernier 627 livres 9 sols, pour les achats qu'il avait faits en Russie. Et comme ils devaient repartir, le 18 octobre, sur la flûte le *Compas*, pour aller porter leur chargement à Toulon, elle remit à Marguerie 300 livres, pour faire des achats dans le Levant. Au 5 décembre, celui-ci, de retour, rendit ses comptes : il avait dépensé 52 livres.

Aussi bien, le 10 octobre, décida-t-on l'acquisition de plusieurs ouvrages : 1° le *Grand Vocabulaire français*, en 30 volumes in-4°, que l'on offrait de rencontre à 6 livres 14 sols le volume ; 2° l'*Histoire universelle*, traduite de l'anglais par une société de gens de lettres, 126 volumes in-8°; 3° les *Annales de la Chine*, traduites en français par un jésuite, dit le compte rendu, 10 volumes; 4° l'*Histoire générale de l'Asie, l'Afrique et l'Amérique*, par M. L. A. R. (l'abbé Roubaud), Paris, 1770-1771, 12 vol. in-12; 5° enfin, plusieurs ouvrages d'antiquité, entre autres les *Ruines de la Grèce*, par l'architecte Julien David Le Roy, in-f°.

Le 17 octobre, achat du journal de Berlin, probablement les *Mémoires de l'Académie prussienne*.

Le 7 novembre, acquisition des œuvres de Galien, le médecin grec, de l'*Iliade*, traduite en vers par Rochefort, 2 vol. in-8°, et du *Jardin des racines grecques*, in-12.

Affaires intérieures de l'Académie. — Le 20 août, Blondeau informa la Compagnie que le prospectus de son journal avait été arrêté à la chambre syndicale de Paris, et que M. de Neuville, directeur de la librairie de France, en avait hautement désapprouvé l'impression, comme étant contraire aux règles de la librairie. L'Assemblée se plaignit vivement de ce procédé au ministre ainsi qu'au chancelier, et argua victorieusement de son privilège. Le 10 octobre, Blondeau lut la préface qu'il devait mettre en tête du premier numéro de son journal. Mais, d'un autre côté, La Coudraye ayant réclamé à Sartines pour que ce recueil ne parût pas sous le privilège de l'Académie, parce que ce serait, disait-il, compromettre celle-ci, qui en répondrait, puisqu'on lui attribuerait un ouvrage censuré par deux de ses membres, le ministre écrivit, le 30 novembre, à la Compagnie, une lettre où il prenait le parti de Blondeau. L'Assemblée, dans sa séance du 12 décembre, nomma Duval Le Roy et Fortin en qualité de censeurs du journal. La formule d'approbation, arrêtée le 19 par l'Académie, conformément aux intentions du ministre, lui fut envoyée. Elle est ainsi conçue : « Nous, nommés censeurs par l'Académie royale de marine, en conséquence des ordres de M. de Sartines, avons lu le cahier du *Journal de marine*, par M. Blondeau, et n'y avons rien trouvé qui nous ait paru devoir en empêcher l'impression. » Le premier cahier ne parut cependant qu'en 1778. En effet, Sartines, bien que favorable en principe à l'idée d'un recueil de marine, s'opposa encore pendant longtemps à ce qu'on distribuât le journal, et même à ce qu'on en publiât le prospectus, « tant on veut traiter secrètement tout ce qui a rapport à cette partie », disent les *Mémoires secrets*, IX, page 252.

Dans cette même séance du 19 décembre, on lut l'extrait d'une lettre du duc de Croÿ à Blondeau, relativement à l'incendie de l'hôpital de la marine à Brest, qui avait eu lieu le 20 novembre, et où s'était signalé principalement le commissaire général Marchais, indépendamment du commandant d'escadre Du Chaffault, du comte d'Hector, major général de la marine, du capitaine de vaisseau Thévenard, qui préserva les vaisseaux du port et du comte de Langeron, commandant supérieur des troupes de terre. Le feu s'était déclaré, vers quatre heures de l'après-midi, dans un grenier, au-dessus de la salle affectée aux forçats malades, et, alimenté par un vent violent de O.-N.-O., en moins de quatre heures, avait consumé à peu près tous les bâtiments, en dépit des secours de tout genre, qui n'avaient point fait défaut. Le duc faisait connaître un moyen de prévenir le retour d'un pareil accident ; mais nous n'avons trouvé ni l'une ni l'autre lettre. On mit à l'étude la construction d'un nouvel hôpital ; la guerre arriva, ce qui le rendit encore plus urgent ; mais, en attendant sa reconstruction, qui ne devait être effectuée qu'un demi-siècle plus tard, on se borna à des baraquements en bois, sauf à évacuer les convalescents à Landerneau et à Pontanézen.

Le même jour encore où se traitaient les questions du journal de Blondeau et de l'hôpital, Duval Le Roy se chargeait d'écrire à l'abbé Rochon, au sujet d'une somme de 600 livres, dont il se trouvait redevable à son substitut Vincent. C'était toujours cette interminable affaire du bibliothécaire en titre rechignant à remplir ses obligations à l'égard du bibliothécaire de fait.

Le 3 octobre, il avait été arrêté de demander au commandant de la marine qu'il fût permis à la Compagnie de nommer des commissaires pour assister aux expériences qui se faisaient dans le port. En l'absence de tout autre document, nous ignorons de quelle nature étaient ces expériences, à moins qu'elles ne fussent la continuation de celles que nous avons indiquées, à la date du 2 mars, en note, sous la rubrique « Architecture navale ».

Le 21 novembre, on décida de demander au comte d'Orvilliers la nouvelle ordonnance sur la marine, du 27 septembre 1776. A la séance suivante, celui-ci en fit remettre à la Compagnie deux exemplaires. Comme cette ordonnance donnait partout le commandement aux officiers militaires, l'Académie n'éleva à son sujet aucune réclamation, ainsi qu'elle avait fait en 1772 pour l'ordonnance de Boyne. Mais il n'en fut pas de même de l'Intendant Malouet, qui la combat dans ses *Mémoires*, et du premier commis de la marine Blouin, qui publia à ce sujet des *Remontrances*, lesquelles ont été publiées en 1789, Brest, Malassis, 24 pages in-8°, par les commissaires de la marine du port de Brest, comme annexe à leur *Mémoire sur l'administration de la marine*. Ces ordonnances établissaient dans chaque port un commandant de la marine investi de l'administration principale et de l'autorité supérieure ; quant à l'exercice de la justice et de la police, il était partagé entre ce fonctionnaire et l'intendant. Les officiers généraux d'administration furent exclus des escadres, et on ne laissa aux agents civils que les approvisionnements et les comptes dans les arsenaux. Le corps des officiers d'administration fut supprimé, ainsi qu'il résulte de la note suivante de l'*Annuaire* de 1777 : « Les intendants de la marine, commissaires généraux, ordinaires des ports et arsenaux, contrôleurs, gardes-magasins, commissaires des classes, etc., ne seront pas portés cette année dans l'État de la marine. »

Le 6 décembre, la Compagnie écrivit encore une fois au ministre, pour lui renouveler la demande de son nouveau règlement, au projet duquel on avait fait quelques légers changements, relativement à la création récente des directeurs généraux d'arsenal, que l'Académie désirait s'attacher en qualité de membres honoraires. Ils étaient au nombre de trois. C'étaient les chefs d'escadre La Prévalaye, à Brest ; chevalier de Fabry, à Toulon et La Carry, à Rochefort ; le premier déjà académicien adjoint depuis 1774. Le secrétaire Marguerie écrivit également à Fleurieu, pour le prier d'appuyer la proposition. Nous n'avons pas vu de réponse à ces deux lettres, auxquelles il ne fut pas donné suite, attendu que les noms proposés ne figurent pas dans la liste de l'Académie de 1777.

Mouvements. — Le 19 avril, avait été mis à la retraite le capitaine de vaisseau Saint-Victoret, avec commission de chef d'escadre et 5,400 livres de pension. Cet ancien académicien ordinaire de 1752 n'avait pas été réélu, avons-nous dit, pour cause d'absence, en 1769. Il ne mourut que douze ans plus tard.

Le 29 mai, mourut à Brest, Charles-Claude de Ruis-Embito, âgé de 71 ans, intendant du port depuis 1770 et académicien honoraire. Il fut remplacé intérimairement par le commissaire général Marchais et, le 9 novembre, par l'intendant *De la Porte*, qui devint ainsi de droit académicien honoraire.

Le 27 juin, la correspondance fut accordée à *Lévêque*, le professeur d'hydrographie de Nantes, pour son *Guide du navigateur*.

Le 9 août, la Compagnie signala au ministre quatre places vacantes, dont trois d'académiciens ordinaires, savoir : le chevalier d'Oisy, par sa mort dont nous avons parlé en 1775 ; le lieutenant de vaisseau Charnières, de 1771 et le chef d'escadre Missiessy, de 1752, par leur mise à la retraite. Nous avons dit en 1775 ce que devint Charnières. Quant à Missiessy, fils d'un consul de Toulon, entré au service en 1732, chevalier de Saint-Louis vingt ans plus tard, capitaine de vaisseau en 1756, chef de brigade d'artillerie en 1762, commandant d'artillerie en 1774, il avait obtenu, le 14 mars, la permission de se retirer, pour cause de santé, avec les provisions de chef d'escadre. Enfin, le sous-commissaire Le Roy, adjoint depuis 1769, laissait également vacante, par sa retraite, une place d'adjoint. Ce Le Roy devait survivre de beaucoup à son homonyme Duval Le Roy, à peine plus âgé que lui, et à l'Académie de marine elle-même, car il ne s'éteignit qu'en 1844, âgé de cent cinq ans[1]. En 1781, il obtenait une mention honorable de l'Académie française pour l'*Éloge de Montausier* ; en 1783, il lisait à l'Académie des belles-lettres un *Mémoire sur la marine des Carthaginois* ; en 1784, autre mention pour l'*Éloge de Fontenelle*. L'Assemblée, après avoir reçu l'autorisation ministérielle, et remis la nomination aux places vacantes après le retour de l'escadre, procéda à ces élections le 3 octobre. Il y avait encore une place d'associé qui n'avait pas été remplie depuis 1770, c'était celle de Lemonnier, l'astronome de l'Académie des sciences. Enfin, la mort de Chasteloger, dont nous avons parlé en 1775, laissait au concours une seconde place d'adjoint, indépendamment de celles qui pourraient être vacantes par suite des nominations. On mit d'abord aux voix la place d'associé. Pour celle-ci, *Le Beau* (François), premier médecin de la marine depuis le 8 août de l'année précédente, fut élu. Relativement aux trois places d'ordinaires, les premières voix furent pour le médecin *Herlin*, adjoint de 1770, le capitaine de vaisseau *La Tullaye*, adjoint de 1771, et le chevalier de *Fleurieu*, ancien capitaine de vaisseau, adjoint de 1769 ; les secondes, pour les enseignes Granchain et Carry d'Asnières et pour le lieutenant de vaisseau Verdun de la Crenne, tous les trois académiciens adjoints. Comme ces trois nominations, la retraite de Le Roy et la mort de Chasteloger laissaient vacantes cinq places d'adjoints, on fit choix

---

[1] Voir l'article qui lui est consacré dans les *Annales maritimes* de 1841. Jean-Baptiste-Adrien Le Roy était né à Paris le 21 décembre 1738, et est mort le 23 février 1844. Depuis sa retraite, il vivait dans son château des Ménuls, aux environs de Montfort-l'Amaury.

d'autant de sujets pour les remplir. Les premières voix furent ainsi réparties : *Rosily*, six ; *Pierrefite de Champagny*, six ; le chevalier *d'Hercé*, cinq ; *Rochegude*, six ; *Denys de Bonnaventure*, six. Les secondes furent pour : Coëtlando, Duranti de Lironcourt, La Fonchais, Kergus et Tarade. Le chevalier de Rosily, plus tard comte de Rosily-Mesros, enseigne depuis 1770, avait accompagné Kerguelen dans son voyage aux terres australes, et s'était fait connaître à la Compagnie par son mémoire sur l'île de Timor, lu en 1773. C'est le glorieux vaincu de Cadix en 1808. Pierrefite de Champagny, qui prit plus tard le nom de Nonpère, et qui devint duc de Cadore sous l'empire, né à Roanne en 1756, était un enseigne de la promotion de l'année, qui fut fait lieutenant de vaisseau en 1780. Le chevalier d'Hercé, enseigne de la promotion de 1770, ne tarda pas à se retirer du service, car il ne figure déjà plus sur la liste de 1778. Henri, marquis de Rochegude, né à Albi en 1741, avait débuté comme garde dans la marine en 1762, et enseigne depuis 1767, avait fait la seconde campagne de Kerguelen aux terres australes. Denys de Bonnaventure, du département de Rochefort depuis 1773, allait être attaché aux constructions de ce port en 1777. Le chevalier de Coëtlando, aux mouvements de 1775, était un enseigne de la promotion de 1768. Duranti de Lironcourt, qui n'arriva pas à l'Académie en 1776, mais qui devint adjoint trois ans plus tard, en 1779, était un enseigne de 1765 et du département de Toulon. Il dut prendre peu après sa retraite, car il est marqué ancien lieutenant de vaisseau sur l'*Annuaire* de 1783. La Fonchais était enseigne du département de Brest depuis 1773. De Tarade, du même port, et qui avait donné l'année précédente un plateau électrique à la Compagnie, était lieutenant de vaisseau de la promotion de 1772, et devint capitaine de vaisseau en 1780. Quant à De Kergus, que nous n'avons pas trouvé dans l'*Annuaire* de 1777, ce pourrait bien être le chevalier Cramezel de Kerbue, lieutenant de fusiliers, enseigne du département de Brest depuis 1764. Le ministre, par sa lettre en date du 26 octobre, désigna Le Beau, Fleurieu, La Tullaye, Herlin, Rosily, Champagny, Rochegude, Hercé et Bonnaventure.

Le 5 septembre, avait été nommé correspondant *Régnier du Tillet*, commissaire des ports et arsenaux à Bastia. Nous avons donné plus haut une note sur cet administrateur.

Quelques jours plus tard, 18 octobre, la mort de Clugny à Versailles laissa vacante une place d'honoraire. Jean-Étienne-Bernard Cubles de

Clugny, chevalier, baron de Nuys, conseiller du roi en ses conseils Dijonnais, après avoir été intendant général de la marine et des colonies, était devenu, en mai 1776, contrôleur général, en remplacement de Turgot. Son administration fut bien différente de celle de son prédécesseur: Marmontel l'a qualifiée de quatre mois de pillage. Son insuffisance, dit P. Levot, *Histoire de la ville et du port de Brest*, II, 156, était si notoire que, au moment où il mourut, on s'occupait de lui chercher un successeur. Les faiseurs d'anagrammes, en joignant son nom de Nuys à celui de Clugny, avaient trouvé les mots: *indignus luce*. La Compagnie ne pourvut pas à son remplacement parce que, depuis plusieurs années, il y avait un honoraire d'excédant.

Le 21 novembre, *Groult*, procureur du roi à l'Amirauté de Cherbourg, sa ville natale, fut nommé correspondant, en attendant, lui écrivit l'Assemblée, qu'elle se l'attachât d'une façon particulière. Il avait beaucoup travaillé le droit, et l'on peut trouver des indications bibliographiques sur ses travaux dans la *France littéraire* de Quérard.

Le 24 décembre, était mort le chef d'escadre Henri-Zacharie de l'Isle Beauchesne, académicien ordinaire de 1752 et de 1769. D'une noble famille du Poitou, il était entré dans la marine comme garde en 1734, avait été fait chevalier de Saint-Louis en 1750, capitaine de vaisseau en 1757, et venait d'être promu chef d'escadre. Il ne sera pourvu à son remplacement qu'en 1777.

A la fin de l'année 1776, le nombre total des académiciens était de 78, savoir: 10 honoraires, 10 associés, 24 ordinaires, 1 vétéran, 24 adjoints, 9 correspondants.

Le 7 novembre, la Compagnie avait procédé à l'élection de ses officiers pour l'année 1777. Ce furent:

Directeur: Le Bègue, en remplacement de Petit;
Vice-directeur: Petit, en remplacement de Rosnevet;
Secrétaire: Marguerie, prorogé;
Sous-secrétaire: Duval Le Roy, prorogé.

XVII.

Année 1777.

Il y eut encore quarante-six séances en 1777. Mais déjà de toutes parts le monde tressaillait au bruit des armes. La Russie, qui avait depuis 1772 une main sur la Pologne, étendait l'autre sur la Turquie. Le fils de Marie-Thérèse, l'empereur d'Allemagne Joseph II, cherchant aussi une occasion nouvelle de s'agrandir, arrivait incognito à Paris le 18 avril, pour resserrer l'alliance franco-autrichienne. Il avait été précédé, au mois de décembre 1776, par Benjamin Franklin venant solliciter les secours de la France en faveur des treize États-Unis d'Amérique. Le grand événement du siècle avant la Révolution française, l'insurrection des *Yankees* passionnait alors tous les esprits en France. Le futur auteur du *Figaro*, Beaumarchais, qui avait déjà perdu un million à son édition de *Voltaire*, achevait de se ruiner en faisant passer des armes aux Américains ; le jeune marquis de Lafayette équipait un vaisseau à ses frais, et allait leur offrir son épée. Louis XVI, presque seul, répugnait à cette guerre, qu'il sentait instinctivement devoir être fatale à sa couronne ; néanmoins, il préparait, à toute éventualité, des armements, et un grand nombre de vaisseaux étaient mis en état ou en construction dans tous les ports, pendant que des croisières veillaient à la protection de notre commerce inquiété par les attaques de l'Angleterre. L'Académie de marine, se préparant à soutenir glorieusement une lutte imminente, demandait à Chabert, dans sa séance du 9 octobre, le journal des affaires d'Amérique.

I. Dictionnaire. — Au milieu de cette effervescence générale, le Dictionnaire fut d'abord oublié quelque peu. Effectivement, le premier semestre, il n'y eut qu'un mot de lu : ce fut, le 20 février, *arc de vaisseau* par La Prévalaye. Granchain et Montluc furent nommés commissaires, et, d'après leur rapport, le mot fut approuvé. Le 22 mai, Blondeau présenta à la Compagnie un plan de galère exécuté par son fils. La Prévalaye et Guichen, nommés commissaires pour vérifier cette copie, en ayant fait un rapport favorable, on donna à Blondeau fils trente jetons, pour encourager son talent. Le 3 juillet, l'Assemblée reçut les copies de deux cahiers de Vialis relatifs à des dessins de galère, et nomma Thévenard pour en faire l'examen. Le 7 août, sur le rapport de La Prévalaye et de Rochegude, on résolut d'adopter la nomenclature de Granchain, et d'en remplir tous les mots dans une quantité suffisante pour l'impression d'un premier volume. Il fut aussi décidé que l'on commencerait à imprimer, sans qu'aucun prétexte pût donner lieu à un nouveau délai. La Compagnie néanmoins se réservait d'accepter les mots qui, bien que non compris dans la nomenclature en question, lui seraient proposés par un de ses membres. Le 17 octobre, on lut le mot de marine... (le nom est en blanc dans le compte rendu). Le 6 novembre, Marguerie, La Prévalaye et Trédern de Lézerec furent nommés commissaires pour la rédaction des mots du Dictionnaire, rédaction à laquelle ils durent travailler sans relâche. On décida que les mots composés seraient lus en pleine assemblée, et qu'une fois acceptés, on les transcrirait tout prêts à être livrés à l'impression ; que les matériaux qui auraient servi à la rédaction seraient brûlés (ce sont au contraire ceux qui ont survécu, puisqu'il n'y a pas eu d'impression); qu'il ne serait rien changé aux mots transcrits, à moins qu'il ne fût proposé par un des membres un changement positif tout rédigé que la Compagnie adopterait. Enfin, les commissaires furent autorisés à consulter non seulement les membres de l'Académie, mais même toutes les personnes qu'ils jugeraient à propos, et les changements que tous les commissaires croiraient devoir être faits à un mot, le seraient sur-le-champ. Le 13 octobre, on lut pour l'impression les mots *abri, abreyer*, synonyme d'abriter; le 21, *allège, alisé, abattée, ampoulette, aqui, anse, adonner, à-dieu-va*; le 27, *avarie, aide, acul, abaissement, amplitude, abandonné, abandonner*. Dans cette même séance, on arrêta d'écrire au chevalier de Borda, pour le prier de faire *almanach nautique*, et même le mot *astronomie nautique*, s'il jugeait à propos que ce dernier dût entrer dans le Dictionnaire. On décida également d'écrire à Granchain, qui avait été le second de Borda sur la *Boussole*, pour le prier d'envoyer les mots d'évolution commençant par la lettre A qu'il pourrait avoir faits, et l'engager à faire les autres. Nous n'avons trouvé ni cette dernière lettre ni la réponse qu'elle demandait. Nous n'avons pas vu également la réponse du chevalier de Borda à une seconde lettre dans laquelle le secrétaire le priait de se prononcer seulement par oui ou par non, parce que l'on connaissait sa paresse à écrire des lettres. Pour terminer ce qui concerne le Dictionnaire en 1777, le 24 novembre, la Compagnie, jugeant que Pierre Ozanne, le professeur de dessin des gardes-marine, qui avait été embarqué en qualité de volontaire sur la *Boussole*, lui serait nécessaire pour le dessin des figures du Dictionnaire, demanda pour lui au ministre le droit de séance à ses assemblées, ce qui lui fut accordé par la dépêche de Sartines en date du 6 décembre.

II. Atelier de cadranerie. — D'après la lettre adressée le 23 décembre 1776 par le ministre au comte d'Orvilliers, commandant du port de Brest, la Compagnie, se considérant comme chargée de la direction de l'atelier des boussoles, sous l'autorité immédiate du directeur de l'arsenal et du commandant du port, de la même manière que les directeurs particuliers des trois détails du port étaient chargés des chantiers et ateliers de leur dépendance, nomma, dans la séance du 9 janvier, son secrétaire Marguerie directeur de l'atelier des boussoles, avec Trédern de Lézerec pour adjoint. Il fut d'abord résolu qu'on ferait exécuter une boussole par le sieur Mercier, opticien établi à Brest au commencement de 1776, et qu'on la comparerait avec celles faites dans l'atelier, pour en connaître, par le rapprochement, le plus juste prix. On décida aussi de faire l'acquisition d'une plate-forme à diviser; le même Mercier y travailla, et on lui donna en différentes fois et à titre d'acomptes, la somme de 820 livres. Le 16 janvier, on arrêta de vernisser les cercles de boussole avec du vernis anglais. Le 27, on décida d'acheter une boussole anglaise d'inclinaison, et ce fut le chevalier de Borda que l'on chargea de faire cette acquisition. Le même jour, il fut encore arrêté qu'on se procurerait un cercle d'observation de l'invention de Borda. Nous croyons qu'il s'agit ici du fameux cercle de réflexion inventé par le chevalier en 1772, exécuté l'année suivante, perfectionné en 1774 et expérimenté victorieusement dans la campagne de la *Boussole*. On en trouve la description dans l'*Encyclopédie méthodique* de Vial du Clairbois. Le 17 mars, on écrivit au ministre pour lui proposer d'attacher le sieur Mercier à l'atelier des boussoles, avec le titre d'ingénieur pour les instruments de navigation; mais nous ignorons si cette demande fut accueillie favorablement, attendu que si nous avons lu la lettre adressée à Sartines, nous n'avons pas vu la réponse ministérielle. Le 23 mai, la Compagnie demanda deux cents chapes d'agate, qui n'arrivèrent qu'en septembre. Le 19 juin, La Coudraye remplaça Trédern de Lézerec en qualité d'adjoint de Marguerie pour la direction de l'atelier des boussoles. Ce même jour, il fut décidé que Marguerie, pendant la sortie qu'il allait faire sur le *Bien-Aimé*[1], commandé par Bougainville et armé en croisière, ferait l'essai comparatif des compas danois et du compas de Magellan. Le 7 août, on arrêta de faire exécuter six compas de Magellan, dont le pivot serait de cuivre jaune et la chape en métal mixte. Le même jour, il fut décidé de mettre sous les yeux du commissaire de la marine un état de toutes les boussoles pouvant être livrées pour les armements.

---

[1] Vaisseau de 74 de la Compagnie des Indes, construit en 1756 à Lorient par Ollivier, sous la direction de Coulomb, bâtiment de charge plutôt que de guerre, mauvais voilier.

Le 11 septembre, il fut arrêté que De Langle, en l'absence de Marguerie, se chargerait de veiller à l'atelier et d'arrêter l'état des fournitures. On le pria également de disposer le lieu où devait être établi le diviseur. Enfin, le 17 décembre, comme on demandait une enveloppe de cuir pour le diviseur, Monteil, Fortin et Blondeau furent nommés commissaires pour prendre connaissance de cette enveloppe.

III. ASTRONOMIE ET NAVIGATION. — Pendant qu'on était ainsi occupé à l'Académie par la construction des boussoles, De Gaulle, le professeur d'hydrographie du Havre, envoyait à la Compagnie un *Mémoire sur la construction et l'usage d'un nouveau compas de variation*. Ce travail, lu à la séance du 10 juillet, ne fut pas transcrit sur les registres, vraisemblablement parce qu'il était destiné à l'impression; mais la Société en accusa réception à l'auteur, et nomma commissaires pour l'examiner Granchain, Blondeau et Le Bègue. D'après leur rapport, elle écrivit, le 18 juillet, à De Gaulle qu'elle pensait que son compas méritait d'être connu plus particulièrement, pour qu'on en pût porter avec pleine certitude un jugement définitif, et elle lui exprima le désir d'en avoir un modèle complet. D'un autre côté, la Compagnie écrivit au ministre, le 29 août, pour le prier de donner des ordres afin qu'on exécutât une boussole d'après le modèle proposé par De Gaulle. Sans oser garantir le succès de ce nouvel instrument, l'Académie en concevait néanmoins des espérances assez fortes pour affirmer qu'un modèle serait utile, ne fût-ce que pour donner de nouvelles idées, et en fixer d'autres relatives à l'objet en question. Sartines ayant consenti, le 26 septembre, à faire les frais du modèle de ce compas, l'auteur le fit exécuter, et un de ces instruments, remis le 13 octobre à la Compagnie, fut confié aux commissaires Blondeau et Fortin, pour que ceux-ci en rendissent compte. Leur rapport fut lu le 6 novembre. L'Assemblée écrivit en conséquence, le 12 du même mois, à l'auteur, qu'il avait été fait de son compas azimutal[1] un rapport avantageux; mais qu'elle en appelait cependant à l'expérience, sans laquelle son jugement ne pouvait être définitif, aussi saisira-t-elle la première occasion de le faire

---

[1] Bien que les expressions du rapport diffèrent quelque peu des nôtres, nous croyons néanmoins qu'il s'agit du même instrument que ci-dessus. De Gaulle a publié en 1777 : *Construction et usage d'un nouveau compas de variation à réflexion* ; en 1779, *Construction et usage d'un nouveau compas azimutal à réflexion* (pl.). Le Havre, 2 vol. in-12. Aussi bien sommes-nous étonné que l'Académie de marine ne lui ait pas accordé des lettres de correspondance.

essayer en mer par des membres de l'Académie, qui lui en feraient leur rapport. Nous perdons ici de vue cette question.

La Société s'occupa aussi beaucoup de baromètres en 1777. Le 16 janvier, elle avait autorisé l'enseigne de vaisseau Guichen, académicien adjoint, embarqué sur l'*Indiscrète*, commandant Larchantel, et destiné pour Saint-Domingue, à prendre chez Blondeau un baromètre de la façon Magny[1], pour en faire l'essai à sa première sortie, et par suite un rapport à l'Académie. Le 13 mars, elle arrêta de faire exécuter un baromètre marin à grande suspension, et chargea Blondeau de veiller à sa confection. Le 24 avril, elle décida l'achat de trois morceaux de bois de poirier des îles pour la construction de baromètres. Le 9 mai, on lut un rapport de Bougainville, La Prévalaye et Marguerie sur les baromètres marins éprouvés dans une sortie du *Bien-Aimé*, commandant Bougainville. C'étaient des instruments d'un nouveau genre, imaginés par Blondeau, pour être employés à bord des vaisseaux, malgré l'agitation de la mer. Le compte rendu, inséré dans le tome X, pages 505-507, est des plus favorables à l'auteur. En voici la phrase finale. « L'exactitude avec laquelle ces instruments nous ont indiqué les variations de l'atmosphère nous fait regarder leur usage comme très utile à la mer, et en rendant à M. Blondeau le tribut d'éloges qui lui est dû pour ses soins à cet égard, nous croyons que l'Académie doit l'engager à vouloir les continuer, pour en multiplier le nombre. » Effectivement, Blondeau ne s'en tint pas là. Dans les séances du 9 mai, du 26 juin et du 3 juillet, il lut un *Mémoire sur les baromètres*. Ce travail n'a pas été inséré dans les volumes manuscrits de la Compagnie, vraisemblablement parce que l'auteur le destinait à son *Journal de marine*, où il se trouve dans le cahier du 25 juin 1778. On y lit qu'un des baromètres Blondeau du *Bien-Aimé* ayant cassé, le 25 août, à cause des salves de la Saint-Louis, il songeait déjà à ses baromètres en fer, dont nous aurons bientôt occasion de parler.

On reprit aussi en 1777 la question d'un observatoire à établir au port de Brest. Le 6 mars, Borda, à la demande de la Compagnie, se chargea de solliciter pour elle, auprès du ministre, l'exécution de différentes mesures qu'elle avait proposées dans son règlement de 1775, surtout en ce qui concernait l'établissement d'un observatoire avec les instruments nécessaires. Le 19 juin, Duval Le Roy, Blondeau et Fortin

---

[1] Déjà, en 1775, l'Académie avait fait l'acquisition de trois baromètres de cet artiste.

furent chargés de dresser un projet d'établissement de méridienne à Brest, dans laquelle on placerait l'observatoire projeté. Malheureusement la question en resta encore là.

Indépendamment du mémoire Blondeau, d'autres travaux astronomiques furent présentés à la Compagnie. C'est ainsi que, le 1er mai, elle entendait la lecture d'un mémoire de l'abbé Rochon sur une nouvelle espèce de micromètre. Ce travail, inséré dans le tome X, pages 496-504, est intitulé : *Mémoire sur les moyens d'employer la double réfraction du cristal de roche à la mesure des petits angles, détermination du diamètre des planètes à moins d'un dixième de seconde par cette méthode, et description succincte d'un instrument destiné à donner avec exactitude la distance de la lune aux étoiles, lorsque cette distance n'excède pas vingt degrés.* Le même abbé Rochon produisit à la séance du 9 octobre un mémoire sur ses nouvelles découvertes d'optique. Comme il n'y eut pas de rapport fait sur ce travail, pas plus que sur celui du micromètre, nous ne saurions décider si c'est un ouvrage distinct du précédent. Quoi qu'il en soit, Levot, dans la *Biographie bretonne*, article *Rochon*, dit que celui-ci publia son travail sur le micromètre dans son *Voyage à Madagascar*, pages 269-288, sous le titre de *Mémoire sur la mesure des petits angles par la double réfraction du cristal de roche.* En effet, depuis 1769, l'abbé ayant reconnu que cette substance possède la propriété de la double réfraction, avait eu l'idée de l'appliquer à la mesure des angles.

Le 17 octobre, on lut un mémoire, encore de Rochon, sur un moyen de se procurer une espèce de sable métallique pour sabliers. De Langle et La Prévalaye furent nommés commissaires pour se procurer de ce sable et en faire l'essai. L'intendant De la Porte se chargea de traiter avec un commis de verrerie, auprès de Rouen, pour se procurer des ampoulettes. En reconnaissance des services rendus par l'abbé, dont les débats financiers avec la Compagnie n'avaient nullement ralenti l'activité de ses rapports scientifiques, il fut décidé d'écrire au ministre, pour le prier d'affranchir Rochon de la pension de 400 livres qu'il payait au sieur Vincent, mais sans que l'Académie perdît rien de ses fonds, ce que Sartines accorda par sa dépêche du 22 décembre.

Le 23 octobre, De Langle remit à la Compagnie une *Note sur la détermination de la variation de la boussole.* Ce petit travail, qui n'a que 3 pages, figure comprise, parut assez important à la Société pour être inséré dans le tome X, pages 508-510.

Enfin Borda, qui était parti de Brest le 20 mai de l'année précédente, y revint en février 1777. Le 27 du même mois, il rendit à l'Assemblée un compte verbal de son voyage, en attendant celui qu'il devait lui donner par écrit. On doit à cette expédition la belle carte des Canaries. Un lougre avait accompagné la *Boussole*, c'était l'*Espiègle*, commandé par l'enseigne de vaisseau Chastenet de Puységur, qui devint académicien adjoint en 1785, ordinaire deux ans plus tard. La relation de ce voyage, par Borda et Granchain, n'a pas encore été publiée. Une copie faite par Fleurieu doit exister aux archives de la marine. Borda avait exploré les côtes d'Espagne, de Portugal, les Canaries, enfin le littoral du Maroc et celui du Sénégal. L'expédition purement scientifique s'était terminée à Gorée. C'est aux Canaries, en août 1776, que Borda avait rencontré Cook parti, un mois auparavant, sur la *Resolution*, pour son troisième et dernier voyage autour du monde. Les deux savants avaient fait de concert, à Ténériffe, les observations nécessaires à la rectification de leurs montres marines, et Borda avait en outre donné à Cook les indications qui devaient lui faire retrouver la terre récemment découverte par Kerguelen.

IV. PHYSIQUE. — Une seule question fut traitée.

Le 25 novembre, le ministre avait écrit au comte d'Orvilliers, commandant de la marine au port de Brest, que l'Académie des sciences, ayant exposé au roi la nécessité de faire des observations exactes et suivies du flux et reflux de la mer dans les principaux ports de France, afin d'aider les savants dans leurs recherches pour l'avancement de la théorie de cette partie de la physique, et Sa Majesté désirant que cet objet utile fût rempli avec soin, il lui adressait quelques exemplaires des mémoires imprimés où l'Académie des sciences expliquait la manière de faire ces observations. Il le priait d'en remettre un certain nombre à l'Académie de marine, afin qu'elle concourût par ses soins à la bonté de ces observations, d'autant qu'il présumait qu'elles seraient faites par un ou plusieurs de ses membres. En conséquence de cette lettre, l'Assemblée, dans sa séance du 17 décembre, nomma Monteil, Blondeau et Fortin, à l'effet de s'occuper du choix d'un emplacement pour un observatoire de marée.

V. HYDROGRAPHIE. — Le 5 juin, on lut un *Mémoire* de l'abbé Dicquemare *sur les fonds de la mer et les cartes qui le représentent*. On se rappelle que, l'année précédente, le professeur d'hydrographie du Havre, De Gaulle, avait combattu les opinions de l'abbé, mais que celui-ci avait été défendu par l'Académie. Le travail de Dicquemare fut inséré dans le tome II des *Correspondants*, pages 21-23. — Le même jour, on lut un second mémoire de Blondeau, relatif aux rivages de la mer, particulièrement dans l'île de Noirmoutiers. Ce travail, qui n'a pas été inséré dans les volumes manuscrits de l'Académie, devait venir à l'appui de celui de Dicquemare ; car nous lisons, dans les mémoires de celui-ci, que Blondeau travaillait alors à un routier général des cartes de l'Europe. Blondeau, au surplus, parle à son tour de l'abbé, dans les cahiers de 1780 de son *Journal de marine*, sous la rubrique : « État actuel de la science du navigateur. »

Il est dit encore, dans le compte rendu des séances, à la date du 24 juillet, qu'on lut une lettre de Mannevillette, en réponse à celle sur le routier portugais, et que la Compagnie décida qu'on lui répondrait. Nous n'avons pas trouvé trace de ces lettres dans le registre de correspondance.

VI. Manœuvre. — Deux petits mémoires seulement furent présentés, l'un et l'autre du même auteur.

Le 13 mars, le sieur Desforets, argousin, présenta à la Société un cabestan de son invention, et, à la séance suivante, un modèle de machine à curer. Grenier et La Coudraye, nommés commissaires pour l'examen de ces deux machines, donnèrent leur rapport le 10 avril. Ils sont dans le tome II des *Correspondants*, pages 17-19-21. Pour le cabestan, ils déclarèrent qu'il ne pouvait pas être établi pour le service des vaisseaux, mais que l'idée en était ingénieuse, et que l'auteur, qui n'avait point eu vraisemblablement connaissance du cabestan Bernoulli, s'était rencontré avec lui pour cette invention. Quant à sa machine à curer, qui devait faire mouvoir huit cuillers à la fois au lieu de deux, elle ne présentait pas assez d'avantages pour qu'on pût en solliciter l'exécution ; mais elle confirmait les commissaires dans l'opinion avantageuse qu'ils avaient déjà conçue de son inventeur.

VII. Mathématiques. — Une seule question.

Le 12 juin, Marguerie déclara à l'Assemblée qu'il avait complétement résolu le problème des équations du cinquième degré. Le 31 juillet, en conséquence, il fit coter et parapher son mémoire, pour prendre date à partir du 22 mars 1771. Ce travail occupe la fin du tome X, pages 513-563.

VIII. Droit maritime. — Une question également.

Le 17 avril, on lut à l'Académie une lettre de Groult, procureur du roi à l'Amirauté de Cherbourg, dans laquelle l'auteur priait la Compagnie de vouloir bien s'intéresser auprès du ministre, afin qu'il lui fût fourni de la part des officiers de l'Amirauté établis dans les différents ports, tous les secours qu'ils pourraient lui communiquer pour la confection de son grand ouvrage sur le droit maritime. En conséquence de l'arrêté pris à la suite de cette lettre, l'Assemblée écrivit, le 25 avril, à Sartines, pour le prier de vouloir bien favoriser l'entreprise de son correspondant. Cet ouvrage est probablement le *Discours sur le droit maritime ancien et moderne, français et étranger, civil et militaire, et sur la manière de l'étudier*, qui parut à Cherbourg en 1786, in-8°.

Projet d'un second volume de Mémoires. — Le 31 juillet, il avait été décidé qu'on imprimerait un second volume de Mémoires, et l'on avait nommé commissaires pour l'examen des ouvrages susceptibles d'être imprimés Granchain, La Prévalaye, Montluc et Rochegude; en particulier, pour les travaux de Marguerie, les mathématiciens Blondeau et Fortin. Le 25 septembre, Granchain remit des notes écrites de sa main sur les Mémoires de l'Académie de marine de 1769 à 1776. Cette pièce nous avait d'abord échappé, parce qu'elle n'a pas été consignée sur les registres; mais nous l'avons trouvée parmi les feuilles volantes. Voici le résumé de ce rapport, d'autant plus curieux qu'il contient le jugement à distance de l'Académie sur les travaux antérieurs qui l'avaient occupée jusque-là.

Le tome Ier manuscrit, qui s'arrête au mois d'août 1769, examiné par La Prévalaye et Granchain, ne leur a paru contenir rien qui puisse être imprimé, une grande partie des mémoires qu'il renferme étant de Goimpy qui les a retirés, et les autres traitant pour la plupart de l'aviso de M. Boux, objet qui ne serait nullement intéressant aujourd'hui, disent les commissaires.

Le tome II a été examiné par Granchain et Montluc. Il contient : 1° des *Réflexions* de Courcelles *sur un mémoire du sieur Loubet*. Il y a quelques vues utiles dans ces réflexions; mais si on en retirait les objections faites au sieur Loubet et sur le projet de Le Roy, de l'établissement d'une brasserie à Brest, il ne resterait pas de quoi faire un mémoire à imprimer; 2° la *Dissertation* de Blondeau *pour procurer l'assèchement des eaux superflues*. L'auteur lui-même a demandé que ce travail fût supprimé, et on ne peut le consulter de nouveau; 3° le *Mémoire sur les étraves droites des vaisseaux*, par le comte de Roquefeuil. Si l'auteur voulait revoir son travail, peut-être pourrait-on l'imprimer.

Dans le tome III, examiné par Granchain et Montluc, l'*Examen de la force de l'homme sur le cabestan*, par le comte de Roquefeuil, est susceptible d'être imprimé, mais il faudrait qu'il passât sous les yeux yeux de l'auteur.

Le tome IV, examiné par La Prévalaye et Granchain, renferme le *Mémoire sur l'habillement du soldat*, par Herlin. Il n'y a qu'un homme de l'art qui puisse juger de la bonté de ce mémoire : il faudrait consulter l'auteur même.

Le tome V, examiné par Granchain, ne contient rien qui puisse être proposé pour l'impression. Les *Observations* de l'abbé Rochon *sur l'archipel du Nord-Est de Madagascar* paraîtraient surannées.

Le tome VI, au dire de Montluc et Granchain, ne contient absolument rien qui puisse être imprimé.

Le tome VII, examiné, comme le précédent, par Montluc et Granchain, contient le *Mémoire sur le jaugeage des navires*, par Clairain-Deslauriers. On avait jugé qu'il ne devait pas être imprimé. Les commissaires sont de cet avis ; cependant ils ajoutent qu'on pourrait le revoir.

Le tome VIII, examiné par La Prévalaye et Granchain, renferme : 1° un *Mémoire concernant l'établissement des couvertures des vaisseaux*, par Deslauriers. Ce travail ne pourrait être imprimé, comme il est, que contradictoirement. L'auteur, s'il voulait le revoir, pourrait peut-être en fondre une partie dans son travail de 1774 sur les hangars ; 2° des *Déterminations*, par Pingré. La substance de cet écrit a été publiée par Fleurieu ; 3° un *Rapport* de Baracé et de Trémergat, *sur la rentrée des vaisseaux*. Ce rapport intéressant serait peut-être bon à publier en lui donnant une autre forme, surtout à cause du déchaînement général et extrême contre la rentrée ; mais une partie de ce qu'il renferme se trouve dans le *Traité du navire*, de Bouguer.

Le tome IX, examiné par Montluc et Granchain, contient : 1° le *Mémoire sur l'utilité des phares*, par Thévenard. C'est à l'auteur à décider si son travail est assez intéressant pour qu'il en puisse désirer la publication ; 2° *Observations sur la manière de couler les canons de fer*, par le même. Il y a, sur cet objet, plusieurs mémoires imprimés, notamment un de M. de Buffon ; au surplus, on pourrait examiner de nouveau celui-ci ; 3° *Exposition des causes du prompt dépérissement des bois*, par M. de Ruis. En fondant ce mémoire avec les observations qui le suivent, on pourrait en tirer un travail utile ; 4° *Mémoire pour étendre à l'usage des secondes les logarithmes de l'abbé de La Caille*, par Bezout. Ce travail, au sujet duquel nous avons dit, à l'année 1772, qu'il n'avait pas été fait de rapport, les commissaires le jugèrent digne d'être imprimé ; mais il faudrait, ajoutaient-ils, le consentement de l'auteur.

Granchain mentionne encore dans le tome X :

1° A la date de l'année 1772, le *Précis historique des changements arrivés à la barre de Bayonne*, par Simonin ; la *Description d'une pirogue*, par Pagès ; les *Observations de longitude à bord de la Dédaigneuse, en 1772*, trois travaux comme ne pouvant être imprimés. La *Description d'une machine pour suppléer à la perte du gouvernail*, par Trémigon, pourrait être bonne à faire connaître ; mais le mémoire est trop peu étendu pour être imprimé. Quant au *Mémoire sur le calcul intégral*, par Romme, il faudrait qu'un travail sur cet objet, fait par un étranger, contînt quelque découverte très importante, pour qu'on pût l'insérer dans le recueil de l'Académie de marine. On peut donner celui-ci à examiner par des gens versés dans le calcul intégral. La Prévalaye ajouta, en note, que Marguerie lui avait dit que ce travail n'était pas dans le cas d'être imprimé, et que le rapport de Duval Le Roy ne lui était pas favorable. Romme a encore dans ce volume un autre mémoire, *Sur les causes qui font arquer les vaisseaux*. Si ce travail était d'un membre de l'Académie, Granchain conclurait à l'imprimer, comme contenant des choses utiles et bien raisonnées ; mais on doit, dit-il, être plus difficile, quand il s'agit d'un étranger, attendu que l'Académie est plus responsable des ouvrages étrangers qu'elle fait publier, que de ceux de ses propres membres. La Prévalaye fait remarquer, relativement à l'ouvrage de Romme, qu'il a passé sous silence bien des causes qui produisent l'arc des vaisseaux, et que Duval Le Roy combattait son principe de l'inégale distance des centres d'oscillation au centre de gravité, en niant que cette inégalité fût aussi forte que le prétendait Romme. Granchain rejette encore les travaux suivants : *Mémoire sur la nourriture des gens de mer*, par Auffrai, attendu que le mémoire de Courcelles, s'il est imprimé, contiendra tout ce qui se trouve dans celui-ci et avec beaucoup plus d'étendue ; la *Méthode de trouver la longitude à la mer*, tirée de l'*Almanach nautique*, qui n'est qu'une traduction ; le *Mémoire sur la nouvelle machine de commettage*, de Tirot ; enfin le *Mémoire sur le port de l'île de France et sur la route proposée* par Grenier et Kerguelen, qui ne peut pas être imprimé, dit-il, pour bien des raisons. La Prévalaye n'est pas du même avis, relativement au travail de Tirot : pourquoi ne pas l'imprimer si, après expérience, la machine est reconnue utile ?

2° Pour les travaux de l'année 1773, Granchain et la Prévalaye sont d'accord sur tous les points. Les *Expériences* faites par Verdun de la Crenne *pour connaître la quantité verticale dont les boulets descendent au-dessous du prolongement de l'âme à une distance donnée* sont assez intéressantes pour être imprimées, bien que Borda en ait publié une partie dans un mémoire qui se trouve dans le recueil de l'Académie des sciences. Il n'en est pas de même du *Mémoire sur une nouvelle voile d'étai pour mettre à la cape*, par le même. Granchain ne conteste pas le mérite de cette voile, mais cela ne l'empêche pas de conclure contre l'impression de ce travail. Le *Mémoire sur la mâture des vaisseaux*, par Briqueville, contient des choses utiles et raisonnables ; mais n'ayant que l'économie pour objet, il ne peut être imprimé dans les Mémoires de l'Académie. Même conclusion relativement au *Mémoire* de Rosily *sur l'île de Timor*.

3° Les deux commissaires s'accordent également dans leur appréciation des travaux des années 1774, 1775, 1776. Relativement à l'année 1774, le *Mémoire sur l'approvisionnement des bois et leur conservation*, par Deslauriers, peut être imprimé, ainsi que ceux de Ruis, 1771, et de Souville, 1775, sur le même sujet. Cependant il serait peut-être nécessaire d'y faire quelques corrections. Bien que le rapport ne soit pas favorable au travail de M. de Verdun *Sur le bastingage des vaisseaux*, comme ce mémoire contient de bonnes expériences sur les bastingages de toute espèce, il n'est peut-être pas indigne de l'impression. Mais on ne peut imprimer ni le *Mémoire sur les longitudes*, par le duc de Croÿ, ni les *Expériences faites à bord de la Flore*, par Verdun de la Crenne, qui ne sont pas complètes, et d'ailleurs seront insérées probablement dans la relation du voyage de ce bâtiment.

4° Les quatre mémoires signalés pour l'année 1775 sont les suivants : *Correction à faire aux latitudes déduites des observations de deux hauteurs du soleil*, par De Langle. Si l'auteur, qui va revenir, veut revoir et étendre ce travail, discuter les motifs de préférence que peut avoir sa méthode sur les autres, enfin examiner et indiquer les circonstances les plus favorables à l'observation, son mémoire pourra être imprimé ; *Rapport des commissaires nommés pour examiner si l'usage où l'on est de placer les bois de construction dans l'eau n'est* pas une des causes du prompt dépérissement des vaisseaux. Ce travail ferait un très bon mémoire sur la conservation des bois, et, avec quelques changements dans la forme, il serait bon à imprimer ; *Notes de Pezay servant de post-scriptum au mémoire de Souville sur la conservation des bois.* Bien que ce travail ne soit pas sans mérite, étant d'un étranger, il ne peut trouver place dans les Mémoires de l'Académie ; *Précis de l'accident arrivé à bord du Zéphir*, par Blondeau. C'est à l'auteur à voir s'il veut destiner cet écrit à l'impression.

5° Les commissaires ne trouvèrent rien de digne d'être imprimé, pour l'année 1776, dans les ouvrages suivants : *Observation de l'éclipse de lune du 30 juillet 1776 à Rochefort*, par Digard de Kerguette. Une observation faite avec une montre ordinaire réglée sur une méridienne ne mérite pas l'impression ; *Mémoire sur l'usage d'une glace dépolie par une de ses faces dans les secteurs de réflexion*, par Blondeau. Cette idée a été mise au jour et même exécutée en Angleterre ; *Plan de la rivière de Rochefort*, par Digard de Kerguette. Bien que le rapport de Thévenard et de Blondeau, du 19 juin 1776, ait été favorable à ce travail, Montluc et Granchain décidèrent qu'il ne pouvait pas être imprimé dans le recueil de l'Académie.

En résumé, l'Académie, plus que sévère sur le jugement de ses propres travaux, parmi plus de soixante mémoires, en admettait à peine une dizaine, à correction un même nombre, et rejetait tout le reste. Il résulta de cette rigueur excessive que le second volume de Mémoires ne parut pas.

Dons d'ouvrages. — Les principaux dons faits à l'Académie en 1777 sont les suivants :

Séance du 23 janvier : l'abbé Girault de Kéroudon, correspondant de 1775, envoie ses *Leçons analytiques du calcul des fluxions et fluentes, ou Calcul différentiel et intégral.* Paris, 1777, in-8°. Le 27 février, il envoie encore un petit *Mémoire sur les suites.* La Compagnie lui fait répondre, le 7 mars, par une lettre des plus flatteuses, signée Marguerie. Déjà précédemment, le 20 décembre 1776, celui-ci lui avait mandé qu'il était désirable que dans toutes les Universités il y eût des livres aussi bien faits que le *Traité analytique.* Dans cette nouvelle lettre, le secrétaire de la Compagnie lui mandait que l'élégante simplicité de sa méthode pour sommer une suite de sinus ou de cosinus en progression arithmétique lui donne véritablement de l'avantage sur les autres.

Séance du 13 mars : Regnier du Tillet, le correspondant de Bastia, envoie un échantillon d'herbe de teinture *Murzo di roca*, dit le compte rendu des séances. Le 5 juin, autre envoi par le même, sans plus ample désignation. Le 10 août, envoi de trois paquets contenant des mémoires et ordonnances, et annonce de vieux l.vres italiens. Le 18 septembre, envoi d'une rose en sept langues et d'un catalogue de livres.

Séance du 19 juin : envoi par le duc de Croÿ-Solre, académicien honoraire, de trois exemplaires de sa carte, qu'il a augmentée et perfectionnée. En effet, il y avait ajouté l'itinéraire du premier voyage de Cook.

Séance du 10 juillet : don, par l'abbé Dicquemare, correspondant, de la *Suite des observations sur les anémones de mer*, traduites en anglais.

Séance du 24 juillet : lettre de Chabert, en date du 14, annonçant à la Compagnie l'envoi de la *Connaissance des temps* pour 1778 et 1779, ainsi que plusieurs livres provenant du Dépôt. Cette lettre avait été provoquée par une réclamation de l'Académie, du 4, qui se plaignait du retard apporté à la distribution annuelle de cet ouvrage si précieux pour les navigateurs. En remerciant Chabert, l'Assemblée lui demanda de faire venir en temps utile la *Connaissance des temps* de 1780. — Dans cette même séance du 24, on accusa réception de deux mémoires de Servières, officier au régiment d'Orléans-Cavalerie : l'un *Sur ce que les extrêmes produisent le même effet*, in-4°, l'autre, intitulé *Observations sur le thermomètre*, in-4°, établissait la nécessité de poser cet instrument horizontalement, pour observer juste. Devenu, la même année, correspondant de l'Académie, Servières envoya encore, de Mende, le 16 novembre, une note sur l'arrimage par des caisses carrées qui, lue le 17 décembre, fut insérée au tome II des *Correspondants*, pages 33-34, sous le titre de : *Considérations sur les désavantages de l'emploi des tonneaux pour la cargaison des bâtiments et sur la nécessité de substituer des caisses quarrées*.

Séance du 7 août : lettre de l'intendant De la Porte, qui transmet à la Compagnie un livre de l'ingénieur de la marine en retraite Le Roy *Sur les travaux qui ont rapport à l'exploitation de la mâture dans les Pyrénées*, Londres et Paris, 1776, in-4°.

Séance du 28 août : lettre de Vial du Clairbois annonçant l'envoi de son ouvrage sur la construction. A en juger par la date et par les excuses de l'auteur sur un retard occasionné par un malentendu, dont il est question dans la lettre de remerciment de la Compagnie, ce ne peut être que son *Essai géométrique et pratique sur l'architecture navale*, qui est de 1776, Brest, 2 vol. in-8°. Vial du Clairbois (Honoré-Sébastien), né à Paris en 1733, était entré à l'âge de dix-sept ans dans la marine, et avait servi en qualité de volontaire et de lieutenant sur divers bâtiments de commerce. En 1754, il passa au service de l'armée de terre où il servit dans différents grades jusqu'en 1777, époque où il rentra dans la marine en qualité de sous-ingénieur. Il devint académicien adjoint en 1779, ordinaire en 1784.

Séance du 2 octobre : lettre d'Antoine Darquier, correspondant de l'Académie des sciences, demeurant à Toulouse, accompagnée d'un recueil in-4° d'*Observations astronomiques faites à Toulouse*, Avignon, 1777. « Ce recueil, dit Lalande dans sa *Bibliographie astronomique*, contient une multitude d'observations faites pendant plus de vingt ans, réduites et comparées avec les tables ; surtout beaucoup d'observations de Mercure, qui sont rares à Paris, à cause des mauvais temps. La suite a paru jusqu'en 1798. » Dès 1748, ajoute le même auteur, Darquier était connu et estimé des astronomes. Né à Toulouse en 1718, mort dans la même ville en 1802, jouissant des avantages de la fortune, il acheta des instruments, établit un observatoire dans sa maison, et ne cessa d'être utile aux astronomes. Il formait des élèves, payait des calculateurs, et lui-même se passait des secours du gouvernement.

Séance du 9 octobre : don d'un ouvrage de Le Sage, de l'Académie des sciences, remis par l'abbé Rochon. Il est intitulé : *Expériences propres à faire connaître que l'alkali volatil fluor est le remède le plus efficace dans les asphyxies*, Paris, 1777, in-8°. Dans l'*Espion anglais*, à propos de la visite de l'empereur d'Allemagne Joseph II à l'Académie royale des sciences, il est raconté comment Lavoisier asphyxia, en présence du prince, un oiseau, avec de l'air fixe (acide carbonique), et comment un autre académicien, Le Sage, le fit revenir à la vie, en lui frottant l'intérieur du bec avec quelques gouttes d'alcali volatil.

Séance du 30 octobre : le chef d'escadre comte de Breugnon, ancien commandant du port, fait présent à la Compagnie des modèles suivants : un vaisseau gréé, deux carcasses de vaisseau, deux machines à mâter, un dévidoir pour fil caret, une pirogue caraïbe avec ses avirons, une cale avec son ber et un mât d'assemblage.

Acquisitions. — Le 27 janvier, on décida d'acheter les *Tables anglaises*, pour le calcul des distances ; le 13 mars, un télescope de rencontre ; le 20 mars, un compas azimutal anglais d'occasion, au prix de

150 livres; le 10 avril, le baromètre de Rosnevet, décédé récemment. Dans cette même séance du 10, on autorisa Le Bègue, Duval Le Roy et Marguerie à faire l'acquisition de la bibliothèque de Janvry, capitaine de vaisseau [1], qui avait le dépôt des journaux de marine, et qui venait de mourir. Le 17 juillet, on décida d'acheter un *Archimède* en latin, in-folio de 1615; *Ptolemei (Claudii) Alexandrini geographicæ narrationes*, Lyon, 1541, in-folio; *Apollonii Pergæi conicorum libri 5, 6 et 7*, Florence, 1761, in-folio; *Papi Alexandrini mathematicæ collectiones*, Pisauri, 1588, in-4°; *De la Fonte des mines*, traduit de l'allemand de Christophe-André Schlutter, par Hellot, Paris, 1750, 2 vol. in-4°; *Éléments de chimie* de Boerhave, traduit du latin par Allemand, Leyde, 1752, in-8°; un *Essai* (probablement celui de Bonnet) *sur les facultés de l'âme*; l'*Art de la guerre*, par le marquis de Quincy, Paris, 1740, 2 vol. in-12, à moins que ce ne soit celui du marquis de Puységur, Paris, 1749, 2 vol. in-4°; une *Mécanique* en latin, soit celle d'Euler, soit celle de Jean Wallis. Le 14 août, on arrêta d'acheter, pour la somme de dix-huit livres, quatre volumes du *Pilote anglais*, un du *Pilote hollandais* et un volume de Bélidor, sans autre désignation. Enfin, le 30 octobre, on remboursa à Duval Le Roy la somme de trente livres pour l'achat des ouvrages suivants : le cinquième volume des Mémoires de Turin (*sic*). Nous croyons qu'il s'agit ici des *Mémoires de l'Académie de Berlin*; les *Leçons de calcul différentiel et intégral* de Cousin, Paris, 1777, 2 vol. in-8°; enfin l'*Ordre social*, par Le Trosne, Paris, 1777, 2 vol. in-8°.

Affaires intérieures de l'Académie. — La première fut l'agrandissement du local, devenu insuffisant. Le 1ᵉʳ mai, on lut une dépêche du ministre au comte d'Orvilliers, en date du 26 avril, en réponse à une lettre où celui-ci demandait qu'on agrandît la salle de l'Académie de marine, en y joignant une partie du cabinet du dépôt des journaux y attenant. Non seulement le ministre accordait la faveur demandée, mais attendu que le capitaine de vaisseau Janvry, qui tenait le dépôt, n'avait pas été remplacé après son décès, Sartines consentait à ce que les journaux fussent confiés à l'Académie, et il avait ajouté, en marge, de sa main : « Je me rappelle bien le local. » Et aussi : « Je suis bien

---

[1] Il y a trois Janvry sur l'*Annuaire* de 1777, tous trois capitaines de vaisseau et du département de Brest. Le premier, appelé Janvry l'aîné, est de la promotion de 1762; les deux autres, qui sont le chevalier de Janvry et Janvry de Verneuil, ont obtenu leur grade en 1772. Tous trois ne sont plus dans l'*Annuaire* de 1783.

aise aussi de prouver à l'Académie estime, confiance et considération. »

En conséquence de cette lettre, la Compagnie transporta l'atelier des boussoles dans la salle d'hydrographie, établit celle-ci à la place de l'atelier, enfin fit une salle des modèles de la salle des journaux, avec un retranchement pour y établir le dépôt. Tous ces arrangements furent pris afin de mettre de plain-pied tout ce qui était du ressort de l'Académie.

On s'occupa ensuite, le 19 juin, de la question de faire frapper de nouveaux jetons. La Compagnie en voulait mille, avec l'effigie de Louis XVI sur une des faces, un vaisseau sur l'autre et une nouvelle devise : *Bello ac pace nusquam ingloria*, glorieuse en paix comme en guerre. L'ancienne devise : *Per hanc prosunt omnibus artes*, vulgarisation de la science, avait paru peu convenable à l'Assemblée. En conséquence, elle écrivit au ministre, le 27 du même mois, en demandant que le roi se chargeât de la dépense. Sartines répondit, le 12 juillet, que la Compagnie ayant des fonds annuels pour ses dépenses, il n'était pas possible de proposer au roi de se charger de celle-ci. Quant à la légende proposée, il dit, fort sensément à notre avis, qu'elle ne lui paraissait pas devoir être adoptée, et que la Société pourrait en trouver une autre qui annonçât mieux l'objet de ses travaux. Ainsi déboutée, l'Académie se borna à une dépense de cinq cents jetons, et écrivit à Nicolas-Marie Ozanne, un de ses correspondants, pour le prier de les faire exécuter avec l'ancienne légende, en corrigeant toutefois le modèle du vaisseau primitif, d'après un dessin de son frère Pierre qu'elle lui envoyait. Ozanne s'acquitta de la commission, ce dont la Compagnie le fit remercier, à la première séance de rentrée en 1778. Les jetons coûtèrent 1,800 livres.

Dans la lettre dont nous venons de parler, la Société avait motivé sa demande sur le fait que ses fonds étant fort peu de chose relativement à l'emploi qu'elle en faisait pour l'utilité générale, la dépense de mille jetons les aurait absorbés pour une année entière. Le 5 novembre, elle demanda que son allocation annuelle fût portée de quatre à six mille livres, indépendamment des quatre cents livres de l'abbé Rochon, pour lesquelles elle formulait au ministre une demande particulière, datée du même jour. A l'appui de sa requête, elle invoquait : qu'elle avait économisé six cents livres au roi, en faisant supprimer, comme inutile, la place de cadranier de l'ancien atelier des boussoles ; que l'augmentation de ses frais d'écriture, depuis qu'elle était chargée de l'atelier et du dépôt des journaux, et l'obligation où elle se trouvait d'employer plusieurs pilotes payés à la journée formaient une dépense qu'on pouvait évaluer à douze cents livres ; enfin que, comme il était question, pour établir l'uniformité dans la marche des services du port, de la charger de toutes ses fournitures, elle ne pouvait suffire à toutes ces dépenses supplémentaires, sans revenir à l'ancien fonds fixe qu'avait eu l'Académie dans les premiers temps de son établissement. Par sa lettre en date du 22 décembre, Sartines accorda cette augmentation de deux mille livres, qui devait commencer au 1ᵉʳ janvier 1778, ajoutant qu'il était fort aise d'avoir pu procurer à la Compagnie ce nouveau moyen de se livrer plus facilement aux travaux utiles dont elle s'occupait. Le ministre fit plus encore : il consentit, ainsi que nous l'avons exposé plus haut au paragraphe Astronomie, à ce que l'arrangement particulier que l'abbé Rochon avait souscrit envers le sieur Vincent fût annulé, et accorda ainsi à cet académicien la totalité de ses appointements.

Événements de l'année. — Parmi les nombreux et illustres visiteurs attirés à Brest par les armements extraordinaires qui s'y exécutaient, le comte d'Artois, frère de Louis XVI, l'empereur d'Allemagne Joseph II, son beau-frère, et le comte d'Aranda, ambassadeur d'Espagne en France, visitèrent l'Académie de marine.

Le premier des trois fut annoncé à la séance du 13 mai par une lettre du comte d'Hector, major de la marine à Brest, au directeur Le Bègue. Il fut décidé que Le Bègue, Granchain et le secrétaire Marguerie se trouveraient à la salle de l'Académie pour y recevoir le prince, au cas où il s'y présenterait, et qu'on lui ferait voir la salle des modèles. Dans l'*Histoire de la ville et du port de Brest*, il est dit, II, 178, que le comte d'Artois arriva à Brest le 14 mai, à cinq heures du soir ; dans le compte rendu des séances de l'Académie, à la date du 22 mai, que le prince était venu voir la salle de l'Académie et celle des modèles le jeudi précédent. Or, comme les séances avaient lieu le jeudi même, cela nous donne la date du 15 mai, lendemain de son arrivée. Il repartit de Brest le 20 mai, après une semaine passée, principalement dans les fêtes et les plaisirs, un peu dans la visite du port et des vaisseaux. M. Duchâtellier, dans la *Revue bretonne et maritime*, a consacré un article au voyage de ce prince à Brest. Nous en extrayons la note suivante : « Dans le cours de sa visite dans le port, le 15 mai, le prince se fit expliquer le mécanisme de l'écluse de la forme ou bassin du côté de Brest, dans lequel on radoubait alors le vaisseau de 74 le *Conquérant*, ainsi que la destination des bassins. Il fut reçu à l'Académie royale de la marine par M. le comte Le Bègue, capitaine de vaisseau, directeur; M. de Marguerie, enseigne de vaisseau, secrétaire, et M. de Granchain, enseigne de vaisseau, académicien ordinaire, que l'Académie avait nommés pour recevoir le prince, au cas qu'il l'eût honorée de sa visite. M. Le Bègue le conduisit dans la salle des modèles dépendant de l'Académie, et lui donna l'explication des différentes machines et de leur usage. Après avoir accepté à dîner vers une heure, chez M. le comte d'Orvilliers, le prince visita dans l'après-midi les ateliers du côté de Recouvrance. Les magasins d'artillerie, l'atelier de charronnage et des affûts, la salle d'armes, les forges attirèrent successivement son attention, et les détails lui en furent expliqués par M. De la Tullaye, capitaine de vaisseau et directeur de l'artillerie. Le temps étant beau et la mer calme, il s'embarqua à la cale de la batterie du Fer à cheval, et alla, suivi de six canots, se promener en rade, où, pendant plus d'une heure, il louvoya autour de l'escadre commandée par M. le comte Du Chaffault. En passant par le travers de chaque vaisseau, il fut salué de la voix, et en entrant en rade, comme lorsqu'il en sortit, d'une salve complète de la batterie royale, de celle du Fer à cheval, du parc aux vivres et de toute l'escadre. Deux lougres qui en faisaient partie appareillèrent, et coururent quelques bordées en sa présence. Le spectacle auquel il assista le soir se composait de la *Métromanie* et de l'*Ami de la maison*. » Les jours suivants, autres visites. Il est dit encore, dans cette relation, que M. de Bougainville, peu populaire dans la marine en sa qualité d'*intrus*, fut le seul officier de l'armée de mer invité aux soupers du prince, qui, à part le commandant de la *Boudeuse*, le commandant de l'escadre comte Du Chaffault et le comte d'Orvilliers, commandant du port, ne parut pas faire grand cas des autres. Au contraire, il fit bon accueil aux généraux et aux colonels de la garnison. Excepté Mme d'Orvilliers, aucune femme ne mangea avec lui. Au bal de la ville, il ne dansa qu'avec des femmes de la marine. Le lendemain, il prit part à la danse bretonne des matelots sur le vaisseau de Bougainville, le *Bien-Aimé*.

Plus sérieux fut le voyage de l'empereur d'Allemagne Joseph II. Arrivé à Brest le 6 juin, sous le nom de comte de Falkenstein, il ne voulut accepter, pendant les six jours qu'il y resta, ni réceptions ni dîners ni fêtes, et se logea chez un traiteur de la ville. Il ne sortit que pour visiter l'arsenal et la rade; aussi les vit-il complétement. Chaque officier avait ordre de se tenir à son détail, pour satisfaire la curiosité du prince. Dans la relation intitulée *Brest en 1776 et 1777* de la *Revue bretonne et maritime*, il est dit que, lorsque le comte de Falkenstein alla à l'Académie de marine, on lui fit voir, comme au comte d'Artois, les machines; il en parla en homme instruit, et finit par proposer au secrétaire de la Compagnie un problème qui embarrassa fort celui-ci. Ce à quoi l'empereur ajouta qu'il ne devait pas s'en étonner, et qu'il le priait de lui en dire son avis quand il y aurait songé à loisir. Bien que la chose ne soit pas absolument impossible, nous avons néanmoins quelque raison de douter de l'authenticité de cette anecdote, d'abord parce que le secrétaire en question s'appelait Marguerie; c'est-à-dire était un des plus forts géomètres de l'Europe; ensuite parce que l'*Espion anglais*, si caustique d'ailleurs et si bien informé généralement, n'en dit pas un mot. Le fait nous paraît donc avoir été imaginé pour les besoins de la cause, ou, pour mieux dire, c'est une de ces bourdes que l'on répète invariablement en pareille circonstance, ne fût-ce que pour louer un puissant du jour, en dépréciant, par la même occasion, un homme de mérite. Ce qu'il y a de certain, c'est que la séance du 12 juin, qui avait lieu le jour même du départ de l'empereur, était précisément celle où, ainsi que nous l'avons vu, Marguerie annonçait avoir résolu complètement le problème de la résolution des équations du cinquième degré. Voici, au surplus, ce qui est dit textuellement dans le compte rendu des séances, à cette même date du 12 : « M. le comte de Falkenstein s'est présenté à la salle de l'Académie. Comme ses arrangements ne lui ont pas permis d'assister à une des séances, il a bien voulu accepter le volume des Mémoires, mais à condition qu'il serait envoyé chez lui sans cérémonie, ce qui a été fait. Le volume était doré sur tranche et relié en maroquin. »

Le 23 octobre, le comte d'Aranda, voyageant également incognito sous le nom de comte de Gavin, vint à la séance. Il lui fut aussi donné un volume des *Mémoires*.

Mouvements. — Le 21 mars, l'Académie demanda au ministre la permission de procéder à l'élection de deux académiciens ordinaires, pour remplacer Beauchesne, mort, ainsi que nous l'avons dit, le 24 décembre de l'année précédente, et le marquis de Saulx-Rosnevet, capitaine de vaisseau de la promotion de 1775, sous-directeur des constructions à Brest, adjoint de 1769, ordinaire de 1771, chevalier de Saint-Louis l'année suivante, mort dans le courant de l'année. Quant aux places d'adjoints qui allaient devenir vacantes par ces nominations, et à celle de De la Porte, devenu honoraire en devenant intendant à la place de Ruis-Embito, la Compagnie désirait différer les élections, afin d'exciter l'émulation des sujets par la perspective des places à remplir. Sartines ayant approuvé, par sa dépêche du 29 mars, les vues de l'Académie, il ne fut procédé, le 10 avril, qu'à l'élection de deux ordinaires. Pour la première de ces deux places, *Granchain*, enseigne depuis 1765, et qui allait être promu lieutenant de vaisseau, adjoint de 1771, obtint neuf premières voix sur dix ; Trédern de Lézerec, enseigne et lieutenant de vaisseau de la même promotion, adjoint la même année que Granchain, eut toutes les secondes voix. Pour la seconde place, le lieutenant de vaisseau *Verdun de la Crenne*, adjoint de 1771, eut huit premières voix contre deux ; le lieutenant de vaisseau Carry d'Asnières, adjoint de 1772, toutes les secondes voix. Granchain et Verdun de la Crenne furent désignés par le ministre.

Le 28 avril, mourut à Brest l'académicien associé Le Beau, premier médecin de la marine du 8 août 1775, associé de 1776. Il ne fut pas pourvu dans l'année à son remplacement.

Le lendemain 29, s'éteignait Verguin, ingénieur en chef à Toulon, académicien ordinaire de 1752 et de 1769. Pas plus que celui de Le Beau, ce décès ne donna lieu à un remplacement immédiat.

A la fin de mai, Duval Le Roy, frappé de nouveau, fut envoyé à Rochefort. On avait même commencé par le mettre à la retraite sans solde. Il était soupçonné de prêcher l'irréligion aux gardes-marine. Mais comme il n'avait jamais eu d'écoliers chez lui, et que les officiers de la compagnie des gardes qui assistaient à ses cours, suivant le règlement, attestaient qu'il n'avait jamais rien enseigné qui eût le rapport le plus éloigné avec la religion, on l'employa de nouveau[1]. La dernière lettre que nous ayons vue, signée de lui en sa qualité de sous-secrétaire, est du 25 avril. Lors de son départ, la Compagnie voulant lui donner un éclatant témoignage de satisfaction, prit l'arrêté suivant, dans sa séance du 22 mai : « Nous attestons que M. Duval Le Roy, professeur de mathématiques aux écoles des gardes de la marine, membre de l'Académie et

---

[1] Un journal contemporain donne à entendre qu'il s'agissait vraisemblablement d'une vengeance du curé de Lambézellec, à la messe duquel Duval Le Roy n'était pas un paroissien des plus assidus.

actuellement sous-secrétaire, a toujours rempli les fonctions d'académicien de la manière la plus honorable pour lui-même et la plus utile pour la Compagnie. Nous attestons de plus que, dans les relations que des occupations communes ont souvent établies entre lui et chacun de nous, nous avons toujours reconnu beaucoup d'honnêteté dans sa conduite et ses mœurs, et de réserve dans ses discours. Nous déclarons lui conserver notre estime et notre confiance. — En conséquence, nous avons, d'une voix unanime, en pleine assemblée arrêté le présent, pour, après avoir été signé des membres présents, être transcrit sur nos registres, et en être délivré copie à valoir que de raison. — Signé: le comte Le Bègue, le chevalier de La Coudraye, Montluc, De Flotte, Guichen, Trédern de Lézerec, Blondeau, Fortin, De Granchain, La Prévalaye, De Marguerie. »

Le 4 septembre, l'Académie donna des lettres de correspondance au baron de *Servières*, ainsi que nous l'avons dit plus haut, sous la rubrique : Dons d'ouvrages. Cet officier était membre de plusieurs sociétés savantes. La *France littéraire*, de Quérard, donne quelques indications sur ses travaux.

Comme nous l'avons dit également à l'article Dictionnaire, la Compagnie demanda et obtint pour Pierre *Ozanne*, professeur de dessin des gardes-marine, droit de séance à ses assemblées ; mais, malgré cette faveur, il ne figura pas sur les listes, où l'on ne voit que son frère aîné Nicolas-Marie.

Le 6 décembre, mourut prématurément, à l'âge de trente-six ans, le marquis de Pezay, correspondant de l'Académie depuis 1775. Alexandre-Frédéric-Jacques Masson, marquis de Pezay, né à Versailles en 1741, était fils d'un employé supérieur au ministère des finances. En sortant du collége, il était entré dans les mousquetaires, et avait fait d'abord des poésies légères, puis des études plus sérieuses. Choisi par Maurepas pour donner des leçons de tactique au Dauphin, il s'était concilié l'amitié du jeune prince, qui lui conserva sa faveur jusqu'au moment où Pezay s'étant fait des ennemis par sa forfanterie, on l'avait éloigné de la cour, avec une charge d'inspecteur général des côtes. A la suite de cette mission, dont il s'acquitta avec habileté, mais dans laquelle il avait mortifié un intendant en crédit, il fut exilé dans sa terre de Pezay, près de Blois. Il a laissé des poésies érotiques, un *Éloge de Fénelon* et l'*Histoire des campagnes de Maillebois*. 1775, 3 vol. in-4°. Il était en correspondance avec Voltaire. Enfin, nous avons à signaler, sans pouvoir indiquer d'époque précise, la mise à la retraite du chevalier d'Hercé, enseigne de la promotion de 1770, adjoint de 1776, qui ne figure plus sur l'*Annuaire* de 1777.

A la fin de 1777, le nombre total des académiciens était de 75, savoir : 10 honoraires, 9 associés, 24 ordinaires, 1 vétéran, 21 adjoints, 10 correspondants.

Le 30 octobre, la Compagnie procéda aux élections de 1778. Les officiers choisis furent :

Directeur : Monteil, en remplacement de Le Bègue ;

Vice-directeur : Le Bègue, en remplacement de Petit ;

Secrétaire : Marguerie, prorogé ;

Sous-secrétaire : Granchain, en remplacement de Duval Le Roy.

Il y avait dix votants. Le directeur eut huit voix, les trois autres officiers en eurent neuf.

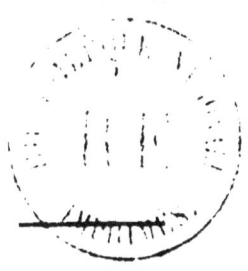

Nancy. — Imprimerie Berger-Levrault et C*.

L'ACADÉMIE ROYALE
DE MARINE
DE 1778 A 1783

PAR

ALF. DONEAUD DU PLAN
PROFESSEUR A L'ÉCOLE NAVALE

CINQUIÈME PARTIE

PARIS

BERGER-LEVRAULT ET Cie

Éditeurs de la Revue maritime et coloniale et de l'Annuaire de la Marine

5, RUE DES BEAUX-ARTS, 5

MÊME MAISON A NANCY

1881

(Extrait de la *Revue maritime et coloniale*.)

L'ACADÉMIE ROYALE

DE MARINE

DE 1778 A 1783

XVIII.

Année 1778.

En 1778, première année de la guerre de l'indépendance américaine, il n'y eut plus que vingt-sept séances : deux en janvier, autant en février, quatre en mars, deux en avril, trois en mai, une en juin, trois en juillet, une en août, une en septembre, trois en octobre, autant en novembre et deux en décembre. Le double traité d'amitié et de commerce, d'alliance éventuelle et défensive entre la France et les États-Unis, est du 6 février; il fut notifié à l'Angleterre le 13 mars. Le 19, à la demande de l'Académie, Buache, probablement le fils du géographe, envoya à celle-ci le n° 36 des affaires entre l'Angleterre et ses colonies. Par une dépêche en date du 2 avril, Sartines annonça au lieutenant-général comte d'Orvilliers, académicien honoraire, sa nomination au commandement en chef de l'armée navale de l'Océan. Ce même jour, il n'y eut rien d'arrêté à l'assemblée de l'Académie de marine, à cause du petit nombre des académiciens présents. Quelques coups de canon avaient déjà été échangés entre les navires de guerre des deux nations, dès le mois d'avril de l'année précédente. La lutte définitive fut engagée le 17 juin 1778, par le combat de la *Belle-Poule* et de l'*Arethusa*. Le chevalier de Rosily, lieutenant de vaisseau et académicien adjoint, était sorti sur le lougre le *Coureur*, en même temps que la *Licorne* et la *Belle-Poule*. Comme le commandant Belizal et moins heureux que La Clocheterie, il fut obligé, après un combat de deux heures, de se rendre au capitaine Fairfax, du cutter *Alert*. L'armée navale de Brest, forte de 30 vaisseaux, sortit de rade le 8 juillet. Le lendemain, il ne put y avoir délibération à l'Académie, par suite de l'embarquement de la plupart de ses membres. Parmi les commandants, nous remarquons : les capitaines de vaisseau La Cardonnie, sur le *Diadème*; Monteil, sur le *Conquérant*; de Briqueville, sur le *Solitaire*; sans compter le comte d'Orvilliers, qui avait son pavillon sur la *Bretagne*. Quant à Bougainville et à Chabert, ils commandaient l'un le *Guerrier*, l'autre le *Vaillant* dans l'escadre du comte d'Estaing, destinée pour l'Amérique. Marguerie était embarqué sur le *Saint-Esprit*, commandé par le duc de Chartres; Granchain était le second de Thomas d'Orves sur l'*Actif*. Le 30 juillet, trois jours après la bataille d'Ouessant, l'Académie écrivit à l'ex-lieutenant de vaisseau, chevalier Duranti-Lironcourt, chargé des affaires de la marine française en Hollande, pour le prier de lui procurer, au moment où la guerre fermait les communications avec l'Angleterre, les journaux anglais ayant le plus de rapport avec la marine, et en outre annuellement l'*Almanach royal* d'Angleterre. Le chevalier envoya deux gazettes anglaises, le *London Chronicle* et l'*Evening Post*, dont la Compagnie dut se contenter pour le moment. Au mois de juillet 1779, Lironcourt annonça à l'Académie qu'il tirait sur elle à vue une lettre de change de la somme de 169 livres 16 sols 5 deniers, pour prix de l'abonnement de ces deux journaux depuis le 1er septembre 1778. Il demandait s'il fallait renouveler l'abonnement. La Compagnie lui fit répondre qu'elle préférait, à la place de ces deux feuilles, le *General advertiser* et le *Gentleman's Magazine*, en remontant pour ce dernier au mois de janvier 1777. Il résulte de ces faits et des événements de la guerre que les travaux de l'Académie de marine souffrirent nécessairement, pendant toute l'année et les suivantes, jusqu'au rétablissement de la pacification générale.

1. DICTIONNAIRE. — Aussi bien, en fait de mémoires pour le Dictionnaire, n'y eut-il que le mot *architecture navale*, lu à la séance du 17 décembre par La Prévalaye, lieutenant de vaisseau du 16 février et académicien adjoint. Mais, le 18 juillet, le ministre avait écrit à l'Académie une lettre concernant la traduction qu'avait éditée du dictionnaire anglais de Falconer un sieur Genet, chargé du bureau des interprètes des affaires étrangères de la guerre et de la marine. Mme Roland

en parle dans ses *Mémoires*, comme ayant été envoyé en 1792 aux États-Unis. Il avait passé cinq années en Russie, était versé en diplomatie et parlait l'anglais. Il est également signalé dans l'*Espion anglais* comme ayant inventé une ingénieuse machine au moyen de laquelle il savait, jour par jour, aussi bien que le ministre, les plus légers mouvements de navires et des troupes de l'Angleterre. Elle consistait en un secrétaire divisé et subdivisé en une infinité de tiroirs classés par étages et étiquetés. Il tenait continuellement à jour son état général, en notant tous les mouvements signalés par les journaux. L'éditeur de sa traduction désirait que l'Académie de marine y mît la dernière main. L'Assemblée répondit au ministre, le 8 août, que très peu de ses membres entendaient assez parfaitement la langue anglaise pour se pouvoir charger de ce travail; que d'ailleurs Monteil et de Flotte, qu'elle aurait pu nommer, avaient déjà examiné l'ouvrage en question. La guerre laissait à la Société peu de moments à consacrer aux travaux scientifiques. Néanmoins, pour se rendre au désir du ministre, elle lirait avec attention l'ouvrage de M. Genêt, et sans se rendre responsable du fond ni de la fidélité de la traduction, elle élaguerait les mots impropres, pour y substituer les expressions techniques.

II. Astronomie et navigation. — L'Académie continua de s'occuper avec ardeur de la direction de l'atelier des boussoles. Le 5 mars, on donna à l'artiste Mercier un acompte de 200 livres pour le diviseur. Le 26, on arrêta son compte à la somme de 4,800 livres pour le travail de cet instrument avec toutes ses dépendances, savoir: une règle matrice avec son nonius ou vernier, un micromètre de division, les compas à verge et autres pour la division, ainsi que les microscopes et les loupes nécessaires, une lunette de vérification pour l'alidade, etc. Le 14 mai, on s'occupa de graduer la machine à diviser. A la séance suivante, Granchain, le sous-secrétaire, donna une méthode pour obtenir sur un instrument qu'on veut diviser l'arc de 85°20′ avec une précision plus que suffisante dans la pratique. Le 19 novembre, Mercier présenta un sextant en cuivre divisé sur la nouvelle plate-forme, et qui fut approuvé par les commissaires Blondeau et Fortin. Leur rapport, daté du 26 novembre, a été consigné dans le tom. XI, page 33. Ils demandaient seulement le changement d'un verre coloré et un accord encore plus juste du nonius avec les divisions du limbe. Pour tout le reste, l'instrument leur avait paru bien exécuté.

Il devait y avoir une éclipse de soleil le 24 juin. Le 11, Granchain demanda et obtint la permission, pour observer cette éclipse, de faire usage de plusieurs instruments appartenant à la Société. Nous doutons qu'il ait pu faire cette observation, attendu qu'il prit part à la bataille d'Ouessant. Le fait n'est pourtant pas impossible, bien qu'à vrai dire, nous n'ayons rien trouvé à ce sujet dans les comptes rendus de l'Académie. Cette éclipse fut observée en mer sur l'*Espagne*, vaisseau amiral de la flotte des Indes, par Antonio de Ulloa, chef d'escadre commandant de la flotte. L'astronome français Darquier fit une traduction de cette observation qui a été insérée dans le *Journal de physique* d'avril 1780. « On y trouve, dit Lalande (*Bibliographie astronomique*), l'observation singulière d'un point lumineux que l'auteur considérait comme un véritable trou dans la lune. Suivant mon calcul, il serait à quinze lieues de distance de sa surface et aurait cent neuf lieues de longueur ; mais on ne peut le regarder que comme un volcan. »

Le 12 février, on lut un mémoire de Mannevillette contre le compas azimutal de De Gaulle. L'Assemblée lui répondit, le 20 mars, qu'elle se réservait de prononcer entre le compas de De Gaulle et le sien, lorsqu'on en aurait fait usage en mer, et que les commissaires nommés pour suivre l'épreuve lui en auraient rendu compte. Pour le présent, elle s'en tenait au rapport déjà fait sur le compas De Gaulle, mais en le supposant bien construit et sans s'arrêter aux défauts qui ne résultent que d'une mauvaise exécution.

Le 11 juin, Blondeau, qui ne perdait pas de vue l'invention de baromètres marins à l'épreuve du canon, communiqua verbalement à la Compagnie une manière de les exécuter. Le 24 décembre il lut un *Mémoire sur un baromètre marin en fer*. L'Académie ne l'a point fait copier sur ses registres ; mais on en trouve une description très détaillée dans le *Dictionnaire encyclopédique*, partie *Marine*. L'index était une aiguille reposant sur un flotteur, et les indications ayant lieu en sens contraire, c'est-à-dire dans la branche la plus courte du siphon, la graduation était numérotée à rebours. Granchain, Montluc et Marguerie furent nommés commissaires pour l'examen du mémoire de Blondeau. Leur rapport, lu le 7 janvier 1779, est dans le tome XI, pages 34-38. Ils concluent que l'auteur a véritablement rendu service à la navigation par un instrument qui ne peut manquer d'être utile à la mer.

Le 30 juillet, on lut le rapport Bory et Bezout sur le voyage de Verdun de la Crenne, Borda et Pingré, pour vérifier l'utilité de plusieurs instruments servant à déterminer la latitude et la longitude sur mer, voyage dont nous avons parlé en 1771 et 1773. Ce rapport se trouve dans le tome XI, pages 12-32. C'est une analyse détaillée et des plus consciencieuses.

III. HYDROGRAPHIE. — Le 29 octobre, La Coudraye, académicien ordinaire, suivant les prescriptions de l'arrêté de l'Académie du 12 janvier 1775, lut un extrait du journal de la campagne qu'il venait de faire aux Iles du Vent, avec les frégates la *Tourterelle* et l'*Amphitrite*. Nous n'avons pas retrouvé ce document, qui ne fut pas consigné sur les registres de la Société.

Le 5 novembre, La Prévalaye, adjoint, lut un extrait du journal de la campagne qu'il avait faite, au commencement de l'année, sur la frégate la *Nymphe*, aux côtes de l'Amérique septentrionale. Ce travail intitulé *Mémoire sur la campagne de Boston*, est dans le tome XI, pages 123-150. Il renferme des détails encore aujourd'hui fort intéressants sur l'Union américaine, mais qui devaient le paraître davantage, quand on songe à l'époque où ils furent donnés. Bientôt après, fin décembre, La Prévalaye repartit sur l'*Orient*, commandé par Thomas d'Orves, qui avait mission de relever le capitaine Tronjoly dans l'Inde.

IV. INSTALLATION DES VAISSEAUX. — En fait d'installation des bâtiments, nous avons à signaler en 1778 deux mémoires du chevalier de Tromelin, capitaine de vaisseau depuis 1777 et adjoint de 1769, composés à l'île de France et envoyés à la Compagnie par l'abbé Rochon. Le premier, lu à la séance du 12 février et inséré au tome XI, pages 1-7, est intitulé : *Sur un moyen de pourvoir aux inconvénients des voies d'eau des vaisseaux*. Pour empêcher que le bâtiment pût jamais être submergé, quelle que fût la voie d'eau, l'auteur proposait de le diviser, dans le sens de sa longueur, en quatre, cinq ou six cloisons isolées les unes des autres. A la fin du mémoire est un croquis de la coupe verticale d'un vaisseau, pour servir à l'intelligence de la méthode. Le second travail, lu le même jour et inséré à la suite du précédent, pages 8-12, a pour titre : *Mémoire sur l'utilité et l'avantage de la découverte de M. Frichot, pour préserver la carène des vaisseaux de la piqûre des vers, par l'application d'un mastic ou galgale de sa composition*. Ce Frichot était un habitant de l'île de France, c'est tout ce que nous en savons. L'Académie répondit, le 9 février, à Rochon, tout en le priant de faire part de ses remerciements au chevalier de Tromelin, qu'il était de toute évidence qu'on ne pouvait se prononcer sur la galgale en question que d'après l'expérience ; qu'en conséquence, le chevalier était instamment prié de lui en faire connaître les résultats ainsi que la composition, en cas de succès, si l'auteur le permettait. Quant au premier mémoire, il y avait déjà quelque temps qu'une pareille pièce anonyme avait été soumise au jugement de l'Académie et à celui du conseil de marine, et l'avis unanime avait été que ce moyen était impraticable, à cause surtout du calfatage. D'un autre côté, le conseil de marine demanda à Verdun de la Crenne son opinion sur une autre composition ou mastic, le couroi d'un sieur Brod. Le commandant de la *Renommée* répondit de Brest, par une lettre en date du 28 juillet, qu'il ne pouvait se prononcer sur la bonne ou mauvaise qualité de ce couroi. Voir dans l'*Encyclopédie méthodique*, partie *Marine*, les articles *galgale*, signé Blondeau, et *couroi*, sans signature.

V. Hygiène navale.. — La propreté des navires laissait encore à cette époque beaucoup à désirer. Le 15 janvier, on lut, à l'Académie, une lettre d'un sieur Gautier relative à la fumigation des vaisseaux : 1° par la chaux employée à froid pour tuer les insectes ; 2° par le soufre, pour renouveler l'air ; 3° par le benjoin, pour corriger les effets pernicieux de la chaux et du soufre. A cette lettre était jointe une note intitulée : *Manière d'éteindre la chaux*. L'auteur priait la Compagnie d'examiner les qualités de sa composition. L'Assemblée fit copier la lettre et la note dans le tome II des *Correspondants*, pages 34-35 ; mais elle remit à la première séance compétente (*sic*), pour se prononcer sur ce mode de fumigation. Nous n'avons pas vu quelle suite fut donnée à cette question, si importante néanmoins, puisque l'année suivante, dans sa croisière, Orvilliers perdit sans combat jusqu'à 5,000 hommes.

Dons d'ouvrages et achats. — Regnier du Tillet, le correspondant de Bastia, continuait d'enrichir par ses envois la bibliothèque de l'Académie. Le 12 janvier, celle-ci le remercia de deux ouvrages : *l'Arte del navegar da dottor Pietro da Medina*, in-4° petit format imprimé à Venise en 1554, et les *Statuts de Bonifacio en Corse*, 1625 ; petit in-folio. Le 6 mars, elle lui accusait réception de trois volumes concernant la législation de Gênes et de la Sardaigne, en lui mandant que, bien que cette matière fût un peu éloignée des objets dont elle s'occupait, elle ne lui en était pas moins reconnaissante.

A la date du 26 janvier, le compte rendu des séances signale vaguement divers ouvrages envoyés par Chabert.

Le 10 avril, Le Rouge, ingénieur géographe du roi, mande à la Compagnie qu'il lui envoie un exemplaire des cartes anglaises de l'Océan par Sayer et Benett, qu'il vient de faire copier, et promet la suite. L'Académie le remercia par une lettre en date du 4 mai.

Par une autre lettre, en date du 5 août, la Société remercia Bezout de l'envoi des instruments suivants : trois lunettes, une boussole d'inclinaison et cinq cercles de réflexion ; mais nous croyons qu'il s'agit plutôt ici d'un achat que d'un présent offert à la Compagnie.

Les autres achats effectués sont les suivants : 26 février, on arrête d'envoyer à Ozanne (Nicolas-Marie), correspondant de l'Académie, la somme de 1,800 livres, en paiement de 500 jetons commandés au mois d'août précédent ; 13 mars, acquisition de l'*Histoire de l'hôtel royal des Invalides*, par Granet (Paris, 1736, in-folio), pour la somme de 24 livres ; 26 mars, on remet au sous-secrétaire Granchain la somme de 800 livres, pour les instruments que le chevalier de Borda a fait faire en Angleterre pour le compte de l'Académie, parmi lesquels une boussole d'inclinaison et un cercle de réflexion. Le 19 novembre, on paya, pour restant de compte de ces instruments, la somme de 101 livres 6 sols ; le 30 avril, on arrêta de souscrire pour le *Dictionnaire historique et géographique de Bretagne*, par Ogée, dont le premier volume venait de paraître chez Vatar, à Rennes. Le quatrième et dernier est de 1780 ; 15 octobre, acquisition du premier volume des *Mémoires de l'Académie des sciences*, en latin, qui manquait à l'Académie de marine.

Publication des premiers cahiers du Journal de marine. — Le 14 juillet, parut le premier cahier du *Journal de marine, ou Bibliothèque raisonnée de la science du navigateur*, par Blondeau, sous les auspices du duc de Chartres, auquel l'ouvrage était dédié, avec la devise : *Colligit, spargit ; lucet, viget*. Il en fut publié successivement jusqu'à quinze numéros de 36 pages in-4°, qui mènent l'existence de ce journal jusqu'à la fin de l'année 1783. La bibliothèque du port de Brest n'en possède qu'un exemplaire fort incomplet, puisqu'il ne comprend que les quatre premiers cahiers, deux pour 1778, deux pour 1780. Cet ouvrage, dit Lalande dans son *Abrégé de navigation*, contient beaucoup de mémoires intéressants pour la marine. Dans les cinq cent quarante pages qui parurent, on voit des articles sur la conservation des blés et des farines qu'on transporte par mer ; sur les maladies des gens de mer ; sur l'eau douce des vaisseaux ; sur la salure de l'eau de mer; sur les baromètres marins et leur grande utilité sur les navires; sur les ventilateurs, les aiguilles aimantées et autres instruments utiles à la marine; sur les journaux de voyage, où se trouvent des faits particuliers dignes d'être conservés et qui auraient été perdus pour l'instruction publique; sur des traits de bravoure, des naufrages, des observations de marine et de physique; sur des expériences, comme le singulier moyen de calmer les flots de la mer avec de l'huile, dont nous avons parlé en 1776. On y relève l'état actuel de la science du navigateur dans toute son étendue, avec des développements; l'histoire des lois maritimes anciennes et modernes; les ordonnances de la marine et les traités de commerce; beaucoup de matériaux pour la géographie, pour les ports de France et pour un routier des côtes de France, même des côtes d'Europe, que Blondeau espérait pouvoir publier et auquel il travaillait depuis 1772; des sondes, des mouillages, des circonstances importantes pour la navigation. On y remarque un mémoire sur la rade de Cherbourg; des articles sur le bassin construit à Toulon par Groignard; sur les accidents causés par la foudre dans les vaisseaux; l'éloge de Mannevillette et des remarques sur ses ouvrages; l'histoire du royaume de Ponthiamas dans le golfe de Siam, fondé par un Chinois; enfin des extraits étendus de livres utiles à la marine, et des annonces de cartes ainsi que d'autres objets relatifs à la navigation. Malheureusement, ajoute Lalande, la marine ne fournissait pas alors assez de personnes instruites et curieuses pour que le journal pût se soutenir. L'*Espion anglais* le juge bien moins favorablement : « Il était assez mal tourné, assez mal écrit : le plan m'en a paru peu net, et l'utilité médiocre, puisque chaque cahier ne devait paraître que par trimestre; mais il aurait pu s'étendre et se perfectionner. » Après avoir lu attentivement plusieurs articles de ce journal et tout en reconnaissant la justesse de plusieurs des critiques de Mairobert, nous pensons, comme Lalande, que la feuille de Blondeau exerça une influence salutaire.

Mouvements. — Il y eut peu de mouvements en 1778.

Le 15 janvier, la Compagnie accorda une lettre de correspondance à François-René-Jean, baron de *Pommereul*, officier au corps royal d'artillerie, pour un mémoire dont le registre des comptes rendus ne donne pas le titre et qui ne fut pas transcrit dans les volumes de mémoires. C'est peut-être le manuscrit de son *Histoire de l'île de Corse*, qui fut publiée, en 1779. A cette même séance est indiqué un mémoire d'un sieur Le Roi de Paulin, que nous ne savons où classer, n'en connaissant pas le titre et ignorant ce qu'a été son auteur.

Le 18 février 1778, mourut à Paris l'abbé Terray, emportant dans la tombe la haine des familles que ses opérations avaient ruinées et le mépris qu'inspirait le scandale de ses mœurs. Nous ne le mentionnons que parce qu'il avait été ministre intérimaire de la marine pendant les premiers mois de l'année 1771.

En février ou mars, mourut à Brest le capitaine de vaisseau La Tullaye, adjoint de 1771, ordinaire en 1776, que nous croyons être le même que celui qui avait fait partie de l'ancienne Académie. Entré dans la marine comme garde en 1738, il devint chevalier de Saint-Louis en 1752, capitaine de vaisseau dix ans plus tard, directeur d'artillerie à Brest en 1776. Embarqué en 1747 sur le *Fougueux*, il avait été fait prisonnier au combat de Létanduère. En 1759, il s'était trouvé sur le *Minotaure* à l'affaire du 10 septembre engagée par le comte d'Aché. Il ne fut pas pourvu immédiatement à son remplacement à l'Académie.

De même, on ne remplaça pas tout d'abord deux académiciens adjoints, qui vers la même époque se retirèrent du service. Le premier est l'enseigne de vaisseau chevalier de Hercé, adjoint de 1776, dont le nom figure encore sur l'*Annuaire* de 1777, mais n'est pas marqué néanmoins sur la liste des académiciens de ce même recueil, bien que sur les listes manuscrites il soit porté jusqu'en 1778. Le second est le lieutenant de vaisseau Trouillet de Bléré, adjoint de 1769. Il était enseigne depuis 1764, lorsqu'il fut fait chevalier de Saint-Louis en 1775, après dix-neuf ans de services, pour une blessure grave qui lui fit vraisemblablement prendre sa retraite en 1778.

A la fin de l'année, le nombre total des académiciens était de 74, savoir: 10 honoraires, 9 associés, 23 ordinaires, 1 vétéran, 20 adjoints, 11 correspondants.

Le 12 novembre, l'Assemblée procéda à l'élection des officiers pour 1779. Ce furent:

Directeur: Petit, en remplacement de Monteil. Il eut cinq voix contre deux donnés à Le Bègue;

Vice-directeur: Verdun de la Crenne, en remplacement de Le Bègue. Il obtint quatre voix. Herlin, De Langle et Le Bègue en eurent une chacun;

Secrétaire: Marguerie, prorogé à l'unanimité;

Sous-secrétaire : La Coudraye, en remplacement de Granchain. Il eut cinq voix. Blondeau et Fortin en obtinrent chacun une.

XIX.

Année 1779.

Il y eut en 1779 trente-sept séances, c'est-à-dire dix de plus que l'année précédente. La seule interruption est du 8 juillet au 16 septembre, dans l'intervalle de laquelle on ne constate qu'une seule assemblée, celle du 29 juillet, et qui coïncide avec la tentative de descente de la flotte franco-espagnole aux ordres du lieutenant-général comte d'Orvilliers. Celle-ci en effet mit à la voile le 3 juin, pour ne rentrer à Brest que le 14 septembre. Parmi les commandants de vaisseau qui en faisaient partie, nous ne remarquons, dans l'Académie de marine, indépendamment du commandant en chef, que le chevalier de Monteil, chef d'escadre, commandant du *Conquérant* ; mais nous savons encore que le lieutenant de vaisseau Grenier s'illustra au mois de janvier, dans le commandement de la *Boudeuse*, par la capture de la corvette anglaise *Veazle* ; que Granchain embarqua sur le *Saint-Esprit* commandé par le chevalier de Médines, capitaine de pavillon du chef d'escadre chevalier d'Arzac de Ternay ; que La Coudraye et Trédern de Lézerec furent embarqués sur la *Bretagne*, bâtiment amiral. Dans le compte rendu des séances, il est dit, à la date du 8 juillet, que le baron d'Arros d'Argelos, académicien ordinaire, fera les fonctions de secrétaire, sans même communiquer à la Compagnie plusieurs lettres dont il a été chargé, vu l'impossibilité de s'assembler régulièrement dans les circonstances actuelles, et en effet, ainsi qu'on peut s'en assurer par le plumitif, La Coudraye ne reprit ses fonctions de sous-secrétaire que le 16 septembre.

I. Dictionnaire. — Dans ces circonstances, le Dictionnaire fut totalement laissé de côté. L'Académie ne put même pas s'occuper de l'examen de la traduction du dictionnaire anglais de Falconer, qu'elle avait promis au ministre l'année précédente, et que celui-ci redemanda par sa dépêche du 19 juin. Suivant l'ordre de Sartines, la Compagnie remit à l'auteur l'original et la traduction du livre que les circonstances ne lui avaient pas permis d'examiner. Un seul détail nous a intrigué quelque peu. Dans la seconde dépêche ministérielle, comme dans la réponse de l'Académie, l'auteur de la traduction, que nous connaissions sous le nom de Genêt, est devenu le sieur Girard. Serait-ce une inadvertance tout au moins singulière relativement au nom de cet homme, que l'*Espion anglais* représente du reste comme si absolument négligé par le ministère, qu'il était obligé de faire venir à ses dépens presque tous les journaux dont il avait besoin, pour composer son état de la marine, dont nous avons parlé l'année précédente? Nous ne le pensons pas, et néanmoins nous ne savons comment nous expliquer ce changement de nom, à moins de supposer que le sieur Girard travaillait sous la direction dudit sieur Genêt.

II. Atelier des boussoles. — Pour le même motif que ci-dessus, la Compagnie se chargea, le 28 janvier, d'exposer au professeur d'hydrographie du Havre, De Gaulle, la nécessité où elle se trouvait de différer encore jusqu'à de nouvelles expériences, pour faire le rapport au sujet de son compas de réflexion.

Mais l'Académie continuait à s'occuper de l'atelier des boussoles. C'est ainsi que, le 7 janvier, on nomma, pour examiner un sextant de La Coudraye divisé par le sieur Mercier, Blondeau et Fortin en qualité de commissaires. Ceux-ci firent leur rapport le 28, et ce jugement a été inséré dans le tome XI, pages 38-39. La division exécutée par Mercier fut jugée supérieure à celle qu'il avait faite précédemment. Le 6 mai, Mercier présenta un nouveau sextant exécuté par lui sur le diviseur de la Compagnie. Les mêmes commissaires furent chargés de l'examiner; mais le 20 mai, ils déclarèrent qu'ils n'avaient pu remplir leur commission, le sieur Mercier ayant retiré de leurs mains ledit sextant. Le 8 juillet, Mercier en présenta un autre, en remplacement de celui qu'il avait cédé. Le Bègue et Blondeau, nommés commissaires, l'approuvèrent par un rapport daté du 21 juillet, et qui est dans le tome XI, page 62. Aussi fut-il décidé qu'il pourrait toucher le premier quartier des appointements de 1,200 livres que le roi lui payait, à la condition d'entretenir tous les instruments appartenant à l'Académie, ce qui signifiait que si celle-ci en faisait construire de neufs, elle serait dans l'obligation de les lui payer. Dans cette même séance du 8 juillet, la Compagnie décida d'écrire à Fleurieu en lui envoyant des modèles de roses de boussole, pour le prier de vouloir bien faire graver au Dépôt deux planches plus convenables que celles dont on se servait au port de Brest. Fleurieu répondit à cette lettre en offrant de faire tirer à

Paris les roses, ce dont l'Assemblée le remercia par une lettre en date du 2 août.

On s'occupa aussi des baromètres marins de Blondeau. Il avait été proposé de faire l'acquisition de quelques canons de fusil, pour en faire des tubes de baromètres ; mais à la séance du 11 février, on les trouva de trop grande dimension. Néanmoins, comme on les avait payés, à raison de 24 livres pour l'un, 15 pour chacun des deux autres, on les donna à Blondeau, le 8 juillet, pour faire exécuter par le sieur Mercier deux baromètres, au prix de 120 livres chacun. Sur ces entrefaites, 15 décembre, le ministre écrivit à l'Académie, pour que celle-ci lui fît connaître quels étaient les baromètres nautiques les plus commodes à la mer. Il se rappelait que Blondeau en avait imaginé un construit en fer, qui avait paru réunir toutes les qualités d'un bon baromètre en verre, sans en avoir les inconvénients. Si cet instrument, porté au point de perfection dont il avait été jugé susceptible, méritait la préférence sur les autres, le ministre donnerait des ordres pour qu'il en fût fait usage. L'Assemblée, dans sa séance du 23 décembre, arrêta une lettre par laquelle elle mandait au ministre que c'étaient effectivement les baromètres marins exécutés à Brest sous les yeux de Blondeau et à suspension Cardan qui réunissaient toutes les qualités convenables à la mer, et qu'il serait à souhaiter que l'usage en fût multiplié et peut-être même rendu général sur les vaisseaux[1]. Quant au baromètre en fer, dont l'idée était due au même auteur, on observait en ce moment sa marche à terre, et il répondait très-bien à l'idée qu'on s'en promettait ; mais comme il n'y en avait encore qu'un d'exécuté et qu'il n'avait pas été expérimenté à la mer, la Compagnie attendait de voir vérifiées par l'expérience les bonnes qualités qu'elle pensait d'avance que réunirait ce genre de baromètre, qualités parmi lesquelles était celle de ne pouvoir être rompu par la commotion des coups de canon, comme il arrivait trop fréquemment aux baromètres de verre. Elle ne pouvait donc pas encore se prononcer ; mais aussitôt qu'elle serait à même de rendre un jugement, elle s'empresserait d'en rendre compte au ministre. Le 23 décembre, l'Académie autorisa La Coudraye, son secrétaire, à écrire à Sartines, pour le prier de presser à la manufacture de Tulle la fabrication des tubes de fer qu'elle lui

---

[1] Voir une description de ce baromètre nautique par Blondeau, dans le *Dictionnaire encyclopédique*, partie MARINE, I, pages 100-104. Elle précède immédiatement celle du baromètre en fer du même auteur.

avait demandés. Le ministre répondit, le 8 janvier 1780, qu'il avait écrit à ce sujet au lieutenant de vaisseau Fougeroux de Secval, académicien adjoint, attaché à l'artillerie et employé dans les forges de la marine ; mais qu'attendu que le mérite de la découverte de M. Blondeau ne pouvait être constaté qu'après que son baromètre aurait été éprouvé à la mer, il autorisait, en attendant, le comte de Guichen, lieutenant-général des armées navales et commandant du port de Brest, à faire exécuter des baromètres marins ordinaires à l'atelier des boussoles. La conduite de ces ouvrages serait confiée à Blondeau, sous l'inspection de l'Académie de marine.

Le 18 février, la Compagnie avait arrêté de demander au commandant de la marine, qui était alors l'intérimaire marquis de La Prévalaye, chef d'escadre, des ampoulettes nécessaires aux horloges de mer. Le 8 juillet, en même temps qu'elle chargeait l'intendant De la Porte de demander au ministre trois cents chapes d'agate pour les boussoles, celui-ci écrivait à M. de la Granville à Lorient pour avoir du sable à sablier, et en demandait également à Laval. De son côté, l'Assemblée décidait l'achat de quatre verrines de verre blanc, avec deux suspensions, et elle en donnait une à l'intendant, pour le prier d'en faire venir de Rouen de semblables. Le 9 décembre, elle chargeait Blondeau d'écrire à Rouen, pour faire venir un cent d'ampoulettes d'une seule pièce, conformes à celles que le professeur d'hydrographie Dulague avait fait parvenir de cette manufacture, et en même temps, elle lui recommandait d'écrire à Dunkerque, pour s'informer des moyens d'avoir par la suite des ampoulettes également d'une seule pièce, mais d'un verre plus blanc. Enfin, le lieutenant de vaisseau La Prévalaye, académicien ordinaire et fils du chef d'escadre, était chargé d'écrire à l'abbé Rochon, relativement à un sable de cuivre propre aux horloges de mer.

Le 5 février, Blondeau avait demandé qu'il lui fût permis de faire transporter au jardin de l'intendance quelques instruments de l'Académie, pour observer la déclinaison de l'aiguille aimantée, priant en même temps qu'il fût nommé par la Compagnie des commissaires pour concourir à ses opérations. La première partie de sa demande lui fut accordée ; mais on différa la nomination des commissaires jusqu'à l'époque des expériences.

II. Manœuvre et installation des vaisseaux. — Nous avons dit, l'année précédente, que la Société avait fait demander au sieur Frichot, de l'Ile de France, la composition de son mastic propre à l'usage des vaisseaux. Le 15 avril, il fut fait lecture d'une lettre du chevalier de Tromelin, datée de Port-Louis, 10 avril 1778, et accompagnant deux procès-verbaux relatifs à la composition du couroi appelé par son inventeur galgale. L'Académie fit insérer ces rapports dans le tome XI, pages 40-43. Le premier est daté du 16 août 1777 ; le second, qui, entre autres signatures, porte celle de Tromelin, est du 3 avril 1778. L'un et l'autre constatent que ce mastic est excellent.

Il fut décidé, le 8 juillet, que l'on s'occuperait le plus tôt possible de faire les modèles des apparaux dont le baron d'Arros d'Argelos, académicien ordinaire, s'était servi ci-devant pour les opérations dont il avait été chargé, celui-ci ayant bien voulu communiquer les originaux à l'Académie. Ici nous avons copié à peu près textuellement le compte rendu ; mais comme il ne donne pas d'autres détails, il en résulte que nous ignorons ce dont il s'agit.

Le 10 septembre, le ministre écrivit à la Compagnie, pour la prier de faire l'examen d'un *Mémoire* du sieur Jacob-Rodrigues Péreire[1], savant philologue, membre de la Société royale de Londres et le premier instituteur des sourds-muets en France, *relativement à la possibilité de procurer en plein calme aux plus gros vaisseaux un sillage continuel d'une demi-lieue marine par heure*. Le moyen proposé par l'auteur avait mérité l'approbation de l'Académie des sciences en 1753, mais, depuis cette époque, il avait donné un supplément, que les commissaires nommés par cette Compagnie avaient jugé devoir être imprimé. Le ministre désirait que l'Académie de marine s'occupât de ce sujet intéressant. Mais comme les pièces jointes au mémoire du sieur Péreire ne paraissaient pas à Sartines suffisantes pour déterminer l'opinion de l'Académie de marine, il autorisait celle-ci à demander à l'auteur son ouvrage et même son modèle, si elle le jugeait nécessaire. La Compagnie répondit au ministre, le 24 septembre, en le priant de donner des ordres au sieur Péreire pour lui faire parvenir un rapport plus détaillé, sans lequel elle ne pouvait effectivement porter aucun jugement. Si ce second mémoire n'était pas assez instructif, l'Assemblée demanderait le modèle. En même temps, elle profita de l'occasion pour rappeler à Sartines que Bouguer, dans son excellent *Traité du*

---

[1] Aïeul des deux financiers du même nom, Émile et Isaac, morts en 1875 et 1880. M. Eug. Péreire, fils d'Isaac, prépare une biographie de son bisaïeul, mort à Paris le 15 septembre 1780, à l'âge de 65 ans. C'est Daniel Bernouilli qui avait remporté le prix en 1753 ; Péreire n'obtint que l'accessit.

navire, imprimé en 1746, avait donné de très bons moyens qui semblaient remplir les vues proposées par Péreire, ce qui ne l'empêcherait pas néanmoins d'examiner avec attention cet ouvrage. Le ministre répondit, par une lettre datée de Versailles, le 1ᵉʳ octobre, qu'il avait mandé au sieur Péreire de faire passer à la Compagnie les éclaircissements nécessaires pour la mettre à portée de se prononcer sur son projet. Effectivement, Péreire écrivit de son côté, le 8 du même mois, qu'il ferait parvenir à l'Académie un mémoire instructif. L'affaire en resta là, du moins sur le registre des comptes rendus, et nous n'avons pas trouvé le susdit mémoire dans les volumes des correspondants de l'Académie.

Le 14 octobre, le capitaine de vaisseau Verdun de la Crenne, académicien ordinaire, lut un *Projet sur les signaux de nuit et de brume*, avec un tableau y relatif. Granchain, Guichen et La Coudraye furent nommés commissaires pour faire l'examen de ce mémoire, qui est dans le tome XI, pages 50-60 ; mais nous n'avons pas vu leur rapport. L'auteur avait eu depuis longtemps l'idée de ce travail. Lorsqu'en 1773, le chevalier Du Cheyron du Pavillon, qui mourut si glorieusement à la bataille de la Dominique, avait proposé ses signaux au conseil de marine[1], Verdun de la Crenne avait combattu sur plusieurs points ses idées, que le chevalier modifia depuis, en collaboration avec Verdun, dans l'ouvrage intitulé *Mémoire sur la tactique navale*. Le système de Verdun de la Crenne consistait à joindre à l'expression d'un signal par le feu la confirmation de ce même signal par le canon, de manière à éviter par là toute chance d'erreur, et à rendre les signaux de nuit presque aussi faciles à entendre que ceux du jour. En outre et toujours dans le même but d'éviter toute méprise, le même nombre de coups de canon tirés de la même manière servait pour les signaux de brume et de nuit.

Le 25 novembre, le comte de Roquefeuil, lieutenant-général des armées navales, le réorganisateur de l'Académie, académicien honoraire, qui depuis assez longtemps n'avait rien donné à la Compagnie, se trouvant de passage à Brest, lut un *Mémoire sur une espèce de nœud fort ingé-*

---

[1] Les premières expériences des signaux du chevalier avaient été faites en 1775 sur l'escadre commandée par Guichen. L'année suivante, puis à la bataille d'Ouessant, où Du Pavillon était embarqué comme major sur le vaisseau amiral, on la répéta avec succès. Néanmoins un des signaux du commandant en chef ne fut pas compris immédiatement par le *Saint-Esprit* que dirigeait La Motte Picquet, comme capitaine de pavillon du duc de Chartres, commandant de l'arrière-garde, ce qui empêcha d'être décisif un mouvement pour couper la ligne ennemie.

nieux connu sous le nom de nœud Gobert[1]. C'était un procédé imaginé en 1701, par un ingénieur de la marine, et employé en 1741 pour le sauvetage des galions coulés en 1702 à Vigo et enfoncés à vingt-cinq ou trente brasses de profondeur. Cet ingénieur, fort bon géomètre et surtout grand mécanicien, dit Roquefeuil, dont le travail a été inséré au tome XI, pages 70-77, devint inspecteur général des constructions dans tous les ports, place qui s'éteignit après lui. Pour relever les bâtiments coulés, il avait imaginé de passer des câblots sous leur quille, par le moyen d'aiguilles, ou arbres de sapin, que ces câblots eussent traversées comme un fil à coudre perce le chas d'une aiguille ordinaire, pour être conduits d'un côté du navire à l'autre. Ce n'était là qu'un moyen préparatoire. Il s'agissait ensuite de fixer ces câblots sur le côté des bâtiments releveurs, qui seraient chargés à un certain point et qui étant ensuite déchargés soulèveraient le navire submergé. Ce premier effort fait, il fallait continuer de relever ces bâtiments ; mais comme il était à craindre que si les poulies ou caliornes venaient à se joindre, il ne fût impossible de les reprendre sans courir le risque de laisser retomber le navire, c'est alors qu'il imagina son nœud, espèce de poire ou de cône, recouvert d'un amarrage et percé en son milieu de manière que le grelin qu'on y faisait passer était tiré facilement de bas en haut, mais ne pouvait redescendre, quelque effort qu'on pût faire pour le ramener. Le secret de ce cône consistait, d'après les conjectures de Roquefeuil, en ce que les coins, creusés et contournés en dedans suivant la forme du cordage, coulaient sur un plan incliné formant un triangle de métal qui composait la figure ou loupe intérieure du cône tronqué, plus pointu au dedans qu'au dehors. Le dos de chaque coin devait être arrondi suivant la figure intérieure du cône. Si donc on tirait le cordage de bas en haut, les coins qui l'embrassaient remontaient avec lui, et, trouvant un espace plus libre, n'opposaient aucune résistance à l'ascension ; mais quand on tirait dans la direction contraire, les coins, redescendant avec le cordage, l'embrassaient de nouveau, et cela d'autant plus fortement qu'on faisait plus d'efforts sur le cordage, qui, ne pouvant entraîner avec lui les mêmes coins par une ouverture deve-

---

[1] Dans la notice consacrée aux Roquefeuil (*Essais de biographie maritime*), P. Levot a écrit Goubert. Dans le mémoire de Roquefeuil, 7 pages in-folio, il y a Goubert. La signature d'une lettre de cet ingénieur, du 9 septembre 1701, que nous avons sous les yeux, porte : Gobert.

nant de plus en plus étroite, les serrait seulement contre les parois du cône, construit d'ailleurs assez solidement pour résister à tout son effort. Il y avait plus d'un demi-siècle que Gobert avait inventé ce nœud, au sujet duquel les Anglais lui offrirent inutilement soixante mille livres, pour qu'il leur en fît connaître le secret. Il mourut vers 1740, et ce fut son frère cadet, ancien officier de marine qui, l'année suivante, après trois ans d'efforts, parvint à relever un de ces bâtiments. Comme on n'y trouva point d'argent, l'entreprise fut abandonnée[1], et le secret même du nœud Gobert fut enseveli, après la mort de l'officier de marine. Il a paru dans le tome II des *Mémoires des savants étrangers*, une relation du sauvetage du *Tojo*, un des galions submergés, par M. Gobert junior. D'un autre côté, P. Levot, dans ses *Essais de biographie maritime*, notice *Roquefeuil*, à défaut d'indication précise du nœud Gobert, que ne pouvait donner le comte, puisqu'il n'avait que quinze ans lorsqu'il l'avait vu préparer[2], reproduit en note l'explication que M. Borgnis, dans son *Traité complet de mécanique appliquée aux arts*, a donnée des procédés de sauvetage qui furent employés en 1741. Quant à l'Académie, elle nomma commissaires Briqueville, Groignard et La Coudraye, pour l'examen de cette question. Ils devaient faire exécuter, si besoin était, un modèle du nœud Gobert. Ils y renoncèrent vraisemblablement, attendu que nous n'avons pas trouvé trace de leur rapport.

III. ARCHITECTURE NAVALE. — Les archives de l'Académie contiennent, à la date du 11 mars 1779, une délibération de cette Compagnie portant « qu'on demandera à M. de Fleurieu un manuscrit de M. de Keralio, contenant une traduction de l'*Examen théorique et pratique de la construction et de la manœuvre des vaisseaux*, par D. Georges Juan, traduction qui avait été remise dans les bureaux de la marine pour être envoyée à Brest ». P. Levot, lorsqu'il rédigeait pour la *Biographie bretonne* l'article *Keralio*, n'avait pas trouvé trace de cet envoi, et nous n'avons pas été plus heureux. Louis-Félix Guynement de Keralio, né à Rennes en 1731, mort en 1793, était un major du régiment d'Aquitaine, membre de l'Académie des inscriptions et belles-lettres.

---

[1] Elle a été reprise, il y a quelques années, par une société française; mais on n'a trouvé que quelques lingots et des épaves dans un état surprenant de conservation. Il ne s'agirait cependant de rien moins, d'après les documents conservés aux archives de la *Sala de Indias* à la Cour des comptes espagnole, que de trente millions de quadruples, c'est-à-dire près de quatre cents millions de francs.

[2] Le comte de Roquefeuil, étant né en 1714, aurait donc assisté à une expérience faite en 1729.

En revanche, nous avons trouvé le rapport de la Compagnie au sujet d'une traduction du *Traité de construction* du Suédois Chapman par l'ingénieur-constructeur Vial du Clairbois. Le ministre l'avait fait demander à l'Académie, le 4 septembre. Conséquemment à cette lettre, celle-ci nomma commissaires Briqueville, le baron d'Arros, Verdun de la Crenne et Fortin. Leur travail, lu à la séance du 7 octobre, a été inséré dans le tome XI, pages 43-49. C'est tout aussi bien une analyse de l'ouvrage original qu'une appréciation de la traduction, pour laquelle les commissaires décidèrent du reste que l'auteur méritait les éloges de l'Académie et leur paraissait digne d'être imprimé. La Compagnie adopta le sentiment des juges qu'elle avait nommés, et décida qu'il serait envoyé copie de ce rapport au ministre. L'ouvrage parut effectivement en 1781, sous le titre de *Traduction du Traité de la construction des vaisseaux de Chapman*, avec notes.

IV. Travaux hydrauliques. — En fait de travaux des ports, le sous-secrétaire La Coudraye rendit compte, le 25 février, que l'ingénieur-constructeur en chef au département de Rochefort, Groignard, académicien ordinaire, qui allait être bientôt promu, 1er octobre, pour sa forme de Toulon, au grade d'ingénieur général de la marine, créé pour lui seul, avait fait remettre à la Compagnie quatre caisses contenant les modèles des différents procédés qu'il avait employés pour parvenir à la perfection du bassin creusé par lui. Cet envoi avait été remis à son collègue de Brest, l'ingénieur en chef Guignace, qui avait demandé, de la part de l'auteur, que les caisses ne fussent ouvertes que lors de l'arrivée de Groignard. Le 16 mars, cet ingénieur, en séance extraordinaire, démontra à l'Assemblée, sur ces modèles, ce qu'il avait exécuté dans le port de Toulon. Ce dut être une séance du plus grand intérêt, que celle où l'auteur racontait les détails d'une entreprise jugée si souvent impraticable, avec les moyens limités de la science hydraulique à cette époque. Groignard compléta sa démonstration en faisant exécuter, pour l'Académie, le plan en relief de son bassin, qui est encore à la salle des modèles du port de Brest. Le 8 juillet, la Société accorda 300 livres de gratification au sieur Pomet, contre-maître charpentier, qu'elle avait chargé de copier les modèles de Groignard, et lui donna en outre un certificat de satisfaction des plus honorables, qui fut inscrit dans le compte rendu des séances.

V. Hygiène navale. — Le 29 juillet, le baron d'Arros d'Argelos, académicien ordinaire, avait proposé à la Compagnie de recevoir Sabatier (Antoine), médecin de marine, associé à l'Académie de médecine, en remplacement de l'ordinaire Herlin, décédé. L'Assemblée accepta ce nouveau candidat à titre de postulant, et décida qu'elle le proposerait à la première élection ; mais elle arrêta également que, en attendant, il prendrait un mot du Dictionnaire relatif à son état, et qu'il le remplirait, pour le présenter à l'Académie, conformément à l'article 10 du règlement. En conséquence de cet arrêté, Sabatier présenta, le 18 novembre, un *Mémoire concernant les hôpitaux*, qui fut inséré dans le tome XI, pages 62-69, mais qui ne paraît pas avoir donné lieu à un rapport. L'auteur y donne des conseils généraux, et se prononce contre le régime végétal de Poissonnier-Desperrières. Il propose la régie des hôpitaux, et en prenant pour base le prix de la viande à 8 sols la livre, celui du pain à 3, celui de la chopine de vin à 5, il accorde 25 sols par jour à l'entrepreneur.

Le 2 novembre, à la suite de la croisière où le comte d'Orvilliers avait perdu par les maladies le sixième de ses équipages et, découragé, s'était démis du service maritime, le ministre écrivit au commandant intérimaire La Prévalaye et à l'intendant De la Porte la lettre suivante : « Je me suis fait rapporter, Messieurs, ce que vous m'avez écrit chacun de votre côté au sujet des petits sabords que les Espagnols font ouvrir, pour donner de l'air en tout temps dans l'intérieur des vaisseaux, et qu'ils préfèrent aux ventilateurs, qui, suivant une opinion généralement reçue, peuvent causer quelques incommodités lorsque les bâtiments sont sous voiles. Je ne puis en cela que m'en rapporter au jugement du conseil de marine, qui sans doute prendra l'avis de l'Académie ; mais je vous observe qu'il m'a été proposé de faire usage pour ventilateurs de tuyaux aspirants, qui seraient établis entre les cuisines, et qui, en renouvelant perpétuellement l'air, rempliraient parfaitement l'objet. C'est ce que vous avez à faire examiner. — Je vous demande de me faire savoir ce que vous penserez de cet expédient, dont je ne doute pas que vous n'ordonniez des épreuves, lorsque vous aurez des vaisseaux sur lesquels les tuyaux dont il s'agit pourront être établis. » Le ministre ajoutait, en *post-scriptum* : « Cet objet important doit être traité au conseil de marine. Y appeler M. Groignard et tous ceux qui peuvent aider de leurs lumières, et prendre enfin un parti sur cette partie essentielle de l'armement et duquel il doit résulter la conservation des hommes. » En conséquence de cette lettre, l'Assemblée, dans sa séance du 25 novembre, nomma

Monteil, Verdun de la Crenne, Groignard et Rochegude, pour examiner cette question et lui en faire le rapport. Le 2 décembre, on discuta sur l'effet que devaient produire les tuyaux aspirants qu'on avait proposé d'établir entre les cuisines à bord des vaisseaux, en vue d'y renouveler l'air de l'intérieur. Le 16, on lut le rapport des commissaires, qui fut inséré dans le tome XI, pages 77-78. Il y est dit qu'il n'y a aucun inconvénient à adopter les sabords espagnols, quoique peu utiles; mais que, pour ce qui concerne les tuyaux aspirants, Duhamel du Monceau et Sutton s'en sont occupés, il y a plus de trente ans (voir à l'année 1753 le *Mémoire* de Morogues *sur la corruption de l'air dans les vaisseaux*), sans que le succès ait couronné leurs expériences, ce dont Duhamel est convenu lui-même, après une épreuve exécutée à bord du *Serin*, telle qu'il la propose dans ses *Moyens de conserver la santé aux équipages de vaisseaux*, publiés en 1759. L'effet fut sinon absolument nul, du moins très peu sensible. D'après cette expérience, les commissaires concluaient qu'ils ne croyaient pas que les tuyaux aspirants pussent tenir lieu des autres moyens, quoi qu'on ajoutât à leurs formes et à leurs dispositions. L'année suivante, Sartines publia le règlement qui porte son nom, concernant la salubrité des vaisseaux et la santé des équipages. On peut consulter, sur cette question, dans le *Dictionnaire encyclopédique*, partie *Marine*, l'article *Ventilateur*, rédigé par Forfait.

VI. Droit maritime. — Le 15 avril, on lut à l'Académie une lettre de Groult, académicien correspondant, procureur du roi à l'Amirauté de Cherbourg, datée de cette ville le 25 mars, par laquelle il réclamait un rapport de la Compagnie sur un discours concernant le droit maritime et la manière de l'étudier, travail qu'il lui avait adressé en décembre 1778. L'Assemblée lui répondit, le 23, que cet ouvrage ne lui étant pas parvenu, il lui était impossible de satisfaire à sa demande. M. Blondeau avait bien reçu un travail de Groult, mais c'était la préface d'un recueil de lois sur la marine, et il l'avait adressé à cet académicien en tant que particulier, pour qu'il en fît mention dans son *Journal de marine*.

Dons d'ouvrages. — Le 21 janvier, le comte de la Croix, lieutenant de vaisseau du port de Rochefort depuis 1764, et qui allait être fait capitaine de vaisseau à la promotion du 13 mars, fit présent à la Compagnie de son *Mémoire sur une machine à goreter*, de son invention. Cet important travail a été inséré dans le tome II des *Correspondants*, pages 36-69, avec figures. C'est un traité *ex professo* sur la matière. Vial du Clairbois, dans l'*Encyclopédie méthodique*, n'approuve pas l'emploi du goret pour nettoyer le dessous des vaisseaux. « Cette méthode, dit-il, est peu usitée, parce qu'on arrache souvent l'étoupe des coutures, en faisant tomber les saletés; et il ne convient de s'en servir que pour les vaisseaux dont la carène est revêtue d'un bon doublage. »

Le 5 février, la Compagnie accusa réception à Fleurieu de cinquante exemplaires de la *Connaissance des temps* pour 1781. Quelques jours plus tard, elle recevait celle de l'année 1780.

Le 4 mars, Granchain remit à l'Assemblée un exemplaire des *Signaux* qu'il avait faits *pour servir à l'escadre commandée par le chevalier de Ternay*, in-12.

Le 20 mai, don de la *Théorie générale des équations algébriques*, par Bezout, académicien associé. L'ouvrage venait de paraître en in-4°.

Le 18 novembre, le lieutenant de vaisseau Chavagnac remet à l'Académie quelques exemplaires des *Signaux* qu'il a faits *pour la côte et l'entrée de Brest*.

Le 16 décembre, lecture d'un *Mémoire* de Coétivy, lieutenant de vaisseau, *sur l'archipel des Philippines*. L'Assemblée lui mande, à la date du même jour, qu'elle a entendu avec grand plaisir ce mémoire, et en profite pour réclamer à l'hydrographe Mannevillette trois cartes appartenant à Coétivy, dont cet officier remet la propriété à l'Académie. Mannevillette les remit au commencement de l'année suivante. Quant au travail de Coétivy, il n'a pas été transcrit, nous ne savons pour quelle cause, sur les registres de la Compagnie.

Achats. — Le 26 mars, acquisition de cinq volumes de l'*Histoire naturelle de Pline*, traduction reliée, pour la somme de 60 livres.

Le 29 avril, Fortin, maître d'hydrographie au port de Brest et académicien ordinaire, se charge, au nom de la Compagnie, d'acquérir tout ou partie de la bibliothèque de feu M. Vigier, médecin de la marine, dans le cas où les héritiers consentiraient à cette vente, et Blondeau doit concourir avec lui pour cet objet. Dans une autre séance, celle du 8 juillet, l'Assemblée autorisa le baron d'Arros d'Argelos à faire, à cette vente, les achats de livres qu'il croira nécessaires à la bibliothèque. En l'absence de plus amples renseignements, nous ignorons quels ouvrages furent achetés.

Le 7 octobre, arrêté de payer une somme de 13 livres 6 sols pour la valeur d'un petit lion en ivoire destiné à servir de figure au modèle d'un vaisseau.

Le 23 décembre, arrêté de disposer d'une somme d'environ mille écus, sur les fonds de l'Académie, pour l'employer en achat de livres. Arrêté également de demander 500 jetons.

Projet d'un second volume de Mémoires. — Le 18 mars, la Compagnie arrêta de commencer l'impression d'un second volume de Mémoires. En effet, depuis 1773, époque de la publication du premier volume, il y avait suffisamment de travaux accumulés pour en faire un livre. On décida en conséquence que le mémoire de Courcelles (le registre des comptes rendus n'indique pas lequel, mais c'est vraisemblablement celui *sur le régime végétal des gens de mer*)[1] serait le premier imprimé; et comme il pouvait être de la plus grande utilité pour les médecins et chirurgiens de la marine, on devait en tirer, aux frais de la Compagnie, cinquante exemplaires particuliers, dont elle ferait la distribution. Chaque membre était tenu de suivre l'impression de son mémoire, ou de commettre quelqu'un pour la suivre. Il devait être formé un comité d'impression, composé des membres présents, qui, vu les grands mouvements actuels, pourraient nommer, suivant les circonstances, des commissaires particuliers. Il ne fut pas donné suite à cet arrêté.

Mouvements. — Le 6 mars, mourut à Brest, d'une fièvre putride contractée dans les hôpitaux, Jean-Baptiste Herlin, adjoint surnuméraire en 1770, ordinaire en 1776. Il était docteur régent de la Faculté de Paris, membre correspondant de la Société de médecine et, depuis le 1er mai 1777, premier médecin à Brest. C'était, écrivait l'intendant De la Porte le jour même de sa mort, la plus grande perte que pût faire la ville de Brest, dans un moment où l'on avait autant besoin d'un médecin instruit et dévoué, à cause de la grande quantité de malades et de blessés, conséquence inévitable de la guerre. M. Herlin, ajoutait l'intendant, joignait aux talents et aux connaissances nécessaires à sa profession un zèle dont il fut victime et une intelligence si exceptionnelle des devoirs qu'il avait à remplir qu'on doutait qu'il pût être jamais remplacé.

Le 8 mai, le ministre écrivit de Marly à l'Académie, pour lui de-

---

[1] Nous avons dit, en 1775, à l'article *Mouvements* que ce mémoire a été publié en 1781, à Nantes, par le chevalier de La Coudraye.

mander, d'après la recommandation du comte de Vergennes, ministre des affaires étrangères, une place de correspondant pour Nicolas *Deslemorie*, bourgeois de Rotterdam, directeur de la Chambre d'assurances d'Anvers. Il y joignait un certificat du baron Hope de Vlierden portant que Deslemorie était Français d'origine, très versé dans les affaires de la marine des différents pays, possédant une belle collection de lois et de règlements maritimes, dont il avait fait sa principale étude. Cette demande, mise en délibération, fut accordée, et l'Assemblée répondit, le 21, au ministre qu'elle avait élu Deslemorie pour correspondant, d'une voix unanime.

Le 25 mai, mourut à Brest le lieutenant de vaisseau Carry d'Asnières, adjoint de 1772. Son décès, que nous avons relevé en consultant les archives de Paris, n'est pas mentionné dans le compte rendu des séances de l'Académie, et nous ne l'avons vu indiqué que sur une liste manuscrite des académiciens de l'année 1779.

Nommé lieutenant de vaisseau à la promotion de janvier 1779, Marguerie avait été embarqué sur l'*Annibal*, commandé par le chef d'escadre La Motte Piquet, qui reçut l'ordre d'aller rejoindre en Amérique l'armée navale du comte d'Estaing. Il quitta Brest en mai. Six semaines plus tard, à la bataille du 6 juillet, devant l'île de la Grenade, son vaisseau essuya un feu très-vif et lui-même fut frappé mortellement d'un boulet. Il ne survécut que quelques jours à sa blessure. Né en 1742 à Mondeville, près de Caen, Jean-Jacques de Marguerie n'avait par conséquent que trente-sept ans en 1779. Ce fut une grande perte pour la science et pour l'Académie, dont il était un des membres les plus éclatants. Hautes mathématiques, construction des vaisseaux, organisation de la marine, économie politique, connaissances nautiques en général, tout lui était également familier. Membre adjoint de l'Académie depuis 1770, ordinaire depuis 1771, il avait été nommé quatre fois pour être son secrétaire. Malheureusement, la plus grande partie de ses ouvrages qu'il avait emportés a disparu, et nous n'avons même pas tous ceux qu'il laissa à la Compagnie. Nous avons dit, en 1774, qu'il avait rédigé l'*Éloge de Frézier*. L'*Éloge de Marguerie*, composé par Duval Le Roy, a été imprimé à la suite du *Supplément* de celui-ci à *l'optique de Smith*. Marguerie supprimait souvent le *de* de sa signature, et écrivait son nom tantôt avec un *e* final, plus souvent avec un *y*. Nous avons adopté l'orthographe commune.

Charnières, retraité en 1775 et rentré au service comme officier surnuméraire, ayant demandé verbalement que la Compagnie écrivît au ministre pour le réintégrer en qualité d'académicien ordinaire, l'Assemblée adressa dans ce sens, le 9 juillet, une demande à Sartines. Le ministre répondit, le 17, qu'il lui paraissait convenable d'attendre que Charnières fût rétabli avec une qualité fixe, et qu'en ce cas il se prêterait volontiers au désir de la Société. Celle-ci, s'en référant entièrement à la réponse ministérielle, arrêta, le 29 juillet, qu'elle se réservait de réitérer en temps et lieu sa demande. C'était le jour même où elle acceptait Sabatier comme postulant à proposer pour la première élection en remplacement d'Herlin. Quelle que fût la bonne volonté de la Compagnie, Charnières ne fut pas réélu; car il ne put aller, avons-nous dit en 1775, jusqu'à la fin de la guerre, étant mort en février 1780 sur le vaisseau l'*Indien*. C'était un digne émule de Chabert et de Borda, pour le mouvement imprimé aux sciences et à l'art nautique.

Le 30 septembre, Blondeau ayant fait connaître le désir de Vial du Clairbois d'être reçu à l'Académie; celle-ci jugea, d'après cette proposition, qu'il était admissible à y concourir.

Le 28 octobre, on lut une lettre de *Ruben de Celis*, enseigne de vaisseau de la marine d'Espagne, qui sollicitait une place de correspondant. Cette demande, déjà annoncée par le comte de Guichen, fut accordée unanimement et la lettre expédiée le même jour.

Le 18 novembre, l'Assemblée prit la décision suivante: « L'utilité de remplir les places d'académiciens ordinaires et adjoints qui sont vacantes et la difficulté de rassembler le nombre d'académiciens votants nécessaire pour une élection ont fait prendre le parti de procéder aujourd'hui même à une élection provisoire, qui pût servir à être envoyée au ministre comme le vœu de la Compagnie, immédiatement après son approbation demandée dans la séance du 11 novembre. — On a procédé en conséquence à l'élection de quatre ordinaires. MM. de Tromelin, Trédern de Lézerec, de Guichen et La Prévalaye ont eu les premières voix; MM. de Rochegude, Bougainville, Montluc et Salvert ont eu les secondes voix. — On a élu pour adjoints MM. de Lironcourt, Vial du Clairbois et Sabatier. L'Académie a arrêté qu'on présenterait les trois adjoints pour les premières voix, sans en proposer pour les secondes, en observant au ministre que si l'on manque à cet égard aux formalités, c'est une nécessité obligée par la guerre, et sur laquelle on le prie de passer. » A la séance suivante, 25 novembre, on lut une lettre ministérielle, en date du 20, laquelle accusant réception de la nomination des officiers pour 1780, permettait à la Compagnie de remplacer ceux des académiciens ordinaires et adjoints qui manquaient. En conséquence, l'Académie arrêta de lui mentionner l'élection faite. Sartines répondit, le 4 décembre, en confirmant les choix pour cette fois, mais en s'en remettant pour l'avenir à l'exactitude de l'Académie relativement au maintien et à l'exécution littérale du règlement. *Tromelin*, *Trédern de Lézerec*, *Guichen* et *La Prévalaye* furent donc promus académiciens ordinaires ; *Lironcourt*, *Vial du Clairbois* et *Sabatier*, académiciens adjoints. Le capitaine de vaisseau Maurice-Jean-Marie Boudin de Tromelin, né à Morlaix en 1740, était adjoint depuis 1769. Le lieutenant de vaisseau Trédern de Lézerec, né à Quimper en 1742, était un adjoint de 1771 ; le lieutenant de vaisseau Pierre Dimas de La Prévalaye, fils du chef d'escadre Pierre-Bernardin, avait été fait adjoint en 1774. Le chevalier de Duranti-Lironcourt, qui avait quitté le service actif en devenant commissaire du roi pour la marine et le commerce à Amsterdam, s'était fait connaître à l'Académie, depuis 1770, par d'importants travaux relatifs à la construction des vaisseaux. Quant à Vial du Clairbois, né à Paris en 1733, il était alors sous-ingénieur-constructeur à Brest. Enfin, Antoine-Chaumont Sabatier était un médecin ordinaire de la marine à Brest.

Le 2 décembre, la Compagnie, apprenant que Monteil, chef d'escadre et commandant des gardes-marine du port de Brest, demandait au ministre un nouveau professeur de mathématiques pour ce port, désigna Rochegude et La Coudraye, pour témoigner à Monteil « le désir qu'elle avait que Duval Le Roy, qui avait été envoyé en 1777 à Rochefort, pût être le professeur sur lequel il jetterait la vue pour demander son retour à Brest, tant à cause des talents qu'on lui connaissait pour la formation des élèves que par l'utilité dont il serait au concours des travaux de la Compagnie ». Monteil fit sa demande en conséquence, et Duval Le Roy revint en effet à Brest, dans le courant de l'année 1780.

Quand le comte d'Orvilliers eut pris le commandement de l'armée navale, le 27 juillet 1778, le comte de Roquefeuil reprit, jusqu'au 1er juillet, le commandement du port de Brest ; puis il fut remplacé par un intérimaire, le marquis de La Prévalaye, chef d'escadre. Le 16 décembre 1779, le comte de Guichen, lieutenant-général des armées navales, fut fait commandant de la marine ; mais il ne garda ces fonctions que jusqu'au 25 janvier 1780, jour où il fut nommé au commandement de la *Couronne*, de sorte qu'il ne figure pas comme honoraire sur les listes de l'Académie de marine. Après lui, ce fut le comte d'Hector, chef d'escadre, qui fut commandant par intérim, jusqu'au 1ᵉʳ janvier 1781, époque où il devint titulaire.

*Mort de l'*Espion anglais. — Le 29 mars 1779, était mort l'auteur des quatre premiers volumes de l'*Observateur anglais, ou Correspondance secrète entre milord All'eye et milord All'ear*, Londres (Amsterdam), 1777-1778, in-12. Les six autres volumes ont été publiés par un anonyme, sous le vocable de l'*Espion anglais*, qui est devenu le titre définitif de l'ouvrage. « Cette espèce de gazette-anecdote, quoique assez mal rédigée, dit Grimm, contient plus de vérités qu'on n'en trouve ordinairement dans les livres de ce genre. » Il est seulement regrettable que des récits obscènes y soient mêlés à des informations généralement exactes et à des détails intéressants sur la marine, dont nous avons fait notre profit. L'auteur, nommé Mathieu-François Pidansat de Mairobert, né à Chaource (Aube), le 20 février 1727, était avocat, censeur royal, secrétaire des commandements du duc de Chartres, membre de l'Académie de Caen. Il s'ouvrit les veines chez un baigneur public, parce qu'il s'était vu compromis dans le procès du marquis de Brunoy, dont il avait tenté, avec beaucoup d'autres, de partager les dépouilles. Indépendamment de quantité d'ouvrages de circonstance, il doit rester de lui, au Dépôt central à Paris, un manuscrit en 5 vol. in-4° intitulé : *Principes sur la marine*. Les *Mémoires secrets*, auxquels il avait collaboré, donnent, dans le tome XIV, quelques détails sur sa mort, ainsi que sur son caractère.

A la fin de 1779, le nombre total des académiciens était de 76, savoir : 10 honoraires, 9 associés, 25 ordinaires, 1 vétéran, 18 adjoints, 13 correspondants.

Le 11 novembre, l'Académie avait procédé à l'élection de ses officiers pour 1780. Ce furent :

Directeur : Le Bègue, en remplacement de Petit, 8 voix sur 11 ;

Vice-directeur : Verdun de La Crenne, prorogé par 6 voix ;

Secrétaire : le baron d'Arros d'Argelos, en remplacement de Marguerie, 7 voix ;

Sous-secrétaire : Blondeau, en remplacement de La Coudraye, 6 voix.

XX.

Année 1780.

En 1780, au plus fort de la guerre d'Amérique, il n'y eut plus que vingt-deux séances, savoir : trois en janvier, quatre en février, trois en mars, quatre en avril, trois en mai, autant en juin, une le 6 juillet, et la dernière le 16 novembre. La France redoublait d'efforts pour soutenir les Américains épuisés ; la plupart des membres de l'Académie de marine étaient embarqués sur les flottes. Nous remarquons, dans celle du comte d'Estaing devant Cadix, le chevalier de La Cardonnie, commandant de l'*Actif* ; dans la flotte du lieutenant-général comte de Guichen, qui livra jusqu'à trois combats à Rodney, dans les Antilles, le capitaine de vaisseau Goimpy, commandant du *Destin*, et le chef d'escadre Monteil, commandant du *Palmier*, qui, lors du départ du comte de Grasse, prit le commandement d'une division des Îles du Vent. Nous savons encore que, cette même année 1780, le lieutenant de vaisseau Granchain fut nommé major général de l'escadre du chevalier de Ternay, qui portait Rochambeau et six mille hommes de troupes au secours des États-Unis, et qu'en cette qualité, il assista, sur le *Duc-de-Bourgogne*, à la canonnade des Bermudes ; que le lieutenant de vaisseau Guichen était embarqué, sous les ordres de son père, sur le vaisseau amiral la *Couronne* ; que Bougainville, nommé chef d'escadre du 1ᵉʳ janvier 1780, commanda plus tard une division dans l'armée navale du comte de Grasse ; que le lieutenant de vaisseau Rosily, relâché après vingt mois de captivité et décoré de la croix de Saint-Louis, fut nommé en 1780 commandant de la prise anglaise la *Lively* ; que le chevalier Fleuriot de Langle, lieutenant de vaisseau, commandant la corvette le *Hussard*, fut pris, le 5 juillet, par un vaisseau de 72, le *Nonsuch*. Mais combien d'autres membres de l'Académie, embarqués en sous-ordre, ont dû nous échapper ! Les travaux de la Compagnie durent naturellement se ressentir de ces exigences du service en temps de guerre. Et d'abord, il ne fut même pas question, pour la première fois, en 1780, du *Dictionnaire de marine*.

I. NAVIGATION. — En fait d'astronomie, il n'y eut pas non plus un seul mémoire présenté ; mais la Société continua à s'occuper plus activement que jamais de la construction des baromètres marins et de la direction de l'atelier des boussoles.

En conséquence de l'autorisation ministérielle du 8 janvier, qui permettait à Blondeau de faire construire des baromètres nautiques, la Compagnie répondit, fin janvier, au ministre, en lui rendant compte des arrangements qu'elle prenait pour se mettre en état de fournir désormais, selon les intentions ministérielles, des baromètres marins à tous les vaisseaux du roi. Mais en même temps l'Académie ne perdait pas de vue les baromètres en fer du même auteur; car, dans cette même séance du 20 janvier, elle arrêta d'écrire à Nicolas-Marie Ozanne, correspondant de l'Académie, pour le prier de prendre les ordres du ministre, à l'effet de faire acheter à Paris des tubes et des bois de monture pour baromètres et de les envoyer à Brest. Enfin, elle décida qu'elle fournirait aux vaisseaux de l'escadre de Guichen tout ce qu'il y avait actuellement de baromètres dans l'atelier.

Quant à ce qui concerne les sabliers, la Compagnie, ayant entendu, le 25 janvier, la lecture d'une lettre de Dulague, professeur d'hydrographie à Rouen, qui promettait l'envoi de cent ampoulettes d'une seule pièce, le fit prier par le sous-secrétaire Blondeau de les adresser à l'ordonnateur du Havre Mistral, qui les ferait passer par terre à l'intendant de Brest. Ce même jour, La Prévalaye ayant annoncé un sable de cuivre, dont un échantillon lui avait été envoyé par l'abbé Rochon, on prit l'adresse, qui était celle du nommé Jars, directeur de la manufacture de Saint-Bel, près de Lyon. Le 24 février, on lut une lettre de La Haye d'Anglemont, ordonnateur à Dunkerque, également relative à des ampoulettes d'une seule pièce. L'Académie lui en demanda 700 non montées, pour en faire des sabliers d'une demi-minute et d'un quart de minute. Le 5 avril, il fut fait lecture d'une nouvelle lettre de La Haye d'Anglemont, promettant les ampoulettes.

D'un autre côté, le 17 avril, la Compagnie rappela à Fleurieu que celui-ci lui avait promis, l'année précédente, de faire graver, pour le service de l'atelier des boussoles, une rose des vents à fond noir, suivant la manière des Allemands. Un artiste s'était offert à elle à Brest pour cet objet; mais elle n'avait pas cru devoir accepter ses offres, craignant que le travail ordonné par Fleurieu ne fût commencé et peut-être même fort avancé. Fleurieu lui ayant effectivement envoyé les épreuves peu après, l'Assemblée se montra très satisfaite de leur exécution, et par sa lettre en date du 1ᵉʳ mai, elle lui commanda 300 exemplaires d'une grande rose pour compas de variation et 500 d'une plus petite pour compas de route. Par une autre lettre en date du 12 juin, elle lui demanda 300 exemplaires d'une troisième rose, de cinq pouces seulement de diamètre, pour les compas de Magellan à chaloupes. Dans cette même lettre, l'Académie avait demandé qu'on lui expédiât directement les *Connaissances des temps* de 1782. Elle en accusa réception à Fleurieu, le 1ᵉʳ août, en même temps que des 800 premières roses. Les petites pour les compas de Magellan n'arrivèrent que l'année suivante.

Le 16 novembre, le comte Le Bègue, directeur, représenta que les instruments appartenant à la Compagnie étaient en mauvais état, par suite de la négligence du sieur Mercier, et qu'il était à propos de le contraindre de donner tous les mois quelques journées pour les mettre et les entretenir en état; que, de plus, il croyait nécessaire, dans l'intérêt public, que le sieur Mercier fût, comme le portait son brevet, assujetti à soumettre à un examen de l'Académie tous les instruments qu'il ferait dans la suite, afin que celle-ci y mît son approbation, si elle le jugeait convenable. D'après ces représentations de son directeur, l'Assemblée arrêta : 1° que le sieur Mercier serait obligé, dans les huit premiers jours de chaque mois, de réparer et de nettoyer tous les instruments de navigation et de mathématiques de l'Académie ; 2° qu'il ne pourrait plus vendre aucun instrument, à qui que ce fût, qu'il ne fût approuvé par l'Académie, laquelle devait y mettre son chiffre, composé des trois lettres A. R. M. signifiant Académie royale de marine, avec un numéro pour désigner le nombre d'instruments qu'il aurait faits, et que pour la susdite approbation à donner aux ouvrages du sieur Mercier, il ne serait pas nécessaire d'une assemblée, que deux membres suffiraient pour approuver ses ouvrages ; 3° qu'il lui serait donné copie de ces dispositions, afin qu'il n'en prît cause d'ignorance.

Le 19 février, le ministre avait écrit à la Compagnie pour lui demander des nouvelles de deux chaises suspendues du sieur Fyot, mécanicien à Paris, qui les avait envoyées à Brest en 1771. Elles étaient destinées à faciliter en mer les observations astronomiques, et avaient été embarquées, pour être expérimentées, sur la frégate la *Flore*. L'auteur les redemandait, et Sartines présumant qu'au retour de ce bâtiment, elles avaient dû être remises à l'Académie, priait celle-ci de les examiner ; de lui marquer quelle pourrait être leur valeur actuelle, et à quelle dépense elle estimait que monterait le transport de ces machines de Brest à Paris. L'Assemblée lui fit répondre, le 6 mars, par Blondeau, qu'elle n'avait aucune connaissance de ces chaises, et que le chevalier de Borda, premier lieutenant à bord de la *Flore*, devait savoir ce qu'étaient devenues ces machines. Il est parlé de la chaise Fyot dans le rapport de Pingré à l'Académie des sciences. « C'était, dit-il, une double chaise, l'extérieur de bois, l'intérieur de fer, suspendue librement par le haut à un mât ou à une vergue qu'on amarrait fortement d'un bout au grand mât, de l'autre à celui d'artimon, et qu'on supportait avec des épontilles. Le jeu de cette chaise paraissait fort libre. Pour que la machine participât moins au roulis du navire, quatre poids, chacun environ de cinquante livres, étaient mis dans le bas de la chaise extérieure; l'observateur s'asseyait sur la chaise intérieure pour y observer les éclipses des satellites de Jupiter ou d'autres phénomènes célestes propres à déterminer la longitude du vaisseau : cette chaise intérieure avait pareillement tous ses mouvements libres et indépendants des mouvements de la première. L'inventeur s'était flatté qu'en conséquence de ce mécanisme, quelque mouvement de roulis et de tangage qu'éprouvât le vaisseau, il ne pourrait les communiquer à la machine, ni par conséquent à l'observateur qui y serait assis. L'expérience nous a convaincus du contraire; les mouvements de cette chaise sont peut-être moins violents que ceux du navire, mais ils sont plus irréguliers. Nous osons dire plus; nous sommes presque tentés de croire qu'il est moins difficile de suivre avec la lunette une étoile, en l'observant de dessus le pont, qu'en se mettant dans la chaise de M. Fyot. Nous l'avons surtout remarqué lorsqu'il y avait peu de mer; alors, le moindre mouvement de l'observateur placé sur la chaise marine imprimait à cette machine plus de mouvement que la mer n'en donnait à la frégate. » Et, dans la conclusion, les rapporteurs ajoutent: « Nous ne pensons pas que la chaise marine de M. Fyot puisse être d'aucun secours pour faciliter les observations astronomiques sur mer. » De son côté, Lalande, dans sa *Bibliographie astronomique*, dit, en parlant de Fyot : « Il est mort en 1798. A l'égard de sa prétendue invention d'une chaise marine pour observer les éclipses des satellites et des étoiles, son système ne mérite pas qu'on en parle. »

II. Physique. — Le 5 mai, Sartines avait envoyé au comte d'Hector, commandant intérimaire de la marine à Brest, une lettre d'un sieur Norise, associé libre de la Société d'agriculture de Rouen, qui proposait différents moyens pour préserver de la rouille le fer et les autres métaux. Il lui disait de communiquer cette lettre à l'Académie, pour que celle-ci la fit examiner. Conséquemment à cet ordre, l'Assemblée arrêta, le 11 mai, après lecture de la lettre du sieur Morize, que Le Bègue et La Prévalaye feraient un rapport sur cet objet, à la séance suivante. Ce rapport, approuvé par la Société, avec quelques modifications, condamne absolument les moyens proposés par l'auteur. Il a été inséré dans le tome XI, pages 84-87, ainsi que dans le tome II des *Correspondants*, pages 94-98, à la suite du mémoire de Morize, qui commence à la page 89, sous le titre de *Mémoire sur un moyen propre à préserver les canons de fer de la rouille*, etc. Il s'agissait d'un enduit ou vernis, composé de cire jaune étendue sur le métal et chauffée fortement pour l'y faire pénétrer. Les commissaires lui démontrèrent : 1° que ses expériences étaient imparfaites ; 2° que, faute d'avoir considéré suffisamment les objets auxquels il les voulait appliquer, fût-il vrai dans la spéculation, il en rendait l'usage impossible, parfois même nuisible.

III. HYDROGRAPHIE. — Le 13 janvier, c'est-à-dire à la première séance de l'année 1780, on avait présenté à la Société un recueil d'observations et d'opérations géographiques pour perfectionner les cartes de Madagascar, et particulièrement celles de la partie sud de cette île. L'auteur était le baron de Mengaud de la Hage, lieutenant de vaisseau, du port de Brest. Fortin, Trédern de Lézerec et Rochegude, nommés commissaires, firent leur rapport pour le 27 du même mois, et la Compagnie arrêta qu'il en serait délivré copie à l'auteur, si celui-ci le désirait. Nous n'avons pas trouvé le mémoire ; mais le rapport est dans le tome XI, page 79. Il y est fait mention du jugement compétent de Mannevillette : « Si cette partie de Madagascar est mieux connue aujourd'hui, c'est à M. Mengaud qu'on en a l'obligation. »

IV. MANŒUVRE. — En fait d'installation des navires, le 14 janvier, Sartines envoya à l'Académie, pour être examinés par elle, des réflexions et un plan concernant les moyens de perfectionner le cabestan. Ce travail, qui était du sieur Collet, professeur de mathématiques à Beaumont (nous ne savons lequel), et qui fut lu à la séance du 27 janvier, a été inséré dans le tome II des *Correspondants*, pages 71-79, sous le titre de *Mémoires et réflexions sur le cabestan*, etc. Le plan ne s'y trouve pas ; il devait occuper vraisemblablement les pages laissées en blanc entre ce mémoire et le jugement qui fut transcrit à la suite, pages 85-88, et qui avait été rendu le même jour. On trouve également ce rapport dans le tome XI, pages 80-83. Les commissaires, qui étaient Fortin et Vial du Clairbois, conclurent que le cabestan composé du sieur Collet était trop compliqué, et que son nouveau virevault, vindas ou cabestan volant ne devait pas être préféré au virevault ordinaire, et conséquemment n'était pas susceptible d'être adopté. Le ministre annonça, en conséquence, par sa lettre du 11 février, qu'il le rejetait.

V. ARCHITECTURE NAVALE. — Le 30 juin, on lut un mémoire de La Prévalaye, lieutenant de vaisseau et académicien ordinaire, intitulé : *Essai sur une machine propre à faire connaître l'assiette d'un vaisseau à la mer*. Bougainville et Duval Le Roy furent nommés commissaires pour l'examen de ce travail, qui a été transcrit au tome XI, pages 87-96. Leur rapport, inséré à la suite, pages 98-99, fut lu à la séance du 6 juillet. Ils jugèrent susceptible de remplir l'objet auquel elle était destinée cette machine ingénieuse, qui consistait en un niveau à mercure, dans les deux branches duquel les plus faibles abaissements ou élévations de ce fluide étaient rendus sensibles et appréciables, par un moyen analogue à celui des baromètres à cadran. D'après ce rapport, la Compagnie jugea, le 6 juillet, qu'il fallait construire au plus tôt la machine. Elle reviendra sur cette question en 1782.

Dans cette même séance du 6, Vial du Clairbois, sous-ingénieur-constructeur et académicien adjoint de l'année précédente, ayant fait part à l'Assemblée de quelques notes qu'il avait ajoutées à sa traduction du *Traité de construction* du Suédois Chapman, la Compagnie arrêta que le baron d'Arros et Fortin, qui avaient été nommés commissaires pour l'examen de cette traduction, voudraient bien prendre connaissance de ces notes et en rendre compte à l'Académie, ce qu'ils firent vraisemblablement, bien que le compte rendu des séances n'en dise rien, attendu que la traduction de Vial du Clairbois, avec notes, parut en 1781.

VI. MÉDECINE. — Le 3 mars, on fit lecture d'une lettre de Lemerle, docteur régent de la Faculté de médecine de Nantes, qui demandait à l'Académie des faits sur l'hygiène des marins. La Compagnie nomma pour cet objet La Prévalaye et Sabatier, et, à la séance suivante, il fut décidé d'envoyer à Lemerle, en réponse à sa lettre, celle écrite par Sabatier. Nous pensons qu'il s'agit ici du *Mémoire concernant les hôpitaux*, présenté en 1779.

Dons d'ouvrages. — Le 13 janvier, on lut une lettre de Groult, correspondant de l'Académie à Cherbourg. Elle était accompagnée de l'envoi d'un imprimé portant pour titre : *Indication des ouvrages et pièces de législation relatives à la saisie des bâtiments neutres.* L'auteur de la lettre y rappelait à la Compagnie qu'il lui avait envoyé, l'année précédente, un *Discours sur l'étude du droit maritime*, à l'examen duquel il n'avait pas été procédé. L'Assemblée arrêta de faire des remerciments à Groult à propos de son dernier envoi, et de lui dire que les embarras continuels dont les circonstances actuelles surchargeaient tous les membres de l'Académie étaient la seule cause qui avait fait négliger l'examen de son premier écrit.

Le 6 mars, l'Académie accusa réception à Régnier du Tillet, son correspondant de Bastia, d'un *Édit du roi pour les bureaux de santé de l'île de Corse*, de l'*Almanach de l'intendance de Corse*, ainsi que de deux autres volumes qui lui avaient été remis par le libraire Malassis.

Le 1er octobre, Pomereul, officier du corps royal d'artillerie, correspondant de 1778, écrivit, de Fougères, à la Compagnie, pour la prier d'accepter son *Histoire politique et philosophique de l'île de Corse*, 1779, 2 vol. in-8°. Cet ouvrage, que possède encore la bibliothèque du port de Brest, porte deux inscriptions de la main de l'auteur. L'histoire de l'île y est conduite jusqu'à la conquête de 1769.

Achats. — Le 10 février, on arrêta de compléter ce qui concernait les affaires de l'Angleterre et de l'Amérique. En conséquence, le sous-secrétaire Blondeau écrivit au libraire Pissot, quai des Augustins, à Paris, d'envoyer à la Compagnie le Code américain, composé des lois nouvelles des treize États-Unis; l'abrégé complet de tout ce qui avait constitué la naissance et l'accroissement des troubles de l'Amérique anglaise, depuis l'année 1763 jusqu'au moment où le soulèvement avait éclaté; la correspondance du chevalier William Howe avec les ministres, dans les trois dernières campagnes; celle de Burgoyne, en ce qui était relatif aux opérations du chevalier Howe; enfin plusieurs numéros manquants du *Journal des affaires entre l'Angleterre et l'Amérique*.

Le 24 février, on adopta un catalogue de livres dressé par Rochegude et Fortin, et on pria le premier de les procurer à la Société. Il fut décidé, dans la même séance, que les livres de belles-lettres et d'histoire seraient acquis préférablement en in-12, et qu'on commencerait toujours par les livres de sciences et d'arts, à raison des fonds à y employer.

Le 20 avril, on arrêta de souscrire pour la *Description générale et particulière de la France*, splendide édition in-folio dont la bibliothèque du port de Brest ne possède que la partie concernant la Bourgogne et le Dauphiné.

Le 1er juin, on souscrivit également pour la *Bibliothèque des amateurs*, 2e édition, divisée en neuf parties, et l'on décida de prendre les deux années. Il s'agit ici vraisemblablement des *Questions sur l'Encyclopédie* publiées par Voltaire, sous le pseudonyme *des amateurs*, 9 vol. in-8°.

Le 16 novembre, c'est-à-dire à la dernière séance de l'année 1780, en même temps qu'on écrivait au sieur Duvivier, graveur de la monnaie des médailles, pour lui demander 500 jetons, on arrêtait d'acheter, sur les fonds de l'Académie, pour 2,400 livres de livres, somme dans laquelle devaient être compris les compléments d'ouvrages déjà acquis par la Compagnie. Enfin, on décidait l'impression d'un catalogue, dont on devait envoyer un exemplaire relié au ministre.

Affaire intérieure de l'Académie. — Le 2 octobre, l'Assemblée avait proposé au ministre Sartines de faire entrer dans les états du port de Brest, le sieur Vincent, garde de la bibliothèque, en raison de ses bons services, quitte à réduire de 1,200 livres, taux de ses appointements, les fonds alloués annuellement à l'Académie de la marine. Ce fut le ministre Castries qui répondit, de Marly, le 29 octobre, en accordant au sieur Vincent cette faveur, aux dépens de l'Académie, dont les fonds furent par là modérés à la somme de 4,800 livres.

Sartines remplacé par Castries. — Le marquis de Castries, lieutenant-général depuis 1758, avait en effet remplacé, le 14 octobre, Sartines, comme ministre et secrétaire d'État au département de la marine. Ce dernier, accusé de prodigalité par Necker, pour avoir dépassé de 12 millions les crédits alloués à son département, n'avait pas même eu le temps, dit Augeard dans ses *Mémoires*, de soumettre au roi une suite de travaux où était résumée son administration pendant les deux dernières années de son ministère, et où il démontrait l'impérieuse nécessité des dépenses qu'on lui reprochait. Il y prouvait que le budget de la marine, qui en 1777 ne dépassait pas 58 millions, s'était élevé à 120 trois ans plus tard, et que, dans cet espace de temps, 213 vaisseaux, frégates ou bâtiments inférieurs avaient été mis à la mer ou armés. Quoi qu'il en soit, Sartines, congédié, se retira en Espagne, où il est mort en 1801. La lettre de compliment de la Compagnie pour le marquis de Castries est du 23 octobre, et la réponse du ministre, du 31 ; mais nous n'avons point vu celle de condoléance pour son prédécesseur.

Mouvements. — Le 11 février, s'éteignit à Brest, à l'âge de 69 ans, le comte d'Aché, vice-amiral du Ponant, académicien honoraire de 1773. Il avait servi avec distinction, mais sans commander en chef, jusqu'en 1757, époque où, devenu chef d'escadre, il avait reçu, avec le commandement d'une division navale, la mission de conduire Lally dans l'Inde. De 1758 à 1759, il y livra au vice-amiral anglais Pocock trois combats indécis. Il était devenu commandeur de Saint-Louis en 1760, grand-croix en 1766, vice-amiral en 1770. M. Troude, dans le parallèle des officiers de la guerre de 1756, *Batailles navales de la France*, II, 434, lui fait le grave reproche d'avoir sacrifié l'intérêt général aux intérêts particuliers.

Quelques jours plus tard, 1ᵉʳ mars, mourait à Lorient l'hydrographe Jean-Baptiste-Nicolas-Denis d'Après de Mannevillette, capitaine des vaisseaux de la Compagnie des Indes, chevalier de l'ordre de Saint-Michel, correspondant de l'Académie des sciences, inspecteur des plans, cartes et journaux de la navigation de l'Inde, académicien libre de 1752, associé de 1769. Il était déjà fort malade quand la Compagnie accusa réception des cartes qu'elle lui avait réclamées l'année précédente, au nom de Coétivy. Quand la mort le surprit, il s'occupait de mettre en ordre les matériaux qui devaient servir au *Supplément* de la seconde édition du *Neptune oriental*, que son frère, Après de Blangy, publia en 1781, avec une biographie de l'auteur. Ainsi que Chazelles et Bellin, ce fut un des pères de l'hydrographie française. Il avait servi en 1758, mais sans gloire, dans l'escadre de l'Inde, sur le *Duc-de-Bourgogne*, vaisseau de la Compagnie qu'il commandait. A la suite du combat du 29 avril, devant Goudelour, le chef d'escadre, comte d'Aché, l'avait fait démettre de son commandement.

Le 27 mai, Guichen fils, lieutenant de vaisseau et académicien adjoint de 1773, ordinaire de 1779, mourut à l'hôpital du fort Saint-Pierre, à la Martinique, des suites de ses blessures reçues, croyons-nous, dans l'affaire du 19 mai, entre Rodney et le lieutenant-général Guichen.

Le 1ᵉʳ juillet, mourut à Brest, à l'âge de 62 ans, René, vicomte de

Roquefeuil, chef d'escadre, capitaine des gardes du pavillon, académicien ordinaire de 1752 et de 1769, honoraire depuis 1773. Moins éclatant que le comte de Roquefeuil, son parent, celui-ci ne s'était fait connaître que par des travaux de moindre importance, quelques mots composés pour le *Dictionnaire de marine*.

Le 3 août, le chevalier de La Coudraye, lieutenant de vaisseau, académicien adjoint de 1771, ordinaire de 1774, écrivit, des Sables-d'Olonne, à la Compagnie, pour lui témoigner le chagrin que lui causait sa mise à la retraite, en le séparant d'elle. Blondeau lui répondit, dès le 21, au nom de l'Académie; mais la lettre de La Coudraye ne put être lue publiquement que le 16 novembre, jour où l'Assemblée décida qu'il lui serait envoyé une réponse de condoléance. Au surplus, il sera encore question de La Coudraye en 1781.

Enfin, le 10 octobre, mourut à Rochefort, François-Guillaume Clairain Deslauriers, ingénieur-constructeur en chef de la marine, chevalier de l'ordre de Saint-Michel, académicien ordinaire de 1752 et de 1769. Né à Rochefort en 1722, reçu élève-constructeur en 1739, il n'avait cessé de travailler jusqu'à sa mort. C'était le constructeur du *Duc-de-Bourgogne*. Son ouvrage le plus original peut-être est une *Dissertation*, en 24 pages in-folio, *sur les deux gouvernails*, restée inédite et que nous n'avons pas retrouvée. Afin de remédier aux inconvénients résultant de la difficulté qu'éprouvaient les vaisseaux à opérer certains mouvements d'arrivée, il avait proposé d'établir à l'étrave un gouvernail d'une superficie égale à celle du gouvernail de l'arrière.

Par suite de ces décès, comme de la mise à la retraite de La Coudraye, comme aucun académicien ne fut remplacé en 1780, il en résulta qu'à la fin de l'année leur nombre fut réduit à 70, savoir: 8 honoraires, 8 associés, 22 ordinaires, 1 vétéran, 18 adjoints, 13 correspondants.

L'élection des officiers pour l'année 1781 n'eut lieu que le 11 janvier de cette même année. Dans la lettre du 15 janvier au ministre, il est dit que l'Assemblée n'avait pas rempli plus tôt cette formalité, faute d'un assez grand nombre de membres qui eussent voix délibérative. La Compagnie priait, dans cette même lettre, le marquis de Castries d'agréer qu'elle procédât à l'élection de plusieurs membres qui lui manquaient. Le ministre, par sa dépêche du 29 janvier, approuva l'élection des officiers et autorisa l'Académie à procéder aux élections que nous mentionnerons à la fin de 1781.

Les officiers nommés étaient :

Directeur : le baron d'Arros d'Arcelos, en remplacement de Le Bègue. Il eut 3 voix ; Petit, 1 ; La Prévalaye, 1 ; Verdun de la Crenne, 1 ;

Vice-directeur : Petit, en remplacement de Verdun de la Crenne ;

Secrétaire : La Prévalaye, en remplacement du baron d'Arros ;

Sous-secrétaire : Duval Le Roy, en remplacement de Blondeau.

XXI.

Année 1781.

On compte en 1781 vingt-huit séances, ainsi réparties : trois en janvier, quatre en février, autant en mars, deux en mai, trois en septembre, cinq en octobre, quatre en novembre, trois en décembre. On voit par ce simple relevé que, sauf les vacances du mois d'avril et celles des mois de juin, juillet et août, les séances se tinrent assez régulièrement. L'interruption du mois d'avril vient de ce qu'on avait expédié de Brest, fin mars, vingt-six vaisseaux, dont vingt, commandés par le lieutenant-général comte de Grasse, firent voile pour les Antilles ; un se dirigea vers l'Amérique du Nord ; cinq, commandés par Suffren, alors capitaine de vaisseau et commandeur de Malte, allèrent ravitailler le cap de Bonne-Espérance et Ceylan. Le 23 juin, on expédia encore de Brest dix-huit vaisseaux, commandés par le lieutenant-général comte de Guichen, pour aller à Cadix se ranger sous les ordres du lieutenant-général espagnol D. Luis de Cordova. Ces bâtiments ne revinrent qu'à la fin du mois d'août, ce qui coïncide parfaitement avec les vacances de l'Académie. Dans la flotte du comte de Grasse, nous remarquons, parmi les commandants de vaisseaux membres de l'Académie de marine, le chef d'escadre Bougainville, ayant son pavillon sur l'*Auguste* ; le marquis de Chabert, commandant du *Saint-Esprit* ; le baron d'Arros d'Arcelos, du *Languedoc* ; le marquis de Briqueville, du *Northumberland* ; le comte Le Bègue, du *Magnanime*. Le chef d'escadre Monteil qui, ainsi que nous l'avons dit, avait pris, au mois de juillet 1780, le commandement de la division navale des Antilles, le céda au comte de Grasse, à l'arrivée de celui-ci, en juillet 1781. Il avait son pavillon sur le *Palmier*, commandé par le comte Du Maitz de Goimpy ; il le mit alors sur le *Languedoc*, et Goimpy eut le commandement du *Destin*, tandis que le baron d'Arros obtenait celui du *Palmier*. Quant au chevalier de Borda, qui avait été promu capitaine de vaisseau en 1779, il commanda en 1781 le *Guerrier*. Le lieutenant de vaisseau Fleuriot de Langle était chargé du commandement de la frégate la *Résolue*, qui ramena en Amérique les envoyés des États-Unis. Le lieutenant de vaisseau Granchain était embarqué sur le *Duc-de-Bourgogne*, bâtiment amiral du chevalier Des Touches, à l'affaire du cap Henry. Le capitaine de vaisseau Verdun de la Crenne armait à Brest le *Royal-Louis*, et, entre autres officiers, avait sous ses ordres le lieutenant de vaisseau marquis de Rochegude. Le lieutenant de vaisseau Trédern de Lézerec était embarqué, depuis le 1ᵉʳ mars, sur la *Ville-de-Paris*, bâtiment amiral du comte de Grasse. Le lieutenant de vaisseau marquis de La Prévalaye, toujours embarqué depuis le commencement de la guerre, était nommé chevalier de Saint-Louis, le 3 novembre. Le vicomte du Giron-Grenier passait capitaine de vaisseau à la promotion du 9 mai. Le lieutenant de vaisseau Rosily-Mesros était embarqué, comme lieutenant en pied, sur le *Fendant*, qui escortait un convoi dans l'Inde, et, dès son arrivée à l'Ile de France, nommé au commandement de la *Cléopâtre*, à laquelle Suffren confia, pendant toute la durée de la campagne, le poste d'éclaireur de l'escadre. Quant à l'ex-lieutenant de vaisseau chevalier Duranti-Lironcourt, il continuait ses fonctions de commissaire du roi pour la marine en Hollande, et le capitaine de vaisseau Fougeroux de Secval était toujours employé dans les forges de Tulle, d'où il fut appelé momentanément à Versailles par Castries, pour lui rendre compte directement des détails relatifs à l'artillerie de la marine et des colonies. Dans ces circonstances, l'Académie de marine, privée par le service de la plupart de ses membres, fit encore preuve d'activité, ainsi que nous allons le constater, d'après le relevé de ses travaux en 1781.

I. Dictionnaire. — Il n'y eut pas, à proprement parler, de travail fait, cette année, pour le Dictionnaire; mais, dans la séance du 22 novembre, l'académicien correspondant Pommereul, officier d'artillerie, lut un discours préliminaire dans lequel, retraçant les difficultés de la description de certains arts, en suivant l'ordre alphabétique, comme dans la première édition de l'*Encyclopédie*, il rendait compte des facilités que fournissait au contraire l'ordre choisi par les nouveaux éditeurs de cette publication, ordre qui consistait à présenter une suite de traités sur chacun des arts qui entrent dans le tableau des connaissances humaines. Quant à l'ordre alphabétique, il n'était conservé que pour le vocabulaire particulier de chaque science. Pom. ereul fit sur-le-champ l'application de ces principes à la branche *Artillerie*, et détailla en vingt-six parties ou chapitres la manière suivant laquelle il avait le projet de traiter tout ce qui était relatif à cette partie de l'art de la guerre ; on peut lire ce programme dans le tome II des *Correspondants*, où il a été inséré, à la suite du travail de l'auteur intitulé *Discours préliminaire sur la nouvelle Encyclopédie*, pages 221-232. L'auteur n'acheva pas malheureusement ce Dictionnaire d'artillerie, qui devait former deux volumes in-4°.

II. ATELIER DES BOUSSOLES. — L'atelier de la cadranerie, comme on disait alors, continuait de donner de l'occupation à la Compagnie. Le 22 janvier, elle écrivait à Fleurieu pour lui demander, indépendamment de la *Connaissance des temps* de 1783 et des roses de compas de chaloupes promises par sa lettre du 3 juillet de l'année précédente, de vouloir bien plaider sa cause auprès du ministre, pour lui faciliter l'acquisition d'un certain nombre d'instruments astronomiques, dont elle voulait faire l'emplette aux frais du roi. C'étaient : une pendule astronomique à verge de compensation, de Berthoud ; un mégamètre et un instrument des passages exécutés par le sieur Caroché. Ces trois objets, qui avaient coûté plus de 1,300 livres, on les lui proposait pour la somme de 800. Le ministre approuva cette acquisition, par sa dépêche du 3 mars, et donna des ordres pour que la somme fût payée sur les dépenses extraordinaires du port. Le 8 février, l'Assemblée nommait Duval Le Roy et Blondeau commissaires pour l'examen des instruments du sieur Mercier, conformément à la délibération du 16 novembre de l'année précédente. Le 15, elle écrivait à Jars, directeur de la manufacture de Saint-Bel, près de Lyon, de lui procurer six livres de sable fait avec de la limaille de cuivre pour ses sabliers. Au mois d'avril, ce directeur lui en envoya sept livres un quart, poids de Lyon, que la Compagnie paya la somme de neuf livres, plus six livres dix-huit sols pour le port. Le 22 février, l'Académie ordonnait la construction d'un second compteur, et, le même jour, arrêtait d'écrire à Lalande, de l'Académie des sciences, pour le prier de lui faire exécuter un compteur à ressort. Au mois d'avril, Lalande lui en promettait un exécuté par Berthoud ; mais s'étant trop avancé, ainsi qu'il paraît résulter de l'indication d'une lettre du 27 mai, la Compagnie lui répondit, le 21 septembre, que son désir d'avoir un compteur exact dont on pût faire usage à la mer était tel, qu'elle n'hésiterait pas à le payer au besoin dix à douze louis, et que si Berthoud ne pouvait pas l'entreprendre, elle le priait de s'adresser à un autre horloger de son choix.

Le 8 octobre, l'Assemblée écrivait à Fleurieu, pour que celui-ci voulût bien lui commander deux cents chapes d'agate.

Le baromètre Blondeau en fer attirait également son attention. Le 22 février, elle arrêtait d'en faire exécuter un modèle en bois. Le 8 mars, elle chargeait l'inventeur d'écrire au sieur Caroché, pour la fabrication d'un baromètre en fer. Le 17 mai, le même Blondeau était autorisé à envoyer audit sieur Caroché six tubes en fer de la manufacture de Tulle. Le 24 septembre, l'Académie demanda au ministre cent tubes provenant également de cette manufacture. Le retour de l'armée du roi, écrivait-elle, ayant mis M. le chevalier de Borda à même de rendre compte à la Compagnie de ce baromètre, et cet instrument ayant répondu à tout ce qu'on en pouvait attendre, l'Assemblée croyait qu'il serait avantageux d'en substituer, autant que possible, à ceux en verre embarqués sur les vaisseaux. Elle demandait cent tubes, ajoutait le secrétaire La Prévalaye, parce qu'elle se proposait d'en employer quelques-uns à l'exécution du niveau proposé pour connaître l'assiette d'un vaisseau à la mer, dont nous avons parlé l'année précédente, sous la rubrique *Architecture navale*, niveau dont le chevalier de Langle, commandant de la *Résolue*, faisait en ce moment les expériences. Le 11 octobre, un nouveau correspondant de l'Académie, Lowenorn, lieutenant de vaisseau de la marine danoise, retournant en Danemark, demanda à la Société de lui vendre un de ces baromètres, dont il désirait faire usage. La Compagnie lui répondit en le lui offrant en don, par une lettre des plus gracieuses. Enfin, le 29 novembre, on décida de prêter à Verdun de la Crenne, commandant du *Royal-Louis*, une lunette de nuit et un baromètre en fer.

Mais la question la plus importante agitée en 1781 fut celle de la construction d'un observatoire de la marine au port de Brest. Le 27 septembre, l'Académie ayant constaté qu'elle possédait 7,000 livres en caisse, s'arrêta unanimement à l'idée de les employer à la bâtisse d'un observatoire. Mais, reconnaissant en même temps l'insuffisance de ses ressources pour une pareille dépense, elle chargea le chevalier de Borda de négocier auprès du comte d'Hector, commandant de la marine, pour obtenir que le Gouvernement vînt, en cette circonstance, au secours de la Compagnie. Borda ayant trouvé le comte favorable à ce projet, il fut arrêté, le 4 octobre, qu'on examinerait quels étaient les terrains les plus propres à la construction d'un observatoire, pour en pouvoir conférer avec le commandant de la marine, en lui proposant soit l'emploi, soit l'acquisition d'un terrain. A la séance suivante, 11 octobre, Verdun de la Crenne, Rochegude, Vial du Clairbois et Blondeau furent nommés pour faire cet examen et en rendre compte à l'Académie. Le 18, Duval Le Roy, Blondeau et Fortin furent chargés de faire un résumé des différentes propositions faites pour l'édification de cet observatoire, et d'en exposer les avantages ainsi que les inconvénients. Ils donnèrent leur rapport à la séance du 25 ; mais ce jour-là, l'Assemblée n'étant pas assez nombreuse, on remit la délibération. Le 31, on arrêta qu'un terrain situé près le rempart de Brest serait préféré ; en cas d'empêchement, on demandait que l'observatoire fût construit dans le jardin de l'intendance. Le même jour, La Prévalaye fut nommé pour conférer avec le commandant de la marine, comme membre de la Compagnie, au sujet de la bâtisse. Le 8 novembre, le secrétaire rendit compte à l'Assemblée de la conversation qu'il avait eue avec le comte d'Hector, et lut un mémoire composé sur cet objet par ordre du commandant. Ledit travail fut approuvé par la Compagnie pour le fond ; on laissa seulement l'auteur libre d'en changer la forme, si le commandant du port le désirait. Enfin, le 22 novembre, on arrêta d'écrire au chevalier de Borda, pour le prier de solliciter auprès du ministre la construction de l'observatoire. Tel était l'état de la question à la fin de l'année.

Quant aux travaux astronomiques présentés à l'Académie, ils furent sans importance. Le 12 avril, on lut et approuva le rapport fait par Grenier et La Prévalaye sur une boussole, de l'invention d'un sieur Le Guin, soumise au jugement de l'Académie par le conseil de marine. L'auteur prétendait dispenser de l'attention que l'on porte à apprécier la route, par un moyen purement mécanique. Un tracelet adapté à l'aiguille aimantée aurait indiqué sur un plateau circulaire sablé et mû par un ressort d'horlogerie les courbes indicatrices de la route. Les objections des rapporteurs furent nombreuses. Il faudrait, disaient-ils, à chaque changement de route, donner une disposition différente au plateau, pour que le tracelet y pût imprimer son passage. Que de soins pour prévenir la dispersion de la poussière du plateau ! L'acier du ressort d'horlogerie, étant fort rapproché de l'aiguille aimantée, en devait altérer la bonté. Enfin, il était difficile de tirer parti de tous ces cercles concentriques imprimés sur la poussière du plateau par le tracelet pour en déduire l'aire de vent du navire. « Toutes ces raisons, écrivaient les commissaires, portent à assurer qu'il est impossible de faire usage à la mer de la machine que l'auteur propose, qui manquerait infailliblement son objet. Le sieur Leguin doit donc être mis dans la classe des hommes qui cherchent à se rendre utiles, mais à qui le défaut de connaissance et des vues peu sûres interdisent une approbation de la part des gens du métier qui, en flattant leur amour-propre, les induirait à de nouvelles tentatives aussi peu réfléchies. » Ce rapport, qui est une véritable condamnation en règle, se trouve dans le tome II des *Correspondants*, pages 112-115. — Dans cette même séance du 12 avril, fut également lu et approuvé le rapport fait par Fortin et Duval Le Roy sur un globe de cristal servant de planétaire, présenté par le même Leguin au conseil de marine, qui l'avait soumis au jugement de l'Académie. Ce second rapport est à la suite du premier, pages 115-116. Bien plus court que le précédent, il est tout aussi péremptoire : « Ce planétaire est infiniment inférieur à ceux exécutés tous les jours en Angleterre. L'Académie est d'avis qu'il ne serait propre qu'à orner un cabinet pour les étrangers qui pourraient le visiter, mais qu'il est entièrement inutile pour l'instruction de MM. les gardes de la marine. » Ainsi qu'on le voit, l'exécution est complète. Aussi bien le sieur Leguin ne s'adressa-t-il plus désormais à la marine.

Le 22 novembre, on lut une lettre écrite à Blondeau par Dulague, professeur d'hydrographie de Rouen, qui demandait l'avis de la Compagnie sur des dispositifs de calculs pour les longitudes. L'Assemblée prononça qu'il n'y avait pas lieu à délibérer. Dans cette même séance, il fut arrêté qu'on embarquerait un compas de variation De Gaulle sur le *Royal-Louis*, et que son commandant, Verdun de la Crenne, ainsi que Rochegude, seraient chargés d'en faire leur rapport.

Le 13 décembre, Blondeau lut un *Précis d'expériences faites à Cherbourg*, par un certain Coucy des Essarts, *sur l'influence de la lumière et de la chaleur sur des aiguilles aimantées et non aimantées*. Nous n'avons pas trouvé ce travail, qui ne fut pas transcrit sur les registres de la Compagnie. Nous lisons seulement que, à la séance du 17 février 1782, l'auteur, dont nous n'avons trouvé le nom ni dans l'*Annuaire* de 1777, ni dans celui de 1783, donna en personne des éclaircissements sur cette influence, d'après ses expériences.

Le 15 novembre, l'Assemblée prit, relativement à Blondeau, l'arrêté suivant, qui n'était que bonne justice, bien qu'un peu tardive : « L'Académie ayant été informée que M. Blondeau veillait depuis plusieurs années à la construction des boussoles, et était chargé par le ministre de construire, sous l'inspection de l'Académie, la fabrication des baromètres marins tant en fer qu'en verre ; et considérant combien M. Blondeau est utile par ses travaux au service de la marine, sans cependant qu'on lui ait rien accordé jusqu'ici pour ses peines, et la distraction que cela apporte dans ses occupations habituelles, a arrêté, d'une voix unanime, qu'il serait fait un mémoire sur cet objet, pour être envoyé au ministre par le commandant du port, dans lequel on conclurait qu'il fût accordé cinq cents livres par an, en forme d'appointements, à M. Blondeau, pour cet objet à l'avenir, et douze cents livres d'indemnité pour ses services passés en ce genre. » Nous ignorons quelle suite fut donnée à cette question ; mais nous aimons à penser que le ministre fit droit à la requête de l'Académie.

III. Physique. — Le 11 avril, Castries écrivit au comte d'Hector, commandant de la marine, en lui envoyant un mémoire qui lui avait été adressé par Poujet, lieutenant de l'Amirauté à Cette. Ce travail, qui avait été lu à l'Académie de Montpellier, en présence des États de la province, présentait le résultat des recherches de l'auteur relativement au moyen de disposer les conducteurs électriques à bord des vaisseaux. L'Assemblée entendit la lecture de ce mémoire dans sa séance du 26 avril, et nomma commissaires, pour en faire le compte rendu, Grenier et Rosily. On lut dans la même séance le résultat de la délibération du conseil de marine relativement aux conducteurs à établir sur les vaisseaux. A l'assemblée du 17 mai, on fit lecture d'une addition aux réflexions de Poujet sur les conducteurs électriques, et ce même jour, les commissaires donnèrent leur rapport. Le mémoire de Poujet, intitulé : *Réflexions sur les conducteurs électriques destinés à préserver les vaisseaux de la foudre*, est dans le tome II des *Correspondants*, pages 116-132 ; l'*Addition* est à la suite, pages 135-137. Puis vient, page 138, un *Extrait de la délibération du conseil de marine*, où il est dit, à propos des conducteurs électriques de Franklin : « Quoique tous les suffrages paraissent admettre le conducteur de M. Franklin, ils portent presque tous la condition qu'il soit admissible. D'où le Conseil observe que MM. l'abbé Nolet, Lemonnier et Franklin n'osent pas se permettre de prononcer et sont même en opposition, ce qui sembleroit donner à penser qu'il n'y auroit que de nouvelles expériences faites par MM. de l'Académie des sciences, qui pourroient rassurer sur les effets avantageux qu'on s'en promet. Il ajoute que la méthode connue jusqu'à présent présente des difficultés presque insurmontables pour l'établir sur les vaisseaux. » Le rapport de l'Académie de marine, inséré à la suite de cet extrait, pages 138-142, est rédigé dans le même sens, c'est-à-dire que, en dépit de quelques éloges accordés au sentiment d'humanité qui a dirigé l'auteur, elle n'en repousse pas moins son idée : « Les expériences qu'on peut faire sur ce projet ne nous paroissent admissibles que dans les rades, et la corde métallique proposée par M. Poujet pourroit être alors le conducteur le plus favorable, étant moins dans le cas d'être dispersée par la chaîne ; car la foudre, qui est un cylindre de feu très-dense, feroit des efforts très-considérables dans chaque point des chaînons, et pourroit porter son feu électrique aux cordes et aux mâts, qui deviendroient autant de conducteurs, s'ils étoient mouillés. » Mais c'est surtout la fin de ce rapport qui nous a paru curieuse, et c'est pour ce motif que nous en poursuivons la transcription : « Enfin, il y a lieu de croire que si M. Poujet avoit été instruit par sa propre expérience du prodigieux effet de l'agitation des mers, et que s'il eût mieux connu la composition et les dimensions de toutes les parties du vaisseau, il auroit vu qu'il ne suffit pas d'écouter les sentiments d'humanité pour admettre les projets qu'ils inspirent, et il auroit pu s'imaginer avec raison que les hommes qui sentent mieux l'utilité de la chose, puisque c'est leur intérêt personnel, ont dû s'occuper des moyens de les mettre en usage, et que ces mêmes idées eussent été déjà admises, si elles avoient été possibles, parce que les préventions de tout genre cessent dès qu'il est question de sa propre conservation ; que l'esprit de l'homme est nécessairement dirigé à ce but par l'instinct, et qu'il y parvient lorsque ses connaissances physiques et morales sont jointes à cette nécessité. Néanmoins, nous ne pouvons que louer le zèle de M. Poujet en faveur du principe qui l'a fait agir, et regretter que cet auteur, qui s'est exposé avec tant de générosité au *grand nombre de petits motifs et de petites choses qui se réunissent pour repousser les nouvelles découvertes*[1], n'ait pas mieux connu les moyens de faire l'application de ses idées, parce qu'au lieu de les donner comme des assertions, il auroit pu faire

---

[1] Termes dont s'était servi l'auteur dans son mémoire.

comme MM. l'abbé Nolet, Lemonnier et Franklin, qui ne se sont pas permis de dire qu'elles fussent admissibles, et qui sont même en opposition sur ce fait. » Il y a sans doute dans le mémoire de Poujet des idées assez maladroitement exprimées et qui purent choquer la Compagnie. Par exemple : « *L'art de la navigation qui n'a guère été mis en pratique que par ce célèbre navigateur* (Cook) *dont toute l'Europe a déploré la perte.* » Peut-être surtout celle-ci : « *Les vastes et utiles travaux des Anglais qui auraient justifié, si cela avait été possible, leurs prétentions à l'empire des mers.* » Mais, tout en faisant la part des susceptibilités naturelles de l'Académie en temps de guerre, nous devons ajouter que ce mémoire en lui-même nous a paru en valoir bien d'autres, et d'ailleurs, ainsi que le disait l'auteur, « l'importance, la nécessité même de ces conducteurs contribueraient à hâter le moment où l'usage en serait généralement établi dans la marine de France ». Effectivement, en septembre 1784, Le Roy, de l'Académie des sciences, vint armer de paratonnerres les édifices du port de Brest, et, en partant, laissa au comte d'Hector, commandant de la marine, des instructions pour guider ceux qui en placeraient à bord des vaisseaux. Nous avons relevé à ce sujet une inadvertance assez singulière dans l'*Encyclopédie méthodique* de Vial du Clairbois. Au mot *Paratonnerre*, on renvoie à *Tonnerre*, que les auteurs avaient sans doute l'intention de traiter, mais qui ne se trouve pas dans l'ouvrage.

IV. Hydrographie. — Le 25 mai, on fit lecture à l'Assemblée de deux lettres, l'une d'Après de Blangy, l'autre de Groignard du Justin, et toutes deux relatives à un *Supplément au Neptune oriental*, de feu M. d'Après de Mannevillette, que son frère se proposait de publier. Il adressait ce supplément à la Compagnie, pour être examiné. Celle-ci nomma commissaires Blondeau et Duval Le Roy. Leur rapport, lu le 20 septembre, a été inséré au tome XI, page 122. Il y est dit que cet ouvrage posthume est digne de l'auteur et peut être imprimé sous le privilège de l'Académie. Les commissaires ajoutèrent cependant cette restriction : « Nous ne prétendons pas néanmoins l'approuver sans réserve; quelques parties nous paraissent susceptibles de corrections qui ne tarderont pas à paraître. » L'Académie approuva ce rapport, et dans la biographie de l'auteur, qui termine l'ouvrage, Après de Blangy, en reproduisant le jugement de la Compagnie, ajouta en note : « Les corrections que l'Académie se réserve de faire sont fondées sur les observations des navigateurs, dont on fera usage par la suite. » Nous avons dit, à l'année précédente, au paragraphe *Mouvements*, que l'ouvrage parut en 1781.

V. Voyages. — Le 25 octobre, on présenta à la Société un extrait du voyage de Surville sur le *Saint-Jean-Baptiste* en 1769. De Flotte, académicien adjoint, fut chargé d'en prendre connaissance, pour décider s'il y avait lieu de le rejeter ou de le faire copier par l'Académie. Le 31 octobre, d'après son rapport, on décida de faire copier l'extrait de ce journal ; cependant nous n'avons point vu ce document sur les registres. Jean-François-Marie de Surville, né à Port-Louis, du Morbihan, en 1717, mort à Lima, au Pérou, en 1770, était gouverneur intérimaire de Pondichéry, quand il s'associa avec son titulaire Law de Lauriston et avec Chevalier, gouverneur de Chandernagor, pour prendre possession d'une île fabuleuse, découverte par les Hollandais, sur les côtes du Pérou. Naturellement il ne la rencontra pas; mais il fit plusieurs découvertes dans l'archipel Salomon, et reconnut la terre de la Nouvelle-Zélande en même temps que Cook. La relation de son voyage par l'abbé Rochon se trouve à la suite du voyage de Marion, qui en 1772 découvrit quelques îles australes.

VI. Manœuvre et installation des vaisseaux. — Il y avait eu plusieurs incendies dans le port de Brest en 1779. Le 28 février, le vaisseau le *Roland* et la frégate le *Zéphyr* avaient été détruits par le feu ; le 13 juillet suivant, la petite clouterie et un magasin adjacent s'étaient enflammés. Le ministre Sartines avait dû envoyer à Brest un directeur du service des pompes de Paris, qui eut à combattre, le 14 octobre, l'incendie du Refuge royal ou de la Madeleine. De là vraisemblablement le *Mémoire* de Trédern de Léserec *sur des pompes de nouvelle invention*. Bougainville, Petit, Fleuriot de Langle, Duval Le Roy et Fortin furent nommés commissaires pour l'examen de ce travail, qui, lu à la séance du 15 février, est dans le tome XI, pages 100-112, avec un supplément daté du 5 mars et enregistré à la suite, pages 112-117. Mais nous n'avons pas vu leur rapport. Peu de temps après, 1ᵉʳ avril, un second vaisseau, la *Couronne*, de 80 canons, construit en 1766 par Sané, sur les plans de l'ingénieur Groignard, fut encore très-gravement endommagé par un incendie. On perça le navire pour donner accès à l'eau; puis on l'échoua. Sa carène et son doublage furent ainsi sauvés, et tous ceux qui avaient été embarqués sur ce bâtiment, lequel avait participé à la bataille d'Ouessant et aux trois combats de Guichen, dans les Antilles, contribuèrent spontanément à sa reconstruction.

Le 27 septembre, Verdun de la Crenne fit lecture d'un premier mémoire de Forteguerry, lieutenant de vaisseau de la marine toscane qui était alors au service de la France, sur l'emplacement des câbles à bord des vaisseaux. Ce travail intitulé : *Mémoire concernant l'usage établi sur les vaisseaux du Roi d'avoir la fosse aux câbles sur l'avant*, est dans le tome II des *Correspondants*, pages 142-153. Rochegude et Vial du Clairbois, nommés commissaires, donnèrent, le 4 octobre, leur rapport, qui est à la suite du mémoire, pages 153-156. Ils concluent, comme l'auteur, qu'il vaut mieux placer les câbles au milieu du bâtiment que sur l'avant. Dans une addition, qui fut lue le 6 décembre, Forteguerry donna l'emplacement des câbles tel qu'il se faisait dans les marines espagnole et anglaise, et des réflexions sur une troisième méthode combinée d'après les usages de ces deux marines. Ce second travail, intitulé : *Addition au mémoire de M. de Forteguerry concernant la fosse aux câbles*, fut également inséré dans le tome II des *Correspondants*, pages 232-237. Rochegude étant alors absent, Blondeau fut nommé, avec Vial du Clairbois, pour faire l'examen de ce nouveau mémoire. Ils conclurent que l'emplacement indiqué par Forteguerry pouvait être adopté avec avantage sur les vaisseaux de ligne en général, mais qu'il pouvait présenter quelques inconvénients sur les frégates, ainsi que sur certains vaisseaux. Leur rapport, daté du 20 décembre, est dans le tome II des *Correspondants*, pages 238-239.

Le 4 octobre, le même Forteguerry lut un mémoire sur une nouvelle manière d'établir les corps-morts, en la comparant à celle en usage en France et en Angleterre. Verdun de la Crenne et La Prévalaye furent nommés commissaires pour l'examen de ce travail, qui est dans le tome II des *Correspondants*, pages 159-181, sous le titre de *Mémoire concernant l'usage des corps-morts dans les ports et rades*. Leur rapport, lu à la séance du 11 octobre, se trouve à la suite, pages 182-183. Les commissaires jugèrent qu'il serait fort utile de faire l'essai de ces nouveaux corps-morts, et qu'il était à présumer qu'ils rempliraient l'attente de l'auteur. Voici l'explication qu'il donnait lui-même de son système : « 1° Je place les deux ancres prolongées et empennelées à l'ordinaire et les deux câbles également. Mais au lieu de prendre les deux bouts des câbles dans le bâtiment en les passant par les écubiers, je les rapporte sur un arganeau en fonte. — 2° Je double seize à vingt brasses de câbles de la même épaisseur en passant un bout de ce double autour du même arganeau, et l'autre bout par le piton d'un émerillon de façon qu'il y ait huit à dix brasses de distance de l'arganeau à l'émerillon, et cet émerillon sera à toucher le bâtiment. — 3° Sur la tête de ce même émerillon, j'établis un bout de câble, qui n'aura que dix ou douze brasses de longueur, lequel passant par un écubier, aura un tour aux bittes. Ce seront les parties qui composeront le nouveau corps-mort, et qui resteront toujours ensemble. — Mais quand j'attache le corps-mort au bâtiment, j'étalingue sur la tête du même émerillon le bout d'un câble du bord, qui est passé par l'autre écubier du même côté. » Il est à regretter que les figures qui accompagnaient ce travail, au nombre de trois, n'aient pas été reproduites sur le registre des correspondants.

VII. Optique. — Le 22 novembre, il fut décidé que l'ouvrage de Duval Le Roy, intitulé *Supplément à l'optique de Smith, contenant une théorie générale des instruments de dioptrique*, serait imprimé sous le privilège de l'Académie, et l'on nomma commissaire Fortin et Blondeau. Leur rapport, entièrement approbatif, ne fut lu que le 20 juin 1783. Il est dans le tome XI, page 205. « Cet ouvrage, disent les commissaires, est divisé en deux parties. La première contient dans un fort grand détail tout ce qui peut contribuer à la perfection des lunettes, à un, deux, trois, quatre, cinq et six verres, etc. Tout y est discuté avec soin. Soit que les verres soient de même matière ou non, les formules nécessaires pour corriger et remédier (*sic*) aux défauts qui naissent des observations de sphéricité et celles des différentes réfrangibilités des rayons qui produisent les images colorées y sont combinées de manière à rendre aux lunettes toute la perfection dont elles sont susceptibles. La netteté, la clarté, l'amplification des objets, le raccourcissement de la longueur de ces instruments, tout cela est traité méthodiquement dans cette première partie. La seconde contient l'application de la théorie à la pratique, en commençant par la construction des lunettes les plus simples et passant par degrés à celles qui sont les plus composées, soit qu'elles renversent les objets; toutes les proportions déduites de la meilleure théorie y sont déterminées en nombre absolus, en sorte qu'en les suivant exactement on sera sûr d'obtenir des lunettes de la plus grande perfection. Les microscopes tant simples que composés y sont traités de même, de sorte que cet ouvrage renferme dans un assez petit volume tous les principes répandus dans les trois volumes de la dioptrique de M. Euler et dans les volumes des mémoires de Berlin. Cet ouvrage nous paraît digne d'être imprimé sous le privilège de l'Académie royale de marine. » L'absence presque totale de ponctuation rend la lecture de ce rapport assez difficile ; mais ce n'est qu'une question de copiste. Ce qui nous a le plus étonné, c'est qu'on pût parler ainsi la langue française, au temps de Voltaire. Après tout, chaque homme a son *verbe*, et la mathématique était le verbe de Blondeau et de Fortin.

VIII. ARCHITECTURE NAVALE. — Plusieurs questions importantes de construction furent traitées en 1781.

Le 18 janvier, Blondeau, Vial du Clairbois et La Prévalaye furent nommés commissaires pour examiner l'assemblage d'une courbe de trois pièces proposé par Croz de Bellefont, officier de la marine espagnole. A la séance suivante, on lut leur rapport, qui est dans le tome II des *Correspondants*, pages 98-99. Les commissaires préférèrent celle dont on faisait usage depuis quelques années dans les ports de France, et qui était également composée de trois pièces, mais disposées de manière que deux étaient de bois droit. Leur jugement ayant été confirmé par la Compagnie, il fut décidé qu'on enverrait à cet officier un modèle de la courbe d'assemblage française ; mais en même temps on arrêta qu'il serait fait un modèle de la courbe proposée par lui, pour rester en dépôt à l'Académie, et on écrivit à l'auteur une lettre de remerciment.

Le 27 septembre, le capitaine de vaisseau Verdun de la Crenne, académicien ordinaire, lut un *Mémoire sur les mâts d'hune d'assemblage*. Il y donnait les moyens de se servir de ces mâts sur les gros vaisseaux, et proposait deux différentes espèces de racages. La Compagnie l'ayant prié de poursuivre ce travail, il lut, le 4 octobre, une addition à son mémoire. L'Académie arrêta qu'il ferait un résumé général, et nomma commissaires Petit, Rochegude et Vial du Clairbois, dont le rapport fut lu le 11 octobre. Il y est dit que, malgré les précautions prises par l'auteur, en dépit du raisonnement qui porte les juges à louer le projet, ils n'osent répondre du succès, attendu qu'en mécanique, les effets s'éloignent souvent du calcul et que la loi des frottements est inconnue. L'expérience seule peut donc fixer leur jugement. Le mémoire de Verdun de la Crenne, l'addition et le rapport sont dans le tome XI, pages 150-166. En conséquence de la conclusion des commissaires, l'Assemblée arrêta qu'il fallait faire faire des essais pour constater la possibilité des mâts d'hune d'assemblage, et chargea Rochegude d'en instruire le commandant de la marine, afin qu'il pût ordonner les expériences nécessaires sur un objet aussi important. La question s'arrête là pour nous, attendu que nous ne savons pas quel fut le résultat de ces expériences.

Le 4 octobre, la Compagnie avait arrêté qu'on prierait Lowenorn, lieutenant de la marine danoise au service de la France, d'indiquer les différences qu'il avait pu observer entre les usages de la marine danoise et ceux de la marine de France. Dans la séance du 18, cet officier donna six mémoires, dont quatre de médecine, un d'artillerie, et le dernier relatif à la construction. Nous ne nous occupons, dans ce paragraphe, que de celui-ci. Il est intitulé *Mémoire sur la flexibilité des feuilles de cuivre pour le doublage des vaisseaux*, et se trouve dans le tome II des *Correspondants*, page 207. C'est une simple note, par laquelle l'auteur conseille de tremper les feuilles de cuivre dans de la saumure de harengs, pour les rendre flexibles. Disons ici, en passant, que le doublage en cuivre des bâtiments était une invention assez récente, et que, même à la fin de la guerre de 1778, un certain nombre de vaisseaux étaient encore doublés en bois ou mailletés.

Le 31 octobre, on fit lecture d'un *Mémoire* de Digard de Kerguette, professeur d'hydrographie à Rochefort et membre correspondant de l'Académie, *sur une nouvelle construction des barres du gouvernail*, où l'auteur se proposait de découvrir quel est l'angle le plus avantageux que puisse faire le gouvernail avec le prolongement de la quille. Il voulait rendre cet angle plus ouvert. Rochegude, Duval Le Roy et Groignard furent nommés commissaires pour examiner ce travail, qui est dans le tome II des *Correspondants*, pages 212-217. Leur rapport, que l'on trouve à la suite, page 220, fut lu le 8 novembre. Les juges pensèrent que le moyen proposé par l'auteur, d'augmenter du double l'angle que fait le gouvernail avec le prolongement de la quille du vaisseau, quoique fort ingénieux et simple en apparence, n'est pas applicable. Le 22 novembre, Digard de Kerguette ayant fait quelques additions à son travail, ou plutôt l'ayant remanié pour le rendre tel qu'il se trouve dans les registres de l'Académie, les mêmes commissaires jugèrent, page 221, que ces quelques différences n'empêchaient pas que le jugement porté sur la première édition ne convînt à la seconde.

Le 6 décembre, La Prévalaye ayant fait à l'Académie le rapport verbal d'une machine de l'invention du marquis de Vaudreuil, chef d'escadre, pour suppléer à la barre du gouvernail, il fut nommé, avec Vial du Clairbois et Duval Le Roy pour faire l'examen de cette machine, dès que le mémoire aurait été délivré. Le travail de l'auteur fut lu le 20 décembre ; mais c'est en vain que nous l'avons cherché dans les registres de l'Académie, ainsi que le rapport des commissaires.

IX. ARTILLERIE. — Un des six mémoires du lieutenant de vaisseau danois Lowenorn présentés à la séance du 18 octobre est une *Note sur la forme à donner à une pièce de bois pour être placée dans l'affût d'un canon, pour faciliter le pointage.* Elle fut insérée dans le tome II des *Correspondants*, pages 206-207, sans qu'elle paraisse avoir donné lieu à un rapport. Ce fut le seul travail de cette année relatif à l'artillerie.

X. MÉDECINE. — En revanche, on s'occupa, comme il était naturel en temps de guerre, d'hygiène navale.

Le 8 mars, on fit lecture à l'Assemblée d'un *Rapport* de Brûlé, médecin de la marine, *sur le vêtement et le régime diététique des gens de mer*, rapport fait pour le conseil de marine, en réponse à un mémoire du docteur Caillaud, médecin auxiliaire, sur les moyens de conserver la santé des équipages et de les préserver du scorbut. Ce rapport a été inséré dans le tome II des *Correspondants*, pages 100-112. L'auteur y combat l'opinion du docteur Caillaud, que l'eau de mer ne dissout point les matières grasses et huileuses. Il affirme contradictoirement que c'est l'eau douce qui, seule, ne peut dissoudre aucun corps huileux. L'unique inconvénient que présente l'eau de mer, c'est que les sels qu'elle contient attirent l'humidité ; le linge et les vêtements qu'on y a trempés ne dessèchent pas aisément. Il convient que les vêtements de laine, pourvu qu'ils soient bien lavés et de bonne qualité, peuvent être de quelque utilité dans les climats du Nord ; mais il ne pense pas qu'ils doivent exclure les chemises de fil, et pour ce qui concerne les pays chauds et même tempérés, l'usage de la laine peut être susceptible des plus grands inconvénients. Quant aux autres propositions du docteur Caillaud, telles que le ventilateur Borda, la désinfection par le vinaigre et les légumes cuits à donner aux matelots pour corriger l'effet des salaisons, ces moyens sont connus et recommandés depuis longtemps, dit Brûlé.

Le 18 octobre, on fit la lecture des quatre mémoires de Lowenorn concernant la médecine, que nous avons annoncés plus haut. Le premier a pour titre *Manière de parfumer avec du salpêtre* ; le second, *Projet qui a été reçu pour le nouveau règlement des rations des équi-*

pages en Danemark; le troisième, *Mémoire donné par la commission ordonnée pour la conservation des équipages, pour les malades et les blessés de S. M. danoise*; le quatrième, *De la Manière de parfumer un vaisseau, moyennant l'acide de sel marin*. Tous ces mémoires sont dans le tome II des *Correspondants*. Les trois premiers vont de la page 184 à la page 205; le quatrième, de la page 207 à la page 210. Le docteur Sabatier, médecin ordinaire de la marine à Brest, académicien adjoint, fut nommé pour rendre compte à la Compagnie de ces différents mémoires. Son rapport, qu'il donna le 25 octobre, est à la suite des travaux de Lowenorn, pages 210-212. En voici le résumé : l'auteur n'a fait qu'extraire des ordonnances de la marine de son pays ce qui concerne la nourriture, l'habillement, la manière de traiter les matelots. Il n'y a là rien de neuf ni d'intéressant, ces matières ayant été traitées à fond dans une infinité d'ouvrages. C'est ainsi que M. de Lowenorn propose de parfumer les vaisseaux avec du salpêtre, au lieu de soufre. Le seul avantage de ce procédé, et il est, il est vrai, considérable, est de ne pas être asphyxiant. Le docteur Sabatier préfère néanmoins la vapeur de vinaigre, qui est antiseptique, et qu'on peut se procurer plus facilement, parce qu'on n'a besoin que d'un fer rouge. Quand le vaisseau est dans le port, M. de Lowenorn croit que la vapeur de sel marin est plus propre à purifier l'air; mais comme il n'en dit pas es raisons, il est impossible de les apprécier, et le docteur avoue ingénûment qu'il ne les imagine pas. Enfin, l'auteur propose de parfumer les futailles avec de l'acide marin dégagé par un procédé qu'il indique, mais qui ne détruit ni le moisi, ni le principe de la pourriture. Sabatier conclut assez durement que si les mémoires de M. Lowenorn prouvent son zèle pour le service et son amour pour l'humanité, ils ne donnent pas une idée bien merveilleuse de ses connaissances en médecine et en chimie, et il ne pense pas qu'on en puisse faire usage. L'Académie, plus sympathique, approuva le rapport de Sabatier relativement à la théorie; mais considérant qu'on ne peut s'assurer des faits en faveur desquels on cite l'expérience ou les combattre que par la voie de l'expérience, elle arrêta que les premiers de ses membres qui seraient armés seraient priés par la Compagnie d'embarquer trois barils pleins d'eau, dont un sans préparation, un préparé suivant la méthode indiquée par M. de Lowenorn, le troisième selon un procédé imaginé par Blondeau et indiqué dans son *Journal de marine*, pour qu'ensuite l'eau en fût examinée avec soin, et qu'il en fût rendu compte à la Société. A la séance suivante, 31 octobre, l'Académie arrêta que Blondeau ferait un résumé des préparations à faire subir aux pièces des vaisseaux pour y conserver l'eau. Celui-ci lut son travail le 8 novembre, et le même jour Rochegude et Verdun de la Crenne furent chargés par la Compagnie de faire à bord du *Royal-Louis* les expériences sur les pièces à eau indiquées dans le résumé de Blondeau, et d'en rendre compte à leur retour. Comme ce navire était destiné pour Gibraltar, d'où il ne revint qu'en 1783, nous renvoyons à cette dernière année, pour le compte rendu des expériences.

Dons d'ouvrages. — En fait d'ouvrages offerts à l'Académie, nous ne trouvons, pour l'année 1781, qu'une lettre en date du 23 mai, par laquelle la Compagnie remercie Pommereul de son ouvrage sur la confection des routes. C'est vraisemblablement la brochure intitulée *Des Chemins et des moyens les moins onéreux au peuple et à l'État de les construire et de les entretenir*, 1781, in-8° de 96 pages.

Achats. — Dans la séance du 18 janvier, il fut décidé d'acheter la traduction de l'ouvrage du Suédois Chapman sur la construction, par Lemonnier, de l'Académie des sciences. Cette traduction, qui est de 1779, avait précédé de deux ans celle de Vial du Clairbois ; mais celui-ci avait eu l'avantage de pouvoir rendre la sienne plus complète, au moyen des officiers de la marine suédoise qui traduisirent eux-mêmes ses notes dans leur langue. La Compagnie n'en voulut pas moins avoir la facilité de comparer les deux traductions.

A la séance suivante, 25 janvier, l'Assemblée chargea Rochegude d'acheter à Paris deux hygromètres Buissart, deux eudiomètres Fontana[1] et deux machines électriques de poche. Celui-ci remit ces objets à la Compagnie le 13 septembre.

A la séance du 8 février, l'Académie résolut d'écrire au censeur royal Court de Gébelin, pour avoir la suite du *Monde primitif*, et lui demander à souscrire pour ce qu'il publierait à l'avenir sur le même objet. Celui-ci répondit à la fin du même mois, en accordant la souscription de ses ouvrages, et annonça l'envoi de ce qui était nécessaire pour compléter ce qui avait déjà paru. Il demandait, par contre, des renseignements sur les langues de l'Inde, en conséquence de quoi la Compa-

---

[1] Il est question de cet hygromètre dans le *Journal des savants* de juin 1781, page 381. Il était construit avec un tuyau de plume, au lieu des tubes d'ivoire de l'hygromètre De Luc. Buissart était un membre de l'Académie d'Arras. Quant à l'eudiomètre de Félix Fontana, physicien italien, pour mesurer la salubrité de l'air, il est fondé sur la propriété qu'a le gaz nitreux d'absorber l'oxygène.

gnie écrivit à Souillac et Souville, gouverneurs des îles de France et de Bourbon, pour se procurer lesdits renseignements, et, le 20 septembre 1782, elle lui envoya les premiers éclaircissements. Court de Gébelin, fils d'un ministre protestant, Antoine Court, qui a rédigé une *Histoire de la guerre des Camisards*, était né à Nîmes en 1725 et mourut en 1784. Son ouvrage capital, le *Monde primitif, analysé et comparé avec le monde moderne, considéré dans son génie allégorique et dans les allégories auxquelles conduisit ce génie*, fut loin de répondre à l'attente qu'il avait fait concevoir. C'est un livre d'une immense érudition, mais informe, systématique et diffus. Il n'en a paru que neuf volumes, de 1773 à 1782. Ils traitent des objets suivants : Allégories orientales; Grammaire universelle ; Histoire naturelle de la parole ; Histoire du calendrier ; Dictionnaire étymologique de la langue française ; le Monde primitif considéré dans divers objets concernant l'histoire, le blason, etc. ; Dictionnaire étymologique de la langue grecque.

Le 15 février, on arrêta de souscrire pour l'ouvrage de D. Georges Juan sur la construction, traduit par Lévêque. C'est le livre intitulé *Examen théorique et pratique, ou Traité de mécanique appliqué à la construction et à la manœuvre des vaisseaux et autres bâtiments*, par D. Georges Juan, etc., traduit de l'espagnol, avec des additions (pl.). Nantes, Malassis, Despilly, 1783, 2 volumes in-4°. L'auteur, qui avec D. Antonia de Ulloa avait accompagné Bouguer, La Condamine et Godin au Pérou en 1735, et que l'on considérait comme un des plus savants officiers de la marine espagnole, était mort en 1773, à l'âge de 60 ans.

Le 1er mars, on arrêta d'acheter le mémoire de Necker sur les finances du royaume. C'est le fameux *compte rendu*, ou état des recettes et des dépenses, que Necker fit paraître en 1781, par ordre de Louis XVI. Cette publicité appliquée pour la première fois au budget souleva contre Necker la coalition des privilégiés, et fut cause de sa chute la même année.

Le 17 mai, la Compagnie paya à Lironcourt, adjoint et commissaire du roi à Amsterdam, la somme de 321 livres 7 sols, pour achat de feuilles anglaises, en le priant de cesser l'abonnement, ces papiers ne remplissant nullement les vues qui les avaient fait demander.

Le 18 octobre, on arrêta d'employer la somme de 600 livres pour l'augmentation de la bibliothèque.

Publication du catalogue de 1781. — En 1781, fut publié à Brest, chez l'éditeur Malassis, le *Catalogue des livres de la bibliothèque de l'Académie royale de marine*, in-12 de 80 pages. Il comprend 1,018 ouvrages, répartis en quatre classes : Jurisprudence, 42 ; Sciences et arts, 644 ; Belles-lettres, 112 ; Histoire, 220, et divisés comme aujourd'hui, à cause des nécessités du local, en in-folio, in-4°, in-8° et in-12. Ce petit livre est encore à la bibliothèque du port de Brest.

Affaires intérieures. — Le 27 avril de l'année précédente, Fleuriot de Langle avait rendu compte à la Compagnie que Montluc lui avait dit avoir recueilli des papiers de feu M. Marguerie qui pouvaient intéresser l'Académie et qui se trouvaient à bord de l'*Annibal*. L'Assemblée fit réclamer ces papiers, et à la séance du 22 février 1781, Trédern de Lézerec, Duval Le Roy et La Prévalaye furent nommés commissaires pour en faire l'examen et le triage. Ceux n'ayant trait qu'aux sciences devaient être remis à l'Académie ; ceux de famille, rendus aux légitimes possesseurs. Nous avons déjà exprimé le regret que quantité des travaux de ce savant officier aient été perdus.

P. Levot, dans son excellente *Histoire de la ville et du port de Brest*, ne précise pas la date de l'arrivée du ministre Castries dans cette ville, en 1781. Il dut s'y rendre au commencement d'avril, attendu que le 12 de ce mois, il est question, dans le compte rendu des séances, de huit jetons portés en consommation pour le ministre et pour ceux qui l'ont accompagné, lorsqu'il est venu dans la salle de l'Académie. Le ministre arrêta l'exécution de plusieurs travaux importants, tels que l'acquisition de la place du château par la ville, l'agrandissement de la forme de Brest et la construction d'un observatoire.

Le 13 septembre, lecture avait été faite d'une lettre du baron de Servières, correspondant de l'Académie, demandant des notes sur l'établissement de l'Académie de marine, pour pouvoir le guider dans une histoire de toutes les Académies qu'il entreprenait. L'académicien adjoint Rochegude fut chargé de lui répondre. Celui-ci lui donna d'une manière assez sèche les renseignements demandés. Nous remarquons dans ses réponses les lignes suivantes : « Les membres de l'Académie n'ont que la gloire pour prix et l'utilité pour but. Quant aux sujets proposés chaque année, je ne crois pas qu'on doive en envoyer les noms. — Puisqu'il n'y a point de concours, il n'y a point de mémoires couronnés. — L'Académie a une bibliothèque qui s'augmente annuellement, et qui s'ouvre ordinairement mais à sa volonté pour les personnes attachées à la marine, ainsi que pour les officiers de la garnison, tous les jours de la semaine, excepté les jeudis, fêtes et dimanches. Elle regrette beaucoup de n'avoir ni observatoire ni cabinet de physique. »

Mouvements. — Ainsi que nous l'avons dit en 1780, une lettre ministérielle en date du 29 janvier 1781 avait autorisé la Compagnie à pourvoir aux places vacantes, au nombre de quinze, savoir deux honoraires, deux associés, quatre ordinaires et sept adjoints, sans compter les nouveaux vides qui allaient se faire dans le courant de l'année; mais l'Assemblée ne parut pas très pressée de profiter de cette autorisation.

Le 22 février, Forfait posa sa candidature pour une place d'adjoint. Ses titres étaient des plus sérieux. Pierre-Alexandre-Laurent Forfait, né à Rouen en 1752, avait fait de brillantes études sous les Jésuites de sa ville natale, et dès 1770 avait obtenu deux prix à l'Académie de Rouen. Couronné de nouveau en 1772, il était devenu, l'année suivante, membre adjoint de cette Académie. Entré la même année dans la marine avec une commission d'ingénieur-constructeur surnuméraire, il avait remporté en 1777 le prix offert par l'Académie de Mantoue pour le meilleur mémoire en latin sur le curage des fleuves et des rivières. Nommé sous-ingénieur, il resta attaché au port de Brest jusqu'en 1783, époque où il fut embarqué sur le *Terrible* dans l'escadre franco-espagnole commandée, devant Cadix, par le comte d'Estaing. Il fut nommé dans le courant de l'année.

Dans cette même séance du 22 février, Chabert, Duval Le Roy et La Prévalaye furent chargés par la Compagnie d'aller complimenter le comte d'*Hector* sur sa nomination au commandement du port de Brest. Charles-Jean comte d'Hector, chef d'escadre depuis 1779, pour sa participation au combat d'Ouessant, comme commandant de l'*Orient*, allait être bientôt nommé lieutenant-général des armées navales. Intérimaire de Guichen depuis le 25 janvier 1780, il avait été nommé titulaire le 1ᵉʳ février 1781, et exerça son commandement jusqu'en 1791, avec de nombreux intérims remplis par le marquis de la Porte-Vezins, capitaine de vaisseau. Le comte d'Hector doit donc être inscrit sur la liste des membres honoraires de l'Académie de marine, à partir de 1781.

Le 1ᵉʳ mars, l'enseigne de vaisseau Guidi, du port de Brest, demanda une place d'adjoint; il fut nommé la même année. Même demande fut formulée, le 8 mars, par Brûlé, médecin de la marine; mais celui-ci n'arriva à avoir que les secondes voix et ne fut pas élu.

Le 20 mars, à l'âge de cinquante-quatre ans, mourut Anne-Robert-Jacques Turgot, baron de l'Aulne, qui avait été ministre de la marine pendant un mois seulement de l'année 1774, et qui était sorti du ministère des finances en 1776. On pouvait appliquer à ce grand économiste le surnom de patriote, inventé, dit-on, par le duc de Saint-Simon pour Vauban.

Le 26 avril, la Société nomma correspondant l'abbé *Garat de Salagoïty*, professeur d'hydrographie à Bayonne, où il avait obtenu sa place au concours, après avoir exercé pendant dix-huit ans, comme professeur de philosophie à Toulouse et à Lyon, et comme prêtre dans les pays basques. Ses états de service ont été relevés par M. Didier-Neuville, dans la *Revue* de mai 1878.

Le 17 mai, le chevalier de La Coudraye, lieutenant de vaisseau, académicien adjoint de 1771, ordinaire depuis 1774, mis à la retraite, témoigna le désir de rester attaché à la Compagnie, en passant dans la classe des associés. Celle-ci lui offrit la vétérance ; mais comme il n'avait que neuf ans d'inscription au lieu de quinze années prescrites par l'article 11 du règlement, elle en écrivit au ministre. Castries refusa, par sa dépêche du 27 octobre, de lui accorder cette faveur, d'autant que sa résidence fort éloignée de Brest (sa terre de la Coudraye près Chinon en Touraine) ne lui aurait pas permis de partager les travaux de l'Académie. La Coudraye n'obtint la vétérance qu'en 1789.

Le 13 août, la mort de Duhamel du Monceau, à Paris, laissa vacante une place d'honoraire. Né dans cette ville en 1700, Henri-Louis Duhamel du Monceau était membre de l'Académie des sciences pour la botanique depuis 1728, inspecteur général de la marine depuis 1739, membre honoraire de l'Académie de marine à sa fondation en 1752. Toute la vie de ce savant avait été consacrée à l'étude et à la publication de nombreux ouvrages dont plusieurs ont trait à la marine. Les principaux sont, outre son *Traité de la fabrique des manœuvres* et ses *Éléments d'architecture navale* dont nous avons parlé en 1752 : *Moyens de conserver la santé aux équipages des vaisseaux*, 1759, in-12 ; *Du Transport, de la conservation et de la force du bois*, 1767, in-4° ; *Traité général des pêches et histoire des poissons qu'elles fournissent*, in-folio avec planches, dont le quatrième et dernier volume ne parut qu'en 1782.

Le 13 septembre, on lut une lettre de Josef *Gonzalez*, professeur d'hydrographie à Carthagène d'Espagne, demandant une place à l'Académie. Il fut nommé correspondant. Nous avons trouvé, dans les feuilles volantes de la Compagnie, l'original de la lettre où il pose sa candidature. Nous l'insérons ici textuellement, moins les fautes d'orthographe, pardonnables du reste à un étranger : « Monsieur, la renommée que l'Académie de Brest, dont vous êtes le secrétaire *perpétuel*, a prise dans toute l'Europe, a excité mes désirs d'être (quoique sans mérite) admis parmi ses membres. — J'espère, Monsieur, que vous aurez la bonté de présenter à l'Académie mes vœux à cet effet, et que comme attaché au service de la marine, vous voudrez bien accorder votre protection à un des moindres sujets de celle d'Espagne. — S'il est nécessaire de présenter quelques travaux pour marque de suffisance, je suis prêt à m'efforcer de remplir mon devoir dans ce point. — Je profite volontiers, Monsieur, de cette occasion pour vous assurer l'attachement avec lequel, etc. » Gonzalez a publié, en 1783, dans le *Journal des savants*, des observations astronomiques faites dans l'observatoire de Carthagène, en collaboration avec Mazzaredo.

Le jour même où Gonzalez était nommé correspondant, La Prévalaye rendait compte à la Compagnie du désir de Saint-Villiers, lieutenant de vaisseau, de remplir une place d'adjoint. Nous n'avons trouvé ce nom ni dans l'*Annuaire* de 1777, ni dans celui de 1783, ni enfin dans les listes de l'Académie.

Le 4 octobre, l'Académie nomma correspondant *Lowenorn*, lieutenant de vaisseau de la marine danoise. Né en 1751, à Copenhague, Paul de Lowenorn, après avoir débuté dans la marine de son pays, avait pris du service dans celle de France pendant la guerre d'Amérique et fait campagne sous Verdun de la Crenne et le comte d'Estaing. L'année même où il était nommé correspondant, il fut rappelé dans son pays et nommé commandant d'une expédition ayant pour but d'éprouver les horloges marines. Le résultat de ses observations fut consigné dans une relation qui parut à Copenhague en 1795.

Le 8 novembre, en même temps que l'Académie procédait à l'élection de ses officiers pour 1782, elle nommait à plusieurs places d'académiciens ordinaires, et par suite d'adjoints. Quatre de ces premières étaient déclarées vacantes. Les lieutenants de vaisseau Montluc de La Bourdonnaye et Rochegude, les capitaines de vaisseau Fougeroux de Secval et baron de Bombelles eurent les premières voix ; les lieutenants de vaisseau Rosily-Mesros et vicomte du Giron-Grenier, le sous-ingénieur Vial du Clairbois et le lieutenant de vaisseau Pierrefite de Champagny eurent les secondes. Dans son accusé de réception de 31 janvier 1782, le ministre Castries ne nomma que trois ordinaires, attendu, objecta-t-il avec raison[1], que leur nombre existant était de 22, et il ajourna à la première élection, comme étant le plus jeune des quatre adjoints proposés, Rochegude, qui se trouvait effectivement porté le quatrième dans la lettre du secrétaire La Prévalaye, en date du 12 novembre 1781, bien qu'il eût été proposé le second au scrutin. Rochegude fut donc écarté momentanément, et ne passa académicien ordinaire qu'en 1783. *Montluc*, *Secval* et *Bombelles* furent approuvés. Quant aux places d'adjoints, l'Assemblée n'en n'avait mis que deux au scrutin. *Guidi* et *Forfait* eurent les premières voix; Saint-Villiers et Brûlé, les secondes. Les deux premiers furent choisis par le ministre.

Le 17 novembre, l'intendant De la Porte, appelé à Paris par le ministre, pour remplir les fonctions d'intendant général de la marine, fut remplacé à Brest en qualité d'intendant par Frédéric-Joseph *Guillot*, commissaire général à Bordeaux. Ce fut donc, comme le comte d'Hector, un académicien honoraire de plus.

Le 29 novembre, l'Académie nomma correspondant le chevalier de *Forteguerry*, lieutenant de vaisseau de la marine toscane.

En décembre, était mort Jean Choquet, ancien commissaire général de la marine, retraité depuis 1773, académicien ordinaire de 1752, associé de 1769. Né à Brest en 1707, et fils d'un écrivain, c'était le frère aîné de Choquet de Lindu, l'ingénieur. Une de ses notes (s. n.), en 1754, porte : « d'une famille ordinaire, laborieux, intelligent, de sang-froid, joint à ces qualités une exacte probité. » Sa mort, dont il n'est pas fait mention dans les comptes rendus de la Société, laissait vacante une place d'associé.

Enfin, dans le courant de l'année, à une date que nous ne saurions préciser, s'était éteint, en activité de services, dans sa terre de Ville-Fayers, près d'Orléans, le fondateur principal de l'Académie de marine, ordinaire de 1752, honoraire de 1769, Sébastien-François Bigot, vicomte de Morogues. Né à Brest en 1705, entré à l'âge de dix-huit ans, au régiment de Royal-Artillerie, puis en 1736 dans la marine, il avait étudié les sciences nautiques sans renoncer à l'artillerie, et avait avancé

---

[1] Cette inadvertance de la Compagnie vient probablement de ce que sur ses listes manuscrites de 1779 et de 1780 elle avait oublié d'inscrire le chevalier de La Cardonnie, ordinaire de 1753 et de 1769, qui, retiré du service en 1784, figure encore comme ancien chef d'escadre et vétéran sur la liste de 1790.

dans les deux corps, puisqu'il était devenu, en 1767, inspecteur général d'artillerie, en 1771, lieutenant-général des armées navales. Il faillit même, dit-on, être nommé ministre de la marine après la disgrâce de Choiseul. L'*Espion anglais* ne lui est pas favorable. Tout en convenant qu'il ne manquait point de talent et qu'il était bon artilleur, il ajoute qu'il était encore plus intrigant. Cette appréciation provient vraisemblablement de la compétition qu'il y eut en 1760 entre lui et le comte de Roquefeuil, lequel se plaignait d'avoir été supplanté par Morogues, bien que plus ancien au service et dans les commandements. Mairobert ajoute que, dans les ports, on l'appelait le vicomte de *Morgue*. C'était, dit-il, un des conseillers de Boyne. Il a peu été à la mer, et ne s'y est nullement signalé. Nous ne lui connaissons guère en effet d'autre campagne que celle du *Magnifique*, à la journée de M. de Conflans, mais il paraît qu'il s'y comporta bien, et d'ailleurs ce qui est incontestable, c'est qu'il a rendu de grands services à la science. Aussi bien sommes-nous étonné de n'avoir vu aucune mention de cet officier général dans les registres de l'Académie de marine. Trédern de Lézerec, académicien ordinaire de 1779, était un de ses gendres; l'autre était Perrier de Salvert, adjoint de 1774.

A la fin de l'année 1781, le nombre total des académiciens était de 77, savoir : 8 honoraires, 7 associés, 25 ordinaires, 1 vétéran, 18 adjoints et autant de correspondants.

Les officiers élus le 8 novembre étaient :
Directeur : Petit, en remplacement du baron d'Arros ;
Vice-directeur : Verdun de la Crenne, en remplacement de Petit ;
Secrétaire : La Prévalaye, prorogé ;
Sous-secrétaire : Duval Le Roy, prorogé.

Disons tout de suite que ces deux derniers officiers furent continués dans leurs fonctions jusqu'à la fin de 1788.

XXII.

Année 1782.

En 1782, il y eut trente-sept séances, ainsi réparties : trois dans chacun des mois du premier trimestre, une en avril, deux en mai, autant en juin, trois en juillet, cinq en août, quatre en septembre, cinq en octobre, quatre en novembre, deux en décembre. Point de longue interruption, comme on le voit, et assemblées régulières d'août à décembre. C'était l'avant-dernière année de la guerre d'Amérique, celle de la défaite du comte de Grasse à la Dominique et des quatre premiers combats de Suffren dans l'Inde. Nous remarquons, parmi les officiers appartenant à l'Académie : au siège de Gibraltar, le capitaine de vaisseau Verdun de la Crenne, capitaine de pavillon du chef d'escadre Beausset sur le *Royal-Louis* ; dans l'armée navale du comte de Grasse, Granchain, qui avec le vicomte de Noailles et le capitaine Laurens, avait dressé les articles de la capitulation de York-Town et qui assista aux affaires de Saint-Christophe, lesquelles lui valurent le grade de capitaine de vaisseau à la promotion du 15 septembre 1782 ; Trédern de Lézerec, embarqué sur le bâtiment amiral la *Ville-de-Paris*, où il fut blessé grièvement lors de l'affaire de la Dominique, et promu également capitaine de vaisseau ; Bougainville, chef d'escadre ayant son pavillon sur l'*Auguste*, et qui fut loué par le conseil de guerre pour sa conduite jusqu'à midi, admonesté pour la seconde partie de la journée du 12 avril ; les capitaines de vaisseau baron d'Arros d'Argelos, commandant du *Languedoc*, comte Du Maitz de Goimpy, commandant du *Destin*, comte Le Bègue, commandant du *Magnanime*, qui furent déchargés de toute accusation par ce même conseil de guerre, ainsi que le sieur de Suzannet, lieutenant de vaisseau, commandant la frégate l'*Aimable*, qui allait devenir académicien adjoint en 1787 ; dans le conseil de guerre tenu à Lorient à l'occasion de la bataille de la Dominique, le lieutenant-général d'Arbaud de Jouques et le capitaine de vaisseau Thévenard, adjoints de 1769 et de 1771 et ce dernier commandant de la marine à Lorient ; dans l'armée du lieutenant-général marquis de Vaudreuil, qui fut loué par le conseil de guerre pour avoir sauvé la flotte, le chevalier Montluc de la Bourdonnaye, lieutenant de vaisseau commandant le *Sagittaire* ; dans l'escadre de Suffren, le capitaine de vaisseau Tromelin, commandant de l'*Annibal*, qui prit part aux quatre combats de Madras, de Provédien, de Négapatam et de Trinquemalé ; le lieutenant de vaisseau Perrier de Salvert, commandant de la *Fine*, qui manqua l'occasion, à Provédien, de prendre un vaisseau anglais de 50 canons, l'*Isis*, qu'il avait abordé et dont l'équipage était aux abois ; le lieutenant de vaisseau Rosily-Mesros, commandant, comme l'année précédente, la *Cléopâtre*, sur laquelle Suffren devait arborer son pavillon à Goudelour ; enfin, dans les

Antilles, le chevalier de Borda, capitaine de vaisseau, commandant le *Solitaire*, dont la capture, le 6 décembre, par une division anglaise que commandait le contre-amiral sir Richard Hughes, termina le bilan des événements militaires de l'année 1782.

I. L'ENCYCLOPÉDIE MÉTHODIQUE, PARTIE MARINE. — Il ne fut pas question, cette année, du Dictionnaire de l'Académie, et même la Compagnie nous semble avoir renoncé à cette publication, attendu que nous voyons, à la séance du 23 mai, Blondeau lire l'article *baromètre* pour l'*Encyclopédie méthodique*, partie *Marine*, ouvrage entrepris par lui et par l'ingénieur Vial du Clairbois, et dont le premier volume parut en 1783. Le travail de Blondeau en occupe les pages 99-116.

II. ATELIER DES BOUSSOLES. — Le même Blondeau lut aux assemblées du 10 et du 17 janvier un *Mémoire sur la construction d'un appareil magnétique propre à régler les boussoles marines et à donner une suite non interrompue d'observations très-exactes des mouvements diurnes de l'aiguille aimantée*. Fortin et Duval Le Roy furent nommés commissaires pour l'examen de ce travail, qui est dans le tome XI, pages 167-189. Leur rapport, lu le 21 mars et inséré à la suite du mémoire, pages 189-193, est des plus favorables à Blondeau : « Son appareil nous a paru très-heureusement imaginé et bien propre à fournir des observations exactes. L'aiguille avec laquelle elles doivent être faites doit être d'acier d'Angleterre ; il lui donne deux pieds de longs, cinq à six lignes de large et une demi-ligne d'épaisseur. Il la fait porter par un fil d'argent d'un vingtième de ligne d'épaisseur, évitant la suspension à pivot comme sujette à des altérations continuelles qui ne peuvent que modifier les mouvemen's spontanés de l'aiguille. Il suspend son aiguille de manière qu'elle soit placée de champ, afin d'éviter autant qu'il est possible les erreurs de direction qui peuvent être causées par la multiplicité des pôles magnétiques de l'aiguille ou par l'irrégularité de leur position. Il veut avec raison que tout son appareil soit parfaitement garanti des rigueurs de l'air, que rien de magnétique ne soit jamais à proximité de l'aiguille, qu'on puisse l'empêcher à volonté d'être frappée par les rayons du soleil et même par ceux de la lune... Il est presque superflu de dire qu'avec cet appareil on obtiendra avec exactitude non-seulement les variations diurnes de l'aiguille aimantée, mais encore sa déclinaison magnétique absolue. Toutes ces observations bien suivies, bien multipliées jetteront à la fin de la lumière sur la théorie du magnétisme. — L'établissement de cet appareil ne peut donc qu'être extrêmement utile. Ce qui achève bien d'en mettre l'utilité dans tout son jour, c'est la nécessité d'avoir un terme de comparaison, ainsi que le remarque M. Blondeau, auquel on puisse rapporter journellement la direction de chaque boussole qu'on construit, afin que ces boussoles marquent toutes de même dans le même lieu, et dans le même temps puissent donner des observations comparables, avantage immense pour la perfection de l'art et qu'on n'a pas encore obtenu. Les divers autres avantages, tous plus ou moins considérables, qu'on peut retirer d'un pareil établissement, sont trop faciles à apercevoir pour que nous nous arrêtions à les rapporter, et nous pensons qu'il remplit parfaitement les différents objets, tous de première utilité, que M. Blondeau a eu en vue, en le proposant. »

Le 11 avril, on fit lecture d'une lettre de Lévêque, le professeur d'hydrographie de Nantes, relative à une observation de l'éclipse de soleil du 17 octobre 1781, faite à Carthagène par Josef Gonzalez, avec les calculs qui en dépendent. L'observation de ce correspondant espagnol fut lue le même jour. Elle est dans le tome II des *Correspondants*, pages 295-298, sous le titre de : *Observation de la total emersion ó fin de l'eclipse de sol el dia 17 de octubre de 1781.*

Le 12 décembre, on lut un mémoire de Duval Le Roy sur la détermination de la longitude de Rochefort par l'observation de l'éclipse de soleil du 24 juin 1778. Fortin et Blondeau furent nommés commissaires pour l'examen de ce travail, qui du reste ne fut pas inséré et au sujet duquel nous lisons seulement, dans le compte rendu des séances à la date du 19 décembre : « D'après le rapport verbal de MM. Fortin et Blondeau sur le mémoire concernant la détermination de la longitude de Rochefort, à 14′ du méridien du Paris, tandis que dans la *Connaissance des temps* de ces années-ci, la Rochelle se trouve avoir cette longitude, il a été arrêté d'écrire à M. Jeaurat [1], afin de savoir si la longitude de la Rochelle a été vraiment déterminée par observation, jusqu'à quel point on peut compter sur cette détermination, etc., et par conséquent pouvoir juger celle de Rochefort. » Les longitudes aujourd'hui indiquées par la *Connaissance des temps* sont : 3°29′41″ pour la Rochelle ; 3°18′4″ pour Rochefort.

---

[1] Edme-Sébastien Jeaurat, astronome, membre de l'Académie des sciences, a publié, entre autres ouvrages, douze volumes de la *Connaissance des temps*.

L'Académie continuait aussi à s'occuper avec ardeur des baromètres de Blondeau. Le 25 février, elle écrivait au ministre pour lui rappeler sa démarche du 24 septembre de l'année précédente de cent tubes de fer de la manufacture de Tulle, pour construire, en même temps que les baromètres en fer, la machine de La Prévalaye pour connaître le tirant d'eau des bâtiments. Plusieurs épreuves, particulièrement celle du chevalier de Borda, avaient prouvé que le baromètre en fer de Blondeau possédait toutes les qualités qu'il devait avoir. Quant à la machine de La Prévalaye, elle avait paru également remplir son objet, d'après les expériences faites à bord de la *Résolue* par le lieutenant de vaisseau Fleuriot de Langle. Nous n'avons pas vu la réponse ministérielle ; mais, le 25 juillet, la Compagnie reçut vingt-deux tubes de fer et autant de bout de tubes. A la séance du 28 février, il avait été arrêté : 1° qu'on ferait construire un baromètre semblable à celui dont M. Paul de Lamanon avait donné la description à l'Académie des sciences, et dont ce naturaliste fit usage dans ses observations météorologiques[1] ; 2° qu'il serait donné à La Prévalaye un second baromètre marin, pour faire l'essai de la suspension à boudin imaginée par Blondeau. Le 13 juin, on lut un rapport de La Prévalaye sur la comparaison de deux suspensions de baromètres marins à bord des vaisseaux : l'une était celle de Cardan, employée jusqu'alors ; l'autre était cette même suspension à laquelle on avait ajouté le ressort Blondeau. Nous regrettons de n'avoir pu trouver ce rapport, qui devait faire ressortir toute l'importance de la découverte de Blondeau, et probablement avoir pour résultat de rendre inutile la construction de ses baromètres en fer. Le 26 septembre, Blondeau fut autorisé par la Compagnie à faire exécuter, aux frais de celle-ci, les baromètres nécessaires pour vérifier l'évaporation du mercure. Le 28 novembre, l'Assemblée reçut deux baromètres en fer, qu'elle avait commandés au sieur Caroché. Enfin, le 20 décembre, la Société écrivit au ministre pour lui annoncer le présent qu'elle lui faisait d'un baromètre en fer de Blondeau.

Les autres affaires relatives à l'atelier des boussoles n'étaient pas non plus négligées. Ainsi l'Académie arrêtait, le 1ᵉʳ août, de faire un

---

[1] Robert de Paul, chevalier de Lamanon, né en 1752 à Salon en Provence, correspondant de l'Académie des sciences de Paris et membre de celle de Turin, est mort en 1787, massacré par les naturels de l'île Maouna, en même temps que le commandant de l'*Astrolabe* Fleuriot de Langle. Lamanon était embarqué sur la *Boussole*.

rapport provisoire du compas de variation De Gaulle, et Borda, de Flotte ainsi que Blondeau étaient nommés commissaires pour faire ce rapport. C'est encore une de ces pièces que nous avons cherchées en vain dans tous les registres.

Le 12 septembre, Choquet de Lindu et Duval Le Roy furent nommés pour examiner et rapporter à l'Académie les moyens qu'ils jugeraient les plus propres à employer pour prévenir les ravages de l'humidité sur la machine à diviser et s'opposer à son dépérissement. Leur rapport ayant été lu et approuvé le 19, la Compagnie arrêta d'autoriser La Prévalaye à conférer avec le commandant de la marine, afin d'obtenir les ordres nécessaires pour les réparations urgentes qu'exigeait ce diviseur.

Le 26 septembre, le sieur Mercier ayant envoyé un sextant pour demander qu'on y apposât le sceau de l'Académie, Blondeau et Fortin furent nommés pour l'examiner et vérifier si cet instrument était fait avec assez de soin et de précision pour qu'on pût y appliquer cette marque d'approbation. Le 7 novembre, il fut décidé que Blondeau, Fortin et Duval Le Roy seraient autorisés par la Compagnie à faire désormais l'examen des sextants et autres instruments de cette espèce que le sieur Mercier serait dans le cas de construire, et que deux de ces commissaires suffiraient pour que l'examen fût légal.

Mais, de même que l'année précédente, la principale question agitée en 1782 fut celle de la construction d'un observatoire. Le 7 mars, La Prévalaye ayant présenté un plan de bâtiment à élever sur le terrain dont l'Académie avait proposé l'acquisition au roi pour y faire cet établissement, celle-ci avait approuvé le plan et autorisé son auteur à en conférer avec le comte d'Hector. Le commandant de la marine envoya au ministre le mémoire de la Compagnie à ce sujet. Castries, dans sa réponse en date du 25 mai, ayant donné la préférence à un terrain situé près du rempart, et demandé non seulement un devis estimatif de ce que pourraient coûter l'acquisition de ce terrain, ainsi que la bâtisse de l'édifice, mais encore les plans, coupe et profil dudit observatoire, Grenier et Choquet de Lindu furent nommés commissaires pour satisfaire aux demandes du ministre. A la séance suivante, 20 juin, il fut décidé que, les commissaires nommés par l'Académie ayant examiné de nouveau, par son ordre, les terrains contenus dans l'enceinte de la ville de Brest où l'on pourrait élever un observatoire, la Compagnie concluait, ainsi qu'elle l'avait déjà fait, que le seul qui convint était un terrain appartenant aux religieuses du Petit-Couvent[1]. Il réunissait tous les avantages qu'on pouvait désirer, sans qu'aucun fût balancé par le plus léger inconvénient, en supposant toutefois que le roi le possédât en totalité ; car s'il n'en devait posséder qu'une partie, les particuliers qui acquerraient, pour y bâtir, ce qui ne lui appartiendrait pas, rendraient infailliblement l'observatoire inutile, en élevant à l'entour des maisons dont la hauteur égalerait ou même surpasserait celle de l'édifice projeté. Dès le lendemain, 21 juin, l'intendant Guillot adressa au ministre les plans du bâtiment, dessinés dès 1779, sur les indications du chevalier de Borda, par Trouille, alors simple dessinateur au port de Brest. Le 22 août, la Compagnie arrêta de remercier le ministre du terrain qu'il avait ordonné d'acquérir, sitôt que l'acquisition en serait faite et que toutes les difficultés seraient levées. Ce même jour, Choquet de Lindu rendit compte d'un modèle de toit tournant qu'il avait imaginé pour une des tours de l'observatoire. Le 26 septembre, le même Choquet présenta encore à l'Académie les plans, profil et élévation de l'observatoire et autres bâtiments attenants projetés. On avait eu en effet dessein de réunir dans un même lieu tous les établissements scientifiques de la marine. Le 17 octobre, l'Assemblée, ayant approuvé le tout, chargea Le Bègue et Briqueville de remettre ce travail au comte d'Hector, pour le faire parvenir à la Cour et obtenir l'ordre de le faire exécuter. Mais le terrain en question n'ayant point été acquis pour le roi, ainsi qu'il avait semblé à l'Académie que le ministre l'avait ordonné, celle-ci arrêta, le 19 décembre, de faire quelques représentations à ce sujet à l'intendant, et en conséquence chargea Choquet de Lindu de suivre cette question. Le terrain fut enfin acheté, dit P. Levot dans son *Histoire de la ville et du port de Brest*, le 27 mars 1783. Mais il se passa encore douze années d'attente en projets présentés, acceptés et refusés, avant qu'on établît, en l'an V, le kiosque en bois du cours Dajot qui fut le premier observatoire de Brest. A cette dernière époque, l'Académie de marine avait cessé d'exister.

III. Physique. — Le 13 décembre de l'année précédente, un nommé Chauvel, dit le compte rendu des séances, avait fait la proposition à la Compagnie d'un nouveau bronze pour préserver le fer de la rouille.

---

[1] Sur cet emplacement, qui de nos jours a fait retour au domaine, ont été construits, dit P. Levot, *Histoire de la ville et du port de Brest*, II, 201, le palais de justice, le temple protestant et les maisons adjacentes.

La Société avait arrêté qu'il présenterait, à la première assemblée, un morceau de fer préparé selon sa méthode, pour qu'on pût le soumettre aux expériences propres à constater sa bonté. L'auteur donna, en effet, un spécimen revêtu de son bronze, et Blondeau fut chargé des expériences. Le 10 janvier, le rapporteur déclara que le morceau de fer préparé par Chauvel avait résisté à la rouille, ce qui n'empêcha pas la Compagnie de décider que, pour avoir une certitude complète, Blondeau continuerait les expériences. A la séance suivante, 17 février, Blondeau maintint les qualités de cette invention, et, le 31, le sieur Chauvel ayant proposé d'appliquer son bronze sur les baromètres en fer de Blondeau, l'Académie accepta sa proposition.

IV. MANŒUVRE. — A la première séance, celle du 10 janvier, on avait fait lecture d'une lettre d'un certain Arnould de Grandmaison, de Nantes, relative à des moyens qu'il avait imaginés pour préserver les vaisseaux du naufrage, et au sujet desquels il s'était proposé de demander le jugement de la Compagnie. Celle-ci, lui ayant répondu, le 17 février, qu'elle n'avait point eu connaissance des mémoires qu'il avait envoyés à ce sujet au ministre, et l'ayant invité à les lui faire parvenir, l'auteur les lui adressa au commencement d'avril. Son travail, lu le 11 du même mois, fut inséré dans le tome II des *Correspondants*, pages 257-295; mais, en dépit de la promesse de l'Académie de lui faire part du jugement qu'elle en porterait, nous n'avons rien trouvé à ce sujet dans la correspondance. Ce mémoire, intitulé : *Sur les moyens de préserver du naufrage une partie des vaisseaux qui sont jetés en côte par le mauvais temps*, ne comprend pas moins de 56 paragraphes. Encore n'était-ce, dans la pensée de l'auteur, que la première partie d'un travail qu'il aurait complété pour la Compagnie, si celle-ci, ce que nous ne croyons pas, avait songé à lui en manifester le désir. Il s'agit en effet tout simplement, dans ce travail diffus et vraisemblablement si mal écrit que bien des mots ont été passés par le copiste, d'un nouveau système de voilure pour les cas de mauvais temps. D'où nous présumons que l'auteur devait être quelque pilote ou caboteur. Il ne nous a paru présenter aucun intérêt, et la Société nous semble s'en être débarrassée honnêtement, en l'enterrant dans le registre des *Correspondants*.

Le 16 mai, on fit lecture d'une lettre, en forme de mémoire, de Lowenorn, officier de la marine danoise et correspondant de l'Académie, au sujet d'un *Nouveau phare établi sur les côtes de Suède*, dans *le Cattégat*. Ce document fut consigné dans le tome II des *Correspondants*, pages 300-305. Il s'agissait du feu de Marstrand, en face du cap Skagen, au nord de Gotheborg. Lowenorn écrivait qu'à sa connaissance c'était le premier phare construit en ce genre. Il était à réverbère, avec trois mèches et six réverbères de cuivre poli et fortement doré. Il tournait continuellement, au moyen d'une machine pareille à une horloge. Les mèches et les réverbères étaient attachés à un arbre vertical qui faisait une révolution autour de son axe dans l'espace de cinq minutes de temps, et produisait dans ce mouvement six éclats d'une lumière forte et trois d'une plus faible, ce qui empêchait de le confondre avec les autres phares. Lowenorn en envoyait à l'Académie un dessin très détaillé en trois feuilles, en même temps que deux cartes particulières des ports de la côte d'Islande, relevés par les officiers d'une frégate danoise envoyée dans cette île en 1776.

Le 25 juillet, autre lettre, celle-ci d'un inconnu (*sic*), relative à un nouveau loch, que son auteur priait la Compagnie de vouloir bien examiner, ainsi que le mémoire dans lequel il en donnait la description. L'Assemblée arrêta d'attendre, avant de soumettre ce loch à un examen, que ceux inventés par De Gaulle et dont cet hydrographe avait annoncé l'envoi à Blondeau, lui fussent arrivés, afin de pouvoir les comparer, en prononçant sur le mérite de chacun. De Gaulle, conformément aux ordres du ministre, en ayant adressé six à l'Académie, avec les mémoires relatifs à leurs usages, accompagnés de deux rapports de l'Académie des sciences, très favorables à cette invention, la Compagnie nomma Blondeau et La Prévalaye pour faire l'examen des sillomètres De Gaulle, en y joignant celui du mémoire anonyme remis à la séance du 25 juillet. Leur rapport, lu à l'assemblée du 19 septembre et approuvé par l'Académie, est dans le tome II des *Correspondants*, page 312. Il y est dit, relativement au sillomètre De Gaulle, que l'Académie de marine doit admettre purement et simplement les rapports de l'Académie des sciences, les commissaires ne pensant pas cependant que cet instrument puisse faire connaître la dérive du vaisseau avec la précision que l'auteur semble espérer. Ils croient que la Compagnie doit prendre les ordres du ministre pour l'embarquement de quelqu'une de ces machines, afin d'en constater la bonté par l'expérience. Quant au nouveau loch proposé dans le mémoire anonyme, il a tous les inconvénients de ceux imaginés d'après le loch Bouguer, dont il n'est qu'une très légère correction, et la qualité d'anonyme dispense l'Académie d'un rapport en forme sur ce mémoire, dont les désavantages sont d'ailleurs très détaillés dans le premier rapport de l'Académie des sciences sur le sillomètre De Gaulle. En conséquence de ce rapport, la Compagnie ayant écrit, le 20 septembre, au ministre, pour lui demander l'autorisation de faire embarquer trois sillomètres De Gaulle sur les vaisseaux actuellement armés, et ayant désigné nommément le capitaine de vaisseau La Galissonnière, commandant du *Conquérant*, comme devant apporter à ces expériences la plus scrupuleuse exactitude, Castries, par sa réponse en date du 29 novembre, acquiesça au désir de l'Académie, qui était du reste le sien propre, car il est dit dans la lettre à lui adressée : « Il paraît, Monseigneur, que votre intention est d'en faire constater la bonté par l'expérience. » Ce à quoi le ministre répond : « La construction de cet instrument annonçant des avantages qu'il est essentiel de faire constater par l'expérience, je mande à M. le comte d'Hector, etc. » Conformément au vœu du ministre, la Compagnie, dans sa séance du 10 octobre, arrêta de donner un de ces instruments à La Galissonnière, l'autre au lieutenant de vaisseau De Flotte, académicien adjoint. Le premier s'étant plaint que l'instrument qu'on lui avait confié avait souffert quelque dérangement, il fut décidé, le 14 novembre, qu'on le remplacerait par un autre. Le troisième sillomètre, ainsi que nous le verrons en 1783, fut confié à La Prévalaye, dont le rapport est le seul que nous connaissions.

Le 7 novembre, Blondeau ayant imaginé de substituer l'étain au cuivre pour le doublage des vaisseaux, l'Académie arrêta de constater lequel de ces deux métaux était le plus susceptible d'être rongé par l'eau de mer, en y plongeant deux plaques, l'une d'étain, l'autre de cuivre. Le 21 du même mois, Blondeau lut un mémoire sur la substitution de l'étain au cuivre pour le doublage des navires. La question n'eut pas de suite, sans doute parce que la proposition de Blondeau n'était pas un perfectionnement. Dans l'*Encyclopédie méthodique*, partie *Marine*, à l'article *doublage*, Forfait, qui donne une exposition complète et fort intéressante des procédés employés jusqu'à son époque pour le doublage en cuivre, ne parle pas de Blondeau. Il se contente de dire : « Les Anglais ont doublé des bâtiments en fer, en étain, en fer-blanc, en plomb, mais sans succès. »

V. MATHÉMATIQUES. — Les mathématiques ne furent pas entièrement abandonnées après la mort de Marguerie.

Le 3 octobre, Duval Le Roy lut une *Addition au mémoire imprimé dans le premier volume des Mémoires de l'Académie royale de marine sur la recherche d'équations différentielles susceptibles de devenir intégrables en les multipliant par des facteurs de forme donnée.* A la suite de cette addition, il remarquait qu'il y a des différentielles dont l'équation, qui devrait avoir lieu pour qu'elles fussent intégrables dans l'état où elles sont, donne l'intégrale. Enfin, il terminait son travail par une recherche des racines des équations du troisième degré, dans le cas irréductible, et il trouvait ces racines en les tirant immédiatement de l'équation du troisième degré par le seul calcul algébrique, sans recourir à la géométrie. Vial du Clairbois et Fortin furent nommés commissaires pour l'examen de ce travail, qui est dans le tome XI, pages 206-211. Leur rapport, lu le 11 octobre, a été inséré à la suite, pages 211-212. Les juges pensèrent que ce travail était digne de l'approbation de la Compagnie, et qu'il méritait d'être imprimé dans les volumes de ses *Mémoires*.

Le 28 novembre, Trédern de Lézerec remit un mémoire sur la résolution générale des équations. Ce travail fut donné à Fortin et à Duval Le Roy pour être examiné. Mais quelque temps après, 12 décembre, l'auteur le retira pour y faire quelques additions, et il ne le proposa pas vraisemblablement de nouveau, attendu que nous n'avons vu ni le mémoire, ni le rapport dont il devait être l'objet.

VI. CONSTRUCTION. — Le 29 août, le lieutenant de vaisseau chevalier de Suzannet présenta à l'Académie le plan et la description d'une machine qu'il proposait d'établir à bord des vaisseaux pour mesurer leur tirant d'eau. Le 12 septembre, on fit lecture du mémoire qu'il avait composé à ce sujet. Le ministre, par une lettre en date du 30 août, avait commis l'Académie pour juger ce mémoire et demandé qu'il lui fût adressé copie du rapport. En conséquence de cet ordre, la Compagnie nomma Briqueville et Vial du Clairbois commissaires pour l'examen de ce travail, qui est dans le tome II des *Correspondants*, pages 305-308, sous le titre de *Mémoire sur une machine propre à faire connaître le tirant d'eau des vaisseaux*. Le rapport des commissaires, lu et approuvé le 19 septembre, est à la suite, pages 310-311. Dans un premier article, totalement étranger au sujet principal, le chevalier propose, à l'imitation des Anglais, de placer à demi-distance entre chaque canon, ainsi qu'en avant et en arrière des dernières pièces, un piton à œil ou à organeau, pour y crocher un des palans du canon, ce qui donnera, dit-il, beaucoup de facilités pour le pointer en avant et en arrière, bien qu'il ne croie pas, comme le prétendent les Anglais, que ce piton doive amener la suppression des anspects. La seconde partie du mémoire contient la description d'un double niveau d'eau de l'invention d'un capitaine anglais, qui, placé à l'avant et à l'arrière du bâtiment, donne, par comparaison, la différence du tirant d'eau dans l'une et dans l'autre partie. On peut encore employer cet instrument, disait le chevalier, soit à nettoyer la cale au moyen de robinets, soit à inonder les poudres de la sainte-barbe. Les commissaires jugèrent que la pratique de l'organeau pouvait être admise, sans exclure cependant les anspects, qui n'étaient qu'un secours de plus; quant au niveau d'eau, il leur parut mériter beaucoup de considération. Ce rapport est signé, outre les commissaires désignés ci-dessus, du nom de Le Bègue. Le 26 septembre, l'Académie arrêta que, en envoyant au ministre le jugement de la Compagnie sur le mémoire de Suzannet, on lui adresserait en même temps le jugement qu'elle avait porté sur une autre machine proposée en 1780, sur le même objet, par La Prévalaye. La lettre rédigée par La Prévalaye lui-même, en sa qualité de secrétaire, est du 27 septembre. Le ministre y répondit, le 14 octobre, en disant qu'il mandait au comte d'Hector de faire faire des épreuves de l'une et de l'autre invention, qui prouvaient le zèle et le talent de leurs auteurs. Quelques jours auparavant, le chevalier ayant fait quelques représentations à l'Assemblée au sujet du rapport de son mémoire, il fut arrêté, le 10 octobre, d'y avoir égard, au cas où le ministre ferait quelques objections aux moyens proposés dans le rapport. Le 24 du même mois, la Compagnie écrivit à Castries pour lui rappeler que la machine de La Prévalaye avait déjà été exécutée, d'après les ordres donnés par le ministre lui-même, sur le rapport qui lui en avait été fait lorsque cet académicien l'avait proposé, rapport qu'on lui avait adressé en juillet 1780. M. De Langle, qui s'était chargé d'en faire l'épreuve dans sa dernière campagne, sur la *Résolue*, étant actuellement à Paris, pouvait faire part au ministre du résultat de cette épreuve, dont l'Académie n'avait pas encore eu connaissance, attendu que De Langle était parti de Brest aussitôt après son arrivée. Quant à la machine Suzannet, comme elle était peu dispendieuse, on l'avait déjà établie à bord du *Conquérant*, commandé par La Galissonnière, à un léger changement près, consistant en ce que les tubes étaient d'un plus grand diamètre, ce qui ne touchait nullement au fond de la machine. Le commandant de ce vaisseau se chargeait de l'expérimenter avec tout le soin possible, et d'en faire le rapport à son retour. Castries répondit le 7 novembre, en disant qu'il demandait au chevalier De Langle le résultat de l'épreuve pour la machine de La Prévalaye ; qu'à l'égard de celle du chevalier de Suzannet, il mandait au comte d'Hector d'en faire faire l'épreuve sur tous les vaisseaux où elle pourrait être établie. Dans une seconde lettre, du 15 novembre, il annonçait à la Compagnie la copie du compte rendu de De Langle. De cette lettre, qui a été transcrite dans un des registres de la correspondance avec le ministre, il ressort, comme le disait Castries, que les expériences faites sur la *Résolue* avaient eu du succès, et qu'il y avait lieu d'espérer que cette machine pourrait être employée très utilement.

Le 28 novembre, l'Académie prit l'arrêté suivant : « Dans le *Journal*
« *des savants* du mois actuel, il est fait mention d'un métal particulier
« plus dur que le fer, avec lequel les Anglais font tous leurs clous à
« l'usage de la marine. Comme il ne peut être que très avantageux
« pour la marine d'avoir connaissance de cette invention, M. Blondeau
« a été chargé par l'Académie d'écrire à Calais pour tâcher d'en acqué-
« rir quelqu'une (*sic*), et, s'il est possible, pour se procurer des modè-
« les de ces clous. » Nous avons transcrit textuellement et pour mémoire cet arrêté, ne sachant pas quelle suite fut donnée à cette affaire.

VII. HYGIÈNE NAVALE. — Le 21 mars, on lut une lettre du duc de Croy, académicien honoraire, accompagnant un mémoire qu'il adressait à l'Académie sur le moyen de purifier l'air des vaisseaux par le secours du vinaigre, avec des détails sur la manière d'employer cet acide, pour lui faire produire tout l'effet qu'on doit en attendre. Au lieu du procédé ancien, qui consistait à jeter le vinaigre sur une pelle rouge, ou à plonger un boulet rougi au feu dans un seau de vinaigre, l'auteur conseillait d'employer cet acide à froid et de le répandre en pluie fine, au moyen d'un goupillon. A la suite de ce mémoire, qui fut lu dans la séance même du 21 mars et inséré dans le tome XI, pages 195-199, il fut arrêté de faire venir par la poste l'antiméphitique de Janin, qui était prôné à la suite de ce travail pour désinfecter les fosses, et dans les assemblées du 21 novembre et du 12 décembre, Blondeau lut à son tour, sur le méphitisme de l'air des vaisseaux, un travail qui n'a pas été inséré.

VIII. DROIT INTERNATIONAL. — Il était, comme les années précédentes, représenté par Groult.

Le 5 septembre, on lut de ce correspondant une lettre avec un *Mé-*

moire expositif de l'objet et utilité des conférences maritimes qui se tenaient chez lui, ainsi qu'un *Avis touchant l'étude de la législation maritime*, étude qu'il se proposait d'insérer dans les papiers publics, mais que préalablement il soumettait au jugement de l'Académie. Celle-ci nomma, à cet effet, Fortin et Blondeau commissaires. Leur rapport, lu et approuvé le 19 septembre, fut sans doute envoyé à l'auteur avant d'être inséré, car nous ne l'avons point vu. Mais l'avis de Groult est dans le tome II des *Correspondants*, pages 325-328, et le mémoire qui se trouve à la suite, pages 328-335, termine le volume. Ce travail nous a semblé confus; mais les conférences gratuites qu'il tenait à Cherbourg étaient une idée heureuse en même temps qu'un service rendu à la marine. Là, point d'enseignement dogmatique; point de maîtres ni d'écoliers; chacun pouvait y présenter des analyses des principales lois maritimes. Une correspondance réglée permettait à ceux qui ne se trouvaient pas à Cherbourg de poser des questions, soit de bibliographie, soit de jurisprudence, dont on leur faisait parvenir la solution.

IX. VARIA. — Le 21 mars, Blondeau ayant proposé à la Compagnie le modèle d'un moulin à pédales inventé par le sieur Berthelot, moulin dont l'essai avait été fait à l'École militaire, l'Assemblée nomma Blondeau et Forfait commissaires pour examiner le rapport qui avait été fait de cette machine par le sieur Parmentier, pensionnaire de l'Hôtel des Invalides, et, d'après leur compte rendu, arrêta le 11 avril : 1° qu'il serait construit un moulin pour moudre la farine, sur le modèle de l'auteur; 2° qu'il serait fait copie du rapport de Parmentier. Le travail de celui-ci est dans le tome II des *Correspondants*, pages 239-255; le rapport de Blondeau et de Forfait, inséré à la suite, pages 255-256, se trouve encore reproduit pages 299-300 du même volume. Quoique d'accord avec Parmentier sur les avantages du moulin à pédales, les commissaires jugèrent néanmoins que tel qu'il était employé dans le moulin économique de Berthelot, il causait une perte notable dans la force motrice, et ils proposèrent un mouvement circulaire destiné à diminuer cette déperdition de forces. Claude-François Berthelot, né en Franche-Comté, en 1718, mort en 1800, était un ingénieur mécanicien, professeur à l'École militaire, qui, outre son moulin à bras, a inventé, pour le service des côtes et places de guerre, l'affût désigné sous le nom de Gribeauval. Il a laissé un important ouvrage sur la *Mécanique appliquée aux arts, aux manufactures et à la guerre*. Quant à Parmentier, c'est le célèbre agronome qui a perfectionné la boulangerie et consacré sa vie à populariser l'usage de la pomme de terre comme aliment. Son livre du *Parfait boulanger* est de 1778.

Dans la même séance du 11 avril, Blondeau lisait une lettre où il était fait mention du degré de perfection auquel un habitant de Saint-Quentin avait élevé le mécanisme de M. Vera, facteur de la poste, à Paris. En dépit de toutes nos recherches, nous n'avons pu découvrir ce qu'était cette machine qu'à la séance du 31 juillet Blondeau proclamait comme très perfectionnée en Angleterre. On le chargea d'écrire à Lalande, pour tâcher d'avoir connaissance du degré de perfection qu'elle avait acquis.

Enfin, le 23 mai, Blondeau fit encore part à l'Académie d'épreuves faites à Paris de cuirs préparés par un sieur Potal, maître cordonnier, de manière que l'eau ne les pouvait pénétrer. Comme ces épreuves déposaient en faveur de l'invention, la Compagnie arrêta d'écrire pour se procurer tous les renseignements nécessaires au sujet de cette découverte, dont l'utilité pouvait être fort grande pour la marine. Là encore s'arrêtent nos informations.

Dons d'ouvrages. — Les ouvrages offerts à l'Académie en 1782 furent les suivants :

Le 31 janvier, hommage d'un poëme sur la *Navigation*, en quatre chants, par Grée, conseiller de l'amirauté de la Rochelle, in-8°. La Compagnie lui fit répondre le 7 février, tout en le remerciant, que comme la poésie ne faisait nullement partie de son objet, elle ne pouvait lui promettre de jugement sur l'addition qu'il se proposait de faire à ce poëme; mais que si, tournant ses vues vers des objets d'utilité, il parvenait à faire des observations et des expériences nouvelles relatives à la marine ou aux sciences et aux arts qui y ont rapport, elle en porterait bien volontiers son jugement et applaudirait à ses succès. L'ouvrage est enrichi de notes. Dans la préface, l'auteur dit « que l'amour de la patrie lui a seul servi d'Apollon ». L'estampe de la première page représente le prince de Béarn (depuis Henri IV), âgé de 15 ans, tombant à l'eau et sauvé par un capitaine marchand de la Rochelle, appelé Lardeau.

Le 11 avril, don d'un *Vocabulaire anglais et persan*, par le marquis de Briqueville, capitaine de vaisseau et académicien ordinaire. Nous ne l'avons pas trouvé dans le catalogue de 1788.

Le 23 mai, envoi de deux *cartes de quelques baies d'Islande* avec trois *plans des phares établis sur les côtes de Suède*, par Lowenorn, lieutenant de vaisseau de la marine danoise. Nous en avons déjà parlé sous la rubrique *Manœuvre*. Fleurieu en demanda une copie à l'Académie et Blondeau se chargea de la faire exécuter. Le 3 octobre, la Compagnie nomma Vial du Clairbois et Fortin commissaires pour vérifier si les copies faites par les soins de Blondeau étaient bien conformes aux originaux ; et ces commissaires ayant fait leur rapport le 10 octobre, elle décida, dans la séance du 24, de payer la somme de deux louis pour ces copies.

Le 13 juin, don de six exemplaires imprimés d'un *Mémoire* du duc de Croÿ *sur le passage par le Nord*. Paris, 1782, in-4°.

Le 1er août, un étalon de la toise de France, exécuté par Ganivet, sous la direction de l'Académie des sciences, est offert par M. Chabert. Choquet de Lindu fut chargé de l'arrangement convenable pour conserver avec soin cet étalon et le disposer de manière qu'on pût commodément en faire usage, sans être obligé de le déplacer.

Le 12 septembre, *Histoire de Rochefort*, par le P. Théodore de Blois, capucin, in-4° donné par le comte de Chavagnac, lieutenant de vaisseau du port de Brest. L'ouvrage avait paru en 1733.

Achats. — Le 14 février, la Compagnie ayant jugé qu'il serait nécessaire, pour le service de l'atelier des boussoles, de faire l'acquisition de plusieurs machines et outils appartenant au nommé Denis, ouvrier de cet atelier, qui était mort au commencement de l'année, arrêta d'engager l'intendant à faire cette acquisition au nom du roi, d'après l'estimation faite par le sieur Fournier, maître serrurier du port, qui avait évalué le tout à la somme de cent vingt livres. Au mois d'octobre de la même année, l'Académie recommanda au ministre la veuve de cet ouvrier, qui avait servi pendant vingt-cinq ans sans être entretenu, et en obtint un secours de trois cents livres, payé sur le fonds des Invalides de la marine.

Le 21 février, il fut arrêté de souscrire pour la nouvelle édition de l'*Encyclopédie méthodique* par ordre de matières, 209 vol. in-4° et gr. in-4°, et de faire l'acquisition des ouvrages suivants: *Supplément au traité de la Corderie* et *Traité de physique des arbres*, par Duhamel du Monceau, in-4°, et le dernier ouvrage en 2 volumes; *Nouvelles Découvertes des Russes*, traduit de l'anglais de Coke, par Demeunier, 1781, in-4°; *Dictionnaire raisonné de physique*, de Brisson, 1781, 3 vol. in-4°.

Le 7 mars, on arrêta de faire l'acquisition des trois premiers volumes des *Mémoires de l'Académie de Bruxelles*, 1780, 4 vol. in-f°.

Le 13 juin, on décida d'acheter l'*Essai sur l'électricité*, du comte Lacépède, 1781, 2 vol. in-8°, et l'on souscrivit pour les *Nouveaux Principes de physique*, de Carra, dont deux volumes avaient paru. L'ouvrage complet est en 4 vol. in-8°.

Le 4 juillet, on arrêta de se procurer l'*Art de la voilure*, par Romme, le professeur de mathématiques de Rochefort, 1781, in-f°.

Le 25 juillet, arrêté de faire l'acquisition d'un ouvrage intitulé : *Introduction et plan d'un traité général de la navigation intérieure du royaume*. Sur le catalogue de 1788, nous avons vu un ouvrage en 2 vol. in-8°, de Fer de la Nouerre, qui porte un titre analogue, mais il est à la date de 1786.

Le 3 octobre, on décida l'achat des ouvrages suivants : *Recherches et calculs sur la vraie orbite de la comète de 1769* ; les *Éphémérides de Berlin* ; le *Système du monde*, par Lambert ; le *Traité des comètes*, du même auteur ; la *Nosologie méthodique* et les *Chefs-d'œuvres*, du docteur Sauvages de la Croix, traduction du latin par Nicolas, 1771 et 1770, 3 vol. in-8° et 1 vol. in-12 ; les *Expériences sur l'électricité*, du docteur Jallabert, Genève, 1749, in-12 ; le *Traité des affections vaporeuses*, par Pomme, 1782, in-4°; le mémoire de M. d'Étienne contenant la recette de son ciment ; les *Éléments de chimie théorique et pratique* de l'Académie de Dijon ; le troisième volume, qui paraissait, de l'*Histoire de l'astronomie ancienne et moderne*, de Bailly, in-4°; le *Traité de la force des bois*, par Lecamus de Mézières, 1782, in-8°; le *Traité d'architecture*, de Dupuis, 1782, 2 vol. in-4°. Nous n'avons pas trouvé, dans le catalogue de 1788, quelques-uns de ces ouvrages, qui peut-être ne furent pas achetés.

Le 31 octobre, on souscrivit pour l'édition in-4° des *Œuvres de Voltaire*, par Beaumarchais. C'est l'édition dite de Kehl, en 70 volumes. L'éditeur, qui avait gagné une grande fortune dans l'affaire des soixante mille fusils vendus aux Américains, se ruina par cette publication. L'Académie de marine donna immédiatement cinq louis. L'ouvrage ne parut qu'en 1785 et ne fut terminé qu'en 1789.

Le 14 novembre, il fut arrêté de souscrire pour le *Cours complet d'agriculture*, de l'abbé de Rozier, dont deux volumes avaient paru en 1781. L'ouvrage, en 10 vol. in-4°, ne fut terminé qu'en 1788. L'auteur mourut au siège de Lyon, en 1793.

Affaires intérieures. — En juillet, le grand-duc et la grande-duchesse de Russie (Paul et sa seconde femme la princesse de Wurtemberg, nièce du grand Frédéric) arrivèrent à Brest, sous les noms de comte et comtesse du Nord. Ils vinrent à l'Académie de marine, où ils virent la salle des modèles, attendu qu'à la séance du 4 juillet il est fait mention d'un don de sept jetons en leur faveur. Ils avaient déjà visité la Pologne, l'Autriche, l'Italie, les bords de la Loire; ils revinrent dans leur pays par Amiens, les Pays-Bas, la Hollande, la Suisse et l'Autriche. Ils n'avaient vu ni Berlin ni Londres.

Dans le courant de l'année, la Compagnie ayant renouvelé sa demande d'une obtention de brevet en faveur de son bibliothécaire, le sieur Vincent, cette faveur lui fut enfin accordée par une lettre de Castries, en date du 28 septembre. Ce qui avait principalement contribué à décider le ministre, c'est le parti que l'Académie avait pris de rendre sa bibliothèque publique.

Mouvements. — Il y eut peu de mouvements en 1782.

Le 11 avril, on lut une lettre de Briqueville, académicien ordinaire, proposant pour correspondant un lieutenant de vaisseau de la marine danoise, *Stiboll*, qui fut accepté. Cet officier s'était trouvé à différents combats sur la *Ville-de-Paris*. Quand il retourna dans sa patrie, au mois de juillet 1782, le roi Louis XVI lui accorda une pension de 300 livres.

Le 1er juillet, mourut à Bourbonne-les-Bains (Haute-Marne), à l'âge de 68 ans, le lieutenant-général comte Aymard Joseph de Roquefeuil, vice-amiral et grand-croix de Saint-Louis, né à Brest le 19 mars 1714. Il servit activement sur l'*Actif*, le *Protée* et l'*Hector*, dans la guerre coloniale. Aussi instruit que dévoué aux intérêts de la marine, il avait concouru, en 1752, avec Morogues, à la création de l'Académie et en 1769, il en avait obtenu la reconstitution et coopéré aux travaux de la Société par de nombreux mémoires, que nous avons signalés. Sa mort laissait vacante une place d'honoraire. Le 12 août, l'Académie écrivit au ministre une longue lettre pour lui demander cette place d'honoraire en faveur de *Chabert*, sans assujettir à la concurrence cet académicien, distinction que la Compagnie voulait lui accorder, en considération des services importants qu'il avait rendus à la navigation et à la géographie. Dans cette lettre, l'Académie rappelait en effet que, dès 1741, Chabert, n'étant encore que garde de la marine, avait levé des plans de rades et de côtes assez étendues dans la Méditerranée, par des opérations géodésiques dont les originaux sont conservés au Dépôt ; qu'en 1746, il avait levé la baie de Chibouctou au Canada ; en 1750 et 1751, déterminé la position d'un grand nombre d'endroits de l'Amérique septentrionale, tous travaux exécutés par conséquent avant même la fondation de l'Académie de marine ; qu'il était le premier qui eût appliqué avec succès l'astronomie à la géographie et à la navigation ; que lors de la première fondation de l'Académie, à laquelle il avait concouru, son mérite l'y fit comprendre dans la classe des académiciens ordinaires, par exception au règlement, bien qu'il ne fût encore qu'enseigne ; que n'ayant pas cessé depuis cette époque de faire preuve du plus grand zèle et des lumières les plus étendues, l'Académie des sciences l'avait admis en 1758 au nombre de ses membres ; que, bientôt après, il entreprit de lever la carte de la Méditerranée, travail immense, à cause du grand nombre de lieux dont il lui avait fallu déterminer ou rectifier la position ; qu'il fit servir, le premier, à la perfection de la géographie les horloges marines, dont il avait prévu les grands avantages avant qu'elles existassent ; que, dans les campagnes du comte d'Estaing et du comte de Grasse, il porta au plus haut degré d'évidence l'utilité dont ces horloges sont dans la navigation ; qu'il avait fait naître dans tout son corps le désir de les employer, en annonçant par des signaux aux autres vaisseaux la longitude qu'elles lui donnaient. C'était en considération de tant de services importants et de beaucoup d'autres qu'il serait trop long d'énumérer, que la Compagnie sollicitait pour lui cette faveur. Par sa dépêche en date du 21 décembre, Castries répondit qu'il ne pouvait qu'applaudir au choix que l'Académie faisait du marquis de Chabert comme honoraire, et qu'il croyait devoir seconder le vœu de l'Assemblée, en dispensant cet académicien de la concurrence prescrite par le règlement, cette prédilection ne pouvant tirer à conséquence concernant un savant comme Chabert.

Le 30 août, s'éteignit, à l'âge de 99 ans, un des premiers protecteurs de l'Académie de marine, l'antiquaire Joseph Pellerin, né à Marly-le-Roi, près Versailles. Entré en 1718 dans les bureaux de la marine, il avait été retraité en 1745 comme premier commis. Son fils, qui devint intendant des armées navales, lui succéda dans son emploi. Après sa retraite, Pellerin rassembla un médailler qu'il vendit 300,000 fr. à Louis XVI, lequel lui en laissa l'usufruit. Il a érigé la numismatique en véritable science.

A la fin de l'année 1782, le nombre total des académiciens était de

75, ainsi répartis : 8 honoraires, 7 associés, 24 ordinaires, 1 vétéran, 17 adjoints, 18 correspondants.

Le 7 novembre, l'Académie procéda à l'élection de ses officiers pour l'année 1783. Ce furent :

Directeur : Le Bègue, en remplacement de Petit ;
Vice-directeur : Trédern de Lézerec, en remplacement de Le Bègue ;
Secrétaire : La Prévalaye, prorogé ;
Sous-secrétaire : Duval Le Roy, prorogé.

XXIII.

Année 1783.

En 1783, dernière année de la guerre d'Amérique, trente-trois séances, savoir : trois en janvier, deux en février, trois en mars, une en avril, cinq en mai, quatre en juin, cinq en juillet, deux en août, quatre en septembre, trois en octobre, aucune en novembre, une en décembre. Le traité préliminaire de paix entre la Grande-Bretagne, les États-Unis et la France avait été signé à Paris le 30 novembre de l'année précédente ; les articles préliminaires du traité de Versailles entre la France et l'Angleterre, l'Angleterre et l'Espagne, sont du mois de janvier 1783. Quant au traité définitif, il fut signé le 3 septembre.

I. ENCYCLOPÉDIE MÉTHODIQUE, PARTIE MARINE. — Le 30 mai, lecture fut faite d'une lettre de Groult, correspondant de Cherbourg, relative à un mémoire d'observations qu'il adressait à l'Académie sur différents articles du dictionnaire de jurisprudence de l'*Encyclopédie méthodique* omis ou traités imparfaitement dans ce dictionnaire. La Compagnie arrêta que Blondeau examinerait ce mémoire de Groult et ferait passer aux rédacteurs de l'*Encyclopédie* la partie qu'il croirait leur être utile pour perfectionner ou compléter leur travail. Groult ayant insisté, au commencement de juillet, pour que l'Académie entreprît la partie du droit, l'Assemblée du 10 chargea Blondeau de lui répondre que la Compagnie considérant cet objet comme n'étant pas tout à fait de son ressort, elle ne pouvait s'en occuper. Effectivement, elle n'a travaillé qu'aux trois volumes composant la partie *Marine*.

Le 2 octobre, Blondeau fit remettre à la Compagnie un exemplaire de la moitié du premier volume du *Dictionnaire de marine* faisant partie de l'*Encyclopédie méthodique*. C'était neuf jours avant sa mort, dont nous parlerons plus loin. L'Académie, de son côté, semblait avoir renoncé à l'idée de faire imprimer son Dictionnaire, dont nous n'aurons plus occasion de parler désormais. Le premier volume de l'*Encyclopédie méthodique*, partie *Marine*, est précédé d'un discours préliminaire par Vial du Clairbois, d'un tableau analytique et d'un arbre encyclopédique. Blondeau s'était chargé de l'édition, conjointement avec Vial du Clairbois; sa mort rendit ce dernier seul éditeur. Il a été aidé par Duval Le Roy, non seulement pour l'hydrographie et la partie nautique, mais encore pour la partie des mathématiques concernant la construction et les mouvements du vaisseau, par Forfait et le chevalier de La Coudraye, enfin par plusieurs autres collaborateurs, étrangers à l'Académie de marine. Le principal est Savérien, dont nous avons parlé au début de cette étude.

II. ASTRONOMIE. — En revanche et jusqu'à la fin de son existence, la Société s'occupa d'astronomie. Le 6 juin, on fit lecture d'une lettre du professeur d'hydrographie du Havre, De Gaulle, par laquelle l'auteur se plaignait du long silence de l'Académie sur le compas qu'il lui avait adressé pour qu'elle l'examinât et en fit le rapport. La Compagnie arrêta qu'elle chercherait le compte rendu qui en avait était fait, et qu'elle le lui transmettrait. Le 27 mars, seconde lettre de De Gaulle, pour se plaindre de nouveau que l'Académie lui fait trop attendre son jugement sur ses boussoles. Celle-ci décida de répondre à ce professeur pour lui expliquer les raisons du retardement dont il se plaignait. Nous avons dit, l'année précédente, qu'il nous avait été impossible de retrouver le rapport provisoire des commissaires Borda, De Flotte et Blondeau sur le compas De Gaulle. L'embarras de la Compagnie explique l'inutilité de nos recherches.

Le 20 juin, lecture fut faite d'un mémoire de Guidi, enseigne de vaisseau et académicien adjoint, sur l'usage et les moyens de vérification du cercle de réflexion. Blondeau, Duval Le Roy et La Prévalaye furent nommés commisssaires pour l'examen de ce travail, qui a été inséré dans le tome XI, pages 235-255, sous le titre de *Mémoire sur la construction et l'usage du cercle de réflexion*. Leur rapport, lu et approuvé le 3 juillet, est à la suite, pages 255-256. En voici la teneur : « Le mémoire de M. Guidi sur la vérification du cercle de
« réflexion et sur les moyens d'en faire usage nous a paru propre à
« donner une véritable connaissance de cet instrument, dont l'usage

« n'est pas assez répandu dans la marine, malgré son utilité bien
« reconnue pour la détermination des longitudes en mer. On doit donc
« savoir grand gré à l'auteur du mémoire d'avoir donné les moyens
« de s'en servir avec sûreté. — Quant à la proposition qu'il fait d'un
« instrument du même genre, mais d'un plus grand rayon, pour la
« détermination des longitudes à terre, ses raisonnements nous parais-
« sent fondés, et nous pensons qu'on devrait s'occuper de faire l'essai
« et de cet instrument et de la mécanique qu'il propose pour le pied,
« qui permettrait de s'en servir à terre. »

III. Atelier des boussoles. — Relativement à ce qui concerne l'atelier des boussoles, l'Académie arrêta, le 23 janvier, d'écrire à M. de la Blancherie, pour avoir connaissance des moyens employés en Allemagne pour rendre le cuivre aussi sensible à l'aimant que l'acier lui-même. Cette question fut reprise le 13 mars, et l'on décida de demander à M. de la Blancherie quelques détails sur cette découverte. Le 27, on s'abonna à son journal. Nous dirons, à l'article *Achats*, ce qu'était, croyons-nous, cette publication.

La Compagnie continua aussi son marché pour les baromètres avec le sieur Mercier. Le 14 août, elle le renouvela, pour la construction de cinquante baromètres en fer, dont un cinquième au plus à dilatation, au prix de 80 livres l'un portant l'autre.

Le 27 novembre, elle arrêta que De Langle solliciterait auprès du comte d'Hector, commandant de la marine, pour la prompte réparation de la maison destinée au diviseur. Enfin, le 18 décembre, sur la proposition du sieur Mercier, de couvrir en cuivre le limbe du diviseur, pour prévenir la destruction par la rouille des divisions de ce limbe, elle ordonna un devis estimatif de cette dépense.

IV. Physique. — Le 3 juillet, l'Académie s'était donné une machine électrique, pour la somme de 720 livres. A la suite de cette acquisition, elle considéra que le meilleur usage qu'elle en pourrait faire était de répandre dans le public les connaissances relatives aux phénomènes électriques, qui préoccupaient toute l'Europe, depuis la découverte de Franklin et de mettre à même les travailleurs de suivre les recherches qu'elle se proposait de faire sur une partie aussi importante de la science physique. Mue par ces considérations, elle chargea, à l'unanimité des voix, le professeur des gardes-marine de Brest, Duval Le Roy, d'ouvrir, pour le commencement de l'année 1784, un cours public d'électricité, qui se tiendrait dans la salle d'assemblée de l'Académie. Elle l'autorisa, en conséquence, à lui proposer l'acquisition soit des livres, soit des instruments dont il présumerait avoir besoin pour les expériences propres à rendre ce cours aussi complet que possible, et elle s'engagea à les lui procurer, ainsi que tous les secours de différents genres qu'il pourrait désirer. Enfin, elle pria son directeur Le Bègue de s'entendre avec le capitaine de vaisseau Desfarges de la Vaultière, commandant de la compagnie des gardes-marine du port de Brest, pour l'engager à concourir à ce projet, et à seconder les vues de l'Académie, en fixant, d'un commun accord, un jour de la semaine, dont pourrait disposer Duval Le Roy pour remplir cette fonction nouvelle. Le cours n'eut pas lieu, du moins en 1784[1]. La machine électrique de la Compagnie ne fonctionnait pas, à cause de l'humidité du climat de Brest que l'on ne savait pas encore comment combattre, et plus tard, il n'en fut plus question, que nous sachions.

Cependant un horloger de Brest, nommé Diard, avait été chargé, moyennant une gratification de 200 livres, de rendre la machine électrique de l'Académie susceptible de donner l'électricité positive et négative. Le 11 septembre, cet horloger vint communiquer à l'Assemblée qu'il avait observé, dans l'éclipse de lune du mois de mars 1783, que sa machine, qui produisait une forte électricité par suite d'une préparation particulière et connue de lui seul, avait commencé à en produire moins dès le commencement de l'éclipse, qu'elle en avait produit de moins en moins à mesure que l'éclipse avançait, au point de n'en plus produire du tout vers le milieu du phénomène; puis, que l'électricité de sa machine s'était rétablie par degrés et était redevenue la même qu'auparavant, à la fin de l'éclipse. En conséquence de cette affirmation, l'Académie chercha à s'assurer si le même fait se produirait pendant l'éclipse du 10 septembre. L'expérience ayant été faite avec deux machines très-fortes préparées par Diard lui-même, il fut reconnu que les faits observés par celui-ci lors de l'éclipse de mars ne se reproduisirent pas ; qu'au contraire, l'électricité des deux machines s'était non-seulement conservée, mais augmentée même pendant la durée de l'éclipse, ce qui fut constaté par un procès-verbal signé de tous les membres de l'Académie présents aux expériences.

---

[1] Un passage de M. Didier-Neuville dans le paragraphe consacré à Rollin de la Farge (*Revue* de mai 1878) nous donne à penser que ce fut ce collègue de Duval Le Roy au Havre et à Brest qui fit dans cette dernière ville, du moins jusqu'à son départ pour Vannes en 1786, le cours de physique expérimentale.

V. HYDROGRAPHIE. — L'infatigable Blondeau faisait lecture, le 1ᵉʳ mai, d'un *Mémoire sur la connaissance de tous les détails de nos côtes*. Le 8, Trédern de Lézerec, Fortin et Duval Le Roy furent nommés commissaires pour l'examen de ce travail, qui est dans le tome XI, pages 223-225. Leur rapport, signé de Lézerec seul et inséré dans le même tome, pages 230-231, fut lu le 22 mai, bien qu'il n'en soit pas question dans le compte rendu des séances, ni dans le plumitif signé de Duval Le Roy. Il est approbatif. Frappé depuis longtemps de l'insuffisance des pilotes côtiers de son époque, qui connaissaient tout au plus les passes ou chenaux où pénétraient leurs embarcations, Blondeau voulait établir une école composée des pilotes de tous grades employés pendant la paix à la garniture. On les eût envoyés tour à tour et contradictoirement, pendant la belle saison, poser des amers, faire des sondages, relever la position des chenaux, passes et mouillages, en un mot faire l'hydrographie détaillée de nos côtes. L'auteur de cette proposition se chargeait de mettre en ordre et de faire concorder ces renseignements. Nous ne savons si, comme le demandait Lézerec, le travail de Blondeau fut envoyé au ministre, et si celui-ci donna suite à la proposition.

VI. MANŒUVRE ET INSTALLATION DES VAISSEAUX. — Le 23 mars, la Compagnie arrêta d'écrire à Lévêque, le professeur d'hydrographie de Nantes, correspondant de 1775, au sujet d'un nouveau doublage pour vaisseaux, dont la manufacture était établie dans cette ville. N'ayant trouvé ni la lettre qu'on lui adressa, ni sa réponse, nous ignorons quel était le procédé employé à Nantes; mais de l'article *doublage*, qui est de Forfait, dans l'*Encyclopédie méthodique*, partie *Marine*, il ressort que les papiers anglais retentissant des éloges les plus pompeux prodigués à cette manière de caréner les vaisseaux en Angleterre, on étudiait de tous côtés avec ardeur en France un procédé de doublage tout ensemble économique et résistant. Forfait, qui termine l'article en donnant des instructions sur la manière d'appliquer le doublage, regrette que les Anglais aient obligé la France à les suivre dans cette voie dispendieuse, qui peut, dit-il, occasionner des accidents graves. Le 12 juin, l'Académie, ayant reçu de Lévêque des échantillons, décida de lui en accuser réception et de le remercier.

Le 24 juillet, on lut le rapport de La Prévalaye sur le sillomètre De Gaulle embarqué à bord de l'*Astrée*. Ce compte rendu, qui est dans le tome XI, pages 199-204, est en somme peu favorable. Toutes les appréciations de sillage par le moyen de ce sillomètre sont, dit le rapporteur, très difficiles à faire, à cause du mouvement assez rapide et fort irrégulier des aiguilles destinées à le faire connaître. Quelque soin qu'on y apporte, on ne saurait observer la vitesse avec cet instrument qu'à deux ou trois dixièmes de lieue près. Il y a beaucoup d'inconvénient dans la construction d'un instrument dont la bonté dépend de l'effet d'un ressort qui doit être altéré par un long usage, et sur lequel le seul état variable de l'atmosphère doit influer. Quelque imparfait que soit le loch dont on fait usage dans les vaisseaux, il a l'avantage d'indiquer les inégalités de la vitesse pendant le temps de l'expérience, et de donner un moyen facile de conclure la vitesse moyenne résultante de toutes ces variations, tandis que le sillomètre, qui indique, il est vrai, ce que ne fait pas l'autre loch, la limite de ces inégalités dans la vitesse, ne donne pas l'appréciation, même approchée, de la vitesse moyenne, élément indispensable pour assigner le point que le vaisseau occupe sur le globe. Il est peut-être encore plus imparfait pour indiquer la dérive. L'aiguille de cette dernière est dans un mouvement continuel, parce qu'elle marque les écarts fréquents que fait le vaisseau en même temps que la dérive. L'Académie décida d'envoyer une copie de ce rapport à De Gaulle, une autre au chevalier de Borda, en témoignant le plus honnêtement possible à ce dernier l'étonnement où avait été l'Assemblée du rapport avantageux qu'il avait fait, à l'Académie des sciences, de cet instrument, avant de l'avoir soumis à l'expérience. La lettre expédiée le 1er août par Duval Le Roy dit seulement : « Pleine de confiance en vos lumières, l'Académie a le plus grand désir de savoir quel jugement vous portâtes alors de cet instrument. » Nous n'avons vu ni la réponse du chevalier, qui fut lue à l'assemblée du 21 août, ni la contre-lettre que le directeur Le Bègue se chargea de lui adresser.

Le 14 août, lecture fut faite d'un mémoire (s. n.) concernant un nouveau loch. Furent nommés commissaires pour l'examen de ce travail Trédern de Lézerec, Fortin et Duval Le Roy, dont le rapport fut lu à la séance suivante. Mais ni ce compte rendu, ni le mémoire n'ont été transcrits.

Romme, professeur de mathématiques des gardes de la marine à Rochefort, avait soumis, en mars 1782, ses deux traités de la *Voilure* et de la *Mâture* à l'examen du conseil de la marine de Rochefort, et le premier de ces deux ouvrages avait été, ainsi que nous l'avons vu, acheté, l'année précédente, par l'Académie de marine. Le 21 août 1783, le ministre écrivit à la Compagnie que, bien qu'il lui eût été rendu un compte avantageux de ces deux ouvrages, et que les commissaires nommés par le conseil les eussent jugés aussi parfaits qu'uniques dans leur genre et, conséquemment, très utiles aux jeunes officiers, il désirait néanmoins qu'ils fussent examinés par l'Académie. Celle-ci, en conséquence de l'ordre ministériel, nomma commissaires Petit et Guidi. Leur rapport, lu le 11, a été inséré dans le tome II des *Correspondants*, pages 317-322. Il y est dit : « Que ces deux ouvrages non seulement fournissent des principes clairs et bien développés, mais même sont faits de manière à inspirer le goût du travail et le désir de voir exécuter sur le chantier et dans les ateliers... Ils sont d'ailleurs ornés de planches faites avec soin, ce qui ne laisse pas que d'en faciliter beaucoup l'intelligence. » Ce compte rendu contient d'ailleurs une analyse substantielle des deux ouvrages de Romme.

VII. Mathématiques. — Bien différent, et il n'en pouvait guère être autrement, fut le jugement porté par la Compagnie relativement à une annonce sur la quadrature du cercle faite par un professeur de philosophie au collège d'Angers et à un quartier de réduction de nouvelle construction du même auteur. C'était pour la troisième fois (1753, 1775) que cette question était soumise à l'Académie ; en 1783, l'exécution fut complète. Le comte d'Hector, commandant de la marine ayant fait remettre ce travail à l'Assemblée, celle-ci nomma commissaires Fortin et Duval Le Roy. Nous n'avons pas vu le mémoire du susdit professeur ; mais il paraît que la perte de cet ouvrage n'est pas regrettable, à en juger d'après le rapport inséré au tome II des *Correspondants*, pages 322-325, rapport accablant pour l'auteur. Il y est dit, en effet, relativement à sa quadrature : « Un professeur d'Angers ayant cru avoir trouvé la quadrature du cercle, a paru désirer que sa découverte fût mise sous les yeux de l'Académie royale de marine, et pour la mettre à portée d'en juger, il s'est persuadé qu'il suffisait de la lui énoncer, en ajoutant quelques tables à son annonce construites d'après ses principes. M. Fortin et moi, que l'Académie a nommés commissaires pour examiner ce que M. le professeur appelle une découverte, prendrons la liberté de lui représenter que son annonce et ses tables ne sont rien moins que suffisantes pour porter un jugement, et qu'une exposition claire et détaillée de toute sa théorie est absolument indispensable. De plus, nous oserons lui dire qu'il n'est point vrai, comme il le prétend, que la nécessité de n'employer qu'une valeur approchée de la surface du cercle, puisqu'on n'en a pas d'autres, ait introduit des erreurs préjudiciables à la navigation ; qu'il se trompe également lorsqu'à l'exemple des autres quadrateurs, il s'imagine que la quadrature exacte du cercle peut contribuer à la perfection de la science (il y a ici un mot passé qui doit être *astronomique*); qu'elle peut, par exemple, faire trouver avec exactitude la longitude en mer. Nous pensons même que M. le professeur nous saura gré de ne pas qualifier ces prétentions comme elles le méritent. Du reste, l'Académie de marine n'est pas plus disposée que l'Académie des sciences à s'occuper des assommantes (sic) des *quadrateurs* et des *chercheurs* de mouvement perpétuel, qui devraient bien se défaire de la ridicule manie de vouloir bien forcer ministres et Académies à en prendre connaissance. Quand on a cru faire une découverte de ce genre, on la publie tout simplement par la voie de l'impression, et puis s'en occupe qui veut. » Relativement à son quartier de réduction, les rapporteurs disaient encore : « M. le professeur ne se contente pas de nous avoir entretenus de sa quadrature du cercle. Il porte tout de suite impitoyablement nos yeux fatigués par l'éclat de sa découverte sur un quartier de réduction qu'il dit avoir inventé, ce que tout le monde croira sans peine. Il a grand soin de le louer beaucoup, et c'est très bien fait. Il le prétend plus expéditif et plus sûr que celui qui est en usage : c'est ce que nous pouvons d'avance lui contester. Il prétend la méthode du moyen parallèle très défectueuse : il se trompe lourdement. Tant que la latitude n'est pas très grande, comme de 75° à 80°, et que la route ne passe pas deux cents lieues, cette méthode donne toujours la longitude avec une exactitude suffisante. Or, M. le professeur doit savoir que les routes qu'on a à réduire, loin d'être aussi considérables, sont rarement à la moitié, et qu'il est excessivement rare qu'on navigue à des latitudes plus élevées que celles où l'on peut suivre la méthode du moyen parallèle, sans crainte d'erreur. Du reste, il n'y a aucun jugement à porter d'un instrument dont l'auteur n'enseigne point la construction. Il annonce avec modestie qu'il fera connaître les défauts des méthodes connues de naviguer et qu'il donnera un facile moyen de les corriger. Rien de plus louable, et nous le remercions dès à présent de la peine qu'il veut prendre de nous illuminer. Quelque désir que nous ayons d'être éclaircis, nous le prions, pour l'intérêt de sa santé, de mettre des bornes à l'empressement qu'il peut avoir de nous communiquer ces nouvelles découvertes. Le ciel nous a pourvus d'une patience à toute épreuve pour les attendre. M. le professeur, qui nous paraît avoir toute la fécondité de l'abbé Pellerin[1] ou de Mlle Scudéry, propose encore un autre instrument, qu'il nomme uranomètre. Il le prétend merveilleux. Nous disons tant mieux pour lui; mais nous n'irons pas plus loin, ne pouvant en juger sur une simple annonce. » Nous n'avons pas vu jusqu'ici de jugement plus durement formulé par l'Académie; mais il faut avouer que la lettre adressée au ministre, lettre dont nous avons trouvé l'original et dont le signataire est le P. Blanchard, oratorien, professeur de philosophie au collège d'Anjou à Angers, n'était pas faite pour disposer favorablement la Compagnie. Rien de plus plat et de plus prétentieux que cette épître, qui décèle la suffisance ou plutôt l'insuffisance en tout genre de son auteur. Voici cette lettre, *in extenso*, avec ses nombreuses fautes d'orthographe :

Angers, 31 août 1783.

Monseigneur,

Je n'ose autoriser la hardiesse et la liberté que je prends de vous offrir, au nom d'un de mes confrères (ce confrère n'est-il pas le P. Blanchard lui-même ?) le fruit de ses travaux et de ses découvertes; fait (c'est le ministre) pour les apprécier, les juger, les estimer en homme de goût, mettez une partie de votre gloire à les faire examiner et à les rendre florissantes. — Vos qualités, vos mérites et vos talents vous ont placés (*sic*) d'eux-mêmes à la tête du corps le plus célèbre de l'Europe, de l'Accadémie (*sic*) la plus intéressante pour l'humanité, le commerce et en général le bien public, car la quadrature du cercle une fois trouvée, la trissection de l'angle s'en suit nécessairement, la duplication du cube démontrée par une méthode nouvelle, etc., et enfin un quartier de réduction qui donne le tout sans reste, de manière à donner les longitudes en mer avec la plus grande précision, etc., etc. — Enhardi par mes propres observations, par l'autorité de M. de la Lande, de l'Accadémie[2] de Londres, de celle de Paris qui s'en occupe actuellement, j'ose vous prier, Monseigneur, de nous honnorer (*sic*) de vos réflexions et de celles de l'Accadémie de marine. Nous prendrons la liberté de vous offrir un quartier de réduction, aussitôt qu'il sera parfait, et un uranomètre qui donne avec la précision la plus exacte les instans du passage des astres par le méridien à quelque distance que l'on se trouve de l'Équateur; nous osons d'avance, Monseigneur, nous flater (*sic*) que vous nous honnorerez d'une réponse, et que votre protection augmentera le courage, la confiance, accélérera la marche de ce grand mathématicien dans cette carrière pénible, mais glorieuse de son entreprise. Si ma santé m'avait permis de revoir ma

---

[1] Nous n'avons pu découvrir qui était ce pauvre abbé, dont le nom, qui rappelle celui de l'antiquaire, protecteur de l'Académie de marine, nous semble moins heureusement cité que celui de Mlle Scudéri, et qui trahit l'antipathie de Duval Le Roy contre les prêtres à qui elle il avait dû ses deux disgrâces.

[2] Les deux c sont réservés pour l'Académie de marine.

patrie[1], j'aurais eu l'honneur de vous entretenir en détail des différentes démonstrations de ce nouveau géomètre et de la nouvelle révolution qu'il va produire soit dans les mathématiques pures, soit dans les mathématiques mixtes, dans les tables des logarithmes des nombres naturels, dans celle des sinus. — J'ose me flatter[2] (je le répète), Monseigneur, que vous vous occupperez (sic) d'une partie si intéressante pour la marine. Encouragez nos talents et notre zèle : nous vous promettons de vous envoyer souvent des dissertations relatives à ce sujet, et tâcherons de mériter votre protection et le suffrage de l'Académie royale de marine. Je suis, Monseigneur, de Votre Altesse, etc.

A propos du P. Blanchard, nous n'avons trouvé, dans la *Bibliographie astronomique* de Lalande, à l'année 1770, qu'une nouvelle édition in-folio et imprimée à Avignon, des *Tables de logarithmes de Gardiner*, faite par ce Père en collaboration avec le P. Dumas, habile géomètre de Lyon, et le P. Pézenas. Ni l'un ni l'autre n'est, à coup sûr, le confrère désigné ci-dessus.

VIII. ARCHITECTURE NAVALE. — Un assez grand nombre de mémoires relatifs à la construction furent présentés en 1783.

Le 12 décembre 1782, une lettre de Denys de Bonnaventure, lieutenant de vaisseau et académicien adjoint, annonçait à la Compagnie un ouvrage dont l'auteur, nommé Segondat, commissaire des ports et arsenaux de la marine à Rochefort, demandait le jugement et, au besoin, l'approbation de l'Académie. Le 9 janvier suivant, l'ouvrage imprimé en seconde édition fut présenté à l'Assemblée. Il était intitulé : *Traité général de la mesure des bois*, 1782, grand in-8°; Blondeau et Vial du Clairbois furent nommés commissaires pour l'examen de cet important travail, qui a été transcrit intégralement dans les tomes III et IV des *Correspondants*, où il occupe 123 pages in-folio. Leur rapport, lu le 23 janvier, est à la suite du mémoire. Réserve faite d'une proposition de géométrie dont les rapporteurs relèvent la fausseté, l'ouvrage, destiné d'ailleurs plutôt à la pratique qu'à la théorie, est estimé bien fait, très utile et contenant des vues excellentes. Effectivement, dit P. Levot, dans une note de la biographie de Forfait, *Essais de biographie maritime*, cet ouvrage est d'une si grande utilité pratique que, de nos jours, on s'est borné à le rééditer, sans lui faire subir d'autre changement que de convertir les anciennes mesures en nouvelles.

Le 13 mars, l'Académie arrêta d'écrire à l'abbé Rochon pour en ob-

---

[1] Le P. Blanchard étant de Versailles, Angers, paraît-il, ne faisait point partie de sa patrie.
[2] Il y a deux fois cette fois-ci.

tenir quelques lumières sur les expériences faites à l'Académie des sciences au sujet de l'augmentation de la force des bois préparés à la manière du sieur Migneron, maître sellier et charron, demeurant à Paris, rue des Brodeurs. Le 10 avril, on lut la réponse de l'abbé et le rapport des commissaires de l'Académie des sciences sur le procédé Migneron, rapport certifié conforme par le secrétaire Condorcet. Il fut inséré dans le tome XI, pages 214-222. Il résulte de ce rapport que les préparations du sieur Migneron étaient de deux espèces principales : l'une, par ébullition dans une eau chargée de quelques ingrédients ; l'autre, par ébullition dans de l'huile de lin ou de noix. Les expériences faites avec des bois bouillis dans l'eau pure ont prouvé que celle-ci diminue la force du bois, loin de l'augmenter, tandis que la préparation du sieur Migneron leur donne une augmentation de force fort variable, à la vérité, mais qui n'a manqué dans aucune épreuve. La conclusion du rapport est qu'il est avantageux en général de faire bouillir les bois, et surtout les bois verts, avant de les employer, parce que cette opération et la dessiccation beaucoup plus prompte qui en est la suite font découvrir plus facilement les gerçures et autres défauts, dont souvent on ne s'aperçoit pas tout d'abord, quand on n'a pas pris cette précaution.

Le 15 mai, lecture fut faite d'un mémoire de Briqueville, capitaine de vaisseau et académicien ordinaire, sur la mâture des vaisseaux, en addition à celui dont l'Académie avait eu connaissance dix ans auparavant, c'est-à-dire le 1ᵉʳ juillet 1773. Le 3 juillet 1783, Petit, Duval Le Roy et Trédern de Lézerec furent nommés commissaires pour faire l'examen tant du mémoire que de l'addition, attendu qu'il n'y avait pas eu, en 1773, de rapport fait sur l'ouvrage de Briqueville. Le mémoire additionnel, intitulé *Mémoire sur la mâture des vaisseaux en addition à celui du 1ᵉʳ juillet*, est dans le tome XI, pages 225-230; le rapport, signé seulement Petit et Duval Le Roy, se trouve dans le même volume, pages 268-269. En voici la reproduction : « M. de Briqueville propose de faire des changements à la mâture et à la voilure des vaisseaux qui peuvent être avantageux, mais dont il n'est pas possible de porter un jugement définitif. Pour pouvoir le faire, il faudrait qu'une bonne théorie de la résistance des fluides nous ait appris l'emplacement du système de la mâture, la disposition de ses parties, leur grandeur, etc., la figure du vaisseau étant donnée. Alors, on pourrait décider avec certitude si ces changements influent sur la vitesse du vaisseau et sur ses mouvements de rotation, et dans quel sens, s'ils leur sont favorables. Au contraire, n'ayant pas de théorie qui puisse nous guider dans le jugement qu'on en doit porter, nous pensons que le seul parti qu'il y ait à prendre est d'en faire l'essai et de s'en rapporter au jugement des officiers les plus expérimentés, s'ils croient assez de possibilité dans la chose pour mériter la dépense qu'elle exige. »

Le 31 juillet, on lut la *Reddition de compte*, de la Prévalaye, *sur les machines embarquées à bord de l'Astrée, pour faire connaître le tirant d'eau et la différence des vaisseaux à la mer*. Ce rapport est dans le tome XI, pages 256-258. Ce qu'il présente de particulier, c'est que la machine Suzannet, dont nous avons parlé l'année précédente, y est appréciée par La Prévalaye, inventeur lui-même d'un niveau-mètre pour le même objet, que les expériences sur la *Résolue* avaient proclamé pouvoir être employé très utilement. De la comparaison des deux machines, il ressort, suivant La Prévalaye, que celle inventée par Suzannet est la plus simple ; mais que les résultats en sont d'autant plus inexacts que le navire a plus de vitesse, parce qu'il se forme alors sur l'AV une proue d'eau occasionnée par le sillage, qui tend à donner plus d'élévation au fluide dans cette partie qu'à l'AR. Les règles graduées mesurent cette différence du niveau de l'eau dont l'effet est de faire paraître la différence du bâtiment moindre qu'elle ne l'est réellement, tandis que le niveau-mètre de La Prévalaye n'en peut être affecté. Le concours de ces deux machines permettrait de mesurer : 1° l'enfoncement du vaisseau occasionné par l'action du vent sur les voiles ; 2° l'amoncellement produit par le sillage sur l'AV ou la différence du niveau de l'eau à l'AV et à l'AR du vaisseau, effet produit par sa vitesse ; 3° si l'action du vent sur les voiles tend à troubler l'assiette du vaisseau et à augmenter ou diminuer sa différence, toutes notions peu connues et qui pourraient répandre quelques lumières sur la construction des bâtiments, relativement à la manière de faire flotter ces corps.

Enfin, le 4 septembre, le magasin général remit à l'Académie un résultat de l'épreuve faite en 1764 et 1766 par M. de Lambour, commissaire de la marine préposé à la recette des bois, pour constater la réduction de poids qu'éprouvent le bois de sapin des Pyrénées et celui du Nord conservés à l'abri. On avait mis en réserve, le 24 décembre 1764, un pied cube de bois de sapin des Pyrénées pesant 77 livres une demi-once. Le 17 janvier 1765, il pesait 59 livres une demi-once ; le 18 février, 50 livres deux onces ; le 24 avril, 40 livres six onces ;

le 30 juillet, 35 livres huit onces ; le 17 août, 35 livres une once ; le 14 octobre, 34 livres huit onces ; le 22 janvier 1766, 32 livres huit onces ; le 21 août, 32 livres une once. La perte de poids et de substance dans l'espace de dix-neuf mois était donc de 45 livres. Le 18 juillet 1783, il pesa 31 livres une demi-once, ayant encore perdu, depuis le mois d'août 1766, une livre et demie. On avait également réservé, le 18 octobre 1765, un pied cube de bois de sapin du Nord, pesant 44 livres et demie. Il pesa, le 22 janvier 1766, 39 livres douze onces ; le 21 août, 36 livres quatorze onces ; le 18 juillet 1783, 36 livres quatre onces, ayant ainsi subi une perte totale de 8 livres quatre onces. Une épreuve faite dans le même temps par le chevalier d'Oisy, d'après le procédé Lambour, de cubes déposés à l'Académie de marine, le 27 septembre 1776, par M. de Montecler, sur l'ordre du comte d'Orvilliers, commandant de la marine, donna, le 18 juillet 1783, par le résultat d'une nouvelle pesée, une perte de 46 livres par pied cube sur le bois des Pyrénées et de 8 livres et demie sur celui du Nord. Le procès-verbal, signé de Lambour, Le Bègue et Montecler, 18 juillet 1783, fut inscrit dans le tome II des *Correspondants*, pages 315-316, avec la note suivante de l'Académie : « Les deux pièces de bois ayant été pesées ce jour d'hui 4 septembre 1783, la pièce de bois de sapin du Nord s'est trouvée peser 31 livres sept onces, et la pièce de bois de sapin des Pyrénées 31 livres trois onces. » Le dessèchement plus lent des bois du Nord vient, dit Vial du Clairbois dans l'*Encyclopédie méthodique*, partie *Marine*, de ce que ces bois sont enduits d'une résine plus abondante qui les nourrit longtemps après qu'ils ont été abattus. Le seul moyen employé pour prévenir cette évaporation trop prompte des bois des Pyrénées c'est de les tenir immergés.

IX. MÉDECINE. — Le 16 janvier, lecture fut faite d'une lettre d'un officier de la marine danoise, nommé Gerner[1], lettre qui contenait la description d'une machine pour rendre potable l'eau corrompue. Ce travail, envoyé à la Compagnie par Lowenorn, fut inséré dans le tome IV des *Correspondants*, à la suite du mémoire de Segondat sur la mesure des bois. Il a 3 pages in-folio. C'est une espèce de filtre qui a pour objet de purifier l'eau, en la faisant passer sur un lit de sable et de gravier qui la débarrasse de ses impuretés et de sa mauvaise odeur.

---

[1] Dans cette même assemblée, il est fait mention d'une seconde lettre d'un autre officier danois, nommé Le Veneur, relative à un mémoire qu'il a adressé à l'Académie, mais nous n'avons trouvé que cette seule indication.

Mais la principale question de médecine qui occupa pendant toute l'année l'Académie de marine fut celle du mesmérisme, qui depuis 1778, époque de l'arrivée de Mesmer à Paris, occupait la France entière. C'est en 1772 que, de concert avec le P. Hell, astronome de la Compagnie de Jésus, Mesmer avait commencé à faire des expériences sur l'aimant minéral, qu'il appliquait comme remède aux parties malades. Il crut ensuite reconnaître que l'application des mains sur le corps produisait le même effet que l'aimant, et il en conclut l'existence d'une force semblable à celle de son minéral, force dont tous les êtres animés sont doués et qu'il nomma magnétisme animal. En 1775, il publia sa découverte à Vienne, en Autriche, dans une *Lettre à un médecin étranger sur la cuve magnétique*. A Paris, il produisit sur de nombreux malades assemblés autour de son baquet d'étonnants effets qui attirèrent sur lui l'attention publique, et il compta bientôt de nombreux et ardents disciples. Parmi ceux-ci étaient les frères Puységur, dont l'un d'eux, le marquis, découvrit plus tard le phénomène du somnambulisme, qui changea complétement la face de la doctrine. Le 20 février, on lut, à l'Académie de marine, un mémoire du comte Chasteuel de Puységur, lieutenant de vaisseau, sur les moyens employés par Mesmer pour la cure des maladies. Il fut décidé, séance tenante, que chacun des membres de la Compagnie prendrait lecture de ce travail, avant de porter un jugement et de se décider relativement à l'impression que son auteur demandait être faite sous le privilège de l'Académie. En attendant, les suffrages furent unanimes pour admettre l'auteur au nombre des membres de la Société, ce qui eut lieu en 1785. A la séance suivante, 6 mars, on arrêta de ne point imprimer le susdit mémoire, avant d'avoir transmis à l'auteur les réflexions des membres de l'Académie, pour qu'il pût faire les changements nécessaires qui permettraient d'imprimer son ouvrage. Le 13, Trédern de Lézerec lut le résumé des rapports que différents académiciens avaient fait du mémoire de Puységur Ce résumé a été inséré dans le tome II des *Correspondants*, pages 313-315, et dans le tome XI des *Académiciens*, pages 193-194. Il y est recommandé à l'auteur : de refondre ou de supprimer les six premières pages, qui pourraient donner prise au reproche de matérialisme; de s'attacher à une diction plus soignée; de répandre du jour dans les endroits obscurs; de publier les faits les mieux constatés et les plus frappants dont tant de personnes ont été témoins à Brest; de donner les états de situation, tant de la frégate qu'à com-

mandée M. de Puységur que de celles qui se sont trouvées avec la sienne au bas de la rivière de Rochefort, états connus de la Cour, mais qui ne le sont pas du public. « Ces pièces, dit l'Académie, seraient propres à
« convaincre ceux qui élèvent des doutes sur la bonté et la vérité des
« cures opérées par l'auteur d'une découverte qui intéresse si fort
« l'humanité. Elles sont susceptibles de toute l'authenticité qu'on peut
« désirer, et leur comparaison serait favorable au magnétisme animal. »
On voit, par ces quelques lignes citées textuellement, que, sans être aussi enthousiaste que le marquis de Lafayette dans sa correspondance avec Washington, l'Académie de marine n'échappait pas à l'entraînement général qui attirait la foule autour du baquet de Mesmer. La Compagnie, ayant approuvé ce résumé, le fit remettre par Bougainville à Puységur. Elle ne s'en tint pas là. Le 10 avril, Blondeau, Sabatier et Choquet de Lindu furent nommés commissaires pour suivre et constater la guérison d'un homme atrophié qui était depuis dix mois à l'hôpital et que le sieur David s'était chargé d'opérer par l'électricité. Le 1er mai, Blondeau lut une liste de malades, les uns guéris, les autres soulagés par Diard. Le 15, Sabatier lut un mémoire relatif à des faits concernant le magnétisme animal. Ce travail n'a pas été transcrit. Le même jour, l'Assemblée arrêta que ce chirurgien écrirait à Poissonnier-Desperrières, pour avoir des détails sur la guérison de sa femme, que le médecin Deslon avait traitée suivant la méthode Mesmer. Le 22, lecture fut faite du mémoire imprimé de Puységur. Le 5 juin, on reçut la réponse de Poissonnier, laquelle fut transcrite dans le tome XI, pages 232-235. Elle est datée de Paris, le 26 mai. Il résulte de ce document que Mme Poissonnier, qui fut autrefois blessée au sein, pendant qu'elle nourrissait le duc de Bourgogne, ayant contracté vers l'âge critique une affection cancéreuse, avait été, à la sollicitation de son fils et d'abord à l'insu de son mari, soignée par un traitement magnétique qui l'avait beaucoup soulagée. Mais, tout en avouant que ce traitement avait agi jusque-là comme un excellent palliatif, le docteur Poissonnier disait que sa femme n'était pas guérie ; qu'il ne croyait pas qu'elle pût l'être par ce moyen, et que ce qu'il pouvait espérer de plus heureux, c'était que la maladie traînât en longueur. Poissonnier fit partie, en 1784, de la Commission mixte de l'Académie de médecine et de l'Académie des sciences, qui reconnut la réalité des phénomènes signalés, mais en les attribuant à une cause morale, le pouvoir de l'imagination. Dans cette même lettre, le docteur parlait à la Compagnie

d'un *Abrégé d'anatomie* qu'il venait de faire paraître, et qu'il se proposait de présenter incessamment au jugement de l'Académie. Il n'en est pas question dans le registre des comptes rendus. Le 10 juillet, Sabatier ayant lu une lettre qui paraissait être de Court de Gébelin, dans laquelle l'auteur rendait compte d'une maladie très-grave qui avait menacé ses jours et dont il avait été guéri par Mesmer, il fut arrêté que Sabatier lui écrirait pour s'assurer du fait. Le 17 juillet, Le Bègue et Sabatier rendirent compte qu'ayant suivi le traitement de deux folles et d'un fou retenus à l'hôpital de Brest, dont ils avaient constaté l'état au moyen d'un procès-verbal, ils ne virent point d'amélioration sensible dans leur situation, bien qu'ils eussent été soumis au traitement électrique du sieur Diard pendant six jours consécutifs. Enfin, le 21 août, on fit lecture de deux lettres : la première adressée par Court de Gébelin à Sabatier, où il lui confirmait la guérison de sa maladie par Mesmer, et annonçait l'impression d'un mémoire dans lequel il donnerait tous les détails de sa cure et de beaucoup d'autres extraordinaires ; la seconde de Mlle Du Drézic au même Sabatier, où celle-ci l'informait qu'attaquée d'une maladie semblable à celle dont sa sœur était morte, elle avait été guérie par Mesmer et racontait, par la même occasion, plusieurs autres cures opérées par ce même physicien. La décision de la commission de 1784, dont nous avons parlé plus haut, fit beaucoup de tort à Mesmer qui, à partir de cette époque, perdit la plus grande partie de son crédit. Aussi bien l'Académie de marine ne s'en occupera-t-elle plus.

Le 10 avril, la Compagnie en revint à la question de la conservation de l'eau. Ce jour-là, Rochegude lut un *Rapport des différentes méthodes proposées pour conserver l'eau douce sans altération dans les longs voyages de mer*, d'après l'essai fait en 1782 avec Verdun de la Crenne sur le *Royal-Louis*. Ce rapport est dans le tome XI, pages 212-214. C'est à la fin de l'année 1781 que la Compagnie avait chargé Rochegude d'expérimenter trois espèces de barils, les uns sans préparation, d'autres préparés suivant la méthode Lowenorn, les derniers enfin selon les procédés Blondeau. Rochegude choisit six barils, dont trois neufs et trois vieux, pour servir de termes de comparaison. Après avoir préparé ceux qui devaient l'être et nettoyé seulement les autres, il y fit mettre de l'eau le 9 février. La dernière dégustation eut lieu le 9 novembre. L'eau des barils sans préparation se trouva bonne, mais d'une couleur très-foncée, particulièrement celle du baril neuf. L'eau des deux préparés avec de la chaux vive était moins chargée: on distinguait sans peine celle du baril neuf, qui l'était davantage; cette eau avait un goût styptique très-sensible. L'eau des deux barils préparés suivant la méthode de Lowenorn, que Rochegude avait trouvée dans des mémoires de physique imprimés en 1741, n'avait presque pas changé de couleur; on faisait la différence ordinaire du baril neuf au vieux, mais c'était la meilleure au goût. Le rapporteur n'en concluait pas néanmoins que la méthode de l'officier danois dût être proposée comme infaillible, car il ajoutait judicieusement qu'en variant les circonstances, les résultats peuvent changer, et qu'une seule expérience ne suffit pas pour bien établir des faits physiques. Dans l'article *Eau* de l'*Encyclopédie méthodique*, partie *Marine*, Duval le Roy dit que la chaux vive est le seul moyen que l'on ait, encore est-il peu connu, pour conserver l'eau dans les voyages de long cours, et à la fin de l'article, il parle de la distillation, à laquelle Bougainville eut recours, dans son voyage autour du monde.

X. Littérature. — Le 12 juin, on lut l'*Éloge de Marguerie*, par Duval Le Roy. Les commissaires nommés furent La Prévalaye, Trédern de Lézerec, Guidi et Blondeau. Leur rapport, qui fut lu le 26, ayant été approuvé par la Compagnie, celle-ci autorisa son secrétaire à remplir les formalités d'usage pour que cet éloge fût imprimé sous son privilège ainsi que nous l'avons déjà dit, à la suite de la *Théorie générale des instruments de dioptrique*, avec les légers changements proposés dans ledit rapport et adoptés par elle.

Dons d'ouvrages. — Les ouvrages offerts à l'Académie, en 1783, furent:

Le 6 février, une *Carte des côtes d'Islande*, donnée par Lowenorn.

Le 13 mars, 50 *Connaissances du temps*, de 1785 et quelques autres livres expédiés par Lemoyne, premier ingénieur et garde du dépôt général des plans de la marine.

Le 31 juillet, un *Instrument* de Rochon *destiné à trouver immédiatement la distance vraie de deux astres dans les observations relatives aux longitudes*. L'Académie nomma Guidi et Duval Le Roy pour faire l'épreuve de cet instrument, mais nous ne connaissons pas le résultat de l'expérience. Nous savons seulement, d'après la *Bibliographie astronomique*, que Rochon publia, en 1783, un *Recueil de mémoires sur la mécanique et la physique*, où se trouve un instrument par lequel on observe la distance vraie de la lune à une étoile.

Le 21 août, deux volumes de mémoires (nous ne savons lesquels) et deux autres volumes in-4° des *Assemblées de la Société royale des sciences de Montpellier*, de 1773 à 1781.

Le 2 octobre, un exemplaire de la moitié du premier volume du *Dictionnaire de la marine*, faisant partie de l'*Encyclopédie méthodique*, don de Blondeau.

Le 16 octobre, *Examen maritime de D. Georges Juan*, traduit par Lévêque, don du traducteur, correspondant de l'Académie. 2 vol. in-4°.

Achats. — Le 9 janvier, on fit l'acquisition des *Principes de morale politique, ou Discours sur l'histoire de France*, par Moreau, historiographe de France. L'ouvrage, commencé en 1777 et qui ne fut pas terminé, se composait en 1789 de 21 vol. in-8°.

Le 28 janvier, achat du Cours de physique, de Lacépède, ouvrage paru en 1782-1784, sous le titre de *Physique générale et particulière*. 2 vol. in-12.

Le 20 février, acquisition d'un sextant d'occasion.

Le 27 mars, on s'abonna au journal de Lablancherie. Il s'agit probablement de la *Correspondance générale sur les sciences et les arts, ou Nouvelles de la république des lettres depuis* 1778. Ce journal, dont la collection forme 8 vol. in-4°, est devenu fort rare, et nous ne l'avons pas trouvé dans le *Catalogue de la marine*.

Le 10 avril, livres divers acquis par Rochegude.

Le 3 juillet, acquisition d'une machine électrique, pour la somme de 720 livres. Dépense, en plus, de 69 livres, pour l'achat des ouvrages suivants : *Disputationes anatomicæ selectæ*, auctore Haller, 7 vol. in-4°; *Morgagni de sedibus et causis morborum per anatomen indagatis*, éd. de Louvain, 1766, 2 vol. in-4°; *Castelli lexicum medicum græco-latinum*, Genève, 1746, in-4°; *Cartheuser fundamenta materiæ medicæ rationalis*, curante Desenarts. Paris, 1769, 4 vol. in-12. Tous ces ouvrages sont actuellement à la bibliothèque de l'hôpital du port de Brest.

Le 10 juillet, achat d'une lunette de Dollond d'occasion, grossissant cinquante-cinq fois, pour la somme de 330 livres.

Affaires intérieures. — Les services rendus par le ministre Castries pendant la guerre d'Amérique lui avaient valu le maréchalat. La Compagnie, par une lettre en date du 20 juin, lui en fit son compliment.

Le 14 août, l'Académie arrêta que lorsque ses membres seraient à l'avenir chargés de faire le rapport de quelque mémoire par quelque ordre que ce fût, ils remettraient à l'Assemblée, non-seulement une copie du rapport, mais encore une copie des mémoires mêmes, s'il était possible, ayant soin de mentionner au bas du rapport le nom de ceux par l'ordre desquels il avait été fait.

Mouvements. — Le 20 février, on lut une lettre d'un constructeur danois, inventeur d'un modèle d'affûts, nommé *Sheldon*, demandant la correspondance. Elle lui fut accordée. Ce même jour, l'Assemblée arrêta d'admettre au nombre de ses membres, en qualité d'adjoint, le comte Chastenet de Puységur, lieutenant de vaisseau, pour son mémoire sur le *Magnétisme animal.* Mais, ainsi que nous l'avons dit, il ne fut élu qu'en 1785.

Le 10 avril, Rochegude représenta à l'Assemblée que le secrétaire La Prévalaye, dans sa lettre au ministre au sujet de l'élection du 8 novembre 1781, n'avait pas observé l'ordre dans lequel avaient été élus par scrutin les académiciens ordinaires, d'où il était résulté que le ministre n'ayant approuvé que l'élection de trois académiciens sur quatre qui avaient été élus, lui Rochegude, qui se trouvait le second des quatre, et qui n'avait été mis que le quatrième dans la lettre, n'avait point été nommé par le ministre, mais s'était vu réservé pour la première place vacante. Or, comme Chabert, en passant dans la classe des honoraires, avait laissé vacante une place d'académicien ordinaire, la Compagnie arrêta de prier le ministre d'approuver la nomination de *Rochegude* à cette place, pour laquelle il avait réuni tous les suffrages. Castries, par une lettre en date du 8 juin, approuva le choix de l'Académie. Le 20 du même mois, La Prévalaye, ainsi mis en cause par Rochegude, représenta, à propos de l'affaire du 8 novembre, qu'il ne pouvait y avoir priorité d'élection entre des membres élus le même jour à la même séance; que ce ne pouvait être qu'une affaire de forme, et que souvent tel qui avait été nommé ordinaire parce qu'on croyait quatre places vacantes, ne l'eût pas été s'il ne s'en fût trouvé que deux ; que, d'après ce principe, il était plus naturel que l'ordre d'inscription à l'Académie, et non la date d'entrée au service qui doit être nulle pour la Compagnie, fût celui observé pour l'ancienneté entre académiciens passant le même jour, ainsi que pour leur réception, dans un cas d'erreur comme celui qui avait amené cette radiation. L'Assemblée, se rangeant à son opinion, déclara que l'observation de La Prévalaye, secrétaire à ces deux époques, était fondée en raison ; que conséquemment, c'était Rochegude, plus jeune adjoint que Bombelles, Secval et Montluc de la Bourdonnaye, qui avait dû être rayé par le ministre, le nombre des académiciens élus à cette époque étant trop considérable, et que l'inculpation portée sur les registres contre La Prévalaye, sur la réquisition de Rochegude, devait être considérée comme de nulle valeur.

Quelques jours après cette réclamation formulée par Rochegude, le plus ancien des académiciens auxquels il avait dû céder la place d'ordinaire, le baron de Bombelles mourait à Rochefort, le 26 avril. Il était né à la Louisiane. Entré dans la marine comme garde en 1750, il avait été promu enseigne en 1755, lieutenant d'artillerie en 1762, lieutenant de vaisseau en 1764, capitaine d'artillerie l'année suivante, aide-major de marine en 1772, sous-directeur d'artillerie en 1776, capitaine de vaisseau en 1777, directeur des constructions en 1781, directeur d'artillerie à Rochefort à 1782. Il faisait partie de l'Académie de marine depuis sa réorganisation.

Le 20 juin, mourut à la bataille de Goudelour, le lieutenant de vaisseau Louis-Stanislas Perrier de Salvert, académicien adjoint de 1775. Comme Trédern de Lézerec, c'était un gendre de Bigot de Morogues. Son caractère mobile, dit P. Levot dans la courte notice qu'il lui a consacrée (*Essais de biographie maritime*), contrastait avec la prudence réfléchie de son beau-frère. A Provédien, sa conduite indécise avait fait naître dans l'esprit de son chef, le grand Suffren, une impression pénible qu'il effaça noblement par sa conduite dans la dernière affaire. Il y commandait le *Flamand*, vieux vaisseau mailleté de 56 canons, illustré aux quatre premiers combats par le chevalier de Cuverville, celui que Suffren appelait son *fidèle*. Quand le feu se déclara à bord du vaisseau le *Fendant*, Perrier de Salvert voulut faire un abri à son chef de file; mais il fut foudroyé par deux vaisseaux anglais et périt un des premiers dans l'action.

Le 31 juillet, Verdun de la Crenne proposa pour correspondant un ancien lieutenant de vaisseau, de 1756, retiré du service en 1764, chevalier de Saint-Louis, associé physicien de l'Académie de Montpellier, le baron *de Faugères*. La proposition fut approuvée; mais on remit à nommer à cette place jusqu'à ce que le nombre des membres présents à la séance fût suffisant. Ce jour-là, il n'y avait que cinq assistants, sans compter le président. Faugères fut nommé le 27 novembre, jour où l'on procéda à l'élection des officiers pour 1784, par sept membres.

En août, s'éteignit Gilles Hocquart de Champerny, ancien intendant de Brest, retraité en 1765, académicien honoraire de 1752 et de 1769. Il était né en 1694, à Mortagne, en Poitou, d'un intendant des ports.

Pour l'indemniser des pertes qu'il avait éprouvées pendant les dix-huit années de son administration au Canada, la charge d'intendant des classes avait été rétablie en sa faveur en 1764. C'était une assez bonne famille que les Hocquart, dit Moufle d'Angerville, auteur de la *Vie privée de Louis XV*. Leur mère était la plus digne femme du monde. Un de ses frères, Toussaint, l'académicien ordinaire de 1752, non réélu en 1769, était mort en 1772 chef d'escadre ; un autre fut fermier général ; un troisième, trésorier général de l'artillerie.

Le 27 septembre, ce fut le tour d'Étienne Bezout, examinateur de la marine, associé de 1769. Né en 1730, à Nemours, il était de l'Académie des sciences depuis 1758. Examinateur des gardes-marine en 1763, ce fut à l'invitation de Choiseul qu'il publia, de 1766 à 1781, son *Cours de mathématiques*, à l'usage des gardes du pavillon et de la marine, 6 vol. in-8°. Nommé en 1768, à la mort de Camus, examinateur pour l'artillerie, il avait aussi composé un *Cours de mathématiques* à l'usage de ce corps. Paris, Impr. roy., 1770-1772, 4 vol. in-8°. Ces deux ouvrages, fondus plus tard en un seul, ont acquis à leur auteur une longue et légitime popularité. Il cultivait aussi les sciences physiques, et c'est lui qui a fait connaître les grès cristallisés de Fontainebleau.

Le 11 octobre, mourut à Brest, d'une fièvre putride, à l'âge de 60 ans, après 19 ans de services, laissant une veuve et 8 enfants dans l'indigence, Étienne-Nicolas Blondeau, professeur des gardes-marine au port de Brest, académicien adjoint de 1769, ordinaire de 1772. D'abord professeur à Calais, il avait été nommé second maître de mathématiques à Brest, le même jour que Duval Le Roy, c'est-à-dire le 1ᵉʳ octobre 1764. Sa biographie est pour ainsi dire tout entière dans l'histoire de l'Académie de marine, à laquelle il se voua entièrement, ce qui n'empêche pas que le duc de Croÿ écrivait, en 1782, que ce travailleur infatigable mourait de faim[1]. Sa dernière signature de présence à l'Assemblée est du 25 septembre. Le registre des avertissements ordinaires pour les enterrements, qui signale les officiers pour porter la

---

[1] Quatre ans plus tard, ses deux fils, qui étaient employés dans le port, ayant été réformés, la veuve Blondeau écrivait au secrétaire de l'Académie une lettre dont nous détachons le passage suivant : « Mes malheurs sont si vifs qu'ils m'ont ôté tout esprit de délicatesse sur les secours dont on voudra bien m'assister. Ma position me force de vous dire, Monsieur, que mon indigente famille ne subsiste, depuis nos malheurs, que par des ventes de meubles, des crédits, etc. Enfin, le sort est chez moi à son dernier point de rigueur. Il est bien sensible et bien cruel pour une tendre mère de se voir dégénérer ainsi que sa famille, surtout lorsqu'elle a eu un mari qui est mort dans l'excès des travaux pour faire un sort plus doux à sa famille »

brunette, même pour de simples gardes de la marine, ne fait pas mention de ce professeur ; mais ses collègues, Rollin de la Farge, Lescan, Lancelin et Duval Le Roy, assistaient à ses obsèques. L'Académie, dans l'assemblée du 16 octobre, arrêta de donner un secours de 600 livres à sa famille, sous la condition expresse toutefois de faire ratifier la donation de cette somme, quand le nombre des membres présents serait suffisant. Trois jours auparavant, elle avait écrit au ministre pour lui demander de vouloir bien venir en aide à la veuve de Blondeau, en faisant valoir le degré de perfection où ce professeur avait élevé la confection des boussoles et celle du baromètre marin, tant en verre qu'en fer. Castries, dans sa réponse, datée du 4 février 1784, annonça à la Compagnie que la veuve Blondeau avait obtenu une pension de 400 livres sur le fonds des Invalides, pour en jouir à dater du jour de la mort de son mari. Constatons en passant que, dans sa séance du 18 décembre, l'Académie chargea Fortin de vérifier s'il n'y aurait point, dans l'édition du *Dictionnaire encyclopédique*, au mot *Baromètre*, quelques observations à faire au mémoire de feu Blondeau sur les baromètres nautiques.

Le 19 octobre 1783, nous avons à signaler le décès de Pierre-Étienne Bourgeois de Boyne, qui avait été ministre de la marine de 1772 à 1774. Il était né le 30 novembre 1718. C'était un esprit fort, un caractère ardent, dit l'intendant Malouet dans ses *Mémoires*. Son ministère fut bien plus important qu'on ne se l'imagine d'ordinaire, bien que nous n'ayons trouvé son nom dans aucun dictionnaire biographique. Mais on peut lire son portrait dans l'*Espion anglais*, lettre 2 du premier volume, et dans le huitième, à la lettre 3, une appréciation très originale de ses réformes. Nous même avons esquissé son administration dans un article de la *Revue maritime et coloniale*, novembre 1867.

A la fin de l'année 1783, le nombre total des académiciens était de 72, savoir : 7 honoraires, 6 associés, 23 ordinaires, 1 vétéran, 15 adjoints, 20 correspondants.

Le 27 novembre, l'Académie procéda à l'élection de ses officiers pour 1784. Ce furent :

Directeur : De Langle, en remplacement de Le Bègue.
Vice-directeur : Trédern de Lézerec, prorogé.
Secrétaire : La Prévalaye, prorogé.
Sous-secrétaire : Duval Le Roy, prorogé.

NANCY. — IMPRIMERIE BERGER-LEVRAULT ET Cⁱᵉ

L'ACADÉMIE ROYALE
DE MARINE
DE 1784 A 1793

PAR

ALF. DONEAUD DU PLAN

PROFESSEUR A L'ÉCOLE NAVALE

SIXIÈME PARTIE

PARIS

BERGER-LEVRAULT ET Cie

Éditeurs de la Revue maritime et coloniale et de l'Annuaire de la Marine

5, RUE DES BEAUX-ARTS, 5

MÊME MAISON A NANCY

1882

(Extrait de la *Revue maritime et coloniale*.)

L'ACADÉMIE ROYALE

DE MARINE

DE 1784 A 1793

XXIV.

Année 1784.

Il n'y eut en 1784 que onze séances : une en janvier, une en février, une en avril, trois en novembre et cinq en décembre. Nous ne savons comment expliquer la longue interruption du 26 février au 4 novembre, à peine prescrite par la séance du 22 avril, et nous n'avons trouvé à ce sujet, dans une lettre du 16 avril au ministre Castries, qu'une seule phrase : « La dispersion des membres de l'Académie » qui confirme le fait, sans nous en donner la raison. A l'étranger, rien ne l'indique. Nos relations avec les puissances étaient satisfaisantes. La seule expédition entreprise fut la démolition du fort de Cabinde, construit à notre préjudice sur la côte d'Angola par les Portugais. A l'intérieur, Louis XVI, continuant les encouragements qu'il ne cessa de donner à la marine, se proposait de profiter des loisirs de la paix pour maintenir l'équilibre naval que la France avait rétabli pendant la guerre précédente. Le capitaine de vaisseau mathématicien et physicien Borda devint en 1784 inspecteur des constructions navales ; trois canaux des deux mers, ceux de Bourgogne, du Centre et d'Alsace, furent commencés. De grands travaux allaient être entrepris dans tous les ports ; la digue de Cherbourg fut fondée. C'est dans la question financière qu'il faut chercher les causes de trouble. La guerre d'Amérique, si glorieuse d'ailleurs, avait accru la dette publique et propagé en France des idées de liberté. Après la chute de Necker, en 1781, provoquée par la publication de son compte rendu, le déficit était allé croissant. Pour le combler, le conseiller d'État Joly de Fleury, qui remplaça Necker, proposa de nouveaux impôts et des emprunts. Mais les Parlements commençaient déjà à parler d'États généraux. La fière Bretagne, comme autrefois sous Louis XIV et sous Louis XV, réclamait l'exécution du contrat qui l'avait librement liée aux destinées de la France. Fleury donna sa démission en 1783. Un autre conseiller d'État, Ormesson, ne fit que passer aux finances. Il fut remplacé par Calonne, qui rétablit la paix en Bretagne, en lui rendant la libre nomination de ses députés, et qui en obtint ainsi des subsides à la fin de 1784. Mais, pour suffire aux exigences du présent, Calonne achevait de dévorer l'avenir. Quoi qu'il en soit et pour revenir à l'Académie de marine, le 22 avril, cessent les registres du compte rendu des séances, et nous n'avons plus dès lors que le plumitif, tenu jusqu'à la fin par le sous-secrétaire Duval Le Roy, en remplacement du secrétaire La Prévalaye. Ce dernier, choisi le 17 mai, pour commander la corvette la *Poulette*, était chargé de porter en Amérique le traité conclu à Versailles l'année précédente.

I. ASTRONOMIE. — La question de l'observatoire à établir au port de Brest occupait toujours la Compagnie. Le 3 mai, elle écrivit de nouveau au ministre pour lui représenter que la construction de cet établissement était plus que jamais de la plus grande importance pour la perfection de la navigation, et que le défaut d'observatoire exposait les meilleurs officiers à manquer des objets les plus essentiels pour leur mission. C'est ainsi que le capitaine de vaisseau Granchain, appelé au commandement de la station de Terre-Neuve et chargé de vérifier dans sa campagne la marche de montres marines soumises à son examen, n'avait pu, avant son départ, faire les observations nécessaires à l'objet de son expédition. L'Académie de marine croirait mériter le reproche de négliger un des premiers objets de son institution en ne remettant pas sous les yeux du ministre la nécessité d'un établissement désiré par toute la marine, et en ne lui faisant pas les plus fortes prières qu'il voulût bien se rendre à ses vœux en ordonnant son exécution.

Sa construction exigeait d'ailleurs peu de dépense, ainsi qu'il était facile de s'en assurer par les plans et devis envoyés, et cette dépense était encore diminuée par les circonstances actuelles des travaux du port qui fournissaient abondamment de la pierre. Castries répondit, le 15 août, qu'il n'avait point perdu de vue l'établissement projeté d'un observatoire à Brest ; mais qu'il y avait en ce moment des objets plus instants dont il lui fallait d'abord s'occuper ; qu'il reviendrait volontiers à celui-ci dès que les premiers seraient remplis ; qu'en attendant, on pouvait rassembler la quantité de pierres nécessaire pour la construction de l'édifice, et que s'il était besoin d'ordres plus positifs à ce sujet, il les donnerait. En réponse à cette lettre, l'Assemblée arrêta, le 4 novembre, d'écrire à Fleurieu, le directeur des ports et des arsenaux, pour l'informer que l'achat du terrain destiné à l'observatoire n'avait pas encore été signé (le marché était seulement en cours d'exécution), et que, conséquemment, l'Académie ne pouvait faire rassembler sur ce terrain les matériaux nécessaires à la construction de l'observatoire. Tel était l'état de la question, à la fin de 1784.

A l'avant-dernière séance de cette même année, celle du 23 décembre, on fit lecture d'un mémoire de Lescan, professeur de mathématiques des gardes-marine du port de Brest, en remplacement de Blondeau, sur une méthode simple et exacte pour déterminer le changement en longitude sur le quartier de réduction, connaissant la différence en latitude et l'angle de route. Tel est le premier titre donné par le plumitif ; mais le tome XI, où fut inséré ce travail, pages 289-319, donne le titre suivant : *Mémoire* de M. Lescan, professeur de mathématiques et *sous-secrétaire* de l'Académie royale de marine, *contenant deux méthodes pour déterminer la latitude à la mer, lorsqu'on a observé une ou deux hauteurs de soleil, aux approches de son passage au méridien ; connaissant dans le premier cas l'heure de l'observation et, dans le second, l'intervalle de temps écoulé entre les deux hauteurs ; sachant, dans l'un et l'autre cas, quelle est la latitude estimée et la distance de l'astre au pôle élevé.* Nous avons ici le mémoire tel qu'il fut imprimé en 1788, mais non la première rédaction, puisque Lescan, n'ayant été reçu académicien adjoint qu'en août 1785, ne pouvait être, l'année précédente, sous-secrétaire de l'Académie[1]. Trédern de Lézerec et

---

[1] Nous avons dit, plus haut, à la fin de l'année 1781, que La Prévalaye et Duval Le Roy furent prorogés dans leurs fonctions de secrétaire et sous-secrétaire jusqu'à la fin de 1788 époque où Duval Le Roy devint secrétaire et Lescan fut nommé sous-secrétaire.

Duval Le Roy furent nommés commissaires pour examiner le travail de Lescan. Le rapport, sans date et où le nom de Forfin a remplacé celui de Lézerec, est à la suite du mémoire, pages 319-320. Comme il est fort court, nous le reproduisons intégralement : « Parmi les différentes méthodes de trouver la latitude en mer, on sait que la plus directe, la plus simple et la plus exacte est celle de la hauteur du soleil observée à l'instant de midi ; mais il arrive fort souvent que l'état du ciel ne laisse voir le soleil que quelques instants avant ou après. Le but de ce mémoire est de faire voir que les hauteurs que l'on prend alors peuvent servir à trouver la latitude avec presque autant de précision que celle qu'on aurait eue à l'instant de midi, pourvu que le soleil ne soit pas trop éloigné du méridien et qu'il ne soit pas trop près du zénith. L'auteur prévient les difficultés qu'on pourrait faire sur cette méthode, et assigne le degré de précision qu'elle comporte. Il examine tous les cas différents, en y joignant un exemple calculé pour chaque cas particulier qui se rencontre dans la pratique, afin que l'observateur ne soit pas embarrassé dans les différentes circonstances où il a besoin de la latitude. A la fin du mémoire, l'auteur donne les démonstrations sur lesquelles la méthode est fondée, pour la satisfaction de ceux qui veulent voir clairement la source des préceptes qu'on leur prescrit. Nous croyons ce mémoire digne de l'approbation de l'Académie et d'être imprimé sous son privilége. »

A cette même séance du 23 décembre, Fortin et Forfait furent nommés pour rédiger une instruction en faveur des navigateurs, concernant l'usage du baromètre en mer, et la manière d'aimanter non-seulement les aiguilles de boussole, mais encore les barreaux magnétiques dont on se sert pour rendre aux aiguilles toute leur vertu, quand elle vient à s'affaiblir. Ils donnèrent leurs rapports l'année suivante.

II. Physique. — Une seule question fut agitée en 1784, mais elle était de la plus grande importance : il s'agissait de préserver les vaisseaux des effets de la foudre.

Le 7 septembre, le ministre Castries écrivait à l'Académie que Le Roy (Jean-Baptiste), de l'Académie des sciences, se rendant incessamment à Brest pour faire établir des paratonnerres sur les magasins du port, il était nécessaire que la Compagnie profitât de son séjour pour l'engager à discuter avec les académiciens de Brest quelles étaient les dispositions les plus convenables pour armer aussi de conducteurs les vaisseaux et autres bâtiments de Sa Majesté. Il demandait un compte détaillé des moyens qui seraient présentés tant pour l'établissement en question que pour parer aux inconvénients dont il pouvait être susceptible. On se rappelle qu'en 1781, le Conseil de marine et l'Académie s'étaient montrés peu favorables à cette mesure, ainsi qu'à un travail de Pouget, lieutenant de l'Amirauté de Cette, qui avait étudié les moyens de disposer des conducteurs électriques à bord des vaisseaux. Cette fois, pour se conformer aux ordres formels du ministre, l'Assemblée, dans sa séance du 4 novembre, arrêta de s'assembler extraordinairement le surlendemain pour entendre Le Roy exposer ses idées sur la manière d'établir des paratonnerres à bord des vaisseaux, et il fut décidé, en conséquence, de prier ce savant, par une lettre particulière, de vouloir bien se trouver à cette réunion. Le jour susdit, Le Roy lut effectivement un mémoire à ce sujet, et le capitaine de vaisseau Petit, académicien ordinaire, lut ensuite l'extrait d'une lettre d'un capitaine de vaisseau anglais en faveur de cet établissement. Les *observations* de Le Roy *sur la nécessité et les moyens d'armer les vaisseaux de paratonnerres* furent transcrites dans le tome III des *Correspondants*, pages 36-42, et l'Académie nomma Rochegude, Petit, Sabatier et Duval Le Roy pour faire leur rapport sur ce travail. Le 3 décembre, Castries écrivit au comte d'Hector, commandant de la marine, pour demander que la Compagnie lui communiquât ses observations sur le mémoire de Le Roy. La lettre fut lue à l'Assemblée du 9 décembre. Ce même jour, Le Roy lisait un second *Mémoire destiné à servir de supplément aux observations précédentes*, travail qui fut transcrit dans le tome III des *Correspondants*, pages 89-99, et, le 16 décembre, une addition à ce second mémoire, sous le titre de : *Précis d'un mémoire sur la nécessité et les moyens d'armer les édifices de conducteurs et de paratonnerres pour les préserver de la foudre.* Ce troisième écrit fut encore inséré dans le tome III des *Correspondants*, pages 140-155. Tel était l'état des choses en 1784, et la question sera reprise l'année suivante. Dans son premier mémoire, Le Roy commence par établir la nécessité des paratonnerres en général, et réfute en quelques mots les objections de ceux qui les considèrent comme dangereux, objections nulles aux yeux du Gouvernement, puisque le maréchal l'a envoyé à Brest non pour discuter sur les effets et l'utilité des paratonnerres, mais pour en établir sur les magasins et les principaux bâtiments du port. Après ce préambule, il démontre la nécessité d'en établir sur les vaisseaux. Son idée est de les placer sur le grand mât; ils descendront à la mer par un des galhaubans du mât de perroquet. Il expose ensuite comment ils doivent être construits et de quelle matière il faut les composer. Dans son second écrit, Le Roy revient sur plusieurs détails qu'il n'a pas eu le temps de traiter lors de la première assemblée. Laissant de côté la route qu'on doit faire suivre au paratonnerre, point hors de débat selon lui, il traite à fond les deux autres points : 1° quelle doit être la construction d'un paratonnerre pour qu'il remplisse bien son objet, n'embarrasse pas les manœuvres et dure le plus longtemps possible; 2° quelle est la façon dont il doit arriver à la mer, pour y transmettre directement et sans danger la matière fulminante, lorsqu'un nuage orageux lance son feu sur le vaisseau où il est établi. Il dit qu'il a expérimenté à ce sujet la flûte l'*Étoile*[1], où le commandant de la marine avait autorisé l'établissement d'un paratonnerre. Enfin, le troisième mémoire commence par un historique abrégé de la question. C'est le physicien anglais Gray qui, en 1735, a le premier énoncé que le feu électrique et celui de la foudre n'étaient qu'un seul et même feu. Quinze ans après lui, Franklin découvrit la propriété qu'ont les pointes métalliques de soutirer lentement et à distance le fluide électrique. Les premières expériences furent faites, en France, en 1752, au château de Marly, par le botaniste Dalibard. Vient ensuite la théorie du paratonnerre, que Le Roy avait exposée précédemment dans deux mémoires, à l'Académie des sciences, en 1770 et 1773; enfin, l'auteur donne des détails sur les conditions qu'ils doivent avoir pour remplir parfaitement leur objet. Le Roy, dit P. Levot, *Histoire de la ville et du port de Brest*, II, 198, pendant un séjour de six mois, fit placer 140 paratonnerres, puis il partit en laissant au comte d'Hector des instructions pour guider ceux qui en placeraient à bord des vaisseaux. Il est à remarquer, au sujet de cette question, que le Sénat de Venise avait devancé les autres nations, puisqu'il existe un décret de cette Assemblée, en date du 30 juillet 1778, prescrivant de munir de paratonnerres les bâtiments de tout tonnage, ainsi que les magasins à poudre. L'Angleterre, au contraire, n'adopta cette invention qu'en 1788, date de l'établissement du paratonnerre de la cathédrale de

---

[1] L'*Étoile*, bâtiment de 700 tonneaux destiné pour l'Amérique, était alors commandé par le lieutenant de vaisseau Voutron. Celui-ci demanda un paratonnerre à Le Roy, qui lui en plaça un, le 18 novembre 1784. Ce fut le premier établi à demeure sur un bâtiment français. On en mit ensuite sur la *Résolution* pour la campagne d'Entrecasteaux en Chine, puis sur la *Boussole* et l'*Astrolabe*, les deux bâtiments de Lapérouse.

Londres. En France, l'abbé Nollet s'était montré un des détracteurs les plus violents de ce préservatif.

III. Manœuvre. — Il n'y eut qu'un travail présenté.

A la dernière séance de l'année, 30 décembre, on entendit la lecture d'un mémoire d'un sieur Nicolin, décédé. Ce travail, intitulé : *Essai sur la navigation pour accélérer la marche des navires à varangues et des bateaux plats*, a été inséré dans le tome III des *Correspondants*, pages 110-132. Vial du Clairbois et Le Bègue furent nommés commissaires pour l'examiner. Leur rapport, lu le 5 février 1785, est à la suite du mémoire, pages 132-133. Les juges condamnèrent comme absolument impraticable le cabestan au moyen duquel l'auteur se proposait de faire marcher à l'aviron des bâtiments de mer. Ce Nicolin était un ancien maître de dessin aux écoles d'artillerie et de la marine, auteur d'un *Mémoire sur la navigation intérieure de la France*, qui a servi à la rédaction du mot *canal*, dans l'*Encyclopédie méthodique*.

IV. Travaux hydrauliques. — Le 16 décembre, avait été lu un travail de Forfait, intitulé : *Conjectures sur le mémoire extrait des papiers publics hollandais concernant une machine propre à curer et creuser les canaux, rivières ou ports, nouvellement inventée par les frères F. et A. Eckardt et octroyée par les États de Hollande et West-Frise*, etc., etc. C'était Rochegude qui, paraît-il, d'après le mémoire de Forfait, avait fait passer à l'Académie de marine ces renseignements, et celle-ci n'avait cru pouvoir confier cet examen qu'à l'auteur du travail couronné en 1777 par l'Académie de Mantoue, sur le curage des fleuves et des rivières. La conclusion de Forfait fut que la machine hollandaise — qu'il reconstruit en quelque sorte, sur des documents incomplets — pouvait avoir du succès dans les canaux de la Hollande, c'est-à-dire sur un fond facile à diviser ; mais qu'il la croyait inadmissible dans un port comme celui de Brest, dont le fond est hérissé de matières dures et pesantes, où la hauteur de l'eau excède souvent cinquante pieds, où enfin elle varie de quinze à vingt pieds deux fois par vingt-quatre heures. Le travail de Forfait est dans le tome III des *Correspondants*, pages 99-109. Est de lui également l'article *curer*, dans le *Dictionnaire encyclopédique*.

V. Construction. — Le sieur Georget, sous-ingénieur des ponts et chaussées, employé au Havre, avait adressé au ministre un mémoire anonyme, dans lequel il proposait différents moyens, tant pour faire périr les vers de mer que pour préserver de leurs piqûres les œuvres vives des vaisseaux. Le ministre envoya, le 19 juin, ce travail à la Compagnie, en la priant de l'examiner avec attention et de lui faire part du jugement qu'elle en aurait porté. Celle-ci étant en ce moment dispersée, ainsi que nous l'avons dit plus haut, Duval Le Roy, le sous-secrétaire, prit en particulier les avis des académiciens présents à Brest et envoya, le 16 juillet, au ministre, ses observations particulières, ainsi que celles de Briqueville, Sabatier et Forfait. Le résumé des différents avis émis par les académiciens était que les épreuves en petit ne pourraient être que très utiles, pour éclairer plus sûrement le travail en grand. Le 25 juillet, Castries redemanda l'original ou la copie du mémoire de Georget. L'original lui fut envoyé le 4 août, après que l'Académie en eut pris copie. Ce travail commence le tome III des *Correspondants*, pages 1-31. Par une dépêche en date du 21 août, le ministre autorisa les expériences en petit. Le 4 novembre, dit le registre des *Correspondants*, attendu qu'il n'en est pas question dans le plumitif, l'Assemblée entendit la lecture du mémoire anonyme intitulé : *Mémoire sur les vers marins*, ainsi que les observations de Sabatier, Duval Le Roy, Forfait, Le Bègue et Briqueville, qui sont à la suite, pages 31-36. En général, le mémoire de Georget fut jugé intéressant. Il comprend deux parties. La première donne des notions succinctes des différentes espèces de vers dont la destruction forme l'objet principal de l'ouvrage, des divers moyens employés jusque-là pour garantir les vaisseaux de leurs piqûres, et l'auteur la termine en exposant, selon sa manière de voir, les raisons du peu de succès de ces moyens. Dans la seconde partie, après un détail assez circonstancié de la méthode qu'il a cru devoir préférer, sont présentées les raisons de sa préférence. Dans les *Observations sur le mémoire anonyme*, plusieurs objections furent émises ; mais la conclusion fut que l'objet valait bien la peine qu'on l'examinât avec attention et que, d'ailleurs, quand bien même le succès ne répondrait pas aux vues de l'auteur, il n'en méritait pas moins la reconnaissance de la marine, pour s'être efforcé de détruire le fléau le plus pernicieux de tous les ports. Les expériences eurent donc lieu, et Forfait en rendit compte à l'Assemblée du 2 décembre, par un rapport qui fut inséré dans le tome III des *Correspondants*, pages 83-89. Bien que les expériences n'aient pas été complètes, ce courroi, bien appliqué, lui parut devoir garantir le bois de la piqûre des vers ; mais, d'un fait qui s'est produit après l'expérience, il conclut que l'usage de la composition proposée par l'auteur du mémoire anonyme serait bien dangereux dans les ports, attendu qu'il n'est pas possible d'attendre des ouvriers affectés aux pigoulières toutes les précautions nécessaires pour prévenir les accidents funestes qu'une inflammation subite et imprévue pourrait occasionner, ni le sang-froid d'y porter à temps le seul remède qui convienne. C'était un enduit composé dans les proportions suivantes : trois quarts d'huile d'olive, dans laquelle on faisait bouillir trois seizièmes de végétaux amers, tels que tabac, aloès, absinthe, coloquinte, marrons d'Inde, et on mêlait dans cette décoction un seizième de soufre pilé. Cette question sera reprise l'année suivante.

VI. GÉOGRAPHIE. — Le dernier travail que nous ayons à rapporter, pour l'année 1784, concerne la géographie locale.

Le 25 novembre, lecture fut faite d'un mémoire de Besnard, ingénieur des ponts et chaussées, *sur la topographie raisonnée du département de Landerneau*. Cet écrit fut inséré dans le tome III des *Correspondants*, pages 42-83, et l'Académie, pour remercier son auteur, lui donna une lettre de correspondant. On désignait sous le nom de département de Landerneau la portion septentrionale de ce qui est aujourd'hui le Finistère, borné à l'Est par le sixième de longitude, qui passe entre Morlaix et Carhaix, et au Sud par la rivière de Châteaulin ou plutôt par les montagnes Noires. L'évêché de Léon s'y trouvait enclavé tout entier, et il comprenait en outre une partie de l'évêché de Quimper. Les principaux points traités dans le mémoire de Besnard sont : historique de la contrée ; agriculture, industrie, commerce, cours d'eau, bois, minéraux ; renseignements sur les villes de Morlaix, Saint-Pol-de-Léon, Lesneven, Landerneau, Brest, Carhaix ; fortifications de la côte ; routes ; usages et coutumes. C'est une étude sérieuse et très soignée.

Affaires intérieures. — Le 23 janvier, l'Académie écrivit au ministre une longue lettre pour lui recommander un ancien horloger, Diard, qui avait abandonné sa profession pour se donner tout entier aux sciences physiques. Ses connaissances étaient profondes ; ses travaux sur l'électricité avaient été couronnés par le succès le plus complet, et il possédait le secret de l'accumuler dans une machine, en dépit de l'humidité de l'atmosphère, ainsi que d'électriser positivement ou négativement avec la même machine. Il publierait ce secret si, en l'attachant, sous la direction des médecins, aux hôpitaux du Roi, pour l'application des secours électriques, on lui assurait un état d'existence dont il avait le plus pressant besoin. Nous n'avons pas trouvé la réponse ministérielle; mais il est présumable que Castries souscrivit aux vœux de l'Académie, car nous voyons, en 1788, Diard attaché à la Compagnie en qualité de physicien.

Le 22 avril, autre demande de secours. De Langle fut chargé par la Compagnie de proposer à l'intendant que l'aîné des enfants de Blondeau fût attaché à l'atelier des boussoles, à raison de quarante sols par jour, pour remplir de mercure les tubes de baromètres en fer inventés par son père et les mettre en état de pouvoir être employés. A la date du 2 décembre, nous lisons un arrêté de l'Académie, identiquement dans les mêmes termes. L'intendant Guillot fit droit à cette requête, après en avoir référé au ministre.

Le 4 novembre, on fit lecture d'une lettre de M. Cholet de Jetphort, à l'occasion d'un *Almanach* des Académies, dans lequel il se proposait de faire mention de tout ce qui pouvait les concerner. Il priait la Compagnie de vouloir bien lui communiquer tout ce qui la regardait : noms d'académiciens, époque de sa fondation, notices sur les ouvrages de ses membres, ainsi que sur les travaux qui lui avaient été présentés. L'Académie qui, en 1781, avait répondu assez laconiquement à une demande de ce genre, faite par un de ses correspondants, arrêta cette fois de ne pas faire de réponse à cette lettre, attendu qu'il lui était impossible de se livrer pour le moment à ce genre de travail.

Le 16 décembre, il fut arrêté que nul étranger ne serait désormais admis aux assemblées, ni n'aurait de jetons, sans l'exprès consentement de l'Académie.

Don d'ouvrage. — Le seul offert en 1784 fut le mémoire couronné à Mantoue, que Forfait, son auteur, présenta dans la séance du 16 décembre, à propos de son travail sur la machine à draguer des frères Eckardt. Il est en latin et a pour titre : *Solutio problematis ab regia scientiarum et litterarum Academia mantuana propositi ad annum MDCCLXXVI : Eum modum determinare quo, minimo labore et minima impensa, navigabiles alvei expediantur ex arenæ et terræ acervis qui horum fundum altius evehunt, a Petro-Alexandro Forfait, Rhotomagensi, navium gallicarum regis proarchitecto, exhibita, ab ea temque Academia probata* (Pl.). Mantuæ, hæres Alberti Pazzoni, 1777, in-4°.

Achats. — L'Académie de marine continuait à enrichir sa bibliothèque. Le 15 janvier, elle arrêtait l'acquisition de l'ouvrage de Faujas de Saint-Fond sur les ballons aérostatiques [1] ; les *Principes de l'électricité*, par mylord Mahon, traduit de l'anglais, in-8°, et les *Fables égyptiennes et grecques*, par Pernetty, 2 vol. in-8°. La première de ces acquisitions avait été motivée par la célébrité qui s'était attachée à la découverte des frères Montgolfier, dont la première expérience avait eu lieu à Annonay, le 5 juin 1783. L'auteur de l'ouvrage était un géologue né à Montélimart. Quant à milord Mahon, nous savons seulement qu'il était de la Société royale de Londres. Le troisième écrivain mentionné ci-dessus, D. Antoine-Joseph Pernety ou Pernetty, après avoir été bénédictin de la congrégation de Saint-Maur, puis aumônier de Bougainville, s'occupait à Avignon d'alchimie et d'illuminisme. Dans cette même séance du 15 janvier, la Compagnie alloua une somme de 130 livres au sieur Mercier, pour lui donner les moyens de réparer le diviseur.

Le 26 février, achat du *Troisième voyage de Cook*, in-8°. L'Assemblée demanda en outre un état des livres dont l'acquisition avait été proposée à cette séance. Son intention était que la dépense ne dépassât pas quatre mille livres. Recommandé au sieur Vincent un cercle, pour l'observation des longitudes à terre, conformément aux dimensions énoncées dans le mémoire du lieutenant de vaisseau et académicien adjoint Guidi, tant pour l'instrument que pour la machine du pied.

Le 22 avril, arrêté de prier le chevalier de Borda de faire demander pour l'Académie en Angleterre, ou de faire construire à Paris, si l'on peut compter sur les artistes de cette capitale, un petit quart de cercle d'un pied de rayon, tel que celui qu'il a cédé autrefois à la Compagnie. Arrêté, en outre, de faire l'acquisition de l'ouvrage de Perronet sur les ponts et chaussées, la *Description des travaux faits au port de Carlscrone*, par Daniel Tombert, et six exemplaires de la petite édition des *Tables de Gardiner*.

Le 4 novembre, payé la somme de deux cent cinquante-deux livres dix-neuf sols, à Rochegude, pour achat de livres destinés à la bibliothèque de l'Académie.

Le 30 décembre, payé au libraire Malassis la somme de deux mille trois cent onze livres quinze sols, pour l'achat des livres demandés à la suite de la séance du 26 février. Arrêté de faire l'acquisition des *Œuvres de J.-J. Rousseau*.

---

[1] *Description de l'expérience de la machine aérostatique de MM. de Montgolfier*. Paris, Cuchet, 1783. 2 vol. in-8°.

Mouvements. — Le 15 janvier, *Giraud* (André-Pierre) fut admis en qualité de correspondant. C'était le fils d'un négociant de Toulon. Né en 1733, il avait débuté, à l'âge de vingt-trois ans, en qualité de commis aux écritures, et était devenu en 1777 garde-magasin au port de Toulon. Comme il n'a rien publié, il fut reçu vraisemblablement en raison des services qu'il était à même de rendre à la Compagnie par ses fonctions.

Le 30 mars, était mort à Paris, Emmanuel, prince de Meurs et de Solre, duc de Croy, maréchal de France, chevalier des ordres du Roi, académicien honoraire de 1774. Né à Condé en Hainaut, le 23 juin 1718, il s'était distingué dans les deux guerres de Sept ans. Chargé en 1757 du commandement des troupes en Artois, Picardie, Calaisis et Boulonais, il avait mis les côtes de ces provinces en état de défense, et fait élever sur le bord de la mer, en face la rivière de Wimereux, la tour qui est encore désignée sous le nom de Croy. On lui doit aussi la restauration du port de Dunkerque. Nous avons parlé de son *Mémoire sur le passage par le Nord*, Paris, 1782, in-4°. Par suite des décès antérieurs de Duhamel du Monceau et de Bigot de Morogues en 1781, du comte de Roquefeuil en 1782, de l'intendant Hocquart en 1783, comme il n'y avait eu de nommé pour les remplacer que Chabert en 1782, cela faisait quatre places vacantes d'honoraires à l'Académie. Le 25 novembre, après avoir procédé à l'élection de ses officiers, la Compagnie songea à remplir ces vides. Furent nommés les quatre ordinaires : marquis de *Briqueville*, baron d'*Arros d'Argelos*, baron de *Monteil* et comte de *Goimpy*, tous quatre chefs d'escadre, Monteil depuis 1782, les trois autres de la promotion du 20 août 1784. Goimpy prit sa retraite presque aussitôt, et conséquemment, s'il n'avait pas été nommé honoraire, aurait cessé, aux termes du règlement, de faire partie de l'Académie. Ce même jour et ainsi que nous l'avons dit plus haut, l'ingénieur des ponts et chaussées *Besnard* fut admis en qualité de correspondant.

Le 1er décembre, se retira du service, pour cause de santé, le chevalier de La Cardonnie, chef d'escadre du département de Rochefort, académicien adjoint de 1752, ordinaire de 1753 et 1769. M. de Resbecq lui a consacré une notice intéressante dans la *Revue* de juillet 1874. Nous en extrayons ce qui suit : Jacques de Boutier, chevalier de La Cardonnie, né en 1727, était originaire de Villeneuve-d'Agen. Garde-marine en 1746 à la suite d'un beau fait d'armes aux Antilles, enseigne en 1751, lieutenant de vaisseau en 1757, chevalier de Saint-Louis en 1762, capitaine de frégate deux ans plus tard, premier aide-major en 1765, capitaine de vaisseau en 1772, brigadier ès armées navales en 1776, chef d'escadre en 1784, il gravit non sans gloire les échelons de la carrière navale, et servit avec honneur pendant la guerre coloniale et celle d'Amérique. Habile hydrographe, il avait levé en plusieurs fois le plan de plusieurs débouquements des Antilles. Nous le verrons reparaître, sur l'*Annuaire* de 1790, comme vétéran avec la date de 1769, par conséquent même avant Baracé, le vétéran de 1773, sans que nous puissions préciser l'époque de sa nomination.

Le 2 décembre, l'Académie s'occupa du soin de remplir les places vacantes dans la classe des ordinaires. Elles étaient au nombre de neuf, savoir : deux de l'année précédente, le baron de Bombelles et Blondeau ; quatre provenant de l'élection des honoraires, enfin trois occasionnées par le décès du capitaine de vaisseau Vialis, la cassation de Tromelin et par la retraite de La Cardonnie. Vialis, adjoint de 1769, ordinaire de 1773, chevalier de Saint-Louis en 1777, avait été directeur de l'artillerie à Toulon, et se trouvait en non-activité en 1781, vraisemblablement pour cause de maladie. Quant à Maurice-Jean-Marie Boudin de Tromelin, adjoint de 1769, capitaine de vaisseau et ordinaire de 1777, il était né à Morlaix en 1740. Il commandait l'*Annibal* dans l'escadre de Suffren, et fut rayé des listes pour n'avoir pris qu'une part très secondaire aux affaires de Madras, de Provédien, de Négapatam et de Trinquemalé. Suffren s'était contenté de le renvoyer en France, mais avec une note accablante. L'Académie de marine, pour les remplacer, nomma six adjoints du département de Brest, et trois des autres ports. Les premiers furent les capitaines de vaisseau *De Flotte* et *Rosily*, l'ingénieur-constructeur *Vial du Clairbois*, le lieutenant de vaisseau *Pierrefite de Champagny*, l'enseigne *Guidi* et le médecin *Sabatier*. Les trois autres furent *D'Arbaud de Jouques*, lieutenant-général des armées navales à Toulon ; *Bougainville* et *Thévenard*, chefs d'escadre, le premier à Paris, le second commandant de la marine au port de Lorient.

En 1784, Choquet de Lindu, après cinquante ans de services, fut décoré de la croix de Saint-Louis et admis à la retraite. Aux termes de l'article XI du règlement, il eût dû cesser de faire partie de l'Académie. Mais de même qu'on lui conserva la totalité de ses appointements, il continua de figurer sur les listes de la Compagnie jusqu'en 1790, année de sa mort, en qualité d'ancien ingénieur en chef de la marine, académicien ordinaire.

A la fin de 1784, le nombre total des membres de l'Académie était donc de 70, savoir 10 honoraires, 6 associés, 25 ordinaires, 1 vétéran, 6 adjoints, 22 correspondants.

Quant aux officiers élus pour 1785, ce furent :
Directeur : Le Bègue, en remplacement de De Langle ;
Vice-directeur : Trédern de Lézerec, prorogé ;
Secrétaire : La Prévalaye, prorogé ;
Sous-secrétaire : Duval Le Roy, prorogé.

XXV.

Année 1785.

On compte vingt-quatre séances en 1785, savoir : quatre en janvier, autant en février, trois en avril, deux en mai, une en juin, point dans les mois de juillet ni d'août, une en septembre, trois en octobre, autant en novembre et en décembre, c'est-à-dire en moyenne deux par mois. Nous ne nous expliquons pas autrement que pour l'an dernier l'interruption de plus de trois mois du 16 juin au 22 septembre. Depuis quelque temps déjà, la Compagnie travaillait moins par elle-même que par ses correspondants, arrivés au nombre de vingt-deux en 1784. Cependant le procès du Collier, qui s'instruisait à la fin de 1785, devait avoir beaucoup moins de retentissement à Brest que l'ordonnance du 31 octobre 1784 sur les classes, et celle du 1ᵉʳ novembre de la même année sur les officiers d'administration. L'intendant Malouet, bien qu'opposé, en sa qualité d'administrateur, aux ordonnances militaires de Choiseul, Sartines et Castries, n'en rendit pas moins justice à ce dernier ministre qui s'appliquait principalement à rendre les officiers instruits et disciplinés, et qui faisait marcher de front la théorie dans les écoles et la pratique à la mer. L'Académie de marine, en dépit du relâchement de quelques-uns de ses membres, continua l'exécution du programme ministériel.

I. Astronomie. — Et d'abord, elle continua à s'occuper activement de l'astronomie, cette branche si importante des études nautiques. Le 30 décembre de l'année précédente, elle avait arrêté de prier le chevalier de Borda de représenter au ministre le besoin qu'elle avait de deux quarts de cercle d'un pied de rayon, tel que celui que le chevalier avait cédé à la Société, et de l'engager à en ordonner la construction aux frais du roi, ainsi que celle d'un compas azimutal et d'une boussole d'inclinaison. Le 13 janvier, elle prit un second arrêté dans le même sens. Ces quarts de cercle étaient destinés aux officiers qui en demanderaient à l'occasion des missions dont ils auraient été chargés. En cas de refus de la part du ministre, Borda devait en faire construire au moins deux aux frais de la Compagnie, à Paris, par le meilleur artiste et en même temps par le plus expéditif qu'il pourrait trouver. L'ingénieur et académicien ordinaire Groignard se chargea d'écrire la lettre, et on le pria de joindre ses représentations à celles de Borda. En attendant la décision ministérielle et la réponse du chevalier, l'Assemblée ordonna au sieur Mercier la construction de deux quarts de cercle d'un pied de rayon. Le 7 avril, lecture fut faite de la réponse du ministre, en date du 26 mars. Castries refusait net d'accorder à la Compagnie sa demande, lui objectant qu'elle devait se pourvoir des instruments qu'elle voulait acquérir sur la somme de 6,000 livres qui lui était attribuée. D'un autre côté, l'Académie avait demandé précédemment à Lalande, de l'Académie des sciences, de lui faire exécuter à Paris un compteur. Celui-ci l'envoya en février. Il était d'un horloger nommé Robbin, et revenait à la somme de quinze louis, sans compter celle de quinze livres neuf sols pour le transport jusqu'à Brest. L'Assemblée, tout en commandant un de dix louis au même horloger, et en remerciant celui-ci de l'instruction qu'il avait envoyée relativement audit compteur, arrêta, le 14 avril, de lui écrire, au sujet de quelques défauts qu'elle avait remarqués dans son instrument. A la séance précédente, celle du 7 avril, elle avait chargé le comte Le Bègue, son directeur, de demander en Angleterre trois sextants, trois cercles, deux graphomètres et un théodolite. Nouvel arrêté analogue, le 19 mai.

L'affaire capitale de l'Académie à cette époque continuait d'être la construction de son observatoire. Le 17 février, on lut une lettre de Fleurieu, directeur des ports et des arsenaux et académicien ordinaire, au sujet de la tentative qu'il avait été chargé de faire auprès du ministre pour obtenir de lui des ordres relativement à la construction de cet établissement. Il paraît que cette lettre, dont nous n'avons pas connaissance, n'était pas des plus satisfaisantes, attendu que l'Académie arrêta, le 3 mars, d'écrire à Groignard, pour l'engager à s'intéresser fortement à ladite construction et à se concerter à ce sujet avec Fleurieu, pour accélérer, si possible, la décision du ministre à cet égard. Cette décision parut enfin par un ordre du roi en date du 25 août, mais nullement suivant le désir de la Compagnie. En ce moment, le département de la marine était en pourparlers avec celui de la guerre, relativement à l'abandon du château de Brest, en échange de l'ancien séminaire des Jésuites. Mais comme le château renfermait dans son enceinte bien des bâtiments dont il était juste de fournir à la guerre l'équivalent, le comte d'Hector, commandant de la marine, et le commissaire général Prévôt de Langristin avaient reconnu la nécessité d'ajouter à la cession du séminaire celle du terrain de l'observatoire projeté. C'est à cette condition que l'ordre du roi, dont nous avons fait mention, autorisa la remise du château à la marine. La Compagnie perdait conséquemment à cet arrangement le terrain de son observatoire.

D'un autre côté, la Société continuait de recevoir la *Connaissance des temps*, mais assez peu régulièrement, à ce qu'il paraît, puisque, le 12 mai, elle arrêta d'écrire fortement à Chabert, qui négligeait de lui envoyer cet ouvrage en temps utile. D'autre part, Lalande, en avril, témoignait à la Compagnie le désir qu'on observât exactement au port de Brest la hauteur de la pleine mer aux syzygies et même tous les jours. Mais Blondeau, qui avait commencé jadis un pareil travail, était mort, et Chazallon n'existait pas encore. Le maréographe du port de Brest ne date que de 1846[1].

Quant aux ouvrages concernant la navigation qui furent présentés à l'Académie en 1785, ils sont au nombre de trois, un de Fortin, un de Forfait, un de Lescan.

Dans les assemblées du 5 et du 12 janvier, Fortin lut l'*Instruction* qu'il avait été chargé de faire, au mois de décembre de l'année précédente, *concernant l'usage des baromètres en mer*, et dans la même séance du 5 janvier, Forfait fit lecture de celle dont il s'était chargé, le même jour, *concernant la manière d'aimanter les aiguilles de boussole*. L'instruction de Forfait ayant été approuvée, il fut décidé d'en demander l'impression au ministre, et c'est là vraisemblablement ce qui est cause que nous ne l'avons pas vue transcrite sur les registres, pas plus que celle de Fortin ; mais le rapport, signé Petit, Trédern de

[1] Dans l'intervalle, par une dépêche en date du 6 octobre 1788, Monge, ministre de la marine, écrivit au commandant des armes, Thévenard, de donner les ordres nécessaires pour qu'il fût fait, quatre fois par jour et pendant un an, des remarques sur la plus petite et la plus grande hauteur de la mer, dans un lieu n'accédant pas à basse mer.

Lézerec et Duval Le Roy, rapport qui fut lu le 10 février, est dans le tome XI, pages 269-270. Il y est dit, sous forme de conclusion : « Cette instruction, écrite avec beaucoup de clarté, indique aux pilotes toutes les précautions à prendre pour conserver les boussoles en bon état le plus longtemps possible, et pour les y ramener lorsqu'elles seront dérangées par l'affaiblissement de la force magnétique des aiguilles. Nous pensons qu'elle sera très-utile et que l'homme le moins intelligent y trouvera tous les renseignements dont il aura besoin, et que d'après eux il se conduira facilement, surtout si, lors d'un armement, il a l'intention de se rendre à l'atelier des boussoles, pour voir aimanter les aiguilles qu'on lui livrera, et pour en aimanter quelques-unes lui-même. »

Quant à l'instruction de Fortin, comme on l'avait trouvée incomplète, la Société suspendit le jugement qu'elle en devait porter. Aussi, le 20 janvier, Fortin lut-il la suite et le complément de son instruction. Les mêmes commissaires que ceux qui avaient été nommés pour apprécier le travail de Forfait furent désignés pour examiner celui de Fortin, et leur rapport, lu à cette même séance du 10 février, fut inséré à la suite du précédent, pages 270-272. Le voici *in extenso* : « M. Fortin, en donnant la description du baromètre marin, fait connaître la raison qui a forcé de placer de bas en haut sur la plaque les divisions en pouces et lignes destinées à marquer les diverses hauteurs du mercure, en même temps pourquoi une demi-ligne sur cette plaque répond à un intervalle d'une ligne prise sur celle d'un baromètre ordinaire. Il parle ensuite de la clef à oreille et de ses usages, tant pour rendre le baromètre plus ou moins marin, que pour procurer le moyen de le transporter, sans craindre aucun dérangement. Vient après cela le résultat des observations faites sur cet instrument qui, comme on sait, indique par la marche plus ou moins rapide du mercure et par ses différents points d'élévation ou d'abaissement les changements que l'état de l'air doit subir. — Pour rendre ce travail plus utile, M. Fortin a comparé entre elles les variations du baromètre dans la zone torride, dans les zones tempérées et par de grandes latitudes. Le recueil des observations que l'on fera dans la suite avec ce baromètre dans les différents climats servira à former des tables qui seront très-intéressantes pour la navigation. Celle fournie en forme de note par M. Fortin et insérée dans son instruction sera d'un grand secours, particulièrement dans nos mers. — M. Fortin décrit ensuite le procédé qu'il propose de suivre pour régler un baromètre marin, sans être obligé à le comparer à un autre baromètre, que l'on n'est pas toujours à portée de se procurer. Le moyen qu'il indique tient à la construction de l'instrument, à la clef placée au bas de la branche la plus courte. Les éléments dont il fait usage pour reconnaître la hauteur du mercure dans la grande branche sont : 1° la longueur connue de la grande branche, à compter de son extrémité supérieure, point le plus haut où puisse se rendre le mercure, jusqu'au trait placé à la hauteur de l'orifice de la petite branche; 2° la distance facile à mesurer de cet artifice (sic) à la surface du mercure, et enfin la longueur de l'espace vuide au-dessus du mercure dans la grande branche, longueur qu'il déduit du procédé qu'il indique. — M. Fortin parle aussi du baromètre à dilatation et des avantages qu'il a, par sa construction, sur le baromètre simplement marin, pouvant être plus sûrement transporté sans risque, et changer de température sans que sa bonté en soit altérée. — Cette instruction est terminée par une indication de la manière dont doivent être dressées les tables d'observations du baromètre. Elle nous a paru assez détaillée pour que le maître pilote qui est chargé sur sa feuille de cet instrument puisse prendre toutes les précautions nécessaires à sa conservation, et sache tenir compte de ses observations, dans un ordre tel qu'on puisse facilement faire des comparaisons qui servent à le perfectionner et à le rendre encore plus utile. » En conséquence de ces deux examens, il fut arrêté que le comte Le Bègue, directeur de l'Académie, communiquerait, ainsi qu'il l'avait proposé, au comte d'Hector, commandant de la marine, les instructions de ces deux académiciens et les rapports y relatifs, afin d'avoir le consentement de celui-ci pour l'impression de ces deux ouvrages. L'*Instruction sur les baromètres marins*, in-12 de 11 pages, existe à la bibliothèque du port de Brest, réunie à l'*Instruction concernant les boussoles et les barreaux aimantés*; mais la première pièce est anonyme et la dernière, qui a 17 pages, bien qu'elle soit de Forfait, est signée du secrétaire Duval Le Roy, à la date du 5 décembre 1784. Quant à Fortin, dont le vrai nom était du reste Frotin, ce n'est point, paraît-il, l'inventeur du baromètre Fortin, qui serait dû à un constructeur de Paris, représenté aujourd'hui par son petit-fils, M. Fortin-Hermann.

Enfin, le 3 mars, on entendit la lecture d'un rapport de Trédern de Lézerec et Duval Le Roy sur une méthode proposée par Lescan pour déterminer avec précision la différence en longitude par le moyen du quartier de réduction. Ce professeur avait dressé une *Table des chan-*

gements en hauteur du soleil pendant la minute d'avant ou d'après son passage au méridien. Transcrite dans le tome XI, page 320, les commissaires l'apprécièrent de la manière suivante : « L'usage du quartier de réduction suppléant à celui des tables de sinus, il est toujours intéressant de diminuer les erreurs de cet instrument qui, s'il était parfait, tiendrait lieu des sinus. En lui supposant, lorsqu'il sort de dessous la planche, toute la perfection dont il est susceptible, on sait qu'il la perdrait en le collant sur un carton. Telle partie du papier s'étend plus que telle autre, et dès lors, des espaces qui étaient égaux avant cette opération, cessent de l'être. L'échelle des latitudes croissantes est nécessairement affectée de ce défaut : elle a de plus celui qui résulte de la difficulté d'une graduation dans le genre de celle des tangentes. Voilà donc deux sources d'erreur qu'on peut soupçonner dans tout résultat qui dépend d'une mesure prise sur cette échelle. M. Lescan propose d'éviter cet inconvénient en remplaçant l'échelle des latitudes croissantes par une table calculée de dix minutes en dix minutes, depuis 0° jusqu'à 72°; de cinq en cinq depuis 72° jusqu'à 84°, et de minute en minute, de 84° à 90°. Il applique à quelques problèmes de pilotage l'usage de cette table relativement au quartier de réduction. Nous croyons qu'il sera très-commode d'avoir, à côté du quartier de réduction, une table qui, lorsqu'on aurait intérêt de travailler plus correctement, éviterait l'embarras de recourir à un des livres où elle est insérée, et, en conséquence, nous pensons que le changement proposé ne peut qu'être avantageux. » Quelques jours après cette séance, Lescan devenait membre de l'Académie.

II. Physique. — On continua, en 1785, de s'occuper de la question des paratonnerres. A la suite de sa mission à Brest, Le Roy s'était rendu à Lorient et à Rochefort, pour y continuer les mêmes opérations. A Toulon, ce fut le lieutenant de vaisseau Sade, lequel avait suivi les opérations de Brest et que le ministre avait chargé de rédiger le projet, qui établit les paratonnerres de ce port. A Brest, le travail fut continué par le sieur Billiaux, employé par l'Académie des sciences à la confection de ces instruments. Le 5 janvier, conformément aux instructions ministérielles, fut lu le rapport de Rochegude, Petit, Sabatier et Duval Le Roy, nommés le 6 novembre 1784 pour apprécier les moyens proposés par Le Roy en vue d'établir des paratonnerres à bord des vaisseaux. Ce rapport, inséré dans le tome IV des *Correspondants*, pages 133-139, ayant été approuvé unanimement par la Compagnie, celle-ci, en conséquence de la lettre de Castries au comte d'Hector, en date du 3 décembre 1784, envoya ce rapport au commandant de la marine pour être expédié au ministre. Les commissaires n'étaient pas, à beaucoup près, aussi convaincus que Le Roy. « On a fait, disent-ils, des essais de paratonnerres sur les vaisseaux des différentes nations ; et néanmoins l'usage ne s'en est pas établi, ce qui semble former un préjugé contre l'utilité de cette invention. Peut-être n'avait-elle d'autre inconvénient que l'insuffisance ou l'incommodité des moyens alors proposés, ou la crainte d'attirer un feu destructeur, dont les ravages sont malheureusement trop fréquents et trop connus. Sans vouloir objecter contre les paratonnerres, ni les adopter aveuglément, nous croyons que des expériences faites avec impartialité seraient le meilleur moyen de convaincre le peuple des marins, ainsi que des personnes plus instruites que la théorie ne satisfait pas entièrement, parce que les paratonnerres établis sur un édifice toujours immobile leur paraissent ne pouvoir l'être aux mêmes conditions sur un corps en mouvement. Notre dessein n'est pas de faire naître des difficultés sur un objet dont nous voudrions que l'avantage fût certain : mais comme il arrive quelquefois que l'intervalle est immense de la théorie à la pratique, nous persistons à demander que les expériences appuient le raisonnement, afin que par cette marche ordinaire dans la physique les doutes soient pleinement dissipés. » Après ce préambule plein de réserves, les commissaires résolvent, dans le même sens que Le Roy, les trois questions déjà traitées par lui, savoir la route que doit suivre le paratonnerre, sa construction, enfin la façon dont il doit arriver à la mer. Ils terminent en disant : « Voilà les moyens proposés par M. Le Roy, moyens qu'il regarde comme sûrs : et nous aurions du regret qu'il se fût trompé. Si l'on désire de plus amples détails, on les trouvera dans ses mémoires : il y répond, d'une manière satisfaisante, aux objections que nous lui avons faites. Nous ne nous dissimulons pas néanmoins qu'il en subsiste encore, dont la force ne peut être aisément détruite. Telle est celle qui regarde le poids de la chaîne, dont les dimensions de largeur et d'épaisseur ne peuvent se diminuer ; d'où il résulte par conséquent une surcharge, surtout pour les mâts des petits bâtiments, qui sont en proportion de leur capacité. Telle est encore celle où le galhauban et la chaîne se rompraient vers le milieu, au moment que la nue lance son feu sur le vaisseau. Le dernier cas est sans doute possible ; mais les conditions qu'il renferme prouvent combien il doit être rare. Hors de

là, le remède est facile. Il faut convenir d'ailleurs qu'il n'y a point d'invention humaine qui fût reçue si, pour la rejeter, il suffisait d'y découvrir quelque imperfection. Nous sommes trop justes pour juger ici dans cet esprit de rigueur. Considérant la théorie de l'électricité comme le résultat d'un grand nombre d'observations et d'expériences, nous concluons qu'on doit suivre la même méthode touchant les paratonnerres, avant que d'en approuver ou d'en condamner la pratique. »
Comme en réponse à ces objections, le comte d'Hector fit remettre à la Compagnie, le 24 février, deux nouveaux écrits de Le Roy. Le premier intitulé : *Mémoire sur la nécessité d'armer les vaisseaux de conducteurs ou de paratonnerres*, était destiné à servir de suite au mémoire lu le 16 décembre 1784. Il a été inséré dans le tome III des *Correspondants*, pages 156-176. L'auteur y démontre que, s'il est utile d'armer de paratonnerres les édifices terrestres, à plus forte raison est-il indispensable de préserver avec ce même moyen les vaisseaux, dont les mâts s'élèvent à une hauteur considérable et attirent l'électricité par leurs pointes; qui en outre parcourent des mers essentiellement orageuses; sur lesquels enfin les dangers de la foudre sont bien plus graves qu'à terre. Dès 1770, Le Roy avait dit que l'on pouvait se servir des paratonnerres pour garantir les vaisseaux; il l'avait répété en 1773. L'auteur donne ensuite les moyens d'établir ces appareils de la manière la plus avantageuse, et entre à ce sujet dans de minutieux détails, dans le but de prévenir toutes les objections possibles. L'autre écrit est un *État des paratonnerres établis et à établir dans le port et la ville de Brest, d'après les ordres de M. le maréchal de Castries*. Ce travail est à la suite du précédent, pages 176-199. Enfin et pour terminer ce qui concerne cette question, nous trouvons encore dans ce même volume à la suite de l'État de Le Roy, pages 199-212, un mémoire anonyme et sans date, intitulé : *Observations sur les avantages qui résultent de l'établissement des paratonnerres sur des édifices et sur des vaisseaux*. C'est un auditeur de la conférence de Le Roy, qui rend compte des objections faites par le comte d'Hector et des réponses de l'illustre savant. L'auteur de ce mémoire conserve encore des préventions, et contre la théorie de Le Roy qu'il discute point par point, et contre l'efficacité des paratonnerres, tant à terre que sur les navires, efficacité au sujet de laquelle il élève des doutes motivés par quelques exemples. Dans les *Mémoires de l'Académie des sciences*, année 1790, Le Roy dit seulement que l'Académie de marine déclara par un rapport en forme

que les moyens proposés par lui étaient très-praticables, et qu'elle écrivit en conséquence au ministre.

Un second travail important de physique fut lu à la séance du 10 février. C'est un mémoire de Forfait intitulé : *Idée d'une machine au moyen de laquelle un plongeur pourrait s'enfoncer dans l'eau à toutes sortes de profondeurs, y voir très-distinctement et y séjourner longtemps sans être incommodé.* Fleuriot de Langle, Vial du Clairbois, De Flotte et Fortin furent nommés commissaires pour l'examen de ce travail, qui est dans le tome XI, pages 272-289, avec trois planches explicatives intercalées dans le texte. Dans leur rapport, qui fut lu le 10 mars, ils jugèrent l'idée de l'auteur fort ingénieuse, mais il leur parut que l'exécution de cette machine présentait de nombreuses difficultés. En conséquence de ce rapport, Forfait lut, le 17 mars, un *second mémoire sur la machine à plonger*, où il répondait, article par article, aux objections des commissaires. Ce nouveau travail est dans le tome XI, pages 321-335. L'Assemblée autorisa les expériences, et l'écrit de Forfait fut inséré dans le tome III de l'*Encyclopédie méthodique*, partie *Marine*, au mot *plonger*. On peut encore lire une analyse du scaphandre de Forfait dans les *Essais de biographie maritime* de P. Levot. Les plus anciens appareils de plongeur connus sont probablement ceux dont Léonard de Vinci, qui vivait au commencement du XVI° siècle, nous a conservé les dessins ; mais ce n'est que tout récemment qu'on a trouvé le moyen de résister à la pression de l'eau, ce qui permet maintenant d'utiliser les scaphandres pour de grandes profondeurs.

III. MANŒUVRE. — Le 24 novembre, on fit lecture d'un mémoire présenté au comte Le Bègue, directeur de l'Académie. Il était d'un horloger de Brest, nommé Paufer, et l'on auteur y proposait un moyen de rendre plus facile et moins fatigant le service des pompes à bord des vaisseaux. Trédern de Lézerec, Vial du Clairbois et Forfait furent nommés commissaires pour l'examen de ce travail, qui est dans le tome III des *Correspondants*, pages 240-242, sous le titre de *Mémoire concernant un nouveau moyen de faire le service des pompes royales de marine*. On appelait alors pompes royales celles des grands bâtiments de la marine française, les autres nations maritimes n'employant encore à cette époque que la pompe à chapelets[1]. La machine de Paufer se composait d'un chevalet sur lequel était une poulie de six pouces de dia-

---

[1] V. l'article *Pompe*, de Forfait, dans l'*Encyclopédie méthodique*, partie *Marine*.

mètre, traversée au centre par un axe de fer. A chaque extrémité de l'axe on voyait une manivelle ou cigogne, dont le levier était quatre fois plus grand que le rayon de la poulie. Le rapport des commissaires, lu le 9 décembre, est dans le tome III des *Correspondants*, pages 243-244. Ils reconnurent que cet appareil employait moins d'hommes; qu'il permettait de les placer sous le gaillard, qu'il produisait une levée de dix-huit pouces au lieu de douze ou treize; enfin que la machine était solide, facile à réparer, et peu sujette à accidents; mais ils regardèrent comme étant d'un grand inconvénient la continuité d'action de cette machine, qui ne permettait point d'instants de repos, comme la bringueballe; enfin, ils y trouvèrent les mêmes difficultés locales que pour la pompe à chapelets; mais, vu la dépense minime, ils engagèrent la Compagnie à demander une expérience comparative. Le résultat en sera donné l'année suivante.

IV. Construction. — Le 17 février, Georget, l'auteur du mémoire de l'année précédente sur la destruction des vers marins, informa l'Académie qu'il se proposait de lui soumettre de nouvelles recherches sur cet objet, à quoi celle-ci fit répondre qu'elle les verrait avec plaisir. Le 22 septembre, lecture d'une nouvelle lettre de Georget annonçant que, sitôt qu'il en aurait le temps, il enverrait à la Compagnie de nouvelles observations, pour servir de supplément à son mémoire. Enfin, le 17 novembre, on lut une troisième lettre de l'auteur, avec ses réponses aux objections que lui avaient faites les commissaires. Cet écrit est dans le tome III des *Correspondants*, pages 212-216. A la suite, pages 216-221, est le rapport des expériences faites par Forfait, en exécution de l'ordre du ministre en date du 21 août 1784 et par commission de l'Académie. Il est intitulé: *Rapport pour connaître les effets d'une nouvelle carène composée d'huile d'olive et de plantes amères dans la vue de soustraire les bois à l'insulte des vers marins*. Sa conclusion est que la composition du sieur Georget est absolument inefficace. En terminant ce rapport, Forfait s'étonne, non sans raison, de la quantité des propositions faites pour combattre les vers marins, alors que personne n'a songé à étudier les mœurs de ces animaux destructeurs[1]. Ces reproches, dit-il, ne s'adressent pas seulement aux naturalistes, mais à nous qui vivons dans les ports, c'est-à-dire qui sommes

[1] Forfait oublie ici l'abbé Dicquemare, professeur de physique expérimentale au Havre et correspondant de l'Académie de marine, qui vivait encore en 1785, et qui, indépendamment de son grand travail sur les anémones de mer, avait fait aussi des recherches sur les tarets; mais qui n'avait rien donné à l'Académie de marine depuis 1774.

à même de faire des observations exactes, au lieu que nous nous contentons de suivre les procédés indiqués, et d'en constater l'insuffisance par des procès-verbaux. A la séance du 24 novembre, Forfait, en réponse au second travail de Georget, lut son rapport définitif, par lequel il condamne absolument, comme inefficace et même comme dangereux, le procédé de l'auteur. Ce rapport est dans le tome III des *Correspondants*, pages 242-243. Il paraît que Georget ne se considéra pas encore comme battu, car le plumitif indique une dernière lettre de lui à la date du 9 mars 1786 ; mais nous n'en savons rien de plus. La marine possédait déjà à cette époque l'anse de la Penfeld et louait celle de Kerhuon. Cette dernière fut achetée en 1787, et de grands travaux furent commencés pour la retenue des eaux et le passage des bois.

V. MÉDECINE. — Les salles construites, tant à l'ancien séminaire qu'à Pontanézen, en remplacement de l'hôpital incendié en 1776, n'étaient en harmonie ni avec les besoins du service ni avec les conditions exigibles de salubrité. De là vraisemblablement le *Mémoire* de Loubers, docteur de l'Université de Toulouse, médecin de l'École pratique de Brest, *sur le moyen de renouveler l'air des hôpitaux*, 17 novembre. Sabatier et Petit furent nommés commissaires pour l'examen de ce travail, qui est dans le tome III des *Correspondants*, pages 222-236. A la séance suivante, Loubers donna un supplément de 4 pages in-folio, qui fut inséré à la suite de son mémoire. Les mêmes juges furent nommés pour examiner ce supplément, et il fut arrêté qu'ils prononceraient dans leur rapport si le moyen proposé méritait qu'on en fît l'essai dans une salle. Ils conclurent, le 9 décembre, pour que l'essai en fût fait à l'hôpital du roi. Ce rapport est dans le tome III des *Correspondants*, pages 244-245. Le ventilateur de Loubers se composait de quatre grands tuyaux communiquant de distance en distance avec d'autres plus petits destinés à aspirer l'air de la salle. Les deux tuyaux placés près du pavé devaient aboutir à la grille du poêle ; les deux autres placés près du plafond, s'ouvrir dans le tuyau du poêle. Les commissaires trouvèrent à ce mode de ventilateur les avantages suivants : point de personnes pour les mettre en jeu, action constante et uniforme, efficace, ne coûtant pas d'entretien, enfin empêchant la fumée. Quant à la dépense, ils l'estimèrent à 6,000 livres pour tout l'hôpital, au prix de vingt sols le pied courant des grands tuyaux et dix sols pour les petits.

Dans une séance antérieure, celle du 30 octobre, la Compagnie avait arrêté que l'académicien ordinaire docteur Sabatier composerait un mémoire bien clair et bien circonstancié sur les moyens de conserver la santé des équipages à bord des vaisseaux. Ce médecin commença la lecture de son travail à la séance du 24 novembre, et la continua le 9 et le 22 décembre, et même le 12 et le 19 janvier 1786. Puis nous ne voyons plus rien à ce sujet dans le plumitif, si ce n'est qu'à cette dernière assemblée, la Société commença à examiner quel était le meilleur emplacement à bord des vaisseaux pour les malades.

VI. LITTÉRATURE. — C'était, comme toujours, le côté faible de l'Académie de marine.

Le 16 juin, on lut deux mémoires du vicomte de Pontevès-Gien, chef de division et major de la marine. Ils étaient intitulés, l'un : *Essai sur le caractère et l'importance de l'homme de mer* ; l'autre : *Notice sur la marine des peuples anciens et modernes*. Le premier de ces deux écrits n'est qu'un aperçu général. L'auteur se proposait de distinguer dans l'homme de mer plusieurs classes, et de traiter successivement : le marin militaire du roi, il eût pris Tourville ; le corsaire, type Cassard ; le navigateur, exemple Cook ; enfin le marin de commerce, qu'il eût subdivisé en trois classes : campagnes de long cours, cabotage, pêcheurs. — Le second mémoire n'est également qu'une ébauche qui n'a rien d'original, une simple esquisse de ce que pourrait être une histoire générale de la marine. Néanmoins la Compagnie, en cette circonstance, se montra si *indulgente*, d'après le vœu exprimé par l'auteur, que, immédiatement après la lecture de ces deux opuscules, elle lui donna son suffrage pour une place d'adjoint, et que, conséquemment, elle inséra ses deux mémoires dans le tome XI, où on peut les lire, pages 336-341-349.

Dons d'ouvrages. — Le 22 février, Vial du Clairbois fit présent à la Compagnie de la seconde partie du premier volume du *Dictionnaire de marine de l'Encyclopédie méthodique*. Les articles les plus importants sont : *aiguille aimantée, baromètre, bassin, biscuit, bois, boussole, canal, canon et canonnage, capacités, carène, carte, cercle de réflexion, chanvre, commettre, compas, conseil, constructeur et construction, cordage, corderie, correction des routes, curer, déclinaison des astres, déplacement de la terre, déplacement de vaisseau, descente* (celle de Duguay-Trouin). Peu après, 9 mars, son auteur fut chargé par le ministre de la rédaction d'un traité sur la construction. Castries projetait une série d'ouvrages sur les diverses branches du service maritime. Dans cette même dépêche adressée au comte d'Hector, le ministre lui demandait de désigner un autre ingénieur en état de faire un traité de mâture, le commandant de la marine désigna Forfait.

Le 22 septembre, on fit lecture d'une lettre de Regnier du Tillet, dans laquelle ce correspondant informait l'Académie d'un envoi de mémoires, règlements et constructions relatifs à la marine. Ce sont les deux seuls envois de l'année 1785.

Achats. — Le 17 février, arrêté de faire l'acquisition de l'ouvrage de Necker sur les finances. Déjà, en 178?, la Compagnie s'était procuré le *Compte rendu* du même auteur. Le nouveau livre de Necker, paru en 1784 et intitulé de l'*Administration des finances de la France*, 3 vol. in-8°, initiait le pays aux notions économiques.

Le 3 mars, arrêté d'acheter l'*Art de bâtir les vaisseaux*, par Witsen, von Eyk et Allard (Pl.), Amsterdam, Mortier, 1719, in-4°, pour la somme de six livres. Arrêté également de faire l'acquisition des livres dont M. Petit a remis une liste à l'Académie. Sans autres renseignements.

Le 10 mars, arrêté l'acquisition des ouvrages suivants : le troisième volume des *Mémoires de l'Académie de Pétersbourg*, la *Cométographie* de Pingré, 2 vol. in-4°; les *Mémoires de mathématiques et de physique de la Société italienne*[1]; les *Mémoires et observations de chimie*, par Fourcroy, in-8°; le *Traité des poisons*, les *Opuscules de physique et de chimie* de l'abbé Fontana, 2 vol. in-4° et 1 vol. in-8°; les *Mémoires de la Société de médecine* (nous ignorons laquelle); ceux de l'*Académie de Dijon*; les *Mémoires de chimie* de cette Académie; la collection de tout ce qui s'est fait pour et contre le magnétisme animal; les *Œuvres de Piranesi*, père et fils, exemplaire sans texte, comprenant tout ce que Rome ancienne et moderne présente en fait d'édifices remarquables, 16 vol. grand in-folio pour le père, 29 pour le fils, dit le plumitif; mais l'exemplaire qui est au Dépôt des cartes et plans ne comprend que 24 volumes; les trois premiers volumes in-4° du troisième voyage de Cook; un ouvrage de mécanique en 2 vol. in-4° (le nom d'auteur est estropié); la description du palais de Versailles avec figures. Nous n'avons vu ce dernier ouvrage dans aucun des catalogues de l'Académie de marine.

---

[1] Fondée par le chevalier de Lorgna. Le premier volume avait paru en 1782; le second, en 1784. Le troisième parut en 1786.

Le 7 avril, on décida, ainsi que nous l'avons dit au paragraphe *Astronomie*, d'acheter plusieurs instruments en Angleterre.

Le 14, on arrêta de souscrire pour la Bibliothèque des meilleurs poètes italiens, en 36 vol. in-8°, éditée à Orléans par Couret de Villeneuve, imprimeur du roi.

Le 28, arrêté d'acheter pour la somme de quarante-huit livres, un certain nombre d'ouvrages de rencontre que ne possédait pas l'Académie.

Le 19 mai, on arrêta de tenir note des livres anciens dont la liste avait été remise à l'Académie, et de faire des recherches concernant les meilleures éditions de ces ouvrages, avant d'en faire l'acquisition. Ce même jour, on décida de faire venir d'Angleterre trois sextants, trois cercles de six pouces de diamètre, trois graphomètres et trois quarts de cercle d'un pied de rayon.

Le 22 septembre, arrêté de demander à M. Perronet son ouvrage de la *Description des travaux faits* sous sa direction *au pont de Neuilly* et ailleurs, 2 vol. grand in-folio. Arrêté également l'acquisition de la *Description des travaux faits à Carlscrona* par Daniel Tumber, déjà demandée l'année précédente, et *l'Art du trait de charpenterie*, par Nicolas Fourneau, 2 vol. in-folio.

Le 20 octobre, il fut convenu de faire imprimer, à cent vingt exemplaires, un catalogue des livres de la bibliothèque. A la date du 22, nous avons trouvé une quittance du libraire Malassis d'une somme de 3,136 livres 17 sols, pour fourniture de livres à l'Académie.

Le 17 novembre, arrêté d'acheter les œuvres de Boscowich, le jésuite astronome italien; celles de l'abbé Mably, frère utérin de Condillac, enfin l'*Histoire de la condamnation des Templiers*, par Dupuy, 2 vol. in-12.

Événements de l'année. — Un des grands événements de l'année 1785 fut l'appareillage de Lapérouse, dont on peut regretter de ne pas trouver le nom parmi les membres de l'Académie de marine. Jean-François Galaup, comte de Lapérouse, qui s'était distingué dans la guerre d'Amérique par son expédition de la baie d'Hudson, désigné, après la paix de Versailles, comme l'homme le plus capable de poursuivre les découvertes de Cook, fut chargé par Louis XVI d'un voyage de circumnavigation, dans un but tout à la fois politique, commercial, scientifique et même philanthropique, et nommé chef d'escadre pendant le cours du voyage. Ce fut le savant Fleurieu, académicien ordinaire et directeur des ports et arsenaux, qui rédigea avec soin les instructions, et Louis XVI y ajouta quelques notes particulières. L'Angleterre elle-même voulut contribuer à l'entreprise, en envoyant les instruments nautiques qui avaient servi à Cook. Plusieurs savants et artistes furent adjoints à l'expédition, composée de deux bâtiments, le *Portefaix* et l'*Autruche*, qui reçurent les noms mieux appropriés de *Boussole* et d'*Astrolabe*. Ce dernier navire était commandé par Fleuriot de Langle, capitaine de vaisseau, académicien ordinaire de 1774. Les deux frégates quittèrent la rade de Brest, le 1er août. Deux mois et demi auparavant, 13 mai, le chevalier Bruni d'Entrecasteaux, qui devait être envoyé en 1791 par la Constituante à la recherche de Lapérouse, nommé commandant de la station des mers de l'Inde, commençait, sur la *Résolution*, sa belle campagne de l'Inde en Chine à contre-mousson, à travers les écueils de la Malaisie.

Cette même année 1785, à la fin de septembre, arrivait à Brest le comte de Montmorin, maréchal de camp et commandant en chef de la province de Bretagne. Il visita le port, et y resta du 29 septembre au 10 octobre; mais rien n'indique qu'il ait été rendre visite à l'Académie de marine.

Mouvements. — Le 27 mars, il fut arrêté de proposer au ministre l'ingénieur *Forfait*, adjoint de 1781, pour académicien ordinaire, en remplacement du lieutenant de vaisseau Guidi, décédé. Nous n'avons trouvé aux Archives aucun renseignement sur cet officier. Le ministre approuva la nomination de Forfait par sa dépêche du 9 avril.

Le 28 avril, il y eut élection de plusieurs adjoints. Celle de Forfait avait réduit leur nombre à cinq. Les quatre proposés furent, dans l'ordre : *Puységur* et le chevalier *d'Escures*, lieutenants de vaisseau ; *Lescan* et *Rollin de la Farge*, professeurs de mathématiques. Le comte de Chastenet-Puységur, petit-fils du maréchal de ce nom, s'était fait connaître à l'Académie en 1783 par son mémoire sur le magnétisme ; Lescan, par plusieurs mémoires ; les deux autres candidats n'avaient encore rien produit. Les huit voix d'élection se répartirent de la manière suivante : Puységur, 5, contre Rollin qui en eut 2, et Lescan 1 ; le chevalier d'Escures, 5 voix, contre Rollin 2 et Lescan 1 ; Lescan, 6 voix, contre Rollin 2 ; Rollin enfin, 5 voix pour la seule place restante. Le ministre, par sa lettre en date du 20 août, intervertit l'ordre de la manière suivante : Puységur, d'Escures, Rollin et Lescan. La Compagnie le fit remarquer à Castries, en lui demandant si ce changement avait été fait par sa volonté, ou s'il était dû uniquement à quelque défaut d'attention de la part du secrétaire. Le ministre répondit, le 17 octobre, que l'Académie avait le droit de maintenir la priorité de Lescan, ce qui eut lieu en effet.

Le 8 mai, l'intendant Guillot, mis à la retraite, eut pour successeur à Brest Redon de Beaupréau, commissaire général de Rochefort. Comme, en vertu de ses fonctions, il était honoraire, il aurait dû être maintenu sur la liste, et néanmoins nous ne le retrouvons plus dès l'année 1786, à plus forte raison sur l'*Annuaire* de 1790, bien qu'il ne soit mort qu'en 1813 [1]. Frédéric-Joseph-Adrien Guillot, né à Versailles en 1736, était fils d'un commissaire général de la marine à Saint-Malo. Celui qui le remplaça, Jean-Claude *Redon de Beaupréau*, né en 1737, descendait d'un avocat, et c'est le dernier intendant membre honoraire de l'Académie de marine.

Le 12 mai, il fut arrêté d'écrire au ministre que la Compagnie accordait la vétérance au capitaine de vaisseau Joseph-Jean *Petit*, retraité récemment, académicien ordinaire de 1752 et de 1769, ayant conséquemment plus de quinze ans d'inscription, et, ce qui valait infiniment mieux, ayant mérité cette faveur « par les talents les plus rares, le zèle le plus actif et un génie vaste et profond ». La lettre du comte d'Hector au ministre, transmettant sa demande de mise à la retraite, est moins élogieuse, mais plus juste peut-être : « Il a bien fait la guerre ...C'est un des hommes qui a le plus de connaissances dans différents genres. On trouvera après lui bien des choses utiles. Il n'y met pas tout l'ordre désirable, mais on en tirera parti. C'est un officier qu'il faut bien traiter, pour qu'il continue à travailler..... Quant à ses qualités d'officier de mer, elles ont été remplacées par beaucoup de bravoure. » Dans sa dépêche du 20 août, mentionnée plus haut, Castries souscrivit au désir exprimé par l'Académie.

Au mois de mai, mourut dans sa terre de Chanteloup, près d'Amboise, Étienne-François, duc d'Amboise et de Choiseul, lieutenant-général, ancien ministre des affaires étrangères, de la guerre et de la marine, pair de France, en disgrâce depuis quinze ans, malgré les services incontestables qu'il avait rendus à son pays. Les dettes que sa générosité lui avait fait contracter furent payées par sa veuve, qui se retira

---

[1] C'est à la suite d'une maladie de poitrine qu'il se démit. Il en revint, car il reprit du service en 1789. V. une note assez longue dans la notice de M. Deschard sur l'organisation du corps du commissariat de la marine française, *Revue* de mars 1879.

dans un couvent. Six mois plus tard, 15 octobre, son cousin César-Gabriel, comte de Choiseul, puis duc de Praslin, qui avait également géré les affaires étrangères, puis la marine, le suivit dans la tombe. Ce dernier était membre honoraire de l'Académie des sciences depuis 1770, et son éloge a été prononcé par Condorcet. En l'absence de tout renseignement, nous ignorons si la Compagnie a donné un souvenir à ces deux ministres qui avaient tant contribué à la résurrection de notre puissance navale, et dont le dernier avait réorganisé l'Académie de marine. Ici, plus que jamais, nous regrettons la sécheresse du plumitif.

Le 16 juin, ainsi que nous l'avons dit, le vicomte de *Pontevès-Gien*, major de la marine, fut nommé adjoint, pour les deux mémoires dont nous avons parlé.

Le 21, mourut Jacques Marchais, intendant de Rochefort, commissaire général et académicien associé de 1769. C'était un parent de Rodier, le premier commis de la marine. Entré au service au Canada le 1ᵉʳ janvier 1745, écrivain ordinaire en 1751, principal en 1758, contrôleur à Bayonne en 1760, commissaire ordinaire l'année suivante, contrôleur à Brest en 1763, commissaire général en 1765, réformé en 1776, intendant de la marine à Rochefort en 1777, il avait été admis à la retraite en 1784. Il contribua à l'ordonnance de 1765. L'*Espion anglais* le note ainsi : de l'esprit, des talents, véritablement instruit ; malheureusement ambitieux, peu délicat sur le choix des moyens.

Le 3 juillet, se retira du service, pour cause de santé, avec le grade de brigadier des armées navales, André Fougeroux de Secval, académicien ordinaire, neveu de Duhamel de Monceau. Aide d'artillerie en 1754, sous-lieutenant d'artillerie en 1757, lieutenant en 1762, lieutenant de vaisseau en 1771, chevalier de Saint-Louis en 1775, lieutenant-colonel en 1779, il avait été chargé, deux ans auparavant, de l'inspection de toutes les forges, fonderies et manufactures d'armes affectées au service de la marine et des colonies, et on lui doit la création de l'établissement d'Indret. Ses services de guerre de 1758 à 1765 avaient été également des plus glorieux. Il est mort le 30 décembre 1819, à sa terre de Vrigny, près Pithiviers (département du Loiret).

Le 24 novembre, le capitaine de vaisseau Trédern de Lézerec, vice-directeur de l'Académie, admis à la retraite, était nommé le même jour inspecteur particulier de l'inspection des classes de Brest, avec résidence à Quimper. Il dut à cette circonstance de rester sur les listes. Ainsi que Pontevès-Gien, c'était un gendre de Bigot de Morogues.

Le 24 décembre, Sabatier ayant proposé le médecin Loubers pour adjoint, l'Académie l'accepta à l'unanimité, en raison des travaux qu'il avait présentés le mois précédent ; mais, cette fois, le ministre ne confirma pas l'élection, parce que la Compagnie n'avait pas observé l'article 39 du règlement, qui prescrivait de proposer deux sujets. Déjà, dans sa lettre du 20 avril, Castries avait rappelé indirectement l'Assemblée à l'observation de son règlement, en lui mandant, à propos des élections du 28 avril et du 16 juin, qu'il comprenait le motif qui avait empêché l'Académie de s'y conformer pour le moment, attendu la nécessité de renouveler cette classe presque éteinte. L'élection de Loubers fut conséquemment différée jusqu'à l'année suivante.

Par suite de ces décès et nominations, le nombre total des académiciens, à la fin de 1785, se trouvait être de 73, savoir : 10 honoraires, 5 associés, 24 ordinaires, 2 vétérans, 10 adjoints, 22 correspondants.

Les officiers pour l'année 1786 avaient été élus dans la séance du 27 octobre, et furent confirmés par le ministre, le 5 novembre. Ce sont :

Directeur : Trédern de Lézerec, en remplacement de Le Bègue ;
Vice-directeur : Petit, en remplacement de Trédern de Lézerec ;
Secrétaire : La Prévalaye, prorogé ;
Sous-secrétaire : Duval Le Roy, prorogé.

XXVI.

Année 1786.

Les séances recommencèrent régulièrement en 1786 : nous en comptons quarante-quatre. C'est l'année du voyage de Louis XVI à Cherbourg, des onze ordonnances de Castries, de l'établissement des collèges de Vannes et d'Alais [1], en remplacement des écoles de gardes-marine, du traité de commerce avec l'Angleterre. L'Académie de marine, qui avait pris d'assez longues vacances en 1784 et 1785, se remet à la tâche, mais avec une certaine mollesse. Une vague inquiétude semble peser sur elle ; cependant l'impulsion qu'elle a donnée ne s'arrêtera qu'en 1789.

I. ASTRONOMIE. — Ce qui prouve cette intermittence, c'est que

---

[1] Une dépêche de Castries, en date du 31 décembre 1786, nomma Rollin de la Farge, académicien adjoint, professeur de navigation à Vannes, et Lancelin à Alais.

l'astronomie, son travail de prédilection, languit quelque peu. La Compagnie continue néanmoins d'acheter des instruments, et, le 30 juin, elle arrête de faire imprimer le *Mémoire* de Borda *sur la construction et l'usage du cercle de réflexion*. On peut lire la description de cet instrument dans l'*Encyclopédie méthodique*, au mot *Cercle*. L'ouvrage parut en 1787 à Paris, in-4°. C'est, dit Lalande, un des écrits les plus importants qu'on ait faits pour la marine. Le 27 juillet, l'Assemblée arrêta d'écrire au chevalier, pour le prier de demander en Angleterre deux quarts de cercle d'un pied de rayon, tels que celui qu'il avait cédé autrefois à la Compagnie, et d'en faire exécuter en outre un semblable par Mercier. Borda, en réponse, proposa de substituer à ces quarts de cercle des cercles d'observation, bien supérieurs, disait-il, et se chargea de les faire construire sous ses yeux. L'Académie acquiesça à sa proposition. Au mois de mars de la même année, le ministre de la marine avait envoyé à Brest un élève de Berthoud, le sieur Vincent Martin, avec des appointements de 1,200 livres et le droit d'avoir un local dans l'atelier des boussoles, pour entretenir et régler les horloges marines.

La Société ne perdait pas non plus de vue la question de son observatoire, bien que, à vrai dire, elle commençât à désespérer du succès. A la séance du 7 décembre, on lut une lettre de La Prévalaye, le secrétaire, relative aux démarches à faire, quand les circonstances le permettraient, pour déterminer le ministre à donner l'ordre de construire cet établissement. Nous avons dit précédemment que le premier bâtiment ne devait être élevé qu'en l'an V.

II. MÉTÉOROLOGIE. — Le seul travail présenté en 1786 fut celui intitulé : *Résultats des observations météorologiques faites à Granville les quatre derniers mois de l'année 1782 et pendant les années entières 1783 et 1784*, par le sieur Hulin, qui l'avait envoyé au comte d'Hector, commandant de la marine, pour le communiquer à l'Académie. Qui était cet Hulin? Nous l'ignorons. Les commissaires nommés pour l'examen de son travail, qui est dans le tome III des *Correspondants*, pages 247-315, furent Duval Le Roy et Fortin. Leur rapport, lu le 30 mars, est à la suite, pages 315-316. Nous le reproduisons, à titre d'analyse succincte : « Nous avons lu, par l'ordre de l'Académie, un recueil contenant les résultats des observations météorologiques faites à Granville. On ne peut que louer le zèle et les intentions de l'auteur. Ses tables nous ont paru mises dans un ordre clair et méthodique ; l'auteur y décrit les instruments dont il s'est servi, la situation du lieu où elles ont été faites, tant en longitude qu'en latitude ; la hauteur où étaient placés ces instruments au-dessus des moyennes eaux. La construction de chaque table y est expliquée avec netteté, tant celles sur le baromètre que sur le thermomètre et sur l'aiguille aimantée. Ce recueil, s'il était continué pendant plusieurs années, dans le même lieu et, autant qu'il serait possible, avec les mêmes instruments, donnerait les moyens de découvrir que les différentes situations du soleil, de la lune et des planètes peuvent produire des changements dans les différents états de notre atmosphère, et faciliter à ceux qui s'appliquent à ce genre de travail des moyens d'acquérir de nouvelles connaissances. Nous croyons cependant qu'un journal d'observations qui donnerait les hauteurs observées, telles qu'elles se trouveraient sur les instruments, serait de la plus grande utilité, parce qu'en physique les expériences sont des faits qu'on peut comparer en tout temps et en tout lieu, et qu'elles peuvent servir à faire connaître la validité du système qu'on croirait pouvoir adopter, pour servir de fondement aux connaissances que l'on se propose d'acquérir. »

III. MANŒUVRE. — Le 9 mars, les commissaires nommés l'année précédente pour les expériences à faire à bord du *Patriote*, au sujet du mécanisme des pompes inventé par Paufer, lurent leur rapport. Ce travail, non signé, est dans le tome III des *Correspondants*, page 216. Il est loin d'être favorable à Paufer. Il y est dit que l'expérience eut lieu en présence du marquis de La Porte Vezins, chef d'escadre. Les deux pompes royales ordinaires, avec douze hommes à chaque levier, ont fourni, en une minute et demie, deux pièces de quatre. La pompe Paufer, avec quatorze hommes, n'a fourni les deux mêmes pièces qu'en deux minutes et demie. Le mouvement de la cigogne de fer est très violent ; il occasionne des secousses dans les bras, tend les muscles de la poitrine, et fatigue par son mouvement non interrompu. Enfin, le mécanisme en est difficile à réparer, en cas de rupture.

Un autre inventeur fut plus heureux que Paufer. Il s'appelait Gaspard de Bébinières, et était machiniste de la marine. Le comte d'Hector nomma Choquet de Lindu, Lescan, Petit et Duval Le Roy commis. aires, pour comparer les effets de sa nouvelle pompe à incendie avec ceux de la pompe Morat, en usage dans le port. Les épreuves eurent lieu le 15 et le 24 mai, et le résultat en a été consigné dans le tome III des *Correspondants*, pages 337-341, à la date du 1ᵉʳ juin. Il est entièrement favorable à son auteur. La pompe Gaspard fut proclamée par les commissaires de l'Académie, comme elle l'avait été précédemment par Bory, Le Roy et Bossut, de l'Académie des sciences, supérieure, non pas seulement à la pompe Morat, mais encore à toutes les pompes connues. Malgré son prix élevé (plus de trois mille livres), la grosseur de son jet, qui était de dix lignes, et son mécanisme simple, qui la rendait facile à nettoyer, devaient la faire préférer. Il est également parlé de la pompe Gaspard dans une note de la théorie des pompes du *Dictionnaire de l'Encyclopédie méthodique*, partie *Marine*.

IV. MATHÉMATIQUES. — Sur le plumitif, nous voyons indiquée, à la date du 4 avril, la lecture d'un mémoire de Duval Le Roy sur un principe adopté par les auteurs d'hydraulique. Les commissaires nommés furent Petit, Fortin, Lescan et Rollin de la Farge ; mais l'auteur retira vraisemblablement son travail, attendu que nous n'en avons trouvé aucune trace, pas plus que du rapport.

Le 7 décembre, on lut une lettre de Groult, dans laquelle l'auteur, tout en rappelant la demande qu'il avait faite précédemment d'une table des ordonnances et règlements de la marine, indiquait un moyen de déterminer sans calcul la distance d'un navire ennemi d'un fort de position donnée. Ce travail est dans le tome III des *Correspondants*, pages 362-369, sous le titre un peu long de : *Idée d'un moyen très simple pour servir à connaître si un navire ennemi qui vient à une rade est à portée ou non des mortiers des forts qui en défendent l'approche, et, supposé qu'il y soit, de trouver à quelle distance en toises il est de chacun de ces forts, sans qu'il soit besoin de calcul.* Les commissaires nommés, Lescan et Fortin, firent leur rapport le 14 décembre. Mais ce dernier document n'a pas été transcrit. L'instrument de Groult, figuré dans son mémoire, nous a semblé ingénieux, mais difficile à mettre en œuvre. De l'aveu même de l'auteur, il aurait fallu dans chaque fort d'observation cinq personnes intelligentes, pour que l'observation fût bien juste.

V. ARCHITECTURE NAVALE. — Le 23 novembre, on fit lecture d'un mémoire du marquis de Briqueville, chef d'escadre et académicien honoraire, concernant la mâture des vaisseaux et autres bâtiments, avec des observations et un avertissement, concernant le tableau, qui y était joint, d'une méthode pour déterminer les dimensions des pièces qui composent l'appareil ordinaire de la mâture des vaisseaux. Pour multiplier les moyens de rechange, sans encombrer le navire, Briqueville proposait de faire la mâture de la misaine dans les mêmes proportions que celle du grand mât. Son travail est dans le tome XI, pages 350-370, sous le titre général de : *Mémoire concernant la mâture des vaisseaux et autres*. Il y a même deux tableaux compris dans ce mémoire : le premier, dressé sur le rapport de longueur à largeur comme 1 est à 3 ½ ; l'autre, postérieur et daté du 21 juin 1787, est dans le rapport de 1 à 4, et les longueurs des pièces, au lieu de fractions ordinaires, sont en décimales. Les commissaires nommés, De Flotte, Fortin et Lescan, lurent leur rapport le 7 décembre. Il est à la suite du mémoire, pages 370-374. Tout en convenant des avantages que paraissait avoir la méthode proposée par Briqueville, les juges terminaient leur rapport en disant qu'ils ne pouvaient qu'en appeler à l'expérience. Seule, elle pouvait décider si cette nouvelle disposition de mâture était préférable à celle suivie jusque-là. Les commissaires s'en tenaient, jusqu'à plus ample informé, aux dimensions arrêtées dans le conseil de marine du 17 mars 1781, où les idées de Forfait avaient prévalu. Par une dépêche en date du 27 mai 1788, le ministre décida un essai de la mâture Briqueville sur la *Pénélope*. Nous n'en connaissons pas le résultat.

VI. MÉDECINE. — On s'occupa beaucoup de médecine en 1786, grâce à l'activité dévorante d'un nouveau correspondant, le jeune médecin Loubers qui, comme s'il eût pressenti sa mort prochaine, donnait, dans le courant de l'année, toute une série de mémoires se rattachant à l'hygiène navale. Déjà, l'année précédente, il avait composé, ainsi que nous l'avons vu, un important travail sur le moyen de renouveler l'air dans les hôpitaux. Le 9 mars, il lut un premier écrit : *Sur la nécessité de renouveler l'air des vaisseaux et sur les différents moyens employés*. Le 23, autre mémoire : *Sur l'abus des fumigations dans les vaisseaux*. Le 27 avril, troisième mémoire : *Sur le choix de l'eau qu'on doit embarquer sur les vaisseaux*. Le 11 mai, quatrième travail : *Sur le danger de l'usage du cuivre à bord des vaisseaux*. Enfin, le 26 mai, cinquième écrit : *Sur quelques précautions à prendre dans la levée des matelots et sur l'habillement qui convient à la mer*. Les commissaires nommés pour l'examen de ces cinq mémoires furent Sabatier, Lescan et Rollin de la Farge. Nous n'avons vu ni leur rapport, ni même les travaux de Loubers, et cela à cause de l'importance même qu'y attachait l'Académie, car elle les destinait à l'impression. Effectivement, le 23 mars, elle avait arrêté de faire l'acquisition des instruments proposés par Loubers, pour pouvoir apprécier la nature et déterminer le caractère de l'air des cales et des entreponts. Le 28 avril, elle avait écrit au ministre pour le prier de vouloir bien embarquer ce médecin sur la *Félicité*, afin qu'il y pût faire l'essai des moyens qu'il proposait pour la conservation des gens de mer. Le 4 mai, elle avait arrêté que Loubers se joindrait à Choquet de Lindu, afin de suivre les expériences qui se faisaient alors pour la conservation de l'eau douce à la mer, et le jeune docteur s'était chargé particulièrement de répéter les expériences de La Peyre à ce sujet. Le 18 mai, la Compagnie, ayant appris que les instruments de physique demandés ne devaient coûter que de neuf cents à mille livres, avait arrêté d'écrire pour se procurer ces instruments le plus tôt possible. Enfin, le 1er juin, elle décidait que lorsque Loubers aurait complété son travail sur la conservation des gens de mer, on représenterait au ministre la nécessité de le rendre public par l'impression.

Dans cette même année 1786, Loubers donna encore deux autres mémoires. Le premier, lu à la séance du 12 juillet, traitait *Des dangers qui menacent les équipages à l'approche des terres et des moyens de les prévenir*; le second, lu le 3 août, concernait la *Nourriture des gens de mer*. Granchain, Sabatier, Lescan et Rollin furent nommés commissaires pour l'examen de ces deux écrits. Nous n'avons vu que le rapport sur le dernier, lu le 17 août. Il est dans le tome XI, pages 374-379. C'est en variant les aliments, dit l'auteur du mémoire, que l'on préviendra le dégoût d'abord, ensuite le scorbut. Il discute quelle peut être la meilleure forme à donner au biscuit, et la meilleure manière de le conserver dans les soutes. Il émet ensuite son avis sur la manière de préparer les viandes salées, la morue. Il conseille de donner aux équipages du pudding, des oignons confits, du café avec de la mélasse, des ignames et des bananes d'Amérique, et d'ajouter aux assaisonnements de la moutarde. C'est au Gouvernement, disent par forme de conclusion les commissaires, qu'il appartient de statuer sur la nouvelle distribution d'aliments que propose M. Loubers ; mais son ouvrage en général mérite les éloges de la Compagnie, et il serait utile de tenter les expériences dont il fait naître l'idée. Le 7 septembre, d'après le plumitif, Loubers lisait encore des notes et observations sur son mémoire du 3 août. Nous ne les avons pas trouvées, pas plus qu'aucun des autres écrits de cet académicien.

Un autre travailleur intéressa également la Société par ses travaux d'hygiène navale. C'était Cassan, docteur en médecine de la Faculté de Toulouse, nommé médecin à Sainte-Lucie, aux Antilles, le 27 mai 1786. Le 30 mars, il proposait un premier mémoire intitulé : *Examen de la question si les viandes salées sont une cause puissante du scorbut des marins*. Ce travail est dans le tome III des *Correspondants*, pages 316-334. Sabatier et Loubers, commissaires désignés naturellement pour l'examen de ce mémoire, lurent leur rapport le 6 avril. Il est à la suite du travail de Cassan, pages 335-336. L'auteur n'hésite pas à se prononcer pour la négative, et s'élève avec force contre le régime végétal proposé en 1771 par Poissonnier-Desperrières. Dans la première partie de son travail, il examine quel a été l'effet des viandes salées sur les personnes obligées de s'en nourrir pendant des mois entiers, et il démontre, par des exemples, qu'en elles-mêmes ces viandes salées sont hors d'état de produire le scorbut, lequel est dû principalement à l'humidité, puis au défaut d'exercice, aux mauvais traitements et à la tristesse. Dans la seconde partie, il considère en particulier chacune des substances qui concourent à la formation des viandes salées, pour en tirer la même conclusion. Il observe avec raison, dans une note, disent les commissaires, que l'on devrait proscrire la morue et les sardines, qui sont toujours gâtées au bout d'un ou deux mois de navigation, et embarquer autant que possible des viandes de cochon préparées, de préférence au bœuf salé, qui est indigeste. En forme de conclusion, les commissaires jugèrent que l'auteur de ce mémoire méritait des éloges en même temps que des encouragements, pour un travail qui ne pouvait que contribuer à la conservation de la santé des équipages.

Le 22 juin, le même Cassan, devenu correspondant de l'Académie, produisit un second mémoire intitulé : *Sur les ossements fossiles*. Granchain fut adjoint cette fois à Sabatier et à Loubers, pour l'examen de ce travail, qui est dans le tome III des *Correspondants*, pages 356-360. Tout en combattant les idées émises par l'auteur, les juges s'accordèrent pour reconnaître l'esprit élevé qui l'avait guidé dans ce travail. La paléontologie est une science toute moderne qui ne date, pour ainsi dire, que de Cuvier. Nos ancêtres avaient d'abord appelé fossiles tout ce qui était extrait de la terre par des fouilles. Cassan croyait que les fossiles n'étaient autre chose que des corps formés par les polypes et les coraux de la mer. Mais il eut beau présenter sa théorie sous l'aspect le plus spécieux ; les preuves sur lesquelles il fondait son opinion ne parurent pas assez convaincantes aux yeux des juges pour leur faire rejeter le système déjà établi que ces ossements étaient des débris de mammifères antédiluviens. On ne connaissait encore ni les superpositions de terrains, ni les époques géologiques; mais, dès le xvi° siècle, Bernard Palissy avait émis l'idée que les mers avaient jadis recouvert les continents. Les commissaires terminèrent leur rapport en écrivant que, dût l'opinion de Cassan être entièrement abandonnée, ils ne pouvaient que donner les plus grands éloges à la manière dont il l'avait présentée, et qu'ils l'engageaient à continuer ses recherches.

Dons d'ouvrages. — Les ouvrages offerts en 1786 à l'Académie furent les suivants :

Le 9 mars, six exemplaires d'un *Discours sur le droit maritime*, in-8°, de Groult, correspondant de la Compagnie. Cet ouvrage est à la bibliothèque du ministère de la marine.

Le 23 mars, don, par Vial du Clairbois, de la première moitié du second volume de l'*Encyclopédie méthodique*, partie *marine*. La seconde moitié de ce volume fut donnée par l'auteur, le 24 août. Les principaux articles sont : *Détail, devis, directeur, doublage, échantillon, emménagement, équipage, équipement, évolutions, filer, fluides* (équilibre des), *flux et reflux, fonctions, fonderie, force des bois, force du vent sur les voiles, forme, garde, glace, gouvernail, gravité, homme* (force de l'), *horloge, latitude croissante, loch, longitude d'un lieu, lune, machine, magasin général, manœuvres, manufactures, martelage, mâts, matelots, monde* (système du), *mouvement*.

Le 30 mars, un exemplaire corrigé du *Mémoire* de Groult : *Sur l'étude du droit maritime*, in-8°. Cet ouvrage, ainsi que le précédent, du même auteur, est à la bibliothèque du ministère de la marine, mais non pas à celle du port de Brest.

Le 27 avril, Le Moyne, ingénieur du Dépôt des cartes et plans de la marine, fait passer à l'Académie une caisse contenant des *Connaissances des temps* pour 1788 [1], deux exemplaires du *Troisième Voyage de Cook* traduit, in-8°, et deux exemplaires également de la *Carte de Terre-Neuve*.

A la date du 27 juillet, nous voyons inscrit sur le plumitif : On a

---

[1] C'est le premier volume donné par Méchain. Il y mit, dit Lalande, un soin et une perfection que l'on n'y avait jamais trouvés, avec des améliorations et des additions importantes.

reçu six exemplaires d'un examen de deux cartes de la Baltique, sans autres renseignements.

Le 10 août, le comte Le Bègue fait remettre à la Compagnie un écrit à lui adressé par M. Greenfit, et qui avait pour titre : *Vérification d'un théodolite à deux lunettes*. Nous n'en savons pas davantage.

Le 24 août, Julien-David Le Roy, de l'Académie des inscriptions et belles-lettres, architecte, adresse à l'Académie de marine ses travaux sur la marine des anciens, qui se composaient des trois ouvrages suivants : *La marine des anciens peuples*, 1777, in-8°, pl. ; *Les navires des anciens considérés par rapport à leurs voiles*, 1783, in-8°, pl. ; *Recherches sur le vaisseau long des anciens*, 1786, 52 pages in-8°, pl. Il demandait, en même temps, d'être agrégé à cette Compagnie. L'Assemblée arrêta d'écrire au ministre, pour lui représenter les titres de ce savant à une place d'associé. On lit, dans les *Mémoires secrets*, IV, 101, qu'à la séance publique de l'Académie des belles-lettres du 14 avril 1770, M. Le Roy lut un mémoire sur la marine des anciens. Il ne traita dans cette séance que celle des Phéniciens et des Égyptiens, les premiers navigateurs connus ; car il ne voulait pas remonter jusqu'à l'arche de Noé, chef-d'œuvre d'une main divine auquel il ne faut pas comparer les faibles œuvres des mortels. En 1783, autre mémoire du même Le Roy sur la marine des Carthaginois. L'auteur y démontre que les vaisseaux des anciens avaient cinq voiles latines : le *dolan*, l'*acatian*, l'*épidrome*, l'*artimon* et le *supparum*, bien supérieures, disait-il, aux voiles trapézoïdales. En 1786, toujours pour la même Académie, nouvelles recherches sur le vaisseau long des anciens, dont une partie, assure-t-il, pourrait être détruite, sans que les autres en souffrissent. Si la ville de Paris voulait adopter les voiles latines, sa navigation y gagnerait, et des flottes entières vogueraient sur la Seine, comme autrefois. Ainsi qu'on le voit par ce résumé, l'Académie de marine, plus forte en mathématiques et en science nautique qu'en histoire, s'était laissée prendre à cette seconde édition des œuvres assez indigestes de Le Roy, qu'on peut consulter, au besoin, à la bibliothèque du port de Brest. Son système de voilure éprouvé à Brest en 1763 sur la *Calypso* et son yacht insubmersible essayé en 1782 à Rouen n'eurent aucun résultat avantageux.

Achats. — Les principaux achats de l'année 1786 sont les suivants :

Le 12 janvier, arrêtée la continuation de la feuille de la Blancherie, à laquelle on avait souscrit pour la première fois en 1783.

Le 19 février, arrêté de faire l'acquisition de la relation des travaux et des moyens mécaniques employés pour transporter à Pétersbourg un rocher pesant trois milliers et destiné à servir de base à la statue équestre de Pierre le Grand, par Falconet. On décida aussi l'acquisition d'un petit in-folio traitant de la façon dont on avait élevé les deux grandes pierres du frontispice du Louvre. On demanda encore l'*Architecture d'Inigo Jones*, l'architecte du palais de Whitehall et de l'hospice de Greenwich. La collection des dessins de ce maître, mort depuis plus d'un siècle, venait d'être publiée à Londres en 2 vol. in-folio. Enfin on demanda les *Mémoires secrets de la République des lettres*, les *Éléments du commerce* de Forbonnais, 1754, et les *Recherches et considérations* de cet économiste *sur les finances de la France, depuis 1595 jusqu'en 1721*, 2 vol. in-4°, 1758.

Le 30 mars, arrêté d'acheter l'*Abrégé des transactions philosophiques* de B. Martin, qui allait jusqu'en 1750, et de demander tous les volumes postérieurs des transactions, jusqu'au dernier paru.

Le 18 mai, on solda le mémoire des livres fournis par le libraire Malassis depuis le commencement de l'année ; il y en avait pour la somme de trois mille trois cent trente-deux livres dix-neuf sols. Le 21 décembre, on lui paya une seconde note.

Le 27 juillet, réception des trente premiers volumes du *Voltaire* de Beaumarchais, en 70 volumes.

Le 17 août, on autorisa le secrétaire La Prévalaye à faire l'acquisition de deux ouvrages. Ce même jour, on nomma Granchain, Duval Le Roy et Fortin commissaires, pour examiner un sextant de Canivet propre aux observations à terre, dont l'achat avait été proposé à la Compagnie par De Routl, major de la cinquième division du corps royal des canonniers-matelots, et, d'après leur rapport, on se décida à l'acheter, pour la somme de six cent soixante livres.

Le 7 septembre, on décida l'acquisition des *Œuvres* de Fontenelle, de la traduction d'Hérodote par Larcher, des *Études de la nature*, par Bernardin de Saint-Pierre, qui avaient paru en 1784, et de la nouvelle traduction de l'*Optique* de Newton, celle de Beauzée, qui ne parut qu'en 1787, 2 vol. in-8°.

Le 19 octobre, arrêté de faire l'acquisition de la *Description historique et géographique de l'Inde*, par le P. Joseph Tieffenthaler, in-4°, ouvrage estimé et curieux, à raison des notions qu'il contient sur la nation des Seiks, mais qui n'est pas dans le catalogue imprimé des bibliothèques de la marine. On demanda également le recueil des mémoires et pièces sur la formation et la fabrication du salpêtre ; tous les ouvrages de géographie ancienne et moderne de d'Anville ; enfin l'ouvrage de Harvey intitulé : *Exercitationes de generatione animalium*, 1651, in-12.

Le 26 octobre, décidée l'acquisition des *Mémoires de Göttingue* et de ceux de *Bologne*.

Le 14 décembre, arrêté de demander le *Lexique grec de Suidas*, et l'ouvrage du jésuite allemand Athanase Kircher, intitulé : *Œdipus ægyptiacus*, 1652-1655, 4 vol. in-folio. Dans le catalogue imprimé des bibliothèques de la marine, sur lequel sont inscrits près de dix ouvrages de Kircher, ne figure pas cette explication quelque peu fantastique des hiéroglyphes, et l'ouvrage ne se trouve pas non plus dans le catalogue de 1788, ce qui nous donne à penser que l'Académie, en définitive, ne l'acheta peut-être pas.

Le 21 décembre, soldé le prix d'une lunette à prisme de l'abbé Rochon, académicien associé.

Affaires intérieures. — Le 23 février, l'Académie décida que le second fils de Blondeau serait employé, en remplacement de l'aîné, à la confection des baromètres.

Le 8 septembre, la Compagnie reçut la visite de Marie-Christine et du duc de Saxe-Teschen, son époux, gouverneurs généraux des Pays-Bas autrichiens, qui voyageaient sous le nom de comtesse et comte de Belye. Arrivés à Brest le 7, ils en repartirent le 11 au matin.

Mouvements. — Le plumitif, assez négligemment tenu, il faut l'avouer, par Duval Le Roy, tient compte encore des élections ; mais il ne mentionne plus les décès, de sorte que nous ne connaissons pas la date précise de la mort du baron de Monteil, lieutenant général des armées navales, académicien honoraire. Nous avons seulement trouvé, au sujet de celle du chevalier d'Escures, lieutenant de vaisseau, adjoint de 1785, qu'au mois de mai 1787, le comte d'Hector reçut la nouvelle que le chevalier, embarqué sur l'*Astrolabe*, s'était noyé dans une descente, à la côte N.-O. d'Amérique, le 13 juillet de l'année précédente, avec cinq autres officiers et quinze matelots du même bâtiment. Ce fait est consigné dans la relation de Lapérouse. Quant à François Aymar, baron de Monteil, il était déjà lieutenant de vaisseau dans l'escadre du comte d'Aché, et fut fait chevalier de Saint-Louis pour sa participation aux combats de 1759. Capitaine de vaisseau en 1762, chef d'escadre pendant la guerre d'Amérique, lieutenant général du 8 février 1783, il exerça beaucoup de commandements : celui du *Conquérant* à Ouessant et à la descente d'Orvilliers ; du *Palmier* aux Antilles sous Guichen, puis d'une division, après le départ de cet officier général. Enfin il avait son pavillon sur le *Languedoc* dans l'escadre du comte de Grasse. Dans aucune de ces affaires, il ne paraît s'être distingué particulièrement.

Nous avons dit, l'année précédente, que le ministre avait refusé de sanctionner l'élection de Loubers à titre d'académicien adjoint. Pour ne pas laisser échapper l'occasion de s'attacher un sujet d'un mérite aussi distingué, la Compagnie, dans sa séance du 26 janvier 1786, jugea à propos de le demander à titre de correspondant, en attendant qu'elle pût se l'agréger comme adjoint, et informa le ministre de sa résolution à cet égard. Nous n'avons point vu la réponse ministérielle ; mais Loubers se trouve sur la liste manuscrite de 1786.

Le 16 juin, *Cassan*, docteur en médecine, médecin à Sainte-Lucie, fut élu correspondant, à cause de son mémoire sur la nourriture des gens de mer.

Le 12 août, mourait à Paris François-Julien du Dresnay, chevalier seigneur des Roches, chef d'escadre des armées navales, académicien ordinaire de 1752, associé de 1769, fils d'un ancien capitaine de vaisseau mort peu après sa naissance et originaire de Bretagne. Garde de la marine en 1734, enseigne en 1741, chevalier de Saint-Louis en 1747, aide-major en 1751, capitaine de vaisseau en 1757, major en 1758, gouverneur général des Mascareignes en 1768, brigadier des armées navales en 1771, chef d'escadre du 9 novembre 1776, il n'avait pas su se faire aimer dans l'Inde, dit l'*Espion anglais* qui le qualifiait d'homme le plus fin, c'est-à-dire le plus fourbe de toute la marine, III, 489.

Le 8 septembre, Julien-David *Le Roy*, de l'Académie des inscriptions et belles-lettres, professeur d'architecture à cette Académie, fils de l'horloger Julien Le Roy, ayant témoigné le désir d'être agrégé à l'Académie de marine, fut proposé pour associé. L'approbation ministérielle est datée du 16 septembre.

Le 1er novembre, se retira du service, pour cause de santé, le chevalier de Malte Forbin d'Oppède, académicien adjoint de 1769, chef d'escadre des armées navales. Originaire de Provence et parent du célèbre corsaire, il avait commandé en 1759 la frégate la *Minerve* dans l'escadre de La Clue ; en 1770, l'*Atalante*, dans l'expédition de Tunis. Voici le relevé de ses états de services : garde en 1738, enseigne en 1741, lieutenant de vaisseau en 1751, capitaine de vaisseau en 1757, brigadier des armées navales en 1771, chef d'escadre le 9 novembre 1776.

Le 16 novembre, Jean-Baptiste *Le Roy*, de l'Académie des sciences, de la Société royale de Londres et de celle de Philadelphie, garde du cabinet de physique du roi à Paris, demanda, comme son frère des inscriptions et belles-lettres, une place d'associé, et fut élu à l'unanimité. Le ministre approuva cette élection par sa dépêche en date du 25 novembre, et ajouta qu'il annoncerait lui-même à ce savant distingué la satisfaction qu'il éprouvait de lui confirmer son adoption.

A la fin de l'année 1786, le nombre total des académiciens devait être de 73, ainsi répartis : 9 honoraires, 6 associés, 24 ordinaires, 2 vétérans, 8 adjoints, 24 correspondants.

A l'assemblée du 9 novembre, la Compagnie avait procédé à l'élection de ses officiers pour l'année 1787. Ce furent :

Directeur : Le Bègue, en remplacement de Trédern de Lézerec ;
Vice-directeur : Petit, prorogé ;
Secrétaire : La Prévalaye, prorogé ;
Sous-secrétaire : Duval Le Roy, prorogé.

XXVII.

Année 1787.

Les séances sont un peu moins nombreuses en 1787, année où nous n'en avons relevé que quarante et une, dont quatre inoccupées. L'horizon politique commençait à s'assombrir. Le contrôleur général des finances, Calonne, à bout de ressources, s'était adressé aux privilégiés eux-mêmes, pour en obtenir la suppression d'un certain nombre de privilèges. De là, l'assemblée des notables, qui, réunie du 22 février au 25 mai, ne fit guère autre chose que provoquer la chute de ce ministre courtisan reprenant les plans du patriote Turgot. C'est au milieu de ces préoccupations et de ces inquiétudes toujours croissantes que l'Académie de marine continua le cours de ses études.

I. ASTRONOMIE. — Les travaux astronomiques furent repris avec une certaine ardeur. Le 1ᵉʳ mars, on lut une lettre de J. B. Le Roy, de l'Académie des sciences, académicien associé à l'Académie de marine, relative à la nouvelle découverte que venait de faire l'astronome hanovrien Herschel de deux satellites appartenant à la planète qui porta son nom. Celle-ci désignée aujourd'hui sous le nom d'Uranus et qui était la septième planète connue, avait été découverte le 13 mars 1781. Les deux satellites furent signalés le 11 janvier 1787. La consignation de ces faits est dans le *Journal des savants* de 1787, page 253, et de 1788, page 427.

Le 19 avril, le comte Le Bègue, directeur de l'Académie, et Verdun de la Crenne, académicien ordinaire, furent chargés par la Compagnie de rédiger un mémoire pour être présenté au comte d'Hector, commandant de la marine, sur la nécessité d'approvisionner le port de Brest d'un certain nombre de sextants et de cercles, afin d'en fournir les officiers qui se trouveraient dans l'impossibilité de s'en procurer pour les missions dont ils seraient chargés. Le ministre répondit, le 12 mai, qu'il comprenait l'utilité de ce secours, mais que les circonstances présentes ne permettaient guère de proposer des dépenses extraordinaires.

Le 29 novembre, ce même marquis Verdun de la Crenne, qui était devenu chef de division depuis le 1ᵉʳ mai de l'année précédente, lut un *Mémoire contenant une méthode pour obtenir la latitude par une observation d'une hauteur de soleil faite dans le voisinage du méridien, et une méthode pour estimer la distance où l'on est en mer d'un vaisseau plus ou moins éloigné*[1]. Ce travail ne fut pas inséré, attendu que la Société arrêta qu'il serait imprimé à ses frais, et tiré à quatre cents exemplaires, dont la moitié, en papier commun, devait monter à la somme de soixante livres. De ces quatre cents exemplaires, cent devaient être donnés à l'auteur; cent à Lescan, pour être distribués (c'étaient les deux cents sur papier commun); douze, au commandant de la marine; six, à l'intendant; douze, aux élèves des écoles de la marine; une demi-douzaine à chacun des membres de l'Académie, et le reste en dépôt. P. Levot ne parle pas de ce fait dans sa notice sur Verdun, *Revue* de septembre 1871.

Le 13 décembre, on fit lecture d'un mémoire de Lescan, qui présente beaucoup d'analogie, pour le titre, avec le travail précédent. En effet, il est intitulé : *Mémoire contenant deux méthodes pour déterminer la latitude à la mer, lorsqu'on a observé une ou deux hauteurs de soleil aux approches du méridien, connaissant dans le premier*

---

[1] On retrouve cette méthode dans son *Mémoire sur la tactique navale*, dont nous parlerons un peu plus loin.

cas l'heure de l'observation, et, dans le second, l'intervalle du temps écoulé entre les deux hauteurs ; sachant, dans l'un et l'autre cas, quelle est la latitude estimée et la hauteur de l'astre au pôle élevé. L'Académie décida également de faire imprimer ce mémoire, qui parut effectivement l'année suivante. Brest, 1788, in-8°.

II. HYDROGRAPHIE. — Le comte Chastenet de Puységur, lieutenant de vaisseau, avait fait, l'année précédente, une campagne d'évolutions sur les côtes de Saint-Domingue ayant pour objet de fixer les principaux points de cette terre et les configurations du littoral, ainsi que les positions et configurations des îles, des débouquements et des dangers qui l'environnent. Au commencement de janvier, il écrivit à l'Académie, en la priant de lui donner pour commissaires le chevalier de Borda et Fleurieu, pour examiner son travail intitulé : *Détails sur la navigation aux côtes de Saint-Domingue et dans ses débouquements*. Sa demande lui fut accordée. Le 6 juillet, les commissaires remirent à Puységur leur rapport, et l'auteur s'excusa par lettre à la Compagnie d'avoir été obligé par les circonstances à en faire usage, avant qu'il eût été communiqué à l'Assemblée. Effectivement, ce rapport ne fut lu qu'à la séance du 26 juillet. Il se trouve au tome XI, pages 443-446. La conclusion en est que les cartes et plans particuliers donnés par l'auteur, ainsi que l'ouvrage qui accompagne ces cartes, ne peuvent manquer d'être de la plus grande utilité pour la navigation de Saint-Domingue, et que le travail de cet officier mérite les éloges et l'approbation de l'Académie. Il fut imprimé aux frais du Gouvernement.

A la séance du 8 février, le vicomte de Pontevès-Gien, chef de division et académicien adjoint, communiqua à la Société une lettre du ministre, relative aux cartes de la Baltique et du Cattégat publiées par Lecler, lesquelles étaient pleines de fautes. L'Académie arrêta de prendre une copie collationnée de cette lettre.

Le 27 octobre, Verdun de la Crenne lut un *Mémoire de Cœuret de Secqville, major de vaisseau, sur la carte de Marie-Galande et de la Désirade dressée d'après des observations faites au mois de juin* 1786 *sur la frégate du roi la* RAILLEUSE. L'auteur avait été détaché à cette époque à la station de la Guadeloupe, avec mission de s'opposer à la contrebande et de maintenir les dispositions de l'arrêté du 30 août 1784. Trédern de Lézerec, Lescan et Fortin furent nommés commissaires pour l'examen de ce travail, qui est dans le tome XI, pages 460-466. Leur rapport, lu le 8 novembre, est à la suite du mémoire, pages

466-487. L'auteur, dans cet écrit, relevait plusieurs erreurs de Bellin, erreurs que les circonstances n'avaient pas permis à Verdun de la Crenne de remarquer, lors du voyage de la *Flore*, et, d'après plusieurs relèvements et observations, il déterminait la position des îles de Marie-Galande, des Saintes, de la Désirade et de la Petite-Terre, relativement à la pointe des Capucins au Nord de la Dominique et à celle du vieux fort au Sud de la Guadeloupe. Les juges pensèrent qu'il était à désirer que ces corrections fussent connues des navigateurs. En conséquence de ce rapport, la Compagnie arrêta de faire prendre copie du mémoire, des plans et du rapport, et d'envoyer le tout au ministre.

III. MANŒUVRE. — La manœuvre donna lieu en 1787 à plusieurs travaux intéressants. Le premier fut un *Mémoire* de Verdun de la Crenne *sur la tactique navale*, lu le 22 mars. Le Bègue, Granchain et Montluc de la Bourdonnaye furent nommés commissaires pour l'examen de cet important travail, qui est dans le tome XI, pages 379-413, sous le titre erroné : par M. le comte de Pontevès [1], et qui a été imprimé à Brest chez Malassis, 1787, in-4°. Leur rapport, lu le 19 avril et envoyé au ministre le 23, est à la suite du mémoire, pages 414-419. Le travail de M. de Verdun, y est-il dit, renferme deux propositions principales. La première a pour objet une méthode de mesurer les distances d'un vaisseau à l'autre en mer, méthode dont il fait usage pour maintenir chaque vaisseau à son poste dans la ligne, et pour déterminer l'instant où chacun doit terminer son mouvement dans certaines évolutions. « Cette méthode est certainement praticable et exacte ; elle peut s'appliquer utilement dans un grand nombre de cas de la navigation et du mouvement des armées ; mais nous ne croyons pas qu'on puisse en faire un usage aussi continuel qu'il le propose, à bord de chaque vaisseau, pour l'entretenir à son poste relativement au général ou au commandant de son escadre. La loi souvent établie dans nos livres d'ordres et de tactique pour déterminer le poste de chaque vaisseau dans une ligne, de se régler uniquement sur les généraux, sans faire attention au vaisseau qui précède immédiatement, ne nous paraît pas admissible dans toute sa rigueur même avec les moyens que donne M. de Verdun. Il y a toujours quelque incertitude sur la mesure des distances, au moins dans les grandes armées, pour les vaisseaux de la queue des colonnes, et

---

[1] Ce neveu du vicomte de Pontevès-Gien n'a point fait partie de l'Académie de marine, quoi qu'en ait dit P. Levot, dans ses *Essais de biographie maritime*, p. 135. Quant aux deux autres travaux qu'il lui attribue, ils sont de son oncle, l'académicien adjoint..

en se servant d'instruments peu exacts ou qui perdront de leur exactitude par l'usage continuel qu'on sera obligé d'en faire... Néanmoins cette méthode peut être très-utile pour entretenir dans une ligne une régularité suffisante. » Quant à l'usage que l'auteur faisait de cette méthode pour déterminer l'instant où un vaisseau devait commencer son mouvement, les commissaires le jugèrent préférable à une estime vague et incertaine. La seconde partie du mémoire traite d'une manière nouvelle de virer par la contremarche. La méthode de l'auteur consistait à faire virer les vaisseaux trois par trois, pour éviter les abordages et les inconvénients des grandes arrivées. Les juges la trouvèrent préférable à celle usitée jusqu'alors [1]. Le mémoire proprement dit se termine par la description d'une manœuvre pour donner la remorque à un bâtiment, et il est suivi : 1° d'expériences sur le temps qu'on emploie à virer de bord, et le chemin qu'on parcourt avant d'être dans le lit du vent, avec quelques autres circonstances de cette évolution ; 2° de deux tables, l'une pour connaître la distance dont on est éloigné d'un bâtiment, lorsqu'on connaît l'élévation de la mâture au-dessus de l'horizon, en mesurant l'angle avec l'octant ; l'autre, afin de connaître le temps nécessaire à un bâtiment pour parcourir un espace donné, lorsqu'on connaît la vitesse de son sillage. Nous avons été obligé, pour conserver les proportions de cette longue étude, d'abréger considérablement l'analyse du travail de Verdun de la Crenne, et même celle du rapport des commissaires, terminé par la conclusion suivante : « Nous pensons que ce mémoire renferme des vues nouvelles et intéressantes sur la tactique, et qu'il serait fort désirable qu'elles fussent éprouvées, particulièrement le mouvement que substitue M. de Verdun aux contremarches actuelles. Nous sommes persuadés que l'expérience confirmerait l'opinion que nous nous sommes formée des avantages de cette évolution. » Le ministre Castries, par sa dépêche en date du 5 mai, répondit qu'il ferait de ce rapport l'usage convenable.

Le 31 mai, eut lieu la lecture d'un *Mémoire* de Briqueville, chef d'escadre et académicien honoraire, *sur la disposition du canon sur les vaisseaux et frégates de guerre*. Le rapport sur ce travail fut différé de quelques jours, parce que les commissaires qui auraient pu s'en charger étaient alors occupés diversement ; mais on pria l'auteur de préparer, pour les leur remettre, les éléments du calcul sur lequel il avait

---

[1] V. dans le *Dictionnaire de l'Encyclopédie méthodique* l'article *Évolutions*.

fondé son mémoire, ainsi que les procédés qu'il avait suivis, ce qui devait faciliter leur examen et en rendre les conclusions plus sûres. A la séance du 8 juin, Granchain, Verdun de la Crenne, De Flotte et Lescan furent nommés rapporteurs de ce travail. Le mémoire de Briqueville est dans le tome XI, pages 437-440 ; le rapport, lu le 28 juin, se trouve à la suite, pages 440-443. L'auteur proposait d'établir les seuillets des sabords à la même hauteur dans les vaisseaux de tout rang et dans toutes les batteries d'un vaisseau. Il y trouvait l'avantage de pouvoir y mettre, au besoin, des canons de différents calibres, et celui d'avoir plus de facilités dans le service et le pointage des pièces, en exhaussant leurs affûts. La hauteur qu'il choisissait était celle de deux pieds, alors en usage pour les canons de 24 en première batterie. Il proposait d'y ramener celle des canons de 36, qui avait deux pouces de plus, et celle de tous les calibres inférieurs, qui allait en décroissant jusqu'à 1 pied 2 pouces, conformément au règlement du 4 août 1764. Pour les petits calibres, cela n'entraînait d'autre changement que celui d'une augmentation proportionnelle dans l'élévation des affûts ; mais l'abaissement du seuillet dans les batteries de 36 exigeait, ou que l'on fît le sacrifice de deux pouces d'élévation de batterie, ou que l'on exhaussât d'autant le premier pont du vaisseau qui portait des canons de ce calibre. Sans se préoccuper de la question d'économie, ni de la facilité de service que pouvait déterminer cette uniformité de hauteur dans les seuillets de sabords, les commissaires se bornèrent à examiner quelle influence ce changement dans la disposition de l'artillerie des vaisseaux pourrait avoir sur leur stabilité. Leur conclusion fut que la stabilité serait à peine diminuée, particulièrement dans les vaisseaux à deux batteries, et ils pensèrent que cette perte légère ne devait pas être un motif suffisant pour rejeter la proposition de l'auteur. Duval Le Roy avait été ajouté aux commissaires ci-dessus désignés, par arrêté de l'Académie en date du 14 juin ; cependant nous n'avons pas vu sa signature au rapport.

Le 2 avril, le sieur N..... (le nom est en blanc sur le plumitif) présenta à la Compagnie une manière de faire agir les pompes, qu'il disait être nouvelle, et une machine propre à forer les corps de pompe, qui parut être une imitation de celle dont on se servait pour forer les canons. Verdun de la Crenne, Fortin et Lescan furent nommés commissaires pour examiner ces machines et en faire leur rapport. A la séance suivante, ils déclarèrent qu'ils les avaient trouvées inférieures à celles du même genre alors en usage, et conséquemment n'en firent pas l'objet d'un rapport.

Le 13 septembre, on lut un *Mémoire* de Guignace, sous-directeur des constructions à Brest et nouvel académicien adjoint, *sur l'appareil de la mise à l'eau d'un vaisseau et sur les diverses précautions qu'exige cette opération.* Le travail de l'auteur fut inséré dans le tome XI, pages 446-460 ; mais il ne paraît pas qu'il y ait eu des commissaires nommés pour l'examen de ce mémoire. Après avoir défini ce qu'on entend par la mise à l'eau d'un bâtiment, Guignace fait la description des couettes ou anguilles, les deux principales pièces qui composent le berceau. Il pose ensuite l'appareil de construction ; donne les moyens d'empêcher le rapprochement ou l'écartement des couettes ; d'élever des traversales au-dessus du plan de la cale ; d'empêcher les couettes de sortir de ce plan ; d'appuyer les fonds du vaisseau. Il indique les précautions à prendre pour ne pas trop buriner le berceau ; les moyens de retenir la quille du vaisseau. Il distribue les colombiers, et en fixe le nombre ; donne la description des colombiers et la manière de faire les roustures ; celle d'en former les traversales. Les côtés du vaisseau étant ainsi soutenus par ses colombiers, l'auteur indique les moyens pour assurer la réussite de la mise à l'eau, comme pour retenir un vaisseau à volonté sur la cale, et décrit les saisines. Enfin il donne les détails de l'opération d'un lancement, c'est-à-dire la suppression des tins sous la quille, celle de toutes les accores, celle de la clef de l'étambot, des clefs placées à l'extrémité des couettes, des clefs latérales, enfin l'ordre de couper les saisines. En terminant son travail, il donne le moyen d'arrêter le navire sans secousse, quand il est à flot, et, si le ber ne prenait pas de lui-même son premier mouvement, l'usage et l'établissement de l'arc-boutant de chasse. L'article *Lancement*, signé Bourdé de la Villehuet, est très écourté dans le *Dictionnaire encyclopédique*. Il serait curieux de comparer les moyens perfectionnés dont on dispose aujourd'hui, tels que la suppression du ber, avec la méthode usitée il y a un siècle.

Le 18 octobre, Le Cerf, professeur de navigation et adjoint de l'année, comme Guignace, lut un *Mémoire sur la construction d'une nouvelle mèche de cabestan.* Verdun de la Crenne, Trédern de Lézerec, Guignace, Lescan et Duval Le Roy furent nommés commissaires pour l'examen de ce travail, que nous n'avons pas vu transcrit. Le 8 novembre, le même Le Cerf lut un autre *Mémoire sur les défauts du cabestan du sieur Deshayes du Vallon.* Les mêmes commissaires que ci-dessus furent nommés, et lurent, le 15 novembre, leur rapport sur les deux écrits de Le Cerf. C'est tout ce que nous en savons. A l'égard du sieur Deshayes, on trouve dans le tome III des *Correspondants*, pages 374-376, sous le titre de : *Essai du cabestan à repoussoirs du sieur Deshayes du Vallon*, un extrait du rapport fait en 1785 au conseil de marine du port de Brest, rapport qui est loin d'être rédigé avec la clarté désirable, et dans lequel nous avons cru comprendre que ce cabestan, destiné à éviter l'opération de choquer le tournevire, parut aux juges avoir rempli son objet. Dans l'article *Cabestan* de l'*Encyclopédie méthodique*, Vial du Clairbois dit que le moyen qu'on emploie le plus communément pour faire remonter le cordage, c'est de garnir le bas des taquets de roulettes disposées dans un plan vertical passant par l'axe du cabestan. C'est ce qu'on appelle le chapelet de cabestan.

Enfin, à la dernière séance de l'année 1787, Le Cerf lut un troisième mémoire contenant la description d'une pompe très avantageuse, selon l'auteur, à terre et à bord des vaisseaux, tant pour les épuisements, que pour jeter l'eau à une hauteur quelconque. Trédern de Lézerec, Verdun de la Crenne, Fortin et Sané furent nommés commissaires pour l'examen de cet ouvrage, et lurent leur rapport le 7 février 1788. Malheureusement, nous ne l'avons pas trouvé, pas plus que le mémoire.

IV. Travaux hydrauliques. — Il n'avait pas été fait mention jusqu'alors, à l'Académie de marine, des importants travaux de Cherbourg commencés en 1784, si ce n'est dans une lettre de Groult, lue à la séance du 7 décembre 1786, lettre dans laquelle ce correspondant parlait incidemment des défenses de la rade. Le 11 janvier suivant, la Compagnie ayant reçu deux paquets contenant des objections faites par un anonyme contre la rade de Cherbourg, à propos des moyens employés pour l'abriter, ainsi qu'une lettre adressée au ministre, arrêta tout d'abord d'envoyer le tout à Castries, en lui demandant s'il désirait qu'on s'occupât de répondre à ces objections. En attendant la décision ministérielle, la Compagnie prit soin de faire prendre copie dudit mémoire, et y dépensa vingt-quatre livres. Puis, s'étant déterminée à nommer des commissaires pour examiner les objections de l'anonyme, elle commit à cet effet Montluc de la Bourdonnaye, Choquet de Lindu, Lescan et Duval Le Roy. Tous ces détails nous viennent du plumitif; mais ni les registres, ni la correspondance ne parlent de cette affaire, de sorte que nous ne savons rien de plus.

V. Artillerie. — L'artillerie, assez négligée depuis plusieurs années, donna lieu, en 1787, à deux travaux d'une certaine valeur.

Le premier fut celui d'un horloger de Brest, Paufer, attaché au service de l'Académie, et dont on avait repoussé, en 1786, le projet de pompe. Il est intitulé : *Mémoire concernant la construction d'un nouvel affût de canon ayant la propriété d'être mobile en tous sens.* Lu à la séance du 28 juin, ce travail fut inséré dans le tome III des *Correspondants*, pages 369-371. L'auteur supprimait l'essieu et les deux roues de derrière de l'affût, et les remplaçait par une pièce de bois, dans le centre de laquelle était un cône tronqué recevant un boulet de fer qui entrait dans le cône jusqu'au tiers de son diamètre et reposait dans le fond sur un seul point. Une couverture empêchait le boulet de sortir du cône ; une vis de pression permettait d'annuler le jeu du boulet. L'affût Paufer ayant été présenté à l'Académie le 13 septembre, celle-ci nomma commissaires Le Bègue, Trédern de Lézerec et Guignace. Leur rapport, lu à la séance suivante, est à la suite du travail de Paufer, pages 372-373. Tout en élevant contre cette invention certaines objections de détail, les juges trouvèrent dans l'affût proposé une solidité suffisante, point de surcroît de dépense, facilité de réparation, égalité de poids avec les autres affûts, moins de roues de rechange, beaucoup moins de gêne et d'inconvénients dans le service de la pièce. Ils conclurent donc à demander que l'expérience en fût faite, disant que de tous les changements proposés depuis longtemps dans les affûts marins, il n'y en avait pas un seul qui eût autant mérité l'épreuve.

Le second travail, lu par Verdun de la Crenne à la séance du 15 novembre, et qui n'est pas signé, contient le procès-verbal des *Expériences sur les boulets rouges*, faites à Cherbourg au mois de septembre 1787, et indique quelles sont les modifications à apporter, en conséquence, aux procédés usités jusque-là. La Compagnie arrêta de prendre copie de ce travail, qui est le dernier du tome XI, pages 467-482.

VI. Médecine. — Sept mois auparavant, dans la séance du 29 mars, Verdun de la Crenne avait lu un *Mémoire*, composé par lui, *sur la nourriture des équipages*, avec une addition à ce mémoire et deux tableaux : l'un, de la distribution des rations pendant deux semaines, suivant l'usage de l'époque ; l'autre, suivant la méthode proposée. C'était à propos du règlement du 15 janvier 1785, qui ordonnait de faire à bord des vaisseaux des essais répétés, pour parvenir à faire cuire les légumes avec les viandes salées, en remplaçant une once de lard ou une once et demie de bœuf par deux onces de légumes. L'auteur y expose le régime qu'il a fait suivre pendant plus de trois mois à l'équipage du *Réfléchi*, pendant qu'il allait de Saint-Domingue à Terre-Neuve, et propose plusieurs améliorations dans les approvisionnements, comme dans le service des rations. Granchain, De Flotte et Sabatier furent nommés commissaires pour l'examen de ce travail, qui est dans le tome XI, pages 420-434. Leur rapport, lu le 19 avril, est à la suite du mémoire, pages 435-436. Ils opinèrent que le régime proposé par Verdun de la Crenne leur avait paru bon et sain, et proposèrent seulement quelques modifications de détail. En un mot, Verdun leur parut avoir satisfait à l'article 3 du règlement du 15 janvier, et même avoir porté ses vues beaucoup au delà ; ses procédés furent jugés utiles, propres à procurer le bien-être des équipages, et susceptibles de l'approbation de l'Académie.

• Le 8 novembre, le vicomte de Pontevès-Gien ayant fait passer à la Compagnie un mémoire de Verguin, chirurgien-major au port de Toulon, avec demande de correspondance, l'Assemblée arrêta d'attendre le retour de Sabatier, pour se prononcer sur ce travail, et lui accorder, s'il y avait lieu, sa demande.

Affaires intérieures. — Le 11 janvier, il fut arrêté d'écrire au ministre, pour lui demander une pension en faveur du sieur Joseph-Anne-Fidèle Vincent, qui avait paru à la Compagnie la mériter par dix-huit années de services, et à raison de ses infirmités devenues assez fréquentes pour que ses modiques appointements ne pussent plus lui suffire. N'ayant vu aucune lettre à ce sujet, nous ne savons ce que devint cette affaire. Au surplus, en dépit de son état de santé, Vincent survécut à l'Académie elle-même ; car il administra plus tard la bibliothèque du port de Brest jusqu'en 1812, époque où il fut remplacé par le prédécesseur immédiat de P. Levot, Chevassu dit Poligny.

A la date du 15 mars, nous voyons sur le plumitif mention de la lettre d'un certain Renoux, de Marseille, prétendant avoir fait de grandes découvertes ; à celle du 15 novembre, une lettre du sieur Besnard, probablement l'ingénieur des ponts et chaussées, correspondant de 1784, relative aux observations qu'il se propose de faire, dans les forêts autour de Rennes, sur la qualité des bois crûs sur différents sols et dans différentes expositions. La Compagnie arrêta de répondre à ce dernier, en lui représentant la nécessité de mettre la plus scrupuleuse exactitude dans ses observations, et de les multiplier autant que possible.

Le 18 mai, il fut arrêté de faire imprimer le catalogue des mémoires et manuscrits de l'Académie, séparément du catalogue des livres de la bibliothèque. Nous croyons que malheureusement il ne fut pas donné suite à cette résolution.

Le 16 août, on fit lecture d'une lettre de Groult, qui priait la Compagnie de hâter, si possible, la confection de la table chronologique des règlements et ordonnances de la marine.

Le 13 septembre, on lut une lettre de la veuve Blondeau, en date du 11. Elle exposait que son fils aîné avait perdu sa place, depuis la réforme qu'on avait faite d'une partie des écrivains des vivres, et venait de tomber malade; que son cadet, malade également, avait été aussi réformé, lorsqu'on avait mis les ateliers en régie; que depuis la mort du chef, la détresse de la famille n'avait pas cessé d'être cruelle. Nous avons cité un passage de cette lettre, par anticipation, en 1783. La Compagnie arrêta de venir au secours de ces malheureux, en accordant à la veuve Blondeau la somme de quatre-vingt-seize livres, dont on ne lui remettrait, pour le moment, que la moitié. Le 8 novembre, on arrêta le taux de paiement d'un des fils de Blondeau employé comme copiste. Le 15, on décida qu'il serait payé à la fin de chaque mois.

Le 4 octobre, on résolut d'écrire « fortement à M. de Chabert », pour qu'il fît passer à l'Académie la *Connaissance des temps* de 1789, et celle de 1790 le plus tôt possible, et en même temps on le pria de procurer, si faire se pouvait, à la Compagnie toutes les ordonnances de Castries. Arrêté analogue, le 15 novembre.

Castries remplacé par Montmorin, puis par La Luzerne. — En août, Castries avait donné sa démission, en même temps que le maréchal de Ségur, ministre de la guerre, lorsque l'archevêque de Toulouse, Loménie de Brienne, fut nommé principal ministre. Le comte de Montmorin Saint-Hérem, ministre des affaires étrangères, le remplaça comme ministre intérimaire, du 25 août au 26 décembre 1787. Le 29 septembre de l'année précédente, Montmorin était venu à Brest, avec l'intendant de la province, et y avait passé onze jours, que l'intendant Redon avait employés à lui montrer en détail tous les chantiers et ateliers; mais il ne paraît pas que l'Académie soit entrée en rapport avec lui, lors de ce voyage. De même, bien que Montmorin lui ait adressé plusieurs dépêches, nous n'avons pas trouvé trace de lettre de félicitations adressée à cet intérimaire; mais, le 10 janvier 1788, elle en écrivit une au comte de La Luzerne, qui remplaça à la fin de l'année Montmorin ou plutôt Castries.

Dons d'ouvrages. — A la séance du 18 janvier, Vial du Clairbois remit à l'Académie la collection des planches de l'*Encyclopédie méthodique*, partie *Marine* ; à celle du 9 août, la première partie du troisième volume. Dans le volume de planches, qui forme le tome IV et dernier de cet important ouvrage, il y a 1,280 figures exécutées par Vial du Clairbois, et 230 par Blondeau. Les principaux articles par lesquels commence le troisième volume sont, de N à R : *Navigation, officiers de la marine, ordre, parallaxe, pavillon, payement, pendule, perceur, pesanteur, phare, plan, planètes, plonger, police, pompe, port, poudre, poulie, pouvoir, précession des équinoxes, rame, réduction, réfraction, régie, répartition, rôle de combat, rotation, roulis.*

Le 15 mars, Daniel-Marc-Antoine Chardon offre à la Compagnie son *Code des prises.* (Paris, imp. roy., 1784. 2 vol. in-4°.) Granchain et Fortin furent nommés commissaires pour l'examen de ce traité. Leur rapport, lu le 22 mars, est dans le tome XI, pages 436-437. Entièrement approbatif, il valut à l'auteur une place d'associé. Voici quel fut ce jugement : « L'ouvrage dont l'Académie nous a confié l'examen est, ainsi que son titre l'annonce, un recueil de toutes les ordonnances et des principales décisions sur le fait des prises. Cette collection, disposée par ordre chronologique, est précédée d'un extrait de l'ordonnance de 1681, qui forme la loi principale sur presque tous les objets relatifs à la marine, et particulièrement sur les prises. Chaque article de cet extrait est accompagné de renvois qui indiquent les autres ordonnances comprises dans ce recueil, ou les arrêts et décisions qui ont préparé, modifié ou confirmé les dispositions de cet article. L'éditeur a en outre presque toujours rapporté, à la suite de chaque ordonnance ou de chaque jugement particulier, un précis des autres ordonnances ou des autres décisions relatives au même objet. En général, nous jugeons que cette collection est très-bien disposée pour faciliter la recherche et l'application des lois et jugements qu'elle renferme, ce qui est le mérite principal que puisse avoir un recueil de cette nature, et nous pensons que c'est un ouvrage très-utile, et qui mérite l'approbation de l'Académie. »

Le 24 mai, lettre de Chabert accompagnant l'envoi de deux exemplaires de l'*Histoire impartiale des événements politiques et militaires de la dernière guerre dans les quatre parties du monde*, par l'abbé de

Longchamps. 3 vol. in-12. A cette même séance, lettre de J.-J. Sébastien Le Roy, ingénieur des ports et arsenaux de la marine, accompagnant un exemplaire de son ouvrage *Sur l'exploitation de la mâture dans les Pyrénées*. In-4°.

Le 21 juin, envoi des *Extraits des observations astronomiques et physiques faites à l'observatoire royal dans le cours de l'année 1787*, extrait des mémoires de l'Académie des sciences, in-4°, don de l'auteur, Jacques-Dominique Cassini. A cette même séance, on reçut deux exemplaires du *Mémoire de Verdun sur la tactique navale*. Brest, 1787, in-4°.

Le 2 août, don par le comte Chastenet de Puységur d'un exemplaire de son *Détail sur la navigation aux côtes de Saint-Domingue et dans ses débouquements*, 1787, in-4° de 81 pages.

Achats. — Le 22 février, acquisition de l'ouvrage du marquis de Pastoret, intitulé : *Zoroastre, Confucius et Mahomet*, 1787, in-8°.

Le 26 avril, arrêté de payer au libraire Malassis la somme de mille cinquante-quatre livres dix sols, pour livres fournis jusqu'à ce jour. Le 8 novembre, on lui solda encore un mémoire de trois mille deux cent cinquante-neuf livres dix-huit sols.

Le 3 mai, arrêté de faire l'acquisition de 500 exemplaires d'un *Dispositif de calculs pour déterminer la longitude à la mer*.

Le 10 mai, décidé l'achat d'un certain nombre de livres de médecine demandés par Sabatier.

Le 6 septembre, arrêté l'achat : 1° de l'ouvrage de l'anatomiste suédois Olaüs Rudbeck, intitulé : *Atlantica, sive Manheim vera Japheti posterorum sedes*, Upsal, 1675-1698, 3 vol. in-fol., traité plein d'érudition sur les antiquités de la Suède, mais que probablement l'Académie ne put se procurer, car il ne figure pas sur le catalogue de 1788 ; 2° de l'*Œdipus ægyptiacus*, de Kircher, déjà proposé l'année précédente, et qui n'est pas non plus sur ce même catalogue.

Mouvements. — Le 22 mars, *Chardon* fut nommé associé, pour son *Code des prises*, et Castries approuva cette nomination par sa dépêche du 30 avril. Né à Paris en 1731, il était d'une famille de robe. A l'âge de trente ans, il avait été pourvu d'une charge de lieutenant particulier au Châtelet. Nommé en 1763 intendant de Sainte-Lucie, il y resta jusqu'à la réunion de cette île, l'année suivante, au gouvernement de la Martinique, et publia, en 1779, un *Essai sur la colonie de Sainte-Lucie*. De retour à Paris en 1764, il fut nommé maître des requêtes. Intendant de

Corse en 1768, procureur général près du conseil des prises en 1777, il était devenu membre du comité d'administration de la marine et commissaire pour la visite des ports, des pêches et les amirautés.

Le 3 mai, la Compagnie nomma également associé l'intendant général des classes, *Pouget*, nomination qui fut approuvée par une dépêche de Castries en date du 18 mai, la dernière de lui que nous ayons vue sur le registre de correspondance. La lettre de Duval Le Roy, sous-secrétaire de l'Académie, du 9 mai, vante ses connaissances étendues en tout genre et les preuves multipliées d'un talent distingué qui lui ont mérité l'unanimité des suffrages. Il est l'auteur de l'ordonnance du 31 octobre 1784 sur l'inscription maritime.

Le 8 juin, *Du Roüil*, major de la cinquième division du corps royal des canonniers-matelots, fut nommé correspondant. Nous n'avons pu nous procurer aucun renseignement sur cet officier, qui n'est plus sur l'*Annuaire* de 1790.

Le 23 août, on procéda à l'élection d'un adjoint. Les concurrents étaient Guignace, sous-directeur des constructions, qui eut les premières voix et Le Cerf, professeur de navigation, qui obtint les secondes. Montmorin, par sa lettre du 5 septembre, confirma la nomination de *Guignace*. Ce dernier, né à Blois le 5 décembre 1731, était fils d'un marchand, et avait débuté en 1751 comme élève-ingénieur constructeur. Il allait bientôt devenir directeur des constructions.

Le 1ᵉʳ septembre, s'éteignait à Cordes-en-Albigeois, sa ville natale, Thomas-Thomas Loubers, à peine âgé de trente et un ans, des suites d'une maladie contractée à l'hôpital de Rochefort, pendant une épidémie du mois d'octobre 1786. C'était le fils d'un avocat au Parlement, et lui-même était docteur de l'Université de Toulouse, médecin de l'école pratique de Brest. Nommé médecin du roi à la Basse-Terre (Guadeloupe), le 13 octobre 1786, il ne put se rendre à son poste. L'intendant Redon lui donnait les notes suivantes, à la date du 22 septembre 1786 : « Sujet sage, instruit et appliqué à son état. » Ce décès fit procéder, le 20 septembre, à une nouvelle élection d'adjoint. Cette fois, *Le Cerf* eut les premières voix; l'ingénieur constructeur Sané, les secondes. Le premier de ces deux concurrents fut confirmé par une lettre ministérielle en date du 6 octobre. Le Cerf, né à Urville (Calvados), le 11 janvier 1755, était depuis 1787, professeur de mathématiques au port de Brest.

Le 25 du même mois, *Sané* et *Cœuret de Secqville* s'étant proposés pour remplir chacun une place d'adjoint, et la Compagnie désirant les acquérir l'un et l'autre, il en résulta qu'elle leur accorda également son suffrage. Le ministre intérimaire Montmorin, par sa lettre en date du 10 novembre, confirma cette double élection. Augustin-Charles-Félix-Marie-Joseph Cœuret de Secqville, né à Oyson (Loiret), le 21 juillet 1749, major de vaisseau de la deuxième division de la quatrième escadre à Brest, avait mérité son élection par son mémoire sur la carte de Marie-Galande et de la Désirade, dont nous avons parlé. Quant à Jacques-Noël Sané, né en 1740, à Brest, d'un pilote, il s'était fait remarquer, dès l'âge de quinze ans, dans ce port, par son aptitude précoce, et était devenu en 1768 élève-constructeur, en 1766, sous-ingénieur constructeur à Brest, en 1774, ingénieur. C'était un élève de Choquet de Lindu pour les bâtiments civils, de Joseph-Louis Ollivier pour les constructions navales. Compris en 1782 au nombre des concurrents admis à présenter le plan-type de chaque rang de vaisseaux qui devaient à l'avenir composer la flotte, son plan d'un vaisseau de 74 portant des canons de 12 à la seconde batterie avait obtenu la préférence. Sané l'emporta également en 1786, pour le meilleur modèle des vaisseaux de 118; en 1788, pour celui des vaisseaux de 80. Aussi bien, depuis cette époque jusqu'à la fin de la marine à voiles, ces trois échantillons de navire ont-ils eu pour origine les trois plans-types de Sané.

Le 29 novembre, l'Académie procéda à l'élection :

1° D'un honoraire, place devenue vacante par la mort du baron de Monteil, dont nous avons parlé, l'année précédente. On choisit, pour le remplacer, le comte d'*Arbaud de Jouques*, lieutenant-général des armées navales, commandeur de Saint-Louis, académicien adjoint de 1769, ordinaire de 1784. Bache-Elzéar-Alexandre d'Arbaud-Jouques, né le 26 septembre 1720, à Jouques, diocèse d'Aix, était le fils d'un conseiller au Parlement de Provence, et avait sept de ses parents dans la marine. Lui-même, garde de la marine du 6 juillet 1735, était devenu lieutenant-général le 12 janvier 1782, n'ayant pas cessé, pour ainsi dire, de tenir la mer, et s'étant distingué avant et pendant les deux guerres de Sept ans. En 1759, il avait été fait prisonnier sur l'*Océan*, à la suite du combat de Santa-Maria. En 1770, il commandait la *Mignonne*, dans l'escadre de Broves, au bombardement de Tunis. Il fut nommé rapporteur du conseil de guerre de 1784, tenu à propos de la bataille de la Dominique.

2° De deux ordinaires. Le comte de *Chastenet-Puységur* eut les premières voix pour la première place; *Lescan*, pour la seconde. Les secondes voix furent données à Le Cerf et à Guignace.

3° A celle d'un adjoint. Le chevalier de *Suzannet*, capitaine de vaisseau de la première escadre, eut les premières voix; Blois de la Calande, lieutenant de vaisseau, les secondes. Le premier de ces deux candidats servait dans la marine depuis 1755 et était de la promotion du 9 mai 1781. Montmorin, par sa dépêche en date du 7 décembre, la dernière que contient le registre de la correspondance ministérielle de l'Académie, approuva les nominations de d'Arbaud-Jouques, Puységur, Lescan et Suzannet.

Le 11 décembre, périt, massacré par les naturels de l'archipel des Navigateurs, le capitaine de vaisseau Paul-Antoine-Marie Fleuriot de Langle. Il était né au château de Kerlouet en Bretagne, en 1744, et, entré dans la marine en 1758, était devenu enseigne en 1766, lieutenant de vaisseau en 1778, capitaine de vaisseau en 1782. Membre adjoint de l'Académie de marine en 1771, académicien ordinaire en 1774, il avait pris, ainsi que nous l'avons vu, une part active aux travaux de la Compagnie, dans les intervalles de ses embarquements. Après avoir participé glorieusement à la guerre de l'indépendance américaine, il était parti, en 1785, sur l'*Astrolabe*, en qualité de commandant de cette frégate et de compagnon de Lapérouse. A la suite d'un grand nombre de reconnaissances et de découvertes, principalement à la côte Nord-Ouest de l'Amérique et dans la mer du Japon, la *Boussole* et l'*Astrolabe* étaient arrivés, le 8 décembre 1787, à l'île Maouna. C'est là que Fleuriot de Langle, qui était allé faire de l'eau avec deux chaloupes et autant de canots, fut assommé à coups de pierres, avec le naturaliste Lamanon et dix personnes de l'équipage.

A la fin de l'année 1787, le nombre total des académiciens était de 78, ainsi répartis : 10 honoraires, 8 associés, 23 ordinaires, 2 vétérans, 11 adjoints, 24 correspondants.

L'élection des officiers pour l'année 1788 avait eu lieu le 8 novembre. Elle donna les résultats suivants :

Directeur : Petit, en remplacement de Le Bègue;

Vice-directeur : Le Bègue, en remplacement de Petit;

Secrétaire : La Prévalaye, prorogé;

Sous-secrétaire : Duval Le Roy, prorogé.

XXVIII.

Année 1788.

Il y eut encore trente-six séances en 1788, année du second ministère de Necker et du retour des Notables. Mais, à partir de cette époque, tout nous manque à la fois, sauf le plumitif. Le onzième et dernier tome des académiciens est terminé ; celui des correspondants ne contient plus que deux mémoires. Aussi bien notre travail ne peut-il plus être maintenant qu'une reproduction analytique du compte rendu des séances.

I. ASTRONOMIE. — Jusqu'au dernier moment, l'astronomie tint en quelque sorte la première place dans les occupations de l'Assemblée.

Le 17 janvier, on lut l'extrait d'une lettre de J.-B. Le Roy, de l'Académie des sciences, académicien associé, mentionnant de nouvelles recherches de l'académicien Pierre-Simon La Place sur l'équation séculaire de la lune, recherches desquelles il résultait que cette équation, considérée comme certaine, est un effet de la gravitation universelle et provient de l'action du soleil combinée avec la variation de l'excentricité de l'orbite terrestre. Déjà ce savant avait donné en 1784, année où il remplaça Bezout comme examinateur du corps de l'artillerie, sa *Théorie du mouvement elliptique et de la figure des planètes* au *Journal des savants*, qui la publia dans son numéro de juin, page 345. Ce mémoire, de 153 pages, fut imprimé, dit Lalande dans sa *Bibliographie astronomique*, aux frais du président Bochart de Saron, son confrère, pour encourager un géomètre qui annonçait déjà les belles choses qu'il a faites depuis. On en tira un petit nombre et ce livre est très-rare. En 1786, La Place avait publié, dans la *Connaissance des temps* de Méchain pour l'année 1789, un extrait de ses calculs sur les grandes inégalités de Jupiter et de Saturne, inégalités qu'il avait annoncées à l'Académie des sciences, le 10 mai 1786. Quant à l'équation séculaire de la lune, dont il avait fait part à cette même Compagnie le 19 décembre 1787, elle parut dans la *Connaissance des temps* de Méchain pour l'année 1790, publiée en 1788.

Le 7 février, Lescan lut une addition à son mémoire de l'année précédente, sur la manière de déterminer la latitude par des hauteurs de soleil prises aux environs du méridien. Fortin et Duval Le Roy furent nommés commissaires pour l'examen tant du mémoire que de l'addition. Ils lurent leur rapport le 21 février, et, ainsi que nous l'avons dit, ce travail fut imprimé et publié dans le courant de l'année.

Ce même jour dudit 21 février, Mercier présenta à l'Académie un sextant de sa façon, dont il avait rendu l'usage plus commode et plus sûr, par différents mécanismes, est-il dit vaguement dans le plumitif. Il en donna une idée par un petit mémoire dont il fit lecture à la même séance.

Le 23 mai, Duval Le Roy fit part à la Compagnie d'une méthode pour corriger le lieu de l'aphélie et l'excentricité d'une planète, par trois observations de cette planète. Fortin et Lescan, nommés commissaires, lurent leur rapport le 5 juin. Le 2 octobre, Duval Le Roy lut un second mémoire, sur les variations séculaires et périodiques d'Herschell produites par Saturne et Jupiter. Le 10 novembre, troisième écrit du même auteur, sur l'origine du zodiaque. Il ne paraît pas qu'il y ait eu des commissaires nommés pour l'examen de ces deux derniers travaux, et comme ils ne furent vraisemblablement pas imprimés, il n'en est pas question dans la *Bibliographie astronomique* de Lalande, lequel dit seulement, dans son *Histoire abrégée*, page 684, qu'en 1789, alors qu'il calculait les inégalités de la planète découverte en 1782 par Herschell, il reçut les recherches de M. Oriani, de Milan, et celles du citoyen Duval Le Roy, de Brest, faites d'après la théorie du citoyen La Grange.

Le 5 juin, la Compagnie arrêta d'écrire au chevalier de Borda, pour le prier d'engager l'artiste Le Noir à substituer une vis de rappel au mécanisme dont il se servait dans ses sextants, pour redresser le petit miroir, lorsqu'il est nécessaire de le faire. On lui objectait également que, au lieu de faire entrer le porte-objectif à frottement dur dans le tuyau de la lunette, il conviendrait plutôt de le visser au bout de ce tuyau.

II. MANŒUVRE. — Ce fut le professeur de navigation Le Cerf, académicien adjoint, qui donna tous les mémoires de manœuvre de 1788. Le 21 février, il lut un premier écrit contenant quelques détails relatifs à son cabestan, dont il présentait avec clarté les avantages. On fit à l'Académie une expérience sur un modèle de ce cabestan; elle eut un plein succès et mit en évidence les avantages et qualités de sa machine. Aussi la Compagnie décida-t-elle, le 11 septembre, de faire remettre au marquis de La Porte-Vezins, commandant de la marine par intérim, une copie du rapport fait le 15 novembre de l'année précédente, où il était fait mention du succès de ce cabestan, en y ajoutant que l'expérience en avait été faite. Le 6 novembre, — écrit Duval Le Roy qui nous paraît ici se départir de la sage réserve conservée généralement jusqu'alors par l'Académie — « Le Cerf lut des éclaircissements sur son nouveau cabestan, servant de réponse aux misérables réponses que l'ignorance et la mauvaise foi avaient faites contre son invention ».

Le 3 avril, autre *Mémoire* de Le Cerf, *sur une nouvelle manière d'employer l'eau au mouvement des machines*. Les commissaires nommés furent Trédern de Lézerec, Choquet de Lindu et Sané. Leur rapport ne fut lu que le 19 mars de l'année suivante.

Le 26 juin, Le Cerf lut encore le commencement d'un travail *Sur les défauts des diverses machines du port et sur les moyens d'y remédier*. Il commença par les poulies, et proposa des changements ayant pour but d'en faire disparaître les défauts. Champagny et Secqville, nommés commissaires, lurent leur rapport le 3 juillet.

III. MATHÉMATIQUES. — Un seul *Mémoire*, celui de Duval Le Roy *sur une méthode générale de La Grange pour résoudre les problèmes de dynamique*, lu à la séance du 6 mars. Fortin, Lescan et Le Cerf, nommés commissaires, lurent leur rapport le 3 avril.

IV. ARTILLERIE. — Une seule communication également, relative à l'artillerie. Le 20 novembre, Le Cerf lut une lettre de Meunier, de l'Académie des sciences, contenant des détails sur les moyens employés à Cherbourg pour défendre la rade de ce port, ainsi que des renseignements sur l'affût que ce savant avait inventé, et sur des fourneaux pour chauffer et rougir des boulets.

V. MÉDECINE. — Un seul travail encore, celui présenté l'année précédente par le vicomte de Pontevès-Gien, et qui fut lu le 17 avril. Il était d'un chirurgien-major au port de Toulon, nommé Verguin, et traitait de la nécrose. Sabatier et Choquet de Lindu furent nommés commissaires. A la suite de leur rapport, lu le 24, la correspondance fut accordée à Verguin, d'après la demande que celui-ci en avait faite.

Affaires intérieures. — Le 29 mai, Duval Le Roy lut à la Société l'extrait qu'il avait fait des délibérations de la Compagnie depuis son rétablissement jusqu'à ce jour. Cette pièce a échappé à nos recherches.

Le 19 juin, le vicomte de Pontevès-Gien, chef de division, major général de la marine et des escadres, académicien adjoint, demanda pour l'école de marine de Vannes un des modèles de vaisseau que possédait l'Académie. Celle-ci lui accorda sa demande.

Le 14 août, il fut arrêté que le libraire Malassis tirerait à deux cents exemplaires le *Catalogue des livres de la bibliothèque de l'Académie*. Cet ouvrage, rédigé par Lescan et Fortin, a paru effectivement en 1788. Le catalogue de 1781 comprenait 80 pages et 1,018 ouvrages ; celui de 1788 a 216 pages et contient 1,888 ouvrages, dont près d'une centaine composés par les membres de la Compagnie. Dans la *Revue* de décembre 1873, nous avons parlé de ce catalogue et de la collaboration de l'Académie à sa bibliothèque. La copie, avec la liste des auteurs, ayant été remise à l'Assemblée, celle-ci conclut, le 8 janvier 1789, à l'entière suppression de la table, ouvrage du sieur Vincent, à cause des fautes grossières et en grand nombre dont cette table était chargée. Décision d'autant plus regrettable que la tâche ne fut pas reprise, et que comme le catalogue laisse à désirer relativement à la division des matières, une table alphabétique par noms d'auteurs aurait rendu les recherches plus faciles.

Le 29 octobre, il y eut une séance extraordinaire, pour recevoir les ambassadeurs de Tippoo-Saïb, qui séjournèrent, du 18 octobre au 14 novembre, à Brest, où la rue de Siam rappelle leur souvenir. P. Levot a inséré dans le tome III du *Bulletin de la Société académique de Brest* une notice intitulée : *Les Ambassadeurs de Tippoo-Saïb à Brest en 1788*. A leur occasion, Diard, le physicien de la Compagnie, fit devant eux des expériences d'électricité, curieuses pour l'époque et surtout pour ceux auxquels elles s'adressaient particulièrement. Leur apparition avait été précédée de celle du duc de Chartres (plus tard Philippe-Égalité), alors âgé de quinze ans et accompagné de ses deux frères, le duc de Montpensier et le comte de Beaujolais. Mais ces princes, arrivés le 10 septembre sans avoir été annoncés, repartirent le lendemain. Tout ce que put faire La Porte-Vezins, ce fut de leur présenter, le 11 au matin, le corps de la marine.

Le 26 novembre, l'intendant Redon de Beaupréau fit remettre à l'Académie un buste de Louis XVI. Déjà, en février 1778, le roi avait envoyé au port de Brest son portrait, qui avait été placé à l'hôtel du commandant de la marine, et en février 1783, le don d'un second portrait de Louis XVI donné à la Marine avait été l'occasion d'une fête d'inauguration. C'était alors l'année du traité de Versailles, dont la conclusion avait excité une joie universelle. Cet enthousiasme pour le roi s'était encore montré en 1785, époque où il fut question de lui ériger une statue. Les villes de Nantes et de Brest s'étaient disputé l'honneur de la posséder, et cette dernière l'avait emporté. Mais le temps se passa à en discuter l'emplacement, jusqu'au moment où la Révolution détourna les esprits vers des intérêts tout autres.

Dons d'ouvrages. — Le 10 avril, le chevalier de Borda envoya à la Compagnie la *Description et usage du cercle de réflexion*, Paris, 1787, in-4°. Dès le 4 octobre de l'année précédente, l'Assemblée avait arrêté d'écrire au chevalier, pour le prier de lui procurer cette instruction, soit imprimée, soit manuscrite.

Le 17 avril, on reçut une lettre du duc de La Vauguyon, ambassadeur d'Espagne, avec un mémoire en espagnol, que Don Antonio Enriquez, commissaire de la marine de ce pays, avait adressé au duc pour le faire passer à l'Académie. Nous n'avons pas trouvé trace de ce travail.

Le 24 avril, Ferdinand Berthoud fit don à la Compagnie d'un exemplaire de tous ses ouvrages imprimés. C'étaient : *L'Art de conduire et de régler les pendules et les montres*, 1759 ; *Essai sur l'horlogerie*, 1765, 2 vol. in-4°, 38 pl. ; *Traité des horloges marines*, 1773, in-4°, 27 pl. ; *De la Mesure du temps*, ou supplément au *Traité des horloges marines* et à l'*Essai sur l'horlogerie*, 1788, in-4°.

Le 23 mai, don par un certain De Brass d'une collection ou recueil des édits, arrêts, lettres patentes et déclarations du roi concernant l'administration des finances, rendus depuis le 23 avril 1787, ouvrage d'autant plus intéressant pour la Société, que la question des finances était la grande affaire de l'époque.

Le 29 mai, Julien-David Le Roy, de l'Académie des sciences, académicien associé, fit présent à l'Assemblée d'un plan d'hôpital général dont il avait donné le projet en 1773.

Le 26 juin, Chabert lui envoya la presque totalité des ordonnances de Castries qu'il avait recueillies. Le 2 octobre, la Société reçut encore de lui 50 exemplaires de la *Connaissance des temps* pour 1790, plus 7 exemplaires d'un ouvrage sur les horloges marines publié par Chabert dans les Mémoires de l'Académie des sciences de 1783.

A cette même assemblée du 2 octobre, Raphaël-Bienvenu Sabatier, membre de l'Académie des sciences, médecin comme son homonyme Antoine-Chaumont, pour reconnaître la faveur que lui avait faite l'Académie de marine en le choisissant comme associé (l'autre était académicien ordinaire depuis 1784), lui fit présent d'un exemplaire de son *Traité complet d'anatomie*, description de toutes les parties du corps humain, 1775, 2 vol. in-8°.

Le 16 octobre enfin, la Compagnie reçut la collection des observations faites dans le cours de l'année 1788 à l'observatoire de Paris, don de l'auteur Jacques-Dominique Cassini. Il n'y a à la bibliothèque du port de Brest que l'année 1787.

Achats. — Le 13 mars, il fut arrêté de faire l'acquisition de la *Vie du roi de Prusse*, Frédéric le Grand, qui venait de mourir en 1786, rédigée par Lavaux en 11 vol. in-8°; des *Recherches historiques et politiques sur les États-Unis de l'Amérique septentrionale*, par un citoyen de la Virginie (Mazzéi), 4 vol. in-8°; et les procès-verbaux des différentes assemblées provinciales.

Le 3 avril, on solda un mémoire du libraire Malassis, montant à la somme de quinze cent vingt-sept livres quatorze sols. Le 18 décembre, on acquitta le second mémoire de l'année.

Le 23 avril, fut décidé l'achat d'un ouvrage en 3 vol. in-8° ayant pour titre : *Démonstrations élémentaires de botanique*, par Claret de la Tourette et Rozier, 3° édit., du prix de vingt et une livres, et celui d'un autre ouvrage en 2 vol. in-4° brochés, intitulé: *Le Grand Livre des peintres*, par Lairesse, dont le prix était de vingt-sept livres. Gérard de Lairesse était un peintre wallon, né à Liége en 1640, mort en 1711. Il avait une prédilection pour les sujets tirés de la fable et de l'histoire ancienne.

Le 14 août, on se procura l'*Histoire du Bas-Empire*, par Le Beau. Les deux premiers volumes de cet ouvrage avaient paru en 1757. En 1778, année de sa mort, il en était au vingt-deuxième. Il a été continué jusqu'au vingt-septième par Ameilhon, conservateur de la bibliothèque de l'Arsenal à Paris.

Le 26 novembre, arrêté de faire l'acquisition de deux estampes représentant les ports de Lisbonne et de Cadix, d'après les tableaux de Noël. A la séance suivante, 11 décembre, la Compagnie décida encore l'achat de seize vues des ports de France par Vernet (Claude-Joseph), si elle pouvait avoir les bonnes épreuves à douze livres la pièce.

Mouvements. — Le 22 janvier, l'Académie perdit son directeur, le capitaine de vaisseau et ingénieur Joseph-Jean Petit, chevalier de Saint-Louis. Il était né à Toulon, le 8 avril 1726. C'était un savant distingué, que sa naissance obscure empêcha seule d'arriver aux grades élevés.

C'est sur ses plans et sous sa direction qu'avait été reconstruite en 1768 la belle machine à mâter du port de Brest, qui a subsisté pendant longtemps encore, même après l'établissement de la grue Gervaise du viaduc. Membre de l'Association de Cincinnatus, comme Briqueville, Trédern de Lézerec, La Bourdonnaye, Bougainville, Goimpy, le baron d'Arros, le comte Le Bègue, Borda, Flotte-Beuzidou, Granchain, La Prévalaye et Fleuriot de Langle, un des fondateurs de l'Académie de marine en 1752, également ordinaire en 1769, il était devenu académicien vétéran, depuis sa mise à la retraite en 1785. Travailleur infatigable, il avait fourni à la Société un grand nombre de mémoires, et en avait commencé bien plus encore. On trouva chez lui, écrivait le comte d'Hector, la charge de plusieurs voitures de projets, plans et mémoires, placés depuis la cuisine jusqu'au grenier, sans suite pour la majeure partie, sans ordre ou pas terminés. Quoique le plumitif n'en parle pas, il dut être remplacé jusqu'à la fin de l'année, par le vice-directeur Le Bègue. A la séance du 28 février, on lut la liste des livres de sa bibliothèque, dont la Compagnie désirait faire l'emplette pour l'accroissement de la sienne, ainsi que celle de ses instruments qui pouvaient lui être utile. Après estimation, on compta à ses filles la somme de quatre mille quarante et une livres un sol pour leur acquisition, dont trois mille dix-neuf livres un sol pour les livres, et mille vingt-deux livres pour les instruments. Le 3 avril, les filles de Petit firent remettre à la Société un énorme ballot de soixante-dix volumes manuscrits in-folio. C'était le résultat d'un colossal travail de leur père sur toutes les parties de la marine. Elles laissèrent à la Compagnie la liberté de les examiner, et d'en retenir ce qu'elle jugerait convenable. L'Assemblée ayant reconnu que ces manuscrits, fruit d'un travail suivi pendant un grand nombre d'années, contenaient, pour la plupart, quantité de choses utiles, en conserva la valeur de quinze à dix-huit volumes in-folio, qui sont encore pour la plupart à la bibliothèque du port, et en retour, d'après une délibération unanime, elle prit la résolution d'en informer le ministre, et de le prier « d'honorer ces demoiselles de sa bienveillance, et de leur donner les preuves qu'il jugerait les plus convenables à leur situation, que ces travaux et particulièrement nombre d'autres aussi relatifs à la marine, auquel M. leur père avait sacrifié sa fortune, avaient rendue très-gênée, en sorte qu'elles se trouvaient presque sans ressources ». Le 18 décembre, la Compagnie, n'ayant pas reçu de réponse à sa première lettre, arrêta d'écrire de nouveau à La Luzerne, en faveur des filles de son ancien directeur. Nous doutons que, vu les circonstances, sa demande ait pu être accueillie.

Parmi les autres décès de l'année, nous avons à signaler, sans en connaître le quantième, celui de Jean-Baptiste Targe, d'Orléans, traducteur de Smollett, correspondant de 1754 et de 1769. L'*Annuaire de la marine* de 1790 le marque encore, sous le nom de Le Large, qui est celui d'un capitaine de vaisseau. Après avoir enseigné pendant longtemps les mathématiques à l'École militaire, où il était professeur depuis sa création en 1751, il obtint une pension de retraite, et alla se fixer jusqu'à sa mort dans sa ville natale. Homme d'étude aussi laborieux que modeste, il a publié : une *Histoire d'Angleterre*, où il continue Smollett de 1748 à 1763, 3 vol. in-12 ; une *Histoire de l'avènement des Bourbons au trône d'Espagne*, 1772, 6 vol. in-12 ; une *Histoire générale d'Italie*, restée incomplète, 4 vol. in-12, et traduit plusieurs ouvrages d'histoire anglais.

Rappelons de nouveau pour mémoire la mort à Brest, le 19 février 1788, à l'âge de 76 ans et à la suite d'apoplexie, d'Antoine, marquis de Saint-Victoret, chef d'escadre retraité du 14 avril 1776 et chevalier de Saint-Louis depuis 1754. Académicien ordinaire de 1752, il n'avait point été réélu en 1769. Il était d'une famille de Provence.

Nous avons dit plus haut que, le 24 avril, *Verguin*, chirurgien du port de Toulon, fut admis en qualité de correspondant, à cause de son mémoire sur la nécrose. C'était probablement un parent de l'ingénieur Jean-Joseph Verguin, qui avait été employé comme dessinateur dans l'expédition de Bouguer au Pérou en 1735, académicien ordinaire de 1752 et de 1769, mort en 1777. Le second Verguin avait été nommé en 1741 par Maurepas, chirurgien entretenu, en récompense des soins qu'il avait pris des blessés et malades débarqués à Malaga de la division commandée par le chevalier de Caylus. Depuis cette époque jusqu'en 1752, il avait fait dix campagnes, dont six en qualité de chirurgien-major. En 1755, on l'avait nommé chirurgien ordinaire ; dix ans plus tard aide-major de la marine ; en 1766, chirurgien-major du port de Toulon et des armées navales ; en 1773, inspecteur du collège de chirurgie.

Le 5 septembre, on lut une lettre du capitaine de vaisseau Montluc de la Bourdonnaye, académicien ordinaire, annonçant qu'il se retirait de la marine, et marquant à la Compagnie tout le regret qu'il ressentait de cesser d'être compté au nombre de ses membres. Il demandait la vétérance, à laquelle il avait un titre, en raison de ses quinze ans d'inscription à l'Académie. L'Assemblée arrêta, le 18, qu'elle prononcerait sur cet objet, quand Montluc aurait obtenu sa retraite.

Le 2 octobre, Raphaël-Bienvenu *Sabatier*, de l'Académie des sciences, demanda une place d'associé. Elle lui fut accordée à l'unanimité, et l'on écrivit en conséquence au ministre, qui ratifia cette nomination dans le courant de mai. Né en 1732 à Paris, fils de médecin, médecin lui-même, reçu à l'Académie des sciences en 1773, membre de plusieurs autres sociétés savantes, Sabatier était connu, dans le monde médical, par un grand nombre d'écrits des plus importants.

A la fin de l'année 1788, le nombre total des académiciens était de 78, ainsi répartis: 10 honoraires, 9 associés, 23 ordinaires, 1 vétéran, 11 adjoints, 24 correspondants.

Le 6 novembre, l'Académie procéda à l'élection de ses officiers pour 1789. Ce furent :

Directeur : Le Bègue, en remplacement de Petit ;

Vice-directeur : De Flotte, en remplacement de Le Bègue ;

Secrétaire : Duval Le Roy, en remplacement de La Prévalaye. Celui-ci, qui était secrétaire depuis 1781, dut probablement son remplacement à son absence de Brest, attendu que, le 14 mai 1789, on reçoit de lui une lettre annonçant à la Compagnie l'envoi de 500 jetons, et qu'on ne voit sa signature sur le plumitif qu'aux séances du 17 et du 24 août 1786.

Sous-secrétaire : Lescan, en remplacement de Duval Le Roy.

Année 1789.

Il n'y a plus que vingt-neuf séances en 1789, savoir: quatre en janvier, trois en février, deux en mars, deux en avril, autant en mai, mois de l'ouverture des derniers États généraux ; une le 8 juin, c'est-à-dire douze jours avant le serment du Jeu de paume ; deux en juillet, dont l'une avant, l'autre après la prise de la Bastille, qui détermina le commencement de l'émigration ; trois en août, une en septembre, deux en octobre, quatre en novembre, trois en décembre. La Révolution avait débuté en Bretagne par des troubles qui eurent lieu à Rennes, lors de la dernière tenue des États de cette province, en janvier 1789. A Brest, comme dans tout le reste de la France, la fermentation était extrême. On y ressentait le contre-coup des événements de Paris. Les autorités légales étaient impuissantes ; la population commençait à montrer son animosité contre le roi, les nobles, et conséquemment contre les officiers de marine. Les commis de marine, les ouvriers, les matelots, la maistrance, et les sous-lieutenants de ports, tous les déshérités en un mot, articulaient leurs doléances. Le professeur Duval Le Roy, les médecins Billard, Sabatier (Antoine-Chaumont) et un nouvel adjoint, Gesnouin, entre autres membres de l'Académie, avaient accueilli avec ardeur le mouvement révolutionnaire ; mais pouvait-il en être de même aux yeux des officiers privilégiés, à l'égard d'un roi qui avait tant fait pour la marine française? Le comte d'Hector, commandant du port de Brest, alléguant ses soixante-dix ans, demandait à se retirer. Le gouvernement ne lui enleva pas ses fonctions ; mais il envoya le comte de Thiard, commandant de la province de Bretagne, avec mission d'inspecter les ports de Brest et de Lorient. C'était un maréchal de camp, ancien commandant de la Provence, qui s'était fait aimer dans ce pays, par l'aménité de son caractère. A Brest, où il arriva le 8 septembre, il fut reçu comme commandant de terre et de mer. Il y resta jusqu'au 29. Malgré la modération dont il fit preuve, sa mission, toute politique d'ailleurs, fut sans aucun résultat. Au milieu de tous ces désordres, quelle place pouvait-il y avoir pour les travaux de l'esprit! Le plumitif indique qu'à la seconde séance de mai, il n'y avait que fort peu d'académiciens présents.

I. Astronomie. — Une invention du capitaine de vaisseau, comte de Chavagnac, major de la marine à Cherbourg, occupa presque toute l'année. Le 26 février, il présenta un mémoire contenant la description d'un compas graphomètre et de variation. Les commissaires nommés à ce sujet, Secqville et Lescan, lurent leur rapport le 8 mars. Nous avons retrouvé ce document dans les feuilles volantes. Malgré son étendue, nous le reproduisons, en raison de l'intérêt qu'il nous a paru présenter : « Une boussole bien faite, dont la cuvette porte un limbe circulaire et parfaitement concentrique armé de deux alidades se mouvant sur son centre, tel est, à quelques détails près, l'instrument que l'on propose aujourd'hui comme graphomètre nautique à bord des vaisseaux. — Si les divers moyens qu'a réunis M. de Chavagnac étaient déjà connus, l'idée de leur assemblage est au moins neuve et heureuse. Mais, en garde contre tout ce qui pourrait séduire notre imagination, nous avons mûrement pesé les avantages et les inconvénients de cet instrument, et c'est ce dont nous allons rendre compte. — La double alidade nous a paru une complication inutile et dans la construction et dans l'usage, ce qui est un vice réel pour les choses de ce genre. En effet deux pinules diamétralement opposées produiraient le même effet qu'une des alidades; et il n'en resterait plus qu'une mobile. Cela serait plus simple, et en les armant par leurs extrémités comme le propose M. de Chavagnac, il aurait un graphomètre perfectionné. — Le cercle concentrique adapté à l'intérieur de la cuvette et à la hauteur de la rose est encore une difficulté de plus dans l'exécution. Mais s'il est bien gradué et bien placé, il est sensible qu'il indiquera les angles avec bien plus de précision que le fil porté par l'alidade. — Le moyen qu'emploie M. de Chavagnac pour fixer la rose, par deux portions de cercle, est ce que l'on a de mieux jusqu'ici. Mais nous révoquons en doute l'utilité d'un pareil moyen, vu l'agitation du vaisseau. L'auteur l'a si bien senti, qu'il conseille de recourir par préférence à l'observation immédiate du balancement libre de la rose, pendant qu'un autre observateur tient l'objet. — Le stilet que M. de Chavagnac adapte perpendiculairement au centre de rotation des alidades de la rose, pour les observations azimutales, offre encore un inconvénient. C'est que plus il s'élève au-dessus du carton où son ombre se projette, et plus sa déviation du plan du vertical causé par l'agitation du vaisseau sera considérable. Le fil qui traverse diamétralement le limbe est préférable, en ce qu'il avoisine davantage la rose. — L'idée d'avoir donné à la boëte un mouvement de rotation, à l'aide d'un pignon placé vers son fond et qui s'engrène dans une crémaillère circulaire, est à la fois heureuse et utile. C'est un moyen de suivre aisément et sans secousse un astre voisin de l'horizon, qui va se plonger par une descente oblique. Ce moyen nous manquait, et il est nécessaire pour les grandes latitudes. — Le prix auquel doit revenir le compas de M. de Chavagnac ne mérite notre attention que lorsque, placé sur un vaisseau à la voile, il sera employé à relever des terres du vaisseau, et même à prendre l'azimut ou l'amplitude des astres, parce que, dans ce cas, nous ne sommes pas persuadés que son avantage sur le compas nautique actuel soit en raison de la différence de leurs prix. En effet, dans la pratique de la navigation, on n'est pas toujours au degré près, dans un relèvement. Cependant il serait à désirer qu'on en voulût embarquer un par vaisseau. — Mais le même instrument, employé pour des opérations géodésiques, soit à terre, soit dans des rades abritées et tranquilles, sera d'un usage facile et étendu. Alors toute considération économique disparaît, et, ne doutant pas que son expérience ne confirme son utilité, nous proposons qu'il en soit construit un sous la direction de l'auteur, avec les modifications que nos réflexions et les siennes propres l'engageront à y apporter. — Le dernier point de perfection que l'on pourrait donner à son instrument serait, selon nous, de pouvoir, en fixant la rose par les deux portions de cercle, incliner le plan du limbe à volonté par rapport au plan horizontal. Ce serait une ressource pour l'allimétrie, dont parfois on peut désirer de faire usage. — On ne peut qu'applaudir aux efforts et surtout à la marche intéressante qu'a tenue M. de Chavagnac. En exposant ses idées, il a cherché de bonne foi à en apprécier la valeur par l'examen auquel il les soumet. Heureuse et sûre méthode pour ceux qui s'abandonnent (sic) dans la carrière des sciences ! Nous avons cherché, dans le rapport, à remplir son attente et celle de l'Académie, et nous nous plaisons à croire que le temps et l'usage couronneront d'un plein succès le projet qui lui est soumis aujourd'hui. » A la suite de ce rapport, Chavagnac fut élu académicien adjoint, et dans le courant de la même année, académicien ordinaire. Le 8 juin, il lut de nouveau la description de son compas, et en même temps mit sous les yeux de la Compagnie cet instrument, dont il conduisait et dirigeait l'exécution, à l'atelier des boussoles. La Société arrêta que le graphomètre Chavagnac serait soumis à différentes épreuves, à bord de la corvette des élèves, et Chavagnac lui-même fut nommé, avec Lescan et Le Cerf, pour faire et suivre les épreuves. Le procès-verbal du 3 juillet les ayant déclarées satisfaisantes, il fut arrêté de faire construire un compas Chavagnac, sur les fonds de l'Académie, par le sieur Mercier, qui se chargea de l'exécuter au prix de 150 livres. Le 23 juillet, Bruix, nouvel adjoint, fit encore une fois la lecture du mémoire de Chavagnac. L'auteur, prenant ensuite la parole, exposa les épreuves faites, les objections du commandant de la corvette, et les réponses qu'il avait données. Le 20 août, on lut le rapport de Le Cerf sur les épreuves qui avaient eu lieu à bord de la corvette, et ce rapport confirma le procès-verbal. Enfin, le 26 novembre, Le Cerf communiqua à l'Assemblée une lettre de l'auteur, par laquelle celui-ci le remerciait d'une idée qu'il lui avait suggérée pour la perfection de son instrument, et le priait de diriger Mercier, relativement à l'exécution de cette idée.

Un autre inventeur fut moins heureux. Le 8 juin, le Père Le Balleur, de l'Oratoire, comme le professeur Blanchard dont nous avons parlé en 1783, ayant adressé à la Compagnie la troisième partie d'un ouvrage ayant pour titre : *Nouvelles tables de navigations*, celle-ci arrêta de le prier de ne plus lui adresser désormais aucune de ses élucubrations, résolue qu'elle était de ne les soumettre à aucun examen, et de les lui renvoyer à ses frais. La lettre fut rédigée par le secrétaire Duval Le Roy, qui se vengeait peut-être ainsi de la longue contrainte que lui avaient imposée ses démêlés avec le clergé ; mais pour que l'Académie s'associât de la sorte dans la rédaction d'une réponse aussi péremptoire, il fallait que le bon Père eût lassé la patience de la Compagnie. Le Balleur se plaignit au ministre de la lettre qu'il avait reçue, et La Luzerne écrivit, à ce sujet, à Duval Le Roy, une dépêche conciliante. Elle est datée de Versailles, le 25 juillet. Le Père Le Balleur lui avait paru très-blessé de la réponse de l'Assemblée. Le ministre pensait bien que l'Académie pouvait être fatiguée des sollicitations de cet auteur pour l'examen de ses ouvrages. Puisqu'ils ne présentaient aucun objet utile, il était tout simple de l'engager à n'en plus envoyer ; mais le ministre conseillait à la Compagnie d'écrire de nouveau au Père, que ce n'était qu'après un mûr examen qu'elle rejetait les ouvrages qui lui étaient présentés, et qu'elle n'en appréciait pas moins le zèle des auteurs. La recommandation ministérielle produisit un effet, mais tout autre. Peu après, la Société ayant reçu un *Appel au public du jugement de l'Académie de marine sur les productions du sieur Le Balleur, de l'Oratoire*, par Le Balleur, cette fois il fut décidé, dit Duval Le Roy dans le plumitif, de faire une réponse « à cet énergumène imbécile », pour justifier la Compagnie, en citant les absurdités contenues dans ses ouvrages. Ceci se passait le 27 août. A la séance suivante, 17 septembre, Le Cerf en cita quelques-unes de son dernier écrit, et laissa la note à l'Assemblée. Le nom de ce Père ne se trouve pas dans la *Biographie Michaud* ; à plus forte raison, dans la *France littéraire*. Dans la *Bibliographie astronomique* de Lalande, nous trouvons seulement cette indication, des plus laconiques : 1792, *Uranographie* du P. Le Balleur, chez Fortin.

Le 8 octobre, l'abbé Rochon qui, depuis ses démêlés anciens avec l'Académie de marine, était devenu, conjointement avec J.-B. Le Roy, garde du cabinet d'optique et de physique du roi à la Muette, puis, en 1787, astronome opticien de la marine, resté d'ailleurs associé de l'Académie de marine, lut plusieurs mémoires sur divers instruments utiles pour l'observation des longitudes, ainsi que sur la manière de traiter le platine, soit qu'on veuille le forger ou le couler.

II. Physique et histoire naturelle. — A la séance du 26 novembre, on présenta deux mémoires de Cassan, académicien correspondant, alors à Paris. Le premier qui était la description d'un volcan en activité à Sainte-Lucie, fut lu le 3 décembre ; le second, intitulé : *Origine des insectes qui dévorent la farine dans les pays chauds, et moyen de l'en garantir*, fut lu le 10 décembre. Après la lecture de ce dernier mémoire, l'Assemblée arrêta qu'aussitôt qu'elle pourrait admettre le docteur au nombre de ses membres agrégés, elle en saisirait avec empressement l'occasion, et même la ferait naître, si elle le pouvait. En effet, Cassan fut associé le 21 janvier 1790.

III. Hydrographie. — Le chevalier Huon de Kermadec (Jean-Michel) était parti en 1785, comme major de vaisseau, sur la *Résolution*, et avait accompli, sous les ordres de son commandant le chevalier Bruni d'Entrecasteaux, chef de division et commandant de la station des mers de l'Inde, la belle campagne de Chine à contre-mousson, en passant par les détroits de la Sonde, de Macassar et de Pitt, par le Sud de Gilolo, l'Est des Marianes, le Nord des Philippines. A son retour de Canton à Brest, Huon de Kermadec lut à la Compagnie, le 19 mars, un extrait du journal de son voyage, avec des détails et des observations sur les détroits de la Malaisie, et des instructions sur la route à suivre pour éviter les dangers multipliés de ces mers. Son journal manuscrit, qui lui valut, séance tenante, une proposition de l'Académie pour lui être adjoint, est à la bibliothèque du port de Brest. Cette expédition n'était que le prélude du voyage entrepris à la recherche de Lapérouse, où Kermadec mourut, cinq mois avant le commandant de la *Recherche*.

Le 2 avril, on lut un mémoire du major de vaisseau Cœuret de Secqville, académicien adjoint, renfermant un extrait du journal de sa campagne à Terre-Neuve. Le 23 du même mois, il relut son travail, avec des additions considérables faites dans l'intervalle des deux séances.

IV. Manœuvre. — La manœuvre donna deux mémoires, comme l'hydrographie.

Le premier, qui fut lu le 22 janvier, est un travail d'Eustache Bruix, lieutenant de vaisseau, sur les cabestans Le Cerf et Laval. Ce travail contenait, au dire du plumitif, une comparaison très bien faite de ces deux cabestans. Il valut à son auteur, à la séance suivante, une place d'adjoint. Une nouvelle lecture en fut faite le 8 juin.

Le second travail, lu le 17 septembre, est un mémoire de Forfait, ingénieur général et académicien ordinaire, contenant, indépendamment des devis de la *Normande*, flûte de 800 tonneaux qu'il avait construite au Havre, la description d'un nouveau cabestan de son invention. Les commissaires nommés pour l'examen de ce travail furent Granchain, Cœuret de Secqville, Le Cerf et Sané. Leur rapport fut lu le 1er octobre. Le cabestan de Forfait était imité des cabestans Deshayes et Laval ; mais il en avait changé les frottements, de manière à rendre le sien bien supérieur à celui de ses deux devanciers.

V. Mathématiques. — Un seul écrit, celui d'un capitaine au long cours, Jacques-Remy Maingon, qui n'entra régulièrement dans la marine de l'État que le 2 germinal an II (22 mars 1794). Ce *Mémoire*, de 25 pages in-folio, *sur le choc des corps et la force d'inertie*, fut lu à la séance du 13 août, et consigné dans le tome IV des *Correspondants*. C'est l'avant-dernier. Il est précédé d'une adresse de l'auteur à l'Académie. Dans ce préambule, daté de Port-Louis à bord de la frégate la *Thétis*, le 18 mars 1789, l'auteur, qui avait étudié à l'école d'hydrographie du port de Lorient, disait à l'Académie qu'il lui devait les faibles connaissances qu'il avait pu acquérir, puisque les livres de ses membres étaient presque les seuls maîtres qu'il eût jamais eus, et il ajoutait assez adroitement : Ce mémoire, qui sera mon ouvrage, si vous le condamnez, sera le vôtre, s'il mérite vos applaudissements. Dans son exorde, il comparait encore modestement son travail à ces cailloux bruts dont on tire quelquefois des étincelles de lumière. La métaphore est, comme on le voit, prise dans le sujet lui-même, qui est divisé en trois points. Premièrement, l'auteur ne croit pas que le choc des corps durs se fasse suivant les lois qu'on lui a enseignées. Secondement, il ne pense pas que l'élasticité soit nécessaire pour que les corps se choquent comme on le démontre pour ceux qui sont élastiques. Troisièmement enfin, il ne croit pas que l'inertie soit une force particulière de la matière, différente par sa nature de celles qu'on appelle forces actives. Le mémoire est suivi de plusieurs formules de calculs. La première est le modèle d'un calcul que l'auteur avait fait quelquefois, afin de trouver de combien il devait augmenter une hauteur observée à quelque distance du méridien, pour avoir la vraie hauteur mé-

ridienne. La seconde est le modèle d'un autre calcul, pour déterminer la latitude par deux hauteurs prises hors du méridien, après avoir mesuré l'intervalle entre les deux observations de hauteurs. La troisième est le modèle d'un calcul pour déterminer la latitude par une méthode plus générale que les précédentes, après avoir observé deux hauteurs, et mesuré l'intervalle entre les observations, dans des cas où l'on observait seulement le nom de la latitude. La quatrième enfin est un calcul que l'auteur faisait souvent dans la détermination des longitudes, pour trouver la hauteur vraie d'un astre correspondant à l'heure moyenne des distances. Le Cerf lut, le 11 septembre, le compte rendu qu'il avait été chargé de faire avec Bruix du mémoire de Maingon. Voici ce rapport, le dernier que nous ayons trouvé dans les feuilles volantes :
« L'auteur suppose deux corps de masses et de vitesse égales allant en sens contraire sur une même ligne. La vitesse de chacune étant V et leur masse M, la vitesse respective sera 2 V, et la quantité de mouvement = 2 M V. Cette quantité de mouvement est la même que si l'on supposait un des corps en repos, et qu'on attribuât tout le mouvement à l'autre. Cela doit donc exprimer la somme des quantités de mouvement de ces deux corps ; on peut l'attribuer à l'un ou à l'autre successivement, mais non à tous les deux au même instant, pour avoir la force de leur choc. — L'auteur considère la vitesse respective de l'un de ces corps par rapport à un point fixe, et il trouve qu'elle est la moitié de la précédente. Il compare ensuite la quantité de mouvement qui en résulte avec la précédente ; il trouve qu'elle n'en est que la moitié et conclut de là que les deux corps de la première supposition rétrograderont après le choc, avec la même vitesse qu'ils avaient avant. L'auteur se trompe, et son erreur vient de ce que, faisant une nouvelle supposition, il en tire une conséquence qu'il rapporte à la première. Il tâche de prouver sa conclusion, en partant toujours, sans s'en apercevoir sans doute, de la comparaison de quantité de mouvement d'un corps par rapport à un point fixe avec celle de ce même corps par rapport à un autre corps qui aurait la même vitesse que lui. — A la suite de ce raisonnement, il en fait plusieurs autres pareillement appuyés sur des principes faux, savoir, par exemple, que si, dans notre première hypothèse, nous supposons un des corps en repos, ce sera comme s'il avait une vitesse égale à celle de l'autre corps et en sens contraire..... Mais, pour que cela soit vrai, pour l'instant du choc seulement, il ne faut attribuer aucun mouvement à cet autre corps, chose

qu'il ne fait pas. — L'auteur conclut avec la même fausseté qu'un corps en repos est une force active, qu'il appelle l'inertie de ce corps. Ainsi, dit-il, l'inertie d'un corps est une force active. Si l on prend deux corps de masses égales, le premier avec une vitesse V, l'autre sans vitesse, et que le premier coure sur le second, le choc sera le même évidemment que si le premier étant en repos, le second venait sur lui avec une vitesse — V; mais il est absurde de supposer la vitesse V au premier, et la vitesse — V au second, et cela au même instant : tout comme de dire que ce choc est celui du premier corps ayant V de vitesse sur l'autre qui n'en a pas. Enfin l'auteur considère la force d'inertie du choqué par rapport à la force du choquant à laquelle elle s'oppose, comme il considère une quantité négative par rapport à une quantité positive. Cela serait vrai pour le choc, s'il ne les considérait pas existantes au même instant, mais l'une ou l'autre seulement. Ce qu'il y a de surprenant, c'est que lui-même n'ait pas reconnu ses paralogismes ; car il a raisonné juste quelquefois, et par conséquent s'est contredit. Il fait diverses suppositions, et déploie du génie pour appliquer son principe. Sa raison semble lutter quelquefois contre les égarements de son imagination ; mais il y retombe toujours. — Il essaie de donner une explication de ce qui se passe dans un corps pour qu'il soit élastique. Peut-être rencontre-t-il juste ; nous ne nous croyons pas capables de prononcer sur une telle question. Il ajoute à son mémoire diverses méthodes pour calculer la latitude, et une qu'il a employée dans les calculs de longitude : comme il ne donne ni formule, ni démonstration de ces méthodes, on ne peut que s'en rapporter à lui. Malgré les fautes répandues dans ce grand mémoire, et qui prennent toutes leur source dans les faux principes sur lesquels l'auteur s'appuie, cet ouvrage suppose des connaissances et un grand amour du travail. — Quand l'auteur ne craindra plus de revenir sur ses idées, après les avoir trop légèrement hasardées ; quand il aura employé plus de temps à se meubler la tête des principes généralement reconnus, nous pensons qu'on aura lieu d'en attendre de très-bonnes choses. Son courage prouve du zèle et le désir de se rendre utile. Sous ce seul rapport, nous croyons qu'il mérite d'être encouragé, et qu'on lui tienne compte enfin du bon usage qu'il a fait des instants que lui ont laissés les occupations journalières de son service. » Ce Maingon, qui ne fit point partie de l'Académie de marine et dont nous ne parlerons plus, fut plus tard un astronome et un excellent officier de marine. Très bon observateur, on le chargea de la direction de l'observatoire du port de Brest. Il devint capitaine de vaisseau, officier de la Légion d'honneur, et fut tué, le 13 avril 1809, à l'affaire des brûlots, en rade de l'Ile d'Aix, sur le vaisseau l'*Aquilon* qu'il commandait, et dont il venait d'amener les couleurs. Il était né à Jouy, près de Reims, en 1765. On lui doit, indépendamment de plusieurs cartes et mémoires conservés au Dépôt général de la marine: *Instruction sur un nouveau quartier de réduction*, 1797 ; *Mémoire sur une carte trigonométrique servant à réduire la distance apparente de la lune au soleil ou à une étoile en distance vraie, et à résoudre d'autres questions de pilotage*, 1798 ; *Considérations nouvelles sur divers points de mécanique*, 1807. Ce dernier ouvrage est probablement le développement du travail qui a fait le sujet de cet article.

V. MÉDECINE. — Le 29 janvier, Verguin, chirurgien-major au port de Toulon et académicien correspondant, remit à la Compagnie un cahier de ses observations faites au port de Toulon. Les commissaires nommés furent Sabatier et Fortin, dont le rapport fut lu le 5 février. Nous ne savons si ce travail est le même que celui pour lequel Verguin remercia, au mois de mai, l'Assemblée du rapport qu'elle avait fait de son mémoire sur la simplicité du pansement des blessés.

Le 12 novembre, lecture d'un mémoire de Billard, chirurgien-major de la marine au port de Brest, renfermant des réflexions et observations sur l'anévrisme, et sur les avantages aussi bien que les dangers de la compression dans cette maladie. Les commissaires nommés pour l'examen de cet ouvrage furent Sabatier et Briqueville. A la suite de leur rapport, lu le 19 novembre, Billard fut nommé académicien adjoint.

Dons d'ouvrages. — Le 8 octobre, Forfait fit présent à l'Académie d'un exemplaire de son traité de la mâture, composé par ordre du ministre Castries, et publié en 1788, sous le titre de *Traité élémentaire de la mâture des vaisseaux*, à l'usage des élèves de la marine. Paris, Clousier, 1788, in-4°. Ce travail, qui faisait partie d'une série projetée d'ouvrages sur les différentes branches du service maritime, valut à son auteur le titre de membre correspondant de l'Académie des sciences.

Le 5 novembre, la Compagnie reçut de Jacques-Dominique Cassini, comme en 1787 et 1788, un extrait des observations faites à l'observatoire royal pendant l'année.

Achats. — Le 18 décembre de l'année précédente, Diard avait proposé à la Société de lui céder sa machine électrique, avec tous ses accessoires ; mais l'Assemblée arrêta de ne prendre que ce qui serait nécessaire pour compléter la sienne, et la mettre en état d'exécuter toutes les expériences qu'on pourrait désirer faire. Le 8 janvier, Diard fit remettre à la Compagnie une note de divers appareils propres aux expériences électriques, montant à la somme de neuf cents livres. L'Académie en fit l'acquisition. Le 29 du même mois, Diard proposa encore de lui vendre, pour la somme de cent livres, le moyen qu'il avait découvert pour obtenir une électricité également forte dans tous les temps. La Compagnie ayant accepté sa proposition, Diard lui livra son secret, tout en la priant de ne le communiquer à qui que ce fût, jusqu'en mars 1790. Celle-ci accéda encore à cette demande ; mais il paraît que ce secret sembla moins précieux à l'Académie qu'à l'auteur, car elle ne lui donna, le 12 février, que cinquante livres.

Le 19 mars, Tarade, capitaine de vaisseau retraité, ayant proposé à l'Académie de lui céder une machine pneumatique, avec les récipients et autres objets de verrerie qui y sont relatifs, la Compagnie arrêta de se borner à l'acquisition de la verrerie.

Mouvements. — Dans les *Gloires maritimes de la France*, nous avons dit, sur la foi des biographes antérieurs, que Goimpy est mort en 1789, au château de Billancourt en Picardie, et néanmoins nous devons faire remarquer qu'il se trouve encore porté sur l'*Annuaire* de 1790. François-Louis-Edme-Gabriel, comte du Maitz de Goimpy, chef d'escadre et astronome, était né en 1729 au château de Goimpy, commune de Saint-Léger en Beauce. Entré dans la marine en 1746, il était devenu enseigne en 1752, et, la même année, avait été nommé académicien adjoint de l'Académie de marine, lors de sa fondation. Académicien ordinaire l'année suivante, ordinaire également en 1769, il prit sa retraite en 1784 et devint académicien honoraire. Il avait beaucoup travaillé pour la Compagnie, jusqu'au moment où ses discussions avec plusieurs de ses collègues l'en éloignèrent. Son ouvrage capital est un *Traité sur la construction des vaisseaux*, publié en 1776.

D'un autre côté, l'*Annuaire* de 1790 ne donne plus le nom de Rouïl, major de la cinquième division du corps royal des canonniers-matelots, correspondant de l'Académie ; mais nous n'avons rien trouvé aux Archives au sujet de cet officier.

Le 29 mars, était mort au Havre, sa ville natale, l'abbé Jacques-François Dicquemare, né en 1733, auteur de plus de soixante mémoires insérés dans le *Journal de physique*, depuis 1752 jusqu'en 1789, membre correspondant de l'Académie depuis 1771. Nous avons parlé en temps et lieu de son *Traité d'astronomie*, de son *Cosmoplane*, enfin de son grand ouvrage sur les *Anémones de mer*. Chargé par le Gouvernement de rechercher les causes du dépérissement des huîtres dans la baie de Cancale, il avait composé un mémoire à ce sujet. Enfin il a dressé trois cartes marines, qui ont été insérées dans la seconde édition du *Neptune*. Il cultivait aussi le dessin et la peinture.

Quant aux nominations de 1789, ce furent les suivantes :

Le 29 janvier, élection de deux adjoints, qui sont *De Blois de la Calande*, lieutenant de vaisseau, ainsi que le chevalier *Bruix*, qui fut plus tard vice-amiral et ministre de la marine. Aymard-Joseph-Emmanuel-Raphaël de Blois de la Calande, né en 1760 à Morlaix, et originaire d'une famille de Champagne, archéologue et agronome, avait participé comme officier subalterne à la guerre d'Amérique, mais il n'était pas encore connu comme travailleur. Eustache Bruix, né à Saint-Domingue en 1759, et entré comme volontaire dans la marine en 1778, était devenu garde la même année, enseigne en 1781, lieutenant de vaisseau en 1786. Commandant la corvette le *Pivert* en 1784, en station au Cap, il avait secondé Puységur dans le beau travail qui nous valut le pilote de Saint-Domingue.

Deux autres adjoints furent élus le 19 mars. L'un est le capitaine de vaisseau *Chavagnac*, pour son graphomètre ; l'autre le chevalier *Huon de Kermadec*, lieutenant de vaisseau, pour le journal de sa campagne sur la *Résolution*. La dépêche ministérielle qui confirme ces deux nominations est du 11 avril.

Le 8 juin, l'Académie demanda au ministre la vétérance pour le capitaine de vaisseau *Montluc de la Bourdonnaye*, qui avait été mis à la retraite l'année précédente, et qui était académicien ordinaire depuis 1781, adjoint depuis 1773. Cette demande lui fut accordée.

Le 20 août, la Compagnie sollicita même faveur pour le chevalier de *La Coudraye*, lieutenant de vaisseau retraité depuis 1781, et académicien ordinaire de 1774, adjoint de 1771, auquel le ministre Castries avait refusé la vétérance. Sa *Théorie des vents*, Fontenay, in-8°, 97 pages, fut publiée en 1786. Elle est dans le *Journal des savants* de 1787. La Luzerne approuva, par sa dépêche du 1er octobre, que La Coudraye, conformément à la demande de l'Académie, rentrât comme vétéran, à la suite de La Bourdonnaye.

Le 12 novembre, on procéda à l'élection de trois ordinaires. Le professeur de navigation *Le Cerf*, le major de vaisseau *Cœuret de Secqville* et le comte de *Chavagnac*, capitaine de vaisseau, eurent les premières voix ; le directeur des constructions Guignace et le capitaine de vaisseau Suzannet eurent les secondes. Les trois premiers furent confirmés par le ministre.

Le 19 novembre, eut lieu l'élection de deux adjoints. Ce furent : le chirurgien-major *Billard*, pour son mémoire sur l'anévrisme, et l'apothicaire-major *Gesnouin*, chimiste distingué. Étienne Billard, né à Vrigny, près d'Orléans, en 1730 et fils de chirurgien, avait débuté en 1747 à l'hôpital maritime de Brest, puis servi sur mer de 1750 à 1761, jusqu'au moment où il fut attaché comme chirurgien-major à la brigade d'artillerie commandée par Morogues. Après la guerre d'Amérique, pendant laquelle il dirigea le service des hôpitaux de Brest, il se lia avec Mesmer. Quant à François-Jean-Baptiste Gesnouin, élève du pharmacien Cadet, son mérite lui avait valu, en 1777, la place de pharmacien au port de Brest.

Le 10 décembre, on procéda à l'élection d'un ordinaire, en remplacement de *Groignard* qui, s'étant cassé la jambe à la suite d'une chute de voiture, avait donné sa démission de ses fonctions de directeur des constructions navales. Louis XVI, en l'acceptant, décida, le 15 mars 1789, qu'employé désormais à Versailles, il continuerait d'être porté sur les états de la marine, avec le titre de capitaine de vaisseau ingénieur général, aux appointements de vingt-cinq mille quatre cents livres, et l'Académie, de son côté, le fit passer dans la classe des vétérans, nomination qui fut confirmée par le ministre. A l'élection pour la place d'ordinaire, *Bruix* eut les premières voix ; Guignace les secondes. Bruix fut nommé.

A la fin de l'année 1789, le nombre total des académiciens était de 81, savoir : 9 honoraires, 9 associés, 23 ordinaires, 5 vétérans, 14 adjoints et 21 correspondants.

Le 19 novembre, la Compagnie avait procédé à l'élection de ses officiers pour 1790. C'est la dernière. Ces officiers furent :

Directeur : De Flotte, en remplacement de Le Bègue ;

Vice-Directeur : Granchain, en remplacement de De Flotte ;

Secrétaire : Duval Le Roy, prorogé ;

Sous-secrétaire : Lescan, prorogé.

XXIX.

Années 1790-1793.

A partir de 1790, l'histoire des dernières années de l'ancienne Académie se renouvelle. La guerre de 1778 n'avait fait que ralentir les travaux de la Compagnie, les décrets de la Constituante, de la Législative et de la Convention désorganisèrent le corps tout entier de la marine. Cette fois, ce n'est plus seulement la lutte avec l'Angleterre, c'est la guerre civile, avec ses résultats désastreux, l'émigration et la Terreur. Aussi bien pouvons-nous désormais nous contenter, comme nous l'avons fait précédemment, de faire le relevé chronologique du plumitif.

1790.

En 1790, il n'y eut que neuf séances. A Brest, dit P. Levot dans son *Histoire de la ville et du port de Brest*, III, 219, les troupes de la marine, cédant à de coupables suggestions, manifestaient des intentions hostiles. Le comte d'Hector, commandant du port, eût été impuissant à les réprimer s'il n'avait trouvé dans le vicomte de Marigny, nommé major général cette année même, une fermeté qui sut en réprimer les premiers effets. Mais l'insubordination gagna les équipages, lors de la publication du Code pénal du 22 avril, et Albert de Rions, le commandant de l'escadre de l'Océan, celui que demandait Suffren pour le seconder dans l'Inde, après avoir essayé sans succès de la persuasion, fut obligé de se démettre de ses fonctions (16 octobre). Il fut remplacé par le chef d'escadre Bougainville, l'académicien ordinaire, dont l'énergie rétablit momentanément l'ordre sur les vaisseaux.

Pendant ce temps, que faisait l'Académie de marine?

Le 7 janvier, Rochon l'entretenait de plusieurs instruments d'optique et d'astronomie de son invention, et, ce même jour, il lui cédait un de ces instruments qui donnent l'élévation ou la dépression des objets vus aux environs de l'horizon.

Le 14 janvier, elle chargeait Cœuret de Secqville et Lescan de l'inspection de tous ses instruments. Le 4 février, ils donnèrent le résultat de cette inspection : plusieurs avaient besoin de réparations urgentes. L'Assemblée arrêta qu'elles seraient faites au plus tôt.

Le 21, on reçut une lettre de Cassan, avec deux mémoires. On en lut un ce jour-là, celui qui contenait des observations météorologiques sur l'île de Sainte-Lucie, et on donna à *Cassan*, correspondant de 1786, la place d'associé qui se trouvait vacante. Il est dit dans le plumitif que c'est d'après la lecture, non pas seulement de ce mémoire, mais des autres lus précédemment, qu'on priera le ministre d'approuver cette élection juste et méritée. La Luzerne confirma l'élection en février. Le travail de Cassan, de 5 pages in-folio, fut inséré dans le tome IV des *Correspondants*, sous le titre de : *Observations météorologiques faites sous la zone torride*. C'est le dernier transcrit.

Le 28 janvier, on fit lecture du second *Mémoire* de Cassan *sur les ouragans des Antilles*, et on reçut de l'auteur un exemplaire de l'ouvrage qu'il venait de faire imprimer, sous le titre de : *Considérations sur les rapports qui doivent exister entre les colonies et la métropole*. Ce même jour, le médecin Billard, académicien adjoint, lisait une *Adresse au Comité de marine de l'Assemblée nationale*. Billard réclamait avec force l'égalité de droits entre les médecins et les chirurgiens de la marine.

Le 4 février, le major de vaisseau Cœuret de Secqville, académicien ordinaire, lut la réfutation d'une des nombreuses erreurs contenues dans les *Études de la nature* de Bernardin de Saint-Pierre, dont le quatrième et dernier volume avait paru en 1788. Nous ne savons s'il s'agit ici de celle indiquée dans la *Bibliographie astronomique* de Lalande : « On est surpris de voir un ingénieur dire que la terre est allongée, et que les marées ne viennent pas du soleil et de la lune. » Lescan, Fortin et Le Cerf furent nommés pour examiner le travail de Secqville.

Le 25 février, l'horloger Paufer, qui ne s'était pas laissé décourager par son échec de l'année 1786, proposa une nouvelle pompe à incendie et accompagna sa machine d'un mémoire qui en renfermait la description. Les commissaires nommés furent Trédern de Lézerec, le même qu'en 1786, Lescan et Fortin. Comme ils avaient fait, chacun de leur côté, l'examen de la pompe Paufer, la Compagnie arrêta, le 15 avril, que l'un des trois fondrait ces rapports partiels en un seul, pour le présenter à la séance suivante, et l'infatigable Fortin se chargea de ce travail. Le rapport fut lu le 22 avril.

Dans cette même séance du 15 avril, le comte Le Bègue, académicien ordinaire, fit remettre à l'Assemblée deux échantillons d'un sable noir qu'on avait cru susceptible d'être employé dans les sabliers, et qui fut reconnu, expérience faite, pour être attirable à l'aimant. Toujours dans cette même séance, la Compagnie avança à Fortin une somme de cent cinquante livres, que celui-ci s'engagea de lui rendre, quand il toucherait son traitement, et comme elle-même se trouvait absolument sans fonds, elle autorisa le secrétaire Duval Le Roy à négocier une lettre de change de trois cent quatre-vingt-dix livres, qui lui restait en caisse, à quatre ou cinq du cent.

Enfin, le 6 mai, dernière assemblée de l'année 1790, le pharmacien Gesnouin, académicien adjoint, qui avait fait l'examen du sable noir venu de Saint-Brieuc, lut son rapport.

Deux décès à signaler :

Le 28 juillet, mourut à la Martinique, sur le vaisseau l'*Illustre* et dans l'exercice de ses fonctions de commandant, le vicomte Henri-Jean-Baptiste de Pontevès-Gien, chef de division, académicien adjoint. Son exploit le plus brillant avait été la destruction, en 1779, des comptoirs anglais de la Guinée, ainsi que la capture d'un assez grand nombre de leurs bâtiments. Il avait épousé la veuve de Périer de Salvert, fille de Bigot de Morogues.

Le 7 octobre, mourut à Brest, à l'âge de soixante-huit ans, Antoine Choquet de Lindu, ancien ingénieur de la marine, retraité depuis 1784, académicien ordinaire de 1752 et de 1769, et conservé, par décision expresse de l'Académie, malgré sa mise à la retraite, ainsi que Fortin, qui avait pris la sienne en 1778. On évalue à 4,400 mètres la totalité de la superficie des bâtiments construits dans le port de Brest par cet ingénieur, pendant sa carrière active d'un demi-siècle. En effet, même encore aujourd'hui, son nom se retrouve, pour ainsi dire, à chaque pas dans l'histoire des édifices de l'arsenal. « On a reproché à cet ingénieur, dit Eymin dans les *Ports militaires de la France, Brest*, un trop grand oubli de la partie décorative de l'architecture ; mais on ne peut lui refuser l'entente des effets généraux, des grandes lignes, du choix et de la préparation des terrains, de la distribution et de l'appropriation des lieux. En résumé, et quoi qu'en aient pu dire certains critiques, la vue d'ensemble des principaux établissements du port de Brest offre un tableau d'une richesse, d'une grandeur, d'une puissance telles, que, malgré la simplicité des formes, on ne peut rien trouver de plus majestueux dans le monde entier. »

Le 24 octobre, le chevalier de Fleurieu, directeur des ports et arsenaux de la marine, académicien ordinaire, remplaça le comte de La Luzerne, comme ministre de la marine ; mais au bout de sept mois, il prétexta de l'abus de confiance d'un de ses subordonnés pour donner sa démission d'un emploi qui lui convenait peu, surtout dans les circonstances difficiles où le plaçait l'esprit d'insurrection qui s'était propagé dans la marine. C'est pendant son court passage au ministère que Fleurieu publia les *Découvertes des Français en 1768 et 1769 dans le Sud-Est de la Nouvelle-Guinée*, pour assurer les droits de priorité de Bougainville et de Surville contre les prétentions anglaises. L'académicien ordinaire Granchain le remplaça, en qualité de directeur des ports et des arsenaux, et un autre ordinaire, le vice-amiral Thévenard, comme ministre, en 1791.

1791.

L'Académie s'assembla encore neuf fois en 1791, année de l'inauguration à Brest, le 11 janvier, du pavillon tricolore, et de la dernière fête de la Saint-Louis ; mais à l'agitation politique en Bretagne s'était jointe l'agitation religieuse, provoquée par la constitution civile du clergé qu'avait décrétée, le 12 avril 1790, la Constituante. A Brest, comme dans les autres ports, la désorganisation de la marine étant imminente, les officiers émigraient en foule, sous prétexte de congé, malgré la lettre du roi du 13 octobre. Le comte d'Hector partit une dernière fois, le 6 février, laissant l'intérim au marquis de La Porte-Vézins. En juillet, Marigny, qui avait été nommé contre-amiral, remplaça le comte d'Hector en qualité de commandant de la marine ; mais, débordé lui-même, il se démit de ses fonctions, quand il lui parut impossible d'endiguer le torrent révolutionnaire ; et il fut remplacé, le 1er avril 1792, par le contre-amiral Le Dall Kéréon, lequel ne commanda du reste que par intérim, jusqu'à la nomination, en juillet 1792, du vice-amiral Thévenard, académicien ordinaire, ex-ministre de la marine.

Voici ce qui se passa dans les neuf séances de l'année 1791 :

A la première assemblée, 17 février, on lut une lettre de Chabert annonçant l'envoi de cinquante exemplaires de la *Connaissance des temps* de 1791, avec d'autres ouvrages destinés pour la Compagnie. Ce même jour, le secrétaire Duval Le Roy ayant exposé à la Société la nécessité où l'on se trouvait de négocier une des lettres de change appartenant à l'Académie, quelle que fût la perte qu'elle en dût éprouver, celle-ci l'autorisa à consommer cette opération. Elle approuva également une semblable mesure prise l'année précédente, à cinq du cent. A la séance suivante, 24 février, Duval Le Roy annonça qu'il avait pu négocier cinq cent soixante livres à trois du cent.

L'Académie procéda encore, le 17 février, à l'élection de trois ordinaires. *Guignace*, *Sané* et *Huon de Kermadec* eurent les premières voix ; Billard, Gesnouin et Suzannet les secondes. Les trois premiers furent approuvés par Fleurieu. Enfin on nomma Bruix, Lescan et Sané commissaires pour lire et examiner deux ouvrages de Missiessy-Quiès, lieutenant de vaisseau, l'un sur l'arrimage des vaisseaux, l'autre sur les signaux et tous deux imprimés. Le *Livre des signaux*, in-8°, avait été adopté en 1786 par Castries : quant au *Traité sur l'arrimage des vaisseaux*, in-4°, il avait été publié en 1789 par ordre du Gouvernement. Missiessy-Quiès, plus connu sous le nom de Burgues-Missiessy, qu'il adopta en 1804, est le défenseur d'Anvers en 1809. Son nom est gravé sur l'Arc de l'Étoile.

Le 24 février, les commissaires lurent leur rapport sur l'ouvrage des signaux de Missiessy. Nous ne l'avons pas trouvé, et il ne peut pas être dans le livre imprimé. A cette même séance, Bruix lut un mémoire qui lui avait été communiqué, dit le plumitif, par un officier de marine, et dont l'objet était de sauver tout homme qui tombe à la mer.

Le 3 mars, Bruix, Lescan et Sané lurent leur rapport sur le traité d'arrimage de Missiessy. Voici ce compte rendu, le dernier que nous ayons trouvé dans les feuilles volantes : « Quelque art qu'on puisse employer pour procurer au vaisseau les qualités essentielles à sa navigation, on ne pourra se promettre de succès réels qu'autant que l'arrimage y concoure et corresponde à la forme de sa carène. Plusieurs officiers et ingénieurs de la marine, pénétrés de cette vérité, ont dirigé leurs vues vers cet objet important. M. de Kersaint s'en est toujours particulièrement occupé, et les résultats satisfaisants qu'il a obtenus dans sa dernière campagne sur le vaisseau le *Léopard* étoient bien propres à l'encourager et à l'exciter à étendre plus loin ses recherches. M. de Missiessy, lieutenant de vaisseau, animé du même zèle, vient de publier un ouvrage dans lequel il développe toutes les parties de l'arrimage d'un vaisseau de guerre. En prenant pour exemple un vaisseau de 74 canons, il expose d'abord le résultat du déplacement d'eau total de 5 pieds 4 pouces de batterie ; il décompose ensuite ce déplacement en huit branches verticales, dont quatre en avant et quatre en arrière du vrai milieu du vaisseau ; il donne aussi la nomenclature, le poids et la position de chacun des objets qui composent la charge dans chacune des huit tranches, et il termine par un état comparatif du poids de la coque et de la charge avec le poids de leur déplacement d'eau. — Pour parvenir à balancer les poids de la charge avec le déplacement d'eau de chaque tranche, M. de Missiessy a été forcé de connoître le poids de la coque comprise dans chaque dite tranche, afin de pouvoir déterminer l'exposant vrai de la charge qui devoit lui être attribué. Ce calcul ne peut être rigoureux, ainsi qu'il l'avoue lui-même. La théorie indique, à la vérité, un moyen certain de déterminer le poids absolu de la coque, dès l'instant où le vaisseau est à la mer; mais la différente pesanteur spécifique des bois, l'influence des climats et des saisons, les dimensions si variées des fers et des cuivres sont autant d'obstacles qui s'opposent à ce qu'il ne puisse se promettre des résultats aussi satisfaisants, lorsqu'il s'agira d'entrer dans le détail des matières qui composent la charpente du vaisseau. L'auteur prescrit, ainsi que le lui a indiqué le calcul des tranches extrêmes de la carène, de rapprocher le plus possible du centre les poids les plus lourds, en ne plaçant en avant et en arrière que les objets consommables. On parviendroit sans doute alors à maintenir le vaisseau dans l'assiette qui lui convient le mieux. Ce procédé, s'il pouvoit être suivi exactement auroit encore l'avantage de contribuer à la plus grande durée du vaisseau, parce que ses mouvements de tangage seroient infiniment moins violents. Mais pour parvenir à remplir tous les procédés indiqués, il faudroit être secondé par des circonstances favorables, et avoir à sa disposition les diverses matières que l'auteur prescrit d'employer, le charbon de terre par exemple. On a vainement cherché dans tous les ports de France du charbon en pierre pour le second armement du *Léopard*. A défaut de charbon, il faut du bois, dont le volume encombre les cales. — L'établissement de seize soutes à pain sur le faux pont, le long des galeries, ainsi que la transposition des ancres dans les porte-haubans du grand mât et du mât de misaine entraîneroient de grands inconvénients et des difficultés dans l'exécution. Le feu du vaisseau à sa flottaison et diverses autres causes procurent des infiltrations d'eau le long des gouttières du premier pont, ce qui contribueroit en très-peu de temps à corrompre le pain. Le service de l'artillerie des gaillards, déjà gêné par les rides d'haubans, ne pourroit s'allier avec ces dispositions ; on sait par expérience l'embarras qu'occasionnent les ancres qu'on place actuellement dans les porte-haubans de misaine. — Il eût été à désirer qu'on eût inséré dans ce traité un tableau exact des divers degrés d'enfoncement du vaisseau dans le fluide, à raison des poids successivement distribués dans chaque tranche. Si on avoit aussi déterminé le centre de gravité commun des poids qui y sont compris, on eût pu en conclure facilement le centre de gravité du système général de la charge, et reconnoître enfin si, par les dispositions pratiquées, le vaisseau eût acquis un degré supérieur de stabilité. — Pour classer avec ordre et précision les différents objets classés dans cet ouvrage, il a sans doute fallu surmonter l'aridité de mille détails fastidieux. Les difficultés n'ont point rebuté M. de Missiessy, et il est parvenu à présenter des moyens très-utiles et très-avantageux pour exécuter l'armement d'un vaisseau de guerre. En général, ce traité est fait avec soin, et l'Académie ne peut qu'accueillir favorablement les travaux d'un officier plein de zèle et de connoissances. »

Le 10 mars, on lut de Regnier du Tillet, correspondant de l'Académie en Corse, qui depuis longtemps n'avait rien envoyé à la Société, une lettre relative à une sorte de papier composé avec de l'amiante et renfermant un échantillon de ce papier. Ce même jour, on arrêta de compléter les volumes manquant à la bibliothèque et quelques autres qu'on avait négligé de se procurer.

Le 24 mars, on reçut une lettre de Chabert annonçant après coup l'ouvrage de Missiessy sur les signaux, que la Compagnie avait reçu.

Le 16 juin, lecture d'une lettre de De Flotte-Beuzidou, le directeur, invitant la Compagnie à féliciter le chef d'escadre Thévenard, académicien ordinaire, de son élévation au ministère de la marine. Celui-ci avait en effet remplacé, ainsi que nous l'avons dit, Fleurieu le 16 du mois précédent. L'Assemblée arrêta d'écrire cette lettre, et le secrétaire Duval Le Roy en fit sur-le-champ un projet qui fut agréé. Elle décida en outre d'écrire à l'abbé Rochon, qui était alors commissaire général des monnaies, et qui s'occupait d'en fabriquer avec le métal des cloches, pour qu'il obtint de faire toucher à la Compagnie les six derniers mois de l'année 1789, qui étaient restés en arrière.

Thévenard ne resta pas longtemps ministre. Exécuteur passif des décrets de l'Assemblée, il ne fit qu'augmenter la désorganisation de la marine. Aussi, au bout de quatre mois, reconnaissant son impuissance, donna-t-il sa démission, et il fut remplacé, le 2 octobre, par le comte Bertrand de Moleville, lequel ne put pas tenir six mois.

Le 5 juillet, on lut un mémoire « détestable », renfermant un projet d'établissement de moulins à bras pour la mouture des farines dans le port de Brest, et envoyé par le directoire de district à l'Académie, pour que celle-ci en prît connaissance et en portât un jugement. « Comme ce mémoire ne renferme ni calculs, ni figures, est-il dit dans le plumitif; qu'il est tout à fait insignifiant; que le projet est aussi ridicule que ses auteurs qui paraissent n'avoir pas le sens commun, arrêté de le faire remettre au directoire du district, sans jugement quelconque. » L'exécution, ainsi qu'on le voit, est en règle. Ce même jour, il fut décidé d'acheter le dictionnaire de Becumarre (c'est le nom écrit sur le plumitif), du prix de cent trente livres.

Le 26 août, sur la demande du chevalier Huon de Kermadec, académicien ordinaire, la Compagnie arrêta de lui remettre, pour le voyage de circumnavigation qu'il entreprenait, avec le chevalier Bruni d'Entrecasteaux, à la recherche de Lapérouse, deux cercles de réflexion et quatre sextants, une lunette achromatique de Mercier et une lunette de nuit. Huon se chargeait de prier son commandant de tâcher d'obtenir du ministre le remplacement desdits instruments. D'un autre côté, l'Académie, manquant de fonds, autorisa son secrétaire à négocier une nouvelle lettre de change, en se soumettant aux conditions qu'imposerait celui qui la voudrait bien prendre. Cette détresse financière n'empêcha pas la Compagnie de prêter une nouvelle somme de deux cents livres à un de ses membres, l'ancien professeur Fortin, qui se trouvait dans le plus pressant besoin ; comme aussi, de donner les gratifications accoutumées à ses gardiens. Enfin, dans cette même séance du 26 août, Guignace remettait à l'Académie, de la part de M. Le Large, capitaine de vaisseau et directeur du port de Brest, un exemplaire d'un des ouvrages de celui-ci, intitulé : *Recueil de questions sur le service de la direction du port de Brest*.

Le 22 décembre, dernière séance de l'année 1791, on lut une lettre de Groult, correspondant de Cherbourg, relative à l'envoi qu'il faisait à l'Académie du catalogue des manuscrits sur la législation de la marine recueillis par lui depuis trente années ; on arrêtait d'écrire au ministre pour faire passer *Billard* et *Gesnouin* dans la classe des ordinaires, et on chargeait le libraire Malassis, député de Brest à l'Assemblée législative, de s'employer pour faire toucher à la Compagnie les six derniers mois de l'année 1789.

Le 9 septembre, était mort le chef d'escadre Jean-François, baron d'Arros d'Argelos, académicien ordinaire de 1769, honoraire de 1784. Né en 1730 à Arthes, diocèse de Lescar en Béarn, c'était le fils d'un capitaine de vaisseau et le descendant d'une illustre famille de Navarre. Ses états de services sont les suivants : garde en 1744, enseigne en 1748, sous-lieutenant d'artillerie en 1751, lieutenant de vaisseau en 1756, lieutenant d'artillerie la même année, capitaine d'artillerie en 1762, chevalier de Saint-Louis en 1763, capitaine de frégate en 1766, capitaine de vaisseau en 1772, chef d'escadre en 1784. Lors de la capitulation de Louisbourg en 1758, il avait été fait prisonnier et emmené en Angleterre. De 1766 à 1768, il fut employé à relever dans la rade de Port-Royal, à la Martinique, les vaisseaux que les Anglais y avaient coulés lors du siège de 1762. A la suite de la bataille de la Dominique, où il commandait le *Languedoc*, il fut interné au château de Saumur ; mais le conseil de guerre le déchargea de toute accusation et supprima tous mémoires, lettres et écrits en ce qu'ils contenaient d'attentatoire à son honneur et à sa réputation. Il est l'auteur d'un *Mémoire sur les prames*, 1765. On lui doit encore les plans et devis de deux frégates ; l'une de 26 canons de 8, l'autre de 26 canons de 12.

En novembre, le chevalier de La Cardonnie, chef d'escadre retiré du service et académicien vétéran, qui était passé avec sa famille à Saint-Domingue, y mourut, dans son habitation de Plymouth, quartier de Jérémie. Nous avons parlé de ses services, à l'année 1784.

Dans le courant de l'année 1791, avait été rayé des listes de la marine, à compter du 1ᵉʳ janvier et par application de la loi du 15 mai, le chef d'escadre Jean-René-Antoine, marquis de Verdun de la Crenne, académicien ordinaire, pour n'avoir pas rejoint son département. Son nom est resté attaché, ainsi que ceux de Borda et de Pingré au voyage de la *Flore*, en 1771. Verdun se retira à Avranches, son pays natal, puis en Espagne, d'où il ne revint qu'après la Terreur. Il se fixa alors dans les environs de Versailles, où il est mort en 1805. Mais en dépit de toutes nos recherches, il nous a été impossible de relever son acte de décès.

Un autre ordinaire, le capitaine de vaisseau Granchain, se démit la même année, pour cause de maladie. Sa retraite lui fut accordée le 24 décembre. Il comptait 35 ans de services, dont 13 à la mer, 16 campagnes et 6 combats. Pendant la Terreur, il se retira à Rouen. En 1795, à la création de l'Institut, Granchain en fut nommé membre correspondant. Après la retraite de Forfait, Bonaparte songea un moment à lui confier le ministère de la marine, mais, bien qu'il n'eût encore que 54 ans, sa santé déclinait chaque jour, et en 1804 il devint aveugle. Il mourut le 5 juin de l'année suivante dans sa terre de Granchain, près Bernay. Granchain a retracé les principaux événements de la guerre d'Amérique dans des *Mémoires* qui ont été insérés par le chevalier de Fréminville dans les tomes I, II et III de la *Revue bretonne*. Sa biographie a été publiée par Ad. de Bouclon, sous le titre : *Liberge de Granchain*, Évreux, 1866.

Trois autres académiciens, émigrés en 1791, furent rayés des listes, comme combattant parmi les ennemis de la France. Ce sont : le comte d'Hector, le marquis de La Prévalaye et le comte de Puységur.

Charles-Jean, comte d'Hector, plus digne, dit méchamment l'*Espion anglais*, de descendre du valet de carreau que du héros de Troie, né en 1722 à Fontenay-le-Comte, était fils d'un enseigne qui fut tué en 1731 au Canada. Entré dans la marine en 1741 comme garde, il prit part en qualité de lieutenant de vaisseau à la bataille de M. de Conflans. Parvenu à retirer de la Vilaine et à ramener à Brest, malgré le blocus d'une escadre anglaise, le *Brillant* et l'*Éveillé*[1], il arriva assez promptement au grade de capitaine de vaisseau. Dans la guerre d'Amérique, il n'a d'autres faits d'armes que le commandement de l'*Orient* à la bataille d'Ouessant et celui du *Neptune* dans la tentative de descente de 1779. A cette dernière époque, il était déjà chef d'escadre et devint lieutenant-général en 1782. Dans son commandement du port de Brest, il se montra surtout courtisan, jusqu'au moment où la Révolution lui prouva qu'il n'était pas à la hauteur des circonstances. Convaincu de son impuissance, hostile d'ailleurs au mouvement des esprits, en février 1791 il résigna ses fonctions pour aller rejoindre l'armée des princes, où il commanda un régiment qui portait son nom. Ce corps, composé principalement d'officiers de marine, alla se faire écraser à

---

[1]. Voir, dans la *Revue* d'avril 1892, la notice consacrée par M. de Fontaine de Resbecq au chevalier de Ternay qui commandait cette opération et qui sauva, de son côté, le *Dragon* et le *Robuste*. Il y est dit que le vaisseau l'*Éveillé* fut deux fois frappé de la foudre.

Quiberon. Hector, qui était resté en Angleterre, y mourut en 1808. Il était commandeur de Saint-Louis.

Pierre-Dimas Thierry, marquis de la Prévalaye, né à Rennes en 1745, a de plus brillants services que le comte d'Hector, bien qu'il ne soit pas arrivé si haut. Entré dans la marine en 1762, il avait déjà fait quatre campagnes dans la guerre coloniale, quand il fut promu lieutenant de vaisseau en 1778. La guerre d'Amérique, à laquelle il prit part sur huit navires différents, lui valut la croix de Saint-Louis en 1781, le grade de capitaine de vaisseau en 1786. Appelé par La Luzerne à Versailles, pour faire partie du conseil de marine en 1788, en même temps que Verdun de la Crenne, ils y siégèrent jusqu'à la suppression de ce conseil au 31 décembre 1790. Émigré l'année suivante, La Prévalaye se rendit à l'armée des princes et fut rayé, en vertu de la loi du 13 janvier 1793. Rentré en France sous le Consulat, il vécut dans sa terre de la Prévalaye, près Rennes, où il s'occupa d'agriculture jusqu'à la fin de sa vie, arrivée le 28 juillet 1816. Deux ans auparavant, il avait été admis à la retraite avec le grade de contre-amiral honoraire. Nous avons cité précédemment ses travaux académiques.

Antoine-Hyacinthe-Anne de Chastenet, duc de Puységur, né en 1752, était issu d'une illustre famille de l'Armagnac. Connu d'abord sous le nom de comte de Chastenet, il entra jeune dans la marine ; mais, de même que son cousin le marquis de Puységur, il s'est plus fait connaître comme adepte de Mesmer et savant que comme officier combattant. Nous avons parlé de son *Atlas des débouquements de Saint-Domingue*, publié en 1787 par ordre du roi. Émigré en 1791, il combattit dans l'armée de Condé, servit ensuite l'Angleterre et le Portugal, devint contre-amiral de la flotte portugaise, et ne rentra en France qu'en 1803. Il y est mort six ans plus tard.

Au commencement de la Révolution, l'ancien ministre de la marine Castries émigra, lui aussi, comme tant d'autres nobles. Charles-Eugène-Gabriel de la Croix, marquis de Castries, né en 1727, probablement à Castries dans le département de l'Hérault, était un homme de tête et de cœur, plein de loyauté, qui s'était trouvé à toutes les grandes batailles des deux guerres de Sept ans, et qui avait remporté dans la dernière un beau triomphe, celui de Clostercamp. Lieutenant-général depuis 1758, il devint chevalier des ordres et arriva au maréchalat, après la paix de Versailles qu'il avait glorieusement préparée. Sorti du ministère en 1787, on le voit avec douleur commander, en 1792, une division de l'armée des princes, quand les étrangers envahirent la Champagne. Il est mort le 11 janvier 1800, et ses restes sont en terre étrangère, près de Brunswick, sous un monument élevé par ce même duc de Brunswick qu'il avait autrefois combattu.

Enfin, le comte d'Arbaud-Jouques, dont nous avons énuméré les services en 1787, lieutenant-général des armées navales, académicien honoraire, ne figure plus dans la nouvelle organisation du 1er janvier 1792, ainsi que le comte Bidé de Chavagnac, major de la marine à Cherbourg et académicien ordinaire. Nous ignorons l'époque de leur décès. Quant aux services du second, ce sont les suivants : garde en 1758, enseigne en 1770, lieutenant de vaisseau en 1778, chevalier de Saint-Louis l'année suivante, capitaine de vaisseau du 1er mai 1786, il a commandé en second les travaux de la rade de Cherbourg du 1er juillet 1787 au 23 avril 1791. L'îlot de l'Ouest de la rade a retenu son nom.

1792.

En 1792, il n'y eut que trois séances. Toute l'année précédente s'était passée à Brest en arrestations, en perquisitions et en troubles. Le 20 avril 1792, la guerre fut déclarée à l'Autriche. Le 25 juin, l'Assemblée législative, le district et la municipalité de Brest proclamèrent la patrie en danger, et les volontaires du département se rendirent à Paris, où ils se joignirent aux fédérés marseillais, dans la journée du 10 août. Mais les administrateurs du Finistère repoussèrent à leur tour l'intervention des commissaires envoyés de Paris, à la suite des massacres de septembre. Ce fut le vice-amiral Thévenard, commandant des armes, qui proclama à Brest l'avènement de la République.

La première Assemblée de 1792, celle du 26 janvier, est signée N. Le Roy. Ce jour-là, on prit les trois arrêtés suivants : 1° acheter du sieur Mercier une lunette de sa construction, de trois pieds de longueur, en deux corps et de vingt-six lignes d'ouverture, pour la somme de cent quarante-quatre livres ; 2° faire convertir chez M. Desbordes les quatre lettres de change qui restent en caisse, composant la somme de deux mille sept cent soixante-dix livres, aux conditions qu'il exigera, ainsi qu'un assignat de cent livres, qui reste dans ladite caisse ; 3° prêter à Bruix, pour sa campagne, un exemplaire du voyage de Fleurieu, et lui remettre la somme de trente-six livres donnée par lui au sieur Mercier, pour additions faites à quelques instruments que lui avait prêtés l'Académie. Cette campagne de Bruix est celle de la *Sémillante*. Cet officier avait à son bord le général Rochambeau, gouverneur général des Iles sous le Vent, le général Collot, gouverneur de la Guadeloupe, et quatre commissaires civils. Sa mission était d'escorter un convoi portant deux mille hommes de troupes ; il partit de Lorient le 10 août.

A la seconde assemblée, celle du 13 septembre, signée Nicolas Le Roy (Duval), on lut une lettre du ministre Lacoste, en date du 19 juin, qui confirmait les élections de *Billard* et de *Gesnouin*, les deux dernières qui aient été faites, aux deux places vacantes d'académiciens ordinaires. Lacoste avait en effet succédé au comte de Moleville le 15 mars, et devait être lui-même remplacé, le 21 juillet, par Dubouchage, auquel succéda Monge, le 12 août. Le baron de Lacoste, ancien avocat et intendant, fut proposé par Dumouriez pour faire partie du ministère girondin. Le vicomte de Gratet Dubouchage, inspecteur général d'artillerie, tomba, avec le roi, à la journée du 10 août. Monge lui-même, républicain enthousiaste, mais qui ne partageait pas les fureurs politiques de l'époque, ne rendit aucun service. Peu fait d'ailleurs pour cet emploi de ministre, surtout à une époque aussi tourmentée, il donna sa démission, après neuf mois de ministère.

La troisième et dernière séance de l'année 1792 est signée Nicolas Duval. Le nom de Le Roy est supprimé. On était au 22 novembre. Ce jour-là, il fut arrêté d'écrire au ministre pour lui représenter les avantages inappréciables que procurerait au port de Brest une machine à feu, par les diverses applications qu'on en pourrait faire aux travaux du port : par exemple, pour épuiser les bassins, mettre en jeu les moulins à scier les bois, forer les tuyaux de pompes. En conséquence, on lui demandait l'établissement de cette machine. Ce même jour, on arrêta d'avancer une somme de quatre cents livres à Fortin, qui s'engagea à la rendre à la Compagnie quand il plairait à ceux qui étaient chargés de payer les pensions de lui solder une année de la sienne, qui lui serait due à la fin de la présente année.

Il y eut, cette année, deux décès d'honoraires.

Le premier est celui de Louis Guillouet, comte d'Orvilliers, ancien lieutenant-général des armées navales et le doyen des académiciens honoraires, mort à Moulins, le 13 avril, à l'âge de 84 ans. Injustement accusé de l'insuccès de la tentative de descente de 1779, qui tenait surtout au mauvais état de la flotte espagnole, il avait donné sa démission, lors de la troisième année de la guerre d'Amérique, et s'était retiré à Paris dans le monastère de Saint-Magloire, où il résida jusque dans les derniers temps de son existence. Par suite de cette mort, il ne restait plus qu'un honoraire de 1769 ; c'était Bory.

Un second honoraire mourut peu après, de mort violente. C'est Arnaud de La Porte, l'ancien commissaire et intendant de Brest, qui, effrayé dès 1789, était allé chercher un asile en Espagne. Rappelé par Louis XVI, qui le nomma intendant de sa liste civile en 1790, et devenu le dépositaire des secrets du roi, il refusa noblement de les révéler à l'Assemblée constituante, lors de l'arrestation de Varennes. Mis en accusation après la journée du 10 août, il fut exécuté le 25 du même mois. Il avait cinquante-cinq ans.

L'ancien ministre intérimaire de la marine, Montmorin-Saint-Hérem, ne tarda pas à avoir le même sort que La Porte. Dénoncé par les Jacobins comme vendu à l'étranger, il fut enveloppé dans les massacres des prisons, en septembre. C'était le descendant d'une ancienne famille d'Auvergne.

1793.

En 1793, dernière année de l'Académie de marine, il y eut encore cinq séances. L'exécution de Louis XVI avait produit à Brest une véritable stupeur. « Le drame du 21 janvier, dit P. Levot, dans son *Histoire de la ville et du port de Brest pendant la Terreur*, semblait le précurseur infaillible du double fléau de l'invasion étrangère et de la guerre civile. » Les représentants Rochegude (académicien ordinaire), de Fermon et Prieur de la Côte-d'Or furent chargés d'approvisionner et de mettre en défense les ports et côtes de Bretagne. Le supplice du roi nous avait valu la déclaration de guerre de l'Angleterre et de la Hollande. Les trois représentants firent partir précipitamment Morard de Galle, pour aller croiser dans le golfe de Gascogne avec plusieurs vaisseaux et frégates. Peu de jours après, ces bâtiments furent dispersés par un coup de vent qui leur occasionna des avaries assez graves pour nécessiter leur rentrée au port. Il sortit de nouveau ; mais l'indiscipline de ses équipages rendit cette campagne stérile. La Bretagne, pays essentiellement maritime, avait marché volontiers, tant qu'il ne s'était agi que d'une lutte avec l'Angleterre. Il n'en fut pas de même quand on y fit exécuter le décret du 24 février, prescrivant la levée de trois cent mille hommes de dix-huit à quarante ans. Le soulèvement partit du Morbihan et il s'étendit au Finistère. Des commissions militaires furent formées, et le tribunal criminel vint siéger à Brest ; quelques exécutions eurent lieu. Jusqu'alors, le département était resté plus tranquille que les autres, grâce à la sagesse de ses administrateurs ; mais, à Paris, la Montagne ayant débordé la Gironde, l'administration du Finistère prit parti pour celle-ci et expulsa deux conventionnels que l'Assemblée lui avait envoyés. De là sa mise en accusation et l'envoi à Brest des deux représentants Bréard et Tréhouart, le 25 août. Ils furent suivis, en octobre, de Jean-Bon Saint-André et de Prieur de la Marne. Le vice-amiral Morard de Galle, qui était parvenu à apaiser l'insurrection de l'escadre de Quiberon, n'en fut pas moins destitué et remplacé par Villaret-Joyeuse. La Terreur commença à peser sur Brest. Pendant ce temps-là, Jean-Bon Saint-André s'occupait de la réorganisation de la flotte et de l'arsenal.

La première séance de 1793, celle du 15 février, fut rendue publique, parce que les citoyens Rochegude, de Fermon et Prieur de la Côte-d'Or se rendirent à l'Académie, qu'ils honorèrent de leur présence. Lévêque y lut un long mémoire sur divers établissements utiles au port de Brest, notamment un établissement de mouture, et un projet de pompe à feu, demandé l'année précédente, qui devait avoir pour effets : 1° d'épuiser les eaux du grand bassin de Brest; 2° de mettre en mouvement une poulierie plus parfaite que celle de Lorient ; 3° de réduire en barres, à l'aide de marteaux, les vieux fers hors d'usage. Il avait aussi proposé, en 1792, au ministre Monge, d'établir dix-huit écoles de construction dans les ports principaux — il n'y en avait alors qu'une seule à Paris — et présenté quelques réflexions sur l'utilité d'un laminage national. De son côté, Rochon lut un mémoire sur un établissement monétaire à créer à Brest; mais Fermon décida que le bronze devait être employé de préférence à la fonte des canons.

A la seconde séance, celle du 16 août, on donna au gardien Jean Louis la somme de soixante livres, pour les services qu'il rendait journellement à l'Académie et les soins qu'il donnait à la bibliothèque, et à chacun des autres gardiens la somme de douze livres, pour qu'ils pussent se procurer des souliers. Ce même jour, on avança de nouveau, et aux mêmes conditions que précédemment, la somme de quatre cents livres à Fortin, qui n'avait pas touché son traitement depuis dix-huit mois.

La troisième séance est du 16 août. Ce jour-là, on lut une lettre du ministre Dalbarade[1], relative à un procédé proposé par le citoyen Lerouge « pour la conservation et qui mieux l'amélioration des vins de tous les crûs et de toutes les qualités, car rien n'est impossible aux *découvreurs de secrets* ». Les mots qui sont soulignés dans le plumitif sont probablement ceux dont s'était servi l'inventeur. Le ministre demandait à ce sujet l'opinion de l'Académie. Comme le citoyen Lerouge n'était pas en ce moment à Brest, il fut arrêté d'attendre son retour pour nommer des commissaires à l'effet d'examiner son procédé. En attendant son arrivée, on devait accuser au ministre réception de sa lettre, des pièces reçues et mentionner les épreuves déjà faites, mais dont il ne paraissait guère possible de rien conclure. Ce projet de lettre fut lu et approuvé dans la quatrième séance, celle du 30 août.

Ce même jour, 30 août, on lut un mémoire du citoyen Hulin de Granville, relatif à des observations astronomiques. C'est le dernier travail qui ait été présenté à la Compagnie. Ce mémoire, qui est vraisemblablement la suite de celui qu'il avait présenté en 1786, ne nous est pas parvenu.

Enfin, dans la séance du 19 novembre, la dernière de l'Académie de marine, on lut une lettre du citoyen David, adjoint de la seconde division, en réponse à la lettre écrite au ministre au sujet du procédé Lerouge.

Un décret du 8 août 1793, rendu sur le rapport du conventionnel Henri Grégoire[2], avait supprimé toutes les Académies de France. A la rigueur, point n'était besoin d'un acte officiel pour tuer l'Académie de la marine. Les décrets, l'émigration et la Terreur avaient dispersé ou fait périr la plupart de ses officiers; la détresse du Gouvernement ne lui permettait plus de fournir l'allocation annuelle de la Compagnie.

Parmi les décès de l'année 1793, nous n'avons à signaler, faute de renseignements précis, que celui du chevalier Jean-Michel Huon de Kermadec, académicien adjoint, mort le 6 mai, dans la baie de Balade, à la Nouvelle-Calédonie. Il était capitaine de vaisseau et âgé de qua-

---

[1] Capitaine de vaisseau qui avait remplacé Monge le 10 avril, et qui, conservé lorsque la loi du 12 germinal an II remplaça les ministres par des commissions exécutives, exerça ses fonctions jusqu'au 2 juillet 1795, époque où il fut remplacé par le commissaire Redon de Beaupreau. Dalbarade ne fit qu'ajouter à la désorganisation de la marine par son incurie et sa partialité pour la maistrance.

[2] Cet ecclésiastique, élève des jésuites de Nancy, avait débuté, en 1773, en littérature par un *Éloge de la poésie*. Il prit part, en 1795, à la création de l'Institut, du Conservatoire des arts et métiers et du Bureau des longitudes.

rante-cinq ans. Nommé en 1791 commandant de l'*Espérance* dans l'expédition envoyée à la recherche de Lapérouse, il avait pris aux travaux de la campagne une part active qui l'épuisa. Dans la *Biographie bretonne*, M. Pol de Courcy dit que la Convention l'avait destitué en l'an II. Ce décret, nous ne l'avons pas trouvé.

XXX.

Nécrologe des académiciens.

Pour terminer ce long travail, il ne nous reste plus qu'à raconter en quelques mots ce que devinrent les derniers survivants de la Compagnie.

Lors de sa dissolution, l'Académie de marine comptait encore 69 membres sur près de 200 qui en avaient fait partie. Ce sont, avec la date de nomination de chacun d'eux :

1° *Quatre académiciens honoraires :*

1769. De *Bory* ;
1782. De *Chabert* ;
1784. De *Briqueville* ;
1785. *Redon de Beaupreau*.

2° *Dix associés :*

1769. *Pingré*, *Poissonnier-Desperrières* et de *Lalande* ;
1774. *Rochon* ;
1786. Julien-David *Le Roy* et Jean-Baptiste *Le Roy* ;
1787. *Chardon* et *Pouget* ;
1788. Raphaël-Bienvenu *Sabatier* ;
1790. *Cassan*.

3° *Vingt-trois académiciens ordinaires :*

1769. Duval le *Roy* et le chevalier de *Borda* ;
1771. Le *Bègue* ;
1773. *Fortin* ;

1776. Le chevalier de *Fleurieu* ;
1777. *Trédern de Lézerec* ;
1783. *De Rochegude* ;
1785. *De Flotte-Beuzidou, de Rosily, Vial du Clairbois, Nompère de Champagny*, Antoine-Chaumont *Sabatier, de Bougainville, Thévenard et Forfait* ;
1787. *Lescan* ;
1789. *Le Cerf, Cœuret de Secqville, de Bruix* ;
1791. *Guignace et Sané* ;
1792. *Billard et Gesnouin.*

4° *Quatre académiciens vétérans :*

1773. *La Motte Baracé* ;
1789. *Montluc de la Bourdonnaye, de la Coudraye et Groignard.*

5° *Sept académiciens adjoints :*

1769. *Du Giron-Grenier* ;
1775. *Chalvet de Souville* ;
1776. *Denys de Bonnaventure* ;
1779. *De Duranti-Lironcourt* ;
1785. *Rollin de la Farge* ;
1787. *De Suzannet* ;
1789. *De Blois de la Calande.*

6° *Vingt et un correspondants :*

1769. *De Diziers et Digard de Kerguette* ;
1774. Nicolas-Marie *Ozanne* ;
1775. *Girault de Keroudou* ;
1776. *Lévêque, Regnier du Tillet et Groult* ;
1777. *De Servières* ;
1778. *De Pommereul* ;
1779. *Deslemorie et Ruben de Celis* ;
1781. *Garat de Salagoïty, Gonzalez, de Lowenorn et de Forteguerry* ;
1782. *Stibolt* ;
1783. *De Faugères et Sheldon* ;
1784. *Giraud et Besnard* ;
1788. *Verguin.*

Parmi ces 69 noms, il y a 22 décès que nous n'avons pu relever. C'est ainsi que nous ignorons la date de mort de quatre associés qui sont : Poissonnier-Desperrières, Chardon, Pouget et Cassan.

Antoine POISSONNIER-DESPERRIÈRES, qu'on a souvent confondu avec son frère aîné Pierre, inventeur d'un moyen pour dessaler l'eau de mer, était né à Dijon en 1722, et mourut à Paris peu après 1793. M. Le Roy de Méricourt, qui parle des deux frères dans le troisième volume des *Archives de médecine navale*, n'a pu découvrir la date de son décès. Conseiller d'État, censeur royal, médecin consultant du roi, inspecteur et directeur général de la médecine des ports et des colonies, membre de l'Académie des sciences de Paris et de quantité d'autres sociétés savantes, Poissonnier-Desperrières reçut, en 1768, des lettres de noblesse de Louis XV. En 1779, il se rendit en mission à Brest, pour y combattre l'épidémie qui décimait la flotte du comte d'Orvilliers. Il avait profité précédemment d'un séjour de plusieurs années à Saint-Domingue pour étudier principalement les maladies qui attaquent les Européens, et a laissé, à ce sujet, un *Traité des fièvres de Saint-Domingue*, Paris, 1763, in-8°, et un *Traité sur la maladie des gens de mer*, Paris, 1767, in-8°. Nous avons parlé en son temps, années 1772 et suivantes, des polémiques que souleva dans l'Académie de marine son *Mémoire sur les avantages qu'il y aurait à changer absolument la nourriture des gens de mer*, Paris, 1771, in-4°. Enfin il a rédigé le *Rapport des commissaires de la Société royale de médecine nommés par le roi pour l'examen du magnétisme animal*, 1784, in-8°.

Daniel-Marc-Antoine CHARDON, né à Paris en 1731, est mort vers 1795. Les quelques détails biographiques que nous connaissons de lui, nous les avons donnés à l'année 1787. Indépendamment de l'*Essai sur la colonie de Sainte-Lucie*, 1779, rappelons qu'on lui doit la première édition du *Code des prises*, 1787, 2 vol. in-4°.

POUGET, intendant des classes depuis 1787, était devenu, le 21 décembre 1791, chef de l'administration générale des ports et arsenaux, classes et navigation. Nous avons regretté de n'avoir pas plus de détails relatifs à l'auteur de l'*Ordonnance du 31 octobre 1784 sur l'inscription maritime* ; mais nos recherches à ce sujet ne nous ont donné aucun résultat.

Nous publions la note incomplète qui nous a été envoyée des *Archives de la marine*, à propos de CASSAN. C'était un docteur de la Faculté de

Toulouse, qui fut nommé médecin à Sainte-Lucie en 1786, année de sa nomination comme membre adjoint de l'Académie de marine. En 1793, il fut envoyé à Philadelphie pour y résider pendant la guerre et en tirer les approvisionnements nécessaires à Sainte-Lucie. Il y remplit les fonctions de chef du vice-consulat de Philadelphie. On l'employa ensuite comme médecin à Brest, en attendant son départ pour Cayenne en 1798. C'est ici que nous le perdons de vue. Cassan a publié cinq mémoires : 1° *Réflexions sur les abus qui existent dans les hôpitaux militaires des îles et sur les moyens de les corriger* ; 2° *Réflexions sur la nécessité d'établir dans nos îles la saisie réelle et un bureau des hypothèques* ; 3° *Mémoire sur l'affranchissement des nègres proposé à l'Assemblée nationale* ; 4° *Mémoire sur les rapports qui doivent exister entre les colonies et les métropoles* ; 5° *Avantages réciproques pour les nations anglaise et française de la liberté du commerce entre les colonies et les métropoles*.

Parmi les académiciens vétérans, nous n'avons pu découvrir ce qu'est devenu Charles-François, chevalier MONTLUC DE LA BOURDONNAIE, capitaine de vaisseau retraité en 1788, académicien adjoint de 1773, ordinaire de 1781, vétéran de 1789. Voici seulement ses états de services, extraits de Mazas : garde en 1762, enseigne en 1770, lieutenant de vaisseau en 1778, chevalier de Saint-Louis en 1781, capitaine de vaisseau en 1786.

Trois adjoints, Souville, Duranti-Lironcourt et Rollin de la Farge, nous sont peu connus.

Chalvet, baron de SOUVILLE, lieutenant de vaisseau depuis 1765, capitaine de vaisseau en 1779, commandant particulier à l'Ile Bourbon en 1783, est encore marqué comme capitaine de vaisseau sur l'*Annuaire* de 1790.

Le comte de DURANTI-LIRONCOURT s'y trouve également, comme ancien capitaine de vaisseau, commissaire du roi pour la marine et le commerce à Amsterdam. Il a laissé des *Instructions élémentaires et raisonnées sur la construction pratique des vaisseaux*, en forme de dictionnaire, Paris, Musier, 1771, in-8°.

M. Didier-Neuville, dans la *Revue* de mai 1878, a donné quelques renseignements sur ROLLIN DE LA FARGE, qui avait débuté dans l'artillerie et était devenu capitaine d'infanterie, lorsque la paix de 1763 le laissa sans emploi. Trois ans plus tard, il accepta une place de maître de mathématiques que Bezout lui offrait à Rochefort. De là, il passa à Brest et au Havre, puis revint à Brest, fut envoyé à Vannes en 1786 et enfin à Nantes. A la fin de sa carrière, il représenta la Loire-Inférieure au Conseil des Cinq-Cents. Bon professeur, Rollin de la Farge n'a rien écrit.

Quatorze correspondants ont échappé à nos recherches[1]. Ce sont : Diziers, Keroudou, Groult, Servières, Deslemorie, Ruben de Celis, Garat de Salagoïty, Gonzalez, Forteguerry, Stibolt, Sheldon, Faugères, Giraud et Verguin.

Le chevalier de DIZIERS, ancien adjoint de 1752, correspondant de 1769, est encore marqué sur l'*Annuaire* de 1790, comme ancien lieutenant de vaisseau, résidant à son château de Montlivault, à Saint-Dye-sur-Loire ; c'est tout ce que nous en connaissons.

L'abbé GIRAULT DE KEROUDOU, ancien conseiller du roi, lecteur et professeur royal en mécanique, licencié en théologie, grand maître du collège Louis-le-Grand, a publié en 1770 un *Mémoire contenant quatre problèmes sur les suites* ; en 1774, une *Théorie du choc des corps* ; en 1777, des *Leçons analytiques du calcul des fluxions et des fluentes*. Mais nous ignorons l'époque de son décès.

GROULT, docteur en droit maritime, procureur royal à l'Amirauté de Cherbourg, a laissé une *Indication des ouvrages et pièces de législation relatifs à la saisie des bâtiments neutres*, 1780; un *Discours sur le droit maritime ancien et moderne, français et étranger, civil et militaire et sur la manière de l'étudier*, 1786 ; enfin un *Catalogue des ouvrages manuscrits sur la législation de la marine*, recueillis pendant l'espace de trente ans, 1791.

Le baron de SERVIÈRES, ancien officier au régiment d'Orléans-Cavalerie, membre de plusieurs sociétés savantes, a composé pour elles différents mémoires ; c'est à peu près tout ce que nous en savons.

Nicolas DESLEMORIE est encore indiqué sur l'*Annuaire* de 1790 comme directeur de la chambre d'assurances d'Anvers, et résidant à Rotterdam.

Nous avons écrit vainement en Espagne et en Italie pour avoir quelques renseignements sur RUBEN DE CELIS, officier de la marine espagnole ; GONZALEZ, professeur à Carthagène, et FORTEGUERRY, officier toscan. Nous ignorons également ce que sont devenus le capitaine de

---

[1] M. H. Fontaine de Resbecq a publié, dans la *Revue* de janvier 1874, un article sur les membres correspondants de l'Académie de marine.

vaisseau danois STIBOLT et l'ingénieur-constructeur de la même nation, SHELDON.

M. Didier-Neuville, dans une note de la *Revue* de mai 1878, a relevé, ainsi que nous l'avons dit à l'année 1781, d'après les *Archives de la marine*, les états de service de l'abbé GARAT DE SALAGOÏTY, au 9 octobre 1793. Il était alors professeur d'hydrographie à Bayonne. Nous ignorons ce qu'il devint plus tard.

M. Hubert de Resbecq, qui a bien voulu faire pour nous tant de recherches aux *Archives*, nous a communiqué des renseignements sur Louis-Henri-Pascal de Saint-Félix, baron de FAUGÈRES, né en 1725 à Narbonne et retiré du service en 1764 avec le grade de lieutenant de vaisseau. Garde en 1743, enseigne en 1746, lieutenant de vaisseau en 1756, il fut fait chevalier de Saint-Louis en 1762. Il avait servi pendant près de trois ans dans la première compagnie des mousquetaires, avant d'entrer dans la marine. En 1744, il était sur le *Diamant*, commandant de Massiac, à la bataille de Toulon ; l'année suivante, sur l'*Alcyon*, commandant de Beaufremont, escadre de la Jonquière ; en 1746, sur l'*Aquilon*, commandant d'Uturbie, sous les ordres de Dubois de la Motte, en Amérique ; en 1747, en Flandre, au service de l'artillerie de terre ; en 1752, sur la galère la *Duchesse* ; en 1754, sur le chébeck le *Rusé* ; en 1756, sur le *Triton*, commandant Mercier, dans l'escadre de La Galissonnière, expédition de Mahon ; en 1757, sur la *Gracieuse* ; en 1758, sur le *Souverain* ; en 1759, sur le *Fantasque*, commandant Castillon, escadre de La Clue ; en 1762, sur le *François-de-Paule*. Vingt-deux ans après sa mise à la retraite, on le nomma chef des classes à Cette et dépendances.

André-Pierre GIRAUD, né en 1733, était fils d'un négociant de Toulon. Commis aux écritures en 1756, il servit successivement au magasin général, au bureau des décharges et à celui du secrétariat. Écrivain de la marine et des classes à Toulon en 1765, il reçut ordre en 1774 de faire fonction de sous-garde magasin à Toulon. Réformé en 1776, garde-magasin l'année suivante, il figurait encore sur les revues de Toulon en 1792.

VERGUIN, autre Toulonnais dont nous avons dit déjà quelques mots à propos de sa nomination comme adjoint en 1788, figurait également sur les listes de Toulon en 1792 ; l'année suivante, il fut remplacé par Guigou ; il était alors plus que septuagénaire.

Restent 47 noms d'académiciens au sujet desquels nous avons des dates généralement précises. Nous allons les mentionner successivement dans l'ordre des décès en disant ce que nous connaissons de plus important sur chacun d'eux.

Les trois premiers, morts en 1796, sont Fortin, Pingré et Regnier du Tillet, sans compter le sculpteur Pierre-Philippe Lubet, de l'ancienne Académie de marine, non réélu en 1769, et qui n'est mort que le 7 avril 1796, à Brest où il était né le 1er mai 1721.

Jean Frotin, plus connu sous le nom de FORTIN, ancien professeur de navigation, fut maintenu, malgré sa mise à la retraite en 1778, sur les listes de l'Académie, vraisemblablement à cause des services continuels qu'il rendait à la Société par ses nombreux travaux. Né à Paris en 1719, il avait été employé pendant six ans à l'observatoire de cette ville, au travail de la carte de Cassini, lorsqu'il fut nommé en 1755 professeur d'hydrographie des gardes de la marine, fonctions qu'il exerça jusqu'au jour où sa mauvaise santé le força de se démettre. Il mourut pauvre, le 18 février.

Alexandre Guy PINGRÉ, chanoine régulier de Sainte-Geneviève, membre de l'Académie des sciences, astronome de la marine, était né à Paris en 1711. Sa biographie est tout au long dans l'*Histoire abrégée de l'astronomie* par Lalande. Travailleur infatigable, il a observé en 1753 le passage de Mercure; en 1761, celui de Vénus. Son ouvrage capital est sa *Cométographie*, qui parut en 1764. Il a fait les voyages de l'*Isis* avec Fleurieu, de la *Flore* avec Verdun de la Crenne. Dès 1750, il avait formé le projet d'une *Histoire de l'astronomie au dix-septième siècle*; il ne put la terminer qu'en 1790. Mort le 1er mai.

Nous avons donné, à l'année 1776, une note sur les états de services de REGNIER DU TILLET. Nous y renvoyons le lecteur, ajoutant seulement ici la date de sa mort, qui est le 19 décembre 1796.

En 1798, moururent Antoine-Chaumont SABATIER et Groignard. Le premier, moins connu que son homonyme et collègue, Raphaël-Bienvenu, de l'Académie des sciences, sans doute parce qu'il exerçait à Brest, était devenu, à la fin de 1795, premier médecin en chef. Il mourut dans cette ville le 14 janvier.

Antoine GROIGNARD, qui s'éteignit dans le courant de la même année à Paris, avec le titre d'ingénieur général de la marine, dont personne n'a été honoré après lui, avait vu devenir précaire pendant la Révolution la position brillante que Louis XVI lui avait faite en 1789, lors de sa démission. Ces tracasseries, qui tenaient uniquement à la parcimonie de la Constituante et plus tard du Directoire, attristèrent sa vieillesse. Homme d'action et de pratique avant tout, Groignard, bien que savant théoricien, a peu écrit sur son art. Son buste est au musée maritime de Brest. C'était le fils d'un pilote royal, et il était né à Soliès-le-Pont, près Toulon, en 1727.

L'année suivante, ce fut le tour de Jean-Charles, chevalier de BORDA, chef de division, inspecteur des constructions, mathématicien et physicien de premier ordre, membre de l'Académie des sciences, mort à Paris le 20 février 1799. Né à Dax en 1733, c'était le fils de Jean-Antoine de Borda, écuyer, seigneur de Labatut. Son nom, resté attaché aux voyages de la *Flore* et de la *Boussole*, au cercle à réflexion, enfin au vaisseau-école pépinière des officiers de la marine, avait été d'abord porté par le stationnaire de Rochefort. Lorsque l'Assemblée constituante décida l'établissement d'un nouveau système de poids et mesures, Borda fut chargé, avec Delambre et Méchain, de la détermination de l'arc de méridien qui devait servir à fixer le mètre ; dans cette immense opération, il dirigea les principales expériences de physique avec des instruments la plupart inventés par lui.

Le 20 janvier de la dernière année du xviii° siècle, mourut également à Paris Jean-Baptiste LE ROY, de l'Académie des sciences, physicien, né dans cette même ville, frère de Julien-David, l'architecte, de l'horloger Pierre, et fils de l'horloger Julien. Ce savant n'a guère été mêlé à l'histoire de l'Académie de marine que par la question des paratonnerres, en 1784 et 1785.

En l'an IX, sans date plus précise, s'éteignit Paul DE FLOTTE-BEUZIDOU, né en 1734, garde en 1754, enseigne en 1761, lieutenant de vaisseau en 1777, capitaine de vaisseau en 1782, directeur de l'école de Brest de 1786 à 1790, contre-amiral du 1ᵉʳ janvier au 30 octobre 1793, retraité en l'an III. Une lettre du 2 prairial an IX, où il est dit que sa pension de retraite a été réduite de 6,000 fr. à 1,000 fr., le représente comme retiré à la campagne, paralysé et chargé d'une famille nombreuse.

Cette même année, 1801, moururent trois autres académiciens : Denys de Bonnaventure, Bory et Digard de Kerguette.

Claude-Charles DENYS DE BONNAVENTURE, d'après une note qui nous a été communiquée par M. Guichon de Grandpont, né en 1749 à Louisbourg, était le fils d'un major lieutenant de roi qui commandait en 1758 cette place qu'il défendit à toute extrémité, et qui mourut à

Rochefort des suites de ses blessures. Nommé dès 1755 enseigne en second d'infanterie dans les compagnies franches de la marine, en considération des services de son père, Claude-Charles entra dix ans plus tard dans la marine comme garde. Il navigua constamment, et devint capitaine de vaisseau en 1792. A la bataille d'Ouessant, en 1778, il était embarqué sur le *Fendant* commandé par le marquis de Vaudreuil, son parent. En 1783 et 1784, il commanda l'escadre d'évolutions de la Baltique. En 1790, il était major de vaisseau à Rochefort. Il avait composé plusieurs ouvrages considérables, malheureusement restés manuscrits, entre autres les *Fastes et Annales de toutes les marines*. Mort le 17 mars, à Léon, en Espagne, suivant une lettre que nous avons reçue de M. de Richemond.

Le 8 octobre, mourut à Paris, sa ville natale, Gabriel de Bory, de l'Académie des sciences, chef d'escadre et astronome, né en 1720. Depuis la mort du comte d'Orvilliers, en 1792, c'était le doyen des académiciens honoraires de l'Académie de marine, pour laquelle du reste il a peu travaillé. Il n'est pas non plus dans la catégorie des marins combattants, car son nom ne se trouve même pas mentionné dans les *Batailles navales* de M. Troude. Enseigne en 1741, capitaine de vaisseau en 1757, il était retiré du service actif vingt ans plus tard, quand il fut nommé gouverneur de Saint-Domingue et des Iles sous le Vent. Son principal ouvrage est un recueil de onze *Mémoires sur l'administration de la marine et des colonies*, qu'il publia en 1787, in-8°. Il était entré à l'Institut en 1798.

Jean DIGARD DE KERGUETTE, mort le 1er décembre, était né à Paris en 1717, et avait d'abord servi dans les bureaux du contrôleur général Orry. Comme l'auteur de *Gil Blas*, il abandonna la finance, mais pour se livrer à l'étude des sciences. En 1742, il fut nommé professeur de mathématiques à l'école militaire des Cadets-Dauphin, à Paris. En 1745, il devint ingénieur-géographe des camps et armées et garde du dépôt des cartes et plans de la guerre au bureau des fortifications à Versailles. En 1750, dit M. Didier-Neuville, à qui nous empruntons cette notice (*Revue* de mai 1878), nous le trouvons professeur de mathématiques des élèves du génie et professeur public à Paris. Il composa alors ses *Essais de mathématiques*, approuvés en 1751 par l'Académie des sciences. En 1755, il abandonna les écoles militaires pour celles d'hydrographie, et alla remplacer Bouguer le jeune au Croisic. En 1764, il passa à l'école de Rochefort, où sa famille fut décimée par les fièvres paludéennes. Enfin, il se retira à Orléans, avec une retraite insuffisante. Il a publié : *Expériences sur la lumière de l'eau de mer*, 1756 ; *Observations sur la marine et le commerce*, 1760 ; in-4° ; *Nouvelle Pratique du pilotage*, 1784 ; *La Méridienne de Rochefort*, 1774 ; *Mémoire et plan du cours de la Charente*, 1785.

En 1803, moururent Briqueville, Grenier et Julien-David Le Roy.

Bon-Chrétien, marquis de BRIQUEVILLE, chef d'escadre, originaire d'une famille normande, était petit-cousin du vice-amiral marquis de La Luzerne. Garde en 1743, ce qui reporte sa naissance à vingt années ou environ auparavant, enseigne en 1748, lieutenant de vaisseau en 1756, capitaine d'artillerie en 1762, chevalier de Saint-Louis l'année suivante, capitaine de frégate en 1767, de vaisseau en 1772, major de la marine la même année, chef d'escadre en 1784, il mourut le 1ᵉʳ janvier à Valognes (Manche). Il reste de lui une douzaine de mémoires transcrits sur les registres de l'Académie de marine. Il avait commandé le *Solitaire* à Ouessant, le *Northumberland* à York-Town et à Saint-Christophe ; mais il ne s'était pas trouvé à l'affaire de la Dominique.

Le vicomte du GIRON-GRENIER (Jacques-Raymond), chef de division et hydrographe, né en 1736 à Saint-Pierre (Martinique) d'une famille de marins nobles, avait dû à cette circonstance d'obtenir avant l'âge de dix ans le titre assez singulier de lieutenant de frégate honoraire. Garde en 1755, il était enseigne quand il fut nommé en 1767 au commandement de l'*Heure-du-Berger*, et chargé de rechercher la route la plus courte pour aller de l'Ile de France à la côte de Coromandel. C'est pendant cette campagne qu'il se brouilla avec Rochon. Lieutenant de vaisseau pendant la guerre d'Amérique et commandant la *Boudeuse*, il s'empara, le 22 janvier 1779, de la corvette anglaise *Veazle* dans les Antilles. Capitaine de vaisseau en 1781, chef de division en 1786, il ne s'occupa plus que de travaux de cabinet, et publia en 1787 l'*Art de la guerre sur mer*. Quand il mourut, c'était aussi en janvier 1803, il mettait la dernière main à un ouvrage considérable sur les vents et courants dans toutes les mers du globe. Ce travail est resté manuscrit.

Julien-David LE ROY, architecte, de l'Académie royale des belles-lettres, frère de Jean-Baptiste, né en 1724 à Paris, y mourut le 28 janvier 1803. Nous avons parlé en 1786 de plusieurs de ses mémoires sur la marine des anciens. Il était allé en Grèce étudier l'art antique, et professa pendant quarante ans à l'Académie d'architecture. Ses principaux ouvrages sont : *Les Ruines des plus beaux monuments de la Grèce*, 1758, in-f°, et *Observations sur les édifices des anciens peuples*, 1777, in-8°.

En 1805, trois académiciens disparurent de ce monde, sans compter Granchain, retraité depuis 1791, et Verdun de la Crenne rayé des listes également dans le courant de la même année. Ce sont : deux ordinaires, Bruix et Guignace ; un honoraire, Chabert.

Le premier des trois s'éteignit le 18 mars. Eustache, chevalier, plus tard comte de BRUIX, né à Saint-Domingue en 1759, volontaire, puis garde en 1778, enseigne en 1781, lieutenant de vaisseau en 1786, capitaine de vaisseau en 1793, licencié la même année, réintégré en 1794, avait en 1796 son pavillon de contre-amiral sur l'*Indomptable*, dans l'escadre de Morard de Galle. Ministre de la marine en 1798 et bientôt après vice-amiral, Bruix résolut de compenser l'effet moral du désastre d'Aboukir en rétablissant les communications avec l'armée d'Égypte. De là sa campagne de trois mois dans la Méditerranée, avec vingt-cinq vaisseaux de ligne, sans grand résultat, mais qui rappelle jusqu'à un certain point la campagne du large de Tourville en 1691. Élevé temporairement par le premier Consul à la dignité d'amiral, Bruix fut nommé commandant de la flottille de Boulogne ; mais l'activité qu'il déploya en cette circonstance acheva d'user sa santé déjà profondément altérée par des excès, et il mourut à Paris. Il était conseiller d'État, grand officier de l'Empire, et avait été inspecteur général des côtes de l'Océan en 1804. On a de lui un *Essai sur les moyens d'approvisionner la marine*, 1794, et *Cahiers des ordres et mouvements généraux signalés par un seul pavillon*, in-4°. Le nom de Bruix est sur l'Arc de l'Étoile.

Léon-Michel GUIGNACE, ancien chef du génie maritime, né à Vienne-lès-Blois (Loir-et-Cher), dit son acte mortuaire que nous avons relevé, le 5 décembre 1731, était fils d'un marchand. Voici ses états de services, d'après les *Archives de la marine* : élève ingénieur-constructeur en 1751, sous-ingénieur en 1754, ingénieur en 1772, ingénieur en chef en 1777, directeur des constructions en 1789, retraité en 1802. Mort à Brest le 5 fructidor an XIII (23 août 1805).

Joseph-Bernard, marquis de CHABERT, dont l'Académie de marine fit un si bel éloge quand elle le choisit pour académicien honoraire en 1782, un des illustres combattants de la guerre d'Amérique, ancien inspecteur des journaux, cartes et plans de la marine, auteur du *Nep-*

tune de la Méditerranée, membre de la plupart des académies de l'Europe, promu vice-amiral en 1792, avait émigré la même année, et reçut en Angleterre l'hospitalité de l'astronome Maskelyne. En 1800, il perdit la vue par excès de travail. Rentré en France en 1802 et nommé membre du Bureau des longitudes l'année suivante, il ne cessa de s'occuper d'astronomie jusqu'à sa dernière heure, arrivée le 2 décembre, jour même de la victoire d'Austerlitz. Il était né à Toulon en 1724. Il a laissé de nombreux travaux d'astronomie, de physique et d'hydrographie, qui sont dans les *Mémoires de l'Académie des sciences* ; mais on chercherait en vain son nom dans la *Bibliographie astronomique* de Lalande.

En 1806 et 1809, il n'y eut pas de décès d'académiciens ; mais les années 1807, 1808, 1810 et 1811 virent disparaître Lalande, Trédern de Lézerec, Forfait, Billard, Besnard, Le Bègue, Fleurieu, Duval Le Roy, Nicolas-Marie Ozanne, Raphaël-Bienvenu Sabatier, Bougainville, sans compter le comte d'Hector et Puységur, dont nous avons parlé en 1791 et l'écrivain Dudin (René-Martin), de l'ancienne Académie de marine, non réélu en 1769, mort le 6 mai 1807 à Versailles. Celui-ci était né le 11 novembre 1725 à Paris.

Joseph-Jérôme LE FRANÇAIS DE LALANDE, né à Bourg-en-Bresse, est mort à Paris le 4 avril 1807. Son nom appartient plutôt à l'Académie des sciences, dont il fut un des plus illustres professeurs, qu'à celle de marine, dont il était membre associé depuis sa réorganisation en 1769. Rappelons seulement, parmi ses nombreux ouvrages, sa *Bibliographie astronomique*, in-4°, 1803, ouvrage précieux pour les recherches historiques dans cette science.

Jean-Louis TRÉDERN DE LÉZEREC, nommé capitaine de vaisseau pour sa belle conduite sur la *Ville-de-Paris* dans l'affaire de la Dominique et retraité en 1785, avait été nommé la même année inspecteur particulier des classes à Quimper. Appelé en 1789 à faire partie des États de la noblesse assemblée à Saint-Brieuc, il leur soumit un mémoire libéral ; mais indigné des excès de la Révolution, il se retira en Russie, où il composa plusieurs travaux pour l'Académie de Saint-Pétersbourg. De retour à Quimper, en 1802, il y est mort le 27 juin 1807.

L'auteur du *Traité de la mâture*, l'ingénieur Pierre-Alexandre-Laurent FORFAIT, né en 1752 à Rouen, de commerçants dans l'aisance, avait été nommé en 1789 directeur du service du Havre. Envoyé en Angleterre, peu de temps après Lescallier, pour y étudier les procédés d'amélioration pratique qu'on pouvait emprunter aux arsenaux de ce pays, il en était revenu avec des notes précieuses qu'il intitula modestement *Observations sur la marine d'Angleterre*. Élu à la Législative en 1791, il revint avec joie à ses fonctions d'ingénieur, à l'expiration de son mandat, et imprima une nouvelle activité à ses chantiers du Havre. C'est de cette époque que date son plan de la *Seine*, qu'il opposa aux navires de Sané. Chargé en 1794 de construire des bateaux spéciaux pour la navigation de la Seine, Forfait construisit pour les expériences prescrites le *Saumon*, et composa un mémoire sur la navigation de ce fleuve. En 1797, le Directoire le chargea, concurremment avec le vice-amiral Rosily et le commissaire David, d'étudier les avantages du port d'Anvers. Nommé ordonnateur de l'expédition d'Égypte, puis chargé de la défense du Havre, il installa des bateaux canonniers en bombardes. Ministre de la marine après le 19 brumaire, il organisa le service des travaux maritimes, le conseil des prises, le système des préfectures; recomposa le corps des officiers de vaisseau, l'artillerie et le service de santé. Conseiller d'État à sa sortie du ministère, il fut chargé, après la rupture de la paix d'Amiens, de perfectionner la flottille. En 1804, il repoussa de nouveau les Anglais du Havre. Tant et de si éminents services ne purent le préserver d'une disgrâce imméritée. Étant préfet maritime à Gênes, il fut impliqué dans l'affaire de construction d'un vaisseau vicieux, le *Génois*, qu'il sauva cependant, ce qui ne l'empêcha pas d'être condamné sans avoir été entendu, et il mourut peu après, le 8 décembre 1807.

Étienne BILLARD, né en 1730 à Vrigny, près d'Orléans, et fils de chirurgien, était devenu chirurgien en chef en 1793, époque où il réclamait dans plusieurs écrits l'égalité de droits entre les chirurgiens et les médecins de la marine. Après avoir failli être la victime d'un de ses subordonnés, Palis, membre du tribunal révolutionnaire, Billard mourut à Rennes, le 2 février 1808.

Pierre-Joachim BESNARD, né à Rennes en 1741, était devenu inspecteur général des ponts et chaussées de Bretagne. Le redressement de la tour de l'église Saint-Louis, à Brest, la construction de Saint-Martin de Morlaix et les plans de la ville de Napoléon dans le Morbihan, sont ses travaux les plus importants. Il est mort à Rennes, le 27 février 1808.

Jean-Antoine, comte LE BÈGUE, était né à Nancy le 1ᵉʳ décembre 1725. Grièvement blessé dès ses débuts dans la marine, en 1745, au siège de Louisbourg, il était resté longtemps prisonnier en Angleterre. La guerre de Sept ans et celle de 1778, pendant laquelle il concourut aux principales affaires des Antilles et fut blessé à la dernière journée de la Dominique sur le *Magnanime* qu'il commandait, motivèrent son élévation, en 1786, au grade de chef d'escadre. Il avait été fait antérieurement chevalier de Saint-Louis. Avant et après cette dernière guerre, on l'avait nommé directeur du service de l'artillerie au port de Brest. Il y organisa une compagnie de bombardiers qui devint une pépinière de maîtres canonniers, pour lesquels il publia deux instructions en 1784. Sous l'Empire, Le Bègue envoya à Decrès et à Champagny plusieurs des mémoires qu'il avait composés pour l'Académie de marine. De ce nombre étaient une découverte sur le suif, un projet de règlement pour les noyés et un *Mémoire sur l'artillerie*, qu'il publia à Brest en 1792. Il est mort à Landerneau, le 13 mai 1808.

Rendu à la liberté par le 9 thermidor et appelé à faire partie de l'Institut, puis du Bureau des longitudes, Charles-Pierre CLARET, chevalier de FLEURIEU, en était revenu sous le Directoire et le Consulat à ses travaux de prédilection, et de 1798 à 1800 il avait publié le *Voyage du capitaine Marchand*, suivi d'observations sur la division hydrographique du globe et d'une application du système décimal à l'hydrographie. Son dernier grand travail est le *Neptune du Cattégat et de la Baltique*, qui l'occupa pendant vingt-cinq ans. Appelé au Conseil d'État par Bonaparte après le 18 brumaire, Fleurieu signa le traité de Morfontaine avec les États-Unis, et remplit à plusieurs reprises l'intérim du ministère de Decrès. Napoléon le combla de faveurs. Il le fit grand-officier de la Légion d'honneur, intendant général de sa maison, sénateur, gouverneur du palais des Tuileries et enfin comte. Il est mort à Paris, le 18 août 1810, sans laisser d'enfants, et avant d'avoir pu terminer son *Histoire générale des navigations de tous les peuples*, dont la première partie, seule achevée, est encore manuscrite.

Lorsque la Révolution éclata, DUVAL LE ROY, qui en avait embrassé les idées avec ardeur, donna carrière à ses passions longtemps comprimées, en publiant plusieurs écrits anticatholiques. Le principal est la *Traduction (supposée) d'un manuscrit portugais sur le mariage des prêtres*, Brest, Malassis, 1790, in-8° de 22 pages. En l'an II, il se chargea, concurremment avec l'abbé Béchennec, du classement des 26,000 volumes provenant des couvents supprimés du district de Brest, ce qui n'empêcha pas la bibliothèque du district d'être peu après livrée au pillage. Duval Le Roy revint alors à ses leçons d'hydrographie, en continuant de les entremêler de diatribes contre le clergé. Il eut pour suppléant Guépratte dans les trois ou quatre années qui précédèrent sa mort, arrivée à Brest, le 6 décembre 1810, en activité de services. Il avait 42 ans et 23 jours de professorat. Indépendamment des ouvrages que nous avons mentionnés, dont le principal est son *Supplément à l'optique de Smith*, il a laissé des *Éléments de navigation* publiés en 1802.

Le 5 janvier 1811, mourut à Paris Nicolas-Marie OZANNE, le grand graveur et dessinateur de la marine, qui avait fait partie en 1752, comme adjoint de la première Académie de marine, à l'âge de 24 ans, et avait été réélu correspondant de la seconde, en 1774. La plus grande partie de son existence s'était passée à Versailles, où il donnait des leçons de dessin et de marine aux petits-enfants de Louis XV. Son frère cadet, l'ingénieur Pierre, qui l'avait remplacé à Brest comme professeur de dessin des gardes du pavillon, et qui obtint de l'Académie de marine, en 1777, droit de présence à ses réunions, ne lui survécut que de deux ans. L'ouvrage le plus important de Nicolas-Marie est son *Traité de la marine militaire*, Paris, 1762, in-8°, dédié à Choiseul. La plus grande partie de ses nombreux dessins a été acquise en 1829 par le musée naval du Louvre, ainsi que ceux de son frère Pierre, l'auteur des *Ornements de proue des vaisseaux*.

Raphaël-Bienvenu SABATIER, né en 1732 à Paris, mourut à Versailles le 19 juillet 1811. Fils de médecin et exerçant à Paris, il eut une carrière bien plus éclatante que celle de son homonyme et collègue de Brest, Antoine-Chaumont. Il fut en effet membre de l'Académie des sciences et de quantité d'autres sociétés savantes de l'Europe, censeur royal, chirurgien-major de l'hôtel des Invalides, inspecteur des hôpitaux, membre de l'Institut, chirurgien consultant de Napoléon. Ses deux principaux ouvrages sont un *Traité complet d'anatomie*, 1748, 4 volumes in-12; *Médecine opératoire, ou des opérations qui se présentent le plus fréquemment*, Paris, Didot, 1796, 3 vol. in-8°. Il a laissé en outre un grand nombre de mémoires pour l'Académie des sciences, l'Institut et l'Académie de chirurgie.

Le 31 août de la même année, mourut le premier navigateur français qui ait été chargé par son Gouvernement d'un voyage de circumnavigation, Louis-Antoine de BOUGAINVILLE. Né à Paris en 1729 d'un notaire, et issu d'une famille bourgeoise, qui portait le nom d'un petit bourg de la Picardie, d'abord avocat, puis officier de dragons au Canada sous Montcalm, entré, après la paix de 1763, dans la marine avec le grade de capitaine de vaisseau, Bougainville fut toujours regardé comme un intrus par le grand corps, malgré son *Traité du calcul intégral* commencé en 1752, le voyage de la *Boudeuse* qui l'a immortalisé, enfin sa participation glorieuse sur l'*Auguste* à la guerre d'Amérique. Après le traité de Versailles, il servit comme maréchal de camp dans l'armée de terre, grade correspondant à celui de chef d'escadre qu'il avait depuis 1779 dans la marine. En 1790, il succéda à Albert de Rions dans le commandement de l'armée navale de Brest ; il se démit la même année, ce qui ne l'empêcha pas d'être nommé vice-amiral le 1er janvier 1792 ; mais il refusa son brevet par une lettre motivée en date du 22 février. Entré en 1796 dans la section de géographie de l'Institut et du Bureau des longitudes, plus tard créé sénateur et comte de l'Empire ; enfin grand-officier de la Légion d'honneur, Bougainville n'a rien donné à l'Académie de marine. Indépendamment de son *Traité de calcul intégral*, on a la relation intitulée : *Voyage autour du monde par la frégate du roi la* Boudeuse *et la flûte l'*Étoile. Paris, 1771. In-4°.

Le 16 décembre 1812, mourut Joseph-Fidèle-Anne Vincent, le commis aux écritures de l'ancienne Académie de marine. En 1769, il avait été chargé de la surveillance de l'atelier des boussoles. Devenu garde de la bibliothèque en 1780, puis sous-bibliothécaire en 1782, il fut nommé en 1797 conservateur aux appointements de 2,400 livres et exerça ses fonctions jusqu'au 1er janvier 1812.

L'année 1813, comme la précédente, ne donna aucun décès d'académicien ; mais 1814, 1815, 1816 et 1817 en virent mourir dix. Ce sont, dans l'ordre : Gesnouin et Lévesque ; Redon de Beaupreau, Thévenard, Suzannet et Lacoudraye ; Cœuret de Secqville, Vial du Clairbois, et le marquis de Prévalaye, ce dernier dont nous avons parlé en 1791 ; enfin Rochon.

Jean-Baptiste Gesnouin, né à Fougères en 1750, était pharmacien en chef à Brest, quand eurent lieu les élections de l'an V qui le firent entrer au Conseil des Cinq-Cents. Devenu en 1799 membre du Corps législatif, il reprit, à l'expiration de son mandat, ses fonctions de pharmacien de la marine jusqu'au jour de sa mort, arrivée à Brest le 21 février 1814. Son nom est resté attaché à une préparation qui a remplacé dans les hôpitaux le rob Boyveau-Laffecteur.

Le 16 octobre de la même année, mourut Pierre Lévesque, examinateur de la marine depuis 1786, et né à Nantes en 1746. Pendant la

Révolution, malgré la modération de ses principes, il se vit contraint de fuir et d'errer pendant un an. Nommé en 1797 représentant de la Loire-Inférieure au Conseil des Anciens, il fut encore proscrit, au 18 fructidor. Membre de l'Institut en 1801, et bientôt après de la Légion d'honneur, il mourut d'apoplexie au Havre, dans une tournée d'examen. Ses principaux ouvrages sont: *Le Guide du navigateur*, 1778, dont nous avons parlé en 1776 ; *Examen théorique et pratique*, 1783, traité de mécanique appliquée à la construction et à la manœuvre des vaisseaux : c'est une traduction de l'ouvrage de l'Espagnol Don Georges Juan sur la manœuvre des vaisseaux ; un grand travail sur le jaugeage des vaisseaux, demandé en 1786 par le ministre Castries et qui ne fut pas terminé, ainsi qu'un traité de manœuvre et un dictionnaire polyglotte de tous les termes de marine.

Le 5 février 1815, mourut Jean-Claude REDON DE BEAUPREAU, né à Thouars (Deux-Sèvres) en 1737 et descendant d'une ancienne famille de Bretagne. Écrivain en 1758, commissaire en 1767, contrôleur dix ans plus tard, commissaire général en 1781, intendant en 1785, ordonnateur civil le 1er janvier 1792, destitué le 23 août 1793, incarcéré en 1794 et accusé, sur un compte rendu de Barère, « d'avoir fait passer de grands approvisionnements de Brest à Toulon pour être un jour vendus et accaparés par le ministre corrupteur de Londres », Redon, pendant ses quatorze mois de détention, produisit deux mémoires justificatifs, parmi lesquels se trouve une lettre adressée par lui au ministre Monge, lettre dans laquelle il prouve jusqu'à la dernière évidence qu'il n'avait fait qu'obéir, après de vains efforts et les représentations les plus énergiques pour dissuader le chef du département des mesures qu'on lui attribuait. Nous regrettons de ne pas pouvoir reproduire ici ce monument du courage civique de son auteur, document précieux qui nous a été communiqué par M. Guichon de Grandpont. Mis en liberté après le 9 thermidor, ministre de la marine du 2 juillet au 7 novembre 1795, retraité en l'an IV, Redon de Beaupreau reprit du service après le 18 brumaire et devint encore membre du Conseil d'État, président du conseil des prises, comte, sénateur, pair de France en 1814, enfin commandeur de la Légion d'honneur. C'était le dernier académicien honoraire survivant de l'Académie de marine.

Quatre jours après Redon, 9 février 1815, mourut à Paris Antoine-Jean-Marie THÉVENARD, l'ancien ministre de la marine, vice-amiral du 1er janvier 1792, que Napoléon avait nommé grand-officier de la

Légion d'honneur et sénateur ; que Louis XVIII, à son tour, fit pair de France et commandeur de Saint-Louis. Il était né à Saint-Malo en 1733, d'un capitaine de la Compagnie des Indes. On a de lui des *Mémoires relatifs à la marine*, an VIII, 4 vol. in-8°. Thévenard avait été attaché comme membre correspondant à l'ancienne Académie des sciences.

Le 27 du même mois, expirait, nous ne savons dans quelle ville, le baron de Suzannet, qui avait été garde en 1755, sous-brigadier des gardes-marine en 1762, enseigne l'année suivante, lieutenant de vaisseau en 1773, lieutenant-colonel des armées en 1780, capitaine de vaisseau en 1781, commandeur de Saint-Louis et vice-amiral en 1814, ce qui indique qu'il avait passé à l'étranger la période révolutionnaire, enfin grand-croix le 27 décembre 1814. Il avait commandé la frégate l'*Aimable* à la bataille de la Dominique, et à l'expédition de Kersaint contre la Guyane anglaise, et ce fut lui qui reçut la capitulation de Berbice. Nous ne lui connaissons pas d'autres faits de guerre.

Vers la fin de cette même année 1815, s'éteignit à Saint-Pétersbourg François-Célestin de Loynes, chevalier de La Coudraye, ancien lieutenant de vaisseau, auteur de la *Théorie des vents*, qu'il avait publiée en 1786. A l'époque de sa nomination comme adjoint à l'Académie de marine en 1771, nous avons dit qu'il était né vers 1740, à Fontenay-le-Comte, en Poitou. Retraité en 1780, il était rentré à l'Académie de marine comme vétéran en 1789. Député de la noblesse du Poitou aux États généraux, La Coudraye avait émigré, à la Révolution, et prit du service dans la marine russe. En 1799, il composa en Allemagne un écrit intitulé : *Cahiers de la noblesse du Poitou*, où il expose, articles par articles, les concessions qu'une partie de la noblesse était alors disposée à faire aux opinions régnantes. Cet écrit a été annoté de la main même de Louis XVIII et imprimé sous le titre de *Manuscrit inédit du roi Louis XVIII*. Aucune pensée de réforme, aucune pièce de l'édifice représentatif élevé par La Coudraye n'échappe à la critique acerbe du roi. « *Naviget Anticyram* », dit-il, en terminant, du gentilhomme constitutionnel.

Le 29 juillet 1816, décéda à Landerneau (Finistère), Augustin-Charles-Félix-Marie-Joseph Cœuret de Secqville, né le 21 juillet 1749 à Oyson (Loiret). Nous n'avons que la sèche nomenclature de ses états de services qui sont les suivants : garde en 1766, enseigne en 1773, lieutenant de vaisseau en 1779, major en 1786, capitaine de vaisseau en 1792, contre-amiral le 1" janvier 1793, destitué l'année suivante, réintégré en 1795, retraité en 1796.

Le 20 décembre de la même année, mourut à Brest Honoré-Sébastien VIAL DU CLAIRBOIS, né à Paris en 1733, et qui était devenu ingénieur-constructeur en 1793. En 1801, il fut nommé directeur de l'École spéciale du génie à Brest, emploi qu'il conserva jusqu'à sa retraite en 1810. C'était un des principaux collaborateurs de l'*Encyclopédie méthodique*, dont il a rédigé la partie Marine, 4 vol. in-4°, dont un de planches. On a encore de lui : *Essai géométrique et pratique sur l'architecture navale*, 1776 ; *Traité élémentaire de la construction des vaisseaux*, à l'usage des élèves de la marine, 1787-1805, ouvrage qui avait été précédé de la *Traduction du Traité de la construction des vaisseaux de Chapman*, avec notes, 1781.

Le 5 avril 1817, mourut à Paris l'astronome Alexis-Marie ROCHON, dont nous avons raconté les longs démêlés avec Grenier, puis avec l'Académie de marine, au sujet de ses fonctions de bibliothécaire, dont il laissait tout le fardeau à un subalterne. Né en 1741 à Brest, d'un aide-major de la ville et du château, et cadet d'un frère qui embrassa l'état militaire, il fut destiné à la prêtrise et obtint un prieuré, ce qui lui fit donner jusqu'à la Révolution le titre d'abbé, bien qu'il n'ait contracté aucun engagement religieux. Ayant le goût des excursions lointaines, il fit en 1767, sur le vaisseau l'*Union*, une campagne au Maroc ; l'année suivante, une seconde campagne astronomique sur la flûte la *Normande*, qui allait à l'Ile de France, puis sur l'*Heure-du-Berger*, commandée par Grenier. Il en rapporta des études précieuses d'optique, qui le conduisirent à la découverte du micromètre à double image et du diasparomètre. En 1790, on l'envoya à Londres s'aboucher avec les savants anglais, au sujet du système métrique qu'on voulait établir en France, et la même année, il fit partie de la commission des monnaies. Nommé encore membre de la commission des salpêtres, il s'occupa de la fabrication des poudres et de quantité d'autres inventions utiles. Devenu en 1796 directeur de l'observatoire de Brest et, peu après, membre de l'Institut, il composa à cette époque, entre autres ouvrages, un *Mémoire sur l'astronomie nautique*. Membre de la Légion d'honneur depuis 1804, il n'avait pu se faire admettre au Bureau des longitudes, malgré le grand nombre et l'utilité réelle de ses travaux. Quoique blessé de cette exclusion, il ne cessa de s'occuper de sciences jusqu'à sa mort. La notice la plus complète que nous connaissions au sujet de ce savant est dans la *Biographie bretonne*, tome II, pages 738-746.

Le 22 janvier 1819, décéda, en activité de service à Saint-Malo, où il était professeur de mathématiques et d'hydrographie, Jean-François Le Cerf, né à Urville (Calvados), le 11 janvier 1735. Ses états de services sont les suivants. D'abord répétiteur des aspirants gardes de la marine à Rochefort le 1ᵉʳ janvier 1781, il avait été nommé, six ans plus tard, professeur de mathématiques au port de Brest. Il fit alors quatre campagnes consécutives de six mois sur la corvette d'instruction des élèves de la marine. En 1794, il était passé au port de Saint-Malo en qualité de professeur de 3ᵉ classe, aux appointements de 2,400 fr. — A l'année 1785, nous avons mentionné le décès de Fougeroux de Secval, académicien ordinaire retiré du service pour cause de santé, et qui ne mourut qu'à la fin de 1819.

Nous avons trouvé dans les *Annales maritimes*, à la date du 2 décembre 1822, mais sans indication de lieu de naissance ni de mort, le décès d'Alexandre La Motte Baracé, ancien officier de vaisseau. Ce doit être l'adjoint de 1754, ordinaire de 1769, retraité comme lieutenant de vaisseau en 1772, vétéran l'année suivante. C'était, à l'époque de sa mort, le dernier vétéran de l'Académie de marine.

Le 5 janvier 1823, mourut à Paris René-Jean de Pommereul. Né à Fougères en 1745 et entré, à l'âge de vingt ans dans l'artillerie, où il devint colonel en 1785, ce fut un des examinateurs de Bonaparte. Envoyé en 1787 en Italie pour organiser l'artillerie napolitaine, il y fut surpris par la Révolution et inscrit sur la liste des émigrés. Il était alors maréchal de camp inspecteur général. Il n'obtint sa radiation qu'en 1796. Mis à la réforme en 1798, rappelé à l'activité par Bernadotte, réformé de nouveau en 1800, il devint préfet d'Indre-et-Loire, puis du Nord, conseiller d'État, baron, officier de la Légion d'honneur, enfin directeur général de la librairie jusqu'à la chute de l'Empire. Banni de France en 1816, il se réfugia à Bruxelles, et ne revint dans son pays qu'en 1819. On peut consulter dans la *Biographie bretonne* la liste des nombreux ouvrages composés par Pommereul. Ainsi que Duval Le Roy, il était déiste et anticatholique.

En 1826, mourut le contre-amiral danois Paul de Lowenorn, né le 11 août 1751 à Copenhague. Après plusieurs croisières dans la Baltique et la Méditerranée, il était parvenu au grade de lieutenant de vaisseau dans la marine de son pays, quand il prit du service dans celle de France pendant la guerre de l'Indépendance américaine. C'est dans l'intervalle des campagnes qu'il fit sous Verdun de la Crenne et d'Estaing, qu'il fut reçu correspondant de l'Académie de marine. Rappelé en Danemark presque aussitôt après sa nomination, il fut nommé commandant d'une expédition ayant pour but d'éprouver des horloges marines. Le résultat de ses observations fut consigné dans la *Relation d'un voyage fait par ordre du roi de Danemark pendant les années* 1781 *et* 1783 *sur la frégate la* PROEVEN, pour essayer les horloges marines faites en Danemark, avec cartes, ouvrage en danois. Copenhague, 1785, in-4°. Trois ans plus tard, une autre mission scientifique lui fut confiée. Elle avait pour objet la découverte de l'ancienne Osterbydg, que l'on présumait être sur la côte orientale du Groënland. Il n'y put aborder ; mais détermina plusieurs positions et publia à ce sujet un mémoire. Avant d'entreprendre ce voyage, il avait été nommé capitaine de frégate et directeur du dépôt royal des cartes danoises organisé d'après le plan qu'il avait proposé, et il y fit dresser un grand nombre de cartes importantes. On lui doit aussi l'établissement du bureau des longitudes de Copenhague. Nommé membre de la Société royale de cette ville et contre-amiral, il fut encore correspondant de l'Institut pour les sciences et de plusieurs autres académies étrangères. Il a publié en danois un grand nombre de mémoires, et fait traduire plusieurs ouvrages pour le Dépôt des cartes et plans de Paris.

Le 6 janvier 1829, mourut à Paris Jacques-François LESCAN, né à Lannion (Côtes-du-Nord) en 1749. Destiné à la marine, il avait fait son début en qualité de mousse, à l'âge de quatorze ans, sur le vaisseau le *Sage*. Après plusieurs autres campagnes, pendant lesquelles il devint pilote, il étudia les mathématiques, abandonna la navigation pour l'enseignement, et fut nommé répétiteur à l'école royale d'hydrographie de Brest. Il occupa cet emploi de 1772 à 1780, époque où il devint maître de construction pour les gardes-marine. Professeur de mathématiques des gardes en 1782, en remplacement de Fortin fils, il fut envoyé en 1791 à Bordeaux, d'où on le tira encore pour exercer les fonctions d'examinateur temporaire d'admission à l'École polytechnique. Après avoir remplacé provisoirement Monge dans ses tournées d'examen, Lescan fut enfin nommé, en 1824, examinateur des candidats au grade de capitaine au long cours et de maître au cabotage, fonctions qu'il exerça jusqu'à sa mort. Il était chevalier de la Légion d'honneur, et a laissé plusieurs ouvrages élémentaires estimés, entre autres une *Trigonométrie rectiligne et sphérique,* 1819, in-8°, et un *Traité élémentaire de navigation,* 1820, in-8°.

Jacques-Noël SANÉ, né à Brest en 1740, survécut à la Restauration, car il n'est mort que le 2? août 1831, à Paris. C'était le fils d'un pilote vice-amiral, et il débuta, à l'âge de quinze ans, comme élève-constructeur de l'arsenal de Brest. A la fin de 1792, il était arrivé au grade de directeur des constructions navales, fonctions qu'il cumula, l'année suivante, par arrêté spécial, avec celles d'ordonnateur. Nommé par le Directoire inspecteur des constructions de la marine de Saint-Malo à Bayonne, inspecteur général du génie maritime par le premier Consul, officier de la Légion d'honneur et baron par l'Empereur, Sané justifia ces distinctions en ne cessant de s'occuper, sous l'Empire comme sous la République, du perfectionnement de nos constructions navales. Chevalier de Saint-Louis et de Saint-Michel sous la Restauration, il fut mis à la retraite en 1817, brusquement et sans avis préalable, bien qu'il eût conservé toutes ses facultés. Charles X lui donna une réparation méritée en le nommant grand-officier de la Légion d'honneur. Sané a été surnommé à juste titre le Vauban de la marine. En effet, depuis 1782 jusqu'aux derniers temps de la marine à voiles, les types appelés de son nom ont été considérés comme les modèles du genre. Il en existe encore un au port de Brest, à l'état de ponton : c'est le *Vulcain,* ancien *Borda,* primitivement trois-ponts sous le nom de *Commerce-de-Paris,* mis à l'eau en 1808. Sané était membre de la section de mécanique de l'Institut.

Le 11 novembre 1832, mourut à Paris François-Étienne de ROSILY-MESROS, fils d'un chef d'escadre, et né à Brest en 1748. Entré dans la marine à l'âge de quatorze ans, il accompagna Kerguelen dans son expédition de découvertes. Abandonné par son chef sur les côtes désertes de l'île de la Désolation, il ne dut son salut qu'à la rencontre fortuite de la flûte le *Gros-Ventre,* commandant Saint-Allouarn, qui naviguait de conserve avec Kerguelen. Pendant la relâche de ce navire à Timor, il visita cette île avec soin, ce qui lui fournit le sujet du mémoire qu'il soumit à l'Académie de marine, et dont nous avons parlé en 1773. Lieutenant de vaisseau en 1778 et commandant le lougre le *Coureur,* Rosily fut obligé de se rendre au cutter anglais l'*Alert* ; mais il eut du moins la consolation d'avoir sauvé la *Belle-Poule,* en obligeant l'ennemi de diviser ses forces. Dans la campagne de Suffren, nous avons dit qu'il commanda la *Cléopâtre,* navire éclaireur de l'escadre. Promu capitaine de vaisseau après la paix, et chargé de plusieurs missions politiques et hydrographiques, il publia un *Supplément au Neptune de l'Inde*. Appelé en 1790 à remplacer Macnémara assassiné pendant son commandement de la station de l'Inde, il déploya une grande énergie pour rétablir l'ordre à l'Ile de France et maintenir la subordination dans les équipages. Élevé en 1793 au grade de contre-amiral, il fut destitué, au mois de juillet de la même année, comme noble. Il se retira alors à Versailles, où il s'occupa exclusivement du classement des documents hydrographiques qu'il avait recueillis dans ses voyages. Réintégré peu après et chargé par le Comité de salut public de rédiger les cartes et plans qu'il avait levés dans les mers de l'Inde et de la Chine, il fut nommé en 1795 aux fonctions de directeur général du Dépôt de la marine. Vice-amiral l'année suivante, il contribua avec Forfait et le commissaire David à la création du port d'Anvers, et fut employé à des missions semblables à Gênes, à la Spezzia et à Boulogne. Le 1er novembre 1805, dix jours après Trafalgar, Napoléon lui confia, avec le titre d'amiral, le commandement suprême de la flotte franco-espagnole. N'étant pas arrivé à temps pour remplacer Villeneuve, il rallia les débris de la flotte, mais, bloqué à Cadix par les Anglais, ne put prendre la mer. En 1808, la ville s'étant insurgée, à propos de l'entrée des Français en Espagne, il eut à combattre tout à la fois la flotte anglaise, les vaisseaux espagnols et les batteries de la rade. Cerné par des forces écrasantes, désespérant de voir arriver le général Dupont qui capitula quelques jours plus tard à Baylen, Rosily se résigna, après trois sommations, à amener les couleurs des six derniers vaisseaux survivants de Trafalgar. A son retour en France, il reprit ses fonctions de directeur général du Dépôt de la marine jusqu'en 1820, époque où il fut remplacé par le contre-amiral Rossel, son collaborateur. Rosily était membre de l'Académie des sciences, du Bureau des longitudes, et grand-croix des ordres de Saint-Louis et de la Légion d'honneur. Son nom est sur l'Arc de l'Étoile.

En 1834, mourut dans sa ville natale Henri-Pascal, marquis de Rochegude, né en 1741 à Albi, et qui avait débuté dans la marine en 1762. Ses services pendant la guerre de 1778 lui firent obtenir, en 1786, le grade de capitaine de vaisseau. Contre-amiral au 1er janvier 1793, et nommé député à la Convention par le département du Tarn, il vota la détention de Louis XVI, avec bannissement à la paix, et se prononça pour l'appel et le sursis. En février 1793, il vint à Brest, ainsi que nous l'avons vu, avec Defermon et Prieur de la Côte-d'Or, pour mettre en état de défense les ports et côtes de la République. Il fit encore partie du Conseil des Cinq-Cents, comme représentant de son département ; mais ne parut jamais à la tribune, et, à l'expiration de son mandat, se retira à Albi, où il s'occupa jusqu'à sa mort de recherches sur les poésies des troubadours. Il a publié à ce sujet deux ouvrages aujourd'hui rares : *Essai d'un glossaire occitanien* et le *Parnasse occitanien*, 1819.

Jean-Baptiste PIERREFITE DE CHAMPAGNY, né à Roanne en 1756, mourut également en 1834. Neveu de l'abbé Terray par sa mère, il entra au collège de La Flèche, puis à l'École militaire, d'où il passa dans la marine. En 1790, il était major de vaisseau à Brest. Député de la noblesse du Forez aux États généraux de l'année précédente, il se réunit au tiers État sur la question du vote par tête, mais protesta contre l'abolition des titres nobiliaires, ce qui lui valut d'être incarcéré pendant la Terreur. Après le 18 brumaire, il entra au Conseil d'État, devint ambassadeur à Vienne en 1801, ministre de l'intérieur en 1804, des relations extérieures en 1807, négocia le mariage de Napoléon avec Marie-Louise, et fut fait sénateur et duc de Cadore. La première Restauration le nomma pair de France ; la seconde le tint écarté des affaires jusqu'en 1819. C'était le dernier membre ordinaire survivant de l'Académie de marine.

Le 6 mars 1801, quand le ministre Forfait parlait au préfet maritime de Brest Caffarelli de l'organisation d'un Institut naval, il restait encore une quarantaine de membres de l'Académie de marine. Quatorze ans plus tard, lors de la proposition du baron Charles Dupin [1], les rangs s'étaient éclaircis de plus des deux tiers. Lorsque l'auteur des *Essais de biographie maritime* émit le même vœu en 1847, il ne restait plus de l'Académie qu'un seul membre, adjoint de 1789, Aymar-Joseph-Emmanuel-Raphaël de BLOIS DE LA CALANDE, né en 1760 à Morlaix, mort aux environs de cette ville le 7 septembre 1852. Il appartenait à une ancienne famille de Champagne. Entré dans la marine en 1776, il avait participé aux principaux combats de la guerre d'Amérique, et était lieutenant de vaisseau à la Révolution. Pendant la Terreur, il se retira en Touraine, puis revint habiter sa

---

[1] Voir dans la *Revue* d'avril 1872 notre article sur le rétablissement de l'Académie de marine, et dans celle d'avril 1875, le projet de restauration de Forfait.

campagne près Morlaix. Nommé en 1800 adjoint-maire de sa commune, en 1806 membre du conseil général du Finistère, capitaine de vaisseau et chevalier de Saint-Louis en 1814, il fut admis à la retraite en 1816, et nommé chevalier de la Légion d'honneur en 1825. Fondateur de la Société d'agriculture de Morlaix, il s'était adonné à l'étude des antiquités celtiques.

———

La première séance de l'Académie de marine s'était tenue le 31 août 1752. Un siècle plus tard, presque jour pour jour, s'éteignait le dernier patriarche de la Compagnie, presque contemporain de sa création. Notre tâche d'annaliste est terminée. En écrivant ces dernières lignes, nous éprouvons comme un sentiment de regret à nous séparer de cette glorieuse pléiade de travailleurs, avec lesquels nous avons pour ainsi dire intimement vécu pendant de longues années de recherches. Ces officiers, ces ingénieurs, ces médecins, ces administrateurs, ces professeurs ont été les pionniers de la science nautique moderne, nous ne devons pas l'oublier. Ce sont eux dont les efforts successifs ont contribué à porter la marine à voiles au dernier degré d'avancement. De nos jours, l'hélice, les cuirassés, l'éperon, les canons à grande puissance, les torpilles, l'électricité, soulèvent des questions plus complexes qu'autrefois. Aussi reste-t-il à résoudre bien des problèmes. Notre but serait atteint si, malgré la différence des sujets, nous suggérions quelques études nouvelles à MM. les officiers de la marine actuelle, par ce simple exposé des travaux maritimes de l'ancienne France.

TABLE DES MATIÈRES

PREMIÈRE PARTIE.

		Pages.
I.	Fondation de l'Académie	3
II.	Années 1752 et 1753	16
III.	Année 1754	36
IV.	Années 1755 et 1756	59
V.	Années 1757 à 1765	59

DEUXIÈME PARTIE.

VI.	Reconstitution de l'Académie	3
VII.	L'Académie royale de marine en 1769	17
VIII.	Année 1770	37
IX.	Affiliation avec l'Académie des sciences	59

TROISIÈME PARTIE.

X.	Année 1771 (*suite*)	3
XI.	Année 1772	39
XII.	Année 1773	67
XIII.	Année 1774	88

QUATRIÈME PARTIE.

XIV.	Année 1775	3
XV.	Projet d'un nouveau règlement	30
XVI.	Année 1776	42
XVII.	Année 1777	65

CINQUIÈME PARTIE.

XVIII.	Année 1778	3
XIX.	Année 1779	12
XX.	Année 1780	29
XXI.	Année 1781	39
XXII.	Année 1782	62
XXIII.	Année 1783	81

SIXIÈME PARTIE.

	Pages.
XXIV. Année 1784	3
XXV. Année 1785	16
XXVI. Année 1786	33
XXVII. Année 1787	45
XXVIII. Années 1788 et 1789	61
XXIX. Années 1790-1793	82
XXX. Nécrologe des académiciens	98
Table des matières	123

RAPPORT 20   BIBLIOTHEQUE NATIONALE
                CHATEAU DE SABLE
                       1989

www.ingramcontent.com/pod-product-compliance
Lightning Source LLC
Chambersburg PA
CBHW060751230426
43667CB00010B/1528